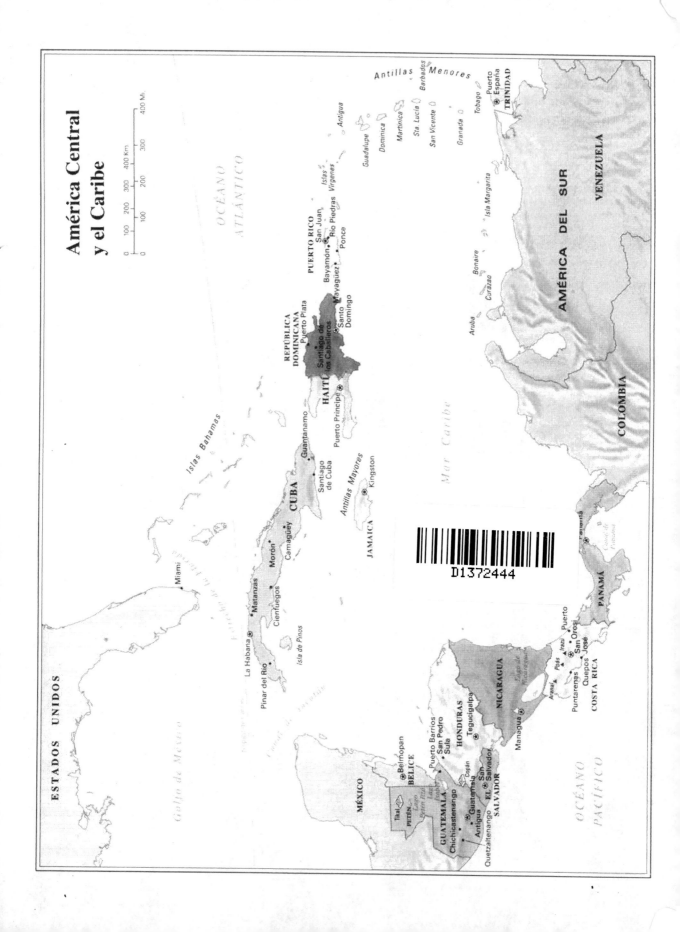

América Central y el Caribe

ESTADOS UNIDOS

OCÉANO ATLÁNTICO

Islas Bahamas

Golfo de México

Miami

CUBA

La Habana
Pinar del Río
Matanzas
Cienfuegos
Isla de Pinos
Morón
Camagüey
Santiago de Cuba
Guantánamo

JAMAICA
Kingston

Antillas Mayores

HAITÍ
Puerto Príncipe

REPÚBLICA DOMINICANA
Puerto Plata
Santiago de los Caballeros
Santo Domingo

PUERTO RICO
San Juan
Bayamón
Río Piedras
Mayagüez
Ponce

Islas Vírgenes

Antigua
Guadalupe
Dominica
Martinica
Sta Lucía
San Vicente
Barbados
Granada
Tobago
Puerto España
TRINIDAD

Antillas Menores

Mar Caribe

MÉXICO

BELICE
Belmopan
PETÉN
Tikal

GUATEMALA
Guatemala
Antigua
Quetzaltenango
Chichicastenango

Puerto Barrios
San Pedro Sula
Copán
HONDURAS
Tegucigalpa

EL SALVADOR
San Salvador

NICARAGUA
Managua
Lago de Nicaragua

COSTA RICA
Puntarenas
Quepos
San José
Orosi
Irazú
Poás
Arenal

PANAMÁ
Puerto
Canal de Panamá

OCÉANO PACÍFICO

COLOMBIA

VENEZUELA

AMÉRICA DEL SUR

Aruba
Curazao
Bonaire
Isla Margarita

0 100 200 300 400 Km
0 100 200 300 400 M.

¡Claro que sí!

AN INTEGRATED SKILLS APPROACH

Lucía Caycedo Garner
University of Wisconsin–Madison, Emerita

Debbie Rusch
Boston College

Marcela Domínguez
Pepperdine University

Fifth Edition

Houghton Mifflin Company   Boston   New York

Publisher: Rolando Hernández
Sponsoring Editor: Van Strength
Development Manager: Sharla Zwirek
Senior Development Editor: Sandra Guadano
Senior Project Editor: Rosemary R. Jaffe
Senior Production/Design Coordinator: Sarah Ambrose
Senior Manufacturing Coordinator: Marie Barnes
Senior Marketing Manager: Tina Crowley Desprez
Associate Marketing Manger: Claudia Martínez

Custom Publishing Editor: Sheila Ellis
Custom Publishing Production Manager: Kathleen McCourt
Project Coordinator: Harmony Flewelling

Cover image: © Ko. Fujiwara/Photonica

This book contains select works from existing Houghton Mifflin Company resources and was produced by Houghton Mifflin Custom Publishing for collegiate use. As such, those adopting and/or contributing to this work are responsible for editorial content, accuracy, continuity and completeness.

Copyright © 2004 by Houghton Mifflin Company. 2004 Impression. All rights reserved.

No part of this work may be reproduced or transmitted in any form or by any means, electronic or mechanical, including photocopying and recording, or by any information storage or retrieval system without the prior written permission of Houghton Mifflin Company unless such copying is expressly permitted by federal copyright law. Address inquiries to College Permissions, Houghton Mifflin Company, 222 Berkeley Street, Boston, MA 02116-3764.sages in critical articles and reviews.

Printed in the United States of America.

ISBN-13 : 978-0-618-40214-4
ISBN-10: 0-618-40214-4
N02382

9 – CM – 05

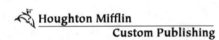

Houghton Mifflin
Custom Publishing

222 Berkeley Street • Boston, MA 02116

Address all correspondence and order information to the above address.

¡Claro que sí!

Scope and Sequence

Cultura	Nuevos horizontes	Material reciclado
Countries with largest numbers of Spanish-speakers *1* **Tú** versus **usted** *4* Use of **adiós** *5* The **abrazo** *5* Spanish in the world *7* Changes in the Spanish alphabet *9*		
Oldest/largest universities *18* Student housing *20* Use of two last names *21* Reading telephone numbers *22* How to refer to people from the U.S. *24* Customs related to asking about age *28* Different faces of Hispanics *38*	**Reading strategy:** Scanning *30* **"Solicitud de admisión"** *30*	Introductions (P) Forms of address (P) Country names (P)
Number of Spanish-speakers that use the Internet *40* **Salsa** *42* Fair Trade Coffee *42* Borrowed words *45* Unlucky day **(martes 13)** *56* Famous opera singers *59* **Córdoba** *63* Observing behavior in other countries *65*	**Reading strategy:** Identifying cognates *51* *Yahoo!* pages *52* **Writing strategy:** Connecting ideas *53*	**Tener** (1) **Ser** (1) Question formation (1)

Cultura	Nuevos horizontes	Material reciclado

To the Student

Learning a foreign language means learning skills, not just facts and information. *¡Claro que sí!* is based on the principle that **we learn by doing,** and therefore offers many varied activities designed to develop your skills in listening, speaking, reading, and writing in Spanish. A knowledge of other cultures is also an integral part of learning languages. *¡Claro que sí!* provides an overview of the Spanish-speaking world—its people, places, and customs—so that you can better understand other peoples and their ways of doing things, which may be similar to or different from your own.

The pages that follow describe the chapter parts and program components, and show the text organization in a visual format. To make the most of *¡Claro que sí!* and your study of Spanish, read these pages, as well as the study tips provided here and at the end of the preliminary chapter.

Chapter Opener

Each chapter opens with a photograph, which helps set the scene for the chapter, some interesting facts about the Hispanic world, and a list of objectives. The objectives describe functions (what you can do with the language, such as greet someone or state your name) that will be the linguistic and communicative focus for the chapter. Keep these functions in mind when studying, since they indicate the purpose of the material presented in each chapter.

Story Line

In *¡Claro que sí!* you will get to know a series of characters and follow them through typical events in their lives, usually by listening to a conversation. The conversations serve as a base for learning Spanish and for learning about the Spanish-speaking world. In order to develop good listening skills, follow these tips:

- Do not read the conversation before listening to it.
- Visualize the setting of the conversation (a café, a theater, a hotel, etc.) and think of things that may be said in that setting.
- Keep in mind who is speaking and what you know about each of the speakers.
- You will usually hear the conversation twice. The first time you will be asked to listen for global understanding, and the second time for more specific information. Try to focus on the task at hand.
- Remember that it is not important to understand every word in the conversation.

Lo esencial

Developing vocabulary is essential to learning a language. In *¡Claro que sí!* vocabulary is presented in thematic groups to aid you in the learning process. Vocabulary presentations are followed by activities that give you practice using the new words in a meaningful context.

Hacia la comunicación

Grammar explanations in *¡Claro que sí!* are clear and concise. They are written in English so that you can study them at home. The explanations are followed by activities, many of which ask you to interact with classmates using what you have just learned. Remember that knowledge of grammar is the key to communication. Knowing grammar rules is not an end but rather a means to be able to express yourself in another language.

Nuevos horizontes

This section has three goals: to teach you how to read and write effectively in Spanish, and to expand your knowledge of the Hispanic world. Here are some tips to help you become a more proficient reader and writer in Spanish:

- Focus on the strategies or techniques presented in each chapter.
- Use techniques taught in early chapters while doing activities from later chapters.
- When reading a text, focus on getting the information asked of you in each activity.
- Apply the techniques when you read and write in English.
- Write frequently in Spanish (for example, notes to yourself about what you have to do, or a journal with a few short entries each week).
- When reading, look up only those words that are essential to understanding. List these words on a separate sheet of paper for reference. Do not write translations in the text above the Spanish word.
- While reading a text, be alert to cultural information provided.

After the *Nuevos horizontes* section, the sections from the first part of the chapter repeat, but in the following order: *Lo esencial*, story line (usually a conversation), and *Hacia la comunicación*.

Videoimágenes

The next-to-last section in each even-numbered chapter contains video activities based on the *¡Claro que sí!* video. The purpose of the video is to improve your listening comprehension skills and your knowledge of Hispanic cultures. Through watching the video, you will learn more about Hispanic cultures, be able to compare certain aspects to your own, and also develop your ability to understand native speakers.

End-of-Chapter Vocabulary

For easy reference, each chapter ends with a summary of the vocabulary presented that you are expected to know.

We hope that you enjoy learning Spanish with *¡Claro que sí!*

The Authors

An Overview of Your Textbook's Main Features

The *¡Claro que sí!* text consists of a preliminary chapter followed by 18 chapters.

Chapter Opener

Each chapter opens with a photo and **Datos interesantes,** which set the scene and introduce cultural and thematic information relevant to the chapter content.

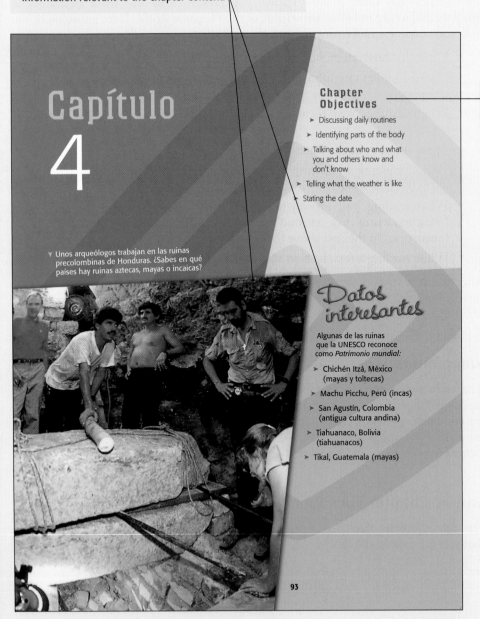

Capítulo 4

Chapter Objectives

➤ Discussing daily routines

➤ Identifying parts of the body

➤ Talking about who and what you and others know and don't know

➤ Telling what the weather is like

➤ Stating the date

Communication goals establish clear learning objectives.

▼ Unos arqueólogos trabajan en las ruinas precolombinas de Honduras. ¿Sabes en qué países hay ruinas aztecas, mayas o incaicas?

Datos interesantes

Algunas de las ruinas que la UNESCO reconoce como *Patrimonio mundial:*

➤ Chichén Itzá, México (mayas y toltecas)

➤ Machu Picchu, Perú (incas)

➤ San Agustín, Colombia (antigua cultura andina)

➤ Tiahuanaco, Bolivia (tiahuanacos)

➤ Tikal, Guatemala (mayas)

Noticias de una amiga

◀ Un hombre hace
andinismo en una
montaña muy rocosa
de los Andes peruanos.
¿Te gustaría hacer
andinismo?

¡Qué + *adjective*!	How + *adjective*!
¡Qué inteligente!	How intelligent!
hay	there is/there are
deber + *infinitive*	ought to/should/must + *verb*
debe ser	ought to/should/must be

José Manuel, un arqueólogo venezolano que está trabajando como voluntario en Perú, recibe un email de España de su amiga Marisel. José Manuel comenta con Rafael, otro arqueólogo venezolano.

ACTIVIDAD 1 ¿Cierto o falso? Lee las siguientes oraciones. Mientras eschuchas la conversación, escribe **C** si la oración es cierta y **F** si la oración es falsa.

1. _____ Rafael no conoce a Marisel.
2. _____ Marisel es arqueóloga.
3. _____ José Manuel trabaja como voluntario.
4. _____ Marisel tiene una foto de José Manuel.
5. _____ José Manuel practica andinismo.

Accessible, Contextualized Language Provides a Focus for Learning

● **Chapter conversations** A photo or illustration with a short description sets the scene for each conversation. A screened box highlights useful phrases and structures from the conversation for you to practice.

Each conversation, recorded on the in-text audio CD and on the lab audio program, is accompanied ● by activities for listening and speaking practice.

New (20%) and recycled (80% to ensure your understanding) vocabulary and grammar are presented in the context of realistic conversations, which follow a series of characters through a variety of events in their daily lives.

Reporting

Talking about what you know

RAFAEL   Oye, José Manuel. Mira, hay email para ti.
JOSÉ MANUEL   Ah, muchas gracias. Vamos a ver quién escribe. ¡Qué bueno! Es de Marisel.
RAFAEL   ¿Marisel?
JOSÉ MANUEL   Tú conoces a Marisel; es venezolana. Ella está ahora en Madrid.
RAFAEL   Ah, sí. Es una estudiante muy buena. Estudia geología, ¿no?
JOSÉ MANUEL   Exacto.
RAFAEL   Y . . . ¿Qué dice?
JOSÉ MANUEL   A ver . . . Pregunta mucho sobre el proyecto en Machu Picchu: qué hago en el trabajo, cómo son las ruinas incaicas, si hablo con los indígenas sobre su cultura. Tú sabes, preguntas.
RAFAEL   ¿Y qué más?
JOSÉ MANUEL   Pregunta si continúo con mi trabajo voluntario con niños que no tienen padres.
RAFAEL   Sí, sí, todos sabemos que eres muy bueno y que tienes un corazón grande pues trabajas con niños que no tienen padres, ¿pero dice algo más?
JOSÉ MANUEL   Ah . . . También dice que tengo que afeitarme porque estoy feo con la barba que tengo.
RAFAEL   Es verdad que estás feo, pero ¿cómo sabe que tienes barba?
JOSÉ MANUEL   Debe tener una foto.
RAFAEL   ¡Ahh!
JOSÉ MANUEL   También dice que estoy loco y que voy a tener un accidente.
RAFAEL   ¿Y por qué dice que vas a tener un accidente?
JOSÉ MANUEL   Porque en la foto hago andinismo . . . subo una montaña totalmente vertical.
RAFAEL   ¡Qué inteligente es Marisel! Porque, en realidad, tú estás loco.

ACTIVIDAD 2 El email Después de escuchar la conversación otra vez, contesta estas preguntas.

1. ¿De dónde es Marisel y dónde está?
2. ¿Qué estudia?
3. ¿Por qué dice Rafael que José Manuel tiene un corazón grande?
4. ¿Por qué dice Marisel que José Manuel tiene que afeitarse?
5. ¿Por qué dice Marisel que José Manuel va a tener un accidente?
6. En tu opinión, ¿está loco José Manuel?
7. ¿Te gustaría hacer andinismo?

ACTIVIDAD 3 La habitación de tu compañero/a Parte A: En parejas (*pairs*), hagan (*make*) una lista de un mínimo de diez cosas que generalmente tienen los estudiantes en su habitación.

Parte B: Ahora, averigüa (*find out*) cinco cosas que tu compañero/a (*partner*) tiene en su habitación. Sigue (*Follow*) el modelo.

  ◆ A: ¿Hay video en tu habitación?
     B: Sí, hay. / No, no hay.

Focus on Real Language Builds Confidence and Fosters Communication

Vocabulario esencial I and **II** present practical, thematically-grouped vocabulary, often through illustrations, to convey the meaning of new words. Contextualized practice prepares you to use the vocabulary in realistic and personalized situations throughout the chapter.

Lo esencial I

I. Las partes del cuerpo (*Parts of the Body*)

la cara
el ojo
la nariz
la oreja
la boca
la barba

◄ Francisco Pizarro, conquistador de Perú.

Some speakers say **Él tiene bigotes.** Others say **Él tiene bigote.**

Otras partes del cuerpo

el bigote/los bigotes	mustache
los dientes	teeth
los labios	lips
la lengua	tongue
el oído	inner ear
el pelo	hair

la cabeza
el cuello
el hombro
la mano
el codo
el estómago
la espalda
el dedo
el brazo
la pierna
la rodilla
el pie
los dedos del pie

Dos incas. ➤

ACTIVIDAD 5 Asociaciones En grupos de tres, digan qué partes del cuerpo asocian Uds. con estas personas o productos.

Herbal Essence
Leggs
el príncipe Carlos de Inglaterra y Dumbo
Kleenex
Venus de Milo
Crest
Reebok
Visine
Fidel Castro
Mick Jagger

ACTIVIDAD 6 Las estatuas incaicas Parte A: En parejas, identifiquen las partes del cuerpo que tienen las siguientes figuras precolombinas.

Parte B: Ahora diseñen en un papel su propia figura exótica (puede ser de una civilización de otro planeta). Luego descríbansela (*describe it*) al resto de la clase.

＊ Nuestra figura tiene tres cabezas y dos manos. En una mano tiene cuatro dedos y en la otra tiene seis . . .

◄ Figuras precolombinas, Museo del Oro, Bogotá.

Vocabulario funcional

To help you review or prepare for quizzes and exams, **Vocabulario funcional** lists all active vocabulary—with English translations—in a thematically-organized end-of-chapter summary.

Las partes del cuerpo

la barba	beard
la boca	mouth
el brazo	arm
la cabeza	head
la cara	face
el codo	elbow
el cuello	neck
el dedo del pie	toe
los dientes	teeth
la espalda	back
el estómago	stomach
el hombro	shoulder
los labios	lips
la lengua	tongue
la mano	hand
la nariz	nose

Los meses (*Months*) *Ver páginas 106–107.*

Las estaciones (*Seasons*)

el invierno	winter
el otoño	fall
la primavera	spring
el verano	summer

Expresiones de tiempo y fechas (*Time Expressions and Dates*)

el año	year
el cumpleaños	birthday
la fecha	date
el mes	month

Hacia la comunicación I and **II** feature grammar presentations in clear, concise English that stress the use of language for communication. Charts and examples illustrate concepts and highlight important information.

Hacia la comunicación I

I. The Personal *a*

You already know three uses of the word **a**. They are as follows:

Remember **a + el = al.**

ir a + *infinitive*	Mañana **voy a salir** con mis amigos.
ir a + *place*	**Voy al supermercado.**
a mí/ti/él/ella/etc.	**A Juan** y a **mí** nos gusta bailar.

Another use of the word **a** is the *personal* **a**, which is used when someone does an action to another person (when the other person is a direct object). Notice that the first three examples that follow contain the *personal* **a** because, in each case, Maricarmen is looking at a person. The fourth example does not contain the *personal* **a** because Maricarmen is looking at an object.

Maricarmen mira a Juan.
Maricarmen mira **al** Sr. López.
Maricarmen mira a **la** profesora.
BUT: Maricarmen mira una foto.

Remember to use **el, la, los,** *or* **las** *with titles such as* **Sra., Dr.,** *etc., when speaking about the person.*

NOTE: Tener does not normally take the *personal* **a: Tengo un amigo.**

---

1 ◆ In order to use reflexive verbs, you need to know the reflexive pronouns.

levantarse (to get up)	
(yo) me levanto	**(nosotros/as) nos** levantamos
(tú) te levantas	**(vosotros/as) os** levantáis
(Ud., él, ella) se levanta	**(Uds., ellos, ellas) se** levantan

Me levanto temprano.	*I get up early.*
Él **se** cepilla los dientes después de comer.	*He brushes his teeth after he eats.*
Nos duchamos por la mañana.	*We take a shower in the morning.*

2 ◆ The reflexive pronoun precedes a simple conjugated verb form.

Todos los días **me** levanto temprano.   *I get up early every day.*

3 ◆ When there is a conjugated verb + *infinitive* or + *present participle* (words ending in -**ando**/-**iendo**), the reflexive pronouns (**me, te, se, nos, os, se**) either precede the conjugated verb or follow attached to the infinitive or the present participle.

Mañana **me voy** a levantar tarde.]
Mañana voy a **levantarme** tarde.]   *Tomorrow, I'm going to get up late.*

Me estoy lavando el pelo.]
Estoy **lavándome*** el pelo.]   *I'm washing my hair.*

Do Workbook Práctica mecánica I and corresponding CD-ROM activities.

*NOTE: When the pronoun is attached to the present participle, a written accent is needed. For accent rules, see Appendix B.

ACTIVIDAD 9 **José Manuel en Perú** Completa esta historia (*story*) sobre José Manuel con **a, al, a la, a los** o **a las** sólo (*only*) si es necesario.

_____ José Manuel le gusta mucho trabajar como voluntario en Perú. Tres días por semana va _____ visitar _____ unos niños que no tienen _____ padres. Siempre lleva _____ libros para leer con ellos. Todos los domingos por la noche él llama _____ sus padres por teléfono a Venezuela y les describe _____ su trabajo de arqueología. Los fines de semana generalmente va _____ escalar una montaña o _____ visitar un pueblo diferente. _____ su amigo Rafael le gustaría ir _____ lago Titicaca pues es muy bonito. Esta semana José Manuel y Rafael van a ir _____ ruinas incaicas de Machu Picchu para trabajar en un proyecto.

A variety of practice activities, including pair and group exercises and illustration-based tasks, reinforce concepts and encourage self-expression.

ACTIVIDAD 12 **Nuestra rutina Parte A:** En parejas, digan qué tienen que hacer los estudiantes universitarios un día típico por la mañana.

◆ Nosotros tenemos que levantarnos . . . / Nosotros nos tenemos que levantar . . .

Parte B: Ahora describan la rutina de los estudiantes universitarios los sábados.

◆ Los sábados nos levantamos tarde y . . .

ACTIVIDAD 13 **La rutina** Pregúntales a tus compañeros si hacen las siguientes actividades.

Some Spanish speakers say **desayunarse.**

1. desayunar (*to have breakfast*) todos los días en una cafetería
2. levantarte temprano los domingos
3. lavarse el pelo por la noche
4. hacer gimnasia un mínimo de tres días por semana
5. correr todos los días
6. ir al cine todas las semanas
7. ducharse dos veces (*times*) por día
8. estudiar los sábados
9. cepillarse los dientes tres veces por día
10. trabajar como voluntario una vez por semana

ACTIVIDAD 14 **Un anuncio comercial** En parejas, escriban el guion de un anuncio comercial para una persona famosa. Escojan (*Pick*) un producto de la lista que sigue.

◆ el maquillaje de Mary Kay / Martha Stewart / maquillarse
Soy una persona práctica. Tengo mucho dinero, pero no es importante. El maquillaje de Mary Kay es bueno, bonito y barato. Y cuando me maquillo con Mary Kay, tengo ojos y labios perfectos. Mary Kay, el maquillaje de hoy. Mary Kay, mi maquillaje y tu maquillaje. Mary Kay, para mí y para ti.

1. una cama Serta / Homer Simpson / levantarse
2. el jabón Ivory / Shaquille O'Neal / lavarse, ducharse
3. la pasta de dientes Colgate / Julia Roberts / cepillarse
4. la crema de afeitar Gillette / Mel Gibson / afeitarse
5. el champú Paul Mitchel / Penélope Cruz / lavarse

Do Workbook Práctica comunicativa I and corresponding CD-ROM activities.

Student annotations offer learning strategies, relevant cultural information, and study tips.

In-text icons throughout the chapter correlate your text to the Activities Manual, the website, and the *iClaro que sí!* CD-ROM.

Nuevos horizontes

Lectura

ESTRATEGIA: Predicting

Predicting helps you start to think about the theme of a selection before you read it. You can predict or guess what a selection will be about by looking at the title, photos or illustrations, and subtitles, as well as by recalling what you know about the topic itself before you actually read the text.

In the following section, you will read some information about Peru. Many words or expressions that you may not understand will be used, but by predicting, guessing meaning from context, and using your knowledge of cognates and the world, you will comprehend a great deal of information.

The purpose of this activity is to get you to think about the topic. Do it prior to reading.

ACTIVIDAD 16 ¿Qué sabes de Perú? Antes de (*Before*) leer sobre Perú, contesta las siguientes preguntas sobre ese país. Si es necesario, mira el mapa de Suramérica al final del libro.

1. ¿Dónde está Perú?
2. ¿Cuál es la capital de ese país?
3. ¿Qué países limitan con (*border*) Perú?
4. ¿Qué es Machu Picchu?
5. ¿Quiénes son los incas?

A Program of Learning Strategies Supports Skill Development

● **Nuevos horizontes Lectura** presents and practices specific techniques designed to help you become a more proficient reader.

Readings include cultural texts about the Spanish-speaking world and authentic magazine and literary selections. ●

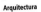

Machu Picchu:
El lugar misterioso de los incas

Historia de Machu Picchu

En los Andes, a unos 2.400 metros de altura está Machu Picchu, la ciudad sagrada[1] de los incas, que el arqueólogo norteamericano de
5 la Universidad de Yale, Hiram Bingham, descubrió en 1911. Según una versión de la historia de Machu Picchu, los incas construyeron la ciudad en una mon-
10 taña para defender a las Mujeres Sagradas, esposas de su dios[2] el Sol. En este refugio de vírgenes, Bingham y otros arqueólogos descubrieron diez esqueletos de mujer
15 por cada esqueleto de hombre.

Arquitectura

Machu Picchu es la construcción

▲ Machu Picchu, la ciudad sagrada de los incas en Perú.

---

* Salir en tren y hacer un viaje de unos 120 kilómetros y después tomar un autobús a Machu Picchu. El viaje
45 dura más o menos cuatro horas. Ésta es la opción más usada por los turistas.
50 * Hacer trekking por la ruta de "Camino del Inca". Si uno camina por esa ruta, tarda cuatro días en

llegar. La experiencia es increíble, pero sólo es para
55 personas a quienes les gustan las aventuras.

* Ir en helicóptero y después en autobús. El viaje es de un poco más de una
60 hora y es posible ver vistas magníficas, pero no es posible ver Machu Picchu desde el helicóptero.

ACTIVIDAD 17 ¿Cierto o falso? Parte A: Después de leer sobre Machu Picchu, escribe **C** si la información es cierta y **F** si es falsa.

1. _____ Machu Picchu es la capital de los incas.
2. _____ Machu Picchu está en Lima.
3. _____ Un arqueólogo de los Estados Unidos descubrió Machu Picchu en 1911.
4. _____ Las construcciones de la ciudad tienen cemento.
5. _____ La lengua de los incas es el quechua.
6. _____ Las personas de Cuzco no hablan quechua.
7. _____ Para visitar Machu Picchu, muchos turistas van a Cuzco primero.

You will read excerpts from Spanish-language Internet pages about Machu Picchu and Peru at the end of Ch. 4 in your Workbook.

Parte B: Contesta estas preguntas.

1. Hay tres maneras de viajar de Cuzco a Machu Picchu. ¿Cuáles son?
2. ¿Cuál de las tres formas te gustaría utilizar y por qué?

Escritura

ESTRATEGIA: Brainstorming and Outlining

Brainstorming and outlining can help you better organize and plan your writing. The first step is to brainstorm ideas; you should jot down everything that comes to mind. The next step is usually outlining. An outline is an organized list of what you plan to write. When you brainstorm and outline, it is important to write in Spanish so that you don't try to say things that you have not studied yet. An outline for the first two parts of the guidebook selection on Machu Picchu may be as follows.

Historia de Machu Picchu
   2.400 metros; Bingham; 1911; Mujeres Sagradas
Arquitectura de Machu Picchu
   granito blanco; sin cemento; sin la rueda; sin hierro

Nuevos horizontes Escritura offers process-based writing correlated to the chapter grammar and vocabulary and strategies to help you improve your
● writing skills.

ACTIVIDAD 18 Un día típico Parte A: Brainstorm a list of things you do in a typical day. Remember to write in Spanish.

Parte B: Create an outline in Spanish, using the following headings. Add specific details under each one using items you brainstormed in Part A and any other details you want to add.

1. descripción de quién eres
2. qué haces un día típico
3. descripción de tus amigos
4. qué haces en tu tiempo libre

Parte C: Write a four-paragraph composition based on your outline.

When several items are listed in Spanish, there is no comma after **y: Estudio historia, sociología y español.**

Parte D: Double check to see if:

* you use words like **por eso, y, también,** and **pero** to connect ideas and enrich the interest level. If you don't, add them now.
* all verbs agree with their subjects, all adjectives agree with the nouns they modify, all articles (**el/la, un/una,** etc.) agree with the nouns they modify. If they don't, fix them now.

Parte E: Rewrite your description, staple it to your rough draft—also including the brainstorming and outline created in Parts A and B—and hand them in to your instructor.

Emphasis on Culture Develops Students' Awareness of the Spanish-Speaking World

Videoimágenes, located in even-numbered chapters, offers pre-, ongoing, and post-viewing activities for the *iClaro que sí!* Video in order to improve your observational and listening skills and broaden your knowledge of Spanish-speaking cultures.

Videoimágenes

La vida universitaria

ACTIVIDAD 32 **En los EE.UU.** Antes de mirar un video sobre la vida universitaria en el mundo hispano, contesta estas preguntas sobre la vida universitaria en los Estados Unidos.

1. ¿Dónde viven los estudiantes normalmente? ¿En un colegio mayor? ¿En un apartamento? ¿Con su familia?
2. ¿Cuánto cuesta la matrícula en una universidad pública? ¿Y en una universidad privada? ¿Es cara la matrícula en tu universidad?
3. ¿De cuántos años es tu carrera universitaria? ¿Es igual o diferente para todas las especializaciones?
4. ¿Es normal tener clases en diferentes edificios o los estudiantes normalmente tienen todas sus clases en un edificio?
5. Si un estudiante quiere estudiar medicina o derecho, ¿cuál es el proceso? ¿Más o menos cuántos años tarda?
6. Al entrar en la universidad, ¿ya saben su especialización los estudiantes de este país? ¿Es normal cambiar de especialización durante los años universitarios?

 6:37–9:14

ACTIVIDAD 33 **¿Qué estudias?** En este segmento muchos estudiantes del mundo hispano hablan sobre su universidad. Todas las universidades que mencionan son públicas, excepto San Francisco de Quito que es privada. Mira el video y completa las siguientes cinco tablas. Recuerda mirar las tablas antes de ver el video.

Universidad de Buenos Aires

Nombre	Edad	Carrera
Florencia	22	
Andrés		diseño de imagen y sonido
Natalia	22	paisajismo (*landscaping*)

Universidad Nacional Autónoma de México

Nombre	Edad	Carrera
Manuel	21	
Nicte-ha	19	

 9:15–16:09

ACTIVIDAD 34 **¿Cuánto cuesta esa carrera?** En este segmento Javier habla con Victoria, y Mariela habla con Mario sobre las carreras de periodismo (*journalism*) y medicina respectivamente. Escucha a otros estudiantes universitarios y completa la siguiente tabla.

Universidad	Carrera	Años	Costo de la matrícula de un año
San Francisco de Quito	filosofía		$5.000
de Buenos Aires			gratuita – no cuesta nada
Complutense de Madrid	derecho		$400
Autónoma de México	X	X	¢

16:10–end

ACTIVIDAD 35 **El tiempo libre** Mira el siguiente segmento y haz una lista de lo que hacen los estudiantes en su tiempo libre. Luego compártela con el resto de la clase.

Useful vocabulary: **carrera** (*course of study*), **especialización** (*major*), **matrícula alta/baja** (*high/low tuition*), **ciudad universitaria** (*campus*).

ACTIVIDAD 36 **A comparar** En parejas, piensen en lo que vieron en el video y examinen las tablas de las **Actividades 33** y **34** para formar oraciones comparando la vida universitaria en el mundo hispano con la de este país. Sigan el modelo.

◆ En España generalmente cada facultad tiene bar y vende alcohol. En los EE.UU. hay cafeterías en diferentes partes de la ciudad universitaria y normalmente no venden alcohol.

¿Lo sabían?

Muchas universidades del mundo hispano son enormes, como la UNAM en el D.F. que tiene más de 270.000 estudiantes y la Universidad de Buenos Aires con más de 226.000. Por eso, a veces hay ciudades universitarias y a veces no. En el caso de Buenos Aires, las facultades están repartidas por toda la ciudad. Esto no es problemático porque generalmente los alumnos entran directamente de la escuela secundaria en las facultades de derecho, medicina, geología, etc. Luego asisten a todas sus clases en el mismo edificio con otros estudiantes de la misma especialización.

Do Web Search activities.
Internet

¿Lo sabían? cultural readings, in Spanish beginning in Chapter 4, offer information and insights on a range of cultural topics. Emphasizing practices, as well as cross-cultural comparisons, these readings expose you to and encourage you to discuss the diverse cultures of the Spanish-speaking world.

Program Components

Activities Manual: Workbook/Lab Manual

The Workbook provides a variety of practice to help you reinforce class work and develop your reading and writing skills. The Lab Manual, coordinated with the Audio CD program, provides a variety of pronunciation and listening comprehension practice, as well as the chapter conversations.

Workbook Answer Key

The Answer Key may be packaged with the Activities Manual at the discretion of your school.

Quia Online Activities Manual

An online version of the Activities Manual contains the same content as the print version in an interactive environment that provides immediate feedback on many activities.

In-Text Audio CD

Packaged with your textbook, this audio CD contains the text conversations.

Audio CD Program

The audio program, which coordinates with the Lab Manual, is available in your Language Lab or for purchase so that you can listen to the recordings at any time.

¡Claro que sí! *Video*

Filmed in Argentina, Ecuador, Mexico, Puerto Rico, and Spain, this new video to accompany *¡Claro que sí!* gives you the opportunity to learn about varied aspects of the Hispanic world. Nine episodes of cultural segments and interviews, each lasting approximately eight to ten minutes, focus on themes and language related to the textbook chapters, such as greetings, interviews with students, a wedding and a religious holiday, a visit to a restaurant, music and dance, and interviews with mothers of the Plaza de Mayo in Argentina.

¡Claro que sí! *Multimedia CD-ROM 1.0*

The dual-platform multimedia CD-ROM helps you practice each chapter's vocabulary and grammar, and provides immediate feedback so that you can check your progress in Spanish. Each chapter includes art- and listening-based activities and the opportunity to record selected responses to help you develop your reading, writing, listening, and speaking skills. Access to a grammar reference and Spanish-English glossary is available for instant help. The CD-ROM also contains complete chapter episodes and clips from the *¡Claro que sí!* video with related activities. A progress report for each chapter shows activities completed, as well as percentage of correct answers. Open-ended exercises can be emailed to your instructor or printed for correction.

Internet

¡Claro que sí! *Website*

The website written to accompany *¡Claro que sí!* contains search activities, ACE practice tests, chapter cultural links, flashcards, and MP3 files of the chapter conversations.

The **Search Activities** are designed to give you practice with chapter vocabulary and grammar while exploring existing Spanish-language websites. Although the sites are not written for students of Spanish, the tasks that you will be asked to carry out are, and you are not expected to understand every word.

The **ACE Practice Tests** contain a series of chapter-specific exercises designed to help you assess your progress and practice chapter vocabulary and grammar. The ACE PLUS exercises provide more extensive vocabulary and grammar practice for each chapter, and the ACE video exercises offer practice based on short clips from the *¡Claro que sí!* Video. These various ACE exercises provide immediate feedback and are ideal for practicing chapter topics and reviewing for quizzes and exams.

The cultural links offer additional cultural information on places and topics related to each chapter. These sites may be in English or Spanish. The flashcards, all in Spanish, allow you to quickly study or review each chapter's vocabulary.

To access the site, go to http://spanish.college.hmco.com/students.

Acknowledgments

The authors and publisher thank the following reviewers for their comments and recommendations, many of which are reflected in this new edition of *¡Claro que sí!*:

Rebeca Acevedo, Loyola Marymount University
Ellen Aramburu, University of Missouri at Rolla
Felice Coles, University of Mississippi
Karen A. Detrixhe, Wichita State University
Anita Gallers, Simon's Rock College of Bard
Margaret B. Haas, Kent State University
Roberta Holtzman, Schoolcraft College
María Jiménez Smith, Tarrant County College
Silvia Lorente-Murphy, Purdue University North Central
Ingrid Martinez-Rico, Florida Gulf Coast University
Robert Morris, Lander University
Kay E. Raymond, Sam Houston State University
David A. Rock, Huntingdon College
Ema Rosero-Nordalm, Boston University
Linda Semones, Montana State University
Rakhel Villamil-Acera, Emory University

We are especially grateful to the following people for their valuable assistance during the development and production of this project: Rolando Hernández and Sandy Guadano for their encouragement and support; Grisel Lozano-Garcini, our development editor, for her observations and sound suggestions; Rosemary Jaffe, our project editor, for juggling all aspects of production with ease; Jerilyn Kauffman for a clear and eye-catching design; our copyeditor, Steve Patterson; our production design coordinator, Sarah Ambrose; our art and photo editor, Linda Hadley; and our page designer, Cia Boynton. We thank Tina Crowley Desprez and Claudia Martínez for their support in marketing the program; and Rosa Maldonado-Bronnsack, Liby Moreno Carrasquillo, Martha Miranda Gómez, Virginia Laignelet Rueda, Olga Tedias-Montero, Victoria Junco de Meyer, Pilar Pérez Serrano, Alberto Dávila Suárez, Victoria Gardner, William Reyes Cubides, Ahmed Martínez, Peter Neissa, Michel Fernández, Dwayne Carpenter, Edgar Mejía, Cástulo Romero, Henry Borrero, and Rosa Garza Mouriño for their assistance answering questions about lexical items and cultural practices in the many countries that comprise the Spanish-speaking world.

Additionally, we would like to thank Norma Rusch for her musical talents; Sara Lehman and Patricia Fagan, who authored some activities in the Test and Quiz Bank; Louise Neary and Lauren Rosen for their work on the website activities; Heather Klish for her talents as a researcher; Louise Neary and Steve Budge for creating the CD-ROM activities; Cristina Schulze, Carmen Fernández, Charo Fernández, Ann Merry, and Viviana Domínguez for their help with the video program.

L.C.G.
D.R.
M.D.

Capítulo preliminar

Chapter Objectives

➤ Telling your name and where you are from

➤ Asking others their name and where they are from

➤ Greeting someone and saying good-by

➤ Telling the names of countries and their capitals

➤ Recognizing a number of classroom expressions and commands

Percent Change, 1990 to 2000
Hispanic or Latino Origin
All Races

0   100 Miles

Percent change by state

Gain of 200 percent or more
57.9 to 199.9
7.8 to 57.8

U.S. change is 57.9 percent

Percent change 1990 to 2000 in Hispanic or Latino population by county

0   100 Miles

Gain of 200 percent or more
100.0 to 199.9
57.9 to 99.9
0.0 to 57.8
-10.0 to -0.1
Loss of more than 10 percent

U.S. change is 57.9 percent
No change

No chan

Fewer than 100 people in county indicating Hispanic or Latino origin in 2000

U.S. Census Bureau, Census 2000

Datos interesantes

Los cinco países con mayor número de personas de habla española:

➤ México	100.000.000
➤ España	40.000.000
➤ Colombia	40.000.000
➤ Argentina	37.000.000
➤ Estados Unidos	25.000.000

Las presentaciones

◄ Students in La Paz, Bolivia.

A: Hola.

B: Hola.

A: ¿Cómo te llamas?

B: Me llamo Marisa. ¿Y tú?

A: Marta.

B: Encantada.

A: Igualmente.

B: ¿De dónde eres?

A: Soy de La Paz, Bolivia. ¿Y tú?

B: Soy de Caracas, Venezuela.

A: Chau.

B: Chau.

◈ Spanish requires that punctuation marks be used at the beginning and end of questions and exclamations.

◈ Men say **encantado** and women say **encantada**.

ACTIVIDAD **1** **¿Cómo te llamas?** Take three minutes to meet as many people in your class as you can by asking their names. Follow the model.

◆ A: Hola. ¿Cómo te llamas?

   B: Me llamo [Jessica]. ¿Y tú?

   A: Me llamo [Omar].

   B: Encantada.

   A: Igualmente.

   B: Chau.

   A: Chau.

ACTIVIDAD 2 **¿De dónde eres?** Ask four or five classmates where they are from. Follow the model.

◆ A: ¿De dónde eres?
B: Soy de [Cincinnati, Ohio]. ¿Y tú?
A: Soy de [Lincoln, Nebraska].

ACTIVIDAD 3 **Hola . . . Chau** Go to the front of the room and form two concentric circles with the people in the inner circle facing those in the outer circle. Each person should speak to the person in front of him/her and include the following in the conversation: greet the person, ask his/her name, find out where he/she is from, say good-by. When finished with a conversation, wait for a signal from your instructor; then the inner circle should move to the next person to their right and have the same conversation with a new partner.

▲ A Chilean professor greets a Puerto Rican professor at a conference.

A: Buenos días.
B: Buenos días.
A: ¿Cómo se llama Ud.?
B: Me llamo Tomás Gómez. ¿Y Ud.?
A: Silvia Rivera.
B: Encantado.
A: Igualmente.

B: ¿De dónde es Ud.?
A: Soy de Lima, Perú. ¿Y Ud.?
B: Soy de Chicago, Illinois.
A: Adiós.
B: Adiós.

¿Lo sabían?

Spanish has two forms of address to reflect different levels of formality. **Usted (Ud.)** is generally used when talking to people whom you would address by their last name (Mrs. Smith, Mr. Jones) or with the words "sir" and "madam." (What would you like, sir?) **Tú** is used when speaking to a young person and to people whom you would call by their first name.

◈ Note: **Ud.** is the abbreviation of the word **usted** and will be used throughout this text.

ACTIVIDAD 4 ¿Cómo se llama Ud.? Imagine that you are at a business conference. Introduce yourself to three people. Follow the model.

◆ A: Buenos días.
B: Buenos días.
A: ¿Cómo se llama Ud.?
B: Me llamo . . . ¿Y Ud.?

A: Me llamo . . .
B: Encantado/a.
A: Encantado/a.
B: Adiós.
A: Adiós.

◈ Do Workbook Act. 1–4.

ACTIVIDAD 5 ¿De dónde es Ud.? You are a businessman/businesswoman at a cocktail party and you are talking to other guests. Find out their names and where they are from. Follow the model.

◆ A: Buenas noches.
B: Buenas noches.
A: ¿Cómo se llama Ud.?
B: . . . ¿Y Ud.?

A: . . . ¿De dónde es (Ud.)?
B: Soy de . . .
A: Encantado/a.
B: . . .

Los saludos y las despedidas

Los saludos (Greetings)

Hola. Hi.
Buenos días. Good morning.
Buenas tardes. Good afternoon.
Buenas noches. Good evening.

¿Cómo estás?
¿Cómo está (Ud.)? } How are you?
¿Qué tal? (*informal*)

¡Muy bien! Very well!
Bien. O.K.
Más o menos. So, so.
Regular. Not so good.
Mal. Lousy./Awful.

Las despedidas (Saying Good-by)

Hasta luego.   See you later.
Hasta mañana.   See you tomorrow.
Buenas noches.   Good night./Good evening.
Adiós.   Good-by.
Chau./Chao.   Bye./So long.

◈ **Adiós** is also used as a greeting when two people pass each other and want to say "Hi," but have no intention of stopping to chat.

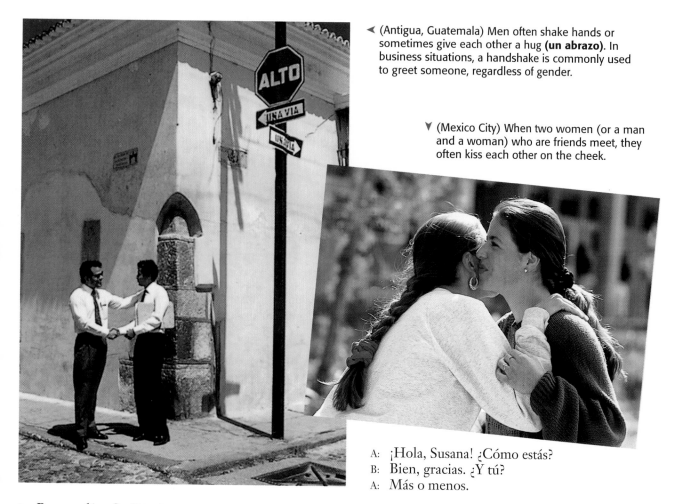

◄ (Antigua, Guatemala) Men often shake hands or sometimes give each other a hug **(un abrazo)**. In business situations, a handshake is commonly used to greet someone, regardless of gender.

▼ (Mexico City) When two women (or a man and a woman) who are friends meet, they often kiss each other on the cheek.

A: ¡Hola, Susana! ¿Cómo estás?
B: Bien, gracias. ¿Y tú?
A: Más o menos.

A: Buenos días, Sr. Ramírez.
B: Buenos días, Sr. Canseco. ¿Cómo está Ud.?
A: Muy bien. ¿Y Ud.?
B: Regular.

◈ Formal = **¿Cómo está (Ud.)?**
Informal = **¿Cómo estás (tú)?**

◈ Is the greeting in this activity title formal or informal?

◈ Do Workbook Act. 5–7.

ACTIVIDAD **6** **¡Hola! ¿Cómo estás?**   Mingle and greet several classmates, ask how each is, and then say good-by. To practice using both **tú** and **Ud.**, address all people wearing blue jeans informally (use **tú**) and all others formally (use **Ud.**).

Países hispanos y sus capitales

La Paz, capital de Bolivia. ➤

Use the maps on the inside covers of your text to learn the names of Hispanic countries and their capitals. Follow your instructor's directions.

Otros países y sus capitales

Alemania	Berlín
Brasil	Brasilia
Canadá	Ottawa
(los) Estados Unidos	Washington, D.C.
Francia	París
Inglaterra	Londres
Italia	Roma
Portugal	Lisboa

◇ Do Workbook Act. 8–11.

ACTIVIDAD **7** **Capitales hispanas** In pairs, take three minutes to memorize the capitals of the countries on either the front or back inside cover of your textbook. Your partner will memorize those on the opposite cover. Then go to the cover that your partner has studied and take turns asking the capitals of all the countries. Follow the model.

◆ A: (*Looking at the back inside cover*) ¿Cuál es la capital de Chile?

B: Santiago.

A: Correcto.

B: (*Looking at the front inside cover*) ¿Cuál es la capital de Costa Rica?

A: . . .

¿Lo sabían?

Spanish is spoken in many countries. Although Mandarin Chinese has the largest number of native speakers in the world, Spanish is second and is followed closely by English. The term *Hispanic*, as it is used in the United States by the U.S. government, is a broad term referring to people of diverse ethnic makeup from Spain and Latin America. Many Spanish speakers in the U.S. prefer the term **Latino** or **Latina**. Spanish is spoken in the following geographical areas by people of all races:

América
Norteamérica:
  Estados Unidos,* México

Centroamérica:
  Belice,* Costa Rica, El Salvador, Guatemala,
  Honduras, Nicaragua, Panamá

El Caribe:
  Cuba, La República Dominicana,
  Puerto Rico

Suramérica:
  Argentina, Bolivia, Chile, Colombia,
  Ecuador, Paraguay, Perú, Trinidad y Tobago,*
  Uruguay, Venezuela

Europa
  Andorra, España, Gibraltar*

África
  Guinea Ecuatorial

*Nations where Spanish is spoken by a large number of people, but it is not an official language.

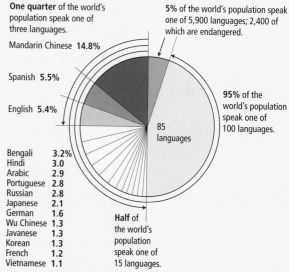

World Languages
Primary language spoken by the 6 billion people in the world

One quarter of the world's population speak one of three languages.

Mandarin Chinese **14.8%**

Spanish **5.5%**

English **5.4%**

5% of the world's population speak one of 5,900 languages; 2,400 of which are endangered.

95% of the world's population speak one of 100 languages.

85 languages

Bengali	3.2%
Hindi	3.0
Arabic	2.9
Portuguese	2.8
Russian	2.8
Japanese	2.1
German	1.6
Wu Chinese	1.3
Javanese	1.3
Korean	1.3
French	1.2
Vietnamese	1.1

Half of the world's population speak one of 15 languages.

Adapted from *The Boston Globe*. Data from SIL Ethnologue.

◈ NOTE: In the Spanish-speaking world, only five continents are recognized: **América** (includes North and South America), **Europa, Asia, África,** and **Oceanía** (includes Australia, New Zealand, and other islands in the Pacific Ocean).

Expresiones para la clase

Learn the following commands (**órdenes**) so that you can react to them when they are used by your instructor.

Órdenes

◈ When two words are given (e.g., **Abre/Abran**), the first is an informal, singular command given to an individual and the second is a command given to a group of people.

Abre/Abran el libro en la página . . .   Open your book(s) to page . . .
Cierra/Cierren el libro.   Close your book(s).
Mira/Miren el ejercicio/la actividad . . .   Look at the exercise/the activity . . .
Escucha./Escuchen.   Listen.
Escribe./Escriban.   Write.
Lee/Lean las instrucciones.   Read the instructions.

Saca/Saquen papel/bolígrafo/lápiz.   Take out paper/a pen/a pencil.
Repite./Repitan.   Repeat.
Siéntate./Siéntense.   Sit down.
Levántate./Levántense.   Stand up.
[Vicente], pregúntale a [Ana] . . .   [Vicente], ask [Ana] . . .
[Ana], contéstale a [Vicente] . . .   [Ana], answer [Vicente] . . .
[María], repite la respuesta, por favor.   [María], repeat the answer, please.
[María], dile a [Jorge] . . .   [María], tell [Jorge] . . .

The following expressions will be useful in the classroom:

¿Cómo se dice . . . en español?   How do you say . . . in Spanish?
¿Cómo se escribe . . . ?   How do you spell . . . ?
¿Qué quiere decir . . . ?   What does . . . mean?
¿En qué página, por favor?   What page, please?
No entiendo./No comprendo.   I don't understand.
No sé [la respuesta].   I don't know [the answer].
Más despacio, por favor.   More slowly, please.
(Muchas) gracias.   Thank you (very much).
De nada.   You're welcome.

ACTIVIDAD **8 Las órdenes** Listen to the commands your instructor gives you and act accordingly.

ACTIVIDAD **9 ¿Qué dirías tú?** What would you say in the following situations?

1. The instructor is speaking very fast.
2. The instructor asks you a question but you don't know the answer.
3. You do not understand what the word **ejercicio** means.
4. You do not understand what the instructor is telling you.
5. You did not hear the page number.
6. You want to know how to say _table_ in Spanish.

Deletreo y pronunciación de palabras: El alfabeto

ca, co, cu: c is pronounced like c in _cat_

ce, ci: c is pronounced like c in _center_

ga, go, gu: g is pronounced like g in _go_ or softer, as in _egg_

ge, gi: g is pronounced like _h_ in _hot_

h is always silent

Listen to the CD for each chapter to practice pronunciation.

A	a	**A**rgentina
B	be, be larga, be grande, be de burro	**B**arcelona
C	ce	**C**anadá, **C**entroamérica
CH	che	**Ch**ile
D	de	Santo **D**omingo
E	e	**E**cuador
F	efe	La **F**lorida
G	ge	**G**uatemala, Carta**g**ena
H	hache	**H**onduras
I	i	Las **I**slas Canarias
J	jota	San **J**osé
K	ca	**K**ansas
L	ele	**L**ima
LL	elle	Hermosi**ll**o

M	eme	**M**ontevideo
N	ene	**N**icaragua
Ñ	eñe	Espa**ñ**a
O	o	**O**viedo
P	pe	**P**anamá
Q	cu	**Q**uito
R	ere	Pe**r**ú
S	ese	**S**antiago
T	te	**T**oledo
U	u	**U**ruguay
V	uve, ve corta, ve chica, ve de vaca	**V**enezuela
W	doble uve, doble ve, doble u	**W**ashington
X	equis	E**x**tremadura
Y	i griega, ye	**Y**ucatán
Z	zeta	**Z**aragoza

¿Lo sabían?

The Spanish Language has twenty-nine letters, but in 1994, the tenth Congress of the Association of Academies of the Spanish Language decided to follow the alphabetical order of a number of other languages and thus eliminated the **ch (che)** and the **ll (elle)** as separate dictionary entries. Since the change is relatively recent, you may still see dictionaries that list words beginning with these letters separately from the **c** and the **l**. You may hear people say **che** or **ce hache** and **elle** or **doble ele**. The **rr**, although not considered a letter of the alphabet, is commonly identified as **erre,** but may also be called **ere ere** or **doble ere**.

Here are a few more useful facts concerning the Spanish alphabet:

- The letter **ñ** follows **n**. Therefore, **mañana** follows **manzana** (*apple*) in dictionaries. Although few words start with the **ñ**, dictionaries maintain a separate section for words beginning with **ñ**.

- The **k** and **w** are usually used with words of foreign origin.

- All letters are feminine, for example: **las letras son la *a*, la *b*, la *c***, etc.

ACTIVIDAD **10** **¿Cómo se escribe . . . ?** Find out the name of two classmates and ask them to spell their last names. Follow the model.

◆ A: ¿Cómo te llamas?

B: Teresa Domínguez Schroeder.

A: ¿Cómo se escribe "Schroeder"?

B: Ese-ce-hache-ere-o-e-de-e-ere.

Do Workbook Act. 12.

ACTIVIDAD **11** **Las siglas** **Parte A:** The following organizations or places are frequently referred to by their acronym or abbreviation. Try to figure out which letters would go in the blanks below.

1. La **Unión Europea** es una organización de países de Europa y España es uno de los países. La _____ se abrevia en inglés *E.U.* (*European Union*).

2. El **Tratado de Libre Comercio** es un acuerdo (*treaty*) entre los Estados Unidos, México y Canadá. El comercio entre los países es libre. El _____ se llama en inglés *NAFTA* (*North American Free Trade Agreement*).

3. La **Organización de las Naciones Unidas** es una organización de los países del mundo. La sede está en Nueva York. La _____ se llama en inglés la *U.N.* (*United Nations*).

4. El **Distrito Federal** es el nombre de la zona donde está la ciudad de México. El _____ es el nombre común de la ciudad de México.

5. La **Organización del Tratado del Atlántico Norte** mantiene la paz y seguridad de los países que son miembros de la organización. La _____ se llama en inglés *NATO* (*North Atlantic Treaty Organization*).

Just as some people in the U.S. refer to Washington, D.C. as just "D.C.", Mexicans almost always call Mexico City **"el D. F."**.

Note: When the words are plural, the letters are normally doubled in the abbreviation: **Los Estados Unidos = EE. UU.** (Note that the periods come after each double letter.)

Parte B: In Spanish, it is common to pronounce abbreviations as words instead of stating every letter individually. How would you say the acronyms in numbers 3 and 5 above?

Acentuación (*Stress*)

For more information on syllabication and accentuation, see Appendix B.

Accents on stressed, capital letters can be written or omitted. For example: both **Álvaro** and **Alvaro** are correct. This book will use the former.

In order to pronounce words correctly, you will need to know the stress patterns of Spanish.

1 ♦ If a word ends in *n*, *s*, or a vowel (**vocal**), stress falls on the next-to-last syllable (**penúltima sílaba**).

re**pi**tan   **lla**mas   **ho**la

2 ♦ If a word ends in any consonant (**consonante**) other than *n* or *s*, stress falls on the last syllable (**última sílaba**).

espa**ñol**   us**ted**   regu**lar**

3 ♦ Any exception to rules 1 and 2 has a written accent mark (**acento ortográfico**) on the stressed vowel. The underlined syllable represents where the stress would be according to the rules, and the arrow shows where the stress actually is when the word is pronounced. When the two do not coincide, the rules have been broken, and a written accent is needed.

tele**vi**sión   te**lé**fono   **lá**piz

With knowledge of the accent rules and a great deal of practice, you will always know where to stress a word if you first encounter it when reading and, upon hearing a Spanish word, you will be able to write it correctly.

NOTE: There are two other sets of words that require accents:

1 ◆ Question words such as **cómo, de dónde,** and **cuál** always have written accents.

2 ◆ Certain words have a written accent to distinguish them from similar words that are pronounced the same but have different meanings: **tú** (*you*), **tu** (*your*); **él** (*he*), **el** (*the*).

ACTIVIDAD **12 Énfasis** Indicate the syllable where the stress falls in each word of the following sentences. Listen while your instructor pronounces each sentence.

1. ¿Có-mo es-tá, se-ñor Pé-rez?
2. La ca-pi-tal de Pe-rú es Li-ma.
3. ¿Có-mo se es-cri-be "Ne-bras-ka"?
4. Re-pi-tan la fra-se.
5. No com-pren-do.
6. Más des-pa-cio, por fa-vor.

Do Workbook Act. 13–14, CD-ROM, and lab activities. For additional practice and cultural information access the *iClaro que sí!* website. To do this, go to **http://spanish.college.hmco.com/ students**, select the *iClaro que sí!* textbook website, and bookmark this site for future reference.

ACTIVIDAD **13 Acentos** Read the following words, stressing the syllables in bold type. Underline the syllables that would be stressed according to the rules. Then place arrows under the syllables that are stressed when the words are pronounced. If they do not coincide, add a written accent.

ultima   **úl**tima
              ↑

1. **ra**pido
2. Sala**man**ca
3. **la**piz
4. profe**sion**
5. profe**sor**
6. tele**gra**ma
7. ca**fe**
8. na**cio**nes
9. **Me**xico
10. doc**to**ra
11. **pa**gina
12. universi**dad**
13. pi**za**rra
14. **can**cer
15. Bo**go**ta
16. fan**tas**tico

Vocabulario funcional

Las presentaciones (*Introductions*)

¿Cómo te llamas?	*What's your name? (informal)*
¿Cómo se llama (usted)?	*What's your name? (formal)*
Me llamo . . .	*My name is . . .*
¿Y tú/usted?	*And you?*
Encantado/a.	*Nice to meet you. (literally, Charmed.)*
Igualmente.	*Nice to meet you, too. (literally, Equally.)*

El origen

¿De dónde eres?	*Where are you from? (informal)*
¿De dónde es usted?	*Where are you from? (formal)*
Soy de . . .	*I am from . . .*

Los saludos y las despedidas *See pages 4–5.*

Expresiones para la clase *See pages 7–8.*

El alfabeto *See pages 8–9.*

Países hispanos y sus capitales

¿Cuál es la capital de . . . ?	*What is the capital of . . . ?*	
Estados Unidos	Washington, D.C.	América del Norte/ Norteamérica
México	México, D.F. (Distrito Federal)	
Costa Rica	San José	América Central/ Centroamérica
El Salvador	San Salvador	
Guatemala	Guatemala	
Honduras	Tegucigalpa	
Nicaragua	Managua	
Panamá	Panamá	
Argentina	Buenos Aires	América del Sur/ Suramérica
Bolivia	La Paz; Sucre	
Colombia	Bogotá	
Chile	Santiago	
Ecuador	Quito	
Paraguay	Asunción	
Perú	Lima	
Uruguay	Montevideo	
Venezuela	Caracas	
Cuba	La Habana	El Caribe
Puerto Rico	San Juan	
República Dominicana	Santo Domingo	
España	Madrid	Europa

Los protagonistas

These are the main characters you will be reading about throughout *¡Claro que sí!*

1. **Vicente Mendoza Durán**, 26, Costa Rica
2. **don Alejandro Domínguez Estrada**, 55, Puerto Rico
3. **Teresa Domínguez Schroeder**, 22, Puerto Rico
4. **Álvaro Gómez Ortega**, 23, España
5. **Marisel Álvarez Vegas**, 19, Venezuela
6. **Claudia Dávila Arenas**, 21, Colombia
7. **Juan Carlos Moreno Arias**, 24, Perú
8. **Diana Miller**, 25, los Estados Unidos

Study Tips

Two common sentences one can hear from people over 30 are the following:

I wish I had studied a foreign language.

I wish I had spent time in college studying abroad.

Learning a new language takes time, but the rewards are many. To avoid having any regrets, buckle down, study, and start to plan for a period of study abroad in a country where Spanish is spoken.

When studying a language, always remember that the goal of language study is communication. Learning a language does not mean memorizing vocabulary lists and studying grammar points. While grammar is one of the keys to communication, knowing grammar rules is not an end, but rather a means that enables you to express yourself in another language. As you learn more grammar rules and vocabulary, try to make your studying relevant to you as an individual. Each day ask yourself one question: What concepts can I express today in Spanish that I couldn't yesterday? For example, after studying the Preliminary Chapter you might say, "Now I can greet someone and find out where he/she is from."

¡Claro que sí! is based on the premise that **we learn by doing**. Trying to think in the language, without relying on translation, is the most effective way to learn. Try some of the following techniques to make the most of your study time.

1 ◆ Have a positive attitude.

2 ◆ Study frequently. It is better to study for a short while every day than to "cram" for an exam. If you learn something quickly, you tend to forget it quickly. If you learn something over time, your retention will improve.

3 ◆ Focus on what function is being emphasized. The word *function* refers to what you can do with the language. For example, *saying what you did yesterday* is a function, and in order to perform this function, you need to know how to form the *preterit tense* of verbs. Knowing the function makes it easier to see the purpose for studying a point of grammar.

- Focus on the title of each grammar explanation to understand the function being presented.
- Read examples carefully, keeping in mind the function.
- Create sentences of your own, using the grammar point presented to carry out the function emphasized.

4 ◆ Idle time = Study time. Try to spend otherwise nonproductive time studying and practicing Spanish. That will mean less "formal" studying and more time for other things. These spontaneous study sessions are a good way to learn quickly and painlessly while retaining a great deal.

- When learning numbers, say your friends' phone numbers in Spanish before dialing them, read license plates off cars, read numbers on houses, say room numbers before entering the rooms, etc.
- When learning descriptive adjectives (i.e., *tall, short, pretty,* etc.), describe people as you walk to class; when watching TV, make up a sentence to describe someone in a commercial; etc.

5 ◆ Make personal flash cards that contain no translation. Carry the flash cards with you and go through them as you ride the bus, use an elevator, watch commercials, etc. Once you learn a word, put that card on top of your dresser. At the end of each week, look through the pile of cards and take out any word you may have forgotten and put it in your active file. The growing pile of cards on your dresser will be a visual reminder of how many words, phrases, and verb conjugations you have learned.

- Draw a picture on one side of the card and write the Spanish equivalent on the other.
- Use brand names that mean something to you: If you use Prell shampoo, write Prell on one side of the card and **champú** on the other.
- Write names of people who remind you of certain words: If you think that Whoopi Goldberg is funny, write Whoopi Goldberg on one side and **cómica** on the other.

6 ◆ **Study out loud.** Verbalizing will help you retain more information, as will applying what you are studying to your own life.

- When you wake up in the morning, talk to yourself (in Spanish, of course): "I have to study calculus and I have to go to the bank. I'm going to write a letter today. I like to swim, but I'm going to go to the library."

7 ◆ **Write yourself notes in Spanish.** You can write shopping lists in Spanish, messages to your roommate, a "things-to-do list," etc.

8 ◆ **Speak to anyone who speaks Spanish.**

9 ◆ **Prepare for class each day.** This will cut down on your overall study time. It will also improve your class participation and make class more enjoyable for you.

10 ◆ **Participate actively in class.**

11 ◆ **Become a risk taker.** Don't be afraid to make mistakes. When you learn a language, you form hypotheses about what is correct and what is incorrect usage. When you speak or write in the language you will make mistakes. Making mistakes and learning from them is part of the learning process.

12 ◆ **Listen, watch, read, and enjoy.** As you study the language, start watching Spanish TV or movies and listen to a Spanish-language radio station in the car. Read all that you can in the language: labels on products, instructions for the telephone you just bought, Internet articles, and when you are ready, literature. This will increase your vocabulary, improve your listening comprehension and pronunciation, and will open your eyes to new cultures and ways of life.

Tips for Using the Workbook

1 ◆ Do homework and workbook assignments when assigned; don't wait until the night before a chapter of workbook activities is due to be turned in to your instructor. By doing homework on a daily basis, you increase your retention of information.

2 ◆ Study before trying to do the activities.

3 ◆ Check your answers with care. Pay attention to punctuation and accents. Write the corrections above your errors in a different color ink.

4 ◆ Learn from your mistakes. Write personal notes in the margins to explain or clarify the reason for a correction.

5 ◆ Ask your instructor questions to clarify any errors you don't understand.

6 ◆ When reviewing for exams, pay specific attention to the notes you made in the margins.

Tips for Using the Lab Audio Program

1 ◆ Listen to and do the pronunciation section when you begin to study each chapter.

2 ◆ Do the rest of the lab activities after studying the grammar explanation in the second half of each chapter.

3 ◆ Read the directions and the items in each activity in your Lab Manual before listening to the audio CD.

4 ◆ You are not expected to understand every word you hear on the audio CD. All you need to be able to do is to comprehend enough information to complete the activities in the Lab Manual.

5 ◆ Listen to the audio CD as many times as may be needed.

6 ◆ After correcting your answers in the Lab Manual, listen to the audio CD again. Having the answers will help you hear what you may have missed the first time.

Tips for Using the CD-ROM

1 ◆ Do the language practice activities after studying each point in class or as review for exams.

2 ◆ Check each answer as you complete the item to receive immediate feedback.

3 ◆ Brush up on grammar explanations, conjugations, etc. by clicking on the indicated button.

4 ◆ If you make an error, pay special attention to the hints given and learn from your mistakes.

5 ◆ Additional activities to practice language are available at the *¡Claro que sí!* website (see next section).

6 ◆ Do the video-based activities after studying the grammar in the second half of each chapter. These activities will help you to increase comprehension and to gain a greater understanding of the cultures of speakers of Spanish.

Tips for Using the Internet

1 ◆ After completing each chapter in the textbook, access the *¡Claro que sí!* website by going to this address: **http://spanish.college.hmco.com/students**. From this site, select the *¡Claro que sí!* textbook site, and bookmark this address for future reference.

2 ◆ When doing the *Web Search Activities*, you will be asked questions about information given in real Spanish-language websites that were not specifically created for students of Spanish. Concentrate on the task or information requested, without trying to understand everything. You will see many words you don't know

on Spanish-language sites; however, by doing the activities you will improve your reading and writing skills, acquire additional vocabulary, and learn about other peoples and their cultures.

3 ◆ The *ACE Practice Tests* on the website provide additional practice with language structures and offer helpful hints to assist you in mastering the material.

4 ◆ In addition to activities, the website includes cultural links that relate to each textbook chapter in the *Recursos* section. Click on these links to explore the sites and to learn more about the diversity of the Hispanic world.

5 ◆ Use the Internet to access additional information related to what you studied in class. Using Spanish when searching for a topic will give you Spanish-language sites. For example, if you are looking for information about the Prado Museum in Madrid, a search for "Prado Museum" would give you English language sites, while a search for "Museo del Prado" would give you sites in Spanish.

6 ◆ Beware of seeking language help in a chat room or by posting a question on the net. The quality and accuracy of responses is not to be trusted and, many times, the answers are simply dead wrong! If you have questions about use of language, see your instructor.

Tips for Learning About New Cultures

When using *¡Claro que sí!*, you will learn about other people and their cultures. When learning about the Spanish-speaking world, you will be confronted with stereotypes. Dr. Saad Eddin Ibrahim, a sociologist, states that "Stereotypes . . . are categorical beliefs about groups, peoples, nations and whole civilizations. They are over-generalized, inaccurate, and resistant to new information."

There are many stereotypes surrounding Spanish-speakers. Many are simply myths caused by years of misperceptions. For example, many people feel that Spanish-speakers in the U.S. are resistant to learning English and are living off welfare. Some use personal history to defend this point of view, making statements like "When my grandfather came to the United States, he . . ." These observations are commonly used to criticize and compare different immigrant groups. Statistics show Spanish-speaking immigrants are learning English as fast or faster than other immigrant groups in the United States have, and that eventually they do assimilate. But the constant influx of Spanish-speaking immigrants over the years may create the illusion of a lack of assimilation to the culture of the United States. Therefore, a stereotype is created and it is through the tinted glasses of misperceptions that people are judged.

Remember that knowledge of a people gained through personal contact and speech, studying how they express themselves, reading newspapers and literature, watching movies, surfing the net, and listening to music can all help you to get a picture of the people and the cultures that comprise the Spanish-speaking world. In short, keep an open mind and learn all that you can.

Capítulo

1

Chapter Objectives

➤ Giving your age

➤ Telling what you do

➤ Identifying others and telling their age, origin, nationality, and occupation

▼ The library at the **UNAM (Universidad Nacional Autónoma de México).**

Datos interesantes

	Número de estudiantes
Universidad Nacional Autónoma de México (UNAM)	271.524
Universidad de Buenos Aires (UBA)	226.073
Universidad Complutense de Madrid	114.778
	Fundada en
La primera universidad del hemisferio occidental: Universidad Nacional Mayor de San Marcos en Perú	1551
La primera universidad de los Estados Unidos: Harvard	1636

En el Colegio Mayor Hispanoamericano

◄ Students at the Universidad Complutense, Madrid.

¿Cómo?	What? / What did you say?
No hay de qué.	Don't mention it. / You're welcome.

Teresa has just arrived in Madrid. She has come to Spain to study tourism and to help her uncle at his travel agency. In the following conversation, Teresa is registering at the dorm (***colegio mayor***) *where she will be living.*

ACTIVIDAD **1** **¿Qué escuchas?** While listening to the conversation between Teresa and the receptionist, check only the phrases that you hear from each column.

_____ Buenos días.   _____ Buenas tardes.

_____ ¿Cómo te llamas?   _____ ¿Cómo se llama Ud.?

_____ ¿Cuál es su dirección?   _____ ¿Cuál es su número de pasaporte?

_____ Sí, soy de Puerto Rico.   _____ Sí, es de Puerto Rico.

	RECEPCIONISTA Un momento . . . ¿Sí? Buenos días.
	TERESA Buenos días.
Is this a formal or informal conversation?	RECEPCIONISTA ¿Cómo se llama Ud.?
	TERESA Soy Teresa Domínguez Schroeder.
Asking for a repetition	RECEPCIONISTA Domínguez . . . Domínguez . . . ¿Cómo? ¿Cómo es el segundo apellido?
	TERESA Schroeder.
	RECEPCIONISTA ¿Cómo se escribe?
	TERESA Ese-ce-hache-ere-o-e-de-e-ere.
	RECEPCIONISTA Emmm . . . Domínguez Sánchez, Domínguez Salinas, ¡ah, Domínguez Schroeder! Y ¿cuál es su número de pasaporte?
	TERESA Un momento . . . por Dios . . . momentito . . . Ah, aquí está. Cero-dos-tres . . .
Discussing origin	RECEPCIONISTA Pasaporte americano . . . Ud. es puertorriqueña, ¿no?
	TERESA Sí, soy de Puerto Rico.
	RECEPCIONISTA Bueno, ¿y el número?
	TERESA Sí, sí, cero-dos-tres-uno-cinco-tres . . .
	RECEPCIONISTA Cero-dos-uno-cinco . . .
	TERESA No, cero-dos-tres–uno-cinco.
	RECEPCIONISTA Ah, tres-uno-cinco, ¿sí?
	TERESA Tres-seis-cuatro-cuatro.
People from Puerto Rico have U.S. passports and are U.S. citizens, even though they consider themselves Puerto Ricans. They travel freely to the U.S. and can legally obtain jobs here.	RECEPCIONISTA Treinta y seis, cuarenta y cuatro. Bien. Su habitación es la ocho, señorita.
	TERESA ¿Cómo?
	RECEPCIONISTA La ocho.
	TERESA ¡Ah! Muchas gracias, señor. Hasta luego.
	RECEPCIONISTA Adiós. No hay de qué.

ACTIVIDAD 2 ¿Cierto o falso? After listening to the conversation again, write **C (cierto)** if the statement is true or **F (falso)** if the statement is false.

1. ____ Teresa es de Costa Rica.
2. ____ Ella se llama Teresa Schroeder Domínguez.
3. ____ El pasaporte es de los Estados Unidos.
4. ____ El número de su habitación es ocho.

In Hispanic countries, it is typical for students to attend a university or college in their hometown and live with their parents. When they attend a school outside their hometown, it is customary for them to stay with relatives who live in that city. When this is not possible, they may live in a dorm (**colegio mayor, residencia estudiantil**) that is usually independent from the university. Since in some countries dorms are almost nonexistent, it is possible to rent a room in a **pensión,** which is similar to a boarding house. A small number of students rent apartments. What do students in the United States do?

A dorm is referred to as a **colegio mayor** in Spain and as a **residencia estudiantil** in most of Hispanic America. The word **dormitorio** is used by some Spanish speakers in the Caribbean.

ACTIVIDAD **3** **Teresa Domínguez Schroeder** Many Spanish-speaking people use two last names, particularly for legal purposes. The first is the father's and the second is the mother's maiden name. Answer the following questions based on Teresa's family.

1. ¿El padre de Teresa es el Sr. Domínguez o el Sr. Schroeder? ¿Y cuál es el apellido de su madre?
2. ¿Teresa es la Srta. Domínguez o la Srta. Schroeder?

ACTIVIDAD **4** **¿Cómo te llamas?** Meet three classmates. Introduce yourself and ask them where they are from. Follow the model.

◆ A: ¿Cómo te llamas?

B: . . . ¿Y tú?

A: . . .

B: Mucho gusto.

A: Igualmente.

B: ¿De dónde eres?

A: Soy de . . . ¿Y tú?

B: Yo también soy de . . . / Soy de . . .

◈ You can say either **Me llamo José Ramos** or **Soy el Sr. Ramos / Me llamo Ana Peña** or **Soy la Srta./Sra. Peña.**

ACTIVIDAD **5** **¿Cómo se llama Ud.?** You are Hispanic businesspeople visiting the United States. In pairs, introduce yourselves and ask each other where you are from, following the model. This is a formal conversation.

◆ A: ¿Cómo se llama Ud.?

B: Me llamo . . . ¿Y Ud.?

A: . . .

B: Encantado/a.

A: Igualmente.

B: ¿De dónde es Ud.?

A: De . . . ¿Y Ud.?

B: Soy de . . .

◈ If you don't know, say, **No sé.**

ACTIVIDAD **6** **¿Cómo se llama?** In pairs, ask each other questions to see how many of the other students' names you can remember. Also, tell where they are from. Follow the model.

◆ A: ¿Cómo se llama?

B: ¿Quién, él?

A: Sí, él.   A: No, ella.

B: ¡Ah! Él se llama . . .   B: ¡Ah! Ella se llama . . .

A: ¿De dónde es . . . ?

B: Es de . . .

Lo esencial I

I. Los números del cero al cien

To help you remember: All numbers from 16 to 29 (except 20) can be written as three words (**diez y seis**) or as one word (**dieciséis**). The latter is more common. Numbers from 31 to 99 are always written as three words (**treinta y uno**). Note that all numbers from 16 to 29 that end in **-s** have a written accent (**veintidós**).

0	cero	16	dieciséis
1	uno	17	diecisiete
2	dos	18	dieciocho
3	tres	19	diecinueve
4	cuatro	20	veinte
5	cinco	21	veintiuno
6	seis	22	veintidós . . .
7	siete	30	treinta, treinta y uno . . .
8	ocho	40	cuarenta, cuarenta y uno . . .
9	nueve	50	cincuenta, cincuenta y uno . . .
10	diez	60	sesenta, sesenta y uno . . .
11	once	70	setenta, setenta y uno . . .
12	doce	80	ochenta, ochenta y uno . . .
13	trece	90	noventa, noventa y uno . . .
14	catorce	100	cien
15	quince		

Phone numbers are frequently read in pairs (**dos, treinta y tres,** etc.) and then clarified by reading one by one: **dos, tres, tres,** etc.

Phone numbers may have fewer than seven digits in Hispanic countries, depending on the size of the city or town.

ACTIVIDAD **7** **¿Cuál es tu número de teléfono?** Mingle with your classmates to find out their telephone numbers.

◆ A: ¿Cuál es tu número de teléfono?

B: Mi número de teléfono es 2-33-65-04 (dos, treinta y tres, sesenta y cinco, cero, cuatro).

A: Dos, tres, tres, siete, cinco . . .

B: No. Sesenta y cinco. Seis, cinco.

A: Ahhh. Dos, tres, tres, seis, cinco, cero, cuatro.

B: Correcto.

Banco Crédito Argentino

y = +
menos = −
por = ×
dividido por = ÷

ACTIVIDAD **8** **Las matemáticas** **Parte A**: Answer the following math problems according to the model.

◆ ¿Cuánto es catorce menos cuatro?
Es diez.

1. ¿Cuánto es cincuenta y nueve y veinte?
2. ¿Cuánto es setenta y dos dividido por nueve?
3. ¿Cuánto es diez por tres dividido por cinco?
4. ¿Cuánto es noventa y tres menos veinticuatro?

Parte B: Now write three math problems to quiz a partner. All answers must be 100 or less.

ACTIVIDAD **9** **¡Bingo!** Complete the bingo card using randomly selected numbers in the following manner: Column B (between 1 and 19), Column I (between 20 and 39), Column N (between 40 and 59), Column G (between 60 and 79), and Column O (between 80 and 99). Cross out the numbers as you hear them.

B	I	N	G	O

II. Las nacionalidades

Adjectives of nationality are not capitalized in Spanish.

Practice using word associations: Salvador Dalí = **español**; Monty Python = **inglés** (etc.).

Make flash cards of things you associate with each country: **tango/argentino, enchilada/mexicana,** etc.

Soy de España.   Soy de México.   Soy de Bolivia.   Soy de Nicaragua.
Soy español.   Soy mexicana.   Soy boliviano.   Soy nicaragüense.

Otras nacionalidades y adjetivos regionales

◈ **Indio/a** is used to refer to people from India. It is also used to refer to indigenous populations of the Americas, but may have a derogatory connotation. The word **indígena**—which has only one form ending in **-a** to describe both men and women—is preferred.

africano/a	colombiano/a	hondureño/a	peruano/a
asiático/a	cubano/a	indio/a	puertorriqueño/a
argentino/a	dominicano/a	italiano/a	ruso/a
boliviano/a	ecuatoriano/a	mexicano/a	salvadoreño/a
brasileño/a	europeo/a	panameño/a	uruguayo/a
chileno/a	guatemalteco/a	paraguayo/a	venezolano/a

NOTE: Adjectives of nationality ending in **-o** change to **-a** when describing a woman.

árabe	canadiense	costarricense	nicaragüense

NOTE: Adjectives of nationality ending in **-e** can be used to describe both men and women.

alemán/alemana	inglés/inglesa	portugués/portuguesa
francés/francesa	irlandés/irlandesa	

◈ Review accent rules. See Appendix B (Stress).

NOTE: Note the accents on **alemán, francés, inglés, irlandés,** and **portugués.**

¿Lo sabían?

How a person from the United States is referred to varies in Hispanic countries. **Americano** is a misnomer, since all people from the Americas are Americans. In some Hispanic countries, such as Colombia, Venezuela, Peru, and Chile, an American may be called **un/a gringo/a,** which is not necessarily a derogatory term. But in Mexico, for example, **gringo/a** has a negative connotation. In countries such as Spain, Mexico, and Argentina, an American is usually called **un/a norteamericano/a.** These terms are used since the word **estadounidense** is somewhat cumbersome. **Estadounidense** is used primarily in formal writing, when filling out forms, or in formal speech, such as newscasts.

ACTIVIDAD **10** **¿De qué nacionalidad es?** In pairs, alternate asking and answering questions about the nationalities of these people.

◆ A: ¿De qué nacionalidad es Bill Cosby?
  B: Es norteamericano.

1. Elton John
2. Henry Kissinger
3. Michelle Kwan
4. Gérard Dépardieu
5. Paloma Picasso
6. Plácido Domingo
7. Celine Dion
8. Mikhail Baryshnikov
9. Sammy Sosa

ACTIVIDAD **11** **Gente famosa** In groups of three, have a competition. One person says the name of a famous person and the others guess the country and state the nationality. Follow the model.

◆ Pedro Martínez es de la República Dominicana; entonces es dominicano.

 Remember: **Origen** refers to one's heritage, not to where one was born.

 Note: **Y** becomes **e** before words beginning with **i** or **hi**: **historia y español** but **español e historia.**

ACTIVIDAD **12** **El origen de tu familia** In groups of five, find out the ancestry of your group members. Follow the model.

◆ A: ¿Cuál es el origen de tu familia?
   B: Mi familia es de origen alemán e italiano.

Hacia la comunicación I

I. Introductions: Subject Pronouns and *Llamarse*

After having used Spanish to communicate with your classmates, try to answer a few questions about what you have learned. What is the difference between **él se llama** and **ella se llama?** If you said the first refers to a man and the second to a woman, you were correct. In Spanish, as in English, pronouns (**yo, tú, Ud., él, ella**) can help to clarify the subject of a verb. But, in Spanish, unlike English, the pronoun is optional.

In the sentence **Me llamo Juan,** what is the subject? If you said **yo,** you were correct. There is no ambiguity here and **yo** is the only option (**me llamo**—both **me** and **-o** indicate the subject of the verb). Now look at this sentence and try to identify the subject: **¿Cómo se llama?** There are three options: **Ud., él, ella.** In this case, a pronoun is mainly used to provide clarity.

Therefore, the pronouns **yo** and **tú** are only used for emphasis at the discretion of the speaker; **Ud., él,** and **ella** are used either for emphasis or, more importantly, for clarity.

To summarize what you have learned, the singular subject pronouns are as follows:

Singular Subject Pronouns	
yo	I
tú	you (familiar, singular)
usted (Ud.)	you (formal, singular)
él	he
ella	she

The singular forms of the verb **llamarse** (*to call oneself*) are as follows:

llamarse	
yo	**Me llamo** Miguel.
tú	¿Cómo te **llamas**?
Ud.	¿Cómo **se llama** Ud.?
él	¿Cómo **se llama** él?
ella	Ella **se llama** Carmen.

Remember: Subject pronouns in Spanish are optional and are generally used only for clarification, emphasis, and contrast. In most cases, the conjugated verb forms indicate who the subject is.

II. Stating Origin: *Ser + de, Ser + nationality*

How would you ask your new roommate where he/she is from? If you answered **¿De dónde eres?** you were correct since you would use the **tú** form of address when speaking to someone you call by his/her first name. **Tú** would only be added to the question for emphasis at the speaker's discretion.

How would you ask a professor where he/she is from? If you said **¿De dónde es Ud.?** you were correct since you would use the **Ud.** form of address when speaking to someone you would call by his/her last name. In the question **¿Es de Uruguay?**, what are the possible subjects of the verb? There are three possibilities: **Ud., él,** and **ella.** Just as you learned with **llamarse,** a pronoun is frequently used with verbs in Spanish to provide clarity.

The singular forms of the verb **ser** (*to be*) are the following:

The subject pronoun *it* uses the third person singular form of the verb, in this case **es,** and has no subject pronoun equivalent in Spanish. For example: **¿Qué es? Es una computadora.**

As shown in the examples, origin can be expressed in the following ways:

ser + **de** + city/country

ser + nationality

ser	
yo	**Soy** de Ecuador.
tú	¿**Eres** guatemalteco?
Ud.	¿De dónde **es** Ud.?
él	Él **es** de San Francisco.
ella	Ella **es** española.

Remember : The pronouns **yo** and **tú** are only used for emphasis at the discretion of the speaker, but **Ud., él,** and **ella** can be used for emphasis or for clarity.

III. Indicating One's Age: *Tener*

One of the uses of the verb **tener** is to indicate one's age. The following are the singular forms of the verb **tener** in the present indicative:

tener	
yo	**Tengo** treinta años.
tú	¿Cuántos años **tienes**?
Ud.	¿Cuántos años **tiene** Ud.?
él	Él **tiene** diecinueve años.
ella	Ella **tiene** veintiún años.*

Remember: As with all verbs in Spanish, the pronouns can be used for emphasis or clarity. The overuse of **yo** and **tú** when speaking or writing Spanish sounds redundant, so when in doubt, omit them.

Do Workbook *Práctica mecánica I* and corresponding CD-ROM activities.

***NOTE:** The number **veintiuno** loses its final **-o** when followed by a masculine noun. When the **-o** is dropped, an accent is needed over the **-u.**

ACTIVIDAD **13** **Dos conversaciones** In pairs, construct two logical conversations using the sentences that follow. Note: Each conversation contains two extra lines that do not belong and should not be included.

Conversación 1

_____ ¿Es de Caracas?

__2__ Me llamo Roberto, ¿y tú?

_____ No, soy de Venezuela.

_____ Sí, es de la capital.

_____ ¡Mi amigo es venezolano también!

_____ Se llama Marta.

_____ Felipe. ¿Eres de Colombia?

_____ No, es de Cancún.

_____ Se llama Pepe.

_____ ¿Ah sí? ¿Cómo se llama él?

__1__ ¿Cómo te llamas?

Conversación 2

_____ No, es de Bogotá.

_____ Se llama Ana.

_____ Soy la Srta. Mejía, ¿y Ud.?

_____ ¿Ah sí? ¿Cómo se llama?

_____ ¡Ah! Mi amiga es colombiana también.

_____ No, es de Medellín.

__1__ ¿Cómo se llama Ud.?

_____ ¿Ah sí? ¿Cómo se llama él?

_____ ¿Es de la capital ella?

_____ Soy el Sr. Mendoza, de Colombia.

▲ Students in Lima, Peru.

ACTIVIDAD **14** **¿Cómo se llama y de dónde es?** In pairs, take turns naming as many of your classmates and their hometowns as you can remember. Follow the model and point at each person you name.

◆ A: Ella se llama María y es de Milwaukee.
   B: Él se llama Víctor. No sé de dónde es.

ACTIVIDAD 15 **¿Cuántos años tienes?** **Parte A:** Ask several of your classmates their age.

- A: ¿Cuántos años tienes?

  B: Tengo . . . años.

Parte B: In pairs, ask each other questions to find out the ages of the people in the class whom you didn't get a chance to ask in **Parte A** of this activity.

- A: ¿Cuántos años tiene él?

  B: Tiene . . . años.   B: No sé cuántos años tiene.

In Hispanic countries it is not proper to ask someone his or her age, especially a middle-aged or older woman. Moreover, age is not commonly given in Hispanic newspaper articles when describing brides and grooms, political candidates, or criminals; neither does it appear in obituaries. Do any of these practices apply in the United States?

UNION DE CASTRO CASTAÑEDA Y RODRIGUEZ RODRIGUEZ

Helena De Castro Castañeda y Francisco Rodríguez Rodríguez, se casaron por la religión católica, en la Capilla de Nuestra Señora del Carmen, en Campo Alegre. La encantadora novia fue conducida al altar por su padre, luciendo un bellísimo vestido confeccionado en santua de seda. Cursaron las invitaciones para la boda los padres de ambos contrayentes.
La novia es hija de Eduardo de Castro Benedetti y de Finita Castañeda de Castro, y el novio de Francisco Rodríguez Sobral y de Berta Rodríguez de Rodríguez.
La recepción fue celebrada en la Quinta Campo Claro.

ACTIVIDAD 16 **¿Qué recuerdas?** In pairs, take turns saying as much as you can about several members of the class. Follow the model.

- Ella se llama Elvira, es de Atlanta y tiene veintidós años.

ACTIVIDAD 17 **Tú y él/ella** Write a few sentences introducing yourself and introducing a classmate. State your names, ages, and where each of you is from.

ACTIVIDAD 18 **En el colegio mayor** In pairs, select role (**papel**) A or B and follow the instructions for that role. Do not look at the information given for the role your partner plays. When you finish, role play the second situation.

Situación 1: Papel A

You are Juan Carlos Moreno Arias and you are registering at a dorm. Give the necessary information to the receptionist when he/she asks you. Here is the information you will need:

> Juan Carlos Moreno Arias   Perú   24 años
> Número de pasaporte: 5-66-45-89

Situación 1: Papel B

You are the receptionist and you have to ask a new student questions to fill out the registration card below. Remember to address the new student using the **Ud.** form.

Colegio Mayor Hispanoamericano

Nombre ▢▢▢▢▢▢▢▢▢▢▢▢▢▢▢

Apellidos ▢▢▢▢▢▢▢▢▢▢▢▢▢▢▢▢▢▢▢

Edad ▢▢   País de origen ▢▢▢▢▢▢▢▢▢▢▢▢

Número de pasaporte ▢▢▢▢▢▢▢▢▢

Situación 2: Papel A

You are the receptionist and you have to ask a new student questions to fill out the registration card above. Remember to address the new student using the **Ud.** form.

Situación 2: Papel B

You are Marisel Álvarez Vegas and you are registering at a dorm. Give the necessary information to the receptionist when he/she asks you. Here is the information you will need:

> Marisel Álvarez Vegas   Venezuela   19 años
> Número de pasaporte: L 7456824

Do Workbook *Práctica comunicativa I* and corresponding CD-ROM activities.

Nuevos horizontes

Lectura

◈ Typically, you scan the phone book, stats for a ball game, etc. Can you think of other types of readings you might scan?

ESTRATEGIA: Scanning

In this book, you will learn specific techniques that will help you to become a proficient reader in Spanish. In this chapter, the focus is on a technique called *scanning*. When scanning, you look for specific bits of information as if you were on a search-and-find mission. Your eyes function as radar, ignoring superfluous information and zeroing in on the specific details that you set out to find.

ACTIVIDAD **19** **Completa la ficha** Look at the registration card below to see what information is requested. Then scan Claudia's application form for the **Colegio Mayor Hispanoamericano** to find the information you need and fill out the registration card.

Colegio Mayor Hispanoamericano

Nombre

Apellidos

Edad   País de origen

Número de pasaporte

Dirección

Ciudad

País

Prefijo   Teléfono

◈ **soltera** = single

Colegio Mayor Hispanoamericano
No. 78594
Solicitud de admisión para estudiantes extranjeros
Sr./Sra./Srta. _Claudia Dávila Arenas_ _____, hijo/a
de _Jesús María Dávila Cifuentes_ _____ y
de _Elena Arenas Peña_ _____, nacido/a en la ciudad
de _Cali_ _____, _Colombia_ _____ el _15_ de _febrero_
de _1985_ _____, de nacionalidad _colombiana_ _____,
estado civil _soltera_ _____, número de pasaporte _AC 67 42 83_
de _Colombia_ _____, con domicilio en _____,
Calle 8 No. 15-25   Apto. 203 _____,
de la ciudad de _Cali_ _____, en el país de _Colombia_ _____, solicita
teléfono: prefijo _23_ _____, número _67-75-52_ _____
admisión en el Colegio Mayor Hispanoamericano con fecha de
entrada del _2_ de _octubre_ de _2004_ _____ y permanencia hasta
el _30_ de _junio_ de _2005_ .

Firmado el día _19_ de _enero_ de _2004_

Lo esencial II

Las ocupaciones

1. economista	6. deportista (profesional)
2. médico, doctor/doctora	7. recepcionista
3. dentista	8. actor/actriz
4. ingeniero/ingeniera	9. director/directora
5. estudiante	

Otras ocupaciones

abogado/abogada lawyer
agente de viajes travel agent
ama de casa housewife
camarero/camarera waiter/waitress
cantante singer
comerciante business owner
escritor/escritora writer, author
hombre/mujer de negocios businessman/businesswoman
periodista journalist
programador/programadora de computadoras computer programmer
secretario/secretaria secretary
vendedor/vendedora store clerk

ACTIVIDAD **20** **¿Quiénes son y qué hacen?** In pairs, look at the following pictures and try to match them with the descriptions below. Take turns pointing to a photo and stating the person's name, origin, profession, and age.

_____ 1. Pedro Almodóvar, director, España, 1949
_____ 2. Sandra Cisneros, escritora, Estados Unidos, 1954
_____ 3. Gabriel Batistuta, futbolista, Argentina, 1969
_____ 4. Olga Tañón, cantante, Puerto Rico, 1967

ACTIVIDAD **21** **¿Qué hacen tus padres?** In pairs, role play the parts of Claudia and Vicente. "A" covers Column B and "B" covers Column A. You are meeting each other for the first time. Introduce yourselves and ask questions about each other's parents: their names, where they are from, what they do, and how old they are.

◆ A: ¿Qué hace tu padre?
   B: Mi padre es economista.

A. *Los Dávila de Colombia*

madre—46 años   padre—48 años
ama de casa   hombre de negocios

Claudia—21 años

B. *Los Mendoza de Costa Rica*

padre—57 años   madre—49 años
economista   abogada

Vicente—26 años

Está jubilado/a. = He/She is retired.

ACTIVIDAD **22** **¿Qué hace tu padre? ¿Y tu madre?** Interview several classmates and ask them what their parents do.

En la cafetería del colegio mayor

¿Qué hay?	What's up?
¡Oye!	Hey!
entonces	then (when *then* means *therefore*)

Note: The word **cafetería** varies in meaning from country to country. It can be a restaurant, a self-service restaurant, or bar that serves coffee, sodas, alcohol, and snacks.

*After settling in at the dorm, Teresa goes to the **cafetería**; there she joins her new friend, Marisel Álvarez Vegas, who is from Venezuela. Marisel has lived at the dorm for a while and is telling Teresa who everyone is.*

ACTIVIDAD **23** **¿Quién con quién?** Look at the scene in the **cafetería.** While listening to the conversation, find out who is talking with whom. Label the drawing. The names of the people are Juan Carlos, Diana, Marisel, Teresa, Álvaro, and Vicente.

	TERESA Hola, Marisel.
	MARISEL Hola, ¿qué hay?
	TERESA Oye, dime, ¿quién es ella?
	MARISEL ¿La chica? Es Diana.
	TERESA ¿Es de España?
◈ Negating	MARISEL No, es de los Estados Unidos, pero es de origen mexicano.
	CAMARERO ¿Qué toman Uds.?
	TERESA Yo, una Coca-Cola.
	MARISEL Para mí, una Fanta de limón.
	CAMARERO Una Coca-Cola y una Fanta de limón.
	MARISEL Eso es. Gracias.
	TERESA ¿Y . . . y ellos? ¿Quiénes son?
◈ Giving information	MARISEL Se llaman Juan Carlos y Vicente. Juan Carlos es de Perú y Vicente es de Costa Rica.
◈ Expressing amazement	TERESA ¡Huy! ¡Entonces todos somos de América!
	MARISEL No, no. El chico que está con Diana es de España, de Córdoba.
	TERESA ¿Y, cómo se llama?
	MARISEL Álvaro Gómez.
◈ Asking for confirmation	TERESA Todos son estudiantes, ¿no?
	MARISEL Pues, sí y no; son estudiantes, pero Diana también es profesora de inglés.
◈ Since Spain became a part of the European Union in 2002, the euro has replaced the peseta as the Spanish currency.	CAMARERO La Coca-Cola y la Fanta, cinco euros cincuenta, por favor.
	MARISEL Gracias.
	CAMARERO No hay de qué.

ACTIVIDAD 24 Completa la información As you listen to the conversation again, complete the following chart.

Nombre	País
Diana	
	Perú
	Costa Rica
Álvaro	

ACTIVIDAD 25 Presentaciones From the people you have met in your class, choose two from the same city or state. Introduce them to your classmates and say where they are from.

◆ Son . . . y son de . . .

Hacia la comunicación II

I. Talking About Yourself and Others

A. Subject Pronouns in the Singular and Plural

Subject Pronouns			
yo	I	**nosotros** } **nosotras**	we
tú	you (informal)	**vosotros** } **vosotras**	you (plural informal)
Ud. (usted)	you (formal)	**Uds. (ustedes)**	you (plural formal/informal)
él	he	**ellos** } **ellas**	they
ella	she		

◈ **Vosotros/as** is used only in Spain.

B. Singular and Plural Forms of the Verbs *Llamarse*, *Tener*, and *Ser*

llamarse			
yo	**Me llamo** Ana.	nosotros } nosotras	**Nos llamamos** los Celtics.
tú	¿Cómo **te llamas**?	vosotros } vosotras	¿Cómo **os llamáis**?
Ud.	¿Cómo **se llama** Ud.?	Uds.	¿Cómo **se llaman** Uds.?
él } ella	**Se llama** Vicente. **Se llama** Diana.	ellos } ellas	**Se llaman** Vicente y Diana. **Se llaman** Teresa y Marisel.

◈ Note accents on question words.

tener			
yo	**Tengo** 20 años.	nosotros } nosotras	**Tenemos** 20 años.
tú	¿Cuántos años **tienes**?	vosotros } vosotras	¿Cuántos años **tenéis**?
Ud.	Ud. **tiene** 25 años, ¿no?	Uds.	Uds. **tienen** 25 años, ¿no?
él } ella	¿**Tiene** 19 años?	ellos } ellas	¿**Tienen** 19 años?

In this chapter you have seen three uses of the verb **ser:**

1 ◆ **Ser** + **de** + *city/country* or **Ser** + *nationality* to indicate origin

2 ◆ **Ser** + *name* to identify a person **(= llamarse)**

3 ◆ **Ser** + *occupation* to identify what someone does for a living

ser			
yo	**Soy** dentista.	nosotros } nosotras	**Somos** de Chile.
tú	¿**Eres** hondureño?	vosotros } vosotras	¿De dónde **sois**?
Ud.	¿Quién **es** Ud.?	Uds.	¿Quiénes **son** Uds.?
él } ella	Él **es** arquitecto. Ella **es** Diana.	ellos } ellas	**Son** de Perú.

II. Singular and Plural Forms of Adjectives of Nationality

In the first part of the chapter you learned how to state someone's nationality. Which of the following adjectives of nationality would you use to refer to a woman: **español, árabe, salvadoreña, alemana, guatemalteco?** If you answered **árabe, salvadoreña,** and **alemana,** you were correct. If you were referring to two men, which of the following adjectives of nationality would you use: **españoles, árabes, salvadoreñas, alemanas, guatemaltecos?** If you said **españoles, árabes,** and **guatemaltecos,** you were correct. You used logic, intuition, and your knowledge of language in general to arrive at these choices.

To form the plural of adjectives ending in **-o, -a,** or **-e,** simply add an **-s.**

Soy panameñ**o**.   Nosotros somos panameñ**os**.
Ella es ingles**a**.   Ellas son ingles**as**.
Ud. es árab**e**.   Uds. son árab**es**.

To form the plural of adjectives ending in a consonant, add **-es.**

Él es españo**l**.   Ellos son español**es**.
Soy alemá**n**.   Son aleman**es**.

NOTE: The accent is only used in the masculine singular form of **alemán.**

III. Asking and Giving Information: Question Formation

1 ◆ Information questions begin with question words such as **cómo, cuál, cuántos, de dónde, qué,** and **quién/es.** Note the word order in the question and in the response.

¿Question word + verb + (subject)? ⟶ (Subject) + verb . . .

¿De dónde es Álvaro?   (Él) es de España.
¿Cómo se llama (ella)?   (Ella) se llama Teresa.

2 ◆ Questions that elicit a yes/no response are formed as follows:

¿Es Marisel?   Sí, es Marisel.

¿Es Marisel de Venezuela?⎫
¿Es de Venezuela Marisel?⎭   Sí, Marisel es de Venezuela.

You can also add the tag question **¿no?** or **¿verdad?** to the end of a statement.

Marisel es de Venezuela, **¿no?**⎫
Marisel es de Venezuela, **¿verdad?**⎭   Sí, Marisel es de Venezuela.

Do Workbook
Práctica mecánica
II, CD-ROM, Web ACE Tests, and
lab activities.

IV. Negating

1 ◆ In simple negation, **no** directly precedes the verb.

Ellos **no** son de México.
No se llama Marisel.

2 ◆ Answering a question with negation:

¿Son ellas de Perú?   { **No,** ellas **no** son de Perú.
                                 { **No,** ellas son de Panamá.

ACTIVIDAD 26 ¿De dónde son? In pairs, alternate asking and answering
questions about where the following people are from. Follow the model.

◆ A: ¿De dónde es Antonio Banderas?

B: Es de España.   B: No sé.

A: ¡Ah! Es español.

1. Penélope Cruz   5. Sofía Loren y Donatella Versace
2. Fergie y la reina Isabel   6. Benicio Del Toro y Héctor Elizondo
3. Salma Hayek y Carlos Santana   7. Paul Schaeffer y Michael J. Fox
4. Rigoberta Menchú   8. Gabriel García Márquez y Juan Valdés

ACTIVIDAD 27 ¿Toledo o Toledo? Vicente and Juan Carlos are talking about
their friends. Choose the correct responses to have a conversation with a partner.

Vicente	**Juan Carlos**
¿Quiénes son ellas?	a. Son Diana y Álvaro.
	b. Son Diana y Teresa.
	c. Es Diana.
Teresa es suramericana, ¿no?	a. No, no es de Puerto Rico.
	b. No, es de Puerto Rico.
	c. No. Él es de Puerto Rico.
Y Diana, ¿también es de Puerto Rico?	a. No, es de Toledo.
	b. No, no es de España.
	c. No es puertorriqueña.
¡Ah! Es española.	a. No, no es de los Estados Unidos.
	b. No es de Ohio.
	c. No, es de Toledo, Ohio.

ACTIVIDAD 28 **¿Y tus padres?** In pairs, interview your partner to find out his/her parents' names, where they are from, what they do, and how old they are.

◆ A: ¿Cómo se llaman tus padres?
   B: Mis padres se llaman . . .

ACTIVIDAD 29 **Vecinos en la residencia estudiantil** Assume a Hispanic name. In pairs, talk with other pairs and pretend you are with your roommate, meeting your new neighbors at the dorm. Get to know them by asking questions to elicit the following information: **nombre, origen, edad** (*age*).

◆ A: ¡Hola! Somos sus vecinos. Yo me llamo . . .
   B: Y yo me llamo . . . Y Uds., ¿cómo se llaman?
   C: . . .

ACTIVIDAD 30 **¡Hola! Soy un estudiante nuevo** In pairs, imagine that one of you is a new student who has just transferred into the class. Ask your partner questions to learn about other students. Use questions such as: **¿Cómo se llaman ellos? ¿De dónde es él? ¿Quiénes son ellas?**

◇ Remember: ¿ . . . ? and accents on question words.

ACTIVIDAD 31 **Preguntas y respuestas** In three minutes, use the question words you have learned (**cómo, cuál, cuántos, de dónde, qué, de qué, quién/es**) to write as many questions as you can about the characters you have met in this chapter (Teresa, Claudia, Juan Carlos, Vicente, Diana, Álvaro, and Marisel). Then, in groups of four, quiz each other using the questions you have written.

Internet   Do Workbook *Práctica comunicativa II* and the *Repaso* section. Do CD-ROM, Web ACE Tests, and lab activities.

ACTIVIDAD 32 **¿De qué nacionalidad son?** Look at the following pictures and try to guess the nationalities of the people.

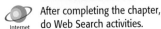
Internet   After completing the chapter, do Web Search activities.

Vocabulario funcional

Los números del cero al cien *See page 22.*

Expresiones relacionadas con los números

el año	*year*
¿Cuál es tu número de teléfono?	*What is your telephone number?*
¿Cuántos años tiene él/ella?	*How old is he/she?*
el pasaporte	*passport*
el teléfono	*telephone*
tener . . . años	*to be . . . years old*

El origen y las nacionalidades

¿Cuál es el origen de tu familia?	*What is the origin of your family?*
¿De dónde es él/ella?	*Where is he/she from?*
¿De qué nacionalidad eres/es?	*What is your/his/her nationality?*
las nacionalidades *(see pages 23–24)*	
ser + de	*to be from*

Pronombres personales (*Subject Pronouns*)
See page 25.

Las ocupaciones *See page 31.*

La posesión

mi	*my*
tu	*your (informal)*
su	*his/her/your (formal)*

Las presentaciones

¿Cómo se llama él/ella?	*What's his/her name?*
Mucho gusto.	*Nice to meet you.*
el nombre (de pila)	*first name*
el primer apellido	*first last name (father's name)*
el segundo apellido	*second last name (mother's maiden name)*
¿Quién es él/ella?	*Who's he/she?*

Las personas (*People*)

el/la chico/a	*boy/girl*
la madre; la mamá	*mother; mom*
el/la novio/a	*boyfriend/girlfriend*
el padre; el papá	*father; dad*
el señor	*the man*
señor/Sr.	*Mr.*
la señora	*the woman*
señora/Sra.	*Mrs./Ms.*
la señorita	*the young woman*
señorita/Srta.	*Miss/Ms.*

Palabras y expresiones útiles

la cafetería	*cafeteria/bar*
el colegio mayor; la residencia	*dormitory*
¿Cómo?	*What? / What did you say?*
la dirección	*address*
entonces	*then (when then means therefore)*
no; ¿no?	*no; right? / isn't it?*
No hay de qué.	*Don't mention it. / You're welcome.*
No sé.	*I don't know.*
¡Oye!	*Hey!*
por favor	*please*
—¿Qué hace él/ella?	*What does he/she do?*
—Es . . .	*He/She is a . . .*
¿Qué hay?	*What's up?*
sí	*yes*
también	*too, also*
todos	*all*
¿verdad?	*right?*
y	*and*

Capítulo

2

Chapter Objectives

➤ Identifying some household objects and their owners

➤ Discussing your classes

➤ Talking about likes and dislikes

➤ Discussing future plans

➤ Expressing obligation

➤ Expressing possession

▼ Woman in Managua, Nicaragua.

Datos interesantes

En el mundo, más de 20.000.000 de personas que hablan español usaron el Internet en 2001.

Proyectan que este número va a ser de 86.000.000 para el año 2006.

¡Me gusta mucho!

¡Claro!	
¡Claro que sí! }	Of course!
¡Por supuesto!	
¿De veras?	Really?

Marisel is studying in her room. Teresa is taking a study break and comes to Marisel's room looking for something to drink and some conversation.

ACTIVIDAD 1 ¿Qué escuchas? While listening to the conversation, place a check mark next to the topics that you hear mentioned.

_____ computadoras   _____ calculadoras

_____ música salsa   _____ música rock

_____ té   _____ café

MARISEL	Sí, pasa.
TERESA	Hola. ¿Cómo estás?
MARISEL	Bien. ¿Y tú?
TERESA	Más o menos, tengo que estudiar mucho.

◈ Discussing future actions

MARISEL	Yo también porque mañana tengo la clase de arte moderno y tenemos examen.
TERESA	Pero tienes un minuto, ¿no?
MARISEL	Por supuesto.

◈ Getting someone's attention

TERESA	Oye, ¿tienes café?
MARISEL	¡Claro que sí!

◈ Indicating possession

TERESA	¡Ah, Marisel! Tienes computadora portátil.
MARISEL	Sí, es una Macintosh.
TERESA	¿De veras? Yo tengo una IBM y ¿sabes? ahora tengo conexión a Internet por cable.

MARISEL   ¡Por cable! Yo tengo conexión a Internet por teléfono y no es muy rápida. Oye, ¿te gusta el café solo o con leche?

TERESA   Solo . . . Mmm. Me gusta mucho. ¡Ah! ¡Qué música tan buena tienes!

◆ Asking preferences

MARISEL   Tengo muchos CDs de salsa. ¿Te gusta la música del Caribe?

TERESA   Por supuesto. ¿Tienes CDs de Rubén Blades?

MARISEL   Claro, y de Gilberto Santarrosa, la India, Víctor Manuelle, Óscar de León, Charanga Habanera . . .

ACTIVIDAD 2 Preguntas Listen to the conversation again while reading along, then answer the questions.

1. ¿Qué computadora tiene Teresa? ¿Y Marisel?
2. ¿Qué tipo de conexión a Internet tiene Teresa? ¿Y Marisel?
3. ¿Cómo le gusta el café a Teresa, solo o con leche?
4. ¿Qué tiene Marisel, CDs o cintas de salsa?

ACTIVIDAD 3 ¿Y tú? In pairs, ask your partner the following questions.

1. ¿Qué computadora te gusta?
2. ¿Tienes computadora? ¿Qué computadora tienes? ¿Tienes conexión a Internet por teléfono o por cable?
3. ¿Qué tipos de CDs tienes? ¿De rock? ¿De jazz? ¿De música clásica? ¿De música country? ¿De música rap?
4. ¿Te gusta el café? ¿Te gusta solo o con leche?

The United States is the largest consumer of coffee in the world. For many countries, including Mexico, Guatemala, Costa Rica, Honduras, Nicaragua, Colombia, Venezuela, and Ecuador, coffee plays a critical role in the economy and in some cases is a principal source for foreign exchange.

Fair Trade guarantees fair prices to Third World farmers and helps them to organize their own export cooperatives and sell their harvest directly to importers rather than middlemen who buy their goods at a fraction of the market price, promoting a cycle of debt and poverty. By providing a channel for direct trade, fair prices, and access to credit, Fair Trade helps farming families to improve their nutrition and health care, keep their children in school, and reinvest in their farms. The Fair Trade label on a package indicates that these farmers earned a fair price. Coffee with this Fair Trade label is now available in stores and cafés nationwide, including Tully's, Safeway, Green Mountain, and Starbucks. Have you ever purchased Fair Trade coffee?

▲ Logo used by the Fair Trade organization.

ACTIVIDAD 4 Las asignaturas Mingle with your classmates and find out what classes they have this semester. Some possible subjects are **arte, biología, economía, historia, inglés, literatura, matemáticas,** and **sociología.** Follow the model.

◆ A: ¿Tienes historia?

B: Sí, tengo historia. / No, no tengo historia. / No, pero tengo arte.

ACTIVIDAD **5** **¡Claro!** In pairs, find out whether your partner has the following things. Follow the model.

◆ A: ¿Tienes televisor?

B: ¡Claro! / ¡Por supuesto! / ¡Claro que sí! / No, no tengo.

1. calculadora
2. estéreo
3. video
4. radio
5. guitarra
6. (teléfono) celular

Lo esencial I

La habitación de Vicente

To learn vocabulary, think of the word **champú** when you are washing your hair, **jabón** when you wash your hands, etc. Say the words aloud. Remember: idle time = study time.

1. toalla
2. silla
3. lámpara
4. computadora
5. escritorio
6. cámara
7. estéreo
8. guitarra
9. planta
10. reloj
11. (teléfono) celular/móvil
12. cama
13. periódico
14. cepillo (de pelo)

Otras cosas

el agua de colonia   cologne
la calculadora   calculator
el cepillo de dientes   toothbrush
el champú   shampoo
la cinta/el cassette   tape/cassette
la crema de afeitar   shaving cream
el diccionario   dictionary
el disco compacto/CD   compact disc; compact disc player
el DVD; el reproductor de DVD   DVD; DVD player
la grabadora   tape recorder
el jabón   soap

el kleenex   Kleenex, tissue
la máquina de afeitar   electric razor
la mesa   table
la novela   novel
la pasta de dientes   toothpaste
el peine   comb
el perfume   perfume
el/la radio   radio
la revista   magazine
el sofá   sofa, couch
el televisor   television set
el video   VCR; videocassette

La cinta/el cassette/el casete, la computadora/el computador/el ordenador, and el vídeo/el video are all accepted in Spanish.

La radio = radio broadcast, radio station. In some countries, el radio is used. El/La radio = radio (appliance).

ACTIVIDAD **6** **Asociaciones** Associate the following names with objects.

◆ Pert Plus = champú

1. Panasonic
2. Colgate
3. Nikon
4. Memorex
5. *Time, Newsweek*

6. Gillette
7. Dial
8. Chanel Número 5
9. Gabriel García Márquez
10. Timex

ACTIVIDAD **7** **Categorías** List as many items as you can that fit these categories: **cosas para leer, cosas electrónicas, cosas en un baño.**

ACTIVIDAD **8** **¿Qué tienes en tu habitación?** **Parte A:** Make a list of items that you have in your room.

Parte B: In pairs, ask your partner what he/she has in his/her room. Be prepared to report back to the class. Follow the model.

◆ A: ¿Tienes estéreo?

B: Sí, tengo estéreo. / No, no tengo estéreo.

ACTIVIDAD **9** **Las habitaciones de los estudiantes** In pairs, "A" covers the drawing of Vicente and Juan Carlos's room, and "B" covers the drawing of Marisel and Diana's room. Then, find out what each pair of roommates has in the room by asking your partner questions. Follow the model.

◆ A: ¿Tienen reproductor de DVD Vicente y Juan Carlos?

B: No, no tienen reproductor.

Marisel y Diana

Vicente y Juan Carlos

There are many words commonly used by Spanish speakers that come directly from English. You have already seen one example: **kleenex.** Other words that fall into this category are **la xerox** (photocopy), **jumbo** (a jumbo jet or the largest size of a product), **el hall, el lobby, el pub,** and **el reality show.** Borrowed words are normally masculine in gender.

Different Hispanic countries borrow different words from English. Although they may have varying pronunciations, these words are easy to understand for a native speaker of English. English also borrows words from other languages. Some words from Spanish are *barrio, aficionado,* and *taco.* Do you know other Spanish words that are used in English?

Hacia la comunicación I

I. Using Correct Gender and Number

All nouns in Spanish are either masculine or feminine (gender) and singular or plural (number). For example: **libro** is masculine, singular and **novelas** is feminine, plural. Generally, when nouns refer to males, they are masculine **(señor)** and when they refer to females, they are feminine **(señora).** The definite and indefinite articles agree in gender and number with the noun they modify.

◈ Definite article = *the*

◈ Indefinite article = *a/an, some*

Definite Article		
	Singular	Plural
Masculine	el	los
Feminine	la	las

Indefinite Article		
	Singular	Plural
Masculine	un	unos
Feminine	una	unas

◈ Nouns have gender in many languages. Even in English we refer to a friend's new car, saying, "She runs really well."

A. Gender

1 ◆ Nouns ending in the letters **-l, -o, -n,** or **-r** are usually masculine.

el pape**l**   el jab**ón**
el cepill**o**   el televiso**r**

Common exceptions include **la mano** (*hand*), **la foto** (from **fotografía**), and **la moto** (from **motocicleta**).

2 ◆ Nouns that end in **-e** are often masculine **(el cine, el baile, el pie),** but there are some high-frequency words ending in **-e** that are feminine: **la tarde, la noche, la clase, la gente, la parte.**

3 ◆ Nouns ending in **-a, -ad, -ción,** and **-sión** are usually feminine.

la novel**a**   la composi**ción**
la universi**dad**   la televi**sión**

Common exceptions include **el día** and nouns of Greek origin ending in **-ma** and **-ta,** such as **el problema, el programa,** and **el planeta.**

4 ◆ Most nouns ending in **-e** or **-ista** that refer to people can be masculine or feminine in gender. Context or modifiers such as articles generally help you determine whether the word refers to a male or female.

el estudiant**e**	la estudiant**e**	el pian**ista**	la pian**ista**
el art**ista**	la art**ista**		

El pianista es John. / La pianista es Mary.

NOTE: The definite article is used with titles, such as **Sr., Sra., Srta., Dr., profesora,** etc., except when speaking directly to the person:

La Sra. Ramírez es de Santo Domingo.
BUT: **¿De dónde es Ud., Sr. Leyva?**

B. Number: Plural Formation

1 ◆ Nouns ending in a vowel generally add **-s.**

el video	**los** video**s**	el presidente	**los** presidente**s**
la revista	**las** revista**s**		

2 ◆ Nouns ending in a consonant add **-es.**

el profesor	**los** profesor**es**	el examen	**los** exámen**es**
la mujer	**las** mujer**es**	la nación	**las** nacion**es**
la ciudad	**las** ciudad**es**		

To review accent rules, see Appendix B.

3 ◆ Nouns ending in **-z** change **z** to **c** and add **-es.**

el lápiz	**los** lápi**ces**

II. Likes and Dislikes: *Gustar*

1 ◆ To talk about your likes and dislikes as well as those of others, you need to use the construction **(no) me gusta/n** + *article* + *noun*. The noun that follows the verb **gustar** determines whether the form of the verb is singular or plural.

me gusta/n + *article* + *noun*

Me gusta el libro.   The book **is** pleasing to me.
(*I like the book.*)

Me gustan los libros.   The books **are** pleasing to me.
(*I like the books.*)

2 ◆ To talk about the likes and dislikes of others, you need to change only the beginning of the sentence.

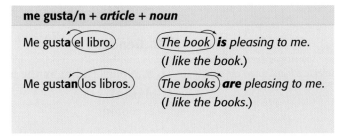

(A mí)	me
(A ti)	te
(A Ud.)	
(A él)	le
(A ella)	
(A nosotros)	nos
(A vosotros)	os
(A Uds.)	
(A ellos)	les
(A ellas)	

+ **gusta** + **el/la** + *singular noun*
gustan + **los/las** + *plural noun*

3 ◆ The words in parentheses in the preceding chart are optional; they are used for emphasis or clarification. When using **le gusta** or **les gusta,** clarification is especially important because **le** or **les** can refer to several people.

(A él) le gusta el café de Colombia.
(A ellos) les gusta el café de Costa Rica.
¿**(A ella) le** gusta el vino de España?

NOTE: **A** Miguel **le** gusta el vino chileno.
A la Sra. Ferrer **le** gusta el vino español.
BUT: **Al** Sr. Ferrer **le** gusta el vino chileno. **(a + el = al)**

III. Expressing Possession

A. The preposition *de*

In this chapter, you have been using the verb **tener** to express possession: **Tengo radio. Alberto tiene televisor y video.** Another way to express possession is with the preposition **de,** which is the equivalent of the English *'s:*

El estéreo **de** Alfredo

Alfredo's stereo

¿**De** quién es el estéreo?	*Whose stereo is it?*
Las cintas **de** la chica son de Japón.	*The girl's tapes are from Japan.*
¿**De** quiénes son las revistas?	*Whose magazines are they?*
Es el televisor **de** la Sra. Lerma.	*It is Mrs. Lerma's television.*
BUT: Es el televisor **del** Sr. Lerma.	
(de + el = del)	

B. Possessive Adjectives

You can also express possession by using possessive adjectives (*her, their, our,* etc.). In Spanish, **mi, tu,** and **su** agree in number with the thing or things possessed; **nuestro** and **vuestro** agree in gender and number with the thing or things possessed.

Possessive Adjectives			
mi/s	my	**nuestro/a/os/as**	our
tu/s	your (*informal*)	**vuestro/a/os/as**	your (*informal/Spain*)
su/s	{ your (*formal*) his, her	**su/s**	{ your (*in/formal*) their

—¿Son los CDs de Mario?   —No, no son **sus CDs,** son **mis CDs.**
—¿De quiénes son las guitarras?   —Son **nuestras guitarras.**
—¿Es el televisor de Ana y Luis?   —Sí, es **su televisor.**

In the sentence **Es su computadora,** who can **su** refer to? If you said *his, her, your* (*madam*), *your* (*sir*), *their, your* (*plural*), you were correct. Because **su/s** can be ambiguous, it is common to ask questions to clarify the meaning. Notice how a clarification is requested and given in the following conversation:

Do Workbook *Práctica mecánica I* and corresponding CD-ROM activities.

A: ¿De quién es la computadora?
B: Es su computadora. (*speaker points to someone in a crowd, but it isn't clear to the listener whom the speaker is pointing to*)
A: ¿Es de Sonia? (*speaker thinks the person may have pointed to Sonia, but isn't sure*)
B: No, es de Mario.

ACTIVIDAD 10 Asociaciones Find as many words as you can that fit these categories: **la educación, Hollywood, la política.** Remember to use the appropriate definite article **(el, la, los, las).**

paper (as in notebook paper) = **papel**

a term paper = **una monografía**

actriz	diccionario	papel	revista
cámara	directores	periódicos	senadora
candidatos	estudiante	planeta	televisión
clase	foto	presidente	universidad
composición	novela	problema	videos

ACTIVIDAD 11 Los gustos Parte A: After studying the verb **gustar,** complete each of the following phrases with an appropriate word.

A mí _____
A _____ te
A Juan _____
A la Srta. Gómez _____
_____ Marta _____
A _____ le
A nosotros _____

_____ ellos _____
A _____ me
A _____ les
_____ Sr. García le
A Uds. _____
A Marcos y _____ Ana _____
A Marcos y a mí _____

Parte B: Now complete each of these phrases with the word **gusta** or **gustan.**

_____ la universidad
_____ las plantas
_____ los perfumes de Francia
_____ la pasta de dientes Crest
_____ la clase de español
_____ Sammy Sosa
_____ los discos compactos
_____ los videos de Julia Roberts
_____ las novelas de Octavio Paz
_____ el jazz

Parte C: Now, form sentences by combining a phrase from **Parte A** with one from **Parte B.**

Sammy Sosa hit 66 home ➤ runs in 1998.

ACTIVIDAD **12** **Tus gustos** In pairs, find out your partner's preferences and jot down his/her answers. Follow the model.

◆ A: ¿Te gustan más los Yankees o los Dodgers?
B: . . .

1. las revistas o los libros
2. el perfume o el agua de colonia
3. la televisión o la radio
4. Sammy Sosa o Pedro Martínez
5. las novelas de Stephen King o las novelas de Agatha Christie
6. los DVDs de terror o los DVDs románticos
7. el jazz o el rock
8. los conciertos de rock o los conciertos de música clásica
9. las fotos o los videos

ACTIVIDAD **13** **Compatibles** Keeping in mind the responses given by your partner in Activity 12, interview a second person to see whether he/she is compatible with your partner. Be prepared to report your findings to the class. Remember to use definite articles with common nouns. Use sentences such as the following:

◆ Ellos son compatibles porque les gusta la televisión.

Ellos no son compatibles porque a él le gustan las novelas
y a ella le gustan las revistas.

ACTIVIDAD **14** **Las preferencias** Juan Carlos and Vicente are roommates. Read about their preferences and decide what items belong to whom.

A Juan Carlos le gusta mucho la música y a Vicente le gustan los libros. Entonces, ¿de quién son estas cosas?

◆ libro de Hemingway

El libro de Hemingway es de Vicente porque a él le gustan los libros.

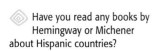
Have you read any books by Hemingway or Michener about Hispanic countries?

1. guitarra
2. diccionario
3. revistas
4. reproductor de DVDs
5. novelas de James Michener
6. discos compactos y cintas
7. estéreo
8. periódicos

ACTIVIDAD **15** **Los artículos del baño** Some of the women at the dorm have left things lying about in the bathroom. In pairs, "A" covers the information in Box B and "B" covers the information in Box A. Ask your partner questions to find out who owns some of the items in the bathroom. Follow the model.

◆ A: ¿De quién es la pasta de dientes?

B: Es de . . .

B: ¿De quiénes son los jabones?

A: Son de . . .

A

You know who owns:
jabones – Claudia y Teresa
toalla – Diana
champú – Marisel
cepillos de dientes – Diana,
    Marisel, Teresa y Claudia

Find out who owns:
los kleenex, la pasta de dientes,
los peines, el perfume

B

You know who owns:
kleenex – Claudia
peines – Teresa y Diana
pasta de dientes – Marisel
perfume – Marisel

Find out who owns:
los jabones, el champú, la toalla,
los cepillos de dientes

ACTIVIDAD **16** **Nuestra música favorita** In pairs, discuss what TV programs, music, movies, etc., young kids like, and compare their preferences with yours. Follow the model.

◆ Sus programas favoritos son . . . , pero nuestros programas favoritos son . . .

Remember that **programa** is masculine.

ACTIVIDAD **17** **Tu compañero/a de habitación ideal** **Parte A:** Answer the following questions to describe your ideal roommate.

1. ¿Qué le gusta a tu compañero/a de habitación ideal? (un mínimo de dos cosas)
2. ¿Qué tiene tu compañero/a de habitación ideal? (un mínimo de dos cosas)

Parte B: In groups of three compare your answers. Begin as follows:

A mi compañero/a ideal le . . . y tiene . . .

Parte C: Individually, write a few sentences to summarize what your partners and you said in **Parte B.** Follow the examples.

A nuestro/a compañero/a ideal le . . . y tiene . . . , pero al compañero ideal de Matt le . . .
A mi compañero ideal le . . . , pero al compañero ideal de Matt y de Alissa le . . .

 Do Workbook *Práctica comunicativa I* and corresponding CD-ROM activities.

Nuevos horizontes

ESTRATEGIA: Identifying Cognates

You may already know more Spanish than you think. Many Spanish words, although pronounced differently, are similar in spelling and meaning to English words, for example: **capital** (*capital*) and **instrucciones** (*instructions*). These words are called cognates **(cognados).** Your ability to recognize them will help you understand Spanish.

Some tips that may help you recognize cognates are:

English	Spanish Equivalent	Example
ph	f	foto**graf**ía
s + *consonant*	es + *consonant*	**esp**ecial
-ade	-ada	limon**ada**
-ant	-ante	inst**ante**
-cy	-cia	infan**cia**
-ty	-ad	universid**ad**
-ic	-ica/-ico	mú**sica**, pú**blico**
-tion	-ción	informa**ción**
-ion	-ión	reli**gión**
-ist	-ista	art**ista**

Other cognates include many words written with one consonant in Spanish that have two in English. Can you identify these words in English: **imposible, oficina, música clásica?** You will get to apply your new knowledge of cognates in the next few activities.

ACTIVIDAD 18 **Tienes correo** Look at the *Mi Yahoo!* mail site above. Use your knowledge of cognates and of email in general to answer the questions that follow.

1. How do you think you say *mail*? And *delete*?
2. You want to hear some music; which email do you open?
3. What do you click to get your email address list?
4. You want to send an electronic postcard; what do you click?
5. You are concerned with Internet privacy; what do you click?

ACTIVIDAD 19 **Yahoo! México** Look at a portion of the Mexican *Yahoo!* home page on the right, and answer the following questions. Use your knowledge of cognates as well as your background knowledge about the Internet and visual clues to determine meaning.

1. Look at the top line. What do you think the words **Pláticas** and **Ayuda** mean?
2. Where would you click to see photographs?
3. What do you think the word **buscar** means on the button next to the empty box?
4. Look at the four-column list in the box in the middle of the page toward the left. What do you think **Juegos** means in the title of the box?
5. In the lists below the box titled **Yahoo Juegos,** which categories would you click on to find information about the following: the Green Party in Mexico, the painter Frida Kahlo, soccer scores, Freud, TV shows that are on tonight?

Other false cognates: **fútbol** (*soccer*), **lectura** (*reading*), **actual** (*current; present*), **carpeta** (*folder*), **idioma** (*language*)

¡OJO! (*Watch out!*) There are some words that have similar forms in Spanish and English but have very different meanings. Context will usually help you determine whether the word is a cognate or a false cognate **(cognado falso).** Look at the following examples.

María está muy contenta porque el médico dice que está **embarazada.**	*María is very happy because the doctor says she is **pregnant.***
Necesito ir a la **librería** para comprar los libros del semestre.	*I need to go to the **bookstore** to buy books for the semester.*

Escritura

ESTRATEGIA: Connecting Ideas

When writing, it is important to make what you write interesting to the reader. A simple way to do this is to include information that expands on or explains more about a topic, thus giving your writing more depth. It is also important to connect your ideas so that your sentences sound natural. The following words will help make your sentences flow better:

por eso	*that's why, because of this*
también	*also, as well, too*
pero	*but*
y	*and*

ACTIVIDAD **20 Descripción** **Parte A:** Complete the following paragraph, describing yourself.

Me llamo _____ y soy de _____. Tengo _____ años y me gusta _____; por eso tengo _____ en mi habitación. También me gustan _____, pero no tengo _____.

Parte B: Rewrite the preceding paragraph, describing another person in your class. Make all the necessary changes. Check both paragraphs to make sure that the verbs agree with their subjects. Also check to make sure that the meaning expressed by each sentence is logical.

Parte C: Check both paragraphs to make sure that the verbs agree with their subjects. Also check to make sure that the meaning expressed by each sentence is logical. Make any necessary changes, staple all drafts together and hand them in to your instructor.

Lo esencial II

I. Acciones

1. escuchar (música salsa/rock/jazz)
2. comer (sándwiches)
3. salir
4. beber (vino/Coca-Cola)
5. bailar (merengue/salsa/rock)
6. cantar
7. hablar (con amigos)

Otras acciones

caminar   to walk
comprar   to buy
correr   to run
escribir (una composición/monografía)   to write (a composition/paper)
esquiar   to ski
estudiar (cálculo/psicología)   to study (calculus/psychology)
leer (novelas)   to read (novels)
llevar   to carry, take along
mirar (televisión)   to look; to watch (television)
mirar (a alguien)   to look at (someone)
nadar   to swim
trabajar   to work
visitar (un lugar)   to visit (a place)
visitar (a alguien)   to visit (someone)

ACTIVIDAD **21** **Asociaciones** Associate the actions in the preceding lists with words that you know. For example: **leer—libro; nadar—Hawai; estudiar— estudiante.**

ACTIVIDAD **22** **¿Te gusta bailar?** In pairs, use the actions in the preceding lists to find out what activities your partner likes to do. Follow the model.

◆ A: ¿Te gusta bailar merengue?
   B: Sí, me gusta bailar merengue. / No, no me gusta bailar merengue.

II. Los días de la semana (*The Days of the Week*)

Days of the week are not capitalized in Spanish.

lunes   martes   miércoles   jueves   viernes   sábado   domingo

Expresiones de tiempo (*Time Expressions*)

esta mañana/tarde/noche   this morning/afternoon/evening
el fin de semana   weekend
hoy   today
el lunes   Monday; on Monday
los lunes   on Mondays
mañana   tomorrow
por la mañana   in the morning
la semana que viene   next week

ACTIVIDAD 23 Tu agenda In pairs, alternate asking and answering the following questions.

1. ¿Tienes más clases esta tarde? ¿Esta noche? ¿Mañana?
2. ¿Cuándo es la prueba (*quiz*) del capítulo dos en la clase de español?
3. ¿En esta universidad tenemos exámenes finales los sábados? ¿Tenemos clase el miércoles antes del día de Acción de Gracias (*Thanksgiving*)?
4. ¿Te gusta estudiar por la mañana, por la tarde o por la noche?
5. ¿Cuándo es tu programa de televisión favorito y cómo se llama?
6. ¿Cuándo es el próximo partido de fútbol americano o de basquetbol de la universidad?
7. ¿Cuándo vas tú a fiestas?

In the United States, Friday the 13th evokes feelings of anxiety in some people. In Hispanic countries, bad luck is associated with Tuesday the 13th. That is why the movie *Friday the 13th* was translated into Spanish as *Martes 13*.

There is a saying in Spanish that refers to Tuesday as being the day of bad luck: **"Martes, ni te cases, ni te embarques, ni de tu casa te apartes"**. (*On Tuesdays, don't get married, don't take a trip, and don't leave your home.*)

ACTIVIDAD 24 Tu horario de clases In pairs, take turns telling your partner your class schedule. Fill in the chart with your partner's schedule. Follow the model.

◆ Los lunes por la mañana tengo clase de . . . ; por la tarde . . .

	lunes	*martes*	*miércoles*	*jueves*	*viernes*
Por la mañana					
Por la tarde					
Por la noche					

Planes para una fiesta de bienvenida

◈ **Vale** is only used in Spain.

Vale. / O.K.	O.K.
No importa.	It doesn't matter.

Marisel has decided to have a welcoming party for her new friend Teresa. She and Álvaro are now discussing some of the arrangements for a party at the dorm.

ACTIVIDAD **25 Cosas para la fiesta** While listening to the conversation, look at page 58 and complete the email that Álvaro is sending some friends by matching the items with the people who are going to take them to the party. Some people are taking more than one item. When you are finished, report to the class who is taking what, using **(Álvaro) va a llevar . . .**

¡Fiesta!

Mañana a las 10 de la noche Marisel va a hacer una fiesta. Éstas son las cosas que va a llevar cada persona:

yo: _____ y _____

Marisel: _____

Juan Carlos: _____

Claudia: _____ y _____

Vicente: _____

Un abrazo,

   Álvaro

a. la tortilla de patatas
b. los ingredientes para la sangría
c. la guitarra
d. la grabadora
e. la Coca-Cola
f. las papas fritas
g. las cintas

MARISEL	Bueno, Álvaro, la fiesta es mañana.
ÁLVARO	¿Qué? ¿Mañana es sábado?
MARISEL	Sí, claro. Lo tenemos que preparar todo.
ÁLVARO	Bueno, entonces yo voy a llevar la música.
MARISEL	¿Tienes estéreo o grabadora?
ÁLVARO	Tengo grabadora y muchas cintas.
MARISEL	Pero tú tienes muchas cintas de ópera. No quiero ópera en la fiesta.
ÁLVARO	¡Pero, hombre! Tengo muchas cintas de ópera, pero también tengo cintas de rock y de salsa.
MARISEL	¡O.K., fantástico! Yo tengo guitarra. ¿Y de beber?
ÁLVARO	¿Qué te gusta más, la cerveza o el vino?
MARISEL	¿Qué tal una sangría?
ÁLVARO	Sí, sí . . . sangría. ¿Quién va a comprar los ingredientes para mañana?
MARISEL	Juan Carlos, quizás.
ÁLVARO	¿Moreno?
MARISEL	Sí, Juan Carlos Moreno.
ÁLVARO	Vale. Y también tenemos que comprar Coca-Cola.
MARISEL	Ah sí, por supuesto. Claudia va a llevar la Coca-Cola y las papas fritas.
ÁLVARO	Vale. Y Vicente va a llevar la tortilla de patatas, ¿no?
MARISEL	¡Es tortilla de PAPAS!
ÁLVARO	¡Bueno! Papas o patatas, no importa, hombre. Eso sí, yo les voy a escribir un email a Juan Carlos, Vicente y Claudia para explicar quién va a llevar qué a la fiesta.
MARISEL	Buena idea.

Labels in left margin:
- Stating an obligation
- Expressing agreement
- Offering an option
- Expressing agreement
- Expressing future actions

ACTIVIDAD **26 Preguntas** Listen to the conversation again. Then, in groups of four, answer the following questions based on the conversation and common knowledge.

1. ¿Cómo se dice *potato* en España? ¿Y en Hispanoamérica?
2. ¿Tiene alcohol la sangría?
3. ¿Cuál es el ingrediente principal de la sangría?
4. ¿Cuándo es la fiesta de Marisel y Álvaro? En general, ¿qué día de la semana son las fiestas de Uds.?

ACTIVIDAD **27 La ópera** The following is a conversation between Teresa and Vicente about opera. Arrange the lines in logical order, from 1 to 13. The first two have already been done for you. When you finish, read the conversation aloud with a partner.

_____ Me gustan los dos, pero tengo tres cintas de Domingo y ahora voy a comprar un CD.

_____ Voy a comprar un disco compacto de ópera.

___1___ ¿Qué hay?

_____ El sábado.

_____ De Plácido Domingo. ¿Te gusta?

_____ Sí, pero a mí me gusta más José Carreras. ¿Y a ti?

___2___ ¡Ah! Vicente. ¿Qué vas a hacer hoy?

_____ Oye, ¿vas a mirar el recital de Monserrat Caballé en la televisión?

_____ No importa, pues yo sí.

_____ ¿De quién?

_____ ¿Cuándo es?

_____ Yo también tengo cintas de Domingo.

_____ No tengo televisor.

Plácido Domingo, Montserrat Caballé, and José Carreras are three world-renowned Spanish opera stars. Plácido Domingo, a tenor, also sings popular music. He has been living in Mexico since 1950. Montserrat Caballé is well known for the purity of her soprano voice. She became popular in the United States after singing in Carnegie Hall in 1965. José Carreras was a rising opera star when he was struck with leukemia. Luckily, his illness is in remission after treatment in the United States, and he continues to appear in theaters throughout the world.

▲ The Three Tenors, Plácido Domingo, José Carreras, and Luciano Pavarotti, in one of their first concerts.

Hacia la comunicación II

I. Expressing Likes and Dislikes: *Gustar*

The verb **gustar** may be followed by *article + noun* or by another verb in the infinitive form. An infinitive is the base form of a verb and it ends in **-ar** (bail<u>ar</u> – *to dance*), **-er** (com<u>er</u> – *to eat*), or **-ir** (sal<u>ir</u> – *to leave*).

A Jesús y a Ramón no les gust**a el jazz.**	*Jesús and Ramón don't like jazz.*
Al Sr. Moreno le gust**an las cintas** de jazz.	*Mr. Moreno likes jazz tapes.*
¿Qué te gusta hac**er?**	*What do you like to do?*
A Juan le gusta esqui**ar.**	*Juan likes to ski.*
Nos gusta bail**ar** y cant**ar.***	*We like to dance and sing.*

***NOTE:** Use the singular **gusta** with one or more infinitives.

II. Expressing Obligation: *Tener que*

To express obligation, use a form of the verb **tener** + **que** + *infinitive*.

Tengo que estudiar mañana.	*I have to study tomorrow.*
Tenemos que comprar vino.	*We have to buy wine.*
¿Qué **tienes que** hacer?	*What do you have to do?*
¿Cuándo **tiene que** trabajar él?	*When does he have to work?*

III. Making Plans: *Ir a*

In the conversation on page 58, when Álvaro says, "**¿Quién va a comprar los ingredientes para mañana?**", is he referring to a past, present, or future action?

If you said future, you were correct. To express future plans, use a form of the verb **ir** + **a** + *infinitive*.

ir (*to go*)					
voy	vamos				
vas	vais	+	a	+	*infinitive*
va	van				

Voy a esquiar mañana.	*I'm going to ski tomorrow.*
Juan **va a** estudiar hoy.	*Juan is going to study today.*
Ellos **van a** nadar el sábado.	*They're going to swim on Saturday.*
¿Qué **van a** hacer Uds.?	*What are you going to do?*

Do Workbook *Práctica mecánica II*, CD-ROM, Web ACE Tests, and lab activities.
Internet

ACTIVIDAD **28** **Las preferencias** In groups of four, find out which of the following things the members of your group prefer. Have one person take notes (place the initials of those who say "yes" next to each item in the list) and report the results back to the class. Follow the model.

◆ A: ¿Te gusta escuchar salsa?

B: Sí/No . . .

(*To report results*) A ellos les gusta escuchar salsa y a nosotros nos gusta escuchar música folklórica.

_____ 1. bailar	_____ 8. la música rap
_____ 2. beber Coca-Cola	_____ 9. esquiar
_____ 3. beber Pepsi	_____ 10. estudiar
_____ 4. navegar por Internet	_____ 11. los DVDs de películas de acción
_____ 5. cantar	_____ 12. leer novelas
_____ 6. correr	_____ 13. nadar
_____ 7. escuchar música clásica	_____ 14. trabajar

ACTIVIDAD **29** **El fin de semana** This is a list of Álvaro's activities for this weekend. Say what activities he has to do and what activities he is going to do.

◆ Álvaro tiene que . . . y él va a . . .

escuchar música	estudiar para un examen
escribir una composición	trabajar
esquiar	ir a una fiesta
leer una novela para la clase de literatura	comer con Vicente

ACTIVIDAD **30** **¿Qué tienes que hacer?** **Parte A:** Look at the list below and write E.N. **(esta noche)** in the blanks before the items that you have to do tonight and write E.S. **(el sábado)** next to those that you are going to do on Saturday.

_____ escribir una composición	_____ mirar un video
_____ bailar	_____ trabajar
_____ leer el libro de _____ (clase)	_____ comer en un restaurante
_____ escuchar música	_____ hacer la tarea de _____
_____ hablar con mi profesor/a	(clase)
de _____ (clase)	_____ nadar
_____ salir con mis amigos	_____ correr

Parte B: In groups of three, find out what the others have to do tonight and what they are going to do on Saturday. Ask questions like: **¿Qué tienes que hacer esta noche? ¿Qué vas a hacer el sábado?**

Parte C: Write a few sentences about what people in your group are planning on doing and report back to the class. For example: **Zach y Jessica tienen que trabajar esta noche, pero el sábado él va a nadar y ella va a mirar un video. Yo . . .**

ACTIVIDAD **31** **La agenda de Claudia** Look at Claudia's calendar for the week and form as many questions as you can about her activities. Then ask your class-mates questions from your list.

¿Cuándo van a . . . Claudia y Juan Carlos?
Va a . . . el miércoles por la tarde, ¿no?
¿Tiene que . . . el fin de semana?
¿Qué tiene que hacer el . . . ?

octubre		actividades
lunes	5	nadar, escribir una composición, comer con Álvaro
martes	6	comprar pasta de dientes, leer la lección 4 para historia
miércoles	7	3 p. m. ir al Museo de Arte Contemporáneo
jueves	8	escribir una carta, estudiar para el examen de literatura
viernes	9	correr, comprar papas fritas y Coca-Cola, 4 p. m. salir con Juan Carlos
sábado	10	10 p. m. ir a la fiesta, llevar las papas fritas y la Coca-Cola
domingo	11	11 a. m. ir a Toledo con Diana, ir a la catedral

ACTIVIDAD **32** **Tu futuro** Make a list of five things that you *have* to do next week and five things that you *are going* to do with your friends for fun. Then, in pairs, compare your lists to see whether you are going to do similar things.

concierto   teatro   examen   fiesta   dentista

ACTIVIDAD **33** **¡Hola! Me llamo . . .** **Parte A:** Read this paragraph and be prepared to answer questions.

Hola. Soy Álvaro Gómez, de Córdoba, una ciudad del sur de España que tiene muchos turistas. Me gusta mucho Córdoba, pero ahora tengo que estudiar en Madrid. Voy a ser abogado.

Parte B: Now read the following paragraph. Your instructor will then read it to you with some changes. Be ready to correct him/her when the information is not accurate.

¿Qué hay? Me llamo Diana Miller. Mis padres son norteamericanos. Mi padre es de Toledo, Ohio y mi madre es de Los Ángeles, pero su familia es de origen mexicano. En los Estados Unidos estudio español en la universidad y en España soy estudiante de literatura española y profesora; tengo que enseñar inglés porque no tengo mucho dinero.

Do Workbook *Práctica comunicativa II*, CD-ROM, Web ACE Tests, and lab activities.

▲ In Cordoba, Spain, the inner patios of houses are known for their white walls and an abundance of flowers.

▼ *Read Between the Lines* is a mural in East Los Angeles by artist David Botello.

Videoimágenes

 Video viewing tips:

- Focus on getting the information asked in each activity.
- Do not be concerned with comprehending every word or phrase; focus on the general message.
- Use visual cues to help you comprehend.
- Pay attention to how poeple interact to gain a greater understanding of everyday Hispanic cultures.

Saludos y despedidas

ACTIVIDAD **34** **¿Dónde?** In this video you will see Mariela and Javier, students of cultural anthropology who are doing a study in the Hispanic world. Before watching the video, look at the list of capital cities they visit and indicate the corresponding countries.

Buenos Aires   la ciudad de México
Madrid   Quito
San Juan

[📺 00:14–03:34]

ACTIVIDAD **35** First read through the following chart about Mariela and Javier. Then, watch the first part of the video and, as you hear the answers, jot them down.

	Mariela	*Javier*
de dónde es		
qué estudia		
de dónde son sus padres		_____ y Puerto Rico

ACTIVIDAD **36** **En los Estados Unidos, ¿cómo saludas?** Before watching the next segment, indicate how you greet the following people.

	beso (cuántos)	*la mano*	*un abrazo*
un profesor			
tu madre			
tu novio/a			
un amigo/a			

3:35–end

***ACTIVIDAD 37* A observar** In this segment, Javier makes a mistake in greeting a woman from Spain, so Mariela and he decide to see how people from different Hispanic countries greet each other. As you watch the video, indicate what you see in the different countries. Take a moment to familiarize yourself with the chart prior to viewing.

	dos hombres	*dos mujeres*	*un hombre y una mujer*
España	mano y abrazo	X	
Ecuador	mano	X	monja (*nun*) "**Adiós**" y saluda con la mano _____
Argentina			1 beso
México		X	

***ACTIVIDAD 38* Los saludos** Now that you've watched the video and you know which greetings are appropriate where and between whom, you are going to practice greeting others in a culturally appropriate manner. With your classmates, form two concentric circles. Your teacher will give you a series of clues and you are to greet the person in front of you. Once you are finished, the inner circle moves one place to the right and you await the next set of instructions from your teacher.

¿Lo sabían?

When you are in another country, it is very important to observe—and at times follow the leads of—the local people. For example, at one point in the video, Javier greets a woman in Mexico with a handshake. By doing so, he is showing her respect. But as she is taking his hand, she decides that a kiss is more appropriate so she pulls him towards her to give him a kiss on the cheek. By following her lead, he reacts in a culturally correct manner.

Therefore, when traveling to another country, follow these simple rules: Observe, listen, imitate, and laugh at your mistakes just as Javier does in the video. Laughter is the same in all languages and cultures.

 Do Web Search activities.

Internet

Vocabulario funcional

Las asignaturas (*Subjects*)

el arte	*art*
la biología	*biology*
el cálculo	*calculus*
la economía	*economics*
la historia	*history*
el inglés	*English*
la literatura	*literature*
las matemáticas	*mathematics*
la psicología	*psychology*
la sociología	*sociology*

Los artículos de la habitación y del baño

See page 43.

Los gustos (*Likes*)

gustar	*to like, be pleasing*
más	*more*

La posesión

¿De quién/es?	*Whose?*
tener	*to have*

Los adjetivos posesivos *See page 47.*

Las acciones *See pages 54–55.*

Los días de la semana *See page 55.*

Expresiones de tiempo (*Time Expressions*)

See page 55.

Las obligaciones

tener que + *infinitive*	*to have* + infinitive (*to eat, to drink, . . .*)

Los planes (*Plans*)

¿Cuándo?	*When?*
ir a + *infinitive*	*to be going* + infinitive (*to swim, to walk, . . .*)

Comidas y bebidas (*Food and Drink*)

el café	*coffee*
la cerveza	*beer*
las papas/patatas fritas	*potato chips*
la sangría	*sangria (a wine punch)*
el té	*tea*
la tortilla (de patatas)	*Spanish omelette*
el vino	*wine*

Palabras y expresiones útiles

Claro./¡Claro que sí!	*Of course.*
¿De veras?	*Really?*
el dinero	*money*
el, la, los, las	*the*
la habitación	*bedroom*
hacer	*to do*
mucho	*a lot*
No importa.	*It doesn't matter.*
o	*or*
pero	*but*
por eso	*therefore*
Por supuesto.	*Of course.*
¿Qué?	*What?*
la tarea	*homework*
el (teléfono) celular/móvil	*cellular phone*
un, una; unos, unas	*a/an; some*
Vale./O.K.	*O.K.*

Capítulo 3

▼ Quito, Ecuador y el volcán Guagua Pichincha.

Datos interesantes

➤ La ciudad de Quito tiene arquitectura colonial y contemporánea.

➤ La ciudad es considerada por la UNESCO "Patrimonio Cultural de la Humanidad".

➤ Quito tiene el centro histórico más grande de Latinoamérica.

➤ En 1534, los españoles fundaron la ciudad encima de ruinas indígenas.

67

Una llamada de larga distancia

Llamada de larga distancia = conferencia (Spain).

demasiado	too much
No tengo idea.	I don't have any idea.
Me/te/le . . . gustaría + *infinitive*	I/you/he/she . . . would like to . . .

Claudia is talking long distance to her parents who have gone from Bogotá to Quito on a business trip. They are talking about Claudia's classes and her new roommate Teresa.

ACTIVIDAD **1** **La familia de Teresa** While listening to the conversation, complete the following chart about Teresa's family.

	¿De dónde son?	*¿Qué hacen?*
Teresa		
Padre		
Madre		

PADRE	¿Aló?
CLAUDIA	Hola, papá. ¿Cómo estás? ¿Qué tal el trabajo allí en Quito con Home Depot?
PADRE	Yo bien y el trabajo fantástico. A Home Depot le gustaría tener muchas tiendas aquí en Ecuador y hoy voy a hablar con el secretario de comercio.
CLAUDIA	Pero, ¡qué interesante!
PADRE	Sí, muy interesante, pero ahora tengo que ir a su oficina. Tenemos una reunión esta mañana. Adiós, hija. Aquí está tu mamá.
CLAUDIA	Adiós, papi . . . ¿Mami?
MADRE	Sí, mi hijita. ¿Cómo estás?
CLAUDIA	Muy bien, ¿y tú?
MADRE	Muy bien aquí en Quito. Y tus clases, ¿qué tal?

◇ Expressing a desire

◇ **reunión** = meeting

Describing

CLAUDIA	Muy bien. Tengo una clase de economía fabulosa y otra de historia con un profesor excelente.
MADRE	¿Y las otras clases?
CLAUDIA	Pues . . . regulares.
MADRE	¿Y quién es tu compañera en la residencia?

Stating profession and origin

CLAUDIA	Se llama Teresa Domínguez Schroeder; su papá es un actor famoso de Puerto Rico y su mamá es de los Estados Unidos.
MADRE	¿Y qué hace su mamá?
CLAUDIA	Es abogada.
MADRE	Si su padre es de Puerto Rico y su madre es de los Estados Unidos, ¿de dónde es Teresa?
CLAUDIA	De Puerto Rico . . . es de Ponce.
MADRE	¿Y qué estudia en España?
CLAUDIA	Estudia turismo y trabaja en una agencia de viajes. Pero, y Uds., ¿qué van a hacer en Quito?

Discussing the future

MADRE	Bueno . . . vamos a visitar la parte colonial esta noche y el sábado vamos al pueblo de Santo Domingo de los Colorados.
CLAUDIA	Uds. viajan y yo estudio . . . Bueno mami, tengo que ir a la biblioteca.
MADRE	Claudia . . . ¡Tú estudias demasiado!

Asking about plans

CLAUDIA	Es que tengo examen de economía mañana. ¿Cuándo regresan Uds. a Bogotá?
MADRE	No tengo idea, pero me gustaría regresar la semana próxima.
CLAUDIA	Bueno mami, entonces hablamos la semana próxima.
MADRE	Bueno, hija, un beso. Adiós.
CLAUDIA	Adiós, mamá.

ACTIVIDAD **2** **La familia de Claudia** After listening to the conversation again, answer these questions.

1. En tu opinión, ¿qué hace el padre de Claudia?
2. ¿Qué estudia Claudia?
3. ¿Qué van a visitar los padres de Claudia?
4. ¿Adónde tiene que ir hoy Claudia?
5. ¿Qué tiene Claudia mañana?

ACTIVIDAD **3** **Una invitación y una excusa** In pairs, invite your partner to do something. Your partner should decline, giving an excuse. Then switch roles. Follow the model.

◆ A: ¿Te gustaría ir a bailar esta noche?

B: Me gustaría, pero tengo que . . .

Invitaciones posibles	*Excusas posibles*
salir	trabajar
correr esta tarde en el parque	leer una novela
escuchar música	escribir una composición
esquiar el sábado	visitar a mis padres

ACTIVIDAD **4** **¿Estudias poco o demasiado?**   **Parte A:** In pairs, find out if your partner does the following activities **poco** or **demasiado.** Follow the model.

◆ A: ¿Estudi**as** poco o demasiado?

B: Estudi**o** poco.   B: Estudi**o** demasiado.

1. trabajar   4. escuchar música
2. visitar a tus padres   5. mirar televisión
3. hablar con tus amigos   6. caminar

Parte B: Now write a few sentences reporting your findings. Be ready to read them to the class. Follow the models.

◆ Paul estudi**a** poco, pero yo estudi**o** demasiado.

Paul y yo trabaj**amos** poco.

¿Lo sabían?

The setting of Quito, the capital of Ecuador, is breathtaking. The city lies in a beautiful valley at the base of a volcano. Even though it is close to the equator, Quito enjoys a moderate climate all year round since it is almost 10,000 feet above sea level. The combination of colonial and modern architecture creates a fascinating contrast in the city.

A large percentage of Ecuador's population is of native Andean origin. West of Quito is the town of Santo Domingo de los Colorados. The indigenous group of the Tsa'tchela, or Colorados, lives on the outskirts of this town. The men are well known for their hair, which they cover with red clay and shape in the form of a leaf. The Otavalos, another indigenous group, are renowned for their success in cottage industry and textile commerce.

➤ Colorado Indian, Eduador.

Lo esencial I

Lugares (*Places*)

1. el supermercado
2. la escuela/el colegio
3. el cine
4. la iglesia
5. la playa
6. la librería

Otros lugares

la agencia de viajes   travel agency
el banco   bank
la biblioteca   library
la casa   house, home
la discoteca   club, disco
la farmacia   pharmacy, drugstore
el hospital   hospital
el museo   museum

la oficina   office
el parque   park
la piscina   pool
la plaza   plaza, square
el restaurante   restaurant
el teatro   theater
la tienda   store
la universidad   university

◈ Identify places while walking or riding through town: **el parque, el cine,** etc. Make idle time study time.

ACTIVIDAD 5 Asociaciones Say which places you associate with the following words: **la educación, la diversión, el trabajo.**

ACTIVIDAD 6 Acción y lugar Choose an action from Column A and a logical place to do this action from Column B. Form sentences, following the models.

◈ Remember: **a + el = al**

   ◆ Me gusta nadar; por eso voy a la piscina.
      Tienen que comer; por eso van al restaurante.

A	*B*
Me gusta nadar	la piscina
Tienen examen	el parque
Tiene que estudiar	la biblioteca
Necesito dinero	el restaurante
Tenemos que comprar papas	la universidad
Tienen que comer	la farmacia
Me gusta caminar	el banco
Tienes que comprar aspirinas	el supermercado
Me gusta el arte	el museo
	la playa
	la cafetería

Hispanic cities are experiencing changes just as are their counterparts in the U.S. The local market (**el mercado**) with a variety of individually owned food stalls still exists, but the **supermercado** has become a common sight in cities and towns. In the large cities, one can also find **el hipermercado,** a type of superstore that sells food as well as furniture, electronics, and clothing, even though shopping malls (**el centro comercial** or in some countries **el shopping**) now exist in most major cities.

Nevertheless, there are still specialty stores that are not national or international chains. To refer to these stores, it is common to use words based on what is sold and to attach the ending **-ería.** For example: a **librería** sells **libros.** Here are a few other common terms to describe stores.

frutería/fruta *fruit store/fruit*
carnicería/carne *butcher shop/meat*
zapatería/zapatos *shoe store/shoes*

Hacia la comunicación I

 Note that prepositions precede the question word.

I. Expressing Destination: *Ir + a +* place

To say where you are going, you need to use a form of **ir + a +** *destination.* Remember to use **al (a + el)** when the destination noun is masculine.

Vamos al Museo de Antropología.	*We're going to the Museum of Anthropology.*
Voy a la farmacia. ¿Necesitas aspirinas?	*I'm going to the drugstore. Do you need aspirin?*
¿Adónde **vas**?	*Where are you going (to)?*
¿Con quién **vas a ir a** la fiesta?	*Who are you going to go to the party with?*

Practice **ir a** and **estar en** by reporting your actions to yourself as you do them.

II. Indicating Location: *Estar + en +* place

To say where you are, use a form of **estar + en +** *place.*

estar			
yo	**estoy**	nosotros/as	**estamos**
tú	**estás**	vosotros/as	**estáis**
Ud. él/ella	**está**	Uds. ellos/ellas	**están**

La directora no **está en** la oficina hoy.	*The director isn't in the office today.*
Mamá, **estoy en** el hospital.	*Mom, I'm in/at the hospital.*

NOTE: The preposition to express being in or at a place is **en: Estamos en el cine.** (*We're at the movies.*)

◈ Memorize infinitives. Make lists of **-ar**, **-er**, and **-ir** verbs and quiz yourself on forms and meanings, for example: **Yo estudio mucho. Mi amigo Paul no estudia. Paul y yo bebemos Pepsi. Mary bebe Coca-Cola.**

◈ Practice automatic pairs: **¿Trabajas? Sí, trabajo. / ¿Trabaja ella? Sí, ella trabaja. / ¿Trabajan Uds.? Sí, trabajamos.**

III. Talking About the Present: The Present Indicative

1 ◆ In order to talk about daily activities, you use verbs in the present indicative. These verbs can express actions or states: *I **run** five miles* (action), *but he **runs** seven miles*. *Paula **is** a full-time student* (state), *but I **am** a part-time student*. Notice how in each sentence you change or conjugate the verb depending on the person you are talking about. To do this in Spanish you first need to know whether the infinitive, or base form of the verb, ends in **-ar (trabaj<u>ar</u>)**, **-er (beb<u>er</u>)**, or **-ir (escrib<u>ir</u>)**. Then you take the stem of the verb **(trabaj-, beb-, escrib-)** and attach the following endings:

-ar verbs

trabajar (*to work*)			
yo	trabaj**o**	nosotros/as	trabaj**amos**
tú	trabaj**as**	vosotros/as	trabaj**áis**
Ud. } él/ella }	trabaj**a**	Uds. } ellos/ellas }	trabaj**an**

Mi madre habl**a** español.   *My mother speaks Spanish.*
Mañana **yo** trabaj**o**.   *I work tomorrow. (Note: The present can also be used to talk about the near future.)*

-er verbs

beber (*to drink*)			
yo	beb**o**	nosotros/as	beb**emos**
tú	beb**es**	vosotros/as	beb**éis**
Ud. } él/ella }	beb**e**	Uds. } ellos/ellas }	beb**en**

¿**Bebes** vino o agua con la cena?   *Do you drink wine or water with dinner?*
Nosotros com**emos** en la cafetería.   *We eat in the cafeteria.*

-ir verbs

escribir (*to write*)			
yo	escrib**o**	nosotros/as	escrib**imos**
tú	escrib**es**	vosotros/as	escrib**ís**
Ud. } él/ella }	escrib**e**	Uds. } ellos/ellas }	escrib**en**

Isabel Allende escrib**e** novelas.   *Isabel Allende writes novels.*
Nosotros vivi**mos** en Lima.   *We live in Lima.*

In order to choose the correct ending for a verb, you need to know two things: (1) the infinitive of the verb **(-ar, -er, -ir)**, and (2) the person doing the action. For example:

(1) beber   (2) nosotros = (Nosotros) beb**emos** Coca-Cola.

2 ◆ The following verbs, and most of those you learned in Chapter 2, are regular verbs and therefore follow the pattern of **trabajar, beber**, and **escribir.**

aprender	to learn	**regresar (a casa)**	to return (home)
desear	to want, desire	**tocar**	to play (*an instrument*)
llevar	to take along, carry	**usar**	to use
necesitar	to need	**vender**	to sell
recibir	to receive	**vivir**	to live

3 ◆ The following verbs have irregular **yo** forms, but follow the pattern of regular verbs in all other present-indicative forms.

hacer	to do; to make	yo ha**go**
poner	to put, place	yo pon**go**
ofrecer*	to offer	yo ofre**zco**
salir (con)	to go out (with)	yo sal**go**
salir de	to leave (*a place*)	
traer	to bring	yo trai**go**
traducir*	to translate	yo tradu**zco**
ver	to see (*a thing*)	yo v**eo**
ver a	to see (*a person*)	

Do Workbook *Práctica mecánica I* and corresponding CD-ROM activities.

***NOTE:** Many verbs that end in **-cer** and **-ucir** follow the same pattern as **ofrecer** and **traducir: establecer** (*to establish*), **producir** (*to produce*).

Hago la tarea todos los días.	*I do my homework every day.*
¿Qué hac**en** Uds.?	*What do you do?*
Sal**go** con Ramona.	*I go out with Ramona.*
Ella sal**e** del trabajo temprano.	*She leaves work early.*
¿Dónde pon**go** las cintas?	*Where do I put the tapes?*

ACTIVIDAD **7** ¿**Adónde va?** Imagine that this is your schedule for the week. State what you have to do or are going to do and where you are going to go.

◆ El lunes tengo que estudiar para un examen; por eso voy a la . . .

lunes	estudiar para un examen
martes	comprar discos compactos
miércoles	nadar
jueves	comprar libros para la clase de literatura
viernes	comer con Ana
sábado	comprar papas fritas, hamburguesas, café y Coca-Cola
domingo	ver la exhibición de Picasso

ACTIVIDAD **8** **Después de clase** Mingle with your classmates and find out where **(adónde)** others are going after class and with whom **(con quién)** they are going. Follow the model.

◆ A: ¿Adónde vas?

B: Voy a casa.

A: ¿Con quién vas?

B: Voy solo/a. / Voy con . . .

ACTIVIDAD **9** **¿Dónde están?** In pairs, ask and state where the following people or things are.

1. el presidente de los Estados Unidos
2. la Torre Eiffel y el Arco de Triunfo
3. la Estatua de la Libertad y Woody Allen
4. Bogotá
5. el Vaticano
6. Machu Picchu y Lima

ACTIVIDAD **10** **¡A competir!** In pairs or in groups of three you will play a game using the following list of verbs. Your instructor will give you instructions.

1. llevar	14. escuchar	27. traer
2. caminar	15. salir	28. ver
3. beber	16. cantar	29. estar
4. ir	17. comprar	30. tener
5. traducir	18. correr	31. hablar
6. tener	19. esquiar	32. comer
7. bailar	20. estudiar	33. visitar
8. vender	21. nadar	34. leer
9. llamarse	22. necesitar	35. mirar
10. vivir	23. trabajar	36. ofrecer
11. ser	24. recibir	37. producir
12. traer	25. tocar	38. ser
13. aprender	26. hacer	39. ver

ACTIVIDAD **11** **¡Una carta de Miguel!** This is a letter from a Honduran student who is studying in the United States. He is describing his daily activities to his parents. Complete the letter with the appropriate forms of the following verbs: **bailar, correr, escribir, estudiar, hablar, ir, salir, ser, tener, terminar, traducir.**

Chicago, 20/9/2004

Queridos papás:

¿Cómo están? Yo, bien. Me gusta la universidad y _____ muchos amigos. Voy a clase, _____ composiciones para mi clase de francés y _____ mucho porque _____ demasiados exámenes; el jueves tengo un examen importante de biología. Los viernes por la mañana voy a la oficina de un profesor de psicología y _____ documentos del español al inglés. Los viernes y los sábados yo _____ en la biblioteca y por la noche _____ con un grupo de amigos. Ellos _____ mexicanos, venezolanos y de los Estados Unidos. Los mexicanos siempre _____ de política con los venezolanos.

   Santa (una chica puertorriqueña) y yo también _____ a una discoteca los martes porque ponen música salsa; como nos gusta la música del Caribe, nosotros _____ mucho. Ella _____ bien porque es bailarina profesional.

   Bueno, tengo que _____ la carta porque voy a correr. ¡Mi amigo Mateo y yo _____ ocho kilómetros al día!

Besos y abrazos,

Miguel

P. D. Gracias por los $$$dólares$$$.

◈ Why is **exámenes** written with an accent and **examen** without? See Appendix B for explanation.

◈ **P. D. = Posdata**

ACTIVIDAD **12** **Gente famosa** In groups of three, name famous people who do the following things: **bailar, cantar, correr, escribir novelas, esquiar, nadar, producir películas, tocar la guitarra, trabajar en Washington, salir en el programa de David Letterman.** Follow the model.

   ◆ Gabriel García Márquez escribe novelas.

ACTIVIDAD **13** **El verano** In pairs, discuss what you and your partner do during the summer **(el verano).** Use the following actions: **bailar, comer en restaurantes, escuchar música, esquiar, estudiar, mirar televisión, nadar, salir con amigos.** Follow the model.

   ◆ A: ¿Nadas?
      B: Sí, nado todos los días.
      A: ¿Cuándo nadas?
      B: Por la mañana.
      A: ¿Dónde?
      B: En la piscina de la universidad.

ACTIVIDAD 14 Nosotros y nuestros padres In groups of three, discuss what students and parents do in a typical week. Think of at least five examples. Follow the model.

◆ Nosotros bailamos los fines de semana y nuestros padres van al cine.

Do Workbook *Práctica comunicativa I* and corresponding CD-ROM activities.

ACTIVIDAD 15 El cuestionario You work for an advertising agency and have to conduct a "person-on-the-street" interview on people's likes and dislikes. Work in pairs and use the following questionnaire. The interviewer should use the **Ud.** form and complete questions to elicit responses: **¿Es Ud. estudiante? ¿Qué periódico lee Ud.?** The "person on the street" should not look at the book. When finished, exchange roles. Be prepared to report back to the class.

Cuestionario

Nacionalidad: _____

Edad: _____

Sexo: Masculino _____   Femenino _____

Estudiar: _____ Si contesta que sí:
               ¿Dónde? _____

Trabajar: _____ Si contesta que sí:
               Ocupación _____

Vivir (con):   Familia _____   Amigo/a _____   Solo/a _____

Gustos:

Leer _____ Si contesta que sí:
    ¿Qué lee? _____

Ver la televisión: _____ Si contesta que sí:
    ¿Qué tipo de programas? _____

Escuchar música: _____ Si contesta que sí:
    ¿Qué tipo de música? _____

Usar: Perfume _____   Agua de colonia _____   Nada _____

Salir mucho: al cine _____   a bailar _____
               al teatro _____   a comer en restaurantes _____

Nuevos horizontes

Lectura

ESTRATEGIA: Dealing with Unfamiliar Words

In Chapter 2 you read that you can recognize many Spanish words by identifying cognates (words similar to English words). However, other words will be completely unfamiliar to you. A natural tendency is to run to a Spanish-English dictionary and look up a word, but you will soon tire of this and become frustrated. The following are strategies to help you deal with unfamiliar words while reading.

1. Ask yourself if you can understand the sentence without the word. If so, move on and don't worry about it.

2. Identify the grammatical form of the word. For example, if it is a noun, it can refer to a person, place, thing, or concept; if it is a verb, it can refer to an action or state; if it is an adjective, it describes a noun.

3. Try to extract meaning from context. To do this, you must see what information comes before and after the word itself.

4. Check whether the word reappears in another context in another part of the text or whether the writer explains the word. An explanation may be set off by commas.

5. Sometimes words appear in logical series and you can easily understand the meaning. For example, in the sequence *first*, *second*, *"boing,"* and *fourth* the meaning of *boing* becomes obvious.

These strategies will help you make reasonable guesses regarding meaning. If the meaning is still not clear and you must understand the word to get the general idea, the next step would be to consult a dictionary.

> noun = **sustantivo**
> Note: A noun may be preceded by articles (**el/la; un/una**)
> verb = **verbo**
> adjective = **adjetivo**

> Note: If you look up a word, don't write the translation above the Spanish word in the text. (If you reread the text, you will only see the English and ignore the Spanish.) If you must write it down, do so separately in your own personal vocabulary list.

ACTIVIDAD **16** **El tema** Before reading the article that follows, look at the title, the format, and the pictures to answer the following question.

¿Cuál es el tema (*theme*) del artículo?
a. el número de hispanos en los Estados Unidos
b. el futuro político de los hispanos
c. los hispanos como consumidores

ACTIVIDAD **17** **Los cognados** Before reading the article, go through it and underline any word that you think is a cognate. If you are doing this as an assignment to hand in, list all cognates on a piece of paper.

ACTIVIDAD **18** **En contexto** Read the article without using a dictionary and try to determine what the following words mean.

1. **mundo** (línea 1)
2. **mercado consumidor** (línea 4)
3. **a través de** (líneas 14–15)
4. **vida** (línea 23)
5. **teleadictos** (línea 32)
6. **telenovelas** (línea 33)

El mercado hispano en los Estados Unidos

El español es el idioma oficial de veinte países del mundo. En total, hay aproximadamente 332 millones de personas de habla española. En los Estados Unidos hay 32,8 millones de hispanos (más del 12% de la población total) y 21 millones de ellos hablan español; por eso, forman un mercado consumidor doméstico
5　muy significativo para los Estados Unidos. Las grandes compañías comprenden la importancia económica de este grupo y usan los medios de comunicación tanto en inglés como en español para venderle una variedad de productos.

Libros, periódicos y revistas

En los Estados Unidos se publican muchos periódicos y revistas en
10　español. Hasta la revista *People* tiene una versión en español. También hay compañías como Amazon.com y Booksellers que venden libros al mercado hispano a
15　través de Internet. Autores como la chilena Isabel Allende y el mexicano Carlos Fuentes son muy populares. Pero, las personas de habla española también leen libros en inglés o
20　traducidos al español de autores como Tom Clancy y Toni Morrison.

▲ Isabel Allende, escritora chilena.

La radio

La radio y su música es una parte importante de la vida de los hispanos. A ellos les gustan diferentes tipos de
25　música: la folklórica, la clásica, la tejana, el rock, el jazz, etc. La música hispana que más escucha la gente joven en los Estados Unidos es la salsa de cantantes como Marc Anthony, la India y Víctor Manuelle. También les gusta el rock en español de grupos como Oxomatli y Caifanes. Generalmente escuchan emisoras de radio en inglés y en español y, hoy en día, con una computadora y acceso a
30　Internet también pueden escuchar la radio de otros países.

La televisión

Otra parte esencial de la vida diaria de muchos hispanos es la televisión y hay muchos teleadictos, gente que pasa horas y horas hipnotizada enfrente de la tele. Los hispanos tienen sus propios programas de noticias, música, comedias y telenovelas, pero también hay muchos programas en inglés traducidos al español.
35　Hasta Fox Mulder y Dana Scully hablan español en "Los expedientes X".

También hay varios canales de televisión en español. Las tres cadenas hispanas de televisión más importantes que transmiten 40 en los Estados Unidos y a otros países son Univisión, Telemundo y Galavisión.

Los medios de comunicación forman parte de la vida diaria de 45 los hispanos que viven en los Estados Unidos. Cuando ellos leen el periódico, miran la televisión, escuchan la radio o se conectan a Internet, las grandes compañías 50 como Wal-Mart, Home Depot, Pepsi, Coors y Sears están allí para venderles sus productos.

▲ Cristina Saralegui, conductora de un programa de televisión.

ACTIVIDAD 19 Después de leer Answer the following questions based on the article.

1. ¿En cuántos países es el español la lengua oficial?
2. ¿Cuántas personas hablan español en el mundo?
3. ¿Qué leen, qué escuchan y qué miran los hispanos?
4. ¿Cuántas cadenas de televisión en español hay en los Estados Unidos y cómo se llaman?
5. ¿Qué medios de comunicación usan las grandes compañías para presentar sus anuncios comerciales? Menciona (*Mention*) un mínimo de tres.

ESTRATEGIA: Using Models

When beginning to think and write in a new language, a model can provide a format or framework to follow and give you ideas for organizing what you write. It is also useful for learning phrases and other ways to express yourself. Some phrases can be used without understanding the intricate grammatical relationship between all of the words. For example, by using such phrases along with what you already know in Spanish, you can raise the level of what you write.

ACTIVIDAD 20 Una carta **Parte A:** Look at Miguel's letter in **Actividad 11** and answer these questions about the letter's format.

1. What comes before the date? What is written first, the day or the month?
2. The letter is informal because it is addressed to Miguel's parents. What punctuation is used after the salutation, a comma or a colon?
3. What does he say in the closing of the letter? Check what these words mean in the Spanish-English dictionary in your textbook.
4. How do you write P.S. in Spanish?

Parte B: Using Miguel's letter as a guide, write a letter to your parents about your life at the university. Note the use of the expressions **bueno** and **gracias por los dólares** (**gracias por** + *article* + *noun*) at the end of the letter.

Parte C: In your letter, underline each subject pronoun (**yo, tú, él, ella,** etc.). Edit, omitting all of the subject pronouns that are not needed for clarity or emphasis, especially the pronoun **yo.**

Parte D: Rewrite your final draft, staple all drafts and your answers to **Parte A** together, and hand them in to your instructor.

Lo esencial II

Adjectives, including adjectives of nationality, agree in number and in many cases gender with the noun modified.

Mayor is generally used when describing people. **Viejo** is also used, but may have a negative connotation.

I. **Las descripciones:** *Ser* + adjective

1. Es **alta.**
2. Es **baja.**
3. Son **gordos.**
4. Son **delgados.** (Son **flacos.**)
5. Es **joven.**
6. Es **mayor.**
7. Son **morenas.**
8. Son **rubias.**

In some cultures **flaco** has a negative connotation, similar to calling someone "scrawny" or "boney" in English.

Otros adjetivos

simpático/a nice	**antipático/a** unpleasant; disagreeable
guapo/a good-looking ⎫	**feo/a** ugly
bonito/a pretty ⎭	
bueno/a good	**malo/a** bad
inteligente intelligent	**estúpido/a, tonto/a** stupid
grande large, big	**pequeño/a** small
largo/a long	**corto/a** short (*in length*)
nuevo/a new	**viejo/a** old

ACTIVIDAD 21 ¿Cómo son? Describe the following people using one or two adjectives.

1. el/la profesor/a
2. Shakira
3. Matt Damon y Ben Affleck
4. Sean Combs
5. Danny De Vito
6. Sarah Jessica Parker y Julia Roberts
7. tu madre o tu padre

ACTIVIDAD 22 ¿Cómo eres? Parte A: The following descriptive adjectives are cognates. Circle the four that best describe you and underline the four that least describe you.

activo/a	indiferente	realista
artístico/a	informal	religioso/a
cómico/a	intelectual	reservado/a
conservador/a	liberal	responsable
creativo/a	nervioso/a	serio/a
formal	optimista	sociable
idealista	paciente	tímido/a
impaciente	pesimista	tradicional

Parte B: Talk with your partner and state what you think he/she is like. Follow the model.

◆ A: Eres sociable, ¿verdad?

B: Sí, es verdad. Soy (muy) sociable. / No, no soy sociable. / No, soy (muy) reservado.

ACTIVIDAD 23 ¿A quién describo? In pairs, take turns describing people in your class and have the other person guess who is being described. You may use adjectives that describe physical characteristics and personality traits.

II. Las descripciones: *Estar* + adjective

1. Está **aburrida.**
2. Está **contento.**
3. Está **enferma.**
4. Está **enojado.**
5. Están **enamorados.**
6. Está **triste.**

Otros adjetivos

borracho/a   drunk
cansado/a   tired
preocupado/a   worried

ACTIVIDAD **24** **¿Cómo estoy?** In pairs, act out the different adjectives and have your partner guess how you feel; then switch roles.

ACTIVIDAD **25** **¿Cómo estás?** Discuss how you feel in the following situations. Follow the model.

◆ Tienes examen mañana. ⟶ Estoy preocupado/a.

1. El político habla y habla y habla.
2. Escuchas una explosión.
3. Tienes temperatura de 39°C (*102.2°F*).
4. Vas a salir bien en el examen de matemáticas.
5. No quieres hablar con tus amigos.
6. Tienes novio/a (*boyfriend/girlfriend*).

ACTIVIDAD **26** **¿Cómo están? ¿Cómo son?** Look at the drawing and answer the following questions.

1. ¿Cómo es él?
2. ¿Cómo es ella?
3. ¿Cómo está él?
4. ¿Cómo está ella?

Hay familias . . . y . . . FAMILIAS

¿Por qué? Porque . . .	Why? Because . . .
No te preocupes.	Don't worry.

Teresa and Vicente have started going out together. Don Alejandro, Teresa's uncle, wants to meet Vicente to "check him out." Teresa is trying to convince Vicente to meet her uncle.

ACTIVIDAD **27** **¿Cómo es el tío de Teresa?** Read through the following list. Then, while listening to the conversation, place a check mark beside the adjectives that apply to Teresa's uncle.

El tío de Teresa es:

_____ alto   _____ bajo

_____ moreno   _____ rubio

_____ delgado   _____ gordo

_____ simpático   _____ antipático

_____ pesimista   _____ optimista

_____ cómico   _____ serio

_____ liberal   _____ conservador

◇ Inviting

TERESA Vicente, ¿qué haces?

VICENTE Estoy mirando el periódico, la sección de cines. Oye, ¿te gustaría ir al cine el jueves?

TERESA Me gustaría, pero antes tenemos que tomar un café con mi tío.

VICENTE ¡¿Tu tío . . .?! Pero, ¿por qué?

◇ Giving a reason

TERESA Porque es mi tío y por eso, es como mi papá en España.

VICENTE Bbbbbueno, pero ¿cómo es?

◇ Giving physical description

TERESA No te preocupes. Es alto, moreno, un poco gordo . . .

	VICENTE	¡No, no! Pero, ¿cómo es? ¿Simpático? ¿Antipático?
Describing personality traits	TERESA	Es muy simpático, y qué más . . . es un hombre muy optimista y siempre está contento.
	VICENTE	Pero . . . es tu familia . . . y las familias . . .
	TERESA	Y las familias, ¿qué?
Expressing feelings	VICENTE	No sé, pero, estoy nervioso. ¿Es tradicional tu tío?
	TERESA	No, hombre. Es un poco serio, eso sí. Mi tío es serio, pero muy liberal.
	VICENTE	Bueno, voy, pero después vamos al cine, ¿O.K.?
	TERESA	Sí, por supuesto, pero con mi tío, ¿no?
	VICENTE	¿Cómo? ¿Estás loca?

ACTIVIDAD **28** **Preguntas** Listen to the conversation again, then answer the following questions.

1. ¿Adónde van a ir Teresa y Vicente el jueves?
2. ¿Con quién van a ir?
3. ¿Cómo está Vicente?
4. ¿Quiénes van a ir al cine de verdad: Teresa, su tío y Vicente o sólo Teresa y Vicente?

ACTIVIDAD **29** **Justifiquen** In pairs, alternate asking each other questions and justifying your responses. Follow the model.

 ◆ A: ¿Por qué estudias aquí?

   B: Porque es una universidad buena. / Porque me gusta donde está. / Porque aquí tengo muchos amigos. / Porque es pequeña.

1. ¿Por qué estudias español?
2. ¿Por qué compras CDs de rock?
3. ¿Por qué tienes computadora?
4. ¿Por qué trabajas?
5. ¿Por qué vas a la biblioteca?

¿Lo sabían?

Since Teresa's parents are in Puerto Rico and her uncle is in Madrid, it is normal for him to consider her welfare an important responsibility. In the absence of a parent, it is common for young people to respect aunts or uncles as if they were their parents.

The word *family* has different connotations in different cultures. For Hispanics, the word **familia** suggests not only the immediate family, but also grandparents, uncles and aunts, as well as close and distant cousins. What does the word *family* mean to you?

▲ A woman and her grandchild in Chapultepec Park, Mexico City.

Hacia la comunicación II

I. Describing Yourself and Others: Descriptive Adjectives

In Chapter 1, you learned how to say someone's nationality: **Vicente Fox es mexicano. Salma Hayek es mexicana. Ellos son mexicanos.** You learned that the endings of these words changed depending on whom you were describing. Now see if you can answer these questions:

1. What would you have to change in the sentence **Eduardo está cansado** if the subject were **Carmen** instead of **Eduardo?**
2. What would you have to change in the sentence **Mi clase de historia es interesante** if the subject were **mis clases de historia e inglés?**

In the first, if you said **cansada**, you were correct, since the adjective ends in **-o** and would need to end in **-a** to describe a woman. In the second, **son interesantes** is the correct response since the subject is now plural, requiring a plural verb and a plural adjective.

A. Agreement of Adjectives

1 ◆ Adjectives that end in **-o** agree in gender (masculine/feminine) and in number (singular/plural) with the nouns they modify.

> **Francisco** es baj**o**, pero **Patricia** es alt**a**.
> **Ellos** son delgad**os** y **ellas** son delgad**as** también.

2 ◆ Adjectives that end in **-e** or in a consonant agree in number (singular/plural) with the nouns they modify.

> **Ella** está trist**e** y **ellos** también están trist**es**.
> **Camilo** no es liberal. **Ana y Elisa** tampoco son liberal**es**.

NOTE: jov**e**n $\longrightarrow$ j**ó**venes (an accent is needed in the plural)

◈ Remember: Professions and other nouns that end in **-ista** also have two forms only: **artista/s.**

3 ◆ Adjectives that end in **-ista** ONLY agree in number with the nouns they modify.

> **Rafael** es real**ista** y **Emilia** es ideal**ista**.
> **Ellos** son optim**istas**.

B. *Ser* and *Estar* + Adjective

1 ◆ **Ser** + *adjective* is used to describe *the being:* what someone or something *looks like* or *is like*. You use **ser** when describing someone's personality (**Él es inteligente, optimista,** etc.) or when describing a person physically (**Ella es alta, delgada,** etc.).

2 ◆ **Estar** + *adjective* is used to describe *the state of being;* it indicates how people are feeling or describes a particular condition: **Él está enfermo.**

Notice how the following adjectives may change meaning depending on whether you use **ser** or **estar:**

Peter **es aburrido.**
  (personality: *Peter is boring.*)
Somos muy **listos.**
  (personality: *We are very clever.*)
Eres guapo.
  (physical description: *You are handsome.*)

Peter **está** muy **aburrido.**
  (feeling: *Peter feels/is bored.*)
Estamos listos.
  (condition: *We are ready.*)
Estás guapo hoy.
  (condition: *You look handsome today.*)

◈ ¿Cómo son estas personas?
  ¿Cómo están estas personas?

➤ Students speaking with an instructor after class in Costa Rica.

II. Position of Adjectives

1 ◆ Possessive adjectives and adjectives of quantity precede the noun they modify.

◈ Inca Kola is a sweet soft drink that is very popular in Peru.

Mi novio es arquitecto.*
Tiene **tres televisores.**
Bebe **mucha Inca Kola.**
Tiene **muchos** amigos y **pocas amigas.**

My boyfriend is an architect.
He has three TV sets.
He drinks a lot of Inca Kola.
He has a lot of male friends and few female friends.

*NOTE: The indefinite articles (**un, una, unos, unas**—*a/an, some*) are used with occupations only when they are modified by an adjective:

Mi padre es ingeniero.
BUT: **Mi padre es *un* ingeniero *fantástico*.**

2 ◆ Descriptive adjectives normally follow the nouns they modify.

Tenemos un **examen importante** en la clase de literatura.

We have an important exam in literature class.

While watching TV, think about the actions taking place: **Están cantando,** Dan Rather **está hablando,** etc.

III. Discussing Actions in Progress: Present Indicative and Present Progressive

In order to describe an action that is in progress at the moment of speaking, you use the present progressive in English (*I'm watching a movie on TV*). In order to describe an action in progress in Spanish you may use the present indicative (**Miro una película por televisión**) or the present progressive (**Estoy mirando una película por televisión**). The present progressive is formed as follows:

Form of **estar** +
- _____-**ando** (-**ar** verbs)
- _____-**iendo** (-**er, -ir** verbs)

estoy
estás
está
estamos + trabaj**ando**
estáis   com**iendo**
están   escrib**iendo**

Do Workbook *Práctica mecánica II*, CD-ROM, Web ACE Tests, and lab activities.

NOTE: 1. For -**er** and -**ir** verbs whose stems end in a vowel, substitute a -**y**- for the -**i** of the -**iendo** ending: **leer** ⟶ **le** + **iendo** ⟶ **leyendo**.
2. In English, the present progressive can also be used to talk about the future (*I'm watching a movie on TV tonight*). In contrast, the present progressive can *only* be used in Spanish for an action that is *happening at the moment* of speaking, an action that is actually taking place.

ACTIVIDAD **30** **¿Adónde vas cuando . . . ?** In pairs, ask your partner where he/she goes when in the following moods or situations. Follow the model.

◆ A: ¿Adónde vas cuando estás enojado/a?
   B: Cuando estoy enojado/a voy a mi habitación.

1. estar aburrido/a
2. tener que comprar café
3. tener que trabajar
4. estar enfermo/a
5. tener que estudiar
6. desear correr
7. estar contento/a
8. tener que comprar un periódico
9. estar preocupado/a
10. estar con tu novio/a

Listen, select the appropriate sentence, look your partner in the eye, and say the line.

ACTIVIDAD 31 Una conversación In pairs, "A" covers Column B and "B" covers Column A. Carry on a conversation with your partner. You will need to enunciate very clearly and listen closely to select the appropriate response.

A

¿Estás triste?

¿Por qué? ¿Tienes problemas?
¿Cuándo?

¿Está enfermo?

¿Está enferma?

¿Dónde está?
¿Va a ir al hospital?

B

No, estoy preocupado/a.
Sí, hoy no tengo problemas en
    la oficina.

Sí, me gustaría.
Sí, es mi padre.

No, es simpático, joven y muy
    inteligente.
Sí, está en el hospital y está solo.

En Miami y yo voy mañana.
De Guadalajara.

ACTIVIDAD 32 ¿Quién es? **Parte A:** Read the following description and guess who is being described.

◆ Es una persona famosa.
Él es guapo, alto, delgado y artístico.
Canta y baila bien.
Habla español e inglés.
Es puertorriqueño.
Él vive la vida loca.
¿Quién es?

Parte B: In pairs, prepare descriptions of a famous man or a famous woman.

Parte C: Read your description to the class and have them guess who it is.

ACTIVIDAD 33 Tu amigo y su amiga Read the following paragraph, then invent a story about a friend of yours and his girlfriend by completing the paragraph with the types of words indicated in parentheses. Remember that adjectives agree with the nouns they modify.

Mi amigo _____ es _____ y es _____.
          (nombre)   (nacionalidad)   (ocupación)
Tiene _____ años y es _____, _____ y
        (número)   (adjetivo)   (adjetivo)
_____. _____ amigo tiene una amiga que se llama
  (adjetivo)   (adjetivo posesivo)
_____. Ella es _____ y _____. Ellos
  (nombre)   (adjetivo)   (adjetivo)
son muy _____, pero están _____ porque _____.
          (adjetivo)   (adjetivo)   (?)

ACTIVIDAD **34** **Biografía**   **Parte A:** Interview your partner. Use these questions as a guide.

1. la persona
   - ¿Cómo te llamas, de qué nacionalidad eres y cuántos años tienes? ¿Por qué estás aquí (*here*)?
2. sus amigos
   - ¿Tienes muchos o pocos amigos? ¿Cómo son?
   - Si son estudiantes, ¿qué estudian? ¿Estudian mucho o poco?
   - Si trabajan, ¿qué hacen? ¿Dónde trabajan? ¿Trabajan mucho o poco?
3. actividades
   - ¿Qué te gusta hacer y con quién?
   - ¿Qué hacen Uds. los viernes y los sábados? ¿Adónde van?
   - ¿Estás contento/a cuando estás con tus amigos?

Pay attention to accents and punctuation.

Parte B: Use the above questions to write a three-paragraph biographical sketch.

ACTIVIDAD **35** **¿Está Diana?**   In pairs, "A" calls on the phone to talk to someone, but the person is busy. "B" says what the person is doing. When finished, change roles. (Useful excuses include: **trabajar con su padre, hacer la tarea, escribir una monografía, traducir un poema, comer, nadar en la piscina, hablar por el móvil,** etc.)

◆ B: ¿Aló?

A: Buenos días. ¿Está Diana?

B: Sí, está, pero está estudiando con su profesor particular (*tutor*).

A: Ah, muchas gracias, adiós. / Ah, entonces llamo más tarde.

ACTIVIDAD **36** **Imagina**   In pairs, each person picks three drawings from page 91 and uses his/her imagination to explain to a partner who the people are, what they are doing, and where they are.

◆ Son mis amigos Mike y Eric. Mike es de Miami y Eric es de Chicago. En la foto, ellos están esquiando en Vail. Mike esquía muy bien. Eric está aprendiendo y le gusta mucho esquiar.

 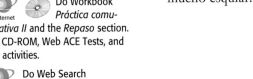 Do Workbook *Práctica comunicativa II* and the *Repaso* section. Do CD-ROM, Web ACE Tests, and lab activities.

 Do Web Search activities.

Vocabulario funcional

Lugares (*Places*) *See page 71.*

¿Adónde vas/va?	*Where are you going?*
¿Con quién vas/va?	*With whom are you going?*
¿Dónde estás/está?	*Where are you?*
estar en + *lugar*	*to be in/at* + place
el cine	*movie theater*
la escuela/el colegio	*school*
la iglesia	*church*
la librería	*bookstore*
la playa	*beach*
el supermercado	*supermarket*

Verbos

-ar

necesitar	*to need*
regresar (a casa)	*to return* (*home*)
tocar	*to play* (an instrument)
usar	*to use*

-er

aprender	*to learn*
establecer	*to establish*
hacer	*to do; to make*
ofrecer	*to offer*
poner	*to put, place*
traer	*to bring*
vender	*to sell*
ver	*to see* (a thing)
ver a	*to see* (a person)

-ir

producir	*to produce*
recibir	*to receive*
salir (con)	*to go out* (*with*)
salir de	*to leave* (a place)
traducir	*to translate*
vivir	*to live*

La descripción

Adjetivos con **ser: ¿Cómo es?**

aburrido/a	*boring*
alto/a	*tall*
antipático/a	*unpleasant, disagreeable*
bajo/a	*short* (in height)
bonito/a	*pretty*
bueno/a	*good*
corto/a	*short* (in length)
delgado/a	*thin*
estúpido/a	*stupid*
feo/a	*ugly*
flaco/a	*skinny*
gordo/a	*fat*
grande	*large, big*
guapo/a	*good-looking*
inteligente	*intelligent*
joven	*young*
largo/a	*long*
listo/a	*clever*
malo/a	*bad*
mayor	*old* (*literally, older*)
moreno/a	*brunet/te; dark-skinned*
nuevo/a	*new*
pequeño/a	*small*
rubio/a	*blond/e*
simpático/a	*nice*
tonto/a	*stupid*
viejo/a	*old*

Adjetivos con **estar: ¿Cómo está?**

aburrido/a	*bored*
borracho/a	*drunk*
cansado/a	*tired*
contento/a	*happy*
enamorado/a	*in love*
enfermo/a	*sick*
enojado/a	*angry, mad*
listo/a	*ready*
loco/a	*crazy*
preocupado/a	*worried*
solo/a	*alone*
triste	*sad*

Palabras y expresiones útiles

la clase	*lesson; class*
con	*with*
demasiado	*too much*
después	*after*
la familia	*family*
me/te/le . . . gustaría	*I/you/he/she . . . would like*
muchos/as	*many*
muy	*very*
No te preocupes.	*Don't worry.*
No tengo idea.	*I don't have any idea.*
otro/a	*other; another*
la película	*movie*
poco	*a little*
¿Por qué?	*Why?*
porque	*because*
si	*if*
siempre	*always*
el tío	*uncle*
todos los días	*every day*

Capítulo 4

Chapter Objectives

➤ Discussing daily routines

➤ Identifying parts of the body

➤ Talking about who and what you and others know and don't know

➤ Telling what the weather is like

➤ Stating the date

▼ Unos arqueólogos trabajan en las ruinas precolombinas de Honduras. ¿Sabes en qué países hay ruinas aztecas, mayas o incaicas?

Datos interesantes

Algunas de las ruinas que la UNESCO reconoce como *Patrimonio mundial:*

➤ Chichén Itzá, México (mayas y toltecas)

➤ Machu Picchu, Perú (incas)

➤ San Agustín, Colombia (antigua cultura andina)

➤ Tiahuanaco, Bolivia (tiahuanacos)

➤ Tikal, Guatemala (mayas)

Noticias de una amiga

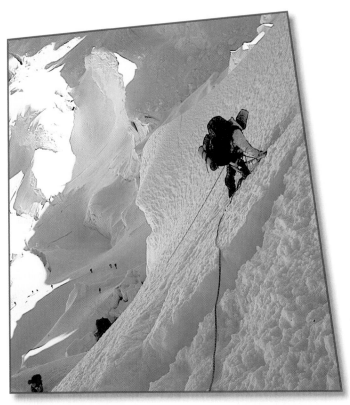

◄ Un hombre hace andinismo en una montaña muy rocosa de los Andes peruanos. ¿Te gustaría hacer andinismo?

¡Qué + *adjective!*	How + *adjective!*
¡Qué inteligente!	How intelligent!
hay	there is/there are
deber + *infinitive*	ought to/should/must + *verb*
debe ser	ought to/should/must be

José Manuel, un arqueólogo venezolano que está trabajando como voluntario en Perú, recibe un email de España de su amiga Marisel. José Manuel comenta con Rafael, otro arqueólogo venezolano.

ACTIVIDAD 1 ¿Cierto o falso? Lee las siguientes oraciones. Mientras eschuchas la conversación, escribe **C** si la oración es cierta y **F** si la oración es falsa.

1. ____ Rafael no conoce a Marisel.

2. ____ Marisel es arqueóloga.

3. ____ José Manuel trabaja como voluntario.

4. ____ Marisel tiene una foto de José Manuel.

5. ____ José Manuel practica andinismo.

	RAFAEL	Oye, José Manuel. Mira, hay email para ti.
Showing excitement	JOSÉ MANUEL	Ah, muchas gracias. Vamos a ver quién escribe. ¡Qué bueno! Es de Marisel.
	RAFAEL	¿Marisel?
Talking about who you know	JOSÉ MANUEL	Tú conoces a Marisel; es venezolana. Ella está ahora en Madrid.
	RAFAEL	Ah, sí. Es una estudiante muy buena. Estudia geología, ¿no?
	JOSÉ MANUEL	Exacto.
	RAFAEL	Y . . . ¿Qué dice?
	JOSÉ MANUEL	A ver . . . Pregunta mucho sobre el proyecto en Machu Picchu: qué hago en el trabajo, cómo son las ruinas incaicas, si hablo con los indígenas sobre su cultura. Tú sabes, preguntas.
	RAFAEL	¿Y qué más?
	JOSÉ MANUEL	Pregunta si continúo con mi trabajo voluntario con niños que no tienen padres.
	RAFAEL	Sí, sí, todos sabemos que eres muy bueno y que tienes un corazón grande pues trabajas con niños que no tienen padres, ¿pero dice algo más?
Reporting	JOSÉ MANUEL	Ah . . . También dice que tengo que afeitarme porque estoy feo con la barba que tengo.
Talking about what you know	RAFAEL	Es verdad que estás feo, pero ¿cómo sabe que tienes barba?
	JOSÉ MANUEL	Debe tener una foto.
	RAFAEL	¡Ahh!
	JOSÉ MANUEL	También dice que estoy loco y que voy a tener un accidente.
	RAFAEL	¿Y por qué dice que vas a tener un accidente?
	JOSÉ MANUEL	Porque en la foto hago andinismo . . . subo una montaña totalmente vertical.
	RAFAEL	¡Qué inteligente es Marisel! Porque, en realidad, tú estás loco.

ACTIVIDAD **2** **El email** Después de escuchar la conversación otra vez, contesta estas preguntas.

1. ¿De dónde es Marisel y dónde está?
2. ¿Qué estudia?
3. ¿Por qué dice Rafael que José Manuel tiene un corazón grande?
4. ¿Por qué dice Marisel que José Manuel tiene que afeitarse?
5. ¿Por qué dice Marisel que José Manuel va a tener un accidente?
6. En tu opinión, ¿está loco José Manuel?
7. ¿Te gustaría hacer andinismo?

ACTIVIDAD **3** **La habitación de tu compañero/a** **Parte A:** En parejas (*pairs*), hagan (*make*) una lista de un mínimo de diez cosas que generalmente tienen los estudiantes en su habitación.

Parte B: Ahora, averigua (*find out*) cinco cosas que tu compañero/a (*partner*) tiene en su habitación. Sigue (*Follow*) el modelo.

◆ A: ¿Hay video en tu habitación?
  B: Sí, hay. / No, no hay.

ACTIVIDAD **4** **Los comentarios** Caminas por la calle (*street*) y ves a diferentes personas. Haz un comentario (*Make a comment*) sobre ellas.

    ◆ Lucy Liu ⟶ ¡Qué bonita!

Jennifer López, Regis Philbin, Shaquille O'Neal, Matt Damon, David Letterman, Whoopi Goldberg, Jesse Ventura. ¿ ?

Lo esencial I

I. Las partes del cuerpo (*Parts of the Body*)

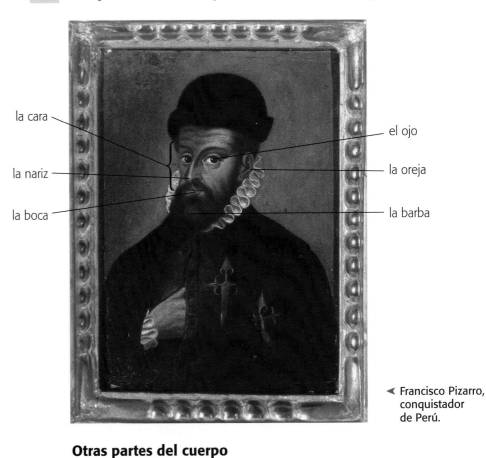

la cara

la nariz

la boca

el ojo

la oreja

la barba

◄ Francisco Pizarro, conquistador de Perú.

Some speakers say **Él tiene bigotes.** Others say **Él tiene bigote.**

Otras partes del cuerpo

el bigote/los bigotes   mustache
los dientes   teeth
los labios   lips
la lengua   tongue
el oído   inner ear
el pelo   hair

la cabeza

el cuello

el hombro

la mano

el codo

el estómago

el pie

la espalda

el dedo

el brazo

la pierna

la rodilla

los dedos
del pie

◄ Dos incas.

ACTIVIDAD 5 Asociaciones En grupos de tres, digan qué partes del cuerpo asocian Uds. con estas personas o productos.

Herbal Essence	Kleenex	Visine
Leggs	Venus de Milo	Fidel Castro
el príncipe Carlos de Inglaterra y Dumbo	Crest	Mick Jagger
	Reebok	

ACTIVIDAD 6 Las estatuas incaicas **Parte A:** En parejas, identifiquen las partes del cuerpo que tienen las siguientes figuras precolombinas.

Parte B: Ahora diseñen en un papel su propia figura exótica (puede ser de una civilización de otro planeta). Luego descríbansela (*describe it*) al resto de la clase.

◆ Nuestra figura tiene tres cabezas y dos manos. En una mano tiene cuatro dedos y en la otra tiene seis . . .

◄ Figuras precolombinas, Museo del Oro, Bogotá.

¿Lo sabían?

| Cada idioma (*language*) tiene sus dichos (*sayings*) y proverbios, y el español tiene muchos. Algunos están relacionados con las partes del cuerpo. | ¡Ojo!
Ojo por ojo y diente por diente.
Tengo la palabra en la punta de la lengua.
Habla hasta por los codos. | *Watch out!*
An eye for an eye and a tooth for a tooth.
I have the word on the tip of my tongue.

He/She runs off at the mouth. |

II.   Acciones reflexivas

1. lavarse las manos
2. afeitarse
3. cepillarse los dientes
4. cepillarse el pelo
5. ducharse
6. peinarse
7. quitarse la ropa
8. ponerse la ropa

Otras acciones reflexivas

bañarse to bathe   **levantarse** to get up   **maquillarse** to put on make-up

ACTIVIDAD **7** **¿En qué orden?** En parejas, digan (*tell*) en qué orden (*order*) hacen estas acciones.

peinarse, bañarse, afeitarse, levantarse, cepillarse los dientes, ponerse la ropa

ACTIVIDAD **8** **Relaciones** Relaciona cada (*each*) acción reflexiva con una o más partes del cuerpo.

afeitarse	los ojos
lavarse	las manos
peinarse	la barba
maquillarse	el pelo
cepillarse	los dientes
	las piernas
	la cara
	la boca

Hacia la comunicación I

I. The Personal *a*

You already know three uses of the word **a.** They are as follows:

◈ Remember **a** + **el** = **al.**

ir **a** + *infinitive*   Mañana **voy a salir** con mis amigos.
ir **a** + *place*   **Voy al supermercado.**
a mí/ti/él/ella/etc.   **A Juan** y **a mí** nos gusta bailar.

Another use of the word **a** is the *personal* **a,** which is used when someone does an action to another person (when the other person is a direct object). Notice that the first three examples that follow contain the *personal* **a** because, in each case, Maricarmen is looking at a person. The fourth example does not contain the *personal* **a** because Maricarmen is looking at an object.

Maricarmen mira **a** Juan.
Maricarmen mira **al** Sr. López.
Maricarmen mira **a la** profesora.
BUT: Maricarmen mira una foto.

◈ Remember to use **el, la, los,** or **las** with titles such as **Sra., Dr.,** etc., when speaking about the person.

NOTE: Tener does not normally take the *personal* **a: Tengo un amigo.**

II. Describing Daily Routines: Reflexive Verbs

To describe what you usually do you can use reflexive verbs. A reflexive verb is used when the subject performs and receives the action of the verb. Study the differences between these three drawings:

◈ As a general rule, use definite articles with parts of the body: *He washes his hands* = **Se lava las manos.**

◈ As you do these activities every day, practice Spanish by saying what you are doing: **Me lavo las manos con jabón.** etc. Remember: idle time = study time.

Ella lava el carro.
(She performs the action.)

Él se ducha.
(He performs and receives the action.)

Él se lava las manos.
(He performs and receives the action.)

1 ◆ In order to use reflexive verbs, you need to know the reflexive pronouns.

levantarse (*to get up*)	
(yo) **me** levant**o**	(nosotros/as) **nos** levant**amos**
(tú) **te** levant**as**	(vosotros/as) **os** levant**áis**
(Ud., él, ella) **se** levant**a**	(Uds., ellos, ellas) **se** levant**an**

Me levant**o** temprano.
Él **se** cepill**a** los dientes después
de comer.
Nos duch**amos** por la mañana.

I get up early.
He brushes his teeth after he eats.

We take a shower in the morning.

2 ◆ The reflexive pronoun precedes a simple conjugated verb form.

Todos los días **me** levant**o** temprano.   *I get up early every day.*

3 ◆ When there is a conjugated verb + *infinitive* or + *present participle* (words ending in **-ando/-iendo**), the reflexive pronouns (**me, te, se, nos, os, se**) either precede the conjugated verb or follow attached to the infinitive or the present participle.

Mañana **me voy** a levantar tarde.
Mañana voy a **levantarme** tarde.

Tomorrow, I'm going to get up late.

Me estoy lavando el pelo.
Estoy **lavándome*** el pelo.

I'm washing my hair.

*NOTE: When the pronoun is attached to the present participle, a written accent is needed. For accent rules, see Appendix B.

Do Workbook *Práctica mecánica I* and corresponding CD-ROM activities.

ACTIVIDAD **9** **José Manuel en Perú** Completa esta historia (*story*) sobre José Manuel con **a, al, a la, a los** o **a las** sólo (*only*) si es necesario.

_____ José Manuel le gusta mucho trabajar como voluntario en Perú. Tres días por semana va _____ visitar _____ unos niños que no tienen _____ padres. Siempre lleva _____ libros para leer con ellos. Todos los domingos por la noche él llama _____ sus padres por teléfono a Venezuela y les describe _____ su trabajo de arqueología. Los fines de semana generalmente va _____ escalar una montaña o _____ visitar un pueblo diferente. _____ su amigo Rafael le gustaría ir _____ lago Titicaca pues es muy bonito. Esta semana José Manuel y Rafael van a ir _____ ruinas incaicas de Machu Picchu para trabajar en un proyecto.

¿Lo sabían?

El lago Titicaca, entre Bolivia y Perú, es el lago navegable más alto del mundo y tiene más o menos 8.300 km cuadrados (3.025 millas cuadradas). El lago tiene una biodiversidad bastante importante; entre su flora existe la totora, una planta similar al papiro (*papyrus*) de Egipto. Puede medir hasta siete metros de alto (23 pies). Los uros, nativos de la zona, usan la totora para construir embarcaciones y casas y también alimento que forma parte de su dieta. Curiosamente, los uros también hacen islas flotantes de totora y construyen sus casas en esas islas. Hoy día, más o menos 300 familias habitan unas 200 islas flotantes en el lago Titicaca.

▲ Una embarcación de totora en el lago Titicaca entre Bolivia y Perú.

ACTIVIDAD **10** **La familia Rosado** Di qué hace la familia Rosado un día típico por la mañana.

ACTIVIDAD **11** **¿Qué vas a hacer?** Di qué vas a hacer con estas cosas.

1. un peine
2. una bañera
3. un cepillo de dientes
4. una ducha
5. una máquina de afeitar
6. un jabón

ACTIVIDAD 12 Nuestra rutina Parte A: En parejas, digan qué tienen que hacer los estudiantes universitarios un día típico por la mañana.

◆ Nosotros tenemos que levantarnos . . . / Nosotros nos tenemos que levantar . . .

Parte B: Ahora describan la rutina de los estudiantes universitarios los sábados.

◆ Los sábados nos levantamos tarde y . . .

ACTIVIDAD 13 La rutina Pregúntales a tus compañeros si hacen las siguientes actividades.

Some Spanish speakers say **desayunarse.**

1. desayunar (*to have breakfast*) todos los días en una cafetería
2. levantarse temprano los domingos
3. lavarse el pelo por la noche
4. hacer gimnasia un mínimo de tres días por semana
5. correr todos los días
6. ir al cine todas las semanas
7. ducharse dos veces (*times*) por día
8. estudiar los sábados
9. cepillarse los dientes tres veces por día
10. trabajar como voluntario una vez por semana

ACTIVIDAD 14 Un anuncio comercial En parejas, escriban el guion de un anuncio comercial para una persona famosa. Escojan (*Pick*) un producto de la lista que sigue.

◆ el maquillaje de Mary Kay / Martha Stewart / maquillarse

Soy una persona práctica. Tengo mucho dinero, pero no es importante. El maquillaje de Mary Kay es bueno, bonito y barato. Y cuando me maquillo con Mary Kay, tengo ojos y labios perfectos. Mary Kay, el maquillaje de hoy. Mary Kay, mi maquillaje y tu maquillaje. Mary Kay, para mí y para ti.

1. una cama Serta / Homer Simpson / levantarse
2. el jabón Ivory / Shaquille O'Neal / lavarse, ducharse
3. la pasta de dientes Colgate / Julia Roberts / cepillarse
4. la crema de afeitar Gillette / Mel Gibson / afeitarse
5. el champú Paul Mitchel / Penélope Cruz / lavarse

Do Workbook *Práctica comunicativa I* and corresponding CD-ROM activities.

Nuevos horizontes

Lectura

ESTRATEGIA: Predicting

Predicting helps you start to think about the theme of a selection before you read it. You can predict or guess what a selection will be about by looking at the title, photos or illustrations, and subtitles, as well as by recalling what you know about the topic itself before you actually read the text.

In the following section, you will read some information about Peru. Many words or expressions that you may not understand will be used, but by predicting, guessing meaning from context, and using your knowledge of cognates and the world, you will comprehend a great deal of information.

◈ The purpose of this activity is to get you to think about the topic. Do it prior to reading.

ACTIVIDAD 15 ¿Qué sabes de Perú? Antes de (*Before*) leer sobre Perú, contesta las siguientes preguntas sobre ese país. Si es necesario, mira el mapa de Suramérica al final del libro.

1. ¿Dónde está Perú?
2. ¿Cuál es la capital de ese país?
3. ¿Qué países limitan con (*border*) Perú?
4. ¿Qué es Machu Picchu?
5. ¿Quiénes son los incas?

ACTIVIDAD 16 Lee y adivina Marisel recibe este libro con una nota de José Manuel. Contesta las siguientes preguntas.

1. Lee la nota de José Manuel. ¿Qué tipo de libro es? ¿Cuál es la parte que tiene que leer Marisel?
2. Lee el título en la página siguiente. ¿De qué se trata esta parte de la guía (*guidebook*)?
3. Ahora lee los cuatro subtítulos. ¿De qué se trata cada sección?

Machu Picchu:
El lugar misterioso de los incas

Historia de Machu Picchu

En los Andes, a unos 2.400 metros
de altura está Machu Picchu, la
ciudad sagrada[1] de los incas, que
el arqueólogo norteamericano de
5   la Universidad de Yale, Hiram
Bingham, descubrió en 1911.
Según una versión de la historia
de Machu Picchu, los incas construyeron la ciudad en una mon-
10   taña para defender a las Mujeres
Sagradas, esposas de su dios[2] el
Sol. En este refugio de vírgenes,
Bingham y otros arqueólogos descubrieron diez esqueletos de mujer
15   por cada esqueleto de hombre.

Arquitectura

Machu Picchu es la construcción
más perfecta de los incas. Las ruinas
de la ciudad sagrada tienen bloques
enormes de granito blanco coloca-
20   dos perfectamente y sin[3] cemento.
Los arqueólogos no comprenden
cómo los incas construyeron esa ciudad tan perfecta sin tener la rueda,[4]
el hierro[5] ni el cemento.

▲ Machu Picchu, la ciudad sagrada de
los incas en Perú.

Cuzco, ciudad imperial

25   Para visitar Machu Picchu, muchos
turistas pasan por Cuzco, la capital
del Imperio Incaico. Cuzco fue
construida por Manco Cápac, el
primer emperador de los incas.
30   Todavía hoy en día, muchos de los
habitantes de Cuzco son descendientes de los incas; mantienen
sus costumbres y hablan quechua,
la lengua incaica.

Cómo llegar a Machu Picchu

35   Cuzco es la ciudad más cercana a
Machu Picchu. Por eso, la mayoría
de los turistas visitan la ciudad
primero y después van a Machu
Picchu. Para ir de Cuzco a Machu
40   Picchu hay tres opciones:

▲ Una indígena peruana con su bebé.

---

1 *sacred* 2 *god* 3 *without* 4 *wheel* 5 *iron*

- Salir en tren y hacer un viaje de unos 120 kilómetros y después tomar un autobús a Machu Picchu. El viaje dura más o menos cuatro horas. Ésta es la opción más usada por los turistas.

45

50

- Hacer trekking por la ruta de "Camino del Inca". Si uno camina por esa ruta, tarda cuatro días en

llegar. La experiencia es increíble, pero sólo es para personas a quienes les gustan las aventuras.

55

- Ir en helicóptero y después en autobús. El viaje es de un poco más de una hora y es posible ver vistas magníficas, pero no es posible ver Machu Picchu desde el helicóptero.

60

ACTIVIDAD 17 ¿Cierto o falso? **Parte A:** Después de leer sobre Machu Picchu, escribe **C** si la información es cierta y **F** si es falsa.

1. _____ Machu Picchu es la capital de los incas.
2. _____ Machu Picchu está en Lima.
3. _____ Un arqueólogo de los Estados Unidos descubrió Machu Picchu en 1911.
4. _____ Las construcciones de la ciudad tienen cemento.
5. _____ La lengua de los incas es el quechua.
6. _____ Las personas de Cuzco no hablan quechua.
7. _____ Para visitar Machu Picchu, muchos turistas van a Cuzco primero.

Parte B: Contesta estas preguntas.

1. Hay tres maneras de viajar de Cuzco a Machu Picchu. ¿Cuáles son?
2. ¿Cuál de las tres formas te gustaría utilizar y por qué?

You will read excerpts from Spanish-language Internet pages about Machu Picchu and Peru at the end of Ch. 4 in your Workbook.

Escritura

ESTRATEGIA: Brainstorming and Outlining

Brainstorming and outlining can help you better organize and plan your writing. The first step is to brainstorm ideas; you should jot down everything that comes to mind. The next step is usually outlining. An outline is an organized list of what you plan to write. When you brainstorm and outline, it is important to write in Spanish so that you don't try to say things that you have not studied yet. An outline for the first two parts of the guidebook selection on Machu Picchu may be as follows.

Historia de Machu Picchu
    2.400 metros; Bingham; 1911; Mujeres Sagradas
Arquitectura de Machu Picchu
    granito blanco; sin cemento; sin la rueda; sin hierro

ACTIVIDAD **18** **Un día típico** **Parte A:** Brainstorm a list of things you do in a typical day. Remember to write in Spanish.

Parte B: Create an outline in Spanish, using the following headings. Add specific details under each one using items you brainstormed in Part A and any other details you want to add.

1. descripción de quién eres
2. qué haces un día típico
3. descripción de tus amigos
4. qué haces en tu tiempo libre

Parte C: Write a four-paragraph composition based on your outline.

Parte D: Double check to see if:

- you use words like **por eso, y, también,** and **pero** to connect ideas and enrich the interest level. If you don't, add them now.
- all verbs agree with their subjects, all adjectives agree with the nouns they modify, all articles (**el/la, un/una,** etc.) agree with the nouns they modify. If they don't, fix them now.

Parte E: Rewrite your description, staple it to your rough draft—also including the brainstorming and outline created in Parts A and B—and hand them in to your instructor.

◈ When several items are listed in Spanish, there is no comma after **y: Estudio historia, sociología y español.**

Lo esencial II

I. **Los meses, las estaciones y el tiempo** (*Months, Seasons, and the Weather*)

Un año en el hemisferio sur

El verano

◈ Notice that months are written in lowercase.

En diciembre hace sol.

En enero hace calor.

En febrero llueve.

El otoño

◈ Treinta días trae noviembre, con abril, junio y septiembre; de veintiocho sólo hay uno y los demás de treinta y uno.

En marzo está nublado.

En abril hace fresco.

En mayo hace mal tiempo.

El invierno

En junio hace frío.

En julio nieva.

En agosto hace viento.

La primavera

En septiembre hace fresco.

En octubre hace buen tiempo.

En noviembre hace sol.

Expresiones relacionadas con el tiempo

centígrados centigrade/Celsius
Está a _____ grados (bajo cero). It's _____ degrees (below zero).
¿Qué tiempo hace? What's the weather like?
la temperatura temperature

¿Lo sabían?

En los países que están al sur de la línea ecuatorial (*equator*), las estaciones no son en los mismos meses que en los Estados Unidos. Por ejemplo, cuando es invierno en este país, es verano en Uruguay; por eso, en el hemisferio sur hace calor en la Navidad (*Christmas*). Hay clases desde marzo, en el otoño, hasta noviembre o diciembre, el final de la primavera. En los países que están cerca de la línea ecuatorial, no hay mucha diferencia de temperatura y tiempo entre las estaciones. La temperatura cambia según (*according to*) la altura: hace calor en la costa y hace fresco o frío en las montañas.

For practice, say dates that are important to your family: birthdays, anniversaries, etc.

II. Las fechas (*Dates*)

—**¿Cuál es la fecha?**   What is the date?
—**Hoy es el 20 de octubre.***   Today is October 20th.
—**¿Cuándo es la fiesta?**   When is the party?
—**Es el 21 de marzo.***   It's on March 21st.

***NOTA: El primero** de enero, pero **el dos/tres/cuatro . . .** de enero.

To give a weather forecast, use the present tense to discuss present conditions and use **ir a** + *infinitive* to forecast future weather conditions.

ACTIVIDAD **19** **El pronóstico**   Trabajas para la radio. Lee el pronóstico del tiempo para Santiago de Chile, y luego prepara el pronóstico para Lima, Perú.

Hoy es el lunes 4 de enero y en Santiago de Chile hace calor y está lloviendo. La temperatura está a 27 grados. El martes la temperatura máxima va a estar a 28 grados y la mínima a 20. ¡28 grados! Va a hacer calor y no va a hacer viento. El miércoles va a llover y va a hacer fresco.

Lima		
hoy	mañana	pasado mañana
Viento 18 Km/h Precipitaciones — Temperatura máx. 26° Temperatura mín. 19°	Viento 5 Km/h Precipitaciones — Temperatura máx. 25° Temperatura mín. 18°	Viento 20 Km/h Precipitaciones 70% Temperatura máx. 20° Temperatura mín. 16°

ACTIVIDAD **20** **Las celebraciones**   En parejas, pregúntenle a su compañero/a en qué mes o fecha son estas celebraciones.

◆ A: ¿Cuándo es el Día de San José?

B: Es el 19 de marzo.

1. el Día de San Valentín
2. el Día de la Independencia de los Estados Unidos
3. el Día de San Patricio
4. Navidad
5. Año Nuevo
6. las próximas (*next*) vacaciones de la universidad
7. su cumpleaños

In Spanish, **vacaciones** is almost always plural.

ACTIVIDAD **21** **Feliz cumpleaños** **Parte A:** Averigua el cumpleaños de un mínimo de diez compañeros y apunta (*jot down*) la fecha de cada uno.

Parte B: Contesta estas preguntas sobre tus compañeros.

1. ¿Quién cumple años en la primavera? ¿Y en el otoño?
2. ¿Quién cumple años en octubre? ¿Y en agosto?
3. ¿Quién va a celebrar su cumpleaños pronto?
4. ¿Quién celebra su cumpleaños cuando hace frío? ¿Y cuando hace calor?
5. ¿Quién es del signo del zodíaco Virgo? ¿Y Acuario?

El memo

➤ Libros a la venta en una librería de Costa Rica. ¿Conoces algunos de los escritores o títulos?

¿podrías + *infinitive?*	could you . . . ?
¿Podrías ir tú?	Could you go?
Un millón de gracias.	Thanks a lot.

Teresa va a la agencia de viajes de su tío para trabajar y recibe un memo.

ACTIVIDAD 22 Lee y contesta Mira la primera parte del siguiente memo y contesta estas preguntas.

1. ¿Quién escribe el memo?
2. ¿Quién recibe el memo?
3. ¿Cuál es el tema del memo?
4. ¿Cuál es la fecha del memo?

◈ Which is written as a Roman numeral, the day or the month?

A: Teresa
DE: tu tío Alejandro
FECHA: 20/VI/03
EN RELACIÓN A: información sobre un viaje a Perú y Argentina

Tengo que ir a la librería La Casa del Libro, pero no tengo tiempo porque me estoy preparando para un viaje muy importante. ¿Podrías ir tú? ¿Sabes dónde está? En la Gran Vía. Tomas el metro o el autobús número dos. Tienes que llevarle este paquete de información sobre vacaciones a un señor. Se llama Federico de Rodrigo y quiere ir a Perú, Chile y Argentina, con su familia el mes de agosto. Tú conoces al Sr. de Rodrigo, ¿no? Es bajo, rubio, un poco gordo y tiene la nariz larga. Trabaja en el segundo piso[1] en la sección de arte. En la librería ¿podrías comprar el libro *Comentarios reales* del Inca Garcilaso de la Vega? Va a ser un buen regalo para Federico porque le gusta la historia y ésta es la historia de los incas narrada por una persona con sangre incaica. Un millón de gracias.

---

1 *floor*

ACTIVIDAD 23 Preguntas Después de leer el memo, contesta estas preguntas.

1. Teresa tiene que hacer dos cosas; ¿cuáles son?
2. ¿Dónde está la librería y cómo se llama?
3. Teresa tiene dos opciones para ir a la librería; ¿cuáles son?
4. ¿Adónde quiere ir el Sr. de Rodrigo, con quiénes y por qué?
5. ¿En qué sección de la librería trabaja el Sr. de Rodrigo?
6. ¿Cómo se llama el libro que Teresa tiene que comprar? ¿Es sobre turismo, geografía, arte o historia? ¿Por qué es interesante ese libro?

ACTIVIDAD 24 Los favores En parejas, pídanle (*ask*) favores a su compañero/a, usando la expresión **podrías** + *infinitivo*.

◆ A: ¿Podrías comprar champú?
   B: Con mucho gusto. / ¡Por supuesto! / No puedo, tengo que estudiar.

Hacia la comunicación II

I. **Talking About Who and What You Know:**
Saber **and** *Conocer*

Both **saber** and **conocer** mean *to know*, but they are used to express very different kinds of knowledge in Spanish.

A. *Saber*

> 1. **saber** + *infinitive* = to know how to do something

Claudia **sabe** toc**ar** el saxofón.	*Claudia knows how to play the saxophone.*
Juan Carlos **sabe** esqui**ar.**	*Juan Carlos knows how to ski.*
Yo **sé*** bail**ar** tango.	*I know how to dance the tango.*

*****NOTE:** The **yo** form of **saber** is **sé;** all other forms are regular.

> 2. **saber** + *factual information* = to know something (by heart)

Teresa **sabe** el número de teléfono de Vicente.	*Teresa knows Vicente's telephone number.*
¿**Sabes** dónde está La Casa del Libro?*	*Do you know where the Casa del Libro is?*
No **sé** si Paula se maquilla mucho.*	*I don't know if Paula puts on a lot of make-up.*
Ellos **saben** quién es Cameron Díaz.*	*They know who Cameron Díaz is.*

*****NOTE:** Words like **si** and question words like **quién, dónde**, and **cuándo** are always preceded by **saber.**

B. *Conocer*

> 1. **conocer a** + *person* = to know a person

Claudia **conoce al** tío de Teresa.	*Claudia knows Teresa's uncle.*
¿**Conoces a** Marisel?	*Do you know Marisel?*
No **conozco*** a tu padre.	*I don't know your father.*

*****NOTE:** **Conocer** is conjugated like **ofrecer: yo conozco.** All other forms are regular.

> 2. **conocer** + *place/thing* = to be familiar with places and things

◈ Gabriel García Márquez,
Colombian, Nobel Prize for
Literature in 1982.

Teresa no **conoce** Managua.
¿**Conoces** el libro *Cien años de soledad* de Gabriel García Márquez?

Teresa doesn't know Managua.
Do you know the book One Hundred Years of Solitude *by Gabriel García Márquez?*

II.   Pointing Out: Demonstrative Adjectives and Pronouns

A. Demonstrative Adjectives

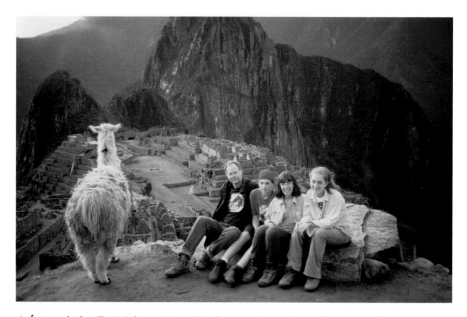

◈ **Este** has a **t** and you can **t**ouch it, **ese** is over there, and **aquel** is so far away you have to *yell*.

▲ **Ésta** es la familia Grinberg. **Este** animal que está **aquí** con ellos es una llama, **esas** ruinas que están **allí** son Machu Picchu y **aquella** montaña que está **allá** en la distancia se llama Huayna Picchu.

In English there are two demonstrative adjectives: *this* and *that*. In Spanish there are three: **este** (*this*), which indicates something near the speaker; **ese** (*that*), which indicates something farther from the speaker; and **aquel** (*that*), which usually indicates something far away from the speaker and the listener. Many native speakers make no distinction between **ese** and **aquel;** they use them interchangeably. Since **este, ese,** and **aquel** are adjectives, they must agree with the noun they modify in gender and in number.

est**e** libr**o**	est**os** libr**os**
est**a** grabadora	est**as** grabadoras
es**e**, es**a**	es**os**, es**as**
aquel, aquella	aquellos, aquellas

B. Demonstrative Pronouns

1 ◆ To avoid repetition of a noun with a demonstrative adjective, use a demonstrative pronoun. The pronoun forms are the same as demonstrative adjectives (**esta, ese, aquellas,** etc.). Many writers opt to place written accents over the stressed vowel on the demonstrative pronouns: **éste, ésas, aquél,** etc. Therefore, you may see them with or without accents depending on the author's preference.

Esta ruina es interesante, pero **ésa** que está allí es fantástica.

This ruin is interesting, but that one over there is fantastic.

2 ◆ **Esto, eso,** and **aquello** are neuter demonstrative pronouns that refer to abstract concepts; they never have accents.

—¿Te gustaría comer ceviche?
—¿Ceviche? ¿Qué es **eso?**

Would you like to eat ceviche?
Ceviche? What's that?

Internet   Do Workbook *Práctica mecánica II,* CD-ROM activities, Web ACE Tests, and lab activities.

Ceviche is a raw fish dish originally from Peru.

ACTIVIDAD 25 ¿Sabes esquiar? **Parte A:** Haz una lista de tres habilidades que tienes. Luego compártela con el resto de la clase mientras tu profesor/a escribe las ideas en la pizarra.

Parte B: En parejas, túrnense para hacerse preguntas y ver cuántas cosas sabe hacer la otra persona.

◆ A: ¿Sabes bailar tango?
  B: Sí, sé bailar tango. / No, no sé bailar tango.

ACTIVIDAD 26 Sí, lo sé En parejas, túrnense para averiguar cuánto saben.

◆ cuántos años tiene tu profesor/a
  ¿Sabes cuántos años tiene tu profesor/a?

  ↙   ↘
Sí, lo sé. Tiene . . . años.   No, no sé.

1. cómo se llama el presidente o la presidenta de la universidad
2. quién es el jefe o la jefa de la facultad (*department*) de español
3. dónde está la oficina de tu profesor/a
4. cuándo es el próximo examen de español
5. de dónde es tu profesor/a
6. cuál es el número de teléfono de tu profesor/a

ACTIVIDAD 27 ¿Conoces Lima? En parejas, túrnense para preguntar si su compañero/a conoce diferentes ciudades. Sigan el modelo.

◆ A: ¿Conoces Lima?

  ↙   ↘
B: Sí.   B: No.
A: ¿Cómo es?   A: ¿Te gustaría conocer Lima?
B: Es muy bonita.   B: Sí, me gustaría. / No, no me interesa.

1. Barcelona   4. París   7. Jerusalén
2. Los Ángeles   5. Nueva York   8. Detroit
3. Caracas   6. Dallas   9. Quito

➤ Gente en un parque de Caracas, Venezuela.

ACTIVIDAD 28 **¿Conoces a . . . ?** **Parte A:** Escribe una lista con el nombre de cinco personas que conoces personalmente en la universidad. Incluye a profesores, decanos (*deans*), personas que trabajan en la cafetería, deportistas o estudiantes.

◆ Conozco a . . .

Parte B: En parejas, averigua si tu compañero/a sabe quiénes son las personas de tu lista. Sigue el modelo.

◆ A: ¿Sabes quién es [Peter Smith]?

B: Sí, es profesor de   B: No, no sé. ¿Quién es?
historia, ¿no?   A: Es mi profesor de historia y es excelente.
A: Sí.

ACTIVIDAD 29 **Una persona que . . .** Busca (*Look for*) a las personas de tu clase que saben o conocen:

1. bailar salsa
2. San Francisco
3. las ruinas de Tulum en México
4. tocar el piano
5. el número de teléfono de la policía de la universidad
6. cantar "La bamba"
7. Nueva York
8. una persona importante

ACTIVIDAD 30 **¿Este disco compacto o ése?** Completa esta conversación entre dos vendedores de una tienda de música con pronombres y adjetivos demostrativos.

BRUNO   ¿De quién es el disco compacto que tienes en la mano?

PACO   _____ disco compacto es de Enrique Iglesias. Es nuevo.

BRUNO   Me gusta Enrique Iglesias. Paco, ¿sabes cuánto cuestan _____ cintas de Shakira que están allá?

PACO   _____ cuestan cinco dólares con noventa y cinco centavos porque son viejas y ya no son muy populares.

BRUNO   ¿Y _____ discos compactos de salsa que veo allí?

PACO   ¿Cuáles? ¿_____? ¿Aquí?

BRUNO   No, _____ de Marc Anthony.

PACO   Ah, Marc Anthony. No sé. Un momento. Tengo que mirar uno . . . Sí . . . aquí está . . . _____ cuestan once dólares.

◇ Remember to use the *personal* **a** with **conocer** when followed by a person.

ACTIVIDAD **31** **¿Éste, ése o aquél?** En parejas, "A" cubre (*covers*) la información de B y "B" cubre la información de A. Uds. están en una fiesta y conocen a muchas personas, pero no a todas. Pregúntale a tu compañero/a si conoce a las personas que tú no conoces. Usa oraciones como **¿Conoces a ese chico alto que baila/está bailando?**

A

1. Ramón Paredes, hombre de negocios, el novio de Carmen
3. Carmen Barrios, estudiante universitaria, estudia biología
4. Miguel Jiménez, médico, 31 años, no tiene novia
6. Germán Mostaza, periodista, trabaja para *El Diario*, 27 años

B

2. Ramona Carvajal, dentista, panameña, amiga de Laura
5. Laura Salinas, economista, trabaja en el Banco Hispanoamericano
7. Begoña Rodríguez, programadora de computadoras
8. José Peña, geólogo, el novio de Begoña

Do Workbook *Práctica comunicativa II*, CD-ROM activities, Web ACE Tests, and lab activities.

Videoimágenes

La vida universitaria

ACTIVIDAD **32** **En los EE.UU.** Antes de mirar un video sobre la vida universitaria en el mundo hispano, contesta estas preguntas sobre la vida universitaria en los Estados Unidos.

1. ¿Dónde viven los estudiantes normalmente? ¿En un colegio mayor? ¿En un apartamento? ¿Con su familia?
2. ¿Cuánto cuesta la matrícula en una universidad pública? ¿Y en una universidad privada? ¿Es cara la matrícula en tu universidad?
3. ¿De cuántos años es tu carrera universitaria? ¿Es igual o diferente para todas las especializaciones?
4. ¿Es normal tener clases en diferentes edificios o los estudiantes normalmente tienen todas sus clases en un edificio?
5. Si un estudiante quiere estudiar medicina o derecho, ¿cuál es el proceso? ¿Más o menos cuántos años tarda?
6. Al entrar en la universidad, ¿ya saben su especialización los estudiantes de este país? ¿Es normal cambiar de especialización durante los años universitarios?

6:37–9:14

ACTIVIDAD **33** **¿Qué estudias?** En este segmento muchos estudiantes del mundo hispano hablan sobre su universidad. Todas las universidades que mencionan son públicas, excepto San Francisco de Quito que es privada. Mira el video y completa las siguientes cinco tablas. Recuerda mirar las tablas antes de ver el video.

Universidad de Buenos Aires

Nombre	Edad	Carrera
Florencia	22	
Andrés		diseño de imagen y sonido
Natalia	22	paisajismo (*landscaping*)

Universidad Nacional Autónoma de México

Nombre	Edad	Carrera
Manuel	21	
Nicte-ha	19	

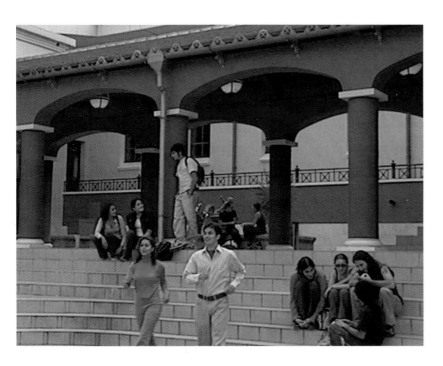

◄ Estudiantes de la Universidad San Francisco de Quito.

Universidad San Francisco de Quito

Nombre	Edad	Carrera
Gabriela	20	cine y video
Miguel		diseño gráfico
Mario	21	

Universidad de Río Piedras, Puerto Rico

Nombre	Edad	Carrera
Imelís	19	educación
Carlos	19	comunicación pública
Yoelis	20	

Universidad Complutense de Madrid

Nombre	Edad	Carrera
Néstor		ingeniería informática
Raquel	20	
Victoria		periodismo

9:15–16:09

ACTIVIDAD **34** **¿Cuánto cuesta esa carrera?** En este segmento Javier habla con Victoria, y Mariela habla con Mario sobre las carreras de periodismo (*journalism*) y medicina respectivamente. Escucha a otros estudiantes universitarios y completa la siguiente tabla.

Universidad	*Carrera*	*Años*	*Costo de la matrícula de un año*
San Francisco de Quito	filosofía		$5.000
de Buenos Aires			gratuita – no cuesta nada
Complutense de Madrid	derecho		$400
Autónoma de México	X	X	¢

16:10–end

ACTIVIDAD **35** **El tiempo libre** Mira el siguiente segmento y haz una lista de lo que hacen los estudiantes en su tiempo libre. Luego compártela con el resto de la clase.

Useful vocabulary: **carrera** (*course of study*), **especialización** (*major*), **matrícula alta/baja** (*high/low tuition*), **ciudad universitaria** (*campus*).

ACTIVIDAD **36** **A comparar** En parejas, piensen en lo que vieron en el video y examinen las tablas de las **Actividades 33** y **34** para formar oraciones comparando la vida universitaria en el mundo hispano con la de este país. Sigan el modelo.

◆ En España generalmente cada facultad tiene bar y vende alcohol. En los EE.UU. hay cafeterías en diferentes partes de la ciudad universitaria y normalmente no venden alcohol.

¿Lo sabían?

Muchas universidades del mundo hispano son enormes, como la UNAM en el D.F. que tiene más de 270.000 estudiantes y la Universidad de Buenos Aires con más de 226.000. Por eso, a veces hay ciudades universitarias y a veces no. En el caso de Buenos Aires, las facultades están repartidas por toda la ciudad. Esto no es problemático porque generalmente los alumnos entran directamente de la escuela secundaria en las facultades de derecho, medicina, geología, etc. Luego asisten a todas sus clases en el mismo edificio con otros estudiantes de la misma especialización.

Do Web Search activities.

Internet

Vocabulario funcional

Las partes del cuerpo

la barba	*beard*
la boca	*mouth*
el brazo	*arm*
la cabeza	*head*
la cara	*face*
el codo	*elbow*
el cuello	*neck*
el dedo del pie	*toe*
los dientes	*teeth*
la espalda	*back*
el estómago	*stomach*
el hombro	*shoulder*
los labios	*lips*
la lengua	*tongue*
la mano	*hand*
la nariz	*nose*
el oído	*inner ear*
el ojo	*eye*
la oreja	*ear*
el pelo	*hair*
el pie	*foot*
la pierna	*leg*
la rodilla	*knee*

Verbos reflexivos *Ver página 98.*

El tiempo (*Weather*)

centígrados	*centigrade/Celsius*
Está a ____ grados (bajo cero).	*It's ____ degrees (below zero).*
está nublado	*it's cloudy*
hace buen/mal tiempo	*it's nice/bad out*
hace calor/frío	*it's hot/cold*
hace fresco	*it's chilly*
hace sol	*it's sunny*
hace viento	*it's windy*
llover/llueve	*to rain/it's raining*
nevar/nieva	*to snow/it's snowing*
¿Qué tiempo hace?	*What's the weather like?*
la temperatura	*temperature*

Los meses (*Months*) *Ver páginas 106–107.*

Las estaciones (*Seasons*)

el invierno	*winter*
el otoño	*fall*
la primavera	*spring*
el verano	*summer*

Expresiones de tiempo y fechas (*Time Expressions and Dates*)

el año	*year*
el cumpleaños	*birthday*
la fecha	*date*
el mes	*month*

Adjetivos y pronombres demostrativos
Ver páginas 112–113.

Palabras y expresiones útiles

allá	*over there*
allí	*there*
aquí	*here*
la carta	*letter*
conocer	*to know (a person, place, or thing)*
cumplir años	*to have a birthday*
deber + *infinitive*	*ought to/should/must* + verb
desayunar(se)	*to have breakfast* (literally: *to break one's fast*)
la facultad	*academic department*
la guía	*guidebook*
hay	*there is/there are*
ocupado/a	*busy*
¿podrías + *infinitive*?	*could you . . . ?*
¡Qué + *adjective*!	*How* + adjective!
saber	*to know (facts or how to do something)*
subir	*to go up, climb*
temprano	*early*
un millón de gracias	*thanks a lot*
las vacaciones	*vacation*

Capítulo
5

Chapter Objectives

➤ Expressing feelings

➤ Telling time

➤ Discussing clothing

➤ Indicating purpose, destination, and duration

➤ Specifying the location of people, things, and events

➤ Discussing present and future events

▼ Unos aficionados en un concierto de los Van Van en Cuba.

Datos interesantes

Películas ganadoras del Oscar para *La Mejor Película Extranjera:*

Todo sobre mi madre	España	1999
Belle époque	España	1993
La historia oficial	Argentina	1985
Volver a empezar	España	1982

Rita Moreno, puertorriqueña, además de Barbra Streisand, es la única persona que recibió un Oscar, un Tony, un Emmy y un Grammy.

¿Qué hacemos esta noche?

◄ Un cine en Managua, Nicaragua.

¡Me fascina/n!	I love it/them!
se + *third person singular of verb*	they/people + *verb*
Se comenta que . . .	They/People say that . . .
¡No me diga/s!	No kidding!

Juan Carlos y Claudia están en una cafetería haciendo planes para esta noche.

ACTIVIDAD 1 Marca las películas Mientras escuchas la conversación, marca las películas que mencionan Juan Carlos y Claudia. ¡Ojo! Algunas no son nombres de películas.

_____ Palafox	_____ Casablanca	_____ El Norte	_____ Alphaville
_____ Carmen	_____ La historia oficial	_____ Cine Luna	_____ Amaya

JUAN CARLOS	Bueno, entonces ¿qué te gustaría hacer?
CLAUDIA	Pues . . . No sé.
JUAN CARLOS	¿Te gusta el jazz?
CLAUDIA	¡Huy! Me fascina, pero esta noche no.
JUAN CARLOS	¿Y entonces? ¿Prefieres ir al cine?
CLAUDIA	Sí, me gustaría ver una película clásica.
JUAN CARLOS	Bueno, puedo mirar en un periódico. ¡Camarero! ¿Tiene por casualidad un periódico de hoy?

CAMARERO	¿Qué sección quiere?
JUAN CARLOS	La sección de espectáculos.
CAMARERO	Es posible. Un momento . . . Sí. Aquí está.
JUAN CARLOS	Gracias, y por favor, otra cerveza que tengo sed . . . Quiero ver una película . . . Vamos a ver . . . en el Palafox tienen *Carmen* de Saura. Saura es un director muy bueno y en la película baila Antonio Gades . . . ¡Vaya! Mira, en el Alphaville podemos ver *El Norte* . . .
CLAUDIA	¡Huy! *El Norte* es un clásico. Es la película de unos jóvenes guatemaltecos que . . . que emigran a los Estados Unidos, ¿no? Sé que es excelente, pero esta noche quiero algo diferente.
JUAN CARLOS	¿Y conoces la película *La historia oficial?* Empieza a las diez menos cuarto en el cine Amaya. Creo que actúa la argentina Norma Aleandro.
CLAUDIA	Sí, sí, pero *La historia oficial* es muy triste . . . Esta noche quiero una película con un poco de romance.
JUAN CARLOS	Bueno, está *Casablanca*.
CLAUDIA	¡No me digas! *¡Casablanca!* ¡Qué bueno! Vamos a ésa.
JUAN CARLOS	¿Te gusta Humphrey Bogart?
CLAUDIA	Sí, y me fascina Ingrid Bergman.
JUAN CARLOS	Bueno. La película empieza a las diez menos cuarto en el Cine Luna.
CLAUDIA	¡Huy! Y son las ocho y media. Voy a llamar a Vicente y a Teresa para salir a comer después. Ellos también van al cine esta noche.
JUAN CARLOS	O.K. Podemos ir a comer a un restaurante chino.
CLAUDIA	¿Qué tal el Buda Feliz? Se comenta que la comida que tienen es excelente.
JUAN CARLOS	¡Perfecto!

Offering an option

Discussing future time

Telling time

ACTIVIDAD 2 Preguntas Después de escuchar la conversación otra vez (*again*), contesta estas preguntas.

1. ¿Qué van a hacer esta noche Juan Carlos y Claudia?
2. ¿Dónde buscan información?
3. ¿Qué película van a ver?
4. ¿Conoces esa película? ¿Qué tipo de película es, violenta o romántica? ¿Es un drama o una comedia?
5. ¿Qué van a hacer Juan Carlos y Claudia después del cine?

¿Lo sabían?

La película *El Norte* (1984), del director méxico-americano Gregory Nava, es considerada un clásico del cine. Es la historia de un joven y su hermana que se van de Guatemala cuando los militares entran en su pueblo y matan a un gran número de personas, entre ellos a su padre. No quieren salir de su país, pero para no morir se escapan a México y después entran ilegalmente en los Estados Unidos por un túnel en la frontera con el sur de California. Si quieres saber el final de la película, la tienes que ver. Esta película es interesante porque presenta la cruel realidad de las masacres que ocurrieron en Guatemala especialmente entre los años 1981 y 1983.

El Norte received an Academy Award Nomination for Best Original Screenplay, 1984.

ACTIVIDAD **3** **Una entrevista** **Parte A:** Clasifica (*Rate*) los siguientes tipos de películas con esta escala de uno a cinco.

1 No me gustan nada.   **2** No me gustan.   **3** Me gustan.
4 Me gustan mucho.   **5** Me fascinan.

_____ románticas	_____ documentales	_____ de Disney
_____ de terror	_____ cómicas	_____ de suspenso
_____ de ciencia ficción	_____ dramáticas	_____ de violencia

Parte B: Ahora, en parejas, entrevisten a su compañero/a para ver qué tipos de películas le gustan y cuáles son sus películas, actores, actrices y directores favoritos.

◆ A: ¿Te gustan las películas de terror?

B: No, no me gustan nada.

A: . . .

ACTIVIDAD **4** **Información** En parejas, "A" es una persona nueva en esta ciudad y "B" vive aquí. "A" necesita información sobre la ciudad y le pregunta a "B".

◆ A: ¿Dónde se come bien?

B: Se come bien en . . .

1. comer bien
2. nadar
3. correr

4. bailar
5. caminar por la noche
6. vivir con tranquilidad

Lo esencial I

When you look at your watch try to think of the time in Spanish.

The hour may be written 4 different ways depending on the country: **10.00 / 10,00 / 10'00 / 10:00.**

I. La hora, los minutos y los segundos

menos   y

Es la una y cuarto.

Son las ocho menos diez.

Son las cinco y media.

Es (el) mediodía.

Es (la) medianoche.

En el aeropuerto

Los Ángeles   México   Nueva York   Caracas   Montevideo   Madrid

¿Qué hora **es** en Los Ángeles?   **Son las diez** de la mañana.
¿Qué hora **es** en Nueva York?   **Es la una** de la tarde.
¿Qué hora **es** en Montevideo?   **Son las tres** de la tarde.

¡OJO! Son las once *de* la noche/mañana. (*specific time*)
Nunca estudio *por* la noche/mañana. (*general time period*)

NOTE: To say at what time something occurs, use the following construction.

¿**A** qué hora es la clase?

La clase es **a la una.**   La clase es **a las dos.**

ACTIVIDAD **5** **La hora en el mundo** En parejas, imagínense que Uds. están en el aeropuerto de México. Miren los relojes de la sección *En el aeropuerto*, y túrnense para preguntar la hora de las diferentes ciudades.

◆ 6:15 a. m. ¿Madrid?

A: Si en México son las 6:15 de la mañana, ¿qué hora es en Madrid?
B: En Madrid son las 2:15 de la tarde.

Hora en México

1. 1:15 a. m. ¿Nueva York?
2. 5:50 a. m. ¿Caracas?
3. 4:25 p. m. ¿Los Ángeles?
4. 3:30 p. m. ¿Montevideo?

Hora en México

5. 7:16 a. m. ¿Madrid?
6. 10:20 p. m. ¿Nueva York?
7. 8:45 a. m. ¿Caracas?
8. 2:12 p. m. ¿Madrid?

El uso de "buenas tardes" o "buenas noches" varía entre los países hispanos. En países como Ecuador, Colombia y Venezuela hay unas doce horas de día y doce horas de noche, porque estos países están cerca de la línea ecuatorial. Por eso, la tarde para ellos empieza más o menos después de las 12:00 y termina más o menos a las 6:00, cuando ya casi no hay sol; después de esa hora, generalmente se dice "buenas noches". En cambio, en España, por ejemplo, la tarde empieza como a las 3:00 después de comer y termina a las 10:00, cuando muchos españoles cenan. Por lo tanto, los españoles generalmente empiezan a decir "buenas noches" a partir de las 10:00. ¿Cuándo se dice *good afternoon* y *good evening* en este país?

◈ Note: **Son las 7:00** = It is 7:00; **El concierto es a las 7:00** = The concert is at 7:00. Practice this latter construction when reading movie schedules, TV guides, etc.

ACTIVIDAD **6** **Programas de televisión** En grupos de tres, miren esta página de una guía de televisión y túrnense para preguntar a qué hora son los diferentes programas.

◆ A: ¿A qué hora es "Cinco en familia"?

B: Es a la/las . . .

ACTIVIDAD **7** **Los teleadictos**
Parte A: Escribe los nombres de cuatro programas de televisión que te gustan.

Parte B: Ahora, habla con otra persona para ver si conoce los programas y si sabe qué día y a qué hora son.

◆ A: Conoces el programa . . . ?

B: Sí, conozco ese programa.
A: ¿Qué día y a qué hora es?
B: Es los . . . a la/s . . .

B: No, no conozco ese programa.
A: Es un programa muy bueno.
Es los . . . a la/s . . .

TVE-1
NOCHE
19:00 **Yo soy Betty, la fea.** Episodio final
20:00 **Cinco en familia.** Cinco jóvenes de la familia Salinger tienen que empezar una vida nueva después de la muerte de sus padres en un accidente automovilístico.
20:55 **Telecupón**
21:00 **Telediario**
21:15 **El tiempo**
21:20 **Deportes**
21:30 **La aventura del hombre.** Documentales sobre la naturaleza, el hombre y el medio ambiente.
23:45 **Cine**** *La historia oficial*, drama. Cuando una madre decide saber quiénes son los padres biológicos de su hija adoptiva, comienzan los problemas. (Argentina 1985)

TVE-2
NOCHE
19:00 **Los Simpson.** Homero habla con la profesora de Bart.
19:30 **Super agente 86.** El agente Maxwell Smart y sus cómicas aventuras.
20:00 **Supervivientes.** Expedición Robinson. Aventuras de unos náufragos que deciden dejarlo todo para vivir en una isla desierta.
21:00 **Buffy la cazavampiros**
21:55 **Lotería**
22:00 **Hora Clave.** Programa político-económico con Mariano Grondona.
23:00 **NBA Entrevista con Shaq.**
00:00 **Música: Los 40 principales**
00:30 **Infocomerciales**

ACTIVIDAD **8** **Tu horario** **Parte A:** Completa el siguiente gráfico con tu horario de clases de la universidad e incluye cuándo trabajas si tienes empleo.

hora	lunes	martes	miércoles	jueves	viernes

Parte B: Explícale tu horario a tu compañero/a. Sigue el modelo.

◆ Los lunes tengo clase de . . . a la(s) . . . , etc. . . . Los jueves trabajo . . .

Parte C: Con tu compañero/a tienen que decidir cuándo van a estudiar juntos (*together*) para el próximo examen de español. Es importante estudiar durante el día porque por la noche tienen otras obligaciones. Usen frases como: **Vas a estar libre el lunes a las 2:00, ¿no? Me gustaría estudiar el miércoles a la 1:00, ¿está bien para ti?**

II. Las sensaciones

1. Tienen frío.   2. Tiene calor.   3. Tiene miedo.

4. Tiene vergüenza.   5. Tienen sed.   6. Tienen hambre.   7. Tiene sueño.

ACTIVIDAD **9** **¿Cómo se sienten?** **Parte A:** Di qué sensaciones tienen estas personas en las siguientes situaciones.

◆ Si veo una serpiente, tengo miedo.

1. Si estás en la playa, . . .
2. En el mes de enero, nosotros . . .
3. Son las dos de la mañana y yo . . .
4. Si voy al dentista, . . .
5. Si deseamos beber Coca-Cola, . . .
6. Después de correr cuatro kilómetros, yo . . .
7. Si tu amigo ve una película de terror, . . .
8. Es la 1:30 de la tarde y nosotros . . .

Parte B: En grupos de tres, inventen más oraciones como las de la Parte A.

Hacia la comunicación I

Expressing Habitual and Future Actions and Actions in Progress: Stem-changing Verbs

1 ◆ Among present-tense verbs used to express habitual actions, actions in progress and future actions, there is a group called stem-changing verbs. These are similar to regular **-ar, -er,** and **-ir** verbs except that they have a vowel change in the last syllable of the stem (the stem is the verb without the **-ar, -er,** or **-ir** ending). You have already seen a verb that has a stem change:

◈ Drill yourself on these forms.

tener (tengo, ti̱enes, ti̱ene . . .). Stem-changing verbs are often referred to as *boot verbs* (since the conjugations resemble a boot). This should help you remember in which persons the changes occur.

ent**e̱**nder (e → ie)	
ent**ie̱**ndo	entendemos
ent**ie̱**ndes	entendéis
ent**ie̱**nde	ent**ie̱**nden

p**o̱**der (o → ue)	
p**ue̱**do	podemos
p**ue̱**des	podéis
p**ue̱**de	p**ue̱**den

p**e̱**dir (e → i)	
p**i̱**do	pedimos
p**i̱**des	pedís
p**i̱**de	p**i̱**den

j**u̱**gar (u → ue)	
j**ue̱**go	jugamos
j**ue̱**gas	jugáis
j**ue̱**ga	j**ue̱**gan

—¿Ent**ie̱**ndes las reglas del tenis?
—Sí, j**ue̱**go al tenis muy bien.
—Mañana p**o̱**demos jugar en el club.
—Bueno. ¿Por qué no p**i̱**des hora para reservar una cancha?

Do you understand the rules of tennis?
Yes, I play tennis very well.
We can play at the club tomorrow.
Good. Why don't you ask for a time to reserve a court?

2 ◆ The following is a list of common stem-changing verbs.

Stem-changing Verbs

e → ie

ce̱rrar   to close
come̱nzar   to begin
despe̱rtar/se***   to wake someone up / to wake up
dive̱rtirse***   to have fun
empe̱zar   to begin
ente̱nder   to understand
pe̱nsar (en)   to think (about)
pe̱nsar + *infinitive*   to plan to
pe̱rder   to lose
prefe̱rir   to prefer
que̱rer   to want
que̱rer a alguien   to love someone
se̱ntarse***   to sit down
te̱ner***   to have
ve̱nir***   to come

◈ Note changes in meanings when some verbs become reflexive.

◈ For things you are physically able/unable to do, use **poder;** for things you know/don't know how to do, use **saber.**

◈ Use **creer que,** not **pensar que,** to express an opinion: **Creo que la clase de filosofía es difícil porque tengo que pensar mucho.** *I think philosophy class is hard because I have to think a lot.*

o → ue

aco̱star/se***   to put someone to bed / to go to bed
almo̱rzar   to have lunch
do̱rmir/se***   to sleep / to fall asleep
enco̱ntrar   to find
mo̱rirse***   to die
po̱der   to be able, can
vo̱lver   to return, come back

e → i

de̱cir*****   to say; to tell
pe̱dir   to ask for
se̱rvir   to serve

u → ue

ju̱gar   to play (*a sport or game*)

NOTE: Verbs with one asterisk (*) are reflexive verbs; for example, **sentarse: Yo me siento.** Verbs with two asterisks (**) are conjugated the same as stem-changing verbs in the present indicative, except for a different **yo** form: **tengo, vengo, digo.**

3 ◆ Stem-changing verbs that end in **-ir** also have a change in the present participle.

o ⟶ ue: **u**	dormir ⟶ **durmiendo**	
e ⟶ ie: **i**	divertirse ⟶ **divirtiéndose**	
e ⟶ i: **i**	servir ⟶ **sirviendo**	

Do Workbook Práctica mecánica I and corresponding CD-ROM activities.

—¿El niño está d<u>u</u>rmiendo?
—No, él y yo nos estamos div<u>i</u>rtiendo mucho.
—OK, pero estoy s<u>i</u>rviendo la comida.

Is the child sleeping?
No, we're enjoying ourselves a lot. / We're having a lot of fun.
OK, but I'm serving dinner.

ACTIVIDAD 10 Preferencias **Parte A:** Marca cuáles de las siguientes cosas prefieres.

1. beber   Coca-Cola   Pepsi
2. escuchar   DVDs   discos compactos
3. comer   papas fritas   Doritos
4. comer   un sándwich   una hamburguesa
5. almorzar   en casa   en una cafetería
6. nadar   en una piscina   en una playa
7. estudiar   en casa   en una biblioteca

Parte B: En parejas, túrnense para averiguar si tienen las mismas preferencias.

◆ A: ¿Prefieres beber Coca-Cola o Pepsi?
   B: Prefiero beber Pepsi.

Parte C: Ahora digan qué cosas prefieren Uds. dos.

◆ Nosotros preferimos beber . . .

*Remember: **pensar** + infinitive = to plan to do something.*

ACTIVIDAD 11 Planes **Parte A:** Escribe tres cosas que piensas hacer este fin de semana.

◆ El sábado pienso ir . . .

Parte B: Ahora compara tu lista con la lista de otra persona y dile a la clase si piensan hacer las mismas cosas o si tienen actividades diferentes.

◆ Nosotros pensamos escribir una composición el domingo. El sábado ella piensa visitar a sus padres y yo pienso salir con mis amigos.

Fútbol americano = football; **fútbol** = soccer.

ACTIVIDAD **12** **Los deportes** Habla con un mínimo de cinco estudiantes y pregúntales si juegan al béisbol, al basquetbol, al fútbol americano, al fútbol, al tenis o al voleibol, y cuándo juegan estos deportes.

◆ A: ¿Juegas al béisbol?

B: Sí, juego muy bien. / No, juego al golf. / No, prefiero jugar al tenis.

A: ¿Cuándo juegas?

B: En el verano. / Todos los días. / Los sábados. / (etc.)

A: Generalmente, ¿pierdes o ganas? / Generalmente, ¿tu equipo pierde o gana?

At home, analyze why the following words do or don't have accents: **así, café, después, hambre, oficina, minutos.**

ACTIVIDAD **13** **La vida de Gloria** Completa la historia sobre un día en la vida de Gloria con la forma correcta del verbo indicado. Después pon (*put*) en orden los tres párrafos.

A la 1:30 yo _____ (almorzar) en una cafetería. Después voy a la universidad para estudiar ciencias políticas. A las 6:00 _____ (volver) a casa y mi hijo y yo _____ (divertirse) un poco. A las 7:00 _____ (servir) la comida y el niño _____ (acostarse) a las 8:30. Por fin yo _____ (sentarse) y estudio y a veces _____ (dormirse) con el libro en la mano. Así es mi vida. ¿Te gusta? A mí, ¡me fascina . . . !

En las películas las personas siempre están contentas y tienen una vida ideal.

¡Pero mi vida no es así! Yo _____ (dormir) poco, _____ (despertarse) a las 5:30 de la mañana y _____ (ducharse) rápidamente. Después yo _____ (despertar) a mi hijo de tres años y él _____ (pedir) el desayuno porque ese niño siempre _____ (tener) hambre. A las 7:00 _____ (venir) mi hermana para estar con el niño. Luego yo _____ (salir) de la casa y _____ (cerrar) la puerta con mucho cuidado porque si mi hijo _____ (saber) que yo salgo, _____ (empezar) a protestar porque _____ (querer) estar con su mamá.

Trabajo en una organización de derechos humanos y al llegar al trabajo,

la directora me _____ qué tengo que hacer. Siempre
                          (decir)

_____ cosas imposibles y lo _____ todo en cinco
        (pedir)   (querer)

minutos. Nosotros, los empleados, no _____ beber café ni usar el
                                              (poder)

teléfono para llamadas personales. _____ que la directora no es
                                            (creer)

una directora mala sino una dictadora terrible. Es muy irónico tener una jefa

así en una organización de derechos humanos, ¿no?

ACTIVIDAD **14** **La rutina diaria** **Parte A:** Lee el siguiente párrafo sobre la rutina diaria de un estudiante colombiano y dile al resto de la clase cuándo o dónde hace las siguientes acciones: **despertarse, empezar clase, sentarse, almorzar, acostarse, divertirse.**

> Jorge es un típico estudiante universitario en Bogotá, Colombia. Se despierta a las 5:30 de la mañana porque sus clases en la facultad empiezan generalmente a las 7:00. En clase, a veces se sienta cerca de sus amigos porque las clases generalmente tienen más o menos 30 estudiantes. Después de clase, almuerza en la cafetería de la facultad a la 1:00 y luego prefiere estudiar en la casa de un amigo o en su casa. A las 4:00 come las onces, algo ligero. Más tarde en su casa come algo rápido para la cena a eso de las 7:00 y durante la semana se acuesta entre las 10:30 y las 11:00. Los viernes y sábados, generalmente se divierte con sus amigos: van al cine, a un concierto, a una discoteca, a comer una hamburguesa o se reúnen en casa de amigos.

◈ **las onces** = afternoon snack in Colombia

Parte B: En grupos de tres, digan cuándo y qué acciones hace un típico estudiante universitario en este país. Usen la información sobre Jorge como guía.

ACTIVIDAD **15** **Acciones habituales** **Parte A:** En la primera columna escribe a qué hora haces las siguientes actividades.

	tú	*compañero/a*
1. levantarse	_____	_____
2. empezar la primera clase los lunes	_____	_____
3. terminar la última clase los lunes	_____	_____
4. almorzar	_____	_____
5. volver a casa (o a la residencia)	_____	_____
6. acostarse	_____	_____

Remember: **¿A qué hora . . . ?** refers to the time at which something takes place. **¿Qué hora es?** refers to present time.

Parte B: Pregúntales a tus compañeros a qué hora hacen ellos las mismas actividades. Si una persona hace una actividad a la misma hora que tú, escribe su nombre en la segunda columna.

- A: ¿A qué hora te levantas?

  B: Me levanto a las ocho.

Parte C: Di a qué hora hacen Uds. las actividades de la Parte A.

- Michelle y yo nos levantamos a las ocho.

ACTIVIDAD **16** **Y en Japón, ¿qué?** Di qué hora es en los siguientes lugares y usa una de las acciones de la segunda columna para decir qué están haciendo las personas en esos lugares.

- En Santiago de Chile son las nueve de la noche y están mirando la televisión.

1. Japón
2. Alemania
3. la India
4. Hawai
5. Toronto

a. dormir
b. levantarse
c. almorzar
d. trabajar
e. acostarse

ACTIVIDAD **17** **Invitación y excusa** En parejas, túrnense para invitar a su compañero/a a hacer dos o tres actividades diferentes. La otra persona da excusas (*gives excuses*) diciendo por qué no puede.

- A: ¿Quieres ir a esquiar?

  B: Me gustaría, pero no puedo porque $\left\{\begin{array}{l}\text{no tengo tiempo.}\\ \text{no tengo dinero.}\\ \text{tengo que estudiar.}\\ \text{vienen mis padres.}\\ \text{(etc.)}\end{array}\right.$

ACTIVIDAD **18** **¿Verdad o mentira?** **Parte A:** Escribe tres oraciones sobre ti usando los verbos **poder, querer** y **preferir.** Dos deben ser verdad (*true*) y una debe ser mentira (*lie*).

- Prefiero estudiar los viernes por la noche porque no hay muchas personas en la biblioteca.

Do Workbook *Práctica comunicativa I* and corresponding CD-ROM activities.

Parte B: En grupos de tres, lean las oraciones y decidan cuáles son mentira.

- A: Quiero ser médico.

B o C: Estás diciendo la verdad.   B o C: No estás diciendo la verdad.

Nuevos horizontes

Lectura

ESTRATEGIA: Activating Background Knowledge

We read for many different reasons, but they all fall into two broad categories: pleasure-reading and information-seeking. We employ different reading strategies depending on our purpose and the type of text. When we read, we interact with the text depending on the background knowledge we have on the topic. It is for this reason that two readers might interpret the same text differently. For example: a lawyer and a lay person may not have the same perceptions when reading a legal document.

Before reading an article in Spanish, you will do a pre-reading activity that will help you activate your background knowledge by focusing on the topic of Latin American politics. This activity will help prepare you to obtain a global understanding of the reading selection. Remember: it is not important to understand every word when reading; just try to capture the general idea.

◈ Individually, you may not be able to answer each question, but as a group you should be able to answer many of them. By learning from your peers, you will be better prepared to understand the reading selection.

ACTIVIDAD 19 **¿Cuánto sabes? Parte A:** Antes de leer el artículo, contesta estas preguntas.

1. ¿Sabes qué países hispanoamericanos tienen democracia?
2. ¿Hay dictaduras hoy en día en Hispanoamérica?
3. ¿Sabes qué gobiernos hispanoamericanos son estables o inestables?
4. Hay muchos países del mundo que no respetan los derechos humanos (*human rights*); ¿sabes algo sobre las violaciones de derechos humanos en el mundo hispano?
5. ¿Puedes dar una definición de la frase **refugiado/exiliado político?**
6. ¿Conoces a alguien que no puede vivir en su país por motivos políticos? ¿Cuál era (*was*) la ocupación de esa persona en su país?
7. ¿Sabes quiénes son Augusto Pinochet y Rigoberta Menchú? ¿De qué países son?
8. ¿Cuáles son los títulos de algunas películas hispanas? ¿Son románticas, violentas o son cómicas? ¿Hacen comentarios políticos?

Parte B: Antes de leer el artículo, subraya (*underline*) todos los cognados y todas las palabras que ya sabes.

ACTIVIDAD 20 **Palabras desconocidas** Mientras lees, busca las siguientes palabras en el texto y adivina qué significan. Después compara tus definiciones con las de un/a compañero/a.

1. lucha (línea 2)
2. obras (línea 12)
3. desaparecen (línea 34)
4. fuga de cerebros (línea 41)
5. procedimiento (línea 60)
6. propio (línea 84)

Derechos humanos y justicia

La violación de los derechos humanos y la lucha por defender estos derechos no es nada nuevo en la historia de la humanidad. Con
5 frecuencia, son los artistas e intelectuales los que primero hacen comentarios políticos y sociales contra estas violaciones. Ejemplos típicos son los murales del pintor
10 mexicano Diego Rivera, el cuadro *Guernica* del pintor español Pablo Picasso y muchas obras del escritor colombiano Gabriel García Márquez. También hay películas
15 como *La historia oficial* y *Missing* que critican las dictaduras de Argentina y Chile repectivamente y le informan al mundo sobre las injusticias que ocurren. Pero en última
20 instancia, es la ley de los gobiernos del mundo la que puede hacer respetar estos derechos.

   Un caso serio de violación de derechos humanos empieza en Chile
25 en el año 1973 cuando, después de un golpe militar contra un gobierno democrático, el general Augusto Pinochet se instala como el nuevo presidente. Miles de
30 jóvenes, intelectuales y artistas, que no están de acuerdo con esta dictadura, son torturados en campos de concentración donde mueren o "desaparecen", es decir, las
35 familias nunca más vuelven a ver a estos jóvenes. Cuando hay un golpe militar en un país, muchos intelectuales van a vivir a otros países para poder expresar sus ideas
40 con libertad. Este éxodo se llama "fuga de cerebros" y es exactamente lo que pasa en Chile cuando Pinochet toma la presidencia.

   Después de la dictadura, a
45 principios de la década de 1990, el nuevo gobierno democrático de Chile declara a Pinochet senador de por vida y con esto él recibe

▲ Para recordar el golpe de estado contra Allende, ex presidente de Chile, y para protestar contra la dictadura militar de Pinochet, un artista anónimo pintó este mural en La Victoria, una zona donde viven muchos obreros en Santiago, Chile.

inmunidad total contra sus crímenes.
50 Por esta razón, el gobierno no escucha las protestas de muchos chilenos que quieren saber qué ocurrió[1] con sus familiares desa-parecidos. Pero algunos de los
55 desaparecidos son de ascendencia española y, por eso, sus familias deciden presentar sus casos ante el gobierno español. Es así como el juez español Baltazar Garzón
60 comienza el procedimiento judicial y cuando en 1998 el ex dictador está de viaje en Inglaterra, Garzón le pide a este país la detención y extradición de Pinochet.
65 Inglaterra está entonces en una situación difícil ya que Chile es su aliado político. Después de meses de deliberaciones, Inglaterra libera a Pinochet, no por ser inocente ni
70 por inmunidad diplomática sino porque los médicos argumentan que, a los 83 años, el ex dictador está enfermo y no está en condi-ciones de presentarse a juicio.
75 Cuando regresa a Chile en 2000, la corte de su país retira sus privile-

gios de inmunidad y lo acusa por más de setenta asesinatos en 1973 a manos de un grupo que cumple las
80 órdenes del ex dictador. Entonces el gobierno pone a Pinochet pri-sionero en su casa. Y este arresto domiciliario tiene lugar en Chile, su propio país.
85 Muchos familiares de desapare-cidos sienten que por fin se hace justicia; otros creen que no es sufi-ciente la sentencia; pero, posible-mente, lo más importante es que,
90 después del caso Pinochet y la acción del juez Garzón, el mundo sabe que los gobernantes que cometen crímenes contra la humanidad en su país no son
95 inmunes al castigo internacional. De ahora en adelante, dictadores y tiranos van a pensar mucho antes de cometer crímenes de genocidio, terrorismo y tortura
100 contra los ciudadanos de sus propios países.

---

1 *happened*

ACTIVIDAD 21 **¿Cierto o falso?** Después de leer el texto, indica si las siguientes oraciones son ciertas (**C**) o falsas (**F**).

1. _____ Frecuentemente los artistas son los primeros en hacer comentarios sociales y políticos.
2. _____ La dictadura de Pinochet comienza después de un golpe militar.
3. _____ Los familiares chilenos de desaparecidos presentan sus casos legales a Inglaterra.
4. _____ Pinochet recibe inmunidad diplomática en Inglaterra.
5. _____ Los gobernantes no son inmunes al castigo internacional.

Escritura

◈ To express *and then*, use **luego** or **más tarde.** To express *so then*, use **entonces.** For example: **Tengo un examen difícil el lunes y luego voy a ir al cine** (. . . *and then* I'm going to the movies). **Tengo un examen difícil el lunes; entonces voy a estudiar mucho el domingo.** (. . . *so then* I'm going to study a lot on Sunday).

◈ Also, look at Act. 13 on page 129 to see how Gloria uses adverbs of time to relate a sequence of events.

ESTRATEGIA: **Sequencing**

When describing a sequence of events or activities, adverbs of time help you say when or in what chronological order they take place. Some useful adverbs of time are:

por la mañana/tarde/noche	in the morning/afternoon/evening; at night
primero	first
después de + *infinitive*	after _____ing
después ⎫	
luego/más tarde ⎬	then, later (on)
por fin	at last, finally
a la una	at one o'clock
a las dos/tres/etc.	at two/three/etc. o'clock

ACTIVIDAD 22 **¿Qué haces?** **Parte A:** Write a composition describing what you and your friends do on a typical Saturday. Divide your composition in three paragraphs: **por la mañana, por la tarde, por la noche.**

Parte B: Reread your composition. Make a list of all verbs and their subjects, whether overtly stated or implied. Do they agree? If not, change them. For example:

Sujeto	*Verbo*	*¿Correcto?*
(yo, *implied*)	me despierto	sí
Ann y yo	salgo	no ⟶ salimos

Parte C: Rewrite your composition making any changes needed. Staple all drafts plus your subject-verb list together to hand in to your instructor.

Lo esencial II

◈ Colors are adjectives and agree in number with the noun they modify. Those that end in **-o** also agree in gender.

◈ Identify colors in Spanish as you walk down the street.

I. Los colores

anaranjado/a   orange
blanco/a   white
gris   gray
marrón   brown
morado/a   purple
rosa, rosado/a   pink

➤ Logotipo de los Juegos Olímpicos de Barcelona 1992.

En español, como en inglés, los colores representan diferentes ideas. Por ejemplo, en inglés se dice *"He's/She's blue"* cuando una persona está triste. Adivina qué significan estas expresiones en español: "verlo todo color de rosa", "verlo todo negro" y "un chiste (*joke*) verde". Las respuestas están al pie de la página.

ACTIVIDAD **23** **Asociaciones** En grupos de cinco, digan qué colores asocian Uds. con estas cosas.

1. el 14 de febrero
2. un elefante
3. la noche
4. la Coca-Cola
5. las plantas
6. el 25 de diciembre
7. el inspector Clouseau y la pantera . . .
8. el arco de McDonald's
9. el café
10. el 4 de julio
11. el jabón Ivory
12. el 17 de marzo

Respuestas: *to see everything through rose-colored glasses; to be a pessimist; a dirty joke*

II. La ropa y los materiales (*Clothes and Materials*)

de cuadros

las gafas de sol

la corbata

la camisa de manga larga

el cinturón

de lunares

los pantalones

de rayas   las medias

los zapatos

el saco   la chaqueta

el sombrero

la blusa de manga corta

la falda

los zapatos de tacón alto

La ropa

el abrigo   coat
la camiseta   T-shirt
la ropa interior   men's/women's underwear
el suéter   sweater
el traje   suit
el traje de baño   bathing suit
el vestido   dress
los zapatos   shoes
los (zapatos de) tenis   tennis shoes
ponerse   to put on
probarse (o —→ ue)   to try on
vestirse (e —→ i, i)   to get dressed

Los materiales

el algodón   cotton
el cuero   leather
la lana   wool
el nailon/nilón   nylon
el rayón   rayon
la seda   silk

Remember the first change is for verbs in the present, and the second change is for **-ir** verbs in the present participle.

ACTIVIDAD **24 Cuándo y qué** En parejas, hagan una lista de ropa que la gente lleva en el invierno y otra lista de ropa que lleva en el verano. Es importante incluir los materiales.

To indicate origin and material use **ser de: La camisa es de Taiwán y es de seda.**

ACTIVIDAD **25 El origen y el material** En grupos de cinco, averigüen de dónde es y de qué (material) es la ropa de cada persona del grupo. Luego compartan la información con el resto de la clase.

◆ A: ¿De dónde es y de qué (material) es tu camisa?
   B: Es de . . .

ACTIVIDAD 26 ¿Qué llevan? En parejas, describan qué ropa llevan estos dos modelos. Deben decir el color y el material de cada artículo.

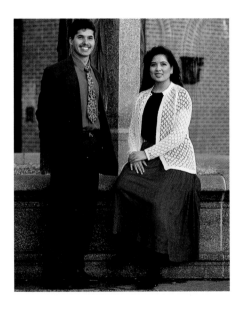

⬦ Each morning, describe to yourself what you are wearing: the article of clothing, material, and color.

⬦ Óscar de la Renta (Dominican) and Carolina Herrera (Venezuelan) are two celebrated designers.

ACTIVIDAD 27 De compras Mira el catálogo y elige tres prendas para comprar: una prenda para un amigo, una para una amiga y otra cosa para ti. Después, en parejas, hablen de qué van a comprar, de qué colores y por qué van a comprar estas cosas.

◆ Voy a comprar una blusa de seda roja para mi amiga porque su cumpleaños es el viernes.

A: Vestidos de algodón, lavar a máquina. Colores: rosado, morado o amarillo. Talla: P, M, G, XG.

B: Chaquetas de cuero. Colores: negro, marrón oscuro, marrón claro.

C: Botas de cuero Gacela de Chile con tacón alto. Número: 35–40.

D: Trajes informales de lana para todas las ocasiones. Colores: gris, azul o negro.

E: Camisetas de algodón. Colores: blanco o azul.

F: Sombreros de cuero.

G: Abrigos de lana. Color: beige.

H: Gafas de sol Óscar de la Renta

I: Zapatos de cuero negro.

Camisetas de algodón.

Trajes de baño. Colores: rojo con lunares amarillos o amarillo con lunares morados.

Medias de algodón y lana.

Faldas clásicas de lana en muchos colores.

Blusas de seda de Carolina Herrera.

Suéteres, lavar a mano, colores variados.

ACTIVIDAD **28** **El pedido** En parejas, una persona va a llamar a la tienda del catálogo de la página 138 para comprar ropa y la otra persona va a recibir la llamada. Usen las siguientes tablas para encontrar la talla correcta. Después de las tablas hay una lista de expresiones útiles para la conversación.

TALLAS DE MUJER

Ropa:

• Europa	38	40	42	44	46	48	50
• EE.UU.	6	8	10	12	14	16	18

Zapatos:

• Europa	35	36	37	38	39	40	41
• EE.UU.	5	6	7	8	9	10	11

TALLAS DE HOMBRE

Trajes:

• Europa	44	46	48	50	52	54	56
• EE.UU.	34	36	38	40	42	44	46

Camisas:

• Europa	38	39	40	41	42	43	44
• EE.UU.	15	15½	15½	16	16½	17	17½

Zapatos:

• Europa	40	41	42	43	44	44	45
• EE.UU.	6	7	8	9	10	10½	11

talla = clothes size;
número = shoe size.

costar (o ⟶ ue) = to cost

A

¿Tiene Ud. . . . en azul?
¿Tiene Ud. . . . en
    talla/número . . . ?
¿De qué (material) es . . . ?
¿Cuánto cuesta/n?
Es muy caro/barato.
Me gustaría comprar . . .

B

No tenemos talla/número . . .
¿De qué color quiere . . . ?
Cuesta/n + *price.* (*Invent prices.*)
¿Va a pagar con Visa, American Express
    o MasterCard?
¿Cuál es el número de su tarjeta de (Visa)?
¿Cuál es su dirección (*address*)?

ACTIVIDAD **29** **La noche de los Oscars** En parejas, Uds. están trabajando como reporteros en la ceremonia de los Oscars. Al llegar las estrellas, Uds. tienen que decir qué ropa llevan y con quién vienen.

◆ A: Ahora viene Antonio Banderas y lleva
    pantalones y chaqueta de cuero y viene
    con Melanie Griffith.

B: Ella lleva . . .

Las estrellas: Cher, Robert De Niro, Julia Roberts, P. Diddy, Denzel Washington, Sarah Jessica Parker, Cristina Aguilera, Elton John, Janet Jackson, Tom Hanks, Jennifer López, etc.

▲ Antonio Banderas,
actor español.

De compras en San Juan

◄ Un hombre de guayabera.

acabar de + *infinitive*	to have just + *past participle*
Acaban de llegar.	They have just arrived.
Cuesta un ojo de la cara.	It costs an arm and a leg.
Te queda bien.	It looks good on you. / It fits you well.

Teresa está en Puerto Rico de vacaciones y ahora ella y su hermano Luis están de compras en el centro comercial Plaza Las Américas.

ACTIVIDAD **30** **Escoge las opciones** Lee las siguientes oraciones y mientras escuchas la conversación, escoge las opciones correctas para completar cada oración. Puede haber más de una respuesta correcta.

1. Teresa quiere comprar una camiseta . . .
   - a. de muchos colores.
   - b. políticamente correcta.
   - c. de algodón.
   - d. económica.
2. Luis quiere comprar una guayabera para . . .
   - a. salir con Teresa.
   - b. una fiesta de aniversario.
   - c. ir a una fiesta.
   - d. almorzar en un restaurante.
3. Luis compra una guayabera . . .
   - a. cara.
   - b. barata.
   - c. de talla 40.
   - d. de seda.

◈ **Plaza Las Américas** is a mall in Hato Rey, on the outskirts of San Juan. Puerto Ricans often refer to it as **"Plaza"**.

TERESA Luis, ¡qué grande está Plaza! Cada vez que vengo hay más tiendas.

LUIS ¿Sabes que es el centro comercial más grande del Caribe?

TERESA ¿De verdad? Bueno, no me sorprende, porque es inmenso, pero no sé si puedo encontrar la tienda que quiero. Busco unas camisetas de algodón que me fascinan y que son políticamente correctas.

The currency used in Puerto Rico is the U.S. dollar. In colloquial usage, **dólares** are called **pesos**.

Indicating purpose

LUIS   ¿Políticamente correctas? ¿De qué estás hablando?

TERESA   Cuando compras una de estas camisetas, la tienda da dos pesos a UNICEF para ayudar a niños necesitados.

LUIS   Pero qué hermana tan buena tengo, ayuda a niños necesitados con su compra. Mira, allí en esa tienda de hombres tienen una rebaja. Me gustaría comprar una guayabera nueva para la fiesta del sábado. ¿Tenemos tiempo?

TERESA   ¡Por supuesto! Y después, ¿qué tal si almorzamos? En España, siempre pienso en la comida típica puertorriqueña.

En la tienda de hombres

LUIS   Por favor, busco una guayabera fina, para una fiesta.

VENDEDOR   Tenemos unas muy elegantes de seda de China que acaban de llegar y . . . también hay de algodón.

LUIS   Me gustaría ver una blanca de talla 40, pero no de algodón, de seda.

VENDEDOR   Aquí tiene Ud. dos guayaberas muy finas.

Asking prices

TERESA   ¿Por qué no te pruebas ésta? ¡Me gusta mucho! ¿Cuánto cuesta?

VENDEDOR   Ciento noventa pesos.

LUIS   ¡Cómo! ¿Ciento . . . ciento noventa pesos? ¡Cuesta un ojo de la cara! Creo que me pruebo una de algodón.

LUIS   ¡Oye! ¿Te gusta?

TERESA   Te queda muy bien. Y ésta, ¿cuánto cuesta?

VENDEDOR   Cuesta treinta pesos.

LUIS   Bueno, me llevo ésta.

TERESA   Claro, es que a ti te gustan las tres "bes": **b**ueno, **b**onito y **b**arato. Y vamos, que tenemos que comprar mi camiseta todavía.

ACTIVIDAD **31** **Unas preguntas** Después de escuchar la conversación, contesta las siguientes preguntas.

1. ¿Por qué dice Teresa que la camiseta que quiere comprar es "políticamente correcta"?
2. Al hablar de la ropa, ¿cuáles son las tres "bes" que le gustan a Luis? ¿Cuál de las tres "bes" es la más importante para ti?
3. ¿A qué tipo de tienda te gusta ir de compras, a una tienda grande o a una boutique?
4. ¿De qué material es la guayabera que compra Luis? ¿Qué tipo de materiales prefieres usar?
5. ¿Qué prefieres, la ropa práctica o la ropa elegante?

Como hace calor en las zonas tropicales de Hispanoamérica, con frecuencia los hombres no llevan chaqueta; muchos prefieren llevar guayabera, que es un tipo de camisa muy fresca. Hay guayaberas para uso diario y también hay guayaberas muy elegantes que muchos hombres llevan en vez de traje y corbata. El colombiano Gabriel García Márquez llevaba (*was wearing*) guayabera cuando recibió el Premio Nobel de Literatura en Estocolmo, Suecia.

ACTIVIDAD **32** **Las compras** En grupos de tres, dos personas van a comprar ropa para una fiesta elegante. La otra persona es el/la vendedor/a. Mantengan la conversación en la tienda. Hablen de diferentes opciones, tallas, colores, materiales y precios.

Los/las clientes pueden usar expresiones como: **te queda bien, cuesta un ojo de la cara, voy a probarme . . .**

El/la vendedor/a puede usar expresiones como: **¿Quiere algo en especial? cuesta/n . . . , también hay de otros colores.**

Hacia la comunicación II

<table>
<tr><td>**I.**</td><td>

Indicating Purpose, Destination, and Duration: *Para* and *Por*

</td></tr>
</table>

In this chapter, you will learn a few uses of **para** and **por.** Other uses will be presented in Chapters 9 and 15.

Use **para:**
a. to indicate purpose

¿Para qué es eso? $\longrightarrow$	Es **para limpiar la computadora.** *(purpose: to clean the computer)*
¿Para qué necesitas mi carro? $\longrightarrow$	Necesito tu carro **para ir al centro.** *(purpose: in order to go downtown)*
¿Para qué estudias? $\longrightarrow$	Estudio **para (ser) abogado.** *(purpose: in order to become a lawyer)*
¿Para qué trabajas? $\longrightarrow$	Trabajo **para tener dinero.** *(purpose: in order to have money)*

> Because **por** and **para** are prepositions, verbs that follow them directly must be in the infinitive.

b. to indicate the recipient of a thing or an action

¿Para quién es el dinero? $\longrightarrow$	Es **para Ana.**
¿Para qué compañía trabajas? $\longrightarrow$	Trabajo **para la Coca-Cola.**

c. to indicate destination or goal (physical and temporal)

El autobús sale **para El Paso, Texas.** (*physical*)
La tarea es **para mañana.** (*temporal*)

Use **por:**
a. to express duration of an action. You can use **durante** instead or you can omit them altogether and use nothing. The latter is more common.

Voy a estar en Caracas **por/durante un año.**
Voy a estar en Caracas **un año.**

b. to express a time period

Trabajo **por la mañana** y estudio **por la noche.**

II. Indicating the Location of a Person, Thing, or Event: *Estar en* and *Ser en*

1 ◆ You learned in Chapter 3 that **estar en** is used to specify the location of people or things.

Diana es de los Estados Unidos, pero **está en** España.
Tu suéter **está en** mi habitación.

2 ◆ **Ser en** is used to specify where an event *takes place* (a concert, a lecture, an exhibit, etc.).

La clase de arte es en el Museo de Arte Contemporáneo.
    La clase ⟶ *the class meeting takes place in the museum*
La clase está en el Museo de Arte Contemporáneo.
    La clase ⟶ *the students are in the museum*

Internet ◆ Do Workbook *Práctica mecánica II*, CD-ROM, Web ACE Tests, and lab activities.

ACTIVIDAD **33** **¿Cuándo?** En parejas, contesten las siguientes preguntas. Usen frases como **por la mañana, dos horas,** etc.

1. ¿Cuándo prefieres estudiar?
2. ¿Cuándo te gusta tener las clases?
3. Si trabajas, ¿cuándo trabajas?
4. ¿Cuándo sales con tus amigos?
5. ¿Cuánto tiempo por semana estudias?
6. ¿Cuánto tiempo por semana miras televisión?

ACTIVIDAD **34** **Una encuesta** Haz una encuesta (*poll*) para averiguar si tus compañeros hacen las siguientes cosas. Intenta encontrar a dos personas para cada situación. Escoge **para** o **por** y haz preguntas (*ask*) como **¿Trabajas para tu padre en el verano? / ¿Para quién trabajas en el verano?**

1. compra regalos para/por sus parientes
2. estudia para/por ser hombre/mujer de negocios
3. siempre estudia para/por la noche los domingos
4. usa la biblioteca mucho para/por buscar información
5. va a estar en la universidad para/por tres años más
6. trabaja mientras (*while*) estudia para/por tener dinero
7. tiene que terminar un trabajo para/por el viernes

ACTIVIDAD **35** **Los regalos** En parejas, Uds. van a darles (*give*) las cosas de esta lista a diferentes compañeros de la clase. Decidan para quién es cada cosa, para qué se usa y por qué es para esa persona.

◆ peine
    El peine es para Chuck, para peinarse porque tiene el pelo muy bonito.

1. estéreo
2. reproductor de DVD
3. cámara
4. máquina de afeitar
5. libro de filosofía

6. disco compacto de Elvis
7. blusa de seda
8. camiseta de Amnistía Internacional
9. reloj
10. disco compacto de Jennifer López

ACTIVIDAD **36** **Cultura general** En parejas, túrnense para preguntar dónde están las siguientes cosas.

◆ A: ¿Dónde están las ruinas de Sipán?

B: Están en Perú. / No tengo idea. ¿Tú sabes?

1. la Estatua de la Libertad
2. el Museo del Prado
3. Machu Picchu
4. el Museo del Louvre y la Torre Eiffel
5. la Pequeña Habana
6. las Pirámides del Sol y de la Luna
7. el Vaticano
8. el Palacio de Buckingham
9. el cuadro *Guernica* de Picasso

En el cuadro *Guernica,* Pablo Picasso (español) muestra los horrores de la guerra civil española cuando en 1937 Hitler, aliado del general español Francisco Franco, ordena el bombardeo aéreo del pueblo de Guernica en España. Miles de personas mueren en esa masacre, entre ellos niños, mujeres y ancianos. El cuadro está pintado en blanco y negro para dar dramatismo a la escena. Si miras bien, vas a ver que hay tres hombres, dos mujeres, un bebé y dos animales en el cuadro. ¿Puedes encontrar un elemento que simboliza la esperanza (*hope*)?

▲ *Guernica* (349 x 776 cm), Pablo Picasso, Museo Nacional Centro de Arte Reina Sofía, Madrid.

◇ 349 × 776 cm = 137.4 × 305.5 inches (almost 11½ × 25½ feet)

ACTIVIDAD 37 Un día de mucha actividad La policía de Madrid tiene que preocuparse por muchas cosas hoy. Di dónde están las siguientes personas o dónde son los siguientes acontecimientos (*events*).

Personas y acontecimientos

_____ 1. El concierto de Branford Marsalis

_____ 2. El concierto de Plácido Domingo

_____ 3. La exhibición de Frida Kahlo

_____ 4. Los diplomáticos de la ONU

_____ 5. Los hijos de los diplomáticos de la ONU

_____ 6. El partido de fútbol entre el Real Madrid y Zaragoza

Lugares

a. el Centro de Arte Reina Sofía

b. el Estadio Bernabéu

c. Clamores, club de jazz

d. el Hotel Castellana

e. el Teatro de la Ópera

f. el zoológico en la Casa de Campo

◈ **La ONU** ⟶ the U.N.

ACTIVIDAD 38 Los planes En parejas, miren los anuncios para unos espectáculos y hagan planes para esta noche. Decidan qué van a hacer, dónde y a qué hora.

◆ A: ¿Te gustaría ir . . . ? /
   ¿Qué tal si vamos . . . ? /
   ¿Quieres ir al concierto de . . . ?

B: Sí. ¿Dónde es?

A: Es en el Estadio . . .

Conciertos

MERCEDES SOSA
   Estadio Ferrocarril Oeste: viernes 20 a las 21 Hs.

LUCIANO PAVAROTTI
   En el escenario de Av. 9 de Julio y Estados Unidos. Domingo 15 a las 21.30 Hs.

BAGLIETTO–VITALE
   Presentando los discos "La Excusa" y "Postales de este lado del mundo". Teatro Opera, 19 al 21 de diciembre, 22 Hs.

CICLO DEL ENCUENTRO
   Los 4 de Córdoba, el Negro Alvarez, el Sapo Cativa, Edgard

Di Fulvio, Norma Viola y Santiago Ayala. Teatro Alvear, jueves 19 a las 21 Hs.

LA PLAZA
   En el Anfiteatro Pablo Casals, con entrada libre y gratuita, actúan La Fundación (15/12, 18.30 Hs.), Solla y el Cinco de Copas (17/12, 18.30 Hs.), Dúo Vat-Macri (18/12, 13 Hs.), Andrea Serri (19/12, 18.30 Hs.) y Rock Royce (20/12, 18.30 Hs.)

LULLABOP
   Jóvenes tocan jazz del '40. En la Feria de las Estrellas, Puerto Madero (15/12, 19.30 Hs.).

Do Workbook *Práctica comunicativa II* and the *Repaso* section. Do CD-ROM, Web ACE Tests, and lab activities.

Do Web Search activities.

ACTIVIDAD 39 El desfile de modas En parejas, están en un desfile de modas (*fashion show*). Observen a su compañero/a y describan qué lleva. Escriban la descripción y después léanle esta descripción al resto de la clase. Mencionen el nombre del/de la modelo y su origen. Describan qué lleva: colores, materiales, de dónde es el conjunto (*outfit*) y para qué tipo de ocasión es.

Vocabulario funcional

La hora (*Telling Time*)

¿Qué hora es?	*What time is it?*
Es la una menos cinco.	*It's five to one.*
Es (la) medianoche.	*It's midnight.*
Es (el) mediodía.	*It's noon.*
Son las tres y diez.	*It's ten after three.*
¿A qué hora . . . ?	*At what time . . . ?*
A la una. / A las dos.	*At one o'clock. / At two o'clock.*
cuarto	*quarter (of an hour)*
la hora	*hour*
media	*half (an hour)*
el minuto	*minute*
el segundo	*second*

Expresiones de tiempo (*Time Expressions*)
Ver páginas 123–124.

Las sensaciones

tener calor	*to be hot*
tener frío	*to be cold*
tener hambre	*to be hungry*
tener miedo	*to be scared*
tener sed	*to be thirsty*
tener sueño	*to be tired*
tener vergüenza	*to be ashamed*

Verbos con cambio de raíz   *Ver páginas 126–128.*

costar (o ⟶ ue)	*to cost*
probarse (o ⟶ ue)	*to try on*
vestirse (e ⟶ i, i)	*to get dressed*

Ir de compras (*To go shopping*)

barato/a	*cheap, inexpensive*
caro/a	*expensive*
¿Cuánto cuesta/n . . . ?	*How much is/are . . . ?*
de cuadros	*plaid*
de lunares	*polka dotted*
de rayas	*striped*
ir de compras	*to go shopping*
la manga	*sleeve*
el número	*shoe size*
la talla	*clothing size*
Te queda bien.	*It looks good on you. / It fits you well.*

Los colores   *Ver página 136.*

claro/a	*light*
¿De qué color es?	*What color is it?*
oscuro/a	*dark*

La ropa (*Clothing*)

el abrigo	*coat*
la blusa	*blouse*
las botas	*boots*
la camisa	*shirt*
la camiseta	*T-shirt*
la chaqueta	*jacket*
el cinturón	*belt*
la corbata	*tie*
la falda	*skirt*
las gafas de sol	*sunglasses*
las medias	*stockings; socks*
los pantalones	*pants*
la ropa interior	*men's/women's underwear*
el saco	*sports coat*
el sombrero	*hat*
el suéter	*sweater*
el traje	*suit*
el traje de baño	*bathing suit*
el vestido	*dress*
los zapatos	*shoes*
los zapatos de tacón alto	*high-heeled shoes*
los (zapatos de) tenis	*tennis shoes*

Los materiales   *Ver página 137.*

¿De qué (material) es?	*What (material) is it made of?*

Palabras y expresiones útiles

acabar de + *infinitive*	*to have just* + past participle
el concierto	*concert*
Cuesta un ojo de la cara.	*It costs an arm and a leg.*
Me fascina/n.	*I love it/them.*
¡No me diga/s!	*No kidding!*
No me gusta/n nada.	*I don't like it/them at all.*
Se comenta que . . .	*They/People say that . . .*

Capítulo 6

Chapter Objectives

➤ Talking about things you and others did in the past

➤ Asking and giving prices

➤ Discussing the location of people and things

➤ Describing family relationships

➤ Describing means of transportation

▼ El cerro Fitz Roy y un glaciar en la Patagonia, Argentina.

Datos interesantes

En Suramérica hay 54 lugares que fueron declarados patrimonio mundial (*World Heritage Sites*) por la UNESCO. Entre ellos se encuentran los siguientes en el Cono Sur.

➤ Parque Nacional Los Glaciares, Argentina: belleza natural espectacular con montañas y glaciares.

➤ Parque Nacional Ischigualasto, Argentina: fósiles de dinosaurios y otros animales.

➤ Parque Nacional Talampaya, Argentina: flora y fauna autóctonas, descubrimientos paleontológicos y arqueológicos con petroglifos.

➤ Parque Nacional Rapa Nui, Chile: situado en la Isla de Pascua de formación volcánica con sus famosos monolitos.

Una carta de Argentina

◄ Galerías Pacífico, elegante centro comercial de la calle Florida en Buenos Aires, Argentina.

¡Qué + *noun* **+ más +** *adjective!*	What a + *adjective* + *noun!*
¡Qué hotel más lujoso!	What a luxurious hotel!
adjective **+ -ísimo/a**	
bello/a ⟶ bellísimo/a	very beautiful

Alejandro, el tío de Teresa, recibe una carta de su amigo Federico de Rodrigo que está viajando por Argentina.

ACTIVIDAD **1** **Escoge opciones** Lee estas oraciones y, mientras lees la carta que sigue, escoge la opción correcta.

1. La carta es de . . .
   a. Buenos Aires.   b. Las Leñas.
2. Federico está viajando con . . .
   a. unos amigos.   b. su familia.
3. El español de Argentina es . . . español de España.
   a. diferente del   b. igual al
4. La Recoleta es . . .
   a. una zona de oficinas.   b. una zona de cafeterías.

◈ Note that the city where the letter was written precedes the date.

◈ Dates can be written **20/VII/04, 20 de julio de 2004,** or **20/7/04.**

◈ A colon is preferable to a comma after the greeting, even in informal letters.

◈ **El Aconcagua** is the highest peak in the western hemisphere.

◈ Talking about past events (Paragraphs 2 and 3)

◈ Discussing future plans

Hotel Las Leñas

Reconquista 585 / Mendoza, Argentina

Las Leñas, 20/7/04

Estimado Alejandro:

¿Cómo estás? Perdí tu email y por eso te mando esta carta. Aprovecho un rato libre para mandarles un saludo a ti y a tu familia desde Las Leñas, Mendoza, un centro de esquí muy bonito de la zona andina argentina. Los Andes son impresionantes y muy diferentes de los Pirineos españoles, y el Aconcagua es realmente majestuoso. Las Leñas es un lugar excelente para esquiar. En este momento mi esposa y mis hijos están esquiando y por eso tengo unos minutos para escribir unas líneas.

Llegamos a Buenos Aires el 15 de este mes y fuimos directamente al Hotel Presidente. ¡Qué hotel más lujoso! Comimos y salimos a ver la ciudad para no perder ni un minuto de nuestro viaje. Buenos Aires es una ciudad muy europea y bellísima. Nos divertimos escuchando hablar a los argentinos con ese acento tan bonito que tienen. Casi cantan al hablar y siempre dicen "che".

Al día siguiente Elena y mis hijos fueron a la calle Florida y compraron muchas cosas. El cuero aquí es increíble y buenísimo. Una de las cosas que compró Elena fue un mate porque quiere aprender a beber "yerba mate". Cerca del hotel, a unos cinco minutos, Elena y yo bailamos tango toda la noche y nuestros hijos fueron a la Recoleta. Les llamó la atención ver esa zona de cafeterías y restaurantes enfrente de un cementerio donde están las tumbas de las personas más importantes del país. De veras que es curioso, ¿no?

Después de esquiar en Las Leñas, vamos a viajar a Chile para el casamiento de la hija de unos amigos. Luego volvemos a Argentina para visitar las cataratas del Iguazú y después, como sabes, tenemos que regresar a Madrid la semana que viene. ¡Qué pena! Un millón de gracias a ti y a tu sobrina, Teresa, por organizarnos un viaje fantástico.

Como dicen aquí: un abrazo, "che", de tu amigo,

Federico

ACTIVIDAD **2** **¿Comprendieron?** Lee la carta otra vez. Luego, en grupos de tres, identifiquen o describan las siguientes cosas o lugares.

1. las montañas donde están Federico y su familia
2. el Hotel Presidente
3. un lugar de compras
4. el mate
5. la Recoleta
6. el itinerario de viaje de la familia

¿Lo sabían?

El mate es un té de yerba que se toma especialmente en Argentina, Paraguay, Uruguay y en algunas partes de Chile. Se bebe en un recipiente, también llamado mate, que puede ser una pequeña calabaza seca (*dried gourd*) o un recipiente de forma similar. Se usa con una bombilla (*a special straw*), y se pasa de persona a persona. Beber mate a veces es una actividad social y normalmente se toma con un grupo de amigos o con la familia.

◈ **Yerba** is also spelled **hierba.**

◈ In Paraguay they often drink **tereré,** or cold **mate.**

➤ Un gaucho toma mate en la provincia de Formosa, Argentina.

◈ To keep the [k] sound, **-c-** changes to **-qu-** before adding **-ísimo/a: flaco/a** ⟶ **flaquísimo/a.**

ACTIVIDAD **3** **¡Qué exageración!** Describe de forma exagerada algunas cosas y personas que conoces. Usa estos adjetivos de una manera original: **altísimas, gordísimo, guapísimos, feísimo, flaquísimo, simpatiquísima.** Recuerda que el adjetivo concuerda (*agrees*) con el sustantivo que modifica.

◆ grandísima   La ciudad de Nueva York es grandísima.

Lo esencial I

◈ The use of periods and commas differs in English and Spanish:
English = 54.56 and 1,987,789
Spanish = 54,56 and 1.987.789

I. Los números del cien al millón

100	cien
101, 102	ciento uno, ciento dos
200	doscientos
300	trescientos
400	cuatrocientos

◈ Note spelling of **quinientos, setecientos,** and **novecientos.**

500	quinientos
600	seiscientos
700	setecientos
800	ochocientos
900	novecientos

◈ **Mil personas,** BUT **un millón de personas.**

1.000	mil
2.000	dos mil
1.000.000	un millón
2.000.000	dos millones

Suramérica, especialmente Chile y Argentina, tienen centros de esquí muy buenos. Muchas personas van a esos países para esquiar en julio y agosto.

ACTIVIDAD **4 Las montañas del hemisferio** Las montañas más altas del hemisferio occidental (*western*) están en los Andes. Hay más de 40 montañas más altas que el monte McKinley (20.320 pies) en Alaska. En parejas, "A" cubre la información de "B" y viceversa. Luego háganse (*ask each other*) preguntas para averiguar la información que no tienen. Usen preguntas como: **¿Sabes dónde está . . . ? ¿Sabes cuántos metros/pies de alto tiene el Tupungato?**

A

Montaña	País	Pies	Metros
1. Aconcagua	_____	_____	_____
2. Ojos del Salado	_____	22.572	6.880
3. Bonete	Argentina	_____	_____
4. Tupungato	Argentina/Chile	22.310	6.800
5. Pissis	_____	22.241	6.779

B

Montaña	País	Pies	Metros
1. Aconcagua	Argentina	22.841	6.960
2. Ojos del Salado	Argentina/Chile	_____	_____
3. Bonete	_____	22.546	6.872
4. Tupungato	_____	_____	_____
5. Pissis	Argentina	_____	_____

El monte Whitney en California, la montaña más alta de los EE.UU. fuera de Alaska, tiene sólo 4.418m. (14.494 pies).

ACTIVIDAD **5 Un ojo de la cara Parte A:** En parejas, decidan cuánto cuestan las siguientes cosas que necesita un estudiante universitario.

◆ La matrícula de un año cuesta . . .

1. la matrícula de un año
2. los libros
3. la comida
4. la vivienda
5. la cuenta de teléfono por mes

Parte B: Ahora digan cuánto cuestan las siguientes cosas que quiere tener un estudiante.

1. un estéreo bueno
2. una semana de vacaciones en Cancún
3. un televisor
4. una cámara de fotos digital
5. una computadora
6. una chaqueta de cuero
7. un reloj despertador

II. Preposiciones de lugar

ACTIVIDAD **6** **La Meca de la Elegancia** En parejas, Uds. están en la tienda La Meca de la Elegancia. "A" es un/a cliente que quiere comprar una cosa; "B" es un/a vendedor/a.

◆ A: Por favor, ¿(me puede decir) dónde está/n . . . ?

B: Está/n . . .

A: ¿Cuánto cuesta/n . . . ?

B: Cuesta/n . . .

A: . . .

lejos de

ACTIVIDAD **7** **La ciudad universitaria** En grupos de tres, una persona describe dónde están los lugares importantes de su ciudad universitaria (*campus*) y los otros adivinan qué lugar es. La persona que adivina describe otro lugar. Usen preposiciones de lugar.

◆ A: Este lugar está cerca de la cafetería y a la derecha de Bascom Hall.
  B: Es . . .

Hacia la comunicación I

I.   Talking About the Past: The Preterit

1 ◆ In Chapter 5 you saw how to discuss the immediate past using **acabar de +** *infinitive*. To talk about what you did yesterday, last week, or last year, you need to use the preterit. All regular verbs as well as stem-changing verbs ending in **-ar** and **-er** are formed as follows. (You will learn the preterit of stem-changing **-ir** verbs in Chapter 7.)

All **-ar** and **-er** stem-changing verbs are regular in the preterit, that is, they have no vowel change: **cerrar:** present ⟶ **c<u>ie</u>rro** preterit ⟶ **c<u>e</u>rré.**

Note the use of accents.

Vosotros form = **tú** form + **-is: bebiste + -is = bebisteis.**

cerr*ar*	
cerr**é**	cerr**amos**
cerr**aste**	cerr**asteis**
cerr**ó**	cerr**aron**

com*er*	
com**í**	com**imos**
com**iste**	com**isteis**
com**ió**	com**ieron**

escrib*ir*	
escrib**í**	escrib**imos**
escrib**iste**	escrib**isteis**
escrib**ió**	escrib**ieron**

Ver is regular in the preterit and it has no accents because **vi** and **vio** are monosyllables.

El viernes pasado **vi** una película.   *I saw a movie last Friday.*
Anoche no **estudiamos.**   *We didn't study last night.*
Ayer Paco **almorzó** en un   *Paco had lunch in a restaurant yesterday.*
  restaurante.
—¿**Trabajaste** mucho ayer?   *Did you work a lot yesterday?*
—Sí, porque **empezaron** las clases.   *Yes, because classes began.*

NOTE:

a. Regular **-ar** and **-ir** verbs have the same ending in the **nosotros** form in the present indicative and the preterit. Context helps determine the tense of the verb. For example: **No almorzamos ayer. / Almorzamos todos los días.**

b. Verbs that end in **-car, -gar,** or **-zar** require a spelling change in the **yo** form: **tocar** ⟶ **to<u>qué</u>, jugar** ⟶ **ju<u>gué</u>, empezar** ⟶ **empe<u>cé</u>.** For example: **Ayer ju<u>gué</u> al fútbol y Juan también ju<u>gó</u>.**

c. Regular reflexive verbs follow the same pattern as other regular verbs in the preterit. The reflexive pronoun precedes the conjugated form. For example: **Esta mañana me levanté temprano.**

2 ♦ Four common irregular verbs in the preterit are **ir** and **ser,** which have the same preterit forms, **dar** (*to give*), and **hacer.**

◈ Note that accents are not needed on these forms.

◈ Note the **z** in **hizo.**

ir/ser		**dar**		**hacer**	
fui	fuimos	di	dimos	hice	hicimos
fuiste	fuisteis	diste	disteis	hiciste	hicisteis
fue	fueron	dio	dieron	hi<u>z</u>o	hicieron

—Ella no **fue** al concierto.   *She didn't go to the concert.*
—Y tú, ¿qué **hiciste** anoche?   *And what did you do last night?*

3 ♦ The following time expressions are frequently used with the preterit to express a completed past action.

anoche   last night
ayer   yesterday
anteayer   the day before yesterday
hace tres/cuatro/. . . días   three/four/. . . days ago
la semana pasada   last week
el sábado/mes/año pasado   last Saturday/month/year
hace dos/tres/. . . semanas/meses/años   two/three/. . . weeks/
     months/years ago
de repente   suddenly
¿Cuánto tiempo hace que + *preterit* . . . ?   How long ago did . . . ?

Here are some frequently used verbs that you will practice in the chapter activities.

abrir	to open	**llegar**	to arrive
asistir a	to attend	**llorar**	to cry
	(*class, church, etc.*)	**pagar**	to pay (for)
buscar	to look for	**sacar**	to get (*a grade*); to take out
decidir	to decide	**terminar**	to finish
dejar	to leave behind; to let, allow	**tomar**	to drink; to take (*a bus, etc.*)
gritar	to shout, scream	**viajar**	to travel

Muchas personas **asistieron**   *Many people attended the concert.*
   al concierto.

El público **gritó** con entusiasmo.   *The audience shouted enthusiastically.*

El concierto **terminó** a las 11:30.   *The concert ended at 11:30.*

II. Indicating Relationships: Prepositions and Prepositional Pronouns

1 ◆ Prepositions establish relationships between one word and another in a sentence. You are already familiar with prepositions like **a, de, en, para,** and **por.** Other common prepositions include **con** (*with*), **desde** (*from*), **entre** (*between*), **hacia** (*toward*), **hasta** (*until, up to*), and **sin** (*without*).

El sábado pasado, un niño caminó **hacia** la playa.	*Last Saturday, a child walked toward the beach.*
Salió **sin** el permiso de sus padres.	*He left without his parents' permission.*
La policía buscó al niño **hasta** las ocho.	*The police looked for the boy until eight o'clock.*
Al final, volvió solo **desde** la playa.	*In the end, he returned home alone from the beach.*

2 ◆ When pronouns follow a preposition, the forms of the pronouns are the same as subject pronouns, except for the forms corresponding to **yo** and **tú,** which are **mí** and **ti** respectively. Notice that these are the same pronouns you use with **gustar.**

Prepositional Pronouns		
a para sin (etc.) +	**mí**	nosotros/as
	ti	vosotros/as
	Ud.	Uds.
	él	ellos
	ella	ellas

—Tengo dinero **para ti.**
—¿**Para mí?** Gracias.

—¿Van a ir **sin Juan?**
—No, vamos a ir **con él.**

NOTE:

a. With the preposition **con,** the pronouns **mí** and **ti** become **conmigo** and **contigo.**

—¿Quieres ir **conmigo?**	*Do you want to go with me?*
—Sí, voy **contigo.**	*Yes, I'll go with you.*

b. The preposition **entre** uses **tú** and **yo.**

Vamos a hacer el trabajo **entre tú** y **yo.**	*We are going to do the work between you and me.*

◈ Note: Always double check compositions to make sure that prepositional phrases such as **después de** and **antes de** are followed by an infinitive.

3 ◆ When a verb immediately follows a preposition, it is always in the infinitive form.

Después de comer, miraron la tele.*	*After eating, they watched TV.*
Antes de ducharse, Fernando apagó la tele.	*Before showering, Fernando turned off the TV.*
Para dormirme, tomé un té de manzanilla.	*In order to sleep, I had a chamomile tea.*

*****NOTE:** Compare with this sentence: **Después comieron y miraron la tele.** (*Later they ate and watched TV.*)

4 ◆ Note the prepositions used with the following verbs.

casarse con	+ *person*	to marry	+ *person*
asistir a		to attend	
entrar en/a	+ *place*	to enter	+ *place*
salir de		to leave	
aprender		to learn	
comenzar	+ a + *infinitive*	to begin	+ *infinitive*
empezar		to begin	
enseñar		to teach	

NOTE: The verbs **deber, necesitar, poder,** and **querer** are directly followed by the infinitive.

Do Workbook *Práctica mecánica I* and corresponding CD-ROM activities.

Quiero estudiar porque tengo un examen.

I want to study because I have an exam.

Debemos volver a casa.

We should return home.

ACTIVIDAD **8** **Juana en Buenos Aires** **Parte A:** Juana vive en Buenos Aires, Argentina, y cuenta qué hizo el viernes pasado. Completa su historia con la forma correcta de los verbos entre paréntesis.

El viernes por la mañana yo _____ a las 7:30, _____
(levantarse)   (tomar)
un café con leche, _____ el periódico *La Nación* y _____
                    (leer)   (salir)
de mi casa a las 8:30. _____ al trabajo en taxi y _____
                        (ir)   (llegar)
justo a las 9:00. _____ enfrente de la computadora hasta la 1:00.
                   (sentarse)
A esa hora mi compañero de trabajo Agustín y yo _____ y
                                                  (salir)
_____ en un restaurante que está enfrente del trabajo.
(almorzar)
Yo _____ por los dos porque era (*was*) el cumpleaños de Agustín
   (pagar)
y a las 2:00 _____ a la oficina y yo _____ hasta las 7:00.
             (volver)   (trabajar)
    Al final de mi día de trabajo, _____ a un pub cerca de la oficina
                                     (ir)
a tomar una cerveza. A las 8:00 _____ a casa muy cansada. Mi
                                  (regresar)
madre _____ una cena deliciosa y nosotros _____
       (hacer)   (cenar)
a las 9:30. Luego yo _____ por dos horas y a las 12:30
                      (acostarse)
_____, _____ y con minifalda y zapatos de tacón
(levantarse)   (ducharse)
_____ a una discoteca con mis amigos. _____ desde las
(salir)   (bailar)

▲ Una discoteca en
Buenos Aires.

2:00 hasta las 6:30. Después _____ a tomar un café y a las 7:30
                                              (ir)
yo _____ a mi casa para dormir ocho horas. ¡Qué día tan largo!
            (llegar)

Parte B: Ahora en parejas, díganle a la otra persona qué hicieron el viernes
pasado y a qué hora hicieron esas actividades. Usen la historia de Juana
como guía.

ACTIVIDAD 9 Ayer En tu clase probablemente hay personas que hicieron estas
actividades ayer. Haz preguntas para encontrar a esas personas.

◆   A: ¿Hiciste la tarea ayer?

     B: Sí, hice la tarea. / No, no hice la tarea.

1. beber Pepsi   5. comer a las siete
2. correr   6. ir al cine
3. bailar   7. tocar el piano
4. recibir un email   8. mirar televisión

ACTIVIDAD 10 ¿A qué hora? **Parte A:** En la columna que dice "tú" escribe a qué
hora hiciste ayer (o el viernes pasado si hoy es lunes) las siguientes actividades.

	tú	*compañero/a*
1. levantarse	_____	_____
2. almorzar	_____	_____
3. ir a la primera clase	_____	_____
4. terminar la última clase	_____	_____
5. volver a casa (o la residencia)	_____	_____
6. acostarse	_____	_____

Parte B: Ahora, pregúntale a otra persona a qué hora hizo las actividades de la
Parte A y escribe su respuesta en la segunda columna.

◆   A: ¿A qué hora te levantaste ayer?

     B: Me levanté a las . . .

ACTIVIDAD 11 ¿Cuánto tiempo hace que . . . ? En parejas, pregúntenle a su
compañero/a cuánto tiempo hace que hizo estas actividades.

◆   A: ¿Cuánto tiempo hace que visitaste a tus padres?
                        ↙   ↘

     B: Hace tres semanas que visité a mis padres.   B: Visité a mis padres ayer.

1. visitar a tus abuelos   ayer
2. ir al médico   anteayer
3. escribir una composición   hace tres/cuatro/cinco días
4. hablar por teléfono a larga distancia la semana pasada
5. comer pizza   hace dos/tres semanas
6. sacar "A" en un examen de historia   el mes pasado
7. ir al cine   hace dos/tres/cuatro meses

ACTIVIDAD **12** **¿Sabes mucho de historia?** En parejas, digan en qué año ocurrieron los siguientes acontecimientos.

> ◆ La Armada Invencible española / perder contra los ingleses
>
>   La Armada Invencible española perdió contra los ingleses en mil quinientos ochenta y ocho.

1. Cristóbal Colón / llegar a América
2. George W. Bush / subir a la presidencia
3. Inglaterra / perder la Guerra Revolucionaria contra las colonias norteamericanas
4. Neil Armstrong / caminar en la luna
5. los Juegos Olímpicos / ser en Barcelona
6. la Segunda Guerra Mundial / empezar

ACTIVIDAD **13** **De compras** Durante tus últimas vacaciones fuiste de compras. En parejas, explíquenle a su compañero/a lo siguiente.

1. adónde fuiste
2. quién fue contigo
3. qué viste
4. si compraste algo y para quién
5. qué hiciste después de ir de compras

ACTIVIDAD **14** **¿Recuerdas?** **Parte A:** Vas a prepararte para hablar de qué hiciste ayer. Piensa en las respuestas a estas preguntas, pero también piensa en detalles (*details*) que puedes añadir.

1. ¿Qué hiciste antes de salir de tu casa?
2. ¿Desayunaste? ¿Dónde y con quién?
3. ¿Cómo fuiste desde tu casa hasta la universidad?
4. ¿Asististe a clase?
5. ¿Almorzaste? ¿Dónde y con quién?
6. Después de almorzar, ¿qué hiciste?
7. Y por la noche, ¿saliste con tus amigos? ¿Hiciste algo interesante? ¿Quiénes fueron contigo?

Parte B: En parejas, hablen sobre qué hicieron ayer. Si quieren saber más, deben hacer preguntas como las siguientes: **Y después de desayunar, ¿qué hiciste? ¿A cuántas clases asististe? ¿Quién comió contigo? Después de terminar las clases, ¿adónde fuiste?** Empiecen la conversación preguntando **¿Qué hiciste ayer?**

ACTIVIDAD 15 La entrevista Para hacer publicidad, la administración de tu universidad quiere saber qué tipo de estudiantes asisten a esta institución. En parejas, entrevisten a su compañero/a y luego informen al resto de la clase.

Pregúntenle a su compañero/a . . .

1. en qué año empezó sus estudios universitarios.
2. si asistió a otras universidades. ¿Dónde? ¿Por cuánto tiempo?
3. por qué decidió venir aquí.
4. en qué año comenzó a estudiar en esta universidad.
5. si aprendió a usar computadoras en esta universidad, en otra universidad, en la escuela secundaria o en la escuela primaria (*elementary school*).
6. qué hace generalmente después de asistir a sus clases.
7. si juega al tenis, al basquetbol o a otro deporte.
8. dónde y cuántas horas al día estudia.
9. en qué año va a terminar sus estudios.
10. qué piensa hacer después de terminar la universidad.

ACTIVIDAD 16 Personas famosas **Parte A:** Lee esta descripción de una persona famosa y contesta las preguntas que siguen.

Norma Aleandro, famosa actriz argentina, nació el 2 de mayo de 1936 en Buenos Aires. Empezó a actuar en el teatro a los nueve años. Es la protagonista de muchas obras de teatro y también de muchas películas. Durante la época de la dictadura militar en Argentina entre 1976 y 1983, se fue a Uruguay y después de terminar "la guerra sucia", volvió a su país. En 1985 actuó en la película *La historia oficial*; la película recibió el Oscar a la Mejor Película Extranjera y ella ganó el premio a la Mejor Actriz en el festival de cine de Cannes. Después hizo varias películas en inglés. Por su trabajo en *Gaby* recibió una nominación para el Oscar a la Mejor Actriz.

Hoy día Norma Aleandro actúa en televisión, teatro y cine. Además de ser actriz, también escribe libros y poemas. En el futuro, quiere escribir más. Le gustaría ser directora y productora de una película.

1. ¿En qué año nació Norma Aleandro?
2. ¿Qué hizo?
3. ¿Qué premios recibió?
4. ¿Qué hace ahora? ¿Qué planes tiene para el futuro?

To do a search, use a good search engine such as **google.com** and type the name + *biography* to get sites in English or the name + **biografía** to get sites in Spanish. You may need to consult both to complete this assignment. When saying what someone did, avoid description and simply refer to completed actions.

Parte B: Busca en Internet información sobre una de las siguientes personas.

Isabel Allende, escritora
Diego Maradona, futbolista
Don Francisco (Mario Kreutzberger), anfitrión del show "Sábado Gigante"
César Pelli, arquitecto
Charly García, cantante

En la próxima clase, tienes que hablar de la siguiente información.

1. ¿Dónde y cuándo nació? ¿Qué hizo? (usa el pretérito)
2. ¿Qué hace ahora? (usa el presente)
3. ¿Qué va a hacer en el futuro? Puedes inventar la respuesta a esta pregunta. (Usa **va a** + *infinitivo*, **quiere** + *infinitivo*, **piensa** + *infinitivo*, **le gustaría** + *infinitivo*.)

Do Workbook *Práctica comunicativa I* and corresponding CD-ROM activities.

Nuevos horizontes

ESTRATEGIA: Skimming

In Chapter 1, you learned about scanning. When scanning, you look for specific information and your eyes resemble laser beams zeroing in on a subject. In this chapter you will learn about skimming. When you skim a text, you simply read quickly to get the main idea without stopping to wonder about the meaning of unknown words. You will practice skimming as you read an article about South America.

ACTIVIDAD **17** **Predicción** **Parte A:** Antes de leer el artículo sobre Suramérica, mira las siguientes palabras del artículo y elige una de las cuatro opciones que se presentan para predecir cuál es el tema.

◈ **patrimonio mundial** = World
Heritage Site

indígenas	montañas	playas blancas
glaciares	mitología local	parque nacional
flora	fauna	patrimonio mundial

¿Tema del artículo?
a. la naturaleza (*nature*) de Suramérica
b. la destrucción de los ecosistemas de Suramérica
c. el abuso de las grandes compañías petroleras y el efecto que tiene en la ecología
d. unas vacaciones en Suramérica —nadar, esquiar, hacer trekking

Parte B: Ahora en grupos de tres, digan cuál creen que es el tema del artículo y por qué. Usen frases como: **En mi opinión el artículo es sobre . . . porque . . . Creo que el artículo es sobre . . . porque . . . Puede ser un artículo sobre . . . porque . . .**

◈ Remember: You are not expected to comprehend every
word; you are just reading to get
the gist.

ACTIVIDAD **18** **Lectura rápida** Ahora lee rápidamente el artículo para confirmar tu predicción de la actividad anterior y para saber qué es Torres del Paine y qué son las cataratas del Iguazú. Luego comparte la información con el resto de la clase.

ACTIVIDAD **19** **Lectura detallada** Al leer el artículo otra vez, contesta las siguientes preguntas basadas en la lectura.

1. En el párrafo 1 (línea 9), ¿cuál es el sujeto del verbo **contrastan**?
2. En el párrafo 2 (línea 21), ¿cuál es el sujeto del verbo **existe**?
3. En el párrafo 3 (línea 30), ¿quién o qué es **Cai Cai**?
4. En el párrafo 3 (líneas 35–36), ¿a qué se refiere **los** en la frase **los convirtió**?
5. En el párrafo 4 (línea 47), ¿cuáles son dos cosas que contrasta la frase **más altas que**?
6. En el párrafo 5 (línea 58), ¿a qué se refiere **Ésta**?
7. En el párrafo 5 (línea 61), ¿a quién se refiere **ella**?
8. En el párrafo 5, ¿cuál es un sinónimo de **se enfadó** (*got mad*)?
9. En el párrafo 5, ¿quién **se enfadó**? ¿El dios, Tarob o Naipi?
10. En el párrafo 5 (línea 67), ¿quiénes son **los enamorados**?

Suramérica y su belleza natural

Suramérica se caracteriza por su diversidad y su belleza natural. Esta belleza varía desde la selva amazónica en países como Ecuador, 5 Perú y Brasil hasta el árido desierto de Atacama en el norte de Chile. También se encuentran las playas blancas de Colombia, Venezuela y Uruguay que contrastan con los 10 Andes y sus nieves eternas en Argentina, Chile y Bolivia. Entre las bellezas naturales también están el Parque Nacional Torres del Paine y las cataratas del Iguazú.

15 El Parque Nacional Torres del Paine se encuentra en la zona de la Patagonia de Chile y es tan espectacular como el Parque Yellowstone o el Yosemite. Tiene una variedad 20 de ecosistemas con flora y fauna que no existe en otras partes del mundo. Entre los lugares más interesantes para visitar están el lago y glaciar Grey y los Cuernos 25 del Paine, dos montañas que son gigantescos pilares de granito que se formaron hace 12 millones de años.

La mitología local dice que una 30 serpiente llamada Cai Cai causó una inundación masiva para matar con el agua a la tribu guerrera[1] que vivía en Torres del Paine. Cuando el agua retrocedió, Cai Cai tomó a 35 los dos guerreros más grandes y los convirtió en piedra; ahora son las dos famosas montañas que se llaman los Cuernos del Paine que se pueden ver hoy día en ese parque 40 nacional chileno.

Las cataratas del Iguazú se encuentran en el río del mismo nombre, en la frontera entre Argentina y Brasil cerca de 45 Paraguay. Tienen una caída de ochenta metros y son veinte metros más altas que las cataratas del Niágara entre los Estados Unidos y Canadá. El salto o catarata más 50 importante es la Garganta del Diablo.[2] En el lado brasileño hay una vista panorámica de las

◄ Los Cuernos del Paine en el Parque Nacional Torres del Paine, Chile.

---

1 *warrior*   2 *Devil's Throat*

cataratas, pero en el lado argentino
se puede caminar muy cerca de
55 cada salto.

Los indígenas de esta zona
explican el origen de estas cataratas
con una leyenda.[3] Ésta dice que el
dios de los indígenas eligió a Naipi,
60 la hija del jefe de la tribu, como
esposa, pero ella se enamoró de
Tarob y un día Naipi y Tarob se
fueron en una canoa por el río
Iguazú ("agua grande" en la lengua

65 indígena). Cuando el dios escuchó
esto, se enfureció y decidió crear las
cataratas para matar a los enamorados con su torrente de agua. Así
terminó la vida de los jóvenes
70 amantes.

Las cataratas no sólo son ricas en
flora y fauna; también son una fuente
de electricidad para Argentina, Brasil
y Paraguay. En 1984 la UNESCO
75 declaró las cataratas del Iguazú
patrimonio mundial.

▲ Las cataratas del Iguazú, entre Argentina y Brasil.

---

3 *legend*

ACTIVIDAD **20** **Busca información** Después de leer el artículo, contesta las siguientes preguntas.

1. ¿Con qué parques nacionales de los Estados Unidos se compara en el artículo al parque Torres del Paine? ¿Dónde se encuentra este último?
2. ¿Cuál es el mito local sobre los Cuernos del Paine?
3. ¿En qué se diferencian las cataratas del Iguazú de las cataratas del Niágara? ¿Dónde se encuentran?
4. ¿Cuál es la leyenda indígena sobre las cataratas del Iguazú?
5. ¿Para qué se utilizan estas cataratas?

ACTIVIDAD **21** **Las leyendas** **Parte A:** Los indígenas tienen leyendas que explican la formación de los Cuernos del Paine y las cataratas del Iguazú. En parejas, comparen las dos leyendas y digan qué tienen en común y en qué aspectos son diferentes.

Parte B: Compara la leyenda norteamericana de Paul Bunyan sobre cómo se formaron los Grandes Lagos entre los Estados Unidos y Canadá con las leyendas de la **Parte A.**

ESTRATEGIA: **Chronological Order**

Texts such as news reports, histories, biographies, or travelogues often are organized chronologically. In Chapter 5 you used adverbs of time to help sequence events. Verb forms also help establish the order of events. To apply a simple chronological order when writing, report past, present, and then future actions:

- Use preterit for completed past actions.
- Use present tense for present, ongoing activities.
- Use **ir a** + *infinitive* and constructions such as **querer** + *infinitive*, **me/te/le gustaría** + *infinitive*, **pensar** + *infinitive* to refer to future plans.

◈ Remember: Do your outline in Spanish.

◈ Note: When writing a biography, it is common to present most data in chronological order. Use words like **primero, más tarde, luego, después, después de** + *infinitive,* and **antes de** + *infinitive* in the first paragraph.

ACTIVIDAD **22** **Una biografía** **Parte A:** You are going to write a biography about a famous, living person. First, think of someone you admire or would like to learn more about or choose from the names suggested by your instructor and organize an outline in Spanish based on the following.

- Paragraph 1: name, when and where he/she was born, what he/she did (avoid description, just state actual accomplishments)
- Paragraph 2: what he/she is doing now
- Paragraph 3: what he/she is going to do in the future

Parte B: Write a three-paragraph biography based on your outline.

Parte C: Check to see if you used the preterit in the first paragraph to refer to past actions. Also check to make sure you avoided description. Did you use the present tense in the second paragraph? In the final paragraph you should have used constructions such as **ir a** + *infinitive* and **querer** + *infinitive*. Make any necessary changes to your final draft and hand in all drafts to your instructor.

Lo esencial II

I. Medios de transporte

1. el barco
2. el camión
3. la bicicleta
4. el autobús
5. el taxi
6. el tren
7. el avión
8. el metro
9. el carro/coche/auto
10. la moto/motocicleta

 Avianca, la aerolínea nacional de Colombia, fue la primera aerolínea de este hemisferio; comenzó sus operaciones en el año 1919.

ACTIVIDAD 23 Asociaciones Di qué medios de transporte se asocian con estas palabras: Greyhound, Northwest, U-haul, el color amarillo, Porsche, Titanic, Amtrak, Kawasaki, Trek.

ACTIVIDAD 24 Los transportes de tu ciudad En parejas, hagan una lista de los medios de transporte de la ciudad donde Uds. estudian. Digan cuánto cuestan, qué zonas recorren y a qué hora empiezan sus servicios. Expliquen también qué medios de transporte no hay, cuáles creen que se necesitan y por qué.

II. La familia de Diana

◇ **Parientes** = relatives; **padres** = parents.

◇ Many Mexican-Americans adopt some American customs; therefore Diana's uncle is named Frank Jr.

◇ **Mª** = abbreviation for María.

◇ **Esposo/marido** = husband; **esposa/mujer** = wife.

La familia de Diana es grande. Sus **abuelos** maternos son Ramón y María Luisa y viven en Jalisco, México. Sus **abuelos** paternos son Frank y Marina y viven con los **padres** de Diana en Los Ángeles. El **padre** de Diana se llama Mark y la **madre,** Ana María. Diana tiene un **hermano menor** que se llama Jesse y ella, por supuesto, es la **hermana mayor.** Tiene cuatro **tíos:** Frank Jr. y Alicia son **hermanos** de su padre y Mª Rebeca y Marta, **hermanas** de su madre. Para Marta, Diana es una **sobrina** muy divertida. Diana también tiene dos **tíos políticos:** Rosie, la **esposa** de su **tío** Frank Jr., y Charles, el **esposo** de su **tía** Marta. Rosie y Frank Jr. tienen dos **hijos,** Zoe y Brandon, que son **primos** de Diana; pero su **primo** favorito es Tommy, **hijo** de su **tía** Marta y su **esposo** Charles. Tommy, Diana y Jesse son **nietos** de Ramón y María Luisa.

ACTIVIDAD **25 La familia de Mark** En parejas, miren el árbol genealógico y describan la familia de Mark. Por ejemplo: **El padre de Mark se llama Frank. Mark tiene dos hermanos, Alicia y Frank Jr.** Las siguientes palabras pueden ser útiles.

suegro	father-in-law	**cuñado**	brother-in-law
suegra	mother-in-law	**cuñada**	sister-in-law

De dos millones de personas de origen mexicano que viven en los Estados Unidos, muchas son recién llegadas y hablan español e inglés y muchas más están en el proceso de aprender inglés. Los inmigrantes del siglo XXI a los Estados Unidos aprenden inglés más rápidamente que los inmigrantes que vinieron a principios del siglo XX. Al contrario de la idea que tienen algunos norteamericanos, esas personas recién llegadas saben que tienen que aprender inglés para sobrevivir en este país.

Hay muchas familias mexicoamericanas que llevan siglos en los Estados Unidos y ya ni hablan español. Stephanie Valencia, mexicoamericana de Nuevo México, comenta que su madre siempre dice: *"We didn't cross the border, the border crossed us"*. Esta frase se refiere al año 1848 cuando México le cedió (*ceded*) mucho territorio a los Estados Unidos después de una guerra entre los dos países. Ahora, Stephanie es típica de un grupo de jóvenes estadounidenses que quieren aprender el idioma y la cultura de sus antepasados. Por eso puedes ver a muchos estudiantes de apellido español en clases básicas de español, como puedes ver también a gente de origen italiano, alemán y japonés en clases donde estudian el idioma de sus antepasados.

▲ Stephanie Valencia y su madre.

◈ In 1848, the U.S. and Mexico signed the Treaty of Guadalupe Hidalgo, giving the U.S. control of a large area of land now in the Southwestern U.S.

◈ Immigration stories can be interesting; ask your friends about their family stories. If you don't know your family's history, ask your parents or grandparents.

◈ Note that **o** (or) becomes **u** before words beginning with **o** or **ho** (vertical u horizontal).

ACTIVIDAD **26** **¡Bingo!** Vas a jugar al bingo. Tienes que hacerles preguntas a diferentes compañeros de la clase basándote en la información de las casillas (*boxes*). Si una persona contesta que sí a una pregunta, escribe su nombre en la casilla correspondiente. La persona que completa primero una hilera (*line*) diagonal, vertical u horizontal es el/la ganador/a (*winner*).

B	I	N	G	O
un hermano	cumpleaños en septiembre	madre alta	un abuelo irlandés	una tía enfermera
cumpleaños en febrero	padre gordo	no tiene hermanos	una tía que se llama Ann	tiene primos
tiene cuatro abuelos	un tío que se llama Bill	cumpleaños en julio	tiene esposo	un hermano rubio
dos hermanos	una abuela italiana	dos cuñados	tiene una sobrina	un abuelo con poco pelo
hermanas	tiene un sobrino	tiene una hija	cumpleaños en el otoño	dos hermanas

ACTIVIDAD **27** **Oraciones incompletas** **Parte A:** En tres minutos escribe oraciones incompletas sobre la familia. Por ejemplo: **La madre de mi madre es mi _____.**

Parte B: Ahora, en grupos de tres, una persona lee sus oraciones incompletas y los compañeros tienen que completar esas oraciones.

La boda en Chile

◄ Unos novios celebran su boda en La Plata, Argentina.

echar la casa por la ventana	to go all out (literally, to throw the house out the window)
requete + *adjective*	really/extremely + *adjective*
requetefeo	really/extremely ugly
en + barco/tren/etc.	by boat/train/etc.
tener ganas de + *infinitive*	to feel like + -ing
Tengo ganas de viajar.	I feel like traveling.

Federico de Rodrigo, su esposa y sus hijos fueron de Argentina a Chile para asistir a la boda de Olga, la hija de unos muy buenos amigos. Ahora Federico y su esposa Camila, que es chilena, están hablando sobre la boda con su hijo Andrés.

◇ **Novios** = boyfriend and girl-friend (*as well as* bride and groom).

ACTIVIDAD **28** **Marca los regalos** Mientras escuchas la conversación, marca sólo los regalos (*presents*) que recibieron los novios. Lee la lista antes de empezar a escuchar.

¿Qué recibieron?

unas toallas _____	un sofá _____	un reproductor
un estéreo _____	una casa _____	de DVD _____
un televisor _____	un viaje _____	

ANDRÉS	Buenos días. ¿Cómo están?
FEDERICO	Estoy cansadísimo. Y se debe decir buenas tardes porque ya son las 2:00.
ANDRÉS	¡Las 2:00 de la tarde! ¡No me digas! Es que nos acostamos muy tarde después de la boda.
FEDERICO	Pero qué divertido estuvo, ¿no?
CAMILA	Sí, la verdad es que los padres de Olga echaron la casa por la ventana . . . comida, música, champán . . . Pero a mí me gustó la ceremonia. ¡Me encantó ver entrar en la iglesia a Olga del brazo de su padre! ¡Y qué buen mozo estaba el novio! Y su madre, ¡qué madrina[1] más elegante!
ANDRÉS	¿Y sabes qué regalos les dieron?
FEDERICO	Una tía de él les dio un televisor gigante.
CAMILA	Claro y con control remoto para Olga que siempre cambia de canal.
ANDRÉS	¡Qué buena tía! ¡Un televisor gigante! ¡Eso sí que es un regalo! Si algún día yo me caso, la tía Carmina me va a regalar toallas, no un televisor.
CAMILA	Y feas.
ANDRÉS	Sí, toallas bien feas.
CAMILA	Feísimas.
FEDERICO	Basta, la tía Carmina es mi hermana. No critiquen.
ANDRÉS	Superfeas.
CAMILA	Requetefeas.
FEDERICO	Bueno, bueno, ¿quieres saber qué otras cosas recibieron los novios?
ANDRÉS	Sí, sí.
FEDERICO	El abuelo de Nando les dio un estéreo.
ANDRÉS	¡Fantástico!
CAMILA	Sí, están contentísimos con el estéreo.
ANDRÉS	¿Y nosotros no les regalamos nada?
FEDERICO	Pues sí, hombre. Nosotros les regalamos un sofá precioso que compramos aquí en Santiago.
ANDRÉS	Claro. Así puede dormir Olga mientras mira la televisión.
CAMILA	Y saben, Nando me dijo que los padres de él les pagaron el viaje de luna de miel.[2]
ANDRÉS	¡No me digas! ¿Adónde?
CAMILA	Hoy salen en avión para Santo Domingo y después van a viajar en barco por el Caribe.
FEDERICO	¡Qué romántico! Yo tengo muchas ganas de ir a la República Dominicana.
CAMILA	Sí, las islas del Caribe deben ser muy bonitas.
ANDRÉS	Y si yo me caso, Uds., mis queridos y adorables padres, ¿me van a regalar un viaje a un lugar tropical?
FEDERICO	Claro, pero primero necesitas novia y eso lo veo muy difícil porque con ese pelo tan largo que tienes y con esa barba estás más feo que las toallas de tu tía Carmina.

 Stating who gave what to whom

Exaggerating

Discussing means of transportation

Expressing desires

---

1 *maid of honor*   2 *honeymoon*

ACTIVIDAD **29** **Preguntas** Después de escuchar la conversación otra vez, contesta estas preguntas.

1. ¿Quiénes se casaron? ¿Federico y su familia son amigos de los padres de la novia o del novio?
2. ¿Con quién entró la novia en la iglesia?
3. ¿Quiénes les dieron los siguientes regalos: el estéreo, el televisor, el sofá y el viaje?
4. ¿Adónde van Nando y Olga para la luna de miel y cómo van?
5. Si Andrés se casa, ¿qué dice que va a recibir de su tía Carmina? ¿Qué quiere recibir?
6. ¿Qué palabras usan Andrés y su madre para describir el regalo de la tía Carmina?

Con frecuencia, en las bodas hispanas los amigos de los novios no participan directamente en la ceremonia; en cambio, los padres de los novios son los "padrinos" y están en el altar acompañando a sus hijos. El novio entra en la iglesia del brazo de su madre (la madrina) y, como en los Estados Unidos, la novia entra del brazo de su padre (el padrino). ¿Te gusta la idea de tener a los padres como padrinos de una boda?

Generalmente cuando una mujer hispana se casa, en muchos países conserva sus apellidos y añade (*adds*) el primer apellido de su esposo. Por ejemplo, si María Luisa Yépez Ortiz se casa con Ramón Vegas Pérez, ella se llama María Luisa Yépez (Ortiz) de Vegas. Si tienen un hijo, sus apellidos van a ser Vegas Yépez. ¿Qué apellidos se usan en los Estados Unidos? Si te casas y tienes hijos, ¿qué apellidos quieres usar para ti? ¿Y para tus hijos?

Pedro Domínguez y Susana Bensabat de Domínguez participan a Ud. la boda de su hijo Pablo con la señorita Mónica Graciela Guerrero y le invitan a presenciar la ceremonia religiosa que se efectuará en la Iglesia Santa Elena el viernes 15 de diciembre a las 20 y 30.

Buenos Aires, 2003

Los novios saludarán en el atrio.
Juan F. Seguí 3815

ACTIVIDAD **30** **El viaje del año pasado** En grupos de tres, pregúntenles a sus compañeros adónde fueron de viaje el año pasado, qué hicieron y qué medios de transporte usaron. También pregúntenles qué tienen ganas de hacer este año.

◆ A: ¿Adónde fuiste el año pasado?
B: Fui a San Francisco.
A: ¿Cómo fuiste?
B: Fui en avión.
A: . . .

Hacia la comunicación II

I. Using Indirect-Object Pronouns

1 ◆ In this sentence from the conversation on p. 168, **Una tía de él les dio un televisor gigante,** who gave the TV and who received the TV?

If you said *his aunt* and *them* (*the bride and groom*) respectively, you are correct. **Una tía de él** is the subject (the person that did the action), **un televisor gigante** is the direct object (what was given), and **les** is the indirect-object pronoun (to whom the TV was given, the people that received the direct object: the TV). An indirect object indicates to whom or for whom an action is done. You have already learned the indirect-object pronouns with the verb **gustar.**

◈ See **gustar,** pp. 46–47.

Indirect-Object Pronouns	
me	nos
te	os
le	les

◈ What was sent? ⟶ money = direct object

◈ To whom was the money sent? ⟶ to me = indirect object

—¿Quién **te** mandó dinero?   *Who sent you money?*
—Mi padre **me** mandó dinero.   *My father sent me money.*

2 ◆ Like the reflexive pronoun, the indirect-object pronoun precedes a conjugated verb or follows attached to a present participle or an infinitive.

Ayer **le** escribí una carta.   *I wrote him/her a letter yesterday.*
Ahora **le** estoy escribiendo (estoy   *I'm writing him/her a letter now.*
   escribiéndo**le**) una carta.
Mañana **le** voy a escribir (voy a   *I'm going to write him/her a letter*
   escribir**le**) una carta.   *tomorrow.*

3 ◆ An indirect-object pronoun can be emphasized or clarified by using a phrase introduced by the preposition **a,** just as you learned with the verb **gustar** (**a mí me, a ti te, a Luis le, a mi madre le,** etc.).

Le escribí una carta **a Juan.**   *I wrote a letter to Juan.*
Ella **les** explicó el problema **a ellos.**   *She explained the problem to them.*

NOTE: The indirect-object pronoun in Spanish is almost always mandatory. In the following sentences the items in parentheses are optional and the words in bold type are mandatory. Those in parentheses are used to provide clarity or emphasis.

Les regalaron un viaje (a Olga y a Nando).
Mi padre **me** mandó dinero (a mí).
(A ellos) **les** gustaría ir a la República Dominicana.

The following verbs are commonly used with indirect-object pronouns.

Conjugate **ofrecer** *like* **conocer: ofrezco, ofreces . . .**

contar (o ⟶ ue) to tell	**mandar** to send
contestar to answer	**ofrecer** to offer
dar* to give	**pagar** to pay (for)
decir* (e ⟶ i, i) to say; to tell	**pedir (e ⟶ i, i)** to ask for
escribir to write	**preguntar** to ask a question
explicar to explain	**regalar** to give a present
hablar to speak	

*NOTE: Dar has an irregular **yo** form in the present: **doy, das, da, damos, dais, dan.**
Decir has irregular preterit forms that are presented in Chapter 7.

Los padres de Nando **les pagaron** el viaje.	*Nando's parents paid for the trip (for them).*
La familia de Olga **les regaló** muchas cosas.	*Olga's family gave them many things.*

II. Using Affirmative and Negative Words

Palabras afirmativas	**Palabras negativas**
todo everything⎫	
algo something⎭	**nada** nothing
todos/as everyone⎫	
alguien someone⎭	**nadie** no one
siempre always	**nunca** never

1 ♦ "I'm not doing nothing" is considered incorrect in English, but in Spanish the double negative construction is usually used with the negative words **nada, nadie,** and **nunca** as follows.

no + *verb* + *negative word*

—¿Tienes algo para mí?
—No, **no** tengo **nada.**

—¿Llamó alguien?
—No, **no** llamó **nadie.**

—¿Siempre estudia tu hermana?
—No, **no** estudia **nunca.**

2 ♦ Nunca and **nadie** can also precede the verb. In this case **no** is omitted.

Nunca estudio los viernes.   **Nadie** llamó.

NOTE: Alguien and **nadie** require the personal **a** when they are the object of the verb.

—¿Llamaste **a alguien?**
—No, no llamé **a nadie.**

Review use of the personal **a,** *Ch. 4.*

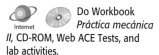

Do Workbook *Práctica mecánica II,* CD-ROM, Web ACE Tests, and lab activities.

ACTIVIDAD **31** **Las próximas actividades** Describe las actividades que van a hacer estas personas la semana que viene. Forma oraciones con elementos de cada columna.

◆ Yo voy a preguntarle algo indiscreto a Julieta.

yo	explicar	un trabajo	a la psicóloga
el paciente	contestar	algo indiscreto	a Julieta
la abogada	mandar	una carta de amor	a nosotros
Romeo	ofrecer	su problema	a ti
ellos	pedir	un email	al piloto
	preguntar	cien dólares	al médico
		su nombre	a mí

ACTIVIDAD **32** **Los regalos** **Parte A:** En parejas, pregúntenle a su compañero/a qué les regaló a cinco personas el año pasado. Piensen en ocasiones especiales y en personas como sus abuelos, su novio/a, un/a amigo/a especial, su hermano/a, etc.

Parte B: Pregúntenle a su compañero/a qué le dieron a él/ella el año pasado esas cinco personas.

ACTIVIDAD **33** **La última vez** Contesta estas preguntas.

1. ¿Cuándo fue la última vez que le mandaste algo a alguien? ¿Qué le mandaste y a quién?
2. ¿Cuándo fue la última vez que alguien te mandó algo? ¿Quién te mandó algo y qué te mandó?
3. ¿Quién te escribe cartas? ¿Quién te manda email? ¿Cuándo fue la última vez que recibiste una carta o email?
4. ¿Cuándo fue la última vez que le hablaste a un/a profesor/a en horas de oficina? ¿Le preguntaste algo? ¿Te contestó la pregunta? ¿Te explicó algo? ¿Qué te explicó?

ACTIVIDAD **34** **¡No, no y no!** En parejas, terminen estas conversaciones entre padres e hijos con palabras afirmativas y negativas como **siempre, nunca, algo, nada, alguien** y **nadie.** Después, presenten las diferentes conversaciones; una persona es el padre o la madre y la otra es el/la hijo/a.

—¿Qué tienes en la mano?
—No tengo . . .

—¿Qué hiciste?
—No hice . . .

—¿Terminaste la tarea?
— . . . termino la tarea antes de salir a jugar.

—¿Qué me vas a regalar?
— . . . muy especial.

—¿Hay alguien contigo?
—No, no hay . . . Estoy solo/a.

ACTIVIDAD **35** **El optimista y el pesimista** En parejas, uno/a de Uds. es una persona optimista y la otra persona es pesimista; siempre se contradicen.

❖ Optimista: Alguien me manda emails.
   Pesimista: Nadie me manda emails. / No me manda emails nadie.

Optimista
Voy a comer algo.
_____

Siempre me regalan algo.
_____

Siempre me habla alguien.
_____

Pesimista
_____

No conozco a nadie de la clase.
_____

Nunca voy a fiestas.
_____

Mis padres nunca me dieron nada.

ACTIVIDAD **36** **Educación sexual** **Parte A:** Vas a entrevistar a una persona sobre el tema de la educación sexual. Primero, usa la siguiente información para preparar las preguntas que le vas a hacer.

1. si le preguntó a alguien de dónde vienen los niños
2. si alguien le explicó la verdad (*truth*)
   si contesta que sí, ¿quién/qué le dijo (*did he/she say*)?
3. si estudió la sexualidad humana en la escuela
4. si les va a decir a sus hijos de dónde vienen los niños

Parte B: Ahora en parejas, túrnense para entrevistarse usando las preguntas de la Parte A.

ACTIVIDAD **37** **La familia de tu compañero** **Parte A:** Dibuja (*Draw*) el árbol de tu familia y trae este árbol contigo a la próxima clase de español. También debes traer fotos de las personas de tu familia, si las tienes. Para dibujar el árbol, usa símbolos, pero no incluyas nombres. Sigue el modelo que se presenta a la izquierda.

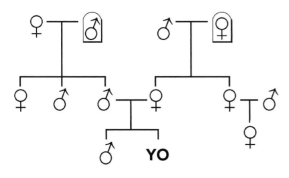

Parte B: En parejas, hagan preguntas para averiguar información sobre las personas del árbol genealógico de su compañero/a. Escriban la información en el árbol. Las siguientes palabras y preguntas pueden ser útiles.

es soltero/a   is single
está casado/a (con)   is married (to)
está divorciado/a (de)   is divorced (from)
la madrastra   stepmother
el padrastro   stepfather
el/la hermanastro/a   stepbrother/stepsister
el/la hijastro/a   stepson/stepdaughter

Pregunten, por ejemplo: **¿Qué hace tu hermanastro? ¿Dónde vive . . . ? ¿Cuántos años tiene . . . ? ¿Cuándo se casó . . . ? ¿Alguien de tu familia habla español? ¿Quién te manda emails?** etc.

Do Workbook *Práctica comunicativa II*, CD-ROM, Web ACE Tests, and lab activities.
Internet

Videoimágenes

Dos celebraciones

ACTIVIDAD 38 La boda en los Estados Unidos Antes de ver el segmento sobre una boda en Argentina, contesta estas preguntas para hablar sobre la última boda a la que asististe.

1. ¿La boda fue civil o religiosa?
2. ¿Dónde se casaron los novios?
3. ¿A qué hora se casaron?
4. Si la ceremonia tuvo lugar en una iglesia, ¿a quién viste en el altar con los novios?
5. ¿A qué hora empezó la boda y a qué hora terminó la fiesta?
6. ¿Comiste pastel (*cake*) en la fiesta?
7. ¿Tiró (*threw*) algo la novia? Si contestas que sí, explica qué y por qué. ¿Existen otras tradiciones típicas en una boda?

 17:15–22:05

ACTIVIDAD 39 Una boda en Argentina Mientras ves el video sobre la boda contesta estas preguntas. Lee las preguntas antes de ver este segmento del video.

1. ¿ En cuántas ceremonias participó esta pareja?
   a. cero   b. una   c. dos
2. En la ceremonia religiosa, ¿a quiénes viste en el altar?
   a. amigos   b. padres   c. padres y amigos
3. ¿Cuándo tuvo lugar (*took place*) la ceremonia religiosa?
   a. por la mañana   b. por la tarde c. por la noche
4. Primero bailaron un . . .
   a. tango.   b. vals.   c. merengue.
5. En la fiesta, hay una parte especial llamada . . .
   a. el carnaval.   b. el merengue. c. el ritual.
6. La fiesta terminó . . .
   a. temprano porque los novios empezaron su luna de miel.
   b. tarde, a la 1:00 o a las 2:00 de la mañana.
   c. muy tarde, a las 4:00, 5:00 ó 6:00 de la madrugada.

madrugada = wee hours of the morning

ACTIVIDAD 40 A comparar Después de ver el segmento sobre la boda, trabajen en parejas. Piensen en sus respuestas a las **Actividades 38** y **39** para comparar una boda argentina con una boda de su país.

Una costumbre argentina es que antes de cortar la torta, las muchachas que no están casadas toman las cintitas (*ribbons*) que están en la torta y tiran (*pull*) de ellas. Todas las cintitas tienen un dije (*charm*) en el otro extremo, pero una de ellas tiene un anillo (*ring*). La tradición es que la muchacha que saca la cinta con el anillo va a casarse el año próximo.

ACTIVIDAD **41** **La conmemoración de los muertos** En los Estados Unidos, existe *Memorial Day*, un día para recordar y conmemorar a los muertos. En tu ciudad, ¿hacen algo especial ese día? ¿Tu familia hizo algo especial el año pasado?

 22:06–end

ACTIVIDAD **42** **El Día de los Muertos** Mientras ves este segmento sobre la celebración del Día de los Muertos en México, contesta estas preguntas. Lee las preguntas antes de ver el video.

1. ¿Cuándo es el Día de los Muertos?
2. ¿Dónde va la gente para recibir al espíritu del muerto?
3. ¿Dónde se construye el altar en memoria del muerto?
4. ¿Qué cosas ponen en el altar? Haz una lista de algunas de las cosas.
5. En el cementerio ponen velas (*candles*), calaveras (*skulls*), incienso y flores. ¿Qué figuras hacen con las flores?
6. ¿Es el Día de los Muertos un día triste o alegre en México?

ACTIVIDAD **43** **Una comparación** Después de ver el video, en parejas, comparen *Memorial Day* y el Día de los Muertos.

 Do Web Search activities.
Internet

Vocabulario funcional

Preposiciones de lugar

a la derecha de	*to the right of*
a la izquierda de	*to the left of*
al lado de	*beside*
cerca de	*near*
debajo de	*under*
delante de	*in front of*
detrás de	*behind*
encima de	*on top of*
enfrente de	*facing, across from*
lejos de	*far from*

Otras preposiciones

con	*with*
conmigo	*with me*
contigo	*with you*
desde	*from*
entre	*between*
hacia	*toward*
hasta	*until, up to*
sin	*without*

Los números del cien al millón *Ver página 150.*

Expresiones de tiempo pasado
Ver página 154.

Verbos

abrir	*to open*
asistir a	*to attend* (class, church, etc.)
buscar	*to look for*
casarse (con)	*to marry; to get married* (*to*)
contar (o ⟶ ue)	*to tell*
contestar	*to answer*
dar	*to give*
decidir	*to decide*
dejar	*to leave behind; to let, allow*
enseñar	*to teach*
entrar en/a	*to enter*
explicar	*to explain*
gritar	*to shout, scream*
llegar	*to arrive*
llorar	*to cry*
mandar	*to send*
ofrecer	*to offer*
pagar	*to pay* (*for*)
preguntar	*to ask a question*
regalar	*to give a present*
sacar	*to get* (a grade); *to take out*
terminar	*to finish*
tomar	*to drink; to take* (a bus, etc.)
viajar	*to travel*

Medios de transporte *Ver página 164.*

Palabras afirmativas y negativas *Ver página 171.*

La familia

el/la abuelo/a	*grandfather/grandmother*
el/la cuñado/a	*brother-in-law/sister-in-law*
el/la esposo/a	*husband/wife*
el/la hermanastro/a	*stepbrother/stepsister*
el/la hermano/a	*brother/sister*
el/la hijastro/a	*stepson/stepdaughter*
el/la hijo/a	*son/daughter*
la madrastra	*stepmother*
el/la nieto/a	*grandson/granddaughter*
el padrastro	*stepfather*
los padres/papás	*parents*
los parientes	*relatives*
el/la primo/a	*cousin*
el/la sobrino/a	*nephew/niece*
el/la suegro/a	*father-in-law/mother-in-law*
el/la tío/a	*uncle/aunt*
es soltero/a	*is single*
está casado/a	*is married*
está divorciado/a	*is divorced*
mayor	*older*
menor	*younger*

Palabras y expresiones útiles

bellísimo/a *adjective* + ísimo	*very beautiful*
la boda	*wedding*
echar la casa por la ventana	*to go all out*
en/por + barco/ tren/etc.	*by boat/train/etc.*
la luna de miel	*honeymoon*
¡Qué + *noun* + más + *adjective*!	*What a* + adjective + noun!
el regalo	*present, gift*
requete + *adjective*	*really/extremely* + adjective
tener ganas de + *infinitive*	*to feel like* + *-ing*

Capítulo
7

▼ Una representación de la historia española. Los cristianos y los moros (árabes del norte de África) representan batallas cada año durante el mes de abril en Alcoy, España.

Chapter Objectives

➤ Making hotel and plane reservations

➤ Narrating past actions and occurrences

➤ Placing phone calls

➤ Stating how long ago an action took place and specifying its duration

Datos interesantes

➤ El 11% de la economía del mundo se basa en el turismo.

➤ Los Estados Unidos es el país más visitado del mundo y España es el segundo.

➤ España tiene 29 oficinas de turismo en 21 países, entre ellas, cuatro en los Estados Unidos.

➤ Hay más norteamericanos que visitan Madrid, Barcelona y Sevilla que de otras nacionalidades.

➤ 1.300.000 españoles trabajan en empleos directa e indirectamente relacionados con el turismo.

¿En un "banco" de Segovia?

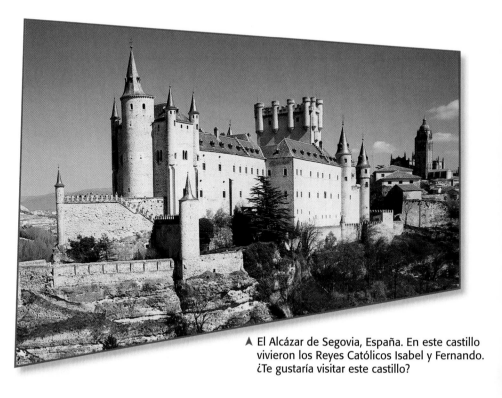

▲ El Alcázar de Segovia, España. En este castillo vivieron los Reyes Católicos Isabel y Fernando. ¿Te gustaría visitar este castillo?

Perdimos el autobús.	We missed the bus.
quisiera/quisiéramos	I/we would like
Lo siento.	I'm sorry.

Juan Carlos y Claudia están en Segovia, adonde fueron a comer, y allí tienen problemas.

ACTIVIDAD **1** **Escoge la opción . . .** Lee las siguientes oraciones. Después, mientras escuchas la conversación, escoge la opción correcta.

1. Claudia y Juan Carlos perdieron . . .
   a. el tren. b. el autobús. c. el carro.
2. Ellos tuvieron que buscar . . .
   a. una habitación. b. un autobús. c. a don Andrés.
3. Claudia llamó a . . .
   a. Teresa. b. don Andrés. c. Marisel.
4. Claudia habló con . . .
   a. Teresa. b. don Andrés. c. Marisel.
5. Finalmente tuvieron que dormir . . .
   a. en un parque. b. en una habitación doble. c. no se sabe dónde.

JUAN CARLOS	Bueno, perdimos el autobús a Madrid y no hay más trenes. ¿Qué vamos a hacer?
CLAUDIA	Pues, buscar o un hotel o un hostal, ¿no?
JUAN CARLOS	Mira, allí hay uno . . . el Hotel Acueducto.

JUAN CARLOS	Buenas noches, señor.
RECEPCIONISTA	Hola, buenas noches. ¿Qué desean?
JUAN CARLOS	Quisiéramos dos habitaciones sencillas.
RECEPCIONISTA	Lo siento, pero no hay.
JUAN CARLOS	Y, ¿una habitación doble?
CLAUDIA	¿Doble?
JUAN CARLOS	No te preocupes. Ya nos arreglamos.
CLAUDIA	Mmm . . .
RECEPCIONISTA	Hace tres días que el hotel está completo. No hay nada, pero si quiere, puedo llamar a otros hoteles.
JUAN CARLOS	Sí, por favor.
CLAUDIA	¿No sabe dónde hay un teléfono público? Quisiera llamar a Madrid. Mi móvil no tiene pila.
RECEPCIONISTA	Sí, hay uno en el bar de enfrente.
CLAUDIA	Ahora vuelvo. Voy a llamar a Marisel . . .

◈ Making a request

◈ Negating

DON ANDRÉS	Colegio Mayor. Dígame.
CLAUDIA	¿Quién habla? ¿Don Andrés?
DON ANDRÉS	Sí, ¿quién habla?
CLAUDIA	Habla Claudia. ¿Está Marisel?
DON ANDRÉS	No, hace dos horas que la vi salir.
CLAUDIA	¿Le puedo dejar un mensaje?
DON ANDRÉS	Sí, cómo no.
CLAUDIA	¿Le puede decir que Juan Carlos y yo perdimos el autobús y estamos en Segovia? Nos dijeron que no hay autobuses hasta mañana.
DON ANDRÉS	Vale, vale. Adiós, Claudia.
CLAUDIA	Gracias, don Andrés. Hasta mañana.

◈ Identifying oneself on the phone

◈ Leaving a message

CLAUDIA	Bueno, ¿pudo encontrar habitación para nosotros?
RECEPCIONISTA	No, lo siento . . .
JUAN CARLOS	Bueno, Claudia, ¿sabes qué? Hay un parque muy bonito cerca de aquí . . . y tiene unos bancos muy buenos . . .

◈ Apologizing

ACTIVIDAD 2 Preguntas Después de escuchar la conversación otra vez, contesta estas preguntas.

1. ¿Cuáles son los problemas que tienen Juan Carlos y Claudia?
2. ¿Tienen solución estos problemas?
3. ¿Perdiste alguna vez un autobús, un tren o un avión? ¿Qué ocurrió? ¿Fue en tu ciudad o en otro lugar?
4. En tu opinión, ¿qué hicieron Claudia y Juan Carlos? ¿Durmieron? ¿Dónde?

¿Lo sabían?

España tiene tantos turistas al año como habitantes, más de 40.000.000. Muchos van a España por su belleza natural, principalmente las playas. Pero otros van por la riqueza histórica. Se dice que "las piedras (*rocks*) hablan" y en realidad, muchos monumentos representan las múltiples culturas que ocuparon la Península Ibérica y que formaron lo que hoy en día se llama España. Entre estas culturas están las de los fenicios, los celtas, los romanos y los moros. Los romanos llevaron la religión cristiana y su lengua y, a través de los moros, no sólo España sino toda Europa aprendió el concepto del cero y el álgebra. En ciudades como Segovia y Toledo es posible revivir la historia española visitando acueductos romanos, sinagogas judías, arcos moros y catedrales cristianas.

▲ La sinagoga de Santa María la Blanca en Toledo, España.

◈ You will learn more about Spanish history at the end of Ch. 7 in the Workbook.

ACTIVIDAD **3** **Quisiera . . .** En parejas, "A" es turista en esta ciudad y "B" es de la ciudad. Lean las instrucciones para sus papeles (*roles*) y mantengan una conversación.

A. Turista

Quieres saber la siguiente información: dónde hay un hotel barato; dónde hay un restaurante de comida mexicana bueno, bonito y barato; qué dan en los teatros este fin de semana; y si hay un lugar para bailar salsa. Tú empiezas diciendo **Perdón, quisiera saber dónde . . .**

B. Residente de la ciudad

Contesta las preguntas con información verdadera sobre tu ciudad. Si no sabes, responde **Lo siento, pero . . .**

◈ **teatro** = theater
cine = movie theater

Lo esencial I

I. El teléfono

Qué debes decir cuando . . .

contestas el teléfono

$\Big\{$ **¿Aló?**
Diga./Dígame. (España)

preguntas por alguien

$\Big\{$ **¿Está Álvaro, por favor?**
Quisiera hablar con Álvaro, por favor.

te identificas

$\left\{\begin{array}{l} \text{—¿Quién habla?} \\ \text{—Habla Claudia.} \\ \\ \text{—¿De parte de quién?} \\ \text{—(De parte) de Claudia.} \end{array}\right.$

marcas el número equivocado

$\left\{\begin{array}{l} \text{—¿Está Marisel, por favor?} \\ \text{—No, tiene el número equivocado.} \end{array}\right.$

tienes problemas de comprensión   **¿Puede hablar más despacio, por favor?**

Tipos de llamadas telefónicas

local

de larga distancia

$\left\{\begin{array}{l} \text{marcar directo} \\ \text{con ayuda del/de la operador/a} \\ \text{a cobro revertido / para pagar allá} \end{array}\right.$

el indicativo del país / código internacional   *country code*

el área / prefijo (España)   *area code*

Words vary according to country. When you travel, you should be familiar with these terms to be able to understand written instructions on public telephones or questions from operators.

ACTIVIDAD **4** **Llamada a la operadora** En parejas, "A" cubre la caja B y "B" cubre la caja A. "B" llama al/a la operador/a para averiguar el teléfono de los lugares que aparecen en su caja y escribe el número. Después cambien de papel.

 ◆ A: Información.
    B: Quisiera el número (de teléfono) de . . .
    A: Es el . . . / Lo siento, pero no tengo ese número.

A

Averigua el teléfono de:
1. el Restaurante El Hidalgo
2. el Teatro Bellas Artes
3. la Librería Compás

Usa esta información cuando eres el/la operador/a:

MINICINES ASTORIA 1 - 2
Pl. Carmen, 16 -------------------- **521 5666**

B

Averigua el teléfono de:
1. el Restaurante La Corralada
2. el Peluquero Pedro Molina
3. los Minicines Astoria

Usa esta información cuando eres el/la operador/a:

Restaurante
EL HIDALGO
San Fernando, 8 -------------- **520 0392**
RESTAURANTE FIESTA S. A.
Av. Denia, 47 -------------- **526 4426**

ACTIVIDAD **5** **Una llamada a don Alejandro** Vicente llama por teléfono a don Alejandro a su agencia de viajes. Pon esta conversación en orden lógico.

_____ ¿De parte de quién?

__1__ Todos nuestros agentes están ocupados en este momento. Espere por favor. ♪♩♪♩

_____ Bueno. Muchas gracias, Irene. Adiós.

_____ Hola Vicente. Habla Irene, la secretaria de Alejandro. Él no está.

_____ De nada. Adiós.

_____ Traveltur, buenos días. Dígame.

_____ Bueno, quisiera dejarle un mensaje.

_____ Buenos días. ¿Está don Alejandro?

_____ Sí, por supuesto.

_____ De parte de Vicente.

_____ ¿Puede decirle que lo llamé y que yo puedo ir al aeropuerto mañana para recoger a Teresa?

_____ Sí, claro.

Hoy día, es muy común en países hispanos tener teléfono celular. Ya en el año 2001 había (*there were*) más móviles en México, Paraguay, Chile y Venezuela que teléfonos de línea fija. A diferencia de los Estados Unidos, el dueño del móvil no paga cuando recibe una llamada. Es muy cómodo tener teléfono celular pues para usar un teléfono público, generalmente se necesita tener una tarjeta telefónica prepagada.

ACTIVIDAD **6** **Llamada de larga distancia** Una persona está en Montevideo, Uruguay, y necesita llamar a un pariente a los Estados Unidos con la ayuda del/de la operador/a. En parejas, Uds. hacen los papeles del/de la operador/a y de la persona que llama. El/La operador/a pregunta qué tipo de llamada quiere, el área y el número. Después cambien de papel.

◆ A: Operador/a internacional, buenos días.

   B: Buenos días. Quisiera . . .

II. En el hotel

Star rating system for hotels: 1 star = lowest rating; 5 stars = highest. What class hotel is the Hotel Acueducto?

ACTIVIDAD **7** **¿Quién es o qué es?** Usa el vocabulario sobre el hotel para decir qué es o quién es . . .

1. la persona que lleva las maletas a la habitación del hotel.
2. el lugar donde te bañas o te lavas los dientes.
3. el desayuno y una comida más en el hotel.
4. la persona que te dice los precios de las habitaciones.
5. el desayuno y dos comidas en el hotel.
6. la persona que hace las camas.
7. una habitación para una persona.
8. el lugar del hotel donde está el/la recepcionista.
9. una habitación para dos personas.

ACTIVIDAD **8** **En recepción** En parejas, una persona es el/la recepcionista de un hotel y la otra persona llama para hacer una reserva. El/La recepcionista debe completar esta ficha con la información necesaria. Al terminar, cambien de papel.

H O T E L   A C U E D U C T O ★ ★ ★

Fechas   desde _____   hasta _____

Habitación   sencilla _____   doble _____   triple _____
con baño _____   sin baño _____
pensión completa _____   media pensión _____
sólo desayuno _____

Hacia la comunicación I

I. Talking About the Past: Irregular Verbs and Stem-Changing Verbs in the Preterit

1 ◆ Some common irregular verbs share similar patterns in the preterit.

 Verbs with an irregular preterit stem ending in **-j-** add **-eron,** not **-ieron** in the third person plural form.

tener	
tuve	tuvimos
tuviste	tuvisteis
tuvo	tuvieron

decir	
dije	dijimos
dijiste	dijisteis
dijo	dijeron

Verbs that are conjugated like **tener:**
  estar ⟶ estuve
  poder ⟶ pude
  poner ⟶ puse
  querer ⟶ quise (*tried but failed*)
  saber ⟶ supe (*found out*)
  venir ⟶ vine

Verbs that are conjugated like **decir:**
  traducir* ⟶ traduje
  traer ⟶ traje

*NOTE: Most verbs that end in **-ucir** follow the same pattern as **traducir: prod<u>u</u>cir** ⟶ **prod<u>u</u>je,** etc.

—¿**Tuviste** que trabajar anoche? *Did you have to work last night?*
—Sí, **tuve** que trabajar mucho. *Yes, I had to work a lot.*

—¿Quién te **dijo** eso? *Who told you that?*
—Lo **dijeron** en las noticias. *They said it in the news.*

2 ◆ Verbs with stems ending in a vowel + **-er** or **-ir** take **-y-** in the third persons singular and plural. These verbs include **leer, creer, construir** (*to build*), and **oír** (*to hear*).

<table>
<tr><td>leer</td><td></td><td>oír</td><td></td></tr>
<tr><td>leí</td><td>leímos</td><td>oí</td><td>oímos</td></tr>
<tr><td>leíste</td><td>leísteis</td><td>oíste</td><td>oísteis</td></tr>
<tr><td>leyó</td><td>leyeron</td><td>oyó</td><td>oyeron</td></tr>
</table>

Note that the accent dissolves diphthongs creating separate syllables.

—¿Por qué no leyeron Uds. el artículo? *Why didn't you read the article?*
—Porque él oyó las noticias en la radio. *Because he heard the news on the radio.*

Review **-ir** stem-changing verbs, Ch. 5.

3 ◆ Stem-changing verbs ending in **-ir** have a stem change in the third persons singular and plural.
Note that the **nosotros** form is the same in the preterit and present indicative. Context will help you determine meaning.

<table>
<tr><td>preferir (e ⟶ ie, i)</td><td></td><td>pedir (e ⟶ i, i)</td><td></td><td>dormir (o ⟶ ue, u)</td><td></td></tr>
<tr><td>preferí</td><td>preferimos</td><td>pedí</td><td>pedimos</td><td>dormí</td><td>dormimos</td></tr>
<tr><td>preferiste</td><td>preferisteis</td><td>pediste</td><td>pedisteis</td><td>dormiste</td><td>dormisteis</td></tr>
<tr><td>prefirió</td><td>prefirieron</td><td>pidió</td><td>pidieron</td><td>durmió</td><td>durmieron</td></tr>
</table>

e ⟶ ie, i
mentir to lie
sentirse to feel

e ⟶ i, i
repetir to repeat
seguir to follow

o ⟶ ue, u
morirse to die

—¿Durmieron en el parque Claudia y Juan Carlos? *Did Claudia and Juan Carlos sleep in the park?*
—No, creo que prefirieron no dormir. *No, I think they preferred not to sleep.*

II. Change of Meaning in the Preterit

The following Spanish verbs have a change of meaning in English when used in the preterit.

	Present	Preterit
conocer	to know	met
no poder	not to be able	was/were not able and didn't
no querer	not to want	refused to
saber	to know	found out
tener que	to have to,	had to and did
	be supposed to	

Ayer **conocí** al padre de mi novia en un café, pero su madre **no pudo** ir porque **tuvo que** trabajar todo el día. El padre **no quiso** hablar de su esposa y luego **supe** que piensan separarse.

Yesterday I met my girlfriend's father at a coffee shop, but her mother couldn't come because she had to work all day. Her father refused to talk about his wife and then I found out they plan to separate.

III. Expressing the Duration of an Action: *Hace* + time expression + *que* + verb in the present

You already know how to say how long ago something took place.

Hace + *time expression* + **que** + *verb in the preterit*

—¿Cuánto (tiempo) hace que ella llegó?   *How long ago did she arrive?*
—**Hace dos horas que** ella **llegó.**   *She arrived two hours ago.*

To express the duration of an action that began in the past and continues into the present, apply the following formula.

Hace + *time expression* + **que** + *verb in the present*

—¿Cuánto (tiempo) hace que vives aquí?   *How long have you lived here?*
—**Hace tres años que vivo** aquí.   *I have lived here for three years.*

Note the difference between these two sentences.

now
Hace dos años que **estudio** en esta universidad.

now
Hace dos años que **estudié** en esta universidad.

Read the following sentences and decide who has spent vacations in San Andrés, Colombia, for the last five years and who went on vacation to San Andrés five years ago.

Do Workbook *Práctica mecánica I* and corresponding CD-ROM activities.

Hace cinco años que Ramón fue de vacaciones a la isla de San Andrés.
Hace cinco años que Elena va de vacaciones a la isla de San Andrés.

If you answered Elena and Ramón respectively, you are correct.

ACTIVIDAD **9** **La historia de España** **Parte A:** Lee la siguiente información sobre la historia de España. Escoge el verbo correcto de la lista al final de cada sección y completa las oraciones con el pretérito de los verbos.

a. C. = *B.C.*
d. C. = *A.D.*

1. Los romanos _____ en lo que hoy en día es España desde 209 a.C. hasta 586 d.C. _____ su religión y su idioma, el latín, a ese nuevo territorio y _____ acueductos, caminos, puentes y teatros que todavía (*still*) se pueden ver hoy día.   (construir, estar, llevar)

2. Los moros _____ en el año 711 y _____ casi toda la Península Ibérica. _____ mezquitas y palacios. También _____ consigo (*with them*) sus conocimientos; uno de los más importantes _____ el concepto del cero y el sistema decimal. Junto con académicos judíos y cristianos, _____ textos científicos e históricos del árabe y del latín al castellano. En el año 1492, _____ que salir de la península.   (conquistar, construir, llegar, llevar, ser, tener, traducir)

3. En 1492, Cristóbal Colón _____ a América y entonces los europeos _____ de la existencia de otro continente. Pronto la gente _____ historias sobre el oro de los indígenas y empezó así la época de la colonización. _____ muchísimos españoles e indígenas, algunos en la búsqueda del oro y otros por enfermedades y batallas de la colonización. Los misioneros les _____ su religión a los indígenas y también su idioma. En 1898, _____ el período de la colonización: 400 años de dominación que _____ un gran cambio en todo el continente.   (llegar, morir, oír, producir, saber, terminar, traer)

Parte B: Contesta estas preguntas acerca de la historia de los Estados Unidos.

1. ¿Cuándo y adónde llegaron los ingleses? ¿Qué trajeron? ¿Qué construyeron?
2. ¿Cuándo y adónde llegaron los españoles en lo que hoy en día son los Estados Unidos? ¿Qué trajeron? ¿Qué construyeron?

ACTIVIDAD **10** **¿Quién lo dijo?** En parejas, decidan quién dijo estas frases famosas. Sigan el modelo.

◆ No puedo decir mentiras.

George Washington dijo: «No puedo decir mentiras».

1. Ser o no ser, ésa es la cuestión.
2. Pienso luego existo.
3. Ganar no es todo; es lo único.
4. Dios está muerto.
5. Tu hermano mayor te vigila.
6. Elemental, mi querido Watson.
7. Vine, vi, vencí.
8. E es igual a MC al cuadrado.
9. Francamente querida, ¡me importa un bledo!

a. Lombardi
b. Holmes
c. Nietzsche
d. Rhett Butler
e. Hamlet
f. Julio César
g. Descartes
h. Orwell
i. Einstein

ACTIVIDAD **11** **¿Sabes mucho de historia?** En parejas, túrnense para preguntar cuánto tiempo hace que murieron estas personas.

Franco fue dictador de España desde 1939 hasta 1975.

◆ A: ¿Cuánto (tiempo) hace que murió Francisco Franco?

B: Hace más o menos 30 años que murió Francisco Franco. (1975)

B: No tengo idea. ¿Sabes tú?

1. Martin Luther King, Jr. y Robert Kennedy
2. John Kennedy
3. Abraham Lincoln
4. Roberto Clemente
5. John Lennon
6. Eva Perón

ACTIVIDAD **12** **Las noticias del año** En parejas, formen oraciones usando las siguientes ideas para hablar de noticias (*news*) importantes de este año.

1. (una persona famosa) / morir
2. (un político) / mentirle al público norteamericano
3. (una persona famosa) / tener un niño
4. (personas famosas) / casarse
5. (una persona famosa) / estar en la prisión
6. la gente / saber la verdad sobre el escándalo de . . .

la policía → the police (force); **el/la policía** → the police officer.

ACTIVIDAD **13** **Las noticias de ayer** En parejas, Uds. van a narrar las noticias de ayer. Escriban el guion (*script*) que van a usar.

La bomba

terrorista / poner / bomba / aeropuerto

terrorista / llamar / policía

policía / ir / aeropuerto

personas / salir / aeropuerto

perro / encontrar / bomba

policía / poder detener / terrorista

Lulú Camacho

Lulú Comacho / recibir / título de Miss Cuerpo

anoche / llorar de alegría

darles / las gracias / a sus padres, etc.

perder / título

su agente / decir que / tomar esteroides

Lulú / preferir / no hacer comentarios

ACTIVIDAD **14** **¿En la escuela secundaria. . . ?** Busca personas en la clase que hicieron cosas de la siguiente lista en la escuela secundaria.

◆ A: ¿Te dormiste en una clase en la escuela secundaria?

B: No, no / Sí, me dormí en una clase.

◈ Many people use the personal **a** when talking about their pets.

1. leer una novela de Isabel Allende
2. ver la película *Como agua para chocolate*
3. decir una mentira grande como una casa
4. llevar a tu mascota (*pet*) a la escuela
5. conocer a alguien famoso
6. no poder recordar el nombre de su novio/a
7. tener que pasar una noche sin dormir
8. mentir por un amigo
9. pedir en un restaurante una comida de $30 o más
10. oír una canción de Shakira

ACTIVIDAD **15** **Tus actividades de la semana pasada** **Parte A:** En la primera lista marca las cosas que tuviste que hacer la semana pasada. Luego en la segunda lista marca las cosas que no pudiste hacer, y en la tercera lista marca las cosas que hiciste para divertirte.

Tuviste que . . .

_____ trabajar

_____ escribir una composición

_____ tomar un examen

_____ buscar información en Internet

_____ hacer trabajo voluntario

_____ asistir a una reunión (*meeting*)

_____ preparar un proyecto

_____ hacer una presentación

_____ ir a la oficina de un/a profesor/a

No pudiste . . .

_____ terminar la tarea

_____ dormir bien

_____ comer comida saludable (*healthy*)

_____ prepararte bien para un examen de . . .

_____ hablar con tus padres

_____ contestar un email

_____ hacer ejercicio

_____ escuchar el programa de laboratorio de español

_____ leer una novela para la clase de . . .

Para divertirte . . .

_____ ir al cine / a un restaurante

_____ charlar en Internet

_____ bailar en una discoteca

_____ mirar un DVD

_____ organizar una fiesta

_____ ir a una fiesta

_____ ir de compras

_____ oír un CD nuevo

_____ leer una novela

Parte B: Ahora en parejas, usen la información de la **Parte A** para contar qué hicieron la semana pasada. Sigan el modelo.

◆ La semana pasada tuve que tomar un examen en mi clase de física y por eso no pude dormir bien el martes por la noche. Por suerte, me divertí mucho el sábado porque mis amigos y yo fuimos a una fiesta y bailamos toda la noche.

ACTIVIDAD **16** **La entrevista** Lee esta parte del curriculum vitae de Carmen Fernández y completa la entrevista (*interview*) que sigue. La entrevista fue el 7 de septiembre de 2002.

1997–presente	Empleada de IBM
1999–presente	Programadora de computadoras
1997–1999	Recepcionista
1992–1994	Secretaria, Aeroméxico

ENTREVISTADORA ¿Cuánto tiempo hace que Ud. _____ en IBM?
CARMEN Hace cinco años que _____ allí.
ENTREVISTADORA ¿Qué hace?
CARMEN Soy programadora de computadoras ahora, pero hace tres años _____ recepcionista por un tiempo.
ENTREVISTADORA ¿Por cuántos años fue Ud. recepcionista en esa compañía?
CARMEN Dos años.
ENTREVISTADORA ¿Y antes de trabajar para IBM?
CARMEN Fui secretaria para Aeroméxico.
ENTREVISTADORA Entonces, hace seis años que _____ en Aeroméxico.
CARMEN No, hace ocho años que _____ allí.
ENTREVISTADORA Entonces, ¿qué hizo entre 1994 y 1997?
CARMEN Tuve un hijo y me quedé en casa con él.

ACTIVIDAD **17** **Los anuncios comerciales** En grupos de tres, Uds. trabajan para una agencia de publicidad. Tienen que escribir anuncios (*ads*) para estos productos.

◆ el agua de colonia "Atracción"

Hace un año que uso el agua de colonia "Atracción" y ahora tengo muchos amigos.

1. el jabón para la cara "Radiante"
2. el champú para hombres "Hércules"
3. el detergente para ropa "Blancanieves"
4. el perfume "Gloria"
5. el desodorante "Frescura Segura"

Do Workbook *Práctica comunicativa I* and corresponding CD-ROM activities.

Nuevos horizontes

Lectura

ESTRATEGIA: Identifying Main Ideas

As you saw in Chapter 6, when skimming you read quickly to find only the main ideas of a text. If the topic interests you, you may want to learn more about it, that is, read more in depth about the topic in question. Main ideas can be found in titles, headings, or subheadings and also in topic sentences, which many times begin a paragraph or a section of a reading. Other important or supporting ideas can be found in the body of a paragraph or section.

In the following reading about lodging in Spain, each section is introduced by a title and a topic sentence.

ACTIVIDAD 18 Alojamiento en los Estados Unidos
Un español te pregunta sobre alojamiento (*lodging*) en los Estados Unidos. Explícale qué son los siguientes lugares: hoteles, moteles, "B & Bs" y campings.

ACTIVIDAD 19 Un esquema Lee el artículo para completar las cajas y los espacios en blanco con los títulos de las secciones, la oración principal y las subcategorías relacionadas con los hoteles.

Subcategorías

Hoteles

España cuenta con una red hotelera excepcional . . .

Clasificación
1–5 estrellas; 5 = gran lujo

ALOJAMIENTO

Alojamiento

HOTELES

España cuenta con una red hotelera excepcional por el número, la variedad y la calidad de unos establecimientos que se reparten por toda la geografía de nuestro
5 país, y que son capaces de adaptarse a cualquier exigencia y posibilidad.

Los hoteles españoles están clasificados en cinco categorías, que se identifican con un número de estrellas que va de
10 una a cinco, según los servicios y las características de cada uno. Existe también un reducido número de hoteles de cinco estrellas, de características auténticamente excepcionales, que
15 ostentan además la categoría máxima de GRAN LUJO.

Los denominados **hoteles-residencia**, que se rigen por la misma clasificación que los demás hoteles, son
20 aquellos que carecen de restaurante, aunque sirven desayunos, tienen servicio de habitaciones y poseen un bar o una cafetería. Los **hostales**, establecimientos de naturaleza similar a los hoteles, pero
25 más modestos, constituyen otra modalidad de alojamiento. Están clasificados en tres categorías que van de una a tres estrellas.

Otra posible modalidad de
30 alojamiento es la constituida por las **casas de huéspedes,** que en España se llaman **pensiones.** De gran tradición en nuestro país, resultan generalmente establecimientos acogedores y cómodos,
35 cuyas instalaciones y servicios pueden variar entre la sobriedad y un lujo relativo. Regentados generalmente por la familia propietaria de la casa, su precio suele incluir solamente el alojamiento y las
40 comidas, frecuentemente excelentes. Las pensiones resultan un tipo de alojamiento ideal para los visitantes que deseen conocer España en profundidad, apartándose de las rutas turísticas más
45 frecuentadas.

CAMPINGS

España cuenta con cerca de 800 campings, que reúnen una capacidad global de casi 400.000 plazas. Repartidos por todo el territorio nacional, son
50 especialmente abundantes en las costas, y están clasificados en diversas categorías según sus características e instalaciones, como los hoteles. Sus tarifas varían en función de la cantidad y calidad de sus
55 servicios. En el caso de que se opte por hacer acampada libre es recomendable informarse previamente acerca de la no existencia de prohibiciones municipales que afecten al lugar elegido. Si se desea
60 acampar en un territorio privado, es preciso obtener previamente el permiso del propietario.

La Federación Española de Empresarios de Campings y Ciudades
65 de Vacaciones tiene su sede en General Oráa 52-2°D, 28006 Madrid. Tel.: (91) 562 99 94.

APARTAMENTOS

El alquiler de apartamentos amueblados constituye también una posibilidad de
70 alojamiento interesante. La oferta de apartamentos turísticos se reparte por todo el litoral español, concentrándose especialmente en la Costa Brava, Valencia, Baleares y la Costa del Sol, y
75 puede resultar muy interesante si se viaja en grupo. Los precios, que varían según el lugar y la temporada del año, se suelen calcular por persona y día.

La oferta y contratación de aparta-
80 mentos turísticos forman parte de los servicios habituales de las agencias de viajes.

▲ Parador nacional en Alarcón, España.

▲ El comedor del Parador Los Reyes Católicos en Santiago de Compostela, España. ¿A un niño le gustaría comer allí?

PARADORES DE TURISMO

Los Paradores de Turismo constituyen la modalidad hotelera más
85 original e interesante de la oferta turística española.

La red de Paradores está constituida por 86 establecimientos, que ofrecen los servicios y
90 comodidades de los más modernos hoteles, pero ocupan, en cambio, en la mayoría de los casos, antiguos edificios monumentales de valor histórico y artístico,
95 como castillos, palacios, monasterios y conventos, que, abandonados en el pasado, han sido adquiridos y rehabilitados para este fin.

Enclavados casi siempre
100 en lugares de gran belleza e interés, los Paradores, que tienen generalmente categoría de hoteles de tres o cuatro estrellas, se reparten por todos los rincones
105 de nuestro país. Para información y reservas: Paradores de Turismo, Velázquez 18, 28001 Madrid. Tels.: (91) 435 97 00 y (91) 435 97 44.

ACTIVIDAD 20 **El alojamiento en España**   Después de leer el artículo, contesta las siguientes preguntas sobre el alojamiento en España.

1. ¿Qué es más impersonal, un hotel-residencia o una pensión? ¿Por qué?
2. Si eres turista y quieres alquilar un apartamento, ¿adónde debes ir para hacer una reserva?
3. ¿Dónde hay más lugares para hacer camping? ¿En el centro de España o en la costa?
4. ¿Cuántos Paradores hay? ¿En qué tipo de edificios están? ¿En qué lugares geográficos están?
5. ¿Dónde te gustaría pasar una noche: en un hostal, una pensión, un camping, un apartamento turístico o en un Parador? ¿Por qué?

Escritura

ESTRATEGIA: The Paragraph

When writing, under formal or informal circumstances, it is common to develop each paragraph around a theme or idea. The topic sentence generally starts a paragraph and serves as an introduction to the theme of the paragraph. The remainder of the paragraph is comprised of supporting details to expand upon or to support the idea expressed in the topic sentence.

ACTIVIDAD 21 **Una carta**   **Parte A:** Write a letter to a friend about a recent trip (real or fictitious). Separate your letter into three paragraphs and use the following outline as a guide.

◈ Say what you did. Only include completed actions; avoid description. **Quedarse en + hotel =** to stay in a hotel.

◈ To describe the hotel, use the present tense.

◈ To give your friend advice, remember: **tienes que/debes/ puedes** + *infinitive*.

◈ To review Spanish letter format, see page 76, Ch. 3.

Parte B: Reread your letter. Is it in the format of a Spanish letter? Have you included supporting details that will be of interest to your friend? Make any necessary changes.

Parte C: Staple all drafts and your final draft together to hand in to your instructor.

Lo esencial II

I. El pasaje

Note the use of the 24-hour clock.

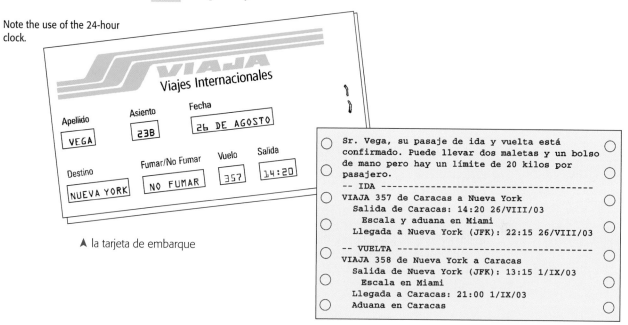

▲ la tarjeta de embarque

la aduana customs	**fumar** to smoke
el asiento seat	**la llegada** arrival
del medio center	**el pasaje** ticket
del pasillo aisle	**de ida** one way
de la ventanilla window	**de ida y vuelta** round trip
el bolso de mano hand luggage	**el/la pasajero/a** passenger
el destino destination	**la salida** departure
el equipaje luggage	**el vuelo** flight
la escala a stop, layover	**la vuelta** return trip

ACTIVIDAD **22** **¿Qué es?** Contesta estas preguntas, usando el vocabulario del pasaje y de la información de la agencia de viajes.

1. ¿Cómo se llama el pasajero?
2. ¿El señor tiene un pasaje de ida o de ida y vuelta?
3. ¿Cómo se dice en español *a one-way ticket*?
4. ¿Qué se presenta en la entrada al avión antes de subir?
5. ¿Tiene el Sr. Vega un vuelo a Nueva York directo o con escala?
6. ¿Cuántas maletas puede llevar el Sr. Vega? ¿Cuántos kilos puede llevar como máximo?
7. ¿Cuál es el número del asiento del Sr. Vega?
8. ¿Sabes qué cosas no se pueden pasar por la aduana?
9. ¿Hay aduanas en aeropuertos que no son internacionales? ¿Qué aeropuertos de este país tienen aduana?

II. En el aeropuerto

Llegadas internacionales

Línea aérea	Número de vuelo	Procedencia	Hora de llegada	Comentarios
Iberia	952	Lima	09:50	a tiempo
Aeropostal	354	Santo Domingo	10:29	11:05
LAN Chile	988	Santiago/Miami	12:45	a tiempo
LASCA	904	México/N.Y.	14:00	14:35

Salidas internacionales

Línea aérea	Número de vuelo	Destino	Hora de salida	Comentarios	Puerta
American Airlines	750	San Juan	10:55	11:15	2
Avianca	615	Bogotá	11:40	a tiempo	3
Aeropostal	357	Miami/N.Y.	14:20	a tiempo	7
Aeroméxico	511	México	15:00	16:05	9

ACTIVIDAD **23** **Información** En parejas, una persona necesita información sobre vuelos y le pregunta a un/a empleado/a del aeropuerto. Usen la información previa sobre los vuelos para contestar las preguntas.

1. ¿A qué hora llega el vuelo número 354 de Santo Domingo?
2. ¿De qué línea aérea es el vuelo 904? ¿Llega a tiempo o hay retraso?
3. ¿De dónde viene el vuelo 952?
4. ¿A qué hora sale el vuelo 615 para Bogotá?
5. ¿De qué puerta sale? ¿Hay retraso?
6. ¿Adónde va el vuelo 615 de Avianca?

Ahora cambien de papel.

1. ¿A qué hora sale el vuelo de Aeropostal a Miami?
2. ¿De dónde viene el vuelo 354?
3. ¿Llega a tiempo o con retraso el vuelo de México?
4. ¿A qué hora llega el vuelo de Santiago?
5. ¿Adónde va el vuelo 750 de American Airlines?
6. ¿De qué puerta sale el vuelo a Nueva York? ¿Hay retraso?

ACTIVIDAD **24** **La reserva** En parejas, Uds. están en México en una agencia de viajes. "A" es el/la cliente que habla con "B", un/a agente de viajes. Lean el papel que les corresponde y mantengan una conversación en la agencia.

A. Cliente

Quieres viajar de México, D. F. a Lima el 23 de diciembre para volver el 2 de enero. No puedes salir por la mañana. No quieres hacer escala. Necesitas saber la aerolínea, la hora de salida y de llegada y el precio.

B. Agente

De México a Lima hay vuelos de Aeroméxico y TACA PERÚ. TACA PERÚ hace escala en Bogotá y sale por la tarde. Aeroméxico sale por la mañana y vuela directo. Necesitas saber si el/la cliente quiere un pasaje de ida y vuelta y las fechas. El vuelo de Aeroméxico cuesta $739 y el vuelo de TACA PERÚ $668.

Un día normal en el aeropuerto

➤ Pasajeros en el aeropuerto de Santo Domingo.

darse cuenta de algo	to realize something
No me di cuenta de la hora.	I didn't realize the time.
¿Cómo que . . . ?	What do you mean . . . ?
¿Cómo que no hay ningún asiento?	What do you mean there aren't any seats?

Mientras Juan Carlos y Claudia tienen problemas en Segovia, Teresa también tiene algunos problemas durante su viaje. Antes de regresar a España, ella va a la República Dominicana para trabajar una semana en el aeropuerto. Mientras ayuda en el mostrador (check-in counter) *del aeropuerto de Santo Domingo, empiezan los problemas con los pasajeros.*

ACTIVIDAD **25** **¿Cierto o falso?** Lee las siguientes oraciones. Después, mientras escuchas las conversaciones, marca si estas oraciones son ciertas **(C)** o falsas **(F)**.

1. _____ El señor es paciente.
2. _____ El señor quiere un asiento en el pasillo.
3. _____ El niño viaja solo.
4. _____ Al final, el niño no lleva el ron.
5. _____ La señora perdió el pasaje.
6. _____ La señora llegó con un día de retraso.

◈ Expressing how long an action has been taking place

◈ Apologizing

TERESA	Siguiente, por favor.
SEÑOR	¡Por fin! Hace media hora que estoy en esta cola. Aquí está el pasaje, mi pasaporte, la maleta y quiero un asiento en el pasillo.
TERESA	Lo siento, pero no hay ningún asiento en el pasillo.
SEÑOR	¿Cómo que no hay ningún asiento en el pasillo? ¿Y en la ventanilla?
TERESA	Perdón señor, pero es tarde y sólo hay asientos en el medio. Aquí está su tarjeta de embarque. ¡Que tenga buen viaje!
SEÑOR	Pues, va a ser difícil tener un buen viaje . . . como una sardina en lata voy a viajar . . .

◈ Giving a reason

TERESA	Siguiente.
MADRE	Aquí está el pasaje y el pasaporte de mi hijo Ramoncito.
TERESA	¿Y su hijo viaja solo o con Ud.?
MADRE	Solo, pero lo espera su tío Ramón en Miami. Yo regreso a casa.
NIÑO	Mamá, ¿dónde pongo estas botellas de ron?
MADRE	Las llevas en la mano.
TERESA	Pero señora, su hijo no puede entrar en los Estados Unidos con alcohol porque no tiene veintiún años.
MADRE	Pero no lo va a beber él; es para su tío.
TERESA	Señora, tiene que darse cuenta de que es ilegal.
MADRE	¡Bueno! Las ponemos en el bolso de mano. Ramoncito, si te preguntan en la aduana qué llevas, ¿qué les dices?
NIÑO	Les digo que no llevo nada, que no hay ron.

◈ Narrating a series of past actions

◈ **Manejar = conducir** (Spain)

TERESA	Siguiente.
SEÑORA	¡Ay! Por fin llegué. Es que estaba en la peluquería y no me di cuenta de la hora y es que vine en taxi y, y, y el taxista manejó muy rápidamente. Casi tuvimos un accidente. ¡Qué nervios! Y luego dejé la maleta en el taxi. Tuve que hablar con un policía, muy simpático por cierto . . .
TERESA	Su pasaje y pasaporte, por favor.
SEÑORA	Sí, aquí están . . . bueno el policía muy simpático . . .
TERESA	Ejem . . . señora, lo siento pero su vuelo salió hace 24 horas . . .
SEÑORA	¿Qué?

ACTIVIDAD **26** **Los problemas de los pasajeros** Después de escuchar las conversaciones otra vez, identifica cuáles son los problemas del señor, del niño y su madre y de la señora.

Hacia la comunicación II

I. Using More Affirmative and Negative Words

Review affirmative and negative words, Ch. 6.

Affirmative and Negative Adjectives		Affirmative and Negative Pronouns	
algún / alguna / algunos/as	*some/any*	**alguno/a/os/as**	*some/any*
ningún / ninguna	*(not) any*	**ninguno/a**	*none/no one*

—¿**No** vamos a vistar **ninguna*** ciudad este fin de semana?

Aren't we going to visit a city this weekend?

—Es posible. ¿Tienes **algunos** libros sobre Segovia?

Possibly. Do you have any books on Segovia?

—Tengo **algunos,** pero **no** tengo **ninguno** aquí; están en casa de mis padres.

I have some, but I don't have any here; they are at my parents'.

—No importa. Deben tener **algún** folleto** en la oficina de turismo.

No problem. They must have a brochure at the tourism office.

NOTE:
*The adjectives **ningún/ninguna** and the pronouns **ninguno/a** are seldom used in the plural.

Since **folleto is masculine and singular, the **-o** is dropped on **algún.** This is similar to **una/un.** For example: **Tengo *una* cinta y *un* CD de Shakira.**

II. Avoiding Redundancies: Direct-Object Pronouns

In the conversation between the mother and the child at the airport, to what does **Las** refer in the following exchange?

NIÑO   Mamá, ¿dónde pongo estas botellas de ron?
MADRE   **Las** llevas en la mano.

If you said **estas botellas de ron,** you are correct. By using the direct-object pronoun **las** instead of repeating **estas botellas de ron,** the conversation sounds more natural. We frequently use direct-object pronouns to avoid redundancy.

A direct object is the person or thing that directly receives the action of the verb and answers the question *what?* or *whom?* In the sentence **Necesito un café,** a coffee is *what* you need. In the sentence **Necesito a mi amigo,** your friend is *whom* you need. Remember that when the direct object is a person, it is preceded by the personal **a.** In Spanish, the direct object may be expressed by the direct-object pronoun to avoid redundancy, as you saw in the exchange above. It follows the same placement rules as the reflexive and the indirect-object pronouns. All object pronouns are placed:

1. before the conjugated verb
2. after and attached to the infinitive
3. after and attached to the present participle (**-ando/-iendo**).

Direct-Object Pronouns	
me	nos
te	os
lo/la	los/las

Look at this email that Claudia and Juan Carlos sent to Marisel and see how they avoid redundancy.

Marisel:

Nosotros vimos el Alcázar de Segovia. **Lo** visitamos por la tarde y es increíble. Quiero sacar una foto del acueducto—es impresionante; voy a sacar**la** mañana antes de volver a Madrid. Tenemos un pequeño problema: perdimos el autobús y no hay habitaciones, pero el recepcionista del Hotel Acueducto está ayudándo**nos** a encontrar algo. **Te** llamamos mañana.

Saludos,
Claudia y Juan Carlos

The following verbs can frequently take direct objects.

amar	to love	**poner**	to put
ayudar	to help	**querer**	to want; to love
esperar	to wait for	**tener**	to have
invitar	to invite	**ver**	to see
necesitar	to need	**visitar**	to visit
odiar	to hate		

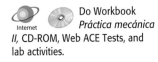

Do Workbook *Práctica mecánica II,* CD-ROM, Web ACE Tests, and lab activities.

ACTIVIDAD **27** **La habitación desordenada** En parejas, "A" cubre la Columna B y "B" cubre la Columna A. El dibujo de la Columna A está incompleto, pero el dibujo de la Columna B está completo. "A" debe averiguar qué cosas de las que están debajo de su dibujo se necesitan para completarlo, cuántas hay y dónde están. Cuando averigüe, "A" debe dibujar las cosas en el lugar apropiado.

◆ A: ¿Hay algunas camisas en esta habitación?

B: Sí, hay una. / No, no hay ninguna.

A: ¿Dónde está? / ¿Hay algún televisor?

B: . . .

ACTIVIDAD **28** **¿Qué hay?** En algunas salas de clase hay muchas cosas, pero otras no tienen mucho. ¿Cuáles de las siguientes cosas hay en tu clase? Fotografías, mapas, televisor con video, ventanas, proyector, pantalla (*screen*), computadoras, reloj, estéreo, tablón de anuncios. Sigan el modelo.

◆ En nuestra clase no hay ninguna . . .

En nuestra clase hay . . .

ACTIVIDAD **29** **La redundancia** Estas conversaciones no suenan (*sound*) bien porque tienen mucha redundancia. En parejas, cámbienlas usando pronombres para evitar la repetición.

—¿Compraste el libro?
—No, no compré el libro.
—¿Por qué no compraste el libro?
—Porque la librería no tiene el libro.

—¿Dónde están mis llaves (*keys*)?
—¡Caramba! Tienes las llaves en la mano.

—¿Vas a escribir la composición hoy?
—No, voy a escribir la composición mañana.

—¿Cuándo vas a escribir la carta?
—Estoy escribiendo la carta ahora mismo.

—Compré un CD nuevo.
—¿Puedo escuchar tu CD nuevo?

pareja = partner/pair

ACTIVIDAD **30** **Las cosas para el viaje** En parejas, una persona es el esposo y la otra es su esposa. Van a hacer un viaje y quieren saber dónde puso su pareja las siguientes cosas. Altérnense haciendo preguntas.

- ◆ A: ¿Dónde pusiste la cámara?
  B: La puse en el bolso de mano.

Cosas: champú, gafas de sol, trajes de baño, máquina de afeitar, peine, zapatos de tenis, cepillo de dientes, pasaporte, regalos, niño
Lugares: la maleta, el carro, el bolso de mano

ACTIVIDAD **31** **Romeo y Julieta** En parejas, inventen una conversación romántica entre los protagonistas de una telenovela (*soap opera*): María Julieta y José Romeo. Usen en la conversación un mínimo de tres de estos verbos en oraciones o preguntas: **querer, necesitar, odiar, invitar** y **esperar.**

- ◆ JOSÉ ROMEO: María Julieta, te quiero.
  MARÍA JULIETA: Yo también te quiero, pero mi padre te odia.

ACTIVIDAD **32** **Una entrevista** **Parte A:** En parejas, entrevístense para completar este cuestionario.

Do Workbook *Práctica comunicativa II* and the *Repaso* section. Do CD-ROM, Web ACE Tests, and lab activities.

¿Cuándo empezaste a estudiar en esta universidad? _____

¿Estudiaste en otra universidad antes de venir aquí? Sí ☐ No ☐

   Si contesta que sí: ¿Cuándo empezaste a estudiar allí? _____

   ¿Cuándo dejaste de estudiar allí? _____

¿Trabajas?   Sí ☐ No ☐   Si contesta que sí: ¿Cuándo empezaste? _____

¿Cuál fue el último trabajo que tuviste? _____

   ¿Cuándo lo empezaste? _____

   ¿Cuándo lo dejaste? _____

¿Tienes carro?   Sí ☐ No ☐   Si contesta que sí: ¿Cuándo lo compraste? _____

¿Tienes bicicleta? Sí ☐ No ☐   Si contesta que sí: ¿Cuándo la compraste? _____

¿Dónde vives?   Residencia estudiantil ☐   Apartamento ☐   Casa ☐

                 ¿Cuándo empezaste a vivir allí? _____

¿Vives con alguien? Sí ☐ No ☐ Si contesta que sí: ¿Con quién vives? _____

Parte B: Ahora, haz un resumen de la información del cuestionario. Por ejemplo:

- ◆ Hace dos años que John estudia en esta universidad. Antes él estudió en la Universidad de Kansas durante un año. Dejó de estudiar (*quit studying*) allí hace dos años . . .

 Do Web Search Activities.

Vocabulario funcional

El teléfono

¿Aló?/Diga./Dígame.	*Hello?*
el área/prefijo	*area code*
¿De parte de quién?	*Who is calling?*
(De parte) de . . .	*It's / This is . . .*
¿Está . . . , por favor?	*Is . . . there, please?*
Habla . . .	*It's/This is . . .*
el indicativo del país/código internacional	*country code*
la llamada a cobro revertido/para pagar allá	*collect call*
la llamada de larga distancia	*long-distance call*
la llamada local	*local call*
marcar directo	*to dial direct*
No, tiene el número equivocado.	*No, you have the wrong number.*
¿Puede hablar más despacio, por favor?	*Can you speak more slowly, please?*
¿Quién habla?	*Who is speaking/calling?*
Quisiera hablar con . . . , por favor.	*I would like to speak with . . . , please.*

El hotel

el baño	*bathroom*
el botones	*bellboy*
la comida	*meal*
el desayuno	*breakfast*
la empleada (de servicio)	*maid*
la habitación doble	*double room*
la habitación sencilla	*single room*
la maleta	*suitcase*
media pensión	*breakfast and one meal included*
pensión completa	*all meals included*
la recepción	*front desk*
el/la recepcionista	*receptionist*

El pasaje *Ver página 195.*

la tarjeta de embarque	*boarding pass*
no fumar	*no smoking*

Palabras afirmativas y negativas *Ver página 199.*

El aeropuerto

a tiempo	*on time*
la aerolínea	*airline*
la hora de llegada	*time of arrival*
la hora de salida	*time of departure*
la línea aérea	*airline*
la puerta (de salida) número . . .	*(departure) gate number . . .*
el retraso	*delay*

Verbos

amar	*to love*
ayudar	*to help*
conducir	*to drive* (Spain)
construir	*to build*
creer	*to believe* (something)
esperar	*to wait* (*for*)
invitar	*to invite*
manejar	*to drive* (Latin America)
mentir (e ⟶ ie, i)	*to lie*
odiar	*to hate*
oír	*to hear*
producir	*to produce*
repetir (e ⟶ i, i)	*to repeat*
seguir (e ⟶ i, i)	*to follow*
sentirse (e ⟶ ie, i)	*to feel*

Palabras y expresiones útiles

¿Cómo que . . . ?	*What do you mean . . . ?*
darse cuenta de algo	*to realize something*
Lo siento.	*I'm sorry.*
las noticias	*news*
Perdimos el autobús.	*We missed the bus.*
por fin	*at last, finally*
el precio	*price*
quisiera/quisiéramos	*I/we would like*
la última vez	*the last time*

Capítulo

8

Chapter Objectives

➤ Indicating sequence

➤ Describing wants and needs

➤ Describing the layout of a house

➤ Describing furnishings and household items

➤ Expressing hope, giving advice, and making requests

▼ Aeropuerto Ronald Reagan en Washington, D.C., diseñado por César Pelli, arquitecto argentino.

Datos interesantes

Algunas de las construcciones realizadas por el arquitecto argentino César Pelli:

➤ Torres Petronas, Kuala Lumpur

➤ Bank of America Centro Corporativo, Charlotte, NC

➤ Edificio de Física y Astronomía, Universidad de Washington, Seattle

➤ Museo de la ciudad de Osaka, Japón

➤ Torre de Carnegie Hall, Nueva York

➤ Jardín de invierno en el World Trade Center, Nueva York (atacado el 11 de septiembre de 2001)

En busca de apartamento

➤ La Pedrera, edificio de apartamentos en Barcelona, España, diseñado por el arquitecto español Antonio Gaudí. Se puede visitar el techo (*roof*) y el ático del edificio, donde hay una exhibición de las obras del arquitecto español.

o sea	that is to say
Fulano, Mengano y Zutano	Tom, Dick, and Harry
¡Vaya!	Wow!

Las cinco chicas buscan apartamento porque el colegio mayor se cierra el mes de agosto durante las vacaciones. Ahora Diana, Marisel y Teresa están hablando sobre qué tipo de apartamento quieren.

ACTIVIDAD **1 Marca qué buscan** Lee la siguiente lista. Después, mientras escuchas la conversación, marca qué cosas buscan las chicas en un apartamento.

dormitorios	2	3	4
cocina grande	sí	no	opcional
patio	sí	no	opcional
muebles	sí	no	opcional
portero	sí	no	opcional
línea de teléfono	sí	no	opcional
aire acondicionado	sí	no	opcional
balcón	sí	no	opcional
muchas ventanas	sí	no	opcional

◈ Describing what you are looking for

MARISEL Entonces necesitamos un apartamento que tenga tres dormitorios.

TERESA ¡Claro! Y también debemos tener una cocina grande porque cocinamos mucho.

MARISEL ¡Por supuesto! Y no sólo para nosotras, porque siempre van a estar los novios de Teresa y Claudia que comen como dos gorilas.

TERESA Tienes razón. No sé cómo comen tanto.

DIANA Bueno, pero recuerden que el apartamento debe ser barato, y ¿no lo queremos amueblado?

TERESA No, sin muebles porque mi tío tiene muebles de segunda mano que podemos usar. O sea, tres dormitorios, cocina grande y barato. ¿Algo más?

MARISEL Sí, que tenga portero.

DIANA ¿Portero? ¿Por qué?

◈ Giving a reason

MARISEL Porque un portero es una ayuda enorme. Limpia la entrada, recibe las cartas, saca la basura, abre la puerta y además es el policía del edificio.

TERESA Me gusta la idea, pero los edificios con porteros son un poco más caros y . . .

DIANA Bueno, bueno. Con o sin portero. Depende del precio. ¿Qué más? ¡Ah! ¿Vamos a poner línea de teléfono?

MARISEL Bueno, no sé. Todas tenemos móviles, ¿no? Y si necesitamos línea, nos instalan la línea en cuarenta y ocho horas.

◈ Expressing a desire

DIANA Sí, es verdad, por ahora no hay problema. Lo único es que a mí me gustaría tener balcón y muchas ventanas.

MARISEL Pues si . . . si no quieres que te vean Fulano, Mengano y Zutano desde la calle, es mejor que esté en un segundo o tercer piso porque un apartamento en el primer piso y con balcón . . . no sé, pero puede traer problemas.

◈ In most Hispanic countries, **la planta baja/el bajo** = first or ground floor; **el primer piso** = second floor. Therefore, if you are in an elevator, the button marked "PB" or "B" is the ground floor.

DIANA ¡Vaya! Entonces buscamos un apartamento que esté en un segundo piso o más alto, con tres dormitorios, balcón, muchas ventanas, una cocina grande, que sea barato y si es posible, con portero. ¡Uf! ¡No pedimos nada!

◈ **Departamento** is sometimes used for **apartamento** in some Latin American countries.

ACTIVIDAD **2** **¿Comprendiste?** Después de escuchar la conversación otra vez, contesta estas preguntas.

1. ¿Qué comentario hace Marisel sobre los novios de Teresa y de Claudia?
2. ¿Qué es un portero? ¿Es común tener portero en los Estados Unidos? ¿Te gustaría vivir en un edificio con portero?
3. ¿Por qué dice Marisel que no hay problema por ahora si no tienen línea de teléfono en el apartamento?
4. Cuando Diana dice, "¡Uf! ¡No pedimos nada!", ¿quiere decir que va a ser fácil o difícil encontrar apartamento?
5. ¿Prefieres vivir en un apartamento o en una residencia estudiantil?

ACTIVIDAD **3** **¿Qué prefieren Uds.?** En grupos de cinco, decidan cuáles son las cosas más importantes para Uds. en un apartamento. Clasifiquen las siguientes cosas con una escala de uno a tres. Después díganle al resto de la clase las cosas que son importantes para Uds.

1 no es importante   **2** es importante   **3** es muy importante

_____ el número de dormitorios   _____ la parte de la ciudad en que esté
_____ que sea barato   _____ que tenga garaje
_____ que tenga balcón   _____ que tenga cocina grande
_____ que tenga vista   _____ el piso en que esté
_____ que esté amueblado   _____ que tenga portero

¿Lo sabían?

Los países de habla española le han dado al mundo un grupo de arquitectos con mucha visión. Entre ellos se encuentra el minimalista mexicano Luis Barragán (1902–1988), quien recibió el Premio Pritzker en 1980 por sus diseños de casas que incluyen no sólo aspectos autóctonos mexicanos sino también árabes y mediterráneos. Otro arquitecto incomparable es Antonio Gaudí (1852–1926) de Barcelona, España, quien parecía no conocer la línea recta. Sus edificios se caracterizan por sus curvas sen- suales y su diseño casi surrealista que les dan un aspecto de fantasía. El argentino César Pelli (1926–), que fue decano (*dean*) de la Facultad de Arquitectura de Yale, tiene una empresa de arquitectura que diseña torres de oficinas, teatros, museos, hoteles, estadios deportivos, etc., en todo el mundo. Santiago Calatrava, español (1951–), quien también diseña en diferentes partes del mundo, es conocido por sus estructuras dinámicas de estilo muy abierto y que, algunas veces, hasta se mueven (*they even move*).

◀ *El Pabellón Quadracci,* extensión del Museo de Arte de Milwaukee realizada por Santiago Calatrava, arquitecto español. Esta estructura simula un pájaro con alas que se abren y se cierran y que funcionan como un parasol para el pabellón que está debajo.

Pelli and Calatrava have their own web pages, and Barragán as well as Gaudí have many web pages written about them. All contain photos and descriptions of their works.

Lo esencial I

I. Los números ordinales

1°	primero	6°	sexto
2°	segundo	7°	séptimo
3°	tercero	8°	octavo
4°	cuarto	9°	noveno
5°	quinto	10°	décimo

Felipe II and Alfonso XIII are former Spanish kings. Alfonso XIII is the grandfather of the present king, Juan Carlos I.

1 ◆ Ordinal numbers are used to refer to things such as floor numbers, grade levels in school, and finishing positions in races. It is not common to use ordinal numbers above **décimo**; cardinal numbers are used instead.

> Felipe II **(segundo)** construyó El Escorial.
> BUT: Alfonso XIII **(trece)** murió en 1941.

2 ◆ Ordinal numbers agree in gender and number with the nouns they modify. **Primero** and **tercero** drop the final **-o** when modifying a masculine singular noun.

> Ella vive en el **primer** apartamento del **tercer** piso.
> La **primera** esquiadora en llegar fue la chilena Nuria Menéndez.

ACTIVIDAD **4** **La carrera de ciclismo** En una carrera (*race*) de ciclismo este fin de semana participaron seis ciclistas de Hispanoamérica. En parejas, lean las pistas (*clues*) y adivinen el número de llegada (primero, segundo, etc.), nombre, nacionalidad y color de camiseta de cada ciclista.

1. Claudio Vardi, con camiseta roja, es de un país suramericano.
2. El uruguayo llegó en tercer lugar.
3. El hombre de camiseta amarilla se llama Augusto Terranova y no es uruguayo.
4. El colombiano que llegó primero tiene camiseta roja.
5. Hernando Calasa, con camiseta morada, no llegó cuarto.
6. Francisco Lara, que tiene camiseta azul, es el único que no es suramericano.
7. Silvio Scala, de nacionalidad chilena, llegó justo después del boliviano de camiseta amarilla.
8. El peruano de camiseta morada llegó último.
9. El guatemalteco llegó justo después del colombiano.
10. La camiseta del uruguayo Marcelo Ruso es verde y no negra como la del ciclista chileno.

¿Lo sabían?

VUELTA CICLISTA A ESPAÑA
Total: 3.433 km Medis por etapa: 163,4 km

COLÍN

La Vuelta a España empezará en Tenerife y terminará en Madrid.

El ciclismo es un deporte muy popular en muchos países y cada año hay carreras internacionales. Quizás las más interesantes sean las de España y de Colombia, por la habilidad de los participantes y también por ser muy difíciles, pues hay muchas montañas. La carrera más importante del mundo es la Vuelta a Francia, que tiene lugar todos los años en el mes de julio. En 1985, Fabio Parra de Colombia ganó la carrera. En 1988, la ganó un español, Pedro Delgado, y la ganó otro español, Miguel Indurráin, de 1991 a 1995. Los ciclistas hispanos se encuentran entre los mejores del mundo. ¿Sabes los nombres de algunos ciclistas norteamericanos que ganaron la Vuelta a Francia?

II. Las habitaciones de una casa

◈ **Dormitorio = habitación, alcoba, cuarto, recámara, pieza.**

Palabras relacionadas

el agua water	**la electricidad/luz** electricity
alquilar to rent	**la fianza/el depósito** security deposit
el alquiler rent	**el gas** gas
amueblado/a furnished	**los gastos** expenses
la calefacción heat	

ACTIVIDAD **5** **¿Cómo es tu casa?** En grupos de tres, cada persona les describe la casa de su familia a sus compañeros. Digan si es grande o pequeña, qué tiene (cuántos dormitorios, etc.) y si tiene alguna característica especial.

ACTIVIDAD **6** **En busca de información** En grupos de tres, "A" y "B" van a trabajar en Montevideo, Uruguay, por seis meses y tienen que alquilar un departamento. "C" es un/a amigo/a y les dice que hay un departamento para alquilar en su edificio. "A" y "B" quieren información sobre el departamento y le hacen preguntas a "C". Lean sólo las instrucciones para su papel.

A y B
Quieren saber:

1. cuánto es el alquiler
2. si es necesario pagar depósito
3. si está amueblado
4. si hay calefacción
5. si hay otros gastos como gas, agua y luz

C
Sabe:

1. el alquiler es 3.000 pesos al mes
2. un mes de depósito
3. está amueblado (con muebles viejos)
4. hay calefacción central
5. el alquiler incluye gas, agua y luz

Hacia la comunicación I

Talking About the Unknown: The Present Subjunctive

A. Use of the Present Subjunctive

When talking about something or someone, you may describe it/him/her with an adjective or with an adjective clause usually introduced by **que.**

> **Vivo en un apartamento** *grande.* (adjective)
> **Vivo en un apartamento** *que es grande.* (adjective clause)

The two previous sentences descibe an apartment where the speaker lives. The apartment actually exists: the speaker knows the address, how many bedrooms it has, etc. When describing something that you are not sure exists, you may also use an adjective or an adjective clause, normally introduced by **que,** that contains a verb in the subjunctive mood.

> **Busco un apartamento** *grande.*
> **Busco un apartamento** *que sea grande.*

Compare the following sentences.

Exists	*May or may not exist*
Conozco al portero que trabaja en mi edificio.	Busco un portero **que trabaje bien.***
Tengo una cama que es cómoda.	Necesito una cama **que sea cómoda.**
Mis padres viven en un apartamento que tiene balcón.	Mis padres quieren un apartamento **que tenga balcón.**

*NOTE: The *personal* **a** is not used when the direct object refers to a person or persons that may or may not exist, unless it is **alguien: Busco a alguien que conozca bien la zona.**

A verb in the subjunctive mood is also used in adjective clauses to describe something that does not exist from the point of view of the speaker. This type of construction is frequently used to complain or whine about a problem.

No hay ningún apartamento **que sea bonito.**
No conozco a nadie **que sepa cocinar bien.***

*NOTE: The *personal* **a** is used when **nadie** is the direct object.

B. Forms of the Present Subjunctive

1 ◆ To conjugate most verbs in the subjunctive, apply the following rules.

a. take the present indicative **yo** form: **hablo, como, salgo**
b. drop the **-o** from the verb ending: **habl-, com-, salg-**
c. add **-e** for **-ar** verbs: habl**e**
    add **-a** for **-er** and **-ir** verbs: com**a**, salg**a**
d. add the endings for the other persons as shown in the following charts.

◈ When practicing the subjunctive, say **que** before each form.

caminar		
camin**o** ⟶	que camin**e**	que camin**emos**
	que camin**es**	que camin**éis**
	que camin**e**	que camin**en**

correr		
corr**o** ⟶	que corr**a**	que corr**amos**
	que corr**as**	que corr**áis**
	que corr**a**	que corr**an**

salir		
salg**o** ⟶	que salg**a**	que salg**amos**
	que salg**as**	que salg**áis**
	que salg**a**	que salg**an**

NOTE:

a. Remember that reflexive pronouns precede a conjugated form:

levantarse	
que **me** levant**e**	que **nos** levant**emos**
que **te** levant**es**	que **os** levant**éis**
que **se** levant**e**	que **se** levant**en**

b. Verbs ending in **-car, -gar, -zar,** and **-ger** require spelling changes in all present subjunctive forms.

	Indicative	*Subjunctive*
bus**car**	busco	que bus**que**
pa**gar**	pago	que pa**gue**
empe**zar**	empiezo	que empie**ce**
esco**ger**	escojo	que esco**ja**

2 ♦ In the subjunctive, stem-changing verbs ending in **-ar** and **-er** have the same stem change as in the present indicative: **que yo piense, que él quiera, que nosotros almorcemos.** Stem-changing verbs ending in **-ir** have the same stem change as in the present indicative. In addition, the **nosotros** and **vosotros** forms require a stem change from **-e-** to **-i-** or from **-o-** to **-u-**.

Review **-ir** stem-changing verbs, Chs. 5 and 7.

mentir	
que m**ie**nta	que m**i**ntamos
que m**ie**ntas	que m**i**ntáis
que m**ie**nta	que m**ie**ntan

dormir	
que d**ue**rma	que d**u**rmamos
que d**ue**rmas	que d**u**rmáis
que d**ue**rma	que d**ue**rman

3 ♦ The following verbs are irregular in the present subjunctive.

The accent distinguishes **dé**, the subjunctive, from **de**, the preposition. Accents on some forms of **estar** reflect pronunciation.

dar ⟶ que **dé**	**estar** ⟶ que **esté**	**ser** ⟶ que **sea**
ir ⟶ que **vaya**	**saber** ⟶ que **sepa**	

Here are the complete conjugations of **dar** and **estar**:

dar	
que **dé**	que **demos**
que **des**	que **deis**
que **dé**	que **den**

estar	
que est**é**	que est**emos**
que est**és**	que est**éis**
que est**é**	que est**én**

Do Workbook *Práctica mecánica I* and corresponding CD-ROM activities.

NOTE: Hay ⟶ **que haya**

ACTIVIDAD **7** **Nuestra primera casa** **Parte A:** En parejas, imagínense que Uds. son una pareja de recién casados (*recently married*) y quieren comprar una casa. Obviamente, tienen que pensar en el futuro y la vida que van a tener. Decidan cómo debe ser su casa. **Queremos una casa que . . .**

Parte B: Ahora, comparen lo que quieren Uds. con lo que quiere la pareja de la siguiente tira cómica de Maitena.

◈ chico/a = pequeño/a

◈ If something exists, use the indicative. If something may or may not exist, use the subjunctive.

ACTIVIDAD **8** **Por teléfono** En parejas, una persona busca apartamento y llama a una agencia de alquiler. La otra persona trabaja en la agencia y le da información.

◆ A: Busco un apartamento que tenga . . . , que sea . . . y que esté . . .

B: Tenemos un apartamento que tiene . . . , que es . . . y que está . . .

ACTIVIDAD **9** **Lo ideal** En grupos de cuatro, describan a su profesor/a, jefe/a (*boss*), secretario/a, padre/madre o amigo/a ideal. El/La secretario/a del grupo toma apuntes. Después, comparen su descripción con las de otros grupos.

◆ Queremos tener un profesor que . . .

Buscamos un jefe que . . .

ACTIVIDAD **10** **Se busca** **Parte A:** Busca personas en la clase que tengan o hagan las siguientes cosas.

♦ que tenga dos hijos

    A: ¿Tienes dos hijos?

    B: Sí, tengo dos hijos. / No, no tengo dos hijos.

1. que trabaje en un restaurante
2. que termine los estudios este año
3. que vaya a Bolivia este verano
4. que tenga tres hermanos
5. que sepa hablar catalán
6. que sea de Illinois
7. que hable japonés
8. que piense casarse este año
9. que tenga perro
10. que sepa preparar mole poblano

◈ **Catalán** is a language spoken in **Cataluña** (northeastern Spain). Capital of **Cataluña:** Barcelona.

◈ **Mole poblano** = a spicy Mexican sauce made with chocolate.

Parte B: Ahora, contesta las preguntas de tu profesor/a.

♦ ¿Hay alguien en la clase que trabaje en un restaurante?

Sí, hay alguien que trabaja en un restaurante; [Charlie] trabaja en [Red Lobster].

No, no hay nadie que trabaje en un restaurante.

◈ Nonexistence from the speaker's point of view = subjunctive.

ACTIVIDAD **11** **El eterno pesimista** Eres una persona pesimista. Completa estas oraciones de forma original.

1. No hay nadie que . . .
2. No tengo nada que . . .
3. No conozco a nadie que . . .
4. El presidente no hace nada que . . .
5. En las tiendas no encuentro nada que . . .
6. No tengo ningún profesor que . . .

ACTIVIDAD **12** **Se necesita** **Parte A:** Lee y completa los anuncios en la página 215. Después decide cuáles pueden combinarse.

Parte B: En parejas, una persona llama para pedir más información y la otra da información adicional.

♦ A: ¿Aló?

    B: Sí, llamo por la moto . . .

COMPAÑEROS DE APARTAMENTO

Estudiante panameño de arquitectura de 20 años busca compañeros de apartamento que _____ estudiantes, que no _____ y que les _____ la música salsa. El apartamento no _____ grande: 2 dormitorios, cocina, sala pequeña, baño. Avenida Simón Bolívar.
TEL: 449 67 74

Vendo Libros

Vendo libros para arquitectura, economía, ingeniería de 1er, 2º y 3er año. _____ usados, pero _____ en perfectas condiciones.
Tel: 446 37 04

LIBROS DE MATEMÁTICAS

Necesito libros de matemáticas para primer año de ingeniería que _____ de segunda mano y que _____ en buenas condiciones. Favor de llamar a Carmen por la tarde: 315 02 68

MOTO de 2002

Estudiante costarricense que vuelve a su país vende moto BMW de 2002, casi nueva. _____ 5.000 kilómetros y _____ en perfectas condiciones. MUY BARATA. LLAMAR INMEDIATAMENTE: 314 94 75

SE BUSCA MOTO

Se busca moto Honda o Kawasaki barata que _____ pocos kilómetros y que _____ impecable. No _____ importante el color. Llamar a Marta. 833 74 94

HABITACIÓN

Estudiante de 22 años necesita _____ buena, habitación que _____ bonita y barata en un apartamento _____ cerca de la que _____ universidad, que _____ mucha luz natural. Tel: 457 13 15

 The infinitive is frequently used to give impersonal written commands: **Llamar a Javier.**

¿Lo sabían?

El periódico de los anuncios gratis, ahora en Internet

segundamano

www.segundamano.es

En los países hispanos no es común vender cosas de segunda mano delante de la casa o en el garaje (*tag or garage sales*). Generalmente, la gente les regala la ropa usada a miembros de la familia, a personas pobres o también a la iglesia. Las cosas usadas como estéreos, computadoras y libros se anuncian en la sección de avisos clasificados del periódico, en revistas o periódicos como *Segundamano* o en Internet. ¿Conoces algún periódico como éste en tu ciudad?

Do Workbook *Práctica comunicativa I* and corresponding CD-ROM activities.

Nuevos horizontes

Lectura

◈ Note: Since all dictionaries are not the same, it is important to familiarize yourself with your dictionary. Consult the Table of Contents and indexes.

◈ The verb *to leave* can be transitive or intransitive and has two equivalents in Spanish. Transitive (takes a direct object): He always leaves his keys on the table. **Siempre deja las llaves en la mesa.** Intransitive (doesn't take a direct object): She leaves at seven every morning. **Todas las mañanas ella sale a las siete.**

◈ In the sentence **Busco una persona que tenga estas credenciales,** the word **tenga** is the subjunctive of the verb **tener** and you should look up the word **tener.**

ESTRATEGIA: Using the Dictionary

So far in this text you have practiced a number of strategies to help you understand the meaning of a passage you are reading; for example, predicting, identifying cognates, and guessing meaning from context. In this chapter, you will practice using the dictionary to discern meaning. Remember: Use a dictionary only when the word is essential to your understanding of the passage.

The following guidelines will help you make better use of the dictionary.

1. Try to guess meaning from context. Then, look up the word to confirm your guess. Remember that a word may have more than one meaning, so you should check the context in which it appears when making your choice.

2. Check the grammatical form of the word. This may help you determine which definition is correct according to context. Important grammar abbreviations are: *m.* (masculine noun), *f.* (feminine noun), *adj.* (adjective), *adv.* (adverb), *v. tr.* (a transitive verb—one that is followed by a direct object), *v. intr.* (an intransitive verb—one that does not admit a direct object), and *reflex.* (reflexive verb).

3. If a word you are looking up is part of an idiom, you will find it referenced under the main word of the idiom.

4. Nouns are usually presented in the singular form of the corresponding gender: masculine singular, feminine singular.

5. Adjectives are normally presented in their masculine singular form.

6. Verbs are normally listed only in the infinitive form; therefore, it is necessary to determine what the infinitive is from the conjugated form.

7. Knowing some common abbreviations may be helpful: ARTS fine arts; BOT. botany; CHEM. chemistry; COLL. colloquial; FIG. figurative; ZOOL. zoology; etc. There is normally a key to abbreviations in the dictionary itself, which should be consulted when a question arises.

ACTIVIDAD **13** **Contexto histórico** Vas a leer un poema de Ángela Figuera, una poeta española que escribió el poema "No quiero" después de la guerra civil de España. Determina si las siguientes oraciones son ciertas (**C**) o falsas (**F**) para averiguar cuánto sabes sobre la guerra civil y la posguerra española.

1. _____ La guerra civil de España ocurrió después de la Segunda Guerra Mundial.
2. _____ Los fascistas ganaron la guerra.
3. _____ Después de la guerra, el dictador fue el general Francisco Franco.
4. _____ No participaron otros gobiernos en la guerra civil española.
5. _____ Después de la guerra, España pasó por un período de mucha censura.

ACTIVIDAD **14 Lectura rápida** Lee el poema una vez y mira los dibujos para comprender mejor el significado de algunas palabras. No uses el diccionario. Contesta estas preguntas al terminar.

1. ¿Cómo se siente la poeta Ángela Figuera, triste o contenta?
2. ¿Qué aspecto de su sociedad critica ella, que la gente es demasiado materialista o que no tiene libertad de expresión?
3. En los Estados Unidos, ¿pueden pasar las cosas que ella critica? ¿Por qué sí o no?

No quiero

Ángela Figuera

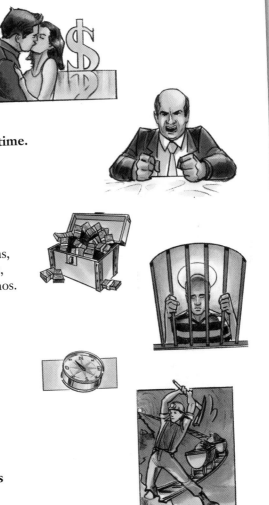

1 No quiero
    que los besos se paguen
    ni la sangre se venda
    ni se compre la brisa
    ni se alquile el **aliento.**

2 No quiero
    que el trigo se queme y el pan se **escatime.**

3 No quiero
    que haya frío en las casas,
    que haya miedo en las calles,
    que haya rabia en los ojos.

4 No quiero
    que en los labios se encierren mentiras,
    que en las arcas se encierren millones,
    que en la cárcel se encierre a los buenos.

5 No quiero
    que el **labriego** trabaje sin agua,
    que el marino navegue sin brújula,
    que en la fábrica no haya **azucenas,**
    que en la mina no vean la aurora,
    que en la escuela no **ría** el maestro.

6 No quiero
    que las madres no tengan perfumes,
    que las mozas no tengan amores,
    que los padres no tengan tabaco,
    que a los niños les pongan los **Reyes**
    camisetas de **punto** y cuadernos.

7   No quiero
      que la tierra se parta en porciones,
      que en el mar se establezcan dominios,
      que en el aire se **agiten** banderas,
      que en los trajes se pongan señales.

8   No quiero
      que mi hijo desfile,
      que los hijos de madre desfilen
      con fusil y con muerte en el hombro:
      que jamás se **disparen** fusiles,
      que jamás se fabriquen fusiles.

9   No quiero
      que me manden Fulano y Mengano,
      que me **fisgue** el vecino de enfrente,
      que me pongan carteles y sellos,
      que decreten lo que es poesía.

10 No quiero
      amar en secreto,
      llorar en secreto,
      cantar en secreto.

11 No quiero
      que me **tapen** la boca
      cuando digo NO QUIERO.

ACTIVIDAD **15** **El diccionario** Lee el poema otra vez con más cuidado (*care*). Mira las palabras que están en negrita (*boldface*) y busca el significado de cada palabra. A continuación se presentan definiciones de estas palabras.

a·gi·tar tr. (*sacudir*) to wave, shake; FIG. (*alborotar*) to agitate, excite —reflex. (*sacudirse*) to wave, flutter; FIG. (*perturbarse*) to be agitated *or* excited; MARIT. to be rough or choppy.

a·lien·to m. (*soplo*) breath; (*respiración*) breathing, respiration; FIG. (*valor*) strength, courage ♦ **dar a. a** FIG. to encourage • **de un a.** FIG. in one breath, without stopping • **cobrar a.** FIG. to take heart • **sin a.** breathless.

a·zu·ce·na f. BOT. white *or* Madonna lily; CUBA, BOT. nard; FIG. pure *or* delicate person ♦ **a. anteada** day *or* fire lily • **a. atrigada** tiger lily • **a. de agua** water lily.

dis·pa·rar tr. to fire, shoot; (*echar*) to throw, hurl.

es·ca·ti·mar tr. to skimp on, to be sparing with ♦ **e. la comida** to skimp on food; to spare • **no e. esfuerzos** to spare no effort.

fis·gar tr. (*pescar*) to spear, harpoon (fish); (*husmear*) to pry into, snoop on —intr. & reflex. to make fun of, mock.

la·brie·go, -ga m.f. farm hand or worker.

pun·to m. (*señal pequeña*) small dot; (*sitio*) point, spot • *p. de reunión* the meeting point; (*ocasión*) point, verge • *ellos están a p. de lograrlo* they are on the verge of accomplishing it; GRAM. dot *el p. de la i* the dot of the i; period; • **al p.** at once, immediately • **a p.** just in time • **a p. de** on the verge of, about to • **de p.** knitted • **calcetines de p.** knitted socks • **dos puntos** GRAM. colon • **en p.** on the dot, sharp.

reír intr. to laugh *echarse a. r.* to burst out laughing; FIG. (*burlar de*) to make fun of, laugh at; (*brillar*) to be bright, sparkle, (one's eyes).

rey m. (*monarca*) king, sovereign; (*en juegos*) king; FIG. king • *r. de los animales* the king of beasts ♦ **a cuerpo de r.** FIG. like a king *vivir a cuerpo de r.* to live like a king • **cada uno es r. en su casa** a man's home is his castle • **día de Reyes** Epiphany, Twelfth Night • **Reyes magos** the Three Magi *or* Wise Men.

rí·a f. estuary.

rí·a, río *see* reír.

ta·par tr. (*cubrir*) to cover, cover up; (*cerrar*) to plug up, to stop up; (*ocultar*) to block, obstruct (the view); FIG. (*esconder*) to conceal, hide —reflex. to cover oneself up.

ACTIVIDAD **16** **En otras palabras** Indica qué idea representa mejor cada estrofa (*stanza*) del poema. Es posible escribir más de un número en cada línea.

a. _____ Hay cosas que cada persona debe poder tener.
b. _____ No debe haber hambre en el mundo; hay comida para todos.
c. _____ Las dictaduras producen terror.
d. _____ Una persona no debe ir a la cárcel (*jail*) por sus ideas.
e. _____ Los seres humanos tienen el derecho (*the right*) de ser felices.
f. _____ La tierra es de todos, no de diferentes gobiernos con sus ideologías.
g. _____ La violencia no es necesaria.
h. _____ Nadie debe decirle a nadie qué debe hacer, pensar o decir.

ESTRATEGIA: Pastiche

When you read in English, you frequently learn new words and phrases that you then incorporate in your speech and writing. By using your knowledge of Spanish, your observational skills, and common sense you can learn about the Spanish language while reading. Not only can you pick up vocabulary words and idiomatic phrases, but structures as well. Trust your instincts, take calculated risks, and try to use new knowledge with someone who will correct you when needed. Risk takers are good language learners.

ACTIVIDAD **17** **Poesía** **Parte A:** Test your observational skills with this activity.

1. Answer these questions about part of the sixth stanza of the poem "No quiero."

No quiero	What is the subject of **quiero?**
que las madres no tengan perfumes,	What is the subject of **tengan?**
que las mozas no tengan amores,	What is the subject of **tengan?**

Therefore, the sentence **"No quiero que las madres no tengan perfumes,"** has two subjects. What word comes between the first verb and the second subject in this sentence? Is **tengan** in the indicative or the subjunctive mood?

2. Reread this stanza and answer the questions.

No quiero
amar en secreto,
llorar en secreto,
cantar en secreto.

What is the subject of **quiero?** Are there any other subjects in the next three lines of the stanza? Is the word **que** present? What form of the verb are **amar, llorar,** and **cantar?**

◇ Be careful when writing the third stanza!

Parte B: Imitate Figuera's style and apply what you have just learned through observation to write your own poem, titled "Quiero."

Quiero	Quiero	Quiero	Quiero
que . . .	que . . .	. . .	que . . .
que . . .	que . . .	. . .	que . . .
que . . .	que . . .	. . .	que . . .

Lo esencial II

Los muebles

1. el armario/el ropero
2. el sillón
3. la cómoda
4. el estante
5. la alfombra

ACTIVIDAD 18 Asociaciones Di qué muebles u objetos asocias con las siguientes habitaciones, acciones o cosas.

1. la sala, el dormitorio y el comedor
2. dormir, leer, maquillarse, escribir, comer y sentarse
3. suéteres, vestidos, peine y diccionario

ACTIVIDAD 19 Casa amueblada Mira el plano (*diagram*) de la casa en la página 209 y describe los muebles que ves y en qué parte de la casa están.

 Clothes dryers (**secadoras**) are not as common in Spain and Hispanic America as in the U.S. **La secadora** = (clothes) dryer; **el secador** = hair dryer.

Some people say **el lavavajillas** for **el lavaplatos**.

En la cocina

1. la estufa/ cocina eléctrica/ de gas
2. el (horno de) microondas
3. el lavaplatos
4. el fregadero
5. la cafetera
6. la nevera
7. el congelador
8. la aspiradora
9. la lavadora
10. la tostadora

En el baño

1. el inodoro
2. el bidé
3. la bañera
4. la ducha
5. el espejo
6. el lavabo

ACTIVIDAD **20** **¿Dónde se ve?** Lee las siguientes situaciones y decide si éstas se ven generalmente en los Estados Unidos **(E),** en un país hispano **(H)** o en los dos **(EH).**

1. _____ Hay portero en el edificio.
2. _____ Los ascensores tienen espejos.
3. _____ En el congelador hay mucha comida congelada.
4. _____ Hay televisor en la cocina.
5. _____ No hay secadora en la casa.
6. _____ Hay bidé en el baño.

ACTIVIDAD **21** **Describe y dibuja** En parejas, "A" le describe a "B" su cocina, sala o baño. "A" debe indicar qué muebles y otras cosas tiene en ese cuarto y dónde están. "B" dibuja un plano del lugar con muebles y otras cosas. Después cambien de papel.

ACTIVIDAD **22** **El apartamento** En grupos de tres, Uds. acaban de alquilar un apartamento semiamueblado. El apartamento tiene tres dormitorios, teléfono, sofá, dos camas, dos cómodas, una mesa grande en el comedor y solamente tres sillas para la mesa. Miren la siguiente lista y seleccionen solamente cuatro cosas que necesitan.

alfombras	cómodas	una tostadora	sillones
una aspiradora	estantes	una lavadora	un televisor
una cafetera	un estéreo	sillas para el comedor	un microondas
camas	espejos		

Todos son expertos

➤ El Rastro, un mercado al aire libre en Madrid, España. Sólo se abre los domingos.

◆ **Ojalá** = may God grant (from Arabic).

ojalá (que) + *subjunctive*	I hope (that) . . .
Ojalá que quiera venderla.	I hope he wants to sell it.
la plata	slang for "money" (literally, "silver")
¡Por el amor de Dios!	For heaven's sake! (literally, "For the love of God!")

Don Alejandro, el tío de Teresa, tiene algunos muebles para el apartamento que acaban de alquilar las chicas, pero ellas tienen que comprar algunas cosas. Vicente y don Alejandro le están dando consejos a Teresa sobre los muebles de la casa.

ACTIVIDAD **23 Marca los muebles** Mientras escuchas la conversación, marca sólo las cosas que necesitan las chicas.

_____ alfombra _____ escritorio _____ lavadora

_____ cama _____ estantes _____ sofá

_____ cómoda _____ lámpara

      TÍO   Entonces, con los muebles que voy a darles, ya tienen casi amueblado el apartamento.

  TERESA   ¡Sí, es fantástico!

◆ Asking about needs

 VICENTE   Pero todavía necesitan una cama y una lámpara, ¿no?

  TERESA   Sí, una cama y una lámpara y también dos estantes para los libros.

VICENTE	¿Crees que en el Rastro puedas encontrar unos estantes y una lámpara que no cuesten mucha plata?
TERESA	Buena idea, porque no tenemos mucho dinero.
TÍO	Oye, Teresa, creo que es necesario que tengan lavadora, ¿no?
TERESA	Es verdad, pero una lavadora nos va a costar un ojo de la cara.
VICENTE	¿Sabes? Ayer me dijo Juan Carlos que la semana que viene Raúl se va a México para hacer investigación.
TERESA	¿Raúl? ¿Quién es Raúl?
VICENTE	Raúl, ¿no recuerdas? Es un amigo sociólogo que se va a trabajar a México por un tiempo. Y tiene apartamento con lavadora. Podemos llamarlo para preguntarle si la va a vender.
TERESA	¡Ah, Raúl! ¡Ya sé quién es! ¿Se va a México? ¡No me digas! Estoy segura que no se va a llevar la lavadora a México. Ojalá que quiera venderla. Y podemos preguntarle si también quiere vendernos una cama.
TÍO	Pero, Teresa, ¡cómo que una cama de segunda mano! No quiero que compres una cama usada.
TERESA	Entonces, ¿quieres que duerma en la alfombra?
TÍO	No, ¡por el amor de Dios! Tu tío Alejandro te compra una cama nueva.
VICENTE	¿Matrimonial?

◈ Expressing influence

◈ Giving an implied command

ACTIVIDAD **24** **¿Hay soluciones?** Después de escuchar la conversación otra vez, explica cómo va a obtener Teresa la cama, una lámpara, dos estantes y la lavadora.

El famoso mercado de El Rastro se encuentra en el corazón de Madrid y ocupa varias calles. Allí puedes encontrar de todo: ropa, zapatos, juguetes, muebles e inclusive antigüedades. Se abre sólo los domingos por la mañana y se cierra a eso de las 2:00 de la tarde. En contraste con éste y otros mercados en grandes metrópolis, hay mercados como el de Chichicastenango que se encuentra en una ciudad pequeña de Guatemala donde los indígenas de la zona venden sus productos. En este colorido mercado, los jueves y los domingos, se venden flores, artesanías (*crafts*), textiles, muebles, frutas, condimentos y hierbas medicinales entre otras cosas.

▲ Vendedoras de comida en el mercado de Chichicastenango, Guatemala.

***ACTIVIDAD 25* Los deseos de Año Nuevo** Uds. están celebrando el Año Nuevo y están brindando (*toasting*) por el año que comienza. Hagan un deseo para el año nuevo.

◆ Ojalá que este año pueda ir de vacaciones a México.

Hacia la comunicación II

I.   Using *ya* and *todavía*

A. *Ya*

1 ◆ **Ya** means *already* or *now.* Context helps determine which meaning is being conveyed.

—¿Te explico la lección?	*Shall I explain the lesson to you?*
—No, gracias. **Ya** la entiendo.	*No, thank you. I **already** understand it.*
—¿Ves? Así se hace una tortilla.	*See? This is how a tortilla is made.*
—¡Ah! ¡**Ya** entiendo!	***Now** I understand!*

2 ◆ **Ya no** means *no longer, not anymore.*

Ya no tengo que estudiar porque terminé los exámenes.
*I **don't** have to study **anymore** because I finished my exams.*

B. *Todavía*

1 ◆ **Todavía** means *still.*

Todavía tengo problemas.	*I **still** have problems.*

2 ◆ **Todavía no** means *not yet.*

—¿Estudiaste?	*Did you study?*
—**Todavía no.**	***Not yet.***

II.   Giving Advice and Stating Desires: Other Uses of the Subjunctive

In the conversation you heard between Teresa and her uncle, how many subjects are there in each sentence in the following exchange?

TÍO   **No quiero que compres una cama usada.**
TERESA   **. . . ¿quieres que duerma en la alfombra?**

If you said two, you were correct. What form of the verb follows the word **que?** The correct answer is *subjunctive.*

1 ◆ To give someone advice, to request that another person do something, or to express hopes and desires about somebody else, you may use a noun clause that contains a verb in the subjunctive.

Quiero **que (tú) vayas** al Rastro.	*I want you to go to the Rastro.*
Siempre me pide **que me levante** temprano.	*He/She always asks me to get up early.*
Te aconsejo **que compres** este estante.	*I advise you to buy this bookshelf.*
Ella espera **que compres** éste.	*She hopes you buy this one.*
Nos prohíbe **que fumemos.**	*He/She forbids us to smoke.*
El presidente espera **que haya** paz en el mundo.	*The president hopes there will be peace on earth.*

Verbs frequently used in the independent clause to give advice, to request an action, or to express hopes and desires include: **querer, aconsejarle (a alguien), desear, prohibirle (a alguien), pedirle (a alguien),** and **esperar.** However, when only one subject is present, use an infinitive.

Quiero **ir** al Rastro.	*I want to go to the Rastro.*

2 ◆ You can also give advice, request an action, or express hopes and desires in an impersonal way about someone or something specific.

Es mejor **que te acuestes.**	*It's better that you go to bed.*
No es importante **que vuelvas** pronto.	*It isn't important that you return soon.*
Es necesario **que la casa tenga** una cocina grande.	*It's necessary that the house have a big kitchen.*

However, when you want to give advice, request an action, or express hopes and desires, but not over someone in particular, use a verb in the infinitive.

Es necesario **volver** mañana.	*It's necessary to return tomorrow.* (no **que** and no subject in the dependent clause)

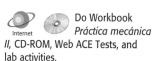

Internet
Do Workbook
Práctica mecánica
II, CD-ROM, Web ACE Tests, and lab activities.

Impersonal expressions frequently used to give advice, request an action, or express hopes and desires include: **(no) es necesario, es mejor, es bueno,** and **(no) es importante.**

ACTIVIDAD **26** **¿Ya estudiamos . . . ?** En parejas, háganse preguntas para ver si ya estudiaron los siguientes temas en esta clase de español.

> ◆ A: ¿Ya estudiamos el pretérito?
>
> B: Sí, ya lo estudiamos.   B: Todavía no.

1. el objeto directo
2. el imperfecto
3. el subjuntivo
4. los números del cien al millón
5. palabras afirmativas y negativas
6. el superlativo

ACTIVIDAD 27 ¿Ya limpiaste? En parejas, "A" cubre la Columna B y "B" cubre la Columna A. "A" y "B" viven en la misma casa y cada persona tiene sus responsabilidades. El problema es que "B" no es muy responsable y hace las cosas a último momento. "A" le pregunta a "B" si ya hizo las tareas que le corresponden.

◆ A: ¿Ya lavaste la ropa?

B: Sí, ya la lavé.   B: Todavía no.
A: ¿Ya fuiste al supermercado?   A: ¿Cómo que todavía no?
B: . . .   B: . . .

A check mark indicates the task has been completed.

A

limpiar el baño
comprar el periódico
darle de comer al perro
pagar la luz
comprar detergente

B

Tareas para hoy:
☐ comprar el periódico
☐ pagar la luz
☐ comprar detergente
☐ limpiar el baño
☐ darle de comer al perro

ACTIVIDAD 28 La búsqueda Termina esta conversación entre Mario y un señor que trabaja para la agencia Vivir Feliz. Escribe las formas apropiadas de los verbos indicados usando el subjuntivo, el indicativo o el infinitivo.

MARIO   Necesito un apartamento que _____ cerca de la universidad. (estar)

AGENTE   Hay un apartamento a cinco minutos de aquí que _____ un dormitorio.   (tener)

MARIO   No, ése no me va a servir. Busco un apartamento que _____ tres dormitorios y dos baños.   (tener)

AGENTE   Te aconsejo que _____ con otra agencia porque nosotros sólo tenemos apartamentos pequeños.   (hablar)

MARIO   ¿Algún otro consejo?

AGENTE   Sí, es importante que _____ a buscar ahora, porque hay pocos apartamentos y muchos estudiantes.   (empezar)

MARIO   Buena idea. ¿Es necesario que yo _____ un depósito o solamente tengo que firmar un contrato?   (pagar)

AGENTE   Generalmente es necesario _____ en el momento de firmar. (pagar)

MARIO   Ahora tengo que _____, pero como Ud. dice, es importante que yo _____ temprano para buscar apartamento. Muchas gracias, Sr. Moreno.   (estudiar, levantarse)

ACTIVIDAD **29** **Todos quieren algo de mí** Muchas personas quieren que tú hagas ciertas cosas, pero tú quieres hacer algo diferente.

◆ Mi madre quiere que yo sea dentista, pero yo quiero ser director/a de cine.

1. mi madre
2. mi padre
3. mis amigos
4. mi jefe/a
5. mi profesor/a de . . .
6. mi perro/gato

ACTIVIDAD **30** **Consejos para presidentes** **Parte A:** Imagina que tienes la oportunidad de hablar directamente con el/la presidente/a de tu país. Dale consejos.

1. No querer / que / Ud. / subir / los impuestos
2. Es importante / que / Ud. / preocuparse / por los pobres
3. Es mejor / que / los candidatos / no recibir / dinero de grupos con intereses económicos
4. Es necesario / que / haber / menos corrupción en el gobierno
5. Esperar / que / Ud. / escuchar / al pueblo (*people*)
6. Aconsejarle / que / ser / (más o menos) liberal
7. . . .

Parte B: Tu universidad es buena, pero no es perfecta. En parejas, preparen cuatro consejos para el/la presidente/a de su universidad con cambios que les gustaría ver.

ACTIVIDAD **31** **Los consejos de un padre** En parejas, "A" es un padre o una madre que tiene que darle consejos a su hijo/a sobre las drogas y el alcohol. "B" es el/la hijo/a que reacciona y también da consejos. Lean sus papeles y al hablar, usen frases como **te aconsejo (que), te prohíbo (que), es importante (que),** etc.

A (El padre/La madre)

Crees que tu hijo/a de 16 años consume drogas y bebe alcohol. Habla con él/ella y dale consejos. Quieres mucho a tu hijo/a. Recuerda: tú no eres perfecto/a tampoco.

B (El hijo/La hija)

Tienes 16 años y eres muy rebelde. Tu padre toma una copa de vino cuando llega del trabajo y también con la comida. Tu madre siempre toma un whisky antes de la comida. Los dos fuman. Dale algún consejo a tu padre/madre. Recuerda: tú no eres perfecto/a tampoco.

ACTIVIDAD **32** **Querida Esperanza** **Parte A:** Dos personas con problemas personales le escribieron a Esperanza, una señora que da consejos en Internet. Completa sus cartas con el indicativo (presente, pretérito), el infinitivo o el subjuntivo de los verbos que están en el margen.

cambiar
comprar
empezar
escribir
hablar
hacer
salir
ser
tener

Querida Esperanza:

_____ un hombre de 35 años y tengo un problema: hace una semana _____ una crema especial y muy cara para cambiarme el color del pelo. Mi pelo _____ de color, pero también _____ a caerse. Despés de una semana ya no _____ pelo.

¡Imagínese! Me da vergüenza _____ de casa. ¿Qué puedo _____? ¿Comprar un sombrero? ¿Qué es mejor, que le _____ a la compañía que hizo la crema o que _____ con un abogado?

Calvo y sin plata

Para la respuesta de Esperanza, haz clic <u>aquí</u>.

caminar
comprar
hablar
hacer
hacer
llevar
morirse
tener

Querida Esperanza:
Hace un mes _____ mi suegra y ahora _____ problemas con la herencia. Ella estuvo enferma durante tres años y yo la _____ al médico, le di de comer y cuando ya no pudo _____, le _____ una silla de ruedas. El hermano de mi esposa no _____ nada, pero recibió todo el dinero y a nosotros mi suegra nos dejó solamente el gato y un álbum de fotos. ¿Qué nos aconseja que _____? ¿Es necesario que _____ con el hermano de mi esposa?

Responsable pero pobre

Para la respuesta de Esperanza, haz clic <u>aquí</u>.

Internet · Do Workbook
Práctica comunicativa II, CD-ROM, Web ACE Tests, and lab activities.

Parte B: Ahora imagínate que eres Esperanza y tienes que escribir respuestas a estas personas. Usa expresiones como **es necesario que, le aconsejo que,** etc.

Videoimágenes

La vida de la ciudad

ACTIVIDAD **33** **El barrio ideal** Antes de ver el video, trabajen en parejas y digan qué cosas de la siguiente lista buscan Uds. en el barrio (*neighborhood*) ideal y por qué. Sigan el modelo.

◆ Es importante que tenga un supermercado cerca porque no quiero usar mi carro para hacer compras.

ser tranquilo	poder estacionar (*park*) el carro en la calle
haber mucha gente joven	tener restaurantes económicos
ser seguro	estar en un lugar céntrico
tener tiendas muy cerca	tener acceso a transporte público
no haber niños	

◄ Javier con Carmen Fernández.

25:48–29:32

ACTIVIDAD **34** **Busca un apartamento que . . .** Javier quiere alquilar un apartamento en Madrid en el mes de agosto. Mientras miras el siguiente segmento, escribe qué muebles y otras cosas ves en las diferentes habitaciones del apartamento de Carmen, una secretaria administrativa que vive con su hija en un barrio de clase media.

salón comedor	*dormitorio*	*baño*	*cocina*

📺 29:33–30:29

***ACTIVIDAD 35* Visita por el barrio** En este segmento, Carmen lleva a Javier a conocer el barrio. Escribe una lista de lugares que están cerca del apartamento.

***ACTIVIDAD 36* A comparar** Después de ver el video, compara tu casa o aparta-mento con el de Carmen Fernández. Luego compara el barrio de Madrid donde vive Carmen con el de tu casa o apartamento.

📺 30:30–end

***ACTIVIDAD 37* Visita por Buenos Aires** En este segmento Mariela habla con una amiga en Buenos Aires, Argentina, sobre el centro de esa ciudad. Mientras escuchas la conversación, completa las siguientes ideas.

1. San Martín es el _____ de Argentina.
2. El Kavannagh es el _____ rascacielos (*skyscraper*) de América Latina.
3. La zona de la calle Florida es el centro _____.
4. El horario de trabajo es de _____ a _____.
5. El horario del almuerzo es de _____ a _____.
6. La ropa típica que llevan los hombres al trabajo es pantalones _____, saco _____ y camisa _____.
7. Después del trabajo la gente va a la casa, _____ o a _____.

***ACTIVIDAD 38* Costumbres de este país** Después de ver el segmento, trabajen en parejas y digan cuáles son algunas costumbres de este país para poder describírselas a un turista.

1. horario de trabajo
2. horario del almuerzo
3. ropa típica que llevan al trabajo los hombres y las mujeres
4. cosas típicas que hace una persona después del trabajo
5. número de semanas de vacaciones

 Do Web Search activities.
Internet

Vocabulario funcional

Los números ordinales *Ver página 208.*

Las habitaciones de la casa

el baño	*bathroom*
la cocina	*kitchen*
el comedor	*dining room*
el cuarto de servicio	*maid's room*
el dormitorio	*bedroom*
el hall (de entrada)	*entrance hall*
el pasillo	*hallway*
la sala	*living room*

Palabras relacionadas con la casa o el apartamento

el agua	*water*
alquilar	*to rent*
el alquiler	*rent*
amueblado/a	*furnished*
el apartamento	*apartment*
la calefacción	*heat*
el edificio	*building*
la electricidad	*electricity*
la fianza/el depósito	*security deposit*
el garaje	*garage*
el gas	*gas*
los gastos	*expenses*
la luz	*light; electricity*
el piso	*floor*
el portero	*doorman; janitor*

Los muebles

la alfombra	*carpet*
el armario/el ropero	*closet*
la cómoda	*dresser*
el estante	*bookshelf*
el sillón	*easy chair*

En el baño

la bañera	*bathtub*
el bidé	*bidet*
la ducha	*shower*
el espejo	*mirror*
el inodoro	*toilet*
el lavabo	*sink*

En la cocina

la aspiradora	*vacuum cleaner*
la cafetera	*coffee maker*
el congelador	*freezer*
la estufa/cocina eléctrica / de gas	*electric/gas stove*
el fregadero	*kitchen sink*
el (horno de) microondas	*microwave (oven)*
la lavadora	*washing machine*
el lavaplatos	*dishwasher*
la nevera	*refrigerator*
la tostadora	*toaster*

Más verbos

aconsejar	*to advise*
escoger	*to choose, select*
esperar	*to hope*
limpiar	*to clean*
prohibir	*to prohibit*

Palabras y expresiones útiles

la calle	*street*
el consejo	*advice*
de segunda mano	*secondhand, used*
es bueno	*it's good*
es importante	*it's important*
es mejor	*it's better*
es necesario	*it's necessary*
la esperanza	*hope*
Fulano, Mengano y Zutano	*Tom, Dick, and Harry*
la gente	*people*
el/la jefe/a	*boss*
o sea	*that is to say*
ojalá (que) + *subjunctive*	*I hope that . . .*
la plata	*slang for "money" (literally, "silver")*
¡Por el amor de Dios!	*For heaven's sake! (literally, "For the love of God!")*
todavía	*still, yet*
todavía no	*not yet*
¡Vaya!	*Wow!*
ya	*already; now*
ya no	*no longer, not anymore*

Capítulo
9

Chapter Objectives

➤ Discussing leisure-time activities

➤ Expressing doubt and certainty

➤ Telling how an action is done (quickly, etc.)

➤ Indicating time and age in the past

➤ Identifying food items

➤ Giving instructions

➤ Expressing emotion

▼ Indígenas zapotecas en un mercado del estado de Oaxaca, México.

Datos interesantes

➤ México es tres veces más grande que Texas.

➤ Tiene más de 20.000.000 de turistas al año, entre ellos más de 15.000.000 de estadounidenses.

➤ México es el segundo importador mundial de productos estadounidenses.

➤ El Paso y Ciudad Juárez forman la comunidad fronteriza (*border community*) más grande del mundo: 2.000.000 de personas y un crecimiento anual del 5%.

El trabajo y el tiempo libre

◄ Un restaurante
en México.

Tal vez and quizá (or quizás) don't use que; they are followed directly by the subjunctive.

¿No sabías?	You didn't know?
tal vez/quizá(s) + *subjunctive*	perhaps/maybe
Somos dos.	There are two of us.
¡Qué (buena) suerte! /	What good/bad luck!
¡Qué mala suerte!	

Raúl, el sociólogo, está en México donde está haciendo una investigación sobre la percepción del tiempo. Ahora entra a almorzar en un restaurante con su amiga Rosa, una socióloga mexicana.

ACTIVIDAD 1 ¿Cierto o falso? Lee las siguientes oraciones y luego, mientras escuchas la conversación, identifica si son ciertas **(C)** o falsas **(F).**

1. _____ La mujer que conoció Raúl en Nogales es soltera.
2. _____ La mujer de Nogales es muy joven.
3. _____ La mujer tarda diez minutos en llegar al trabajo.
4. _____ El concepto del tiempo es diferente en el D. F. que en ciudades pequeñas.
5. _____ En México, el fútbol es muy popular entre los hombres.
6. _____ Raúl va a mirar un partido de fútbol el sábado.

RAÚL   ¿Podemos sentarnos en esa mesa al lado de la ventana?

MESERO   ¿Cuántos son?

RAÚL   Somos dos.

MESERO   Sí, ahora la limpio.

◈ Stating age in the past

RAÚL   Gracias, señor. Rosa, ¿sabes que finalmente tuve la oportunidad de entrevistar en Nogales a una señora que tenía unos 50 años?

ROSA   Para tu investigación, ¿no?

RAÚL   Sí, para mi investigación.

ROSA   ¿Y qué tal?

RAÚL   Pues, resulta que su marido trabaja en una maquiladora y ella hace sándwiches.

ROSA   ¿Sándwiches o tortas? Porque en México los sándwiches se hacen con pan de caja y las tortas con pan fresco de la panadería. ¿No sabías?

◈ Asking an opinion

RAÚL   Ah, sí, es verdad . . . son tortas y las hace en su casa. Y me contó que todas las mañanas prepara sándwi . . . tortas y las lleva al mercado que está a dos cuadras de su casa. ¿Y cuánto tiempo crees que tarda en llegar al mercado?

ROSA   No sé, no creo que tarde más de diez minutos.

RAÚL   Pues, tarda casi dos horas.

ROSA   ¿Cómo que dos horas? ¿Y por qué?

◈ Indicating doubt

RAÚL   Pues porque en el camino habla con gente, pregunta por su salud, por sus familiares y tal vez les venda una que otra torta. Para ella es como parte de su día de trabajo. El concepto del tiempo de esta mujer es bastante diferente del concepto del tiempo en las grandes ciudades. Dudo que aquí en el D. F. el concepto del tiempo sea igual que en ese pueblo.

ROSA   Claro, porque el D. F. es una gran metrópolis y aquí se separa más la vida social de la vida laboral.

RAÚL   Y dime, ¿qué hace la gente de esta gran ciudad en su tiempo libre? Es decir, ¿cómo socializa?

ROSA   La gente va al cine, a tomar café y un pastel, a bailar . . . Nos gusta hablar mucho de política, pero los hombres hablan de fútbol, juegan al fútbol y su vida es el fútbol. En la calle donde yo vivo, hay hombres jóvenes que juegan en la calle, así, informal.

RAÚL   ¿En la calle misma?

ROSA   Sí, si hay un carro que tiene que pasar, es como un jugador más.

RAÚL   ¡Cómo me gustaría jugar un partido!

◈ Expressing certainty

ROSA   Pues si vienes este sábado a mi casa, mi esposo seguro que te invita a jugar.

RAÚL   ¡Qué suerte tengo! Partido de fútbol este fin de semana.

ACTIVIDAD **2** **Preguntas** Después de escuchar la conversación otra vez, contesta estas preguntas.

1. ¿Qué comida prepara en su casa la mujer de Nogales?
2. ¿Cuánto tiempo tarda la mujer en caminar al mercado para vender su comida y por qué?
3. ¿Qué le gusta hacer a la gente del D. F. en su tiempo libre?
4. ¿Dónde juega al fútbol el marido de Rosa? ¿Qué obstáculo participa a veces en un partido?
5. Raúl y Rosa hablan de una percepción diferente del tiempo en los pueblos y las ciudades pequeñas en comparación con las grandes ciudades. ¿Existe esta diferencia en tu país?

¿Lo sabían?

En la frontera entre México y los Estados Unidos hay más de 2.500 maquiladoras, fábricas que producen productos para el mundo entero. Más del 60% de ellas pertenecen a empresas estadounidenses que reciben muchos beneficios, entre ellos: mano de obra barata, pocas restricciones laborales, proximidad a los EE.UU. y la posibilidad de ahorrar (*to save*) hasta el 50% de los costos de producción.

Más de un millón de mexicanos trabajan en maquiladoras y el 60% son mujeres. Algunos dicen que estos empleos les dan libertad económica y los ayudan a salir de la pobreza, pero los críticos de las maquiladoras hablan de la explotación: sueldos mínimos, largas horas de trabajo, condiciones peligrosas, etc. Buenas o malas, las maquiladoras forman parte de lo que es México hoy en día en la época de la globalización.

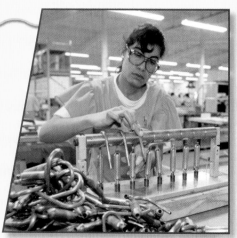
▲ Una trabajadora en una maquiladora en Reynosa, México.

◈ Note the use of the subjunctive in *Actividad 3*.

ACTIVIDAD 3 ¿Qué crees? **Parte A:** Contesta estas preguntas escogiendo las opciones que describen tu opinión.

1. ¿Crees que exista la suerte?
   _____ Sí, creo que existe.
   _____ Es posible que exista.
   _____ No, no creo que exista.

2. ¿Crees que se pueda ver el futuro en la palma de la mano?
   _____ Sí, creo que se puede ver el futuro en la palma de la mano.
   _____ Es posible que se pueda ver el futuro en la palma de la mano.
   _____ No, no creo que se pueda ver el futuro en la palma de la mano.

3. ¿Crees que haya personas en otros planetas (Venus, Marte, Plutón, Urano)?
   _____ Sí, creo que las hay.
   _____ Es posible que las haya.
   _____ No, no creo que las haya.

4. ¿Crees que algunas personas tengan percepción extrasensorial (*ESP*)?
   _____ Sí, creo que algunas personas tienen percepción extrasensorial.
   _____ Es posible que algunas personas tengan percepción extrasensorial.
   _____ No, no creo que ninguna persona tenga percepción extrasensorial.

Parte B: En parejas, háganle a su compañero/a las preguntas de la **Parte A** para ver qué opina y por qué.

ACTIVIDAD **4** **Quizás . . . quizás . . . quizás** En parejas, Uds. tienen problemas y quieren hablar con un/a amigo/a para pedirle consejos. "A" cubre la Columna B y "B" cubre la Columna A. Primero "A" le explica sus problemas a "B" para ver qué piensa. Después cambien de papel.

◆ A: Dejé las llaves dentro del coche.

B: Tal vez tengas que romper la ventanilla. / Quizás debas llamar a la policía.

A

1. No funciona el televisor nuevo que compraste.
2. Acabas de recibir una cuenta de teléfono de $325. Hay tres llamadas de larga distancia a Japón y no llamaste a nadie allí.

B

1. Acabas de empezar un nuevo trabajo y tu jefe/a quiere salir contigo.
2. Un buen amigo bebe mucho y crees que es alcohólico.

Lo esencial I

I. Los pasatiempos

1. jugar (a las) cartas
2. hacer rompecabezas
3. jugar (al) ajedrez
4. jugar (al) billar
5. jugar con juegos electrónicos/videojuegos

Otros pasatiempos

◇ Associate people you know with their hobbies.

arreglar el carro   to fix the car
cocinar   to cook
coleccionar   to collect
  estampillas   stamps
  monedas   coins
coser   to sew
cuidar plantas (jardinería)
  to take care of plants (gardening)

escribir cartas/poesías   to write letters/ poems
hacer artesanías   to make crafts
hacer crucigramas   to do crossword puzzles
navegar por Internet   to surf the Net
pescar   to fish
pintar   to paint
tejer   to knit; to weave

ACTIVIDAD **5** **Los pasatiempos**   **Parte A:** Escribe la primera letra de tu nombre en el primer espacio en blanco de la columna apropiada para describir tus pasatiempos. Luego, escribe una "m" o una "p" en el segundo espacio en blanco para describir los pasatiempos de tu madre o de tu padre.

Me/Le gusta	*mucho*	*poco*	*nada*
1. pintar	___ ___	___ ___	___ ___
2. cuidar plantas	___ ___	___ ___	___ ___
3. navegar por Internet	___ ___	___ ___	___ ___
4. pescar	___ ___	___ ___	___ ___
5. hacer crucigramas	___ ___	___ ___	___ ___
6. . . .	___ ___	___ ___	___ ___

Parte B: En parejas, hablen con su compañero/a para ver qué hacen él/ella y su madre/padre en el tiempo libre. Hagan preguntas como: **¿Te gusta cocinar? ¿Pintas en tu tiempo libre? ¿A tu madre/padre le gusta cocinar?**

Parte C: En parejas, escriban tres oraciones para describir qué hacen Uds. en su tiempo libre. Por ejemplo:

◆ A nosotros nos gusta mucho navegar por Internet, pero a la madre de Phil no le gusta nada.

ACTIVIDAD **6** **Los intereses**   Habla con varias personas y pregúntales si hacen las siguientes actividades en su tiempo libre.

1. jugar a las cartas
   Si contestan que sí: ¿A qué juegan? ¿Con quiénes? ¿Juegan por dinero? En general, ¿pierden o ganan dinero?
   Si contestan que no: ¿Por qué no?
2. tener alguna colección
   Si contestan que sí: ¿De qué? ¿Cuántos/as? ¿Cuánto tiempo hace que coleccionan?
   Si contestan que no: ¿Les gustaría tener una colección? ¿Qué les gustaría coleccionar?
3. hacer crucigramas o rompecabezas
   Si contestan que sí: ¿Dónde? ¿Cuándo? ¿Son expertos?
   Si contestan que no: ¿Por qué? ¿Son interesantes esos juegos o les causan frustración?
4. jugar con juegos electrónicos
   Si contestan que sí: ¿Cuáles? ¿Dónde? ¿Son expertos? ¿Cuánto tiempo hace que juegan?
   Si contestan que no: ¿Por qué no juegan? ¿Tienen computadora?
5. ¿Qué otra actividad hacen en su tiempo libre?

II. Otras cosas de la cocina

1. la cuchara
2. el tenedor ⎱ los cubiertos
3. el cuchillo ⎰
4. el vaso
5. la taza
6. la servilleta
7. el/la sartén
8. la olla
9. el plato

◈ Spoons come in many sizes. Some common sizes include **cuchara de sopa** and **cucharita de café**.

◈ The use of **el** or **la** with **sartén** varies from country to country.

Otras palabras
la copa de vino wine glass   **el pimentero** pepper shaker   **el salero** salt shaker

ACTIVIDAD **7** **A comer** Di qué cosas usas para preparar, comer o beber las siguientes comidas y bebidas.

1. un consomé
2. el agua
3. una ensalada
4. una hamburguesa
5. el champán
6. el café
7. la fruta
8. un sándwich

ACTIVIDAD **8** **Cómo poner la mesa** Numera cada cosa que ves en esta foto de una mesa elegante.

1. copa de agua
2. copa de champán
3. copa de vino
4. cuchara de postre (_dessert_)
5. cuchara de sopa
6. cuchillo de entrada (_first course_)
7. cuchillo de postre
8. cuchillo principal
9. pimentero
10. plato para pan
11. platos
12. salero
13. servilleta
14. tenedor de entrada (_first course_)
15. tenedor de mariscos (_seafood_)
16. tenedor principal

Hacia la comunicación I

I. Expressing Doubt and Certainty: Contrasting the Subjunctive and the Indicative

In the conversation between Rosa and Raúl at the beginning of the chapter, Raúl says, **"Dudo que aquí en el D. F. el concepto del tiempo sea igual que en ese pueblo."** Is he expressing certainty or doubt?

If you said doubt, you were correct. To express doubt or disbelief about something or someone, you may use the subjunctive in a dependent noun clause. Doubt may be expressed in a personal or an impersonal way.

1 ◆ To express doubt in a personal way, use the following formula:

Person expressing doubt	+	**que**	+	*action or state that is doubted*
Dudo		**que**		ellos **sean** buenos amigos.
No creo		**que**		yo **gane** la lotería.*

*Notice in the previous sentence that a person can express doubt about his/her own actions or state.

When no doubt is expressed, the indicative is used.

Creo que a las chicas les **gusta** pescar.*   *I believe (think) that the girls like to fish.*

Estoy seguro de que Vicente **va** a venir.   *I'm sure Vicente is going to come.*

*NOTE: Creer in an affirmative statement does not imply doubt.

 Quizá(s) and **tal vez** imply doubt.

2 ◆ You can also express doubt or denial in an impersonal way about someone or something specific with an independent clause that contains an impersonal expression such as **(no) es posible, (no) es probable, es dudoso, no está claro, no es evidente,** and **no es cierto/verdad.**

No es cierto/verdad que Diana **escriba** poesías.   *It isn't true that Diana writes poetry.*

Es probable que ellos **jueguen** al ajedrez.   *It's probable that they play chess.*

However, if you want to express doubt, but not about someone in particular, omit the word **que** and use the infinitive: **Es posible ir mañana.**

When the impersonal expression indicates certainty, the indicative is used.

Es verdad que juegan al ajedrez.   *It's true that they play chess.*

Other impersonal expressions that indicate certainty and do not require the subjunctive are **es cierto, está claro, es evidente, no hay duda (de),** and **es obvio.**

II. Saying How an Action is Done: Adverbs Ending in *–mente*

An adverb of manner indicates how the action expressed by the verb is done. English adverbs of manner that end in *-ly* are formed in Spanish by adding **-mente** to the feminine singular form of the adjective. However, if the adjective ends in a consonant or **-e,** simply add **-mente.** If the adjective has an accent, it is retained when **-mente** is added.

When this type of adverb appears in a series, only the last adverb contains **-mente;** the others use the feminine form of the adjective: **Speedy González corre rápida y frecuentemente.**

rápido $\longrightarrow$ rápid**amente**	general $\longrightarrow$ general**mente**

Speedy González corre
  rápidamente.

Speedy González runs rapidly.

Common adverbs include:

constantemente	fácilmente	inmediatamente	solamente*
continuamente	frecuentemente	posiblemente	tranquilamente
divinamente	generalmente	probablemente	

*NOTE: solamente = sólo (*only*), but **solo/a** (*alone*).

ADVERTENCIA DEL CIRUJANO GENERAL: Dejar de Fumar Ahora Reduce Enormemente Los Graves Riesgos Para Su Salud.

III. Indicating Time and Age in the Past: *Ser* and *Tener*

You already know one way to talk about the past, the *preterit.* There is another way called the *imperfect,* which has its own uses.

1 ◆ When you want to indicate age in the past, use one of the following imperfect forms of the verb **tener.**

tener	
tenía	teníamos
tenías	teníais
tenía	tenían

Álvaro **tenía** diez años cuando
  viajó en avión por primera vez.
Una vez, cuando **tenía** quince
  años, fui a Chichén Itzá.

*Álvaro was ten when he flew for the
  first time.*
*Once, when I was fifteen, I went to
  Chichen Itza.*

2 ◆ When you want to indicate the time an action took place, use the imperfect form of the verb **ser: era** or **eran.**

Era la una de la mañana cuando
  me llamó mi novia.
Eran las ocho cuando salí de
  mi casa.

*It was one in the morning when my
  girlfriend called me.*
It was eight when I left my house.

Do Workbook *Práctica mecánica I* and corresponding CD-ROM activities.

◈ Doubt = subjunctive
Certainty = indicative

ACTIVIDAD 9 La política Parte A: En parejas, altérnense dando sus opiniones sobre el presidente de los Estados Unidos, formando oraciones con frases de las tres columnas.

Es evidente   ser inteligente
Dudo   entender los problemas del país
(No) creo   vivir en Washington
(No) es cierto   que el presidente   ser liberal
Es obvio   ser bueno
(No) es posible   trabajar mucho
(No) es probable   decir la verdad
(No) es verdad   saber hablar con otros líderes

◈ Doubt = subjunctive
Certainty = indicative

Parte B: Después de escuchar las oraciones de tu pareja, ¿crees que él/ella sea liberal, conservador/a o que tenga poco interés en la política?

ACTIVIDAD 10 Los mexicanos Parte A: Lee la siguiente información sobre los mexicanos y responde a las preguntas de tu profesor/a.

- México es un país principalmente católico pues casi el 90% de la población es católica aunque muchos no van a la iglesia.

- En el país se hablan más de 250 idiomas diferentes y la gran mayoría son idiomas indígenas como el náhuatl.

- La composición étnica de la población es la siguiente:

  mestizo   60%
  amerindio   30%
  blanco   9%
  otro   1%

- La educación pública a nivel primario, secundario y universitario es gratuita o casi gratuita, pero la gente de clase alta generalmente asiste a instituciones privadas.

- Con frecuencia, los hijos no se van de la casa de sus padres hasta casarse. Algunos de la clase trabajadora se quedan en la casa después de casarse y al tener hijos, si ya no hay más lugar en la casa, se van.

- El 10% más rico de la población consume el 36,6% del mercado interno mientras que el 10% más pobre consume el 1,8%.

Parte B: Ahora, en parejas, usen la información que leyeron en la **Parte A** para expresar su opinión sobre las siguientes ideas. Al opinar, usen frases como **creo que . . . , dudo que . . . , no creo que . . . ,** etc. y expliquen por qué piensan de esa manera.

1. Hay mucha diversidad étnica en México.
2. No existe la discriminación racial en México.
3. Hay igualdad de oportunidades.
4. Las familias son muy unidas.
5. El porcentaje de divorcios es muy bajo.

ACTIVIDAD **11** **Las galletas de la suerte** En grupos de cuatro, imagínense que están en un restaurante chino y que les acaban de dar galletas de la suerte. Cada uno debe leer su suerte y los otros deben comentarla. Usen frases de la lista para formar oraciones, siguiendo el modelo.

◆ *El que habla mucho, poco dice.*

Es evidente que tú hablas mucho.

Es importante que escuches a los otros porque . . .

es evidente que . . . porque . . .	no creo que . . . verdad porque . . .
es verdad que . . . porque . . .	es probable que . . . porque . . .
es posible que . . . porque . . .	dudo que . . . porque . . .
es necesario que . . . porque . . .	es mejor que . . . porque . . .

Una persona empieza, preguntándole a otra: —¿Qué dice tu galleta de la suerte?

ACTIVIDAD **12** **¿Verdad o mentira?** **Parte A:** Escribe cuatro oraciones sobre tu vida actual. Dos deben ser falsas y dos deben ser ciertas. Por ejemplo:

◆ Vivo en un apartamento con cinco personas y dos perros.

Parte B: En parejas, túrnense para leerle las oraciones a su compañero/a. El/La compañero/a debe decir si cree que son verdad o mentira. Usen frases como **(No) creo que . . .** , **Dudo que . . .** , **(No) es verdad que . . .** , **Es cierto que . . .** y justifiquen sus respuestas. Sigan el modelo.

◆ A: Vivo en un apartamento con cinco personas y dos perros.

B: Creo que sí vives en un apartamento con . . . porque . . .

B: No creo que vivas en un apartamento con . . . porque . . .

ACTIVIDAD **13** **¿Qué hace?** ¿Crees conocer bien a tu compañero/a? Escribe oraciones sobre las costumbres de tu compañero/a usando las palabras que se presentan a continuación. Después, en parejas, léanle las oraciones para ver si Uds. se conocen bien o no.

◆ Tú duermes constantemente.

			constante
		bailar	continuo
		comer	divino
		conducir	fácil
Tú	(no)	correr	frecuente
		dormir	general
		estudiar	inmediato
		leer	tranquilo
			rápido

ACTIVIDAD **14** **¿Cuántos años tenían?** En parejas, averigüen cuántos años tenía su compañero/a o alguien de su familia cuando hizo estas cosas.

◆ aprender a nadar

A: ¿Cuántos años tenías cuando aprendiste a nadar?

B: Tenía siete años cuando aprendí a nadar.

1. terminar la escuela secundaria
2. sus padres / casarse
3. empezar a jugar al (un deporte)
4. tener su primer trabajo
5. tener novio/a por primera vez
6. aprender a leer

ACTIVIDAD **15** **Era medianoche cuando . . .** En parejas, lean la siguiente historia y después digan a qué hora ocurrieron las acciones que se presentan, empezando cada oración con **Era/Eran** (+ hora) **cuando . . .**

Era medianoche cuando Pablo llegó a casa. Una hora más tarde, alguien llamó por teléfono, pero él no contestó porque diez minutos antes había empezado (*had started*) a bañarse. Estuvo en el baño por media hora. Justo cuando salió de la bañera empezó un episodio de "Viaje a las estrellas", donde el Sr. Spock casi se enamora de la enfermera del *Enterprise*. Cuando terminó el programa, Pablo se acostó.

1. él / llegar / a casa
2. alguien / llamar
3. él / empezar a bañarse
4. el programa / empezar
5. él / acostarse

Do Workbook *Práctica comunicativa I* and corresponding CD-ROM activities.

Nuevos horizontes

ESTRATEGIA: Finding References, Part I

When reading, you need to identify the subject of a sentence. In English, subjects generally precede their verbs; to avoid repeating a noun as a subject, writers use subject pronouns. In Spanish, writers have more options, so you need to look more closely to find references for subjects.

- If a subject is overtly stated, it may precede or follow the verb.

El perro sólo viene cuando **mi padre** lo llama.
El perro sólo viene cuando lo llama **mi padre.**

- A subject may be separated from the verb in the same sentence or omitted if mentioned in a previous sentence.

El Sr. Ibáñez, padre de familia y amigo de todos, **está** aquí con nosotros. Hoy **va** a hablarnos de la importancia de hacer ejercicio todos los días.

- A subject pronoun may replace a noun or the verb may be used alone. If the latter occurs, the subject must be determined from context.

Juan y Pepe llegan tarde a la oficina. **Ellos** siempre tienen mucho sueño y beben mucho café en el trabajo.

You will practice identifying subjects of verbs in the reading passage.

ACTIVIDAD 16 ¿Qué opinas? Parte A: Antes de leer el siguiente artículo publicado en una revista mexicana, di si estás de acuerdo o no con estas oraciones sobre las telenovelas de los Estados Unidos. Para dar tu opinión, usa frases como **Creo que . . . , No creo que . . . , Dudo que . . . , No es cierto que . . . , Es evidente que . . .** , etc.

1. Muchas personas imitan a las personas que aparecen en las telenovelas.
2. Las telenovelas representan la realidad.
3. La gente aprende mucho cuando ve telenovelas.
4. Las cadenas de televisión, como la NBC, la CBS y la ABC, se preocupan por presentar telenovelas de contenido educativo.
5. Las telenovelas ayudan a la gente a buscar soluciones para sus problemas de la vida real.
6. Los personajes de las telenovelas son buenos modelos para los jóvenes.
7. El valor de la familia como institución es un tema (*theme*) importante en las telenovelas.
8. Para ser popular, una telenovela debe tener mucho sexo y mucha violencia.

Parte B: Lee el artículo rápidamente y decide cuál de las siguientes frases describe mejor la idea principal.

a. Identifica un problema de México y habla de las posibles ramificaciones negativas.
b. Identifica un problema de México y ofrece una posible solución.
c. Critica la influencia negativa de la televisión en la vida diaria del mexicano.

***ACTIVIDAD 17* Búsqueda de sujetos** Al leer el artículo, identifica los sujetos de los verbos señalados.

1. (líneas 1–2) Expertos de la industria mundial de la telenovela (sometieron). . .
2. (líneas 11–12) . . . en aras de ganar teleauditorio (afectó). . .
3. (línea 13) . . . y en contraparte (aseguró) que los cambios . . .
4. (segunda caja) Los teledramas son vehículos de entretenimiento con contenido social, (opina) Miguel Sabido.
5. (línea 20) . . . dada la influencia que (logran). . .
6. (línea 49) (Sirven) de punto de partida . . .

¿Para qué sirven las telenovelas?

Luis Adrián Ysita

Expertos de la industria mundial de la telenovela sometieron a profundos análisis ese género[1] tan gustado. Expositores de veinte países ventilaron experiencias con el objetivo de impulsar la creación
5 de nuevos seriales con elevado nivel de calidad y, sobre todo, con mayor contenido social.

◇ Televisa y Televisión Azteca son dos cadenas mexicanas de televisión.

Desde la inauguración misma del evento, Emilio Azcárraga Jean externó conceptos interesantes de apertura[2], entre otras cosas, el joven dirigente tele-
10 visivo reconoció que la competencia sostenida con Televisión Azteca en aras de ganar teleauditorio afectó negativamente algunos procesos creativos de su empresa, y en contraparte aseguró que los cambios en los seriales dramáticos de Televisa serán notables:
15 "Queremos mandar mensajes sociales a través de las telenovelas, si logramos tener programas culturales entretenidos, la gente no se irá".

¿Qué es una telenovela?

Según los expositores de Espacio 98[3], los teledramas no son simplemente instrumentos de esparcimiento[4];
20 dada la influencia que logran sobre millones de personas se convirtieron en vehículos de comunicación social sin perder desde luego, su capacidad de entretener[5].

El propósito de Televisa: enviar mensajes sociales a través de telenovelas

Los teledramas son vehículos de entretenimiento con contenido social, opina Miguel Sabido

---

1 *genre*   2 *opening*   3 *a convention called* Espacio 98   4 *entertainment*   5 *to entertain*

Las telenovelas del futuro

Por las exigencias populares y por la influencia comprobada de
25 las series dramáticas sobre la gente aficionada a ellas, la empresa
Televisa trabaja en la modificación de sus mecanismos de
creación para lograr que dentro de cinco años todas las produc-
ciones ahí realizadas tengan fuertes cargas emotivas, en
combinación con contenido social.

30   Aunque tenga que sacrificarse puntos en la estadística
raiting[6], el compromiso[7] de Televisa es apegarse a la realidad
social en cada una de sus telenovelas. La creación de víctimas,
villanos y personajes de duda ya no será provocada únicamente
por el interés de ganar una competencia entre televisoras.

35   Y de ese modo se logrará, a juicio de los doctos en el género,
la finalidad soñada por los productores de telenovelas: conectar
a la audiencia con la televisión mediante un lazo de conciencia
social.

Conclusiones

Al final de las conferencias el resultado fue:

40 • Las telenovelas promueven y propician
cambios de comportamiento social.
• Se convierten en un factor de
contribución al mejoramiento de
conductas sociales.
45 • Mediante los dramas se busca
la integración familiar.
• Defienden la superación personal en
muchas facetas de la vida.
• Sirven de punto de partida para reflexionar
50 sobre diversas problemáticas, así como sobre
sus soluciones.

"El que llamó caja idiota a la televisión, es un
idiota": Miguel Sabido

"Insisto en que el que tituló de ese modo a la
55 televisión es un idiota, pues no es posible cerrar
los ojos ante un medio de comunicación tan
transcendente."

"Después del libro, la televisión es el instrumento
cultural de mayor relevancia, por lo mismo, sería adecuado contar con todos
60 los apoyos posibles para su pleno desarrollo y sobre todo en el género de
las telenovelas."

Los dramas en televisión propician cambios en las conductas ciudadanas

▼ Personajes de la telenovela colombiana *Betty la fea*.

▼ Miguel Sabido, productor y director de telenovelas de éxito. Trabaja para Televisa.

---

6 *rating* (*the English word is used in Spanish with a slight spelling change*)   7 *commitment*

ACTIVIDAD 18 Una vez más Lee el artículo otra vez y marca **C** si las siguientes oraciones son ciertas o **F** si son falsas. Corrige las oraciones falsas.

1. _____ Televisa y Televisión Azteca quieren producir telenovelas que sean educativas.
2. _____ Según Emilio Azcárraga Jean, es posible que las telenovelas tengan mayor contenido social sin tener escenas de violencia y sexo y que también sean populares.
3. _____ La estadística *raiting* no es muy importante para Televisa.
4. _____ Emilio Azcárraga Jean opina que la televisión ayuda a formar la conciencia social si contiene programas buenos.
5. _____ Según Miguel Sabido, sólo los idiotas miran la televisión.
6. _____ El Sr. Sabido dice que la televisión tiene una influencia más fuerte que los libros en la cultura de un país.

ACTIVIDAD 19 La popularidad El artículo habla de la influencia de la televisión en el comportamiento de la gente y cómo puede tener un efecto positivo si los programas tienen buen contenido social. En grupos de tres, discutan las siguientes preguntas.

¿Tienen éxito (*are successful*) programas como "El Show de Cosby"? ¿Estos programas educan a la gente? ¿Por qué tienen éxito algunos programas sin tener ni sexo ni violencia?

Escritura

ESTRATEGIA: Describing and Giving Your Opinion

When describing something—a situation, a theory, etc.—first you must establish the main idea you want to convey by answering the question *what?* To describe supporting details and to give your reader the necessary background information for understanding, you should also address questions such as *who?*, *when?*, *where?*, *how?*, and *why?* In formal writing, expressions such as **es importante notar, se dice, tal vez, es bueno/malo que**, etc., introduce the author's point of view. In informal writing, you may express your point of view or interpretation of the topic with phrases such as **dudo que, en mi opinión, creo que**, and **tal vez.**

ACTIVIDAD 20 Tu opinión Parte A: In the article "**¿Para qué sirven las telenovelas?**", Emilio Azcárraga Jean describes the changes that Televisa is going to make in the production of its soap operas and why he believes these changes will be successful for his company and for Mexico. Write an essay giving your opinion about the proposed changes.

- Briefly explain the content of the article in *your own words.*
- Azcárraga and Sabido both believe that they can produce soap operas with less violence and sex and still keep an audience. Write about the possible ramifications of these changes, both good and bad, for Televisa and for the Mexican people.
- Bring a copy of your essay to the next class period and keep the original for yourself.

◈ Keep a copy of your essay in case your partner loses it!

Parte B: Exchange your essay with a partner. At home, critique (in Spanish) your partner's essay. Is it clear? Logical? Well explained? Are ideas from the article paraphrased or are they copied too closely from the text? Are there supporting details? Is there a need for a justification somewhere? Are there grammar or vocabulary problems (for example, agreement of subjects with verbs and of adjectives with nouns)? When commenting, use phrases like: **Interesante. Bien explicado. Buena justificación. No entiendo. Necesitas más explicación. No entiendo la lógica. No es correcto. La forma del verbo es incorrecta.** (etc.) When finished, write at the top of the paper: **"Revisado por"** and your name.

Parte C: Read your partner's comments and make all necessary changes in your final draft. Staple together all drafts and hand them in to your instructor.

Lo esencial II

◈ Practice vocabulary at the supermarket, when making up your shopping list, and when cooking.

I. La comida

1. la pimienta	6. el tomate	10. el jamón
2. la sal	7. la cebolla	11. el queso
3. el aceite	8. la fruta	12. los huevos
4. el vinagre	9. la mazorca (de maíz) /	13. el pan
5. la lechuga	el elote (México)	

*Prepared salad dressings are not commonly used; Hispanics generally use **aceite y vinagre.***

ACTIVIDAD **21** **Una ensalada** En grupos de tres, Uds. van a preparar una ensalada (*salad*). Digan qué ingredientes van a ponerle.

ACTIVIDAD **22** **El menú** En parejas, planeen el menú para un picnic usando productos que se venden en la tienda.

Las horas de la comida varían de país en país. En algunos países, como México, España y Colombia, la comida más importante del día es la que se come al mediodía. Esta comida se llama el almuerzo o la comida y generalmente se come más tarde que en los Estados Unidos. En otros países, como Argentina y Chile, la comida más importante es la de la noche. Ésta se llama la cena y generalmente se come a las nueve de la noche. ¿Cuál es la comida más importante en este país y a qué hora se come?

II. La preparación de la comida

Freír is an irregular verb. See Appendix A.

1. revolver
2. añadir
3. freír
4. darle la vuelta
5. cortar
6. poner la mesa

Note: **Se cort_a_ el jamón,** but **Se cort_an_ los tomates.**

 Se _le_ da la vuelta al huevo, but **Se _les_ da la vuelta a los huevos.**

ACTIVIDAD **23** **Los cocineros** Di qué cosas de la siguiente lista de comida se pueden cortar, freír, revolver, añadir, etc.

	la sal
	los tomates
se corta/n	las papas
se fríe/n	el jamón
se añade/n	la pimienta
se le/s da la vuelta a	el aceite
se revuelve/n	el queso
	las cebollas
	el vinagre

Después de comer, nada mejor que la sobremesa

◄ *Making Tortillas,*
Diego Rivera, 1926.

hay que + *infinitive*	one/you must + *verb*
mientras tanto	meanwhile
No puedo más.	I can't take it anymore.

platicar = to chat (Mexico);
many other countries use
charlar.

Después de la cena en casa de Rosa y Mauricio, Raúl y sus amigos hacen la sobremesa, es decir, platican y beben un café después de la comida.

ACTIVIDAD 24 ¿Cierto o falso? Mientras escuchas la conversación entre Rosa, Mauricio y Raúl, escribe **C** si la oración es cierta y **F** si es falsa.

1. _____ Rosa y Mauricio son cocineros excelentes.
2. _____ Raúl quiere postre con el café.
3. _____ Comieron tacos en la comida.
4. _____ En muchos hogares (*homes*) de México, la tortilla es más importante que el pan.
5. _____ El maíz se cultiva en algunas zonas de México.
6. _____ Con la comida, Raúl bebió una bebida hecha con maíz.

RAÚL	Muchas gracias por la cena. Estuvo maravillosa. Uds. son cocineros excelentes.
ROSA/MAURICIO	Gracias, gracias.
ROSA	Raúl, ¿quieres más postre?
RAÚL	No, gracias. Comí muchísimo. No puedo más. Pero te acepto un café.
MAURICIO	Bueno, Uds. platican y yo mientras tanto voy a preparar el café, ¿de acuerdo?

Expressing emotion

RAÚL	Oye, Rosa. Me sorprendo de que coman tanta tortilla aquí en México. ¿Qué es? ¿El plato nacional? Ayer en el desayuno, comí huevos con tortilla, hoy en la comida comí tacos en una taquería . . .
ROSA	Y esta noche nosotros te preparamos quesadillas.
RAÚL	Sí, y el otro día en el museo hasta vi un cuadro de Diego Rivera con mujeres preparando tortillas. Parece que es más importante que el pan.
ROSA	Bueno, en muchas casas es así, es mucho más importante que el pan. Para la gente de clase trabajadora, la tortilla muchas veces es la comida principal.
RAÚL	La comida principal, ¿eh?
ROSA	Así es. En otros casos no, pero la tenemos totalmente integrada a las comidas. Es que el maíz, que es el ingrediente principal, se cultiva en todo México.
RAÚL	Y entonces es una comida económica.

Giving information

ROSA	Sí, es muy barata. Se compran las tortillas en el supermercado, en puestos en la calle o inclusive hay tortillerías para comprarlas. Y el atole que probaste esta noche, ¿te gustó o no?
RAÚL	¿El qué?
ROSA	El atole. La bebida que bebiste con la comida.
RAÚL	Delicioso. Me encantó.
ROSA	Bueno, el atole que bebiste con la comida es un derivado líquido del maíz. Mira, ahí viene Mauricio con el café. Recuerda, hay que acompañar el café con una deliciosa tortilla fresca.

Joking

RAÚL	¿Otra vez?
ROSA	No, te estoy tomando el pelo.

ACTIVIDAD 25 **Preguntas** Después de escuchar la conversación otra vez, contesta estas preguntas.

1. ¿Quién es buen cocinero? Y tú, ¿cocinas bien?
2. ¿Qué comidas con tortillas comió Raúl en México?
3. ¿Dónde se compran las tortillas en México? ¿Y en tu ciudad?
4. ¿Cuál es el principal ingrediente de las tortillas y por qué es tan importante en México?
5. ¿Qué bebida tomó Raúl con el almuerzo?
6. ¿Con qué dice Rosa que hay que acompañar el café y por qué?
7. ¿Sabes cuál es la diferencia entre la tortilla española y la tortilla mexicana?

Diego Rivera (1886–1957) y Frida Kahlo (1907–1954) fueron una pareja de famosos pintores mexicanos. Se conoce a Rivera por sus murales que presentan la historia y los problemas sociales de su país o de otros países del hemisferio occidental. Generalmente, pintó muchos murales en edificios públicos, ya que consideró que la clase trabajadora debía tener acceso a ellos. En los Estados Unidos se pueden ver sus murales en Detroit y en San Francisco.

Kahlo, quien de joven sufrió un terrible accidente que la afectó para toda la vida, pintó mayormente autorretratos. Ella dijo: "Me pinto a mí misma porque estoy a menudo sola y porque soy la persona a la que mejor conozco". Muchas de sus pinturas, tristes y con elementos fantásticos, se encuentran hoy día en el Museo Frida Kahlo en Coyoacán, México, que está en la casa donde vivieron los dos pintores.

ACTIVIDAD 26 **Las necesidades** Termina estas frases, usando **hay que**.

◆ Para aprender más sobre México . . .

Hay que buscar información en Internet. Hay que ir a la biblioteca y leer. Hay que hablar con los mexicanos. Hay que hablar con el/la profesor/a de español. etc.

1. Para ver las pinturas de Frida Kahlo . . .
2. Para hacer un viaje a México . . .
3. Para preparar un taco . . .
4. Si el vuelo de Aeroméxico al D. F. está completo . . .

Hacia la comunicación II

I. Giving Instructions: The Passive *Se*

One way to give instructions in Spanish is to use the *passive* **se.** You already did this in *Actividad 23.* The passive **se** is used when it is not important who is performing the action. Study the following formulas and examples.

se +	*third person singular of verb*	+	*singular noun*
	third person plural of verb	+	*plural noun* / *series of nouns*

Primero, **se lava la fruta.**   *First, you wash the fruit.* (literally, *First, the fruit is washed.*)

Segundo, **se cortan los tomates** en trozos pequeños.   *Second, you cut the tomatoes in small pieces.* (literally, *Second, the tomatoes are cut in small pieces.*)

Tercero, **se cortan una cebolla y una patata.**   *Third, you cut an onion and a potato.* (literally, *Third, an onion and a potato are cut.*)

NOTE: You may also use the *passive* **se** to request or give information as in the following sentences.

¿Dónde **se venden verduras** frescas en esta ciudad?   *Where do they sell fresh vegetables in this city?* (literally, *Where are fresh vegetables sold in this city?*)

Se necesitan camareros.   *Waiters (are) needed.* (sign seen in a restaurant window)

Review uses of **para** and **por**, Ch. 5.

II. Other Uses of *Para* and *Por*

You have already learned some uses of **para** and **por** in Chapter 5. Here are some other uses.

1 ◆ To give a personal opinion, use **para.**

Para Gabriel, el carro español Seat es el coche perfecto.   *For Gabriel, the Spanish car Seat is the perfect car.*

2 ◆ To indicate exchange, use **por.**

¿Cuánto pagaste **por** tu raqueta de tenis?   *How much did you pay for your tennis racket?* (Payment indicates exchange.)
Te doy mis esquíes **por** tus patines.   *I'll give you my skis for your skates.*

3 ◆ To express *along*, *by*, *through*, use **por.**

Caminaron **por** la playa.	*They walked along the beach.*
Mandé la carta **por** correo.	*I sent the letter by mail.*
Viajaron **por** barco.	*They traveled by boat.*
Van a entrar **por** la puerta principal.	*They are going to come in through the main door.*

4 ◆ As you learned in Chapter 5, to indicate the recipient of an action, use **para.** To indicate that a person is substituting for or replacing someone, use **por.**

Raquel y Ana juegan **para** los Tigres, un equipo de basquetbol profesional.
Raquel and Ana play for the Tigers, a professional basketball team. (The team receives the action of their playing.)

Perla va a jugar **por** Raquel.
Perla is going to play for Raquel. (She will substitute for/replace her.)

III. Expressing Emotions: More Uses of the Subjunctive

Up to now, you have seen that the subjunctive is used in dependent noun clauses to give advice, to indicate hope, and to express doubt. It is also used to express emotion about other people's actions. As in other cases, emotion can be expressed in a personal or impersonal way.

1 ◆ To express emotion in a personal way, use the following formula.

Person expressing emotion	+	**que**	+	*person/thing expressing the emotion about*
Siento		**que**		no **vayas** con nosotros.

Verbs frequently used in the independent clause to express emotion include **alegrarse de** (*to be happy about*), **esperar, sentir** (*to feel/be sorry*), **tener miedo de,** or **sorprenderse de** (*to be surprised about*).

¿**Te alegras de que vayas** a ese restaurante?	*Are you happy that we are going to that restaurant?*
Me sorprendo de que no **sepas cocinar,** Álvaro.	*I'm surprised that you don't know how to cook, Álvaro.*
Nos alegramos de que te **guste** la tortilla.	*We're glad that you like the tortilla.*

However, when there is no change of subject, the infinitive is used: **Lamento no poder ir a la fiesta.**

2 ◆ You can also express emotions in an impersonal way about someone or something specific. The independent clause contains impersonal expressions such as **qué lástima, es una pena, qué pena,** or **es fantástico.**

> **¡Es una pena que** no **podamos** salir esta noche!   *It's a pity that we can't go out tonight!*

However, if you want to express emotion, but not about someone in particular, use the infinitive: **Es fantástico viajar.**

Do Workbook Práctica mecánica II, CD-ROM, Web ACE Tests, and lab activities.

ACTIVIDAD 27 Una receta La tortilla española es muy diferente de la tortilla mexicana. Da instrucciones para preparar una tortilla española usando el **se** pasivo.

> ◆ Lavas las patatas. ⟶ Se lavan las patatas.

1. Cortas las patatas y la cebolla.
2. Fríes las patatas y la cebolla.
3. Pruebas las patatas y la cebolla.
4. Revuelves los huevos.
5. Pones las patatas y la cebolla en un recipiente.
6. Revuelves las patatas y la cebolla con los huevos.
7. Añades la sal.
8. Quitas casi todo el aceite de la sartén.
9. Pones todo en la sartén.
10. Le das la vuelta a la tortilla.
11. Comes la tortilla.

◄ Una tortilla española, jamón serrano y pan. ¿Tienes hambre?

ACTIVIDAD 28 El "chef" Eres cocinero/a y vas a inventar un plato nuevo. Escribe la receta (*recipe*) y después explícale la receta a un/a amigo/a. Por ejemplo: **Primero se cortan . . . , Después se . . . ,** etc. **Se llama . . . y es delicioso.**

ACTIVIDAD **29** **Quinceañera** Sandra vive en un pueblo de México y hoy cumple 15 años. Sus padres le organizaron una fiesta muy grande. Forma oraciones para las siguientes situaciones relacionadas con la fiesta usando **para** o **por**.

1. Los padres de Sandra alquilaron un salón de fiestas y celebraron su cumpleaños.
2. Los padres le compraron un vestido blanco a Sandra. Les costó 5.000 pesos.
3. Óscar compró quince rosas porque es el cumpleaños de su novia.
4. Sus abuelos de Guadalajara fueron a la fiesta y viajaron en Aeroméxico.
5. El padre de Sandra trabaja en el Banco Central de México.
6. Su padre no fue al trabajo hoy para asistir a la fiesta. Su amigo Ramón trabajó en su lugar.
7. Su tío de Los Ángeles le mandó un regalo. Usó la compañía FedEx.
8. Después de la misa, la quinceañera, su familia y sus invitados caminaron de la iglesia al salón de fiestas detrás de una banda de músicos. Caminaron a través del pueblo.
9. En la fiesta, su padre le cambió los zapatos a Sandra. Le quitó los zapatos de tacón bajo y le puso unos de tacón alto.
10. Sandra cree que su cumpleaños de quince fue un evento muy especial.

¿Lo sabían?

En México y en partes de los Estados Unidos donde hay influencia mexicana, cuando las chicas cumplen los 15 años se hace una celebración que marca el paso de niña a mujer. El día del cumpleaños, la quinceañera, su familia y otros invitados van a una misa especial en la iglesia. Después, es común organizar un baile en la casa o en un salón de fiestas. En pueblos pequeños la quinceañera, su familia y sus amigos caminan detrás de una banda desde la iglesia hasta el lugar de la fiesta. En las grandes ciudades, algunos alquilan limosinas para este corto viaje. En la fiesta, el padre da un discurso para presentar a su hija en sociedad y luego empieza el baile con música en vivo. La quinceañera primero baila con su padre, generalmente un vals, pero después baila música moderna con sus chambelanes. En algunos casos, las damas de honor y los chambelanes hacen un baile con coreografía. En algunos festejos, la quinceañera lleva zapatos de tacón bajo a la iglesia, y luego en la fiesta, el padre le cambia los zapatos y le pone zapatos de tacón alto para representar que ya no es una niña.

▲ Tarjeta de Hallmark.

chambelanes y damas de honor = a group of young men and women similar to a prom court

ACTIVIDAD **30** Opiniones **Parte A:** En grupos de tres, expresen sus opiniones sobre estas oraciones.

◆ ¿Crees que los colegios mayores sean excelentes?

Sí, creo que son excelentes.   No, creo que son horribles.

1. El Escarabajo de Volkswagen es un carro fantástico.
2. El programa de "Jeopardy" es muy aburrido.
3. La música rap es antifeminista.
4. El presidente es muy inteligente.

Parte B: Ahora, forma oraciones para describir las opiniones de las personas de tu grupo.

◆ Para mí, el Escarabajo de Volkswagen es un carro fantástico porque . . . , pero para ellos, el Escarabajo es un carro feo.

Emotion = subjunctive

ACTIVIDAD **31** **La esperanza y el miedo** Todos tenemos esperanzas y miedos sobre el futuro. Lee la siguiente lista de frases y di si te dan miedo o si son tus esperanzas. Empieza con **Espero (que) . . .** o **Tengo miedo de que . . .** , etc.

1. la gente / preocuparse / por la ecología
2. (yo) ayudar / a otras personas
3. el mundo / tener / una guerra nuclear
4. la gente del mundo / vivir / en paz
5. California / tener / un terremoto (*earthquake*)
6. (yo) conseguir / un trabajo bueno
7. (yo) sacar / buenas notas
8. todos los grupos religiosos / aprender a vivir / juntos

ACTIVIDAD **32** **Esperanzas** Haz una lista de cosas que esperas hacer en el futuro y otra de cosas que esperas que hagan tus compañeros de clase.

◆ Espero vivir en una ciudad grande porque . . .

Espero que Steve sea profesor de filosofía porque . . .

ACTIVIDAD **33** **Nada es perfecto** En parejas, hagan una lista de algunas características positivas y otras negativas de su universidad. Usen expresiones como:

Positivas	*Negativas*
Me alegro de que . . .	Es una pena . . .
Es fantástico que . . .	¡Qué pena que . . . !
Me sorprendo de que . . .	Me sorprendo de que . . .
Estoy contento/a de . . .	Es una lástima que . . .
Espero que . . .	

ACTIVIDAD **34** **¿Cuál?** **Parte A:** Tus amigos y tú siempre intentan tomar las mismas clases juntos. Uds. tienen que tomar una clase de Anatomía I porque quieren ser médicos. Lee las siguientes descripciones de los profesores y decide con cuál de los tres quieres estudiar. Escribe tres razones por las que quieres tener a esta persona como profesor/a y escribe dos razones en contra de los otros dos.

Profesor Emilio Escarpanter

56 años. Es muy inteligente y va a clase bien preparado, pero tiene una voz monótona. Sus clases no son interesantes, pero siguen una organización lógica y es muy fácil tomar apuntes. La asistencia a clase es obligatoria y te baja la nota final si tienes muchas faltas. Tienes que leer muchísimo para la clase. Hay dos exámenes parciales y un examen final. Sus exámenes son muy difíciles (se basan en los apuntes de clase y las lecturas), pero el 45% de la clase recibe buenas notas.

> **apuntes** = class notes
> **notas** = grades
> **lecturas** = readings

Profesora Rosalía Obregón

45 años. Es muy inteligente y muy organizada en clase. Es cómica y explica las lecciones a base de ejemplos divertidos. A veces trae su guitarra a clase y canta canciones para ayudar a los estudiantes a recordar la materia importante. Es necesario asistir a clase todos los días. También hay que leer mucho y saber la materia antes de ir a clase porque la participación cuenta un 25% de la nota final. Hay un proyecto que también cuenta un 25% y un examen final que cuenta el 50%. Ella no tiene fama de regalar buenas notas, pero es justa. Hay que trabajar mucho en su clase, pero los estudiantes saben la materia al terminarla.

Profesora Enriqueta Maldonado

45 años. Es muy inteligente, pero desorganizada en clase. Si un estudiante tiene preguntas es mejor verla fuera de clase. Es muy simpática y escribe buenas cartas de recomendación. La asistencia no es obligatoria y los exámenes se basan en las lecturas, no en la materia presentada en clase. Sus exámenes son relativamente fáciles y el 65% de la clase recibe buena nota, pero por lo general no están bien preparados para Anatomía II al terminar el curso.

Do Workbook *Práctica comunicativa II* and the *Repaso* section. Do CD-ROM, Web ACE Tests, and lab activities.

Parte B: En grupos de tres, decidan con quién van a tomar la clase. Usen frases como:

es posible que . . .

es una lástima que . . .

creo que . . .

dudo que . . .

es mejor que . . .

Do Web Search activities.

Vocabulario funcional

Los pasatiempos (*Hobbies*)   *Ver página 236.*

Cosas de la cocina

la copa (de vino)	*(wine) glass*
la cuchara	*spoon*
el cuchillo	*knife*
la olla	*pot*
el pimentero	*pepper shaker*
el plato	*plate*
el salero	*salt shaker*
el/la sartén	*frying pan*
la servilleta	*napkin*
la taza	*cup*
el tenedor	*fork*
el vaso	*glass*

La comida

el aceite	*oil*
la cebolla	*onion*
la fruta	*fruit*
el huevo	*egg*
el jamón	*ham*
la lechuga	*lettuce*
la mazorca (de maíz)	*corn on the cob*
el pan	*bread*
la pimienta	*pepper*
el queso	*cheese*
la sal	*salt*
el tomate	*tomato*
el vinagre	*vinegar*

Otro vocabulario relacionado con la comida

la ensalada	*salad*
el postre	*dessert*
el primer plato	*first course*
el segundo plato	*second course*

La preparación de la comida

añadir	*to add*
cocinar	*to cook*
cortar	*to cut*
darle la vuelta	*to turn over, flip*
freír (e ⟶ i, i)	*to fry*
poner la mesa	*to set the table*
revolver (o ⟶ ue)	*to mix*

Expresiones impersonales de duda

no es cierto	*it isn't true*
no está claro	*it isn't clear*
es dudoso	*it's doubtful*
no es evidente	*it isn't evident*
(no) es posible	*it is/isn't possible*
(no) es probable	*it is/isn't probable*
no es verdad	*it isn't true*

Expresiones impersonales de certeza

es cierto	*it's true*
está claro	*it's clear*
es evidente	*it's clear, evident*
es obvio	*it's obvious*
es verdad	*it's true*
no hay duda (de)	*there's no doubt*

Expresiones impersonales de emoción

es fantástico	*it's fantastic*
es una pena	*it's a pity*
qué lástima	*what a shame*
qué pena	*what a pity*

Adverbios   *Ver página 240.*

Verbos

alegrarse de	*to be happy about*
arreglar	*to fix; to arrange*
dudar	*to doubt*
sentir (e ⟶ ie, i)	*to feel sorry*
sorprenderse de	*to be surprised about*

Palabras y expresiones útiles

estar seguro/a (de)	*to be sure (of)*
hay que + *infinitive*	*one/you must* + verb
mientras tanto	*meanwhile*
probar (o ⟶ ue)	*to taste*
No puedo más.	*I can't take it anymore.*
¿No sabías?	*You didn't know?*
¡Qué (buena) suerte!	*What (good) luck!*
¡Qué mala suerte!	*What bad luck!*
Somos dos.	*There are two of us.*
tal vez/quizás + *subjunctive*	*perhaps/maybe*
tener (buena) suerte / tener mala suerte	*to be lucky / unlucky*

Capítulo
10

Chapter Objectives

➤ Making use of postal services and the Internet

➤ Expressing likes, dislikes, and opinions

➤ Avoiding redundancies in everyday speech

➤ Talking about sports

➤ Describing in the past

➤ Telling what you used to do

▼ Volcán Poás, Costa Rica.

Datos interesantes

➤ Costa Rica sólo cubre el 0,03% de la superficie total del planeta, pero contiene aproximadamente un 6% de la biodiversidad mundial.

➤ Desde 1869 la educación es obligatoria y gratis y hoy día el 95% de la población sabe leer.

➤ El país no tiene ejército desde 1948.

➤ Costa Rica tiene la democracia más antigua de América Latina y se considera el país más estable de Centroamérica.

➤ Óscar Arias, ex presidente costarricense, recibió el Premio Nobel de la Paz en 1987.

¡Feliz cumpleaños!

◀ Niños en una carreta en Costa Rica. ¿Para qué crees que se usen las carretas?

echar de menos	to miss (*someone or something*)
a lo mejor + *indicative*	perhaps
quedarse en + *place*	to stay in/at + *place*
aburrirse como una ostra	to be really bored (literally, to be bored like an oyster)

Después de pasar dos años en España sin ver a su familia, Vicente regresa a Costa Rica de vacaciones para ver a sus padres y para celebrar su cumpleaños.

ACTIVIDAD **1** **¿Cierto o falso?** Mientras escuchas la conversación entre Vicente y sus padres, escribe **C** si la oración es cierta y **F** si es falsa.

1. _____ Hace un mes que Vicente le mandó una tarjeta a su madre.
2. _____ A la madre le gustó la tarjeta.
3. _____ Hoy es el cumpleaños de Vicente.
4. _____ Los padres de Vicente le compraron un regalo.
5. _____ Vicente y sus padres van a ir a Sarchí.
6. _____ Es posible que Vicente le compre un regalo a Teresa.

VICENTE	No saben cuánto me gusta estar en Costa Rica otra vez; siempre los echo de menos a Uds. y a mis amigos.
MADRE	Y a nosotros nos encanta tenerte en casa, hijo.
VICENTE	Por cierto, mamá, no dijiste nada sobre la tarjeta que te mandé para tu santo.
MADRE	Pero, ¿qué tarjeta? ¿Me mandaste una de esas tarjetas virtuales que bailan y cantan?
VICENTE	No, no. Era una tarjeta normal. Te la mandé hace un mes por correo.
MADRE	Yo no recibí nada.
PADRE	Es que el correo es terrible. Mandas cosas y tardan un siglo en llegar, si llegan.
MADRE	No te preocupes; ya va a llegar. Además, mi mejor regalo es tener a mi hijo aquí con nosotros, gracias a Dios.
VICENTE	Gracias, mamá. Bueno, ¿qué vamos a hacer hoy?
PADRE	Primero, vamos a darte tu regalo de cumpleaños; aquí está. Te lo compramos porque sabemos que es algo que te gusta. ¡Feliz cumpleaños!
VICENTE	. . . ¡Una raqueta de tenis! Hace mucho tiempo que no juego. Muchas gracias, mamá . . . papá.
PADRE	¿Te gusta?
VICENTE	¡Me fascina!
PADRE	Bueno, ahora vamos a ir a Sarchí para ver las carretas.
VICENTE	¿Para el festival?
PADRE	Sí, lo celebran hoy.
VICENTE	¡Pura vida![1] Echo de menos el "canto" de las carretas. Tenía tres años cuando subí a la carreta del abuelo por primera vez y me fascinó. ¿Vas a venir con nosotros, mamá?
MADRE	No, me quedo en casa porque no me siento bien y quiero dormir un poco.
VICENTE	Pero mamá, . . . te vas a aburrir como una ostra.
MADRE	No, es mejor que vayan Uds. solos. ¡Ah! ¡Oye! Sarchí es un buen lugar si Uds. quieren comprarle algo de artesanía típica a Teresa.
VICENTE	Ahhh, a lo mejor le regalo una carreta pequeña.
PADRE	Sí, yo conozco un lugar perfecto donde se la puedes comprar.
VICENTE	Bueno, voy a echarle gasolina al carro. Ahorita vengo, papá. Adiós mamá; espero que te mejores.
MADRE	Hasta luego, mi amor; que Dios te acompañe.
PADRE	. . . ¿Ya llamaste a todos sus amigos?
MADRE	Sí, vienen como a las ocho. A Vicente le va a encantar verlos a todos. Tengo mucho que hacer mientras Uds. están en Sarchí. No pueden llegar hasta las nueve, ¿eh?

Marginal labels: Complaining · Expressing likes · Reminiscing · Avoiding redundancies

---

1 *That's great!* (Costa Rican expression)

ACTIVIDAD **2** **Preguntas** Después de escuchar la conversación otra vez, contesta estas preguntas.

1. ¿Por qué le mandó Vicente una tarjeta a su madre?
2. Según el padre de Vicente, ¿qué ocurre cuando se mandan cosas por correo?
3. ¿Qué van a hacer Vicente y su padre en Sarchí?
4. ¿Qué va a pasar esta noche en la casa de Vicente?
5. ¿Es verdad que la madre de Vicente se siente mal?
6. La madre de Vicente usa frases de origen religioso. ¿Cuáles son?

En español las palabras **Dios** y **Jesús** se oyen con frecuencia en las conversaciones. Esto no significa que la persona que las usa sea religiosa o irrespetuosa. Algunas expresiones comunes que se usan son **¡Por Dios!, ¡Dios mío!, Con la ayuda de Dios, ¡Sabe Dios . . . !** (*Who knows . . . !*), **Dios mediante** (*God willing*) y **Que Dios te acompañe** (*May God be with you*). ¿Es común usar el nombre de Dios en tu país?

ACTIVIDAD **3** **Echo de menos . . .** Ahora que Uds. están en la universidad, a lo mejor echan de menos algunas cosas (casa, pueblo, escuela secundaria, familia, etc.). En parejas, hagan una lista de cinco cosas que echan de menos y de tres cosas que no echan de menos. Después, compartan sus ideas con la clase.

◆ Paul echa de menos a su perro . . . y yo echo de menos . . .

Lo esencial I

El correo y la red

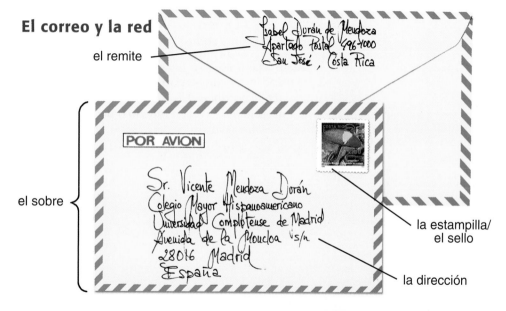

el remite

POR AVION

Isabel Durán de Mendoza
Apartado Postal 496-1000
San José, Costa Rica

Sr. Vicente Mendoza Durán
Colegio Mayor Hispanoamericano
Universidad Complutense de Madrid
Avenida de la Moncloa s/n
28016 Madrid
España

el sobre

la estampilla/
el sello

la dirección

Otras palabras relacionadas con el correo y la red

◈ Practice this vocabulary while receiving and sending letters, and working on the Internet.

◈ In Spanish, many people use English terms with Spanish pronunciation when discussing cyberspace; others choose to use the Spanish equivalent. Note: The term **Internet** is frequently used without an article in Spanish: **Lo leí en Internet.**

el buzón   mailbox
la carta   letter
el/la cartero   letter carrier
el fax
hacer cola   to stand in line
mandar una carta   to send a letter
el paquete   package
la (tarjeta) postal   postcard

el buscador   search engine
el correo electrónico/mensaje electrónico/email
el enlace/link
hacer clic   to click
el/la Internet
navegar (por)   to surf
la red   the Web
el sitio   site

This is how you read an Internet address in Spanish:

http://www.gauchonet.com = **h t t p dos puntos barra barra w w w punto gauchonet punto com**

This is how to read an email address:

smith@abc.edu = **smith arroba a b c punto edu**

ACTIVIDAD **4 En orden, por favor** En parejas, pongan estas oraciones sobre el correo en orden lógico.

_____ Busco un buzón.
_____ Escribo el remite en el sobre.
_____ Le pongo una estampilla.
_____ Echo la carta en el buzón.
_____ Escribo la carta.
_____ La pongo en un sobre.
_____ Escribo la dirección en el sobre.

ACTIVIDAD **5 La red** En grupos de tres, hablen con sus compañeros para averiguar si usan y cómo usan la red. Apunten sus respuestas.

1. su dirección de correo electrónico
2. si mandan muchos o pocos mensajes por correo electrónico cada semana
3. a quién le escriben
4. si cada semana navegan mucho o poco por Internet
5. su buscador favorito
6. su enlace favorito y la dirección (si la saben)

ACTIVIDAD **6** **El toque personal** Mira este anuncio de una oficina de correos. Luego, di si hay ocasiones cuando uno debe mandar una carta o una tarjeta en vez de un email o una tarjeta virtual.

Querida Laura:

Aquí te escribe tu amado Fernando y lo hago en forma manual porque creo en la revalorización de la escritura, en la sensibilidad del trazo personal y en el valor agregado de la tinta y el papel.

Te escribo de todo corazón, Laura, porque todo argentino tiene derecho a tener su "carta manuscrita"

Las cartas son pensamientos que quedan.

www.correoargentino.com.ar

CORREO ARGENTINO

Hacia la comunicación I

I. Expressing Likes, Dislikes, and Opinions: Using Verbs Like *Gustar*

In Chapter 2, you learned how to use the verb **gustar**.

 The verb agrees with what is loved, what bothers you, etc. The indirect-object pronoun tells who is affected. See Ch. 2 and review **gustar** if needed.

¿**Te gusta** el festival?
Nos gustan las carretas de Sarchí.

1 ◆ Here are some other verbs that function like **gustar**.

encantar	to like a lot, to love	**fascinar**	to like a lot, to find fascinating
faltar	to lack, to be missing	**molestar**	to be bothered by, to find annoying

A Vicente **le encanta** visitar a su familia.

Vicente loves to visit his family. (literally, Visiting his family is really pleasing to him.)

Le fascina hablar y salir con sus amigos,* pero **le molestan** las personas que fuman en los bares.

He likes to talk to and go out with his friends, but he is bothered by people who smoke in bars. (literally, . . . people that smoke in bars bother him.)

*****NOTE:** Use the singular verb form when one or more infinitives follow.

2 ♦ The verb **parecer** (*to seem*) follows the same pattern as **gustar,** except that it is normally followed by an adjective or a clause introduced by **que.**

Me parecen bonitas esas estampillas.	*Those stamps seem pretty to me.*
A él **le parece que** el correo está cerrado.	*It seems to him that the post office is closed.*

Notice the meaning of **parecer** when it is used in a question with the word **qué.**

¿**Qué te pareció** el regalo?	*How did you like (What did you think of) the present?*

II. Avoiding Redundancies: Combining Direct- and Indirect-Object Pronouns

In the conversation, you heard Vicente say to his mother, **"Era una tarjeta normal. Te la mandé hace un mes por correo."** In the last sentence, *to whom* and *to what* do you think the words **te** and **la** refer?

If you said *to his mother* and *to the card,* you were correct.

In Chapters 6 and 7 you learned how to use the indirect- and the direct-object pronouns separately. Remember that the indirect object tells *for whom* or *to whom* the action is done, and the direct object is the person or thing that directly receives the action of the verb and answers the question *what* or *whom.*

Indirect-Object Pronouns		Direct-Object Pronouns	
me	nos	me	nos
te	os	te	os
le	les	lo, la	los, las

Le mandé un regalo a mi amiga.	*I sent a gift to my friend.*
—¿Mandaste el regalo?	*Did you send the gift?*
—Sí, **lo** mandé.	*Yes, I sent it.*

1 ♦ When you use both an indirect- and a direct-object pronoun in the same sentence, the indirect-object pronoun immediately precedes the direct-object pronoun.

> Remember: Indirect before direct (I.D.).

Mi amigo me dio un libro.   ¿Quién te mandó la carta?

Mi amigo **me lo** dio.   ¿Quién **te la** mandó?
My friend gave it to me.   *Who sent it to you?*

2 ♦ The indirect-object pronouns **le** and **les** become **se** when combined with the direct-object pronouns **lo, la, los,** and **las.**

> Note: Never use **me lo, me la,** etc., with verbs like **gustar** since the noun following the verb is not a direct object, but rather the subject of the verb.

le / les ⟶ **se** + lo / la / los / las

Le voy a pedir un café (a Inés). ⟶ **Se lo** voy a pedir (a Inés/a ella).
Les escribí las instrucciones (a ellos). ⟶ **Se las** escribí (a ellos).

Do Workbook *Práctica mecánica I* and corresponding CD-ROM activities.

Remember to add accents when needed.

3 ◆ Remember that object pronouns either precede a conjugated verb or are attached to the end of an infinitive or present participle.

Se lo mandé ayer.   ⟶   _____

Se lo voy a mandar.   ⟶   Voy a mand**árs, elo.**

Se la estoy escribiendo.   ⟶   Estoy escrib**iéndosela.**

ACTIVIDAD **7** **¿No te gusta, te gusta o te encanta?** Vas a hacer una encuesta. Pregúntales a tus compañeros si les gustan estas cosas. Anota (*Jot down*) sus nombres en la columna apropiada.

◆   ¿Te gusta la comida picante?

No, no me gusta.   Sí, me gusta.   Sí, me encanta.

	No gustar	Gustar	Encantar
la comida picante (*spicy*)	_____	_____	_____
los postres	_____	_____	_____
la música clásica	_____	_____	_____
cocinar	_____	_____	_____
los juegos electrónicos	_____	_____	_____
fumar	_____	_____	_____
recibir email	_____	_____	_____
hacer gimnasia	_____	_____	_____

▲ En México y en algunos países centroamericanos y suramericanos se usa una gran variedad de chiles en la preparación de comidas picantes.

ACTIVIDAD **8** **Las cosas que te faltan** Imagina que acabas de mudarte (*to move*) a un apartamento semiamueblado. Escribe una lista de cinco cosas que todavía te faltan. Después, en parejas, comparen sus listas.

◆ Todavía me falta una lavadora.

ACTIVIDAD **9** **¿Te molesta?** **Parte A:** En parejas, digan si les encanta o si les molesta hablar de los siguientes temas: la política, la religión, el arte, la música, los problemas de otros, sus problemas, la economía, la comida, la vida de personas famosas, los deportes, la ropa.

Parte B: Teniendo en cuenta los temas que le encantan a tu compañero/a, sugiérele una revista para cada tema.

◆ Como te encanta la música, te aconsejo que compres *Rolling Stone*.

ACTIVIDAD **10** **No todo es perfecto** **Parte A:** En parejas, hagan una lista de cinco cosas que les encantan de la universidad, dos cosas que les molestan y dos cosas que le faltan a la universidad.

Parte B: Ahora, escriban dos oraciones dándole consejos al/a la presidente/a de la universidad. Sigan el modelo.

◆ Señor/a presidente/a, como a la universidad le falta/n. . . le aconsejamos/es importante que. . . También nos molesta/n. . . por eso queremos que. . .

ACTIVIDAD **11** **¿Qué te pareció?** **Parte A:** En parejas, túrnense para averiguar qué opina su compañero/a sobre estos temas.

◆ A: ¿Qué te pareció la última prueba de la clase de español?
   B: Me pareció fácil/difícil/justa/etc.

1. el último partido del *Superbowl* del año pasado
2. los resultados de las últimas elecciones
3. los escándalos presidenciales de Clinton
4. la última película de Julia Roberts
5. tus clases del semestre pasado
6. el último disco compacto de Bono y U2

Parte B: Ahora, pregúntale a tu compañero/a cuál de los temas de la **Parte A** le interesa más: los deportes, la política, el cine, la universidad o la música. Luego conversen con su pareja sobre ese tema por un minuto. Por ejemplo, si a tu pareja le interesa la música:

◆ A: ¿Qué te parece la música de . . . ?
   B: Me parece horrible/fantástica porque . . .
   A: A mí me fascina . . .

ACTIVIDAD **12** **Me lo, me la . . .** La conversación al principio de este capítulo usa pronombres directos e indirectos para evitar la redundancia. Mira la página 262 y di a qué o a quién se refieren las palabras en negrita en las siguientes líneas. ¡Ojo! Tienes que leer estas líneas en el contexto de la conversación para poder contestarlas.

1. VICENTE: . . . no dijiste nada sobre la tarjeta que **te** mandé para tu santo.
2. PADRE: **Te lo** compramos porque sabemos que es algo que te gusta. ¡Feliz cumpleaños!
3. PADRE: Sí, **lo** celebran hoy.
4. PADRE: Sí, yo conozco un lugar perfecto donde **se la** puedes comprar.

◈ Remember: The indirect-object pronouns **le** and **les** become **se** when followed by **lo**, **la, los,** and **las**.

ACTIVIDAD **13** **La redundancia** Estas conversaciones tienen mucha repetición innecesaria. En parejas, arréglenlas para que sean más naturales.

1. A: ¿Piensas comprarle un regalo a tu hermano?
   B: Sí, mañana pienso comprarle un regalo a mi hermano.
   A: ¿Cuándo vas a mandarle el regalo a tu hermano?
   B: Voy a mandarle el regalo a mi hermano mañana por la tarde.

2. A: Vicente, ¿les trajiste los cubiertos a Teresa y a Marisel?
   B: No, no les traje los cubiertos a Teresa y a Marisel. ¿Quieres que les traiga los cubiertos a Teresa y a Marisel mañana?
   A: Claro, mañana puedes traerles los cubiertos.

3. A: ¿Cuándo vas a prepararme mi comida favorita?
   B: Estoy preparándote tu comida favorita ahora.
   A: Pero no me gustan los frijoles. Siempre dices que vas a prepararme mi comida favorita y nunca me preparas esa comida. No me quieres.
   B: Bueno, bueno. Voy a prepararte tu comida favorita mañana.

ACTIVIDAD **14** **¿Ya lo hiciste?** En parejas, usen las oraciones de la lista que sigue para formar dos conversaciones lógicas de seis líneas cada una. A continuación tienen la primera oración de cada conversación.

Conversación A

—¿Me compraste el champú?
—¿??

Conversación B

—¿Me compraste la cinta?
—¿??

_____ Ah, es verdad. Las tengo en la chaqueta.

_____ Sí, te lo compré. ¿Y tú? ¿Le diste las cartas al cartero?

_____ Ya te lo di, ¿no?

_____ No, no se las di.

_____ Perfecto. ¿Puedes darme las llaves del carro?

_____ Sí, se lo di.

_____ Ah, es cierto. Se lo mandé al dueño ayer.

_____ Sí, te la compré. ¿Y tú? ¿Le diste el paquete al cartero?

_____ Ya te las di, ¿no?

_____ ¿Puedes mandarlas mañana, por favor? ¿Y cuándo vas a darme el dinero del alquiler?

ACTIVIDAD **15** **No es así** Las oraciones de la primera columna contienen información incorrecta. La segunda columna contiene información correcta que necesitan pero está fuera de orden. En parejas, túrnense para leer estas oraciones. Al leer una oración, la otra persona tiene que corregir la información. Sigan el modelo.

◆ A: Los navajos le vendieron la ciudad de Nueva York a Peter Minuit.

B: No, los lenapes **se la** vendieron.

1. Los navajos le vendieron la ciudad de Nueva York a Peter Minuit.
2. La Cruz Roja le construye casas a la gente necesitada.
3. El avión Barón Rojo les tiró la bomba atómica a los habitantes de Hiroshima.
4. Para ser popular, Diego Maradona les regaló bicicletas a los niños argentinos pobres.
5. En el 2000 los ingleses le dieron el control del canal a Panamá.
6. AmeriCorps les da asistencia a personas enfermas en todo el mundo.
7. Julián de Médici le financió el viaje a Cristóbal Colón.
8. Inglaterra les regaló la Estatua de la Libertad a los norteamericanos.

a. Enola Gay
b. Francia
c. Isabel la Católica
d. Habitat para la Humanidad
e. los lenapes
f. Eva Perón
g. los norteamericanos
h. Médicos sin fronteras

ACTIVIDAD **16** **En la oficina** **Parte A:** En parejas, una persona es el/la empleado/a y cubre la Columna A y la otra persona es el/la jefe/a y cubre la Columna B. Los dos quieren saber si la otra persona hizo las cosas que tenía que hacer. El/La jefe/a hace preguntas primero, basándose en la información de la Columna A.

◆ Jefe/a: ¿Le mandó el fax a la directora de la compañía M.O.L.A.?

Empleado/a: Sí, ya se lo mandé. / No, no se lo mandé.

◈ Remember to address each other formally.

◈ A check mark indicates that the task has been completed.

A (Jefe/a)

Esto es lo que tiene que hacer tu empleado/a hoy:

- ☐ pedirle los documentos al Sr. Lerma
- ☐ mandarle un fax al Dr. Fuentes
- ☐ llamar a la agente de viajes
- ☐ comprar estampillas
- ☐ darle la información a la Dra. Ramírez

B (Empleado/a)

Esto es lo que tienes que hacer hoy:

- ☐ pedirle los documentos al Sr. Lerma
- ☑ mandarle un fax al Dr. Fuentes
- ☐ llamar a la agente de viajes
- ☑ comprar estampillas
- ☑ darle la información a la Dra. Ramírez

Parte B: Ahora, el/la empleado/a hace las preguntas, basándose en la información de la Columna B.

A (Jefe/a)

Cosas que debes hacer hoy:

- ☑ mandarle el email a la Srta. Pereda
- ☐ escribirle a la Sra. Hernández
- ☑ darle las instrucciones a la nueva secretaria
- ☑ preguntarles su dirección a los Sres. Montero
- ☐ llamar al médico

B (Empleado/a)

Cosas que debe hacer tu jefe/a hoy:

- ☐ mandarle el email a la Srta. Pereda
- ☐ escribirle a la Sra. Hernández
- ☐ darle las instrucciones a la nueva secretaria
- ☐ preguntarles su dirección a los Sres. Montero
- ☐ llamar al médico

◉ Do Workbook *Práctica comunicativa I* and corresponding CD-ROM activities.

Nuevos horizontes

Lectura

ESTRATEGIA: Finding References, Part II

In Spanish, as in English, writers frequently use pronouns to avoid redundancies. As one reads, it is necessary to identify the reference for subject, object, and reflexive pronouns.

> Subject pronouns: **yo, tú, Ud., él, ella, nosotros/as, vosotros/as, Uds., ellos/as**
>
> Direct-object pronouns: **me, te, lo/la, nos, os, los/las**
>
> Indirect-object pronouns: **me, te, le (se), nos, os, les (se)**
>
> Reflexive pronouns: **me, te, se, nos, os, se**

Note: The indirect-object pronouns **le** and **les** become **se** when followed by **lo, la, los,** or **las.**

In Chapter 9, you reviewed some ways to identify subject pronouns. Here are a few more helpful hints.

- Subjects usually follow verbs like **gustar,** or they may be omitted altogether. Infinitives may also serve as subjects of verbs like **gustar.**

    —¿Le gustan mucho **los deportes**? —Sí, le encantan.
    —¿Le gusta **jugar** mucho? —Sí, le fascina.

- With the verb **parecer,** a clause introduced by **que** can function as the subject. If the subject is omitted, you will need to look at the preceding sentences to identify it.

    Me parece **que la película es interesante.**
    Me parece interesante **la película.**
    Ya vi **esa película.** Me pareció interesante.

You will practice identifying subjects of verbs and finding references for pronouns in this reading passage.

ACTIVIDAD **17** **Predicciones** **Parte A:** En el siguiente artículo llamado "El fútbol y yo", el escritor comenta que no está muy contento con el fútbol profesional. Piensa tú en algunos de los problemas de los deportes profesionales en los Estados Unidos y antes de leer el artículo, contesta esta pregunta: ¿Qué quejas (*complaints*) crees que tenga el escritor sobre el fútbol? Escribe una lista de por los menos tres quejas.

Parte B: Lee el artículo rápidamente para confirmar o corregir tu predicción.

El fútbol y yo
Adolfo Marsillach

Hay algunas cosas de **las** que últimamente me estoy quitando. Y entre **ellas** está el fútbol. Ya no me **gusta.** Recuerdo que cuando era joven-

5 cito jugué de por- tero y me metían muchos goles, pero yo lo pasaba muy bien. Luego, **me**

10 hice partidario de un equipo de mi ciudad que **perdía** casi siempre. Este fracaso continuo me

15 parecía fascinante porque venía a coincidir con mi idea romántica de entender la vida.

20 (Me **encanta** sen- tirme al lado de los perdedores. No hay que darme las gracias, naturalmente.)

En aquella época, el fútbol reunía dos

25 condiciones estupendas: era un juego que se basaba en atacar y hacer gol y, por otra, los jugadores pertenecían a la región que **representaba** el equipo para el que esta-

▲ Un partido entre Bolivia y España.

ban jugando. En cuanto se **pusieron**

30 de moda las tácticas defensivas y se contrataron —a precios irritantes— futbolistas de todos los países del mundo, comencé a aburrirme

35 como una ostra. (No sé quién descubrió que las ostras se aburren: seguramente alguien que no tenía nada que

40 hacer.)

Y, además, está lo de las primas[1]. Me **parece** escandaloso que se premie a un in-

45 dividuo para que haga bien algo que está obligado a no hacer mal. Vamos, como si a un actor **le** entregaran

50 unas pesetillas[2] para que diga su texto sin equivocarse. Bueno, lo dejo, no vaya a dar ideas.

Adolfo Marsillach, español, ex director de la Compañía Nacional de Teatro

55 *Clásico.*

---

1 dinero extra   2 unas pocas pesetas (*old Spanish currency*)

ACTIVIDAD **18** **Las referencias** Ahora lee el artículo otra vez para contestar estas preguntas.

1. ¿A qué o a quiénes se refieren estos pronombres?
   a. **las** (línea 1)
   b. **ellas** (línea 2)
   c. **me** (línea 9)
   d. **le** (línea 48)
2. ¿Cuáles son los sujetos de estos verbos?
   a. **gusta** (línea 3)
   b. **perdía** (línea 12)
   c. **encanta** (línea 20)
   d. **representaba** (línea 28)
   e. **estaban jugando** (líneas 28–29)
   f. **pusieron** (línea 29)
   g. **parece** (línea 42)

ACTIVIDAD 19 **¿Qué opinas?** **Parte A:** El escritor Adolfo Marsillach está un poco disgustado con el fútbol. ¿Cuáles son las dos razones que menciona?

1. Es un juego lento y aburrido.
2. Su equipo favorito siempre pierde.
3. Los jugadores del mismo equipo son de todas partes del mundo.
4. A los jugadores les dan demasiado dinero y hasta les dan pagos extra simplemente por hacer su trabajo.
5. Hay muchos escándalos hoy en día, como el consumo de drogas ilegales.

Parte B: En parejas, discutan las siguientes preguntas sobre los deportes.

1. ¿Creen Uds. que los deportistas ganen demasiado dinero?
2. ¿Creen Uds. que las universidades abusen de sus deportistas?
3. Las mujeres deportistas normalmente ganan menos dinero que los hombres. ¿Creen Uds. que esto cambie en el futuro? ¿Va a ser más popular en el futuro el basquetbol o el voleibol de mujeres?
4. ¿Qué les gustaría ser: un político famoso, un deportista famoso, un actor famoso o una persona normal con un trabajo interesante?
5. ¿Se sorprenden Uds. de que haya deportistas como Mike Tyson, Diego Maradona y O. J. Simpson que tienen problemas con la ley? ¿Por qué sí o no?

ESTRATEGIA: **Avoiding Redundancy**

When writing in Spanish, you should avoid redundancy whenever possible to make the text more pleasing to read. Of course, you can use direct- and indirect-object pronouns to avoid needless repetition. Also, as you have seen in the readings in Chapters 9 and 10, instead of overtly stating a subject, you can use a subject pronoun or omit the subject if it is understood from context.

Another way to enrich your writing is to express similar thoughts using different words. For example:

me gusta ⟶ me encanta ⟶ me fascina
me molesta ⟶ no me gusta ⟶ no me gusta nada
la Universidad de Harvard ⟶ la universidad ⟶ Harvard

ACTIVIDAD 20 **Tus impresiones** **Parte A:** Write two or three paragraphs on the following topic. Conclude with two or three sentences that summarize your opinions.

¿Qué te gusta y qué te molesta de la universidad?

Parte B: Check your draft to see if you avoided needless repetition and did the following. Make any necessary corrections.

- Did you support your opinions or simply state them?
- To support opinions, did you use words like **por eso, por lo tanto, como resultado, eso quiere decir que, es decir, porque**, etc.?

Parte C: Staple all drafts together and turn them in to your instructor.

Lo esencial II

Los artículos deportivos

El Estadio del Deporte

312 Alcalá   Tel: 456 33 42

**SE CIERRA EL NEGOCIO
GRANDES REBAJAS**

Tenemos todo lo que Ud. necesite para los deportes: en el campo de fútbol, en la cancha de tenis, en el gimnasio. Uniformes de todo tipo.

1. balones de fútbol, fútbol americano, basquetbol y pelotas de tenis, squash, golf y béisbol
2. raquetas de tenis y de squash
3. bolas de bolos
4. patines de hielo y en línea
5. esquíes de agua y de nieve
6. bates
7. guantes de béisbol, boxeo y ciclismo
8. uniformes
9. pesas
10. cascos de bicicleta, moto y fútbol americano
11. palos de golf

 jugar a los bolos = jugar al boliche

ACTIVIDAD **21** **Asociaciones** Asocia estas personas con un deporte y los objetos que se usan en ese deporte.

1. Serena y Venus Williams
2. Pelé y Hugo Sánchez
3. Grant Hill
4. Sammy Sosa y Nomar García Parra
5. Kristi Yamaguchi y Michelle Kwan
6. Arnold Schwarzenegger
7. Muhammad Ali y Óscar de la Hoya
8. Tiger Woods y Sergio García
9. Joe Montana y Steve Young
10. Laverne y Shirley

equipo = team; gear, equipment

ACTIVIDAD **22** **¿Son Uds. deportistas?** En grupos de cuatro, identifiquen estos equipos y digan de dónde son, a qué deporte juegan, cómo se llama el estadio donde juegan y cuáles son los colores de su uniforme.

◆ El equipo de los Packers es de Green Bay, Wisconsin. Ellos juegan al fútbol americano en el Estadio Lambeau. Los colores de su uniforme son verde y amarillo.

1. Yankees
2. Bears
3. Broncos
4. Dodgers
5. Padres
6. Redskins

ACTIVIDAD **23** **Opiniones** Los deportes favoritos cambian de país en país. En grupos de cuatro, hablen sobre cuáles creen que sean los deportes más populares de los Estados Unidos, de Suramérica y del Caribe y por qué creen que sean populares. Después de terminar, comparen sus opiniones con las de otros grupos.

◆ A: Creo que el béisbol es . . .
B: No, no creo que el béisbol sea el deporte . . .
C: Es posible que sea el fútbol americano porque . . .

¿Lo sabían?

En la mayoría de los países hispanos el fútbol es el deporte más popular. Es un deporte muy económico porque sólo se necesita un balón y se puede jugar en cualquier lugar. En los Estados Unidos vive un comentarista argentino de fútbol llamado Andrés Cantor. Él es famoso por su gran conocimiento de todos los aspectos de este deporte, pero quizá es más famoso por la manera en que grita la palabra **gol.** Un "¡GOOOOOOL!" de Cantor puede durar más de 20 segundos.

En el Caribe el deporte más popular es el béisbol. A principios del siglo XX, los norteamericanos lo llevaron a esa zona porque tiene un clima ideal que permite practicar el deporte todo el año. Otros deportes populares en el mundo hispano incluyen el voleibol y el atletismo (*track*) en Cuba, el boxeo en Panamá y Cuba y el basquetbol en España y en Puerto Rico.

En países como España, México y Perú, la corrida de toros es popular. A mucha gente le gusta ver la corrida y la considera un arte y no un deporte, pero también hay muchas personas a quienes no les gusta. ¿Crees que la corrida de toros sea cruel? ¿Por qué crees que algunos la consideran un arte?

MARTES
DIA **18** DE AGOSTO
6 TOROS 6
DE LA GANADERIA DE
D. NAZARIO IBAÑEZ AZORIN,
DE YECLA (MURCIA).

(X)

PARA LOS ESPADAS:
PEPIN JIMENEZ
CRISTINA SANCHEZ
ANTONIO FERRERA

Teresa, campeona de tenis

➤ Puesta del sol en una playa de Tamarindo, Costa Rica.

cambiando de tema	changing the subject
dejar de + *infinitive*	to stop/quit + -ing
Te va a salir caro.	It's going to cost you.

Vicente acaba de volver de sus vacaciones en Costa Rica y está hablando con Teresa.

ACTIVIDAD **24** **¿Qué hizo?** Mientras escuchas la conversación, marca las cosas que hizo Vicente en Costa Rica.

1. _____ Pasó tiempo con sus padres.
2. _____ Salió con sus amigos.
3. _____ Votó en las elecciones.
4. _____ Fue a la playa.
5. _____ Jugó un partido de fútbol.
6. _____ Fue a un partido de fútbol.
7. _____ Vio a una estrella de cine.
8. _____ Notó tensión por problemas económicos.
9. _____ Jugó al tenis.

TERESA	¿Qué tal todo por Costa Rica?
VICENTE	¡Pura vida!, como decimos allí.
TERESA	¿Qué hiciste?
VICENTE	Visité a mis padres, salí con mis amigos, fui al interior y a la playa . . .
TERESA	O sea . . . un viaje típico.
VICENTE	¡Ah! ¿No te dije que fui a un partido de fútbol en que jugó Marcelo Salas? ¿Y sabes quién estaba sentado enfrente de mí?
TERESA	No, pero tiene que ser alguien famoso. ¿Una estrella de cine?
VICENTE	Te doy una pista: ¡GOOOOOOOOOOOOOOOOOOOOOOOOL!"
TERESA	No me digas. ¿Viste a Andrés Cantor? No te creo.
VICENTE	Fue estupendo. Me divertí mucho.
TERESA	¡Qué bueno! Y tu familia, ¿cómo está?
VICENTE	Todos bien, pero hay muchos problemas económicos en Centroamérica y aun en Costa Rica se siente la tensión.
TERESA	Pero la situación en Costa Rica es bastante buena, ¿no?
VICENTE	Sí, es cierto, pero todavía así hay tensión.
TERESA	Bueno, pero cambiando de tema, ¿qué hiciste con tus amigos?
VICENTE	Pues . . . salir, nadar, jugar al tenis; mis padres me regalaron una raqueta de tenis fenomenal para mi cumpleaños.
TERESA	¡Ah! ¿Te gusta el tenis? No sabía que jugabas.
VICENTE	Sí, empecé a jugar cuando tenía ocho años. Practicaba todos los días, pero dejé de jugar cuando vine a España.
TERESA	Yo también jugaba mucho.
VICENTE	¿Y ya no juegas?
TERESA	Muy poco, pero me encanta. ¿Sabes? Fui campeona de mi club en Puerto Rico hace tres años, pero dejé de jugar cuando tuve problemas con una rodilla.
VICENTE	Pero, vas a jugar conmigo, ¿no?
TERESA	Claro que sí . . . y te voy a ganar.
VICENTE	¿Y qué pasa si le gano a la campeona?
TERESA	Dudo que puedas. Pero, si ganas tú, te invito a comer y si gano yo, tú me invitas. ¿De acuerdo?
VICENTE	De acuerdo, pero creo que debes ir al banco ya para sacar dinero porque la comida te va a salir muy cara.

In the left margin:
- ◈ Telling about a series of completed past actions
- ◈ Telling about a completed past event
- ◈ Describing habitual past actions
- ◈ Indicating the end of an action

ACTIVIDAD **25** **¿Entendiste?** A veces, para entender una conversación se necesita saber algo de política, deportes, arte, cine, etc. En parejas, traten de contestar estas preguntas sobre la conversación entre Vicente y Teresa.

1. ¿Cuál es uno de los deportes más populares en Costa Rica?
2. ¿Qué tipo de problemas hay en Centroamérica?
3. ¿Sabes qué países de Hispanoamérica tienen una economía estable?

ACTIVIDAD **26** **¿Quién va a ganar?** En parejas, usen la información de la conversación para predecir quién va a ganar el partido de tenis, Teresa o Vicente, y por qué.

ACTIVIDAD **27** **Problemas económicos** Uds. acaban de recibir la cuenta de Visa y no tienen dinero para pagarla. En parejas, decidan qué van a dejar de hacer para ahorrar (*save*) el dinero.

♦ Ahora fumo mucho, pero puedo dejar de fumar.

Hacia la comunicación II

Describing in the Past: The Imperfect

In the conversation, when talking about tennis, Vicente said, **"Practicaba todos los días . . ."** and Teresa responded, **"Yo también jugaba mucho."** In these sentences, do the verbs **practicaba** and **jugaba** refer to past actions that occurred only once or to habitual or repetitive past actions?

If your response is habitual or repetitive past actions, you are correct.

As you have already learned, the preterit in Spanish talks about completed past actions. There is another set of past tense forms, the imperfect, whose main function is to describe and to report habitual or repetitive past actions.

A. Formation of the Imperfect

1 ♦ To form the imperfect of *all* -ar verbs, add **-aba** to the stem.

◇ Note accents.

caminar	
camin**aba**	camin**ábamos**
camin**abas**	camin**abais**
camin**aba**	camin**aban**

2 ♦ To form the imperfect of **-er** and **-ir** verbs, add **-ía** to the stem.

volver		salir	
volv**ía**	volv**íamos**	sal**ía**	sal**íamos**
volv**ías**	volv**íais**	sal**ías**	sal**íais**
volv**ía**	volv**ían**	sal**ía**	sal**ían**

3 ♦ There are only three irregular verbs in the imperfect.

ser		ver		ir	
era	éramos	veía	veíamos	iba	íbamos
eras	erais	veías	veíais	ibas	ibais
era	eran	veía	veían	iba	iban

B. Using the Imperfect

1 ◆ As you learned in Chapter 9, the imperfect is used when telling time and one's age in the past. The imperfect is also used when describing people, places, scenes, or things in the past, as well as ongoing past states of mind and feelings.

El salvavidas **era** alto y **tenía** pelo corto.
The lifeguard was tall and had short hair. (description of a person)

Había mucha gente en el mar.*
There were many people in the water. (description of a scene)

Hacía mucho calor en la playa.
It was very hot at the beach. (description of the weather)

La gente **estaba** contenta.
People were happy. (ongoing past feelings)

*NOTE: Había means both *there was* and *there were*.

2 ◆ The imperfect is used for habitual or repetitive actions in the past.

Diana **iba** a clase todos los días.
Diana used to go to class every day. (habitual action)

Se levantaban temprano, **desayunaban** y **leían** el periódico.
They used to get up early, eat breakfast, and read the newspaper. (a series of habitual actions)

Do Workbook *Práctica mecánica II,* CD-ROM, Web ACE Tests, and lab activities.

Description of habitual past actions.

ACTIVIDAD **28** **Los deportes que jugabas** Habla con un mínimo de cinco personas para averiguar a qué deportes jugaban cuando estaban en la escuela primaria y cuáles en la escuela secundaria.

◆ A: ¿A qué deportes jugabas en la escuela primaria?

B: Jugaba al fútbol, al béisbol, . . .

A ¿Y en la secundaria?

B: . . .

➤ Unos jóvenes juegan al béisbol en La Habana, Cuba.

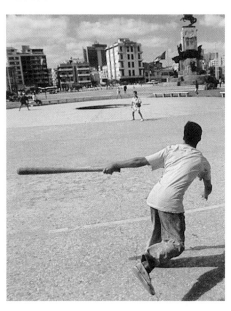

ACTIVIDAD **29** **La niñez** **Parte A:** Marca las actividades que hacías cuando eras pequeño/a bajo la columna **Yo.**

Yo	Mi compañero/a	Acción
		chuparse el dedo
		comer espinacas
		asistir a una escuela privada
		asistir a una escuela pública
		tomar el autobús
		caminar a la escuela
		ir en coche con mis padres a la escuela
		llevar la comida a la escuela
		comer la comida de la escuela
		portarse bien en clase
		hablar en clase

Parte B: Ahora, en parejas, entrevístense para ver qué hacían cuando eran niños/as. Marquen la respuesta de su compañero/a en la lista de la **Parte A.** Sigan el modelo.

◆ A: ¿Caminabas a la escuela?
B: Sí, caminaba a la escuela. / No, no caminaba a la escuela.

Parte C: Cuéntenle a la clase las cosas que hacían Uds. cuando eran niños.

◆ Yo iba en coche con mis padres a la escuela, pero él tomaba el autobús. Nosotros llevábamos la comida a la escuela y . . .

ACTIVIDAD **30** **Vida activa** **Parte A:** Usa la siguiente escala de uno a cuatro para marcar en la columna que dice **tú** qué actividades no te gustaban y cuáles te encantaban.

1. no me gustaba nada
2. me gustaba

3. me gustaba mucho
4. me encantaba

	tú	tu compañero/a
leer novelas como *Harry Potter*	_____	_____
navegar por Internet	_____	_____
jugar en un equipo	_____	_____
nadar sin traje de baño	_____	_____
escuchar música	_____	_____
dormir en casa de amigos	_____	_____
hacer camping	_____	_____
invitar a los amigos a la casa	_____	_____
mirar mucha televisión	_____	_____
jugar juegos electrónicos	_____	_____

Parte B: En parejas, entrevisten a su compañero/a para averiguar qué actividades le gustaban cuando era niño/a. Marquen las respuestas en la lista de la **Parte A.** Sigan el modelo.

◆ A: ¿Hacías camping?

B: Sí, me gustaba mucho. / Sí, me encantaba. / No, no me gustaba nada.

◇ Describing people in the past.

Parte C: En parejas, piensen en las respuestas de su compañero/a para decirle cuáles de los siguientes adjetivos describen cómo era él/ella de niño/a y por qué.

◇ **bien educado/a =** well behaved/mannered

1. extrovertido/a o introvertido/a
2. hablador/a o callado/a
3. travieso/a u obediente
4. activo/a o inactivo/a
5. bien/mal educado/a

◇ Description of habitual past actions.

ACTIVIDAD **31** **La rutina diaria** En parejas, describan un día típico de su vida cuando tenían quince años. Digan qué hacían con sus amigos.

◇ Describing ongoing past states of mind and past habitual actions.

ACTIVIDAD **32** **Ilusiones y desilusiones** **Parte A:** En parejas, pregúntenle a su compañero/a (1) qué fantasías tenía cuando era niño/a y cuándo dejó de creer en ellas, y (2) si hacía ciertas cosas y cuándo dejó de hacerlas. Usen las siguientes listas.

¿Creías . . . ?

en el Coco (*boogie man*)
en el ratoncito (*tooth fairy*)
que había monstruos (*monsters*)
    debajo de la cama
que la cigüeña (*stork*) traía a los bebés

¿Hacías estas cosas?

odiar a los chicos/las chicas
dormir con la luz encendida (*lit*)
jugar con pistolas/muñecas (*dolls*)
comer toda la comida

Parte B: Ahora comenten esta pregunta: ¿Es bueno que los niños tengan fantasías? ¿Por qué sí o no?

Por influencia de los Estados Unidos y Europa, en muchos países hispanos se habla de Santa Claus o Papá Noel. En algunos países, como Panamá, Uruguay y Puerto Rico, los niños reciben los regalos de Papá Noel o del Niño Jesús a la medianoche del veinticuatro de diciembre (Nochebuena).

En España, México y otros países hispanos, de la misma manera que en Bélgica y Francia, los Reyes Magos (*Three Wise Men*) les traen los regalos a los niños el seis de enero, día de la Epifanía. En los Estados Unidos, Santa Claus llega a las casas con los regalos. En cambio, en otros países, los Reyes Magos llegan en camello y dejan los regalos en los balcones o cerca de las ventanas. Con frecuencia, en las ventanas de la casa, los niños ponen los zapatos llenos de paja (*hay*) para los camellos y, al día siguiente, encuentran los regalos al lado de ellos. Compara la costumbre de los Reyes Magos con la costumbre de Santa Claus en los Estados Unidos. ¿Es similar o diferente?

▲ En Tizmín, estado de Yucatán en México, se celebra la Epifanía. ¿Sabes cuándo es la Epifanía?

◈ Describing past beliefs.

ACTIVIDAD **33** **¿Tenías razón?** **Parte A:** Piensa en las ideas que tenías sobre la universidad antes de comenzar el primer año y di qué piensas ahora. ¿Qué creías y qué crees ahora?

Lo que creía antes   *Lo que creo ahora*

las clases eran difíciles   las clases son fáciles
???   ???

Parte B: En grupos de tres, compartan sus ideas y digan si cambiaron o no. Usen oraciones como:

◆ Yo creía que las clases eran difíciles, pero ahora me parece que son fáciles.

◈ Description in the past.

ACTIVIDAD **34** **Descripciones** En grupos de tres, describan cómo creen que eran las siguientes personas u otros personajes famosos y qué hacían.

◆ George Washington tenía pelo blanco, era alto, tenía dientes de madera, nunca decía mentiras, . . .

Winston Churchill, Cleopatra, Don Quijote, Abraham Lincoln, Marilyn Monroe, Romeo y Julieta, Martin Luther King, Jr.

◈ Description of a person or thing.

ACTIVIDAD **35** **El extraterrestre** Uds. vieron a un extraterrestre. En grupos de tres, contesten estas preguntas para describirlo. Después, léanle su descripción al resto de la clase.

1. ¿Dónde estaban Uds. cuando lo vieron?
2. ¿Día?
3. ¿Hora?
4. ¿Qué tiempo hacía?
5. ¿Cómo era?
6. ¿Color?
7. ¿Cuántos ojos?
8. ¿Llevaba ropa?
9. ???

ACTIVIDAD **36** **Mi dormitorio** En parejas, explíquenle a su compañero/a cómo era su dormitorio y qué hacían allí cuando tenían diez años. Sigan este bosquejo. Al terminar, cambien de papel.

I. Descripción física
   Muebles: cama (dormir solo/a o con hermano/a), silla, cómoda, armario, escritorio

II. Decoración y diversión
   A. color
   B. carteles (*posters*)
   C. juguetes (*toys*)
   D. televisión, estéreo, radio, computadora, etc.

◈ **Póster** is a common Anglicism for **cartel;** in many countries, **afiche** is used.

III. Actividades y cuándo
   A. Con amigos
      jugar, hablar, dormir
   B. Solo/a
      leer, escuchar música, estudiar, mirar televisión

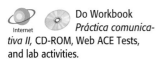

Do Workbook *Práctica comunicativa II,* CD-ROM, Web ACE Tests, and lab activities.

Videoimágenes

El buen sabor

ACTIVIDAD **37** **¿Dónde comen qué?** Antes de ver el segmento, mira la siguiente lista de comidas e indica con qué país asocias cada comida.

1. coco _____
2. carne a la parrilla (*grilled*) _____
3. tacos _____
4. paella _____

    a. Argentina
    b. España
    c. México
    d. Puerto Rico

33:31–38:12

ACTIVIDAD **38** **Cómo se prepara y se come un taco** En este segmento Javier va a una taquería en el D. F. y una pareja le explica cómo se prepara y se come un taco al pastor. Escucha la conversación y completa las siguientes instrucciones sobre los seis pasos para preparar un taco y los tres pasos para comerlo.

Seis pasos para preparar un taco al pastor

1. Se corta _____ de cerdo.
2. Se _____ a la tortilla.
3. ___ _____ un trocito de piña.
4. Se le ponen frijoles.
5. Se le pone _____ roja.
6. Se le pone _____.

Tres pasos para comerlo

1. La persona se pone de pie.
2. Se _____ hacia delante.
3. Se extienden los _____ y las _____ hacia adelante.

➤ Charo, Paquita y Javier en la cocina de La Corralada, un restaurante en Madrid.

38:13–end

ACTIVIDAD **39** **Restaurante La Corralada** En este segmento Javier visita un restaurante en Madrid. Mientras miras el video contesta las siguientes preguntas.

1. ¿Cuál es la especialidad de este restaurante los miércoles?
2. ¿De qué región de España es la comida de este restaurante?
3. ¿A qué hora almuerza la gente? ¿A qué hora cena?
4. ¿Cuántos platos pide una persona y qué bebe después de comer?

ACTIVIDAD **40** **Cuando eras niño/a** Después de ver el segmento, reúnanse en grupos de tres y hablen de las siguientes preguntas relacionadas con la comida.

1. ¿Qué comías en casa cuando eras niño/a?
2. ¿Cuántos platos había en una comida normal en tu casa?
3. ¿Cuál era tu restaurante favorito y qué comida pedías?
4. ¿Te gustaba comer en casa de amigos? ¿Por qué?

¿Lo sabían?

En varios países hispanos, el uso del tenedor y el cuchillo para ciertas comidas es mucho más frecuente que en este país. En casa o en restaurantes que no sirven comida rápida, es común usar estos cubiertos para comer sándwiches, pizza y papas fritas. Inclusive se usan los cubiertos para comer frutas tales como la sandía (*watermelon*). Hasta la banana se pela (*one peels it*), con frecuencia, con cuchillo y tenedor y no con la mano. Por otro lado, a la hora de comer pan en la mesa, es común partirlo (*break it*) con la mano en trozos pequeños para comerlo. También en algunos lugares se usa el pan como otro utensilio para empujar (*push*) la comida hacia el tenedor. Las costumbres pueden variar de país a país; por eso, cuando estés en el mundo hispano, es importante que observes y que imites.

Internet

Do Web Search activities.

Vocabulario funcional

El correo y la red

la dirección	*address*
la estampilla/el sello	*stamp*
el remite	*return address*
el sobre	*envelope*

Otras palabras relacionadas con el correo y la red *Ver página 264.*

Otros verbos como *gustar* *Ver página 265.*

Artículos deportivos y deportes *Ver página 274.*

el basquetbol	*basketball*
el béisbol	*baseball*
el fútbol	*soccer*
el fútbol americano	*football*
el hockey	*hockey*
el tenis	*tennis*
el voleibol	*volleyball*

Palabras relacionadas con los deportes

el balón	*ball* (large in size)
los bolos	*bowling*
el boxeo	*boxing*
el campeón/la campeona	*champion*
el equipo	*team; equipment, gear*
el estadio	*stadium*
ganar	*to win; to earn*
montar en bicicleta	*to ride a bicycle*
el partido	*game*
patinar	*to skate*
la pelota	*ball* (small in size)

Palabras y expresiones útiles

aburrirse como una ostra	*to be really bored* (literally, *to be bored like an oyster*)
a lo mejor + *indicative*	*perhaps*
cambiando de tema	*changing the subject*
dejar de + *infinitive*	*to stop, quit + -ing*
echar de menos	*to miss* (someone or something)
quedarse en + *place*	*to stay in/at* + place
Te va a salir caro.	*It's going to cost you.*

Capítulo 11

Chapter Objectives

- Explaining medical problems
- Naming the parts of a car and items associated with it
- Describing and narrating past events
- Expressing two actions that occurred at the same time
- Telling about past actions in progress and what interrupted them

▼ Balsa muisca, Museo del Oro, Bogotá.

Datos interesantes

- El 75% de la población de Colombia vive en la zona andina, el 21% vive en las costas y sólo el 4% vive en el resto del país.

- El 72% de los colombianos tienen una mezcla de razas: el 58% son mestizos (blanco e indígena) y el 14% son mulatos (negro y blanco).

- En Colombia hay una gran variedad de climas: verano eterno en las costas, primavera perpetua en las ciudades andinas, clima tropical en la selva amazónica e invierno continuo en las montañas de los Andes.

- Colombia es el único país de Suramérica con costa en dos océanos.

De vacaciones y enfermo

(No) vale la pena.	It's (not) worth it.
(no) vale la pena + *infinitive*	it's (not) worth + *-ing*
ahora mismo	right now
además	besides

Don Alejandro, el tío de Teresa, tuvo que ir a Bogotá en un viaje de negocios y decidió llevar a toda su familia para hacer turismo. Cuando estaban allí, su hijo Carlitos no se sentía bien y lo llevaron al médico para ver qué tenía.

ACTIVIDAD **1** **Marca los síntomas** Mientras escuchas la conversación en el consultorio de la doctora, marca los síntomas que tenía Carlitos.

____ diarrea	____ náuseas	____ dolor de cabeza
____ hemorragia	____ vómito	____ fiebre
____ dolor de estómago	____ falta de apetito	____ dolor de pierna

ENFERMERA	Pasen Uds.
ALEJANDRO	Gracias . . . Buenos días, doctora.
DOCTORA	¿Cómo están Uds.?
ALEJANDRO	Mi esposa y yo bien, pero Carlitos nos preocupa. Ayer, el niño estaba bien cuando se levantó; fuimos a visitar la Catedral de Sal y cuando caminábamos en la mina, de repente el niño empezó a quejarse de dolor de estómago, tenía náuseas, vomitó una vez y no quiso comer nada en todo el día.

 Explaining symptoms

◈ 39°C = 102.2°F.

CARLITOS	Me sentía muy mal. Hoy me duele la pierna derecha y casi no puedo caminar.
DOCTORA	¿También tenía fiebre o diarrea?
ROSAURA	Anoche tenía 39 de fiebre.
DOCTORA	A ver, Carlitos, ¿puedo examinarte?
CARLITOS	¿Me va a doler?
DOCTORA	No, y tú eres muy fuerte . . . ¿Te duele cuando te toco aquí?
CARLITOS	No.
DOCTORA	¿Y aquí?
CARLITOS	¡Ay, ay, ay!
DOCTORA	Bueno, creo que debemos hacerle un análisis de sangre ahora mismo. Pero por los síntomas, es muy posible que tenga apendicitis.
ALEJANDRO	¿Hay que operarlo?
DOCTORA	Si es apendicitis, hay que internarlo en el hospital y mientras tanto, hay que darle unos antibióticos para combatir la infección.
ROSAURA	Entonces, quizá tengamos que quedarnos unas semanas en Bogotá.
ALEJANDRO	Claro, y Cristina y Carlitos van a perder el comienzo de las clases. Tal vez valga la pena buscarles un profesor particular.
CARLITOS	¡Ay mamá! No quiero que me operen. Y, además, yo quería ir a Monserrate y subir en funicular y . . . y ahora no voy a poder.
ALEJANDRO	Vamos, Carlitos. No te preocupes. Vas a ver que la operación no es tan mala. Te prometo que antes de regresar a España te vamos a llevar a Monserrate; dicen que desde allí, la vista de la ciudad es muy bonita.
CARLITOS	Bueno, pero, también puedo ir al Museo del Oro . . . y quisiera . . . y . . .

◈ Expressing pain

◈ Speculating

◈ Expressing desires

ACTIVIDAD **2** **¡Pobre Carlitos!** Después de escuchar la conversación otra vez, pon esta lista en orden cronológico. Luego, en parejas, comparen sus respuestas.

_____ antibióticos

_____ tener dolor de estómago, náuseas
        y no querer comer

_____ operación

_____ dolor de pierna

_____ 39°C de fiebre

_____ análisis de sangre

ACTIVIDAD **3** **¿Vale la pena?** Habla de las cosas que vale o no vale la pena hacer, formando oraciones con frases de las tres columnas.

si no estás enamorado		tener aire acondicionado
si no hace mucho calor en tu ciudad		visitar Machu Picchu
si quieres saber esquiar bien		ver su última película
		tener alarma en la casa
si te gusta Tom Hanks	(no) vale la pena	tomar clases
si visitas Perú		casarte
si quieres sentirte seguro/a (*safe*)		alquilar unos esquíes buenos
si no te gusta el pescado		ir por el Camino del Inca
		comer en Red Lobster

¿Lo sabían?

En Colombia hay muchos lugares de atracción turística. Uno de ellos es el Museo del Oro en Bogotá, que contiene más de 33.600 piezas hechas de oro. Estas piezas son de pueblos como los tayronas o los muiscas que antes de la llegada de los españoles vivían en lo que hoy día es Colombia.

La Catedral de Sal es otro lugar de interés turístico. Está en Zipaquirá, a unos 50 kilómetros de Bogotá, y es una obra única de ingeniería, arquitectura y arte. Es una iglesia enorme, construida en varios niveles (*levels*) debajo de la tierra, en una mina de sal que los indígenas ya explotaban antes de la llegada de los españoles a América.

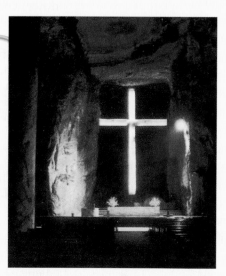

➤ Catedral de Sal, Zipaquirá, Colombia.

Lo esencial I

I. La salud

1. la ambulancia
2. la fractura
3. tener escalofríos
4. la radiografía
5. la sangre

Otras palabras útiles

doler* (ue)   to hurt
la enfermedad   sickness, illness
estar mareado/a   to be dizzy
estar resfriado/a   to have a cold
estornudar   to sneeze
la herida   injury, wound
la infección   infection
romperse (una pierna)   to break
   (a leg)
sangrar   to bleed

tener
   buena salud   to be in good health
   catarro/resfrío   to have a cold
   diarrea   to have diarrhea
   fiebre   to have a fever
   gripe   to have the flu
   náuseas   to feel nauseous
   tos   to have a cough
toser   to cough
vomitar/devolver (ue)   to vomit

 Remember: in Spanish, the possessive adjectives (**mi, tu, su,** etc.) are seldom used with parts of the body: **Me duele <u>la</u> cabeza.**

*NOTE: The verb **doler,** like **gustar,** agrees with the subject that follows:
Me duele la cabeza. Me duelen los pies.

◈ **embarazada** = pregnant

ACTIVIDAD **4** **Los síntomas**   Di qué síntomas puede tener una persona que . . .

1. tiene gripe
2. tuvo un accidente automovilístico
3. está embarazada
4. tiene mononucleosis

ACTIVIDAD **5** **Los dolores**   Después de jugar un partido de fútbol, los deportistas profesionales siempre tienen problemas. Mira el dibujo de estos futbolistas y di qué les duele.

◆ Al número 10 le duele el codo.

ACTIVIDAD **6** **Una emergencia** En parejas, lea cada uno solamente uno de los siguientes papeles y luego mantengan una conversación telefónica.

 puntos = stitches

Sala de Emergencias **✚** Hospital Centro Médico Fulgencio Yegros

Fecha:	el 14 de mayo
Hora:	6:30 p.m.
Paciente:	Mariano Porta Lerma
Dirección:	Avenida Bolívar, 9
Ciudad:	Asunción
Teléfono:	26-79-08
Estado civil:	casado
Alergias:	penicilina
Diagnóstico:	contusiones; fractura de la tibia izquierda
Tratamiento:	5 puntos en el codo derecho
Causa:	accidente automovilístico

Ernesto Bello

A

Tú eres el Dr. Bello y vas a llamar a la Sra. Porta por teléfono para decirle que su esposo tuvo un accidente automovilístico. Usa la ficha médica para explicar qué ocurrió. Cuando ella conteste el teléfono, dile:
—Buenos días. ¿Habla la Sra. Porta?

B

Tú eres la Sra. Porta y estás preocupada porque son las 12 de la noche y tu esposo todavía no llegó a casa. Ahora suena el teléfono. Contesta el teléfono diciendo: —Aló.

II.   Los medicamentos y otras palabras relacionadas

el antibiótico   antibiotic
la aspirina   aspirin
la cápsula   capsule
la inyección   injection

el jarabe   (cough) syrup
la píldora/pastilla   pill
la receta médica   prescription
el vendaje   bandage

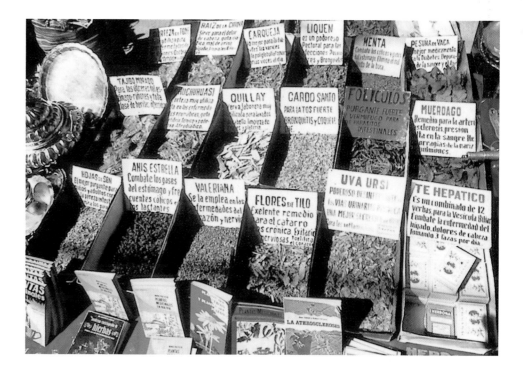

➤ Puesto de un mercado de La Paz, Bolivia, donde se venden hierbas para combatir diferentes enfermedades: úlceras, gases de estómago, bronquitis, etc.

FARMACIAS

Farmacias en servicio de urgencia día y
noche, ininterrumpidamente.

**Tetuán-Fuencarral-Peña Grande y ba-
rrio del Pilar:** Bravo Murillo, 257 / San
Modesto, 42 (delante de la clínica Ramón
y Cajal) / San Benito, 20 (Ventilla) / San-
genjo, 5 (semiesquina a Ginzo de Limia) /
Capitán Haya, 5.

Universidad-Moncloa: Martín de los He-
ros, 48 (esquina a Rey Francisco) / Fernando el Católico, 12.

Chamberí: Divino Pastor, 28 (próximo a
San Bernardo) / Plaza de San Juan de la
Cruz, 3 (frente al Ministerio de la Vivienda)

Centro-Latina: Marqués de Valdeigle-
sias, 6 (semiesquina a Gran Vía, 2) / Paseo
Imperial, 29 (semiesquina a Gil Imón, 10) /
Argensola, 12 (semiesquina a Génova).

Si viajas a un país hispano y te enfermas a las tres de la mañana,
¿adónde vas para comprar medicamentos? En muchas ciudades
hispanas hay farmacias de turno, o de guardia, adonde puedes ir
durante la noche. Éstas se anuncian en el periódico o en la puerta
de las farmacias mismas.

Hay muchos medicamentos que, a diferencia de los Estados
Unidos, no necesitan receta médica. Antes de comprar un medicamento para la tos, para un catarro o para algo más grave, es
habitual que la gente recurra al farmacéutico para que éste le
recomiende qué tomar.

ACTIVIDAD **7** **Asociaciones** Di qué palabras asocias con estas marcas: Bayer,
Contac, Formula 44, ACE, Valium y Nyquil.

ACTIVIDAD **8** **Tratamientos** Di cuáles son algunos tratamientos para los
siguientes síntomas. ¡Ojo! Hay muchas posibilidades.

Problema

1. Una persona se cortó y
   está sangrando.
2. Tiene tos.
3. Tiene una infección de oído.
4. Está resfriado.
5. Tiene fiebre.
6. Tiene diarrea.
7. Se rompió el brazo.
8. Estornuda cuando está cerca de
   los gatos.

Debe/Tiene que . . .

a. comer poco y beber agua mineral
b. ponerse un vendaje
c. llamar una ambulancia
d. tomar pastillas para la alergia
e. tomar antibióticos
f. acostarse y descansar
g. tomar un jarabe
h. tomar aspirinas

ACTIVIDAD **9** **Consejos** En parejas, "A" se siente enfermo/a y llama a su com-
pañero/a para quejarse (*to complain*). "B" le da consejos. Después cambien de papel.

◆ B: ¿Aló?

A: Hola, habla . . .

B: Ah, hola. ¿Qué tal?

A: La verdad, no muy bien. Tengo fiebre y no tengo mucho apetito.

B: ¡Qué lástima! Te aconsejo que tomes dos aspirinas y te acuestes. / Debes
tomar dos aspirinas y acostarte.

Hacia la comunicación I

Narrating and Describing in the Past: The Preterit and the Imperfect

Before studying the grammar explanation, look at the following sentences and identify the uses of the imperfect that you have practiced.

◇ Review uses of the imperfect from Ch. 10.

a. *Eran* las 11:00 de la mañana.
b. El niño *tenía* cuatro años.

c. *Era* un día horrible; *hacía* frío.
d. Él siempre *se levantaba* temprano.

The first sentence describes time, the second age, the third weather, and the last one a habitual or repetitive action in the past.

As you have already learned, the preterit is used to talk about or *narrate* completed actions in the past, and the imperfect is used to *describe* in the past. If you think of the preterit as a Polaroid camera that gives you individual, separate shots of events, you can think of the imperfect as a video camera that gives a series of continuous shots of a situation, or a picture that is prolonged over an indefinite period of time.

En la fiesta la gente **cantaba** y **bailaba.** Por eso el señor **llamó** a la policía.

1 ◆ The preterit narrates:

a. a specific action in the past or a series of completed past actions

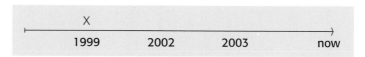

En 1999 mi familia **fue** a Colombia.

Entré en la casa, **fui** a la cocina y **tomé** un vaso de agua fría.

b. an action that occurred over a period of time for which specific time limits or boundaries are set

Mi familia **vivió** en España seis años.

c. the beginning or the end of an action

La película **empezó** a las nueve.
Cuando la película **terminó,** salimos.

2 ◆ The imperfect describes:

a. a repetitive or habitual past action, or a series of repetitive or habitual past actions

Antes **íbamos** a Colombia todos los años.

Todos los días yo **entraba** en la casa, **iba** a la cocina y **tomaba** un vaso de agua fría.

b. a past action or series of past actions with no specific time limits stated by the speaker

Mi familia **vivía** en Panamá.

3 ◆ When talking about the past, the imperfect sets or describes the background and tells what was going on. It refers to an action in progress or a certain situation that existed. The preterit narrates what occurred against the background situation or what interrupted an action in progress.

a. two simultaneous actions in progress in the past

Tú **leías** mientras ella **trabajaba.**

b. an action in progress interrupted by another action

Mientras **caminábamos** por la calle, **explotó** la bomba.

Ella **leía** cuando él **entró.**

c. a situation that existed when another action occurred

Cuando yo **vivía** en Quito, **trabajé** en un banco por cuatro meses.

Era invierno cuando **fui** a Chile por primera vez.

NOTE: A past action in progress can also be expressed by using the past progressive.

> **estaba/estabas/**etc. + *present participle* = imperfect

Estaba llov**iendo**. = **Llovía.**
Estábamos viv**iendo** en Panamá. = **Vivíamos** en Panamá.

Do Workbook *Práctica mecánica I* and corresponding CD-ROM activities.

Describing actions in progress.

ACTIVIDAD **10** **Estaba . . .** En parejas, averigüen qué estaba haciendo ayer su compañero/a a las siguientes horas.

> ◆ A: ¿Qué estabas haciendo ayer a las ocho y diez de la mañana?
> B: A las ocho y diez, yo estaba durmiendo. / A las ocho y diez, yo dormía.

1. 7:00 a. m.
2. 9:30 p. m.
3. 12:15 p. m.
4. 3:30 p. m.
5. 6:05 p. m.
6. 8:45 p. m.
7. 10:30 p. m.
8. 11:45 p. m.

Repetitive or habitual actions in the past.

ACTIVIDAD **11** **Las costumbres** Hay ciertos personajes de la televisión que todos conocemos. En parejas, digan qué cosas de la lista hacían los siguientes personajes en sus programas de televisión: Gilligan, Marcia Brady, Hawkeye Pierce, Seinfeld y Dylan McKay. ¡Ojo! Hay más de una respuesta correcta.

asistir a la escuela secundaria en Beverly Hills
llevar la misma ropa siempre
hablar con Greg
caerse mucho
ser médico en Corea
no hablar de nada
salir con Brenda
tener familia

besar a las enfermeras (*nurses*)
llevar ropa de los años setenta
ser amigo de Radar
vivir en un apartamento
tener problemas con sus novios
nadar en una laguna
ser alcohólico

ACTIVIDAD **12** **¿Qué tiempo hacía?** En parejas, digan adónde fueron el verano pasado, qué hicieron y qué tiempo hacía.

ACTIVIDAD **13** **La historia médica** En parejas, hablen con su compañero/a sobre las enfermedades que tuvieron durante el último año y los síntomas que tenían.

> ◆ Tuve gripe. Me sentía fatal y me dolía todo el cuerpo.

ACTIVIDAD **14** **Todos somos artistas** **Parte A:** Rompe un papel en cuatro partes iguales. En cada papel, dibuja una de las siguientes oraciones, pero no escribas la oración en el papel. Algunas oraciones quizás necesiten dos dibujos.

El terrorista salía del banco cuando explotó la bomba.
El terrorista salió del banco y explotó la bomba.
Ella besaba a su novio cuando su padre entró.
Ella besó a su novio y su padre entró.

Parte B: Muéstrales tus dibujos a otras personas de la clase para que decidan a cuál de las oraciones se refiere cada uno.

Simultaneous actions in progress.

***ACTIVIDAD 15* Dos cosas a la vez** Muchas personas hacen dos cosas simultáneamente. Piensa en lo que hacías ayer mientras hacías las siguientes cosas.

¿Qué hacías ayer mientras . . .

1. . . . comías?
2. . . . hablabas por teléfono?
3. . . . escuchabas música?

4. . . . mirabas televisión?
5. . . . caminabas a clase?
6. . . . escuchabas al/a la profesor/a?

Ongoing action interrupted by another action.

***ACTIVIDAD 16* ¿Qué pasó?** En parejas, pregúntenle a su compañero/a si le ocurrió alguna de estas cosas y averigüen qué estaba haciendo cuando le ocurrió.

◆ A: ¿Alguna vez dejaste las llaves en el carro?
B: Sí.
A: ¿Qué pasó? / ¿Qué estabas haciendo?
B: . . .

1. encontrar dinero
2. tener un accidente automovilístico
3. romperse una pierna/un brazo

4. perder una maleta
5. quemarse (*to burn oneself*)
6. ???

***ACTIVIDAD 17* ¿Aló?** Aquí tienen la mitad (*half*) de una conversación telefónica. En parejas, inventen la otra mitad y preséntenle la conversación a la clase.

¿Dónde estaba José?
¿Con quién?
¿Qué estaban haciendo ellos mientras tú esperabas?
¿Qué ocurrió?
¡Por Dios! ¿Y después?
¿Qué hizo la policía?
¿De verdad?
¿Qué hacían ellos mientras la policía hacía eso?
¿Cómo se sentían?
¿Adónde fueron?

Remember: **La policía** (*the police*) is singular.

***ACTIVIDAD 18* Objetos perdidos** En parejas, imagínense que una persona perdió algo y va a la oficina de objetos perdidos para ver si está allí. La otra persona trabaja en la oficina y tiene que llenar este formulario haciendo las preguntas apropiadas.

Nombre: _____
Dirección: _____
Ciudad: _____
Teléfono: _____
Email: _____
Artículo perdido: _____
Dónde: _____
Cuándo: _____
Descripción: _____

ACTIVIDAD **19** **¿Una noche ideal?** En parejas, miren la siguiente historia y cuenten qué ocurrió el sábado pasado en la casa de Francisco. Usen el **pretérito** y el **imperfecto** al contar la historia.

Do Workbook *Práctica comunicativa I* and corresponding CD-ROM activities.

Nuevos horizontes

Lectura

ESTRATEGIA: Approaching Literature

When reading a work of literature, it is important to separate what may be reality from what may be fantasy. Once you have distinguished between the two, the meaning of the work becomes clearer.

You will get a chance to practice separating reality from fantasy when reading "Tragedia" by the Chilean author Vicente Huidobro (1893–1948). In this story, the author tells us about a woman named María Olga who seems to have a dual personality, just as she has a double first name.

ACTIVIDAD **20** **María Olga** Mientras lees el cuento, anota en una hoja las características o acciones que se refieren a María y las que se refieren a Olga.

> **María:** encantadora
> **Olga:** muy encantadora . . . etc.

Tragedia
Vicente Huidobro

María Olga es una mujer encantadora. Especialmente la parte que se llama Olga.

Se casó con un mocetón grande
5 y fornido, un poco torpe, lleno de ideas honoríficas, reglamentadas como árboles de paseo.

Pero la parte que ella casó era su parte que se llamaba María. Su parte
10 Olga permanecía soltera y luego tomó un amante que vivía en adoración ante sus ojos.

Ella no podía comprender que su marido se enfureciera[1] y le repro-
15 chara[1] infidelidad. María era fiel, perfectamente fiel. ¿Qué tenía él que meterse con Olga?[2] Ella no comprendía que él no comprendiera[1]. María cumplía con su deber[3], la parte
20 Olga adoraba a su amante.

¿Era ella culpable de tener un nombre doble y de las consecuencias que esto puede traer consigo?

Así, cuando el marido cogió el
25 revólver, ella abrió los ojos enormes, no asustados, sino llenos de asombro, por no poder entender un gesto tan absurdo.

Pero sucedió que el marido se equivocó y mató a María, a la parte suya,
30 en vez de matar a la otra. Olga continuó viviendo en brazos de su amante, y creo que aún sigue feliz, muy feliz, sintiendo sólo que es un poco zurda[4].

---

1 Subjunctive verb forms referring to the past: **enfurecerse** (*to become angry*), **reprochar** (*to reproach*), and **comprender.**   2 *Why did he have to stick his nose in Olga's business?*   3 *she did what she was supposed to do*   4 *left-handed; awkward; incomplete*

ACTIVIDAD 21 **La narración** **Parte A:** Vuelve a leer el cuento y marca todos los verbos que aparecen en el pretérito.

Parte B: Ahora lee sólo las frases del cuento que tienen un verbo en el pretérito y di para qué se usa el pretérito en este cuento.

a. para contar los hechos (*the events*) de la historia
b. para hablar de acciones en progreso
c. para describir escenas (*scenes*)

Parte C: Vuelve a leer el cuento y marca todos los verbos que aparecen en el imperfecto.

Parte D: Ahora lee sólo las frases del cuento que tienen un verbo en el imperfecto y di cuáles de los siguientes usos tiene en cada caso.

a. describir un sentimiento o un estado
b. describir una acción habitual o repetitiva

ACTIVIDAD 22 **¿Realidad o no?** En parejas, discutan (*discuss*) el final del cuento. Decidan si el marido de verdad mató a María o si la acción de matarla fue solamente una metáfora. Estén preparados para defender su opinión.

ESTRATEGIA: Narrating in the Past

When narrating in the past, you need to say what happened (preterit) and add descriptive and background information (imperfect). As you saw while reading "Tragedia," it is by combining the preterit and the imperfect that one is able to give a complete narration in the past.

ACTIVIDAD 23 **Una anécdota** **Parte A:** Think about something that occurred in the past. It can be a personal experience. Make two lists. The first should contain what happened and the second should contain description.

Qué pasó (pretérito)   *Descripción (imperfecto)*

Parte B: Now, combine the sentences from the first column with the descriptions in the second column to create a story with logical paragraphs.

Parte C: Hand in your lists from Part A, your drafts, and your final version to your instructor.

Lo esencial II

El carro

◈ While in a car, practice vocabulary by quizzing yourself on car parts.

1. la llanta
2. la puerta
3. el tanque de gasolina
4. el baúl
5. el parabrisas
6. el limpiaparabrisas
7. las luces

1. el (espejo) retrovisor
2. el volante
3. el embrague
4. el freno
5. el acelerador
6. el/la radio
7. el aire acondicionado

Otras palabras relacionadas con el carro

el aceite   oil
automático   automatic
la batería   battery
el cinturón de seguridad   seat belt
con cambios   standard shift

la licencia/el permiso de conducir   driver's license
la matrícula/placa   license plate
el motor   engine

Verbos útiles

◈ **Conducir** is an irregular verb. See Appendix A for conjugations.

abrocharse el cinturón   to buckle the seat belt
apagar   to turn off
arrancar   to start the car
atropellar   to run over

chocar (con)   to crash (into)
manejar/conducir   to drive
pisar   to step on
revisar   to check

ACTIVIDAD **24** **Definiciones**   En grupos de tres, una persona da definiciones de palabras asociadas con el carro y las otras personas tienen que adivinar qué cosas son.

◆ A: Es un líquido que cambias cada tres meses.

B: El aceite.

ACTIVIDAD **25** **Problema tras problema**   Todos conocemos a alguien que tiene un carro desastroso. ¿Cuáles son algunos problemas que puede tener un carro?

◆ Las llantas se desinflan, nunca tienen suficiente aire.

ACTIVIDAD **26** **La persuasión**   En parejas, Uds. van a mantener una conversación en un concesionario de autos (*car dealership*). Para prepararse lea cada uno solamente el papel **A** o **B.** Luego empiecen la conversación así:

◆ A: Buenos días. ¿En qué puedo servirle?

B: Me interesa comprar este carro.

A: ¡Ah! Es un carro fantástico. Tiene llantas Michelín . . .

A

Eres vendedor/a de carros en Los Ángeles y recibes comisión si los clientes compran los accesorios adicionales del carro. Intenta convencer al cliente que gaste mucho dinero.

B

Eres cliente y estás interesado/a en comprar un carro. Quieres un buen precio, no tienes mucho dinero y le tienes fobia a los vendedores de carros.

radiocassette estéreo	estándar
llantas Michelín	estándar
cinturones de seguridad	estándar
limpiaparabrisas trasero	estándar
motor de seis cilindros	estándar
frenos hidráulicos	estándar
dos bolsas de aire	estándar
retrovisor diurno y nocturno	estándar
transmisión automática	$999
aire acondicionado	$799
ventanillas y cierre automático	$349
asientos de cuero	$689

Precio total sin impuestos ni matrícula	$28.995

Garantía: 7/70.000
35 millas por galón de gasolina

Si manejas, te juegas la vida

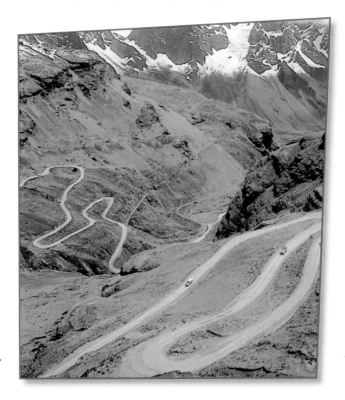

➤ Cordillera Real, los Andes, Bolivia. ¿Te gustaría manejar en esta carretera?

¡Qué lío!	What a mess!
¡Qué va!	No way!
para colmo	to top it all off
jugarse la vida	to risk one's life

Operaron a Carlitos y don Alejandro todavía tiene negocios que hacer. Por eso deja a la familia en Bogotá y se va en un carro alquilado hacia el sur del país. Ahora, don Alejandro tiene una conversación de larga distancia con su esposa.

ACTIVIDAD **27** **¿Cierto o falso?** Mientras escuchas la conversación, marca **C** si estas oraciones son ciertas o **F** si son falsas. Corrige las oraciones falsas.

1. _____ Cuando don Alejandro llamó, su esposa estaba preocupada.
2. _____ Don Alejandro llegó tranquilo a Cali.
3. _____ El carro alquilado era un desastre.
4. _____ Las gasolineras estaban cerradas porque era mediodía.
5. _____ Carlitos va a salir mañana del hospital.
6. _____ Don Alejandro va a regresar en carro.
7. _____ A don Alejandro le gusta viajar en carro por Colombia.

ROSAURA	¿Aló?
ALEJANDRO	¿Rosaura?
ROSAURA	¿Alejandro? ¡Por Dios! ¡Qué preocupada estaba! ¿Qué te pasó? ¿Por qué no me llamaste?

◈ Stating intentions

ALEJANDRO	Iba a llamarte ayer, pero no pude. No sabes cuántos problemas tuve con ese carro que alquilé. Pero, ¿cómo sigue Carlitos?
ROSAURA	Sigue mejor; no te preocupes. Pero, ¿qué te pasó con el carro? ¿Dónde estás ahora?

◈ Describing

ALEJANDRO	Pues, ya llegué a Cali, gracias a Dios, pero creí que nunca iba a llegar. ¡Qué lío! Manejar por los Andes es muy peligroso y, para colmo, el carro que alquilé casi no tenía frenos. Y como ya era tarde, las gasolineras estaban cerradas.
ROSAURA	Entonces, ¿qué hiciste?

◈ Narrating a series of completed actions

ALEJANDRO	Pues seguí hasta que por fin encontré una gasolinera que estaba abierta. El mecánico era un hombre muy simpático y eficiente. Arregló los frenos, le echó gasolina al carro y revisó las llantas y el aceite. Pero era tarde cuando terminó y me dijo que era peligrosísimo manejar a esa hora y por eso me ofreció dormir en su casa y, por supuesto, acepté.
ROSAURA	¡Virgen Santa!
ALEJANDRO	Te iba a llamar, pero el teléfono de la gasolinera no funcionaba.
ROSAURA	Pero, ¿estás bien?
ALEJANDRO	Sí, sí. Por fin llegué esta mañana con los nervios destrozados.
ROSAURA	Ojalá que ya no tengas más problemas. ¿Qué tal Cali?
ALEJANDRO	Muy agradable; tiene un clima ideal que es un alivio después del frío constante de Bogotá. Y tú, ¿estás bien?

◈ Expressing an unfulfilled obligation

ROSAURA	Sí, sólo un poco cansada. Carlitos tenía que salir del hospital hoy, pero los médicos dicen que debemos esperar hasta mañana. ¿Cuándo regresas?
ALEJANDRO	El jueves, si Dios quiere.
ROSAURA	¿Y piensas manejar?
ALEJANDRO	¡Qué va! Me voy por avión. Ahora entiendo por qué Colombia fue el primer país del mundo en tener aviación comercial. Si viajas en carro, ¡te juegas la vida!

ACTIVIDAD 28 **¡Vaya problemas!** Después de escuchar la conversación otra vez, contesta estas preguntas.

1. Cuando don Alejandro llamó, ¿dónde estaba él y dónde estaba su esposa Rosaura?
2. Don Alejandro tuvo muchos problemas. ¿Cuáles fueron?
3. ¿Cómo era el mecánico? ¿Qué le ofreció a don Alejandro y por qué?
4. ¿Por qué es difícil viajar en carro por Colombia?
5. ¿Manejaste alguna vez en las montañas? ¿Cómo fue? ¿Tenías miedo mientras manejabas?

ACTIVIDAD **29** **Casi me muero** En grupos de cinco, cuéntenles a sus compañeros una situación cuando se jugaron la vida.

◆ Javier bebió mucha cerveza, pero yo decidí ir con él en el carro. Él estaba manejando cuando, de repente, perdió el control y chocamos con otro carro. Me di un golpe en la cabeza y terminé en el hospital. ¡Qué tonto fui! Nunca más le permito a un amigo que maneje después de beber.

Si viajas, vas a notar que en muchos países hispanos no es común tener autoservicio en las gasolineras; normalmente hay personas que atienden a los clientes y es costumbre darles una pequeña propina.

El precio de la gasolina puede ser muy alto, excepto en países que producen petróleo como Venezuela, Colombia y Ecuador. También es más común encontrar carros pequeños y con cambios. ¿Por qué crees que es común tener carros pequeños en muchos países hispanos?

▲ San Juan, Puerto Rico.

Hacia la comunicación II

I. **Expressing Past Intentions and Responsibilities:**
Iba a + infinitive and *Tenía/Tuve que* + infinitive

1 ◆ To express what you were going to do, but didn't, use **iba a** + *infinitive*. To tell what you actually did, use the preterit.

Iba a estudiar, pero **fui** a una fiesta.   *I was going to study, but I went to a party.* (unfulfilled intention)

2 ◆ To express what you had to do, and perhaps didn't, use **tenía que** + *infinitive*.

Tenían que trabajar, pero **fueron** al cine.   *They had to/were supposed to work, but they went to the movies. (They did not fulfill their obligation.)*

—**Tenía que** hablar con el profesor.   *I had to/was supposed to speak with the professor.*
—¿Y? ¿**Hablaste** con él o no?*   *And? Did you speak with him or not?*

***NOTE:** The listener does not know whether or not the obligation was fulfilled and therefore has to ask for a clarification.

3 ◆ To express what you had to do and did, use **tuve que** + *infinitive*.

—**Tuve que ir** al médico.   *I had to go to the doctor.* (*I had to and did go.*)
—¿Qué te dijo el médico?   *What did the doctor tell you?*

After studying the grammar explanation, answer the following questions.
   In the sentences that follow, who actually went to buy a present, the man or the woman?

Ella fue a comprarle un regalo.   Él iba a comprarle un regalo.

If you said "the woman," you were correct since the words **iba a** in the second sentence imply merely an unfulfilled intention to do something.
   If someone said, **"Tenía que comprarle un regalo"**, what would be a logical response?

¿Qué compraste?   ¿Lo compraste al fin?

If you chose the second, you were correct. **Tenía que** simply indicates an obligation; if that obligation was met or not is up in the air.

II. *Saber* and *Conocer* in the Imperfect and Preterit

Saber and **conocer** express different meanings in English depending on whether they are used in the preterit or the imperfect. Note that the imperfect retains the original meaning of the verb.

◈ To review uses of **saber** and **conocer,** see Ch. 4.

	Imperfect	Preterit
conocer	knew	met (for the first time), became acquainted with
saber	knew	found out

Conocí a tu padre el sábado.   *I met your father on Saturday. He's really*
  ¡Qué simpático!   *nice!*
Lo **conocía** antes de empezar a   *I knew him before starting to work with him.*
  trabajar con él.
Ella **supo** la verdad anoche.   *She found out the truth last night.*
Ella **sabía** la verdad.   *She knew the truth.*

III. Describing: Past Participle as an Adjective

The past participle can function as an adjective to describe a person, place, or thing. To form the past participle (*rented, done, said*) in Spanish, add **-ado** to the stem of all **-ar** verbs, and **-ido** to the stem of most **-er** and **-ir** verbs. When the past participle functions as an adjective it agrees in gender and number with the noun it modifies.

alquilar ⟶ alquil**ado**   perder ⟶ perd**ido**   servir ⟶ serv**ido**

Él fue a Cali en un carro **alquilado.**   *He went to Cali in a rented car.*
Sólo encontró gasolineras **cerradas.**   *He only found closed gas stations.*

Use **estar** + *past participle* to describe a condition resulting from an action. The past participle functions as an adjective.

Cerraron las gasolineras.	*They closed the gas stations.*
Las gasolineras **están cerradas** ahora.	*The gas stations are closed now.*
Ella se sentó.	*She sat down.*
Ya **está sentada**.	*She is already sitting/seated.*

  Do Workbook *Práctica mecánica II*, CD-ROM, Web ACE Tests, and lab activities.

ACTIVIDAD 30 Buenas intenciones En español, como en inglés, hay un refrán que dice "No dejes para mañana lo que puedas hacer hoy". Pero, con frecuencia, todos dejamos para mañana lo que podemos hacer hoy. En parejas, digan qué acciones iban a hacer la semana pasada, pero no hicieron.

◆ Iba a visitar a mi hermana, pero no fui porque no tenía carro.

ACTIVIDAD 31 ¿Mala memoria? Su profesor/a organizó una fiesta para la clase, pero nadie fue. Ustedes tienen vergüenza y tienen que inventar buenas excusas. Empiecen diciendo: **"Lo siento. Iba a ir, pero tuve que . . ."**

ACTIVIDAD 32 ¿Eres responsable? Escribe tres cosas que tenías que hacer y que no hiciste el fin de semana pasado y tres cosas que tuviste que hacer. Luego, en parejas, comenten por qué las hicieron y por qué no.

ACTIVIDAD 33 ¿Ya sabías? En parejas, digan a qué personas o qué cosas ya conocían o qué información ya sabían el primer día de clases de su primer año de universidad y qué personas o lugares conocieron o qué información supieron después de empezar el año.

◆ A: ¿Sabías el número de tu habitación?
   B: Sí, ya lo sabía. / No, no lo sabía todavía.
   A: ¿Cuándo lo supiste?
   B: Lo supe cuando llegué a la residencia.

1. la ciudad universitaria
2. dónde ibas a vivir
3. el nombre de tu compañero/a de cuarto
4. tu compañero/a de cuarto o apartamento
5. tu número de teléfono
6. tus profesores
7. tu horario de clases
8. si tus clases iban a ser fáciles o difíciles

◈ **participio pasivo** = past participle

◈ Use **estaba** + *past participle*, since you are describing in the past.

◈ Remember: Past participles as adjectives agree in gender and number with the nouns they modify.

ACTIVIDAD **34** **¿Qué pasó?**   Terminen estas oraciones usando **estar** + *el participio pasivo* de un verbo apropiado: **aburrirse, beber, decidir, dormir, encantar, levantarse, pagar, preocuparse, resfriarse, terminar, vender** y **vestirse.** Hay más verbos de los que necesitas.

1. El carro iba haciendo eses (*was zigzagging*) porque el conductor _____.

2. La chica estaba en una clase de matemáticas y el profesor hablaba y hablaba y ella _____.

3. Salí a comer con mi amigo y cuando iba a pagar la cuenta, el camarero me dijo que la cuenta ya _____.

4. Queríamos comprar entradas para el cine, pero todas _____.

5. El tenor José Carreras no pudo cantar porque _____.

6. Mi padre _____ en el sillón cuando terminó el programa de televisión.

7. Mi novio llegó temprano y tuvo que esperar porque todavía yo no _____.

8. Su esposa debía de llegar a las 8:00 y ya era la medianoche. El señor _____.

ACTIVIDAD **35** **Un poema**   **Parte A:** Alfonsina Storni (1892–1938), poeta argentina, escribió el poema "Cuadrados y ángulos" para hacer un comentario social. Primero, cierra los ojos y escucha mientras tu profesor/a lee el poema en voz alta. Después contesta esta pregunta: ¿Oíste mucha repetición de letras? ¿De palabras?

Parte B: En parejas, pongan las letras de los dibujos al lado de la línea del poema que representan.

Cuadrados y ángulos

Casas enfiladas[1], casas enfiladas, casas enfiladas. _____
Cuadrados[2], cuadrados, cuadrados. _____
Casas enfiladas. _____
Las gentes ya tienen el alma[3] cuadrada, _____
    ideas en fila _____
    y ángulo en la espalda. _____
Yo misma he vertido[4] ayer una lágrima[5],
Dios mío, cuadrada. _____

1 *in rows*   2 *squares*   3 *soul*   4 *shed*   5 *tear*

Parte C: Ahora, decidan cuál de las siguientes oraciones describe mejor el mensaje del poema. Justifiquen su respuesta.

1. Storni dice que la vida es aburrida porque todo es igual —no hay variedad.
2. Storni dice que la gente se conforma con las normas establecidas de la sociedad —no hay individualismo.

Parte D: Discutan estas preguntas y justifiquen sus respuestas.

1. ¿Storni se conforma con las normas establecidas o es individualista?
2. ¿Uds. se conforman con las normas establecidas o son individualistas?

Entre los grandes poetas del mundo hispano se encuentran los chilenos Gabriela Mistral (1889–1957) y Pablo Neruda (1904–1973). Mistral, que llegó a ser diplomática y ministro de cultura, fue la primera mujer de América Latina en recibir el Premio Nobel de Literatura. Los temas principales de su poesía son el amor, la tristeza y los recuerdos dolorosos. Entre sus obras más famosas está *Sonetos de la muerte.* Neruda, que fue diplomático y estaba afiliado al partido marxista, también recibió el Premio Nobel de Literatura. Entre sus obras más famosas está *Veinte poemas de amor y una canción desesperada.* Él habla no sólo del amor sino también de la lucha política de la izquierda y del desarrollo histórico social de Suramérica.

En los países de habla española, generalmente, los estudiantes de la primaria y la secundaria tienen que memorizar poemas de escritores famosos para recitarlos, pues se considera que la poesía se escribe para ser escuchada. Esto lleva a tener cierta apreciación por la poesía y no es de sorprender que si un grupo de adultos viaja en un autobús, en vez de cantar canciones, alguien recite un poema.

ACTIVIDAD **36 Músicos, poetas y locos** "De músico, poeta y loco, todos tenemos un poco", dice el refrán. Escribe un poema siguiendo las indicaciones.

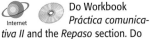 Do Workbook *Práctica comunicativa II* and the *Repaso* section. Do CD-ROM, Web ACE Tests, and lab activities.

 Do Web Search activities.

primera línea:	un sustantivo
segunda línea:	dos adjetivos (es posible usar participios)
tercera línea:	tres acciones (verbos)
cuarta línea:	una frase relacionada con el primer sustantivo (cuatro o cinco palabras máximo)
quinta línea:	un sustantivo que resuma la idea del primer sustantivo

Vocabulario funcional

La salud (*Health*) *Ver páginas 289–290.*

la ambulancia	*ambulance*
la fractura	*fracture, break*
la radiografía	*x-ray*
la sangre	*blood*
tener escalofríos	*to have the chills*

Los medicamentos y otras palabras relacionadas *Ver página 291.*

El carro *Ver página 301.*

el baúl	*trunk*
el limpiaparabrisas	*windshield wipers*
la llanta	*tire*
las luces	*lights*
el parabrisas	*windshield*
la puerta	*door*
el tanque de gasolina	*gas tank*

Palabras y expresiones útiles

además	*besides*
ahora mismo	*right now*
casi	*almost*
jugarse la vida	*to risk one's life*
mientras	*while*
(No) Vale la pena.	*It's (not) worth it.*
(No) Vale la pena + *infinitive.*	*It's (not) worth + -ing.*
para colmo	*to top it all off*
¡Qué lío!	*What a mess!*
¡Qué va!	*No way!*
quejarse	*to complain*

Capítulo 12

▼ Una pareja baila un tango sensual para un grupo de turistas, en el barrio de La Boca en Buenos Aires.

Datos interesantes

La música hispana en los EE.UU. en el siglo XX:

1904	Pablo Casals, violon-chelista, concierto en la Casa Blanca para Roosevelt
1928	Andrés Segovia, guitarrista, debut en Nueva York
los 30	Xavier Cugat con la samba y la rumba
1940	Desi Arnaz presenta la conga en Broadway
los 50	Tito Puente con el chachachá y el mambo
los 70	Celia Cruz, "la reina de la salsa", en Nueva York
los 80	Gloria Estefan y Miami Sound Machine, Julio Iglesias, Los Lobos
los 90	El boom de la música hispana: Selena, Jon Secada, Ricky Martin, Christina Aguilera, Luis Miguel, Enrique Iglesias, Marc Anthony, Shakira, Buena Vista Social Club, etc.

¡Qué música!

¿Qué es poesía? — dices mientras clavas
en mi pupila tu pupila azul,
¿Qué es poesía? ¿Y tú me lo preguntas?
Poesía . . . ¡eres tú!

¡Qué chévere!	Great! (*Caribbean expression*)
cursi	overly cute; tacky, in bad taste
¿Algo más?	Something/Anything else?

Teresa ganó el partido de tenis y por eso Vicente la invitó a comer. Están en un restaurante argentino donde hay un conjunto de música.

ACTIVIDAD **1** **¿Cierto o falso?** Mientras escuchas la conversación, marca **C** si la oración es cierta y **F** si es falsa.

1. _____ Teresa aprendió a jugar al tenis en un parque de Puerto Rico.
2. _____ Vicente juega bien al tenis.
3. _____ Teresa pide sopa, ensalada y churrasco.
4. _____ Vicente es un hombre muy romántico.
5. _____ A Teresa le gusta mucho que los músicos le toquen una canción.

CAMARERO	Su mesa está lista . . . Aquí tienen el menú.
VICENTE	Muchas gracias.
TERESA	¡Qué chévere este restaurante argentino! ¡Y con conjunto de música!
VICENTE	Espero que a la experta de tenis le gusten la comida y los tangos argentinos con bandoneón y todo.
TERESA	Me fascinan. Pero, juegas bastante bien, ¿sabes?
VICENTE	Eso es lo que pensaba antes de jugar contigo; pero, ¿cómo aprendiste a jugar tan bien?
TERESA	Cuando era pequeña aprendí a jugar con mi hermano mayor. Todas las tardes, después de la escuela, íbamos a un parque donde había una cancha de tenis y allí nos encontrábamos con unos amigos de mi hermano para jugar dobles. Seguí practicando y después de mucha práctica, empezamos a ganar.
VICENTE	¿Así que aprendiste con tu hermano?

◇ Being facetious

◇ Describing habitual past actions

TERESA	No exactamente; mi padre se dio cuenta de que yo tenía talento y me buscó un profesor particular. Yo jugaba al tenis a toda hora; era casi una obsesión; no quería ni comer ni dormir.
VICENTE	¡Por eso! Ya decía yo . . .
CAMARERO	¿Están listos para pedir?
TERESA	No, todavía no . . . Perdón, ¿cuál es el menú del día?
CAMARERO	De primer plato, hay sopa de verduras o ensalada mixta; de segundo, churrasco con patatas y de postre, flan con dulce de leche.
TERESA	Me parece perfecto. Quiero el menú con sopa, por favor.
CAMARERO	¿Y para Ud.?
VICENTE	También el menú, pero con ensalada. ¿El churrasco viene con papas fritas?
CAMARERO	Sí. ¿Y de beber?
VICENTE	Vino tinto, ¿no?
TERESA	Sí, claro.
CAMARERO	¿Algo más?
VICENTE	No, nada más, gracias. Teresa, este restaurante es fantástico. No sabes cuánto me gusta estar aquí contigo. Estoy con una chica no solamente inteligente y bonita sino también buena tenista. ¿Me quieres?
TERESA	Claro que sí. ¿Y tú a mí?
VICENTE	Por supuesto que sí . . . Mira, aquí vienen los músicos.
MÚSICOS	*En mi viejo San Juan / cuántos sueños forjé / en mis años de infancia . . .*
TERESA	¡¡¡VICENTE!!! ¡Te voy a matar! ¡Qué cursi! ¿Cuánto les pagaste?
VICENTE	¿No te gusta?
TERESA	La próxima vez quiero uno de esos tangos superrománticos y sensuales que cantaba Carlos Gardel.

 Ordering a meal

 Showing playful anger

 Carlos Gardel = famoso cantante argentino de tangos

ACTIVIDAD **2** **Preguntas** Después de escuchar la conversación otra vez, contesta estas preguntas.

1. ¿Qué tipo de música se asocia con Argentina?
2. ¿Por qué es buena jugadora de tenis Teresa?
3. ¿Qué van a comer Vicente y Teresa?
4. ¿Por qué a Vicente le gusta Teresa?
5. ¿Crees que la última canción que tocan los músicos sea un tango?
6. ¿Por qué crees que los músicos fueron a la mesa de Vicente y Teresa a tocar esa canción?

¿Lo sabían?

En España, muchas facultades de las diferentes universidades tienen tunas formadas por estudiantes que cantan y tocan guitarras, bandurrias (*mandolins*) y panderetas (*tambourines*). Los tunos, o miembros de la tuna, llevan trajes al estilo de la Edad Media y cantan canciones tradicionales en restaurantes, en plazas y por las calles. Generalmente, los tunos son hombres, pero últimamente también es posible ver tunas de mujeres.

➤ Un miembro de la Tuna de Derecho de Valladolid se casa en la iglesia de Santa María en Wamba, España.

ACTIVIDAD **3** **¿Cursi o chévere?** Di si las siguientes cosas son cursis o chéveres.

◆ ¡Qué chévere es la playa de Luquillo en Puerto Rico!

¡Qué cursis son las tarjetas del día de San Valentín!

jugar al bingo	unas vacaciones en el Caribe
Graceland y Elvis	el concurso de Miss Universo
los videojuegos	ganar la lotería

Lo esencial I

I. Los instrumentos musicales

◈ Other instruments: **el sinte-tizador, el oboe, la guitarra eléctrica, el bajo, el flautín, el piano.**

◈ As you listen to music, try to name all the instruments you hear.

1. la flauta	3. la trompeta	5. el violín	7. el saxofón
2. el trombón	4. la batería	6. el clarinete	8. el violonchelo

ACTIVIDAD **4** **¿Qué sabes de música?** En parejas, decidan qué instrumentos necesitan estos grupos musicales: **una orquesta sinfónica, una banda municipal** y **un conjunto de rock.**

ACTIVIDAD **5** **¿Tocas?** En grupos de tres, descubran el talento musical de sus compañeros. Pregúntenles qué instrumentos tocan o tocaban y averigüen algo sobre su experiencia musical, según las indicaciones.

Nombre _____

Instrumento(s) _____

Toca/Tocaba   _____ muy bien   _____ bien   _____ un poco

Cuándo empezó a tocar _____

Dónde aprendió a tocar _____

Quién le enseña/enseñaba _____

Cuánto tiempo practica/practicaba _____

Si ya no toca, cuándo dejó de tocar y por qué _____

_____

Si no toca ningún instrumento, pregúntale cuál le gustaría tocar y por qué

_____

ACTIVIDAD **6** **Preferencias** En parejas, planeen la música para una boda en una iglesia y para la recepción en un restaurante, sin preocuparse por el dinero. ¿Qué tipo de música quieren? ¿Qué instrumentos van a tocar los músicos?

¿Lo sabían?

Dos músicos españoles famosísimos del siglo XX fueron Andrés Segovia (1893–1987) y Pablo Casals (1876–1973). Segovia llevó la guitarra de la calle y de los bares a los teatros del mundo y la convirtió en un instrumento de música clásica. Casals tocaba el violonchelo; era maestro, compositor, director y organizador de festivales musicales. Se fue de España en 1939 por no estar de acuerdo con la dictadura de Franco, y vivió en Francia y después en Puerto Rico hasta su muerte. Segovia y Casals dieron conciertos en lugares como el Lincoln Center y la Casa Blanca. Cuando murieron, el mundo perdió a dos músicos extraordinarios. ¿Te gusta la guitarra clásica? ¿Tienes algún disco compacto de Segovia o de Casals?

▲ Pablo Casals, violonchelista español.

II. La comida

1. el ajo
2. el pollo
3. la carne de res
4. la coliflor
5. el cordero
6. los espárragos
7. las habichuelas/
   judías verdes
8. el cerdo
9. las zanahorias

◈ Think of the names of food items when you eat.

Verduras (*Vegetables*)

los frijoles   beans
los guisantes/las arvejas   peas
las lentejas   lentils

Aves (*Poultry*)

el pavo   turkey

Carnes (*Meats*)

el bistec (**churrasco** in Argentina)   steak
la chuleta   chop
el filete   fillet; sirloin
la ternera   veal

Postres

el flan   Spanish egg custard
el helado   ice cream

Gazpacho andaluz

2   kilos de tomates muy maduros
1/2 pepino
1   barrita de pan pequeña
un vaso (de los de vino) de aceite
sal
1   pimiento grande
1   cebolla grande
2   dientes de ajo
2 ó 3 cucharadas (de las de sopa) de vinagre

Primero, se pelan los tomates y se pasan por la licuadora. Mientras tanto, se ponen a remojar el pan y los pepinos (cortados en rodajas) en un poco de agua con sal. Se trituran juntos, en la licuadora, el pepino, el pimiento, la cebolla, el ajo, el aceite, el pan, el agua del pan, el vinagre y sal a gusto. Se mezcla este líquido con los tomates y se pasa todo, otra vez, por la licuadora. Se pone todo en la nevera. Se sirve con trocitos de pimiento, pepino, tomate y pan.

La comida básica de los países hispanos varía de región a región según la geografía. Por ejemplo, en la zona del Caribe la base de la comida son el plátano (*plantain*), el arroz (*rice*) y los frijoles. El maíz es importante especialmente en México y Centroamérica, y la papa en la región andina de Suramérica. En el Cono Sur se come mucha carne, producto de las pampas argentinas. El nombre de muchas comidas también varía según la región; por ejemplo, judías verdes, habichuelas, porotos verdes, vainas y ejotes son diferentes maneras de decir *green beans*. ¿Con qué regiones de los Estados Unidos relacionas estas comidas: langosta (*lobster*), "grits", "jambalaya" y el queso "cheddar"? ¿Por qué son populares estos platos en esas regiones?

ACTIVIDAD **7** **Una comida especial** En parejas, Uds. invitaron a su jefe a comer y necesitan planear una comida muy especial que incluya **primer plato, segundo plato, postre, bebida,** etc. Usen vocabulario de este capítulo y de otros.

ACTIVIDAD **8** **¡Camarero!** En grupos de cuatro, una persona es el/la camarero/a y las otras tres son clientes que van a comer juntos en Mi Buenos Aires Querido, un restaurante argentino en Madrid. Tienen que pedir la comida. Antes de empezar, miren las siguientes listas de frases útiles.

Mi Buenos Aires Querido

Casa del Churrasco
Castellana 240, Madrid

Primer plato	€
Sopa de verduras	5,00
Espárragos con mayonesa	6,00
Melón con jamón	7,20
Tomate relleno	6,00
Ensalada rusa	4,80
Provoleta (queso provolone con orégano)	5,00

Segundo plato	
Churrasco con papas fritas	15,00
Bistec de ternera con puré de papas	14,00
Medio pollo al ajo con papas fritas	12,00
Ravioles	9,00
Lasaña	9,00
Pan	1,00

Ensaladas	€
Mixta	5,00
Zanahoria y huevo	5,00
Waldorf	6,00

Bebidas	
Agua con o sin gas	3,00
Media botella	2,00
Gaseosas	2,00
Té	2,50
Café	2,50
Vino tinto, blanco	4,00

Postres	
Helado de vainilla, chocolate	5,20
Flan con dulce de leche	5,20
Torta de chocolate	5,80
Frutas de estación	5,50

Menú del día: ensalada mixta, medio pollo al ajo con papas, postre, café y pan — 18,00

Camarero/a

¿Qué van a comer?
¿De primer plato?
¿De segundo plato?
¿Qué desean beber?
El/La . . . está muy bueno/a hoy.
El/La . . . está muy fresco/a hoy.
El menú del día es . . .
De postre tenemos . . .
Aquí tienen la cuenta (*bill*).

Clientes

¿Está bueno/a el/la . . . ?
¿Cómo está el/la . . . ?
Me gustaría el/la . . .
¿Qué hay de primer/segundo plato?
¿Viene con papas?
¿Hay . . . ?
¿Cuál es el menú del día?
¿Qué hay de postre?
La cuenta (*bill*), por favor.

Hacia la comunicación I

I. Negating: *Ni . . . ni*

To express *neither . . . nor* use **ni . . . ni.** If **ni . . . ni** is part of the subject, a plural form of the verb is normally used.

Ni él **ni** ella asist**en** a la clase. *Neither he nor she attends the class.*
No como **ni** carne **ni** pollo.* *I eat neither meat nor chicken.*

***NOTE:** When **no** precedes the verb, the first **ni** is often omitted: *No* **como carne** *ni* **pollo.**

Review uses of the preterit and imperfect, Chs. 9, 10, and 11.

II. Narrating and Describing: Preterit and Imperfect

Do the following sentences express an action that occurred only once or are they habitual or repetitive actions in the past? What time expressions can you find?

Todas las tardes íbamos a un parque.
Yo jugaba al tenis a toda hora.
Muchas veces ella salía con sus amigos.

These sentences all refer to habitual or repetitive actions and the time expressions that appear are **todas las tardes, a toda hora,** and **muchas veces.** Certain time expressions are often used with the imperfect, since one of its functions is to describe habitual or repetitive actions in the past.

Imperfect	
a menudo	frequently, often
con frecuencia	frequently, often
a veces	at times
algunas veces	sometimes
de vez en cuando	once in a while, from time to time
muchas veces	many times
siempre	always
todos los días/meses	every day/month

Notice the difference in meaning in the following sentences where the preterit denotes a completed past action and the imperfect is used to describe repetitive or habitual actions.

Preterit ⟶ completed past action	Imperfect ⟶ repetitive or habitual past action

La semana pasada fuimos a la playa.   **Íbamos con frecuencia** a la playa.
Anteayer comí paella.   **A menudo comía** paella.
El mes pasado Vicente **jugó**   En Costa Rica, Vicente **jugaba** al
al tenis dos veces.   tenis **de vez en cuando.**

The time expression **de repente** (*suddenly*) always takes the preterit. Other expressions such as **anoche, ayer, anteayer, hace tres días, la semana pasada,** etc., can be used with either the preterit or the imperfect.

Ayer caminábamos por la playa
    cuando **de repente empezó** a llover.
Anoche fuimos al cine.
Anteayer a las ocho yo **miraba**
    televisión mientras Felipe **leía.**

Yesterday we were walking on the beach
    when all of a sudden it began to rain.
Last night we went to the movies.
The day before yesterday at eight o'clock
    I watched (was watching) TV while
    Felipe read (was reading).

III. Describing: Irregular Past Participles

As you saw in Chapter 11, a past participle can be used as an adjective to describe a noun. The following verbs have irregular past participles.

◈ Remember: Past participles used as adjectives agree in gender and number with the nouns they modify.

abrir	**abierto**	morir	**muerto**
cubrir	**cubierto**	poner	**puesto**
decir	**dicho**	romper	**roto**
escribir	**escrito**	ver	**visto**
hacer	**hecho**	volver	**vuelto**

⊙ Do Workbook *Práctica mecánica I* and corresponding CD-ROM activities.

—¿Abriste la puerta?
—No, ya **estaba abierta.**
—¿Robaron algo?
—No, pero la guitarra **estaba
    rota** y los pájaros **estaban muertos.**

Did you open the door?
No, it was already open.
Did they steal anything?
*No, but the guitar was broken and the
    birds were dead.*

ACTIVIDAD **9** **Los gustos** **Parte A:** Marca lo que no te gusta.

◈ Popeye come espinacas.

_____ el ajo	_____ el cordero	_____ los huevos fritos
_____ las arvejas	_____ los espárragos	_____ el jamón
_____ el brócoli	_____ las lentejas	_____ las espinacas
_____ la carne de res	_____ el filete de ternera	_____ el pescado
_____ la cebolla	_____ el flan	_____ el pollo
_____ las coles de Bruselas	_____ los frijoles	_____ el queso
_____ las chuletas de cerdo	_____ la fruta	_____ el tofú
_____ la coliflor	_____ las habichuelas	_____ las zanahorias

Parte B: En parejas, entrevisten a su compañero/a para averiguar qué no le gusta comer.

◆ A: ¿Qué no te gusta comer?
    B: No me gustan ni las habichuelas ni la carne de res ni . . .

ACTIVIDAD **10** **De pequeño** En parejas, miren la lista de la actividad anterior y digan qué comían y qué no comían cuando eran niños.

◆ Cuando era niño, no comía ni lentejas ni frijoles. Siempre comía sándwiches de jamón. Ahora me gustan las lentejas, pero no como frijoles.

ACTIVIDAD 11 Antes y después En grupos de tres, hagan un anuncio para la dieta "Kitakilos", basándose en las siguientes fotos del Sr. Delgado. Expliquen cómo era y qué hacía cuando estaba gordo, cuándo empezó la dieta y qué tuvo que hacer para bajar de peso (*lose weight*). También expliquen cómo es y qué hace ahora.

Promoción Pre-Primavera Slim:

(Bajó 27 Kg. en Slim)

ACTIVIDAD 12 Un email Diana le escribe un email a una colega que es profesora de español en los Estados Unidos. Completa la carta con la forma y el tiempo correctos de los verbos que aparecen después de cada párrafo.

Madrid

Querida Vicky:

Ya hace cinco meses que _____ a España y por fin hoy _____ unos minutos para _____ tu carta. Las cosas aquí me van de maravilla. _____ en un colegio mayor, pero ahora _____ un apartamento con cuatro amigas hispanoamericanas. _____ muy simpáticas y estoy _____ mucho de España y también de Hispanoamérica.

(alquilar, aprender, contestar, llegar, ser, tener, vivir)

Durante el verano pasado, _____ clases todos los días. Por las mañanas, nosotros _____ a la universidad y por las tardes _____ museos y lugares históricos como la Plaza Mayor, el Palacio Real y el Convento de las Descalzas Reales. Cuando _____ por primera vez en el Museo del Prado, me _____ grandísimo, y solamente _____ las salas de El Greco y de Velázquez.

(entrar, ir, parecer, tener, ver, visitar)

_____ enamorada de España. La música me _____ porque tiene mucha influencia árabe y gitana (*gypsy*). El otro día _____ por la calle cuando _____ a unos niños gitanos cantando y bailando; _____ unos diez años y me _____ que, con frecuencia, ellos _____ en la calle para _____ dinero.

(caminar, cantar, decir, estar, fascinar, ganar, tener, ver)

Mis clases _____ hace dos meses; después _____ seis semanas de vacaciones y las clases _____ otra vez la semana pasada. Además de tomar clases, _____ enseñando inglés desde junio para _____ dinero.

(empezar, estar, ganar, tener, terminar)

Bueno, ya tengo que irme a la clase de Cervantes. Espero que _____ un buen año en la escuela y ojalá que me _____ pronto.

(escribir, tener)

Un abrazo desde España de tu amiga,

Diana

ACTIVIDAD **13** **Con frecuencia** En parejas, digan cuándo o con qué frecuencia hicieron o hacían las siguientes actividades en su niñez. Usen el pretérito o el imperfecto según el caso y palabras como **una vez, dos veces, a veces, de vez en cuando, con frecuencia, a menudo, todos los sábados, una vez al año,** etc. Sigan el modelo.

◆ Cuando era pequeña, yo iba al dentista dos veces al año, ¿y tú?

1. ir al dentista
2. visitar Disneyworld o Disneylandia
3. ir a conciertos
4. comer pavo
5. ver películas
6. ir al teatro
7. visitar a tus abuelos
8. romper una ventana
9. asistir a misa o a un servicio religioso/ ir a una sinagoga o una mezquita

ACTIVIDAD **14** **¿Qué hiciste ayer?** En parejas, hablen de las cosas que hicieron ayer. Usen palabras como **primero, después, a las 8:30, mientras,** etc.

◆ Ayer me levanté a las . . . Después . . .

ACTIVIDAD **15** **Los críticos** **Parte A:** Lee las siguientes preguntas para pensar en la última película que viste.

1. ¿Cuál fue la última película que viste?
2. ¿Cómo era la película?

| _____ patética | _____ mala | _____ muy buena |
| _____ buena, pero no muy buena | _____ excelente | _____ la mejor del año |

3. ¿De qué género es?

| _____ romance/drama | _____ comedia | _____ acción |
| _____ suspenso | _____ ciencia ficción | _____ terror |

4. ¿Quiénes actuaron? ¿Quién dirigió la película?
5. ¿Cuál era el argumento de la película?
6. ¿Cómo te sentías mientras veías la película?

_____ triste	_____ contento/a	_____ enojado/a
_____ confundido/a	_____ asustado/a (*scared*)	_____ aburrido/a
_____ emocionado/a	_____ interesado/a	_____ divertido/a

7. ¿Cómo era la música? ¿Las imágenes? ¿La dirección? ¿Los actores?
8. ¿Cuál fue tu parte favorita y qué ocurrió?
9. ¿Te molestó algo de la película?
10. ¿Les vas a recomendar a tus amigos que vean la película?

Parte B: En parejas, usen la información de la Parte A para hablar de la última película que vieron.

ACTIVIDAD **16** **Detectives** En parejas, Uds. son el detective Sherlock Holmes y su ayudante Watson. Describan la escena que encontraron al entrar en un apartamento donde ocurrió un asesinato. Usen el participio pasivo de los siguientes verbos: **abrir, cubrir, escribir, hacer, morir, poner, preparar, romper** y **servir.**

   ◆ Un plato estaba roto . . .

 Do Workbook *Práctica comunicativa I* and corresponding CD-ROM activities.

Nuevos horizontes

Lectura

ESTRATEGIA: The Importance of Background Knowledge

When reading an article, an essay, a poem, a novel, or song lyrics **(la letra)** on a specific topic, your background knowledge helps you to interpret the message being conveyed. Song lyrics may draw attention to an event in an attempt to enact change, or simply to keep the event in the memory of the people. This was particularly true in the United States during the tumultuous 1960s, when songwriters such as Bob Dylan, Joan Baez, and John Lennon wrote songs in opposition to the Vietnam War.

   You will read the lyrics to a song entitled "El Padre Antonio y su monaguillo *(altar boy)* Andrés" by Rubén Blades. In order to best understand this song you must know the following background information.

▲ El arzobispo Óscar Arnulfo Romero.

◈ Rubén Blades is a Panamanian singer, actor, politician, and lawyer. He has acted in over 20 films, including *The Cradle Will Rock, Gideon's Crossing, All the Pretty Horses, Crossover Dreams,* and *The Milagro Beanfield War.*

◈ To learn more about Archbishop Romero, search the Internet.

   El 24 de marzo de 1980, el arzobispo Óscar Arnulfo Romero fue asesinado en El Salvador. Una persona desconocida entró en la iglesia donde el padre Romero

misa = mass
portavoz = spokesman
canonizarlo =
hacerlo santo

celebraba misa y lo mató. Se especula que el asesino era militar porque Romero era considerado portavoz de los pobres y había expresado su oposición a la represión y la violencia de los militares. Desde su muerte, el padre Romero es un símbolo político y, en Roma, se han recibido peticiones para canonizarlo.

ACTIVIDAD 17 Otras canciones En grupos de tres, nombren por lo menos tres canciones populares que tienen mensaje social y expliquen cuál es el mensaje de cada una.

ACTIVIDAD 18 Mensajes Ahora vas a leer la letra de "El Padre Antonio y su monaguillo Andrés". Al leer, contesta estas preguntas.

1. Según la primera estrofa, ¿cómo es el padre Antonio?
   a. burocrático   b. agresivo   c. sencillo
2. Según la segunda estrofa, ¿cómo es Andrés?
   a. un niño normal   b. un niño muy inteligente   c. un niño con conflictos
3. ¿Qué tragedia ocurrió y dónde tuvo lugar?
4. ¿El final de la canción es pesimista o expresa esperanza para el futuro?
5. ¿Cómo crees que sea la música de la canción?
   a. rápida, con buen   b. una balada lenta   c. ni rápida ni lenta, pero
      ritmo para bailar   seria

"El Padre Antonio y su monaguillo Andrés"

Rubén Blades

(*canción dedicada al Padre A. Romero*)

El padre Antonio Tejeira vino de
      España buscando
Nuevas promesas en estas tierras.
Llegó a la selva sin la esperanza
5   de ser obispo,
Y entre el calor y entre los
      mosquitos habló de Cristo.
El Padre no funcionaba en el Vaticano
      entre papeles
10 Y sueños de aire acondicionado,
   Y se fue a un pueblito en medio de la nada a dar su sermón.
   Cada semana pa'[1] los que busquen la salvación.

▲ Rubén Blades.

   El niño Andrés Eloy Pérez tiene diez años
   Y estudia en la elementaria Simón Bolívar.
15 Todavía no sabe decir el credo correctamente.
   Le gusta el río, jugar al fútbol y estar ausente.
   Le han dado el puesto en la iglesia de monaguillo
   A ver si la conexión compone al chiquillo.
   Y la familia está muy orgullosa porque a su vez
20 Ellos creen que con Dios conectando a uno conecta a diez.

_____
1 pa' = para

Suenan las campanas un - dos - tres
Del Padre Antonio y su monaguillo Andrés.
Suenan las campanas otra vez . . .
Del Padre Antonio y su monaguillo Andrés.

25 El Padre condena la violencia.
Sabe por experiencia que no es la solución.
Les habla de amor y de justicia
De Dios va la noticia librando en su sermón.

Suenan las campanas un - dos - tres
30 Del Padre Antonio y su monaguillo Andrés.
Suenan las campanas otra vez . . .
Del Padre Antonio y su monaguillo Andrés.

Al padre lo halló la guerra un domingo en misa,
Dando la comunión en manga de camisa.
35 En medio del Padre Nuestro entró el matador
Y sin confesar su culpa le disparó.
Antonio cayó hostia[2] en mano y sin saber por qué.
Andrés se murió a su lado sin conocer a Pelé.
Y entre el grito y la sorpresa agonizando otra vez
40 Estaba el Cristo de palo parado en la pared.
Y nunca se supo el criminal quién fue
Del Padre Antonio y su monaguillo Andrés.
Pero suenan las campanas otra vez
Del Padre Antonio y su monaguillo Andrés.

45 Suenan las campanas tierra va a temblar.
Suenan las campanas por América.
Suenan las campanas ¡O Virgen Señora!
Suenan las campanas ¿Quién nos salva ahora?
Suenan las campanas de Antonio y Andrés.
50 Suenan las campanas óyelas otra vez.
Suenan las campanas centroamericanas.
Suenan las campanas por mi tierra hermana.
Suenan las campanas mira y tú verás.
Suenan las campanas el mundo va a cambiar.

55 Suenan las campanas para celebrar.
Suenan las campanas nuestra libertad.
Suenan las campanas porque un pueblo unido.
Suenan las campanas no será vencido.
Suenan las campanas de Antonio y Andrés.
60 Suenan las campanas suénenlas otra vez.
Suenan las campanas por un cura bueno.
Suenan las campanas Arnulfo Romero.
Suenan las campanas de la libertad.
Suenan las campanas por América.

2 the Host

ACTIVIDAD 19 Descripción **Parte A:** En tus propias palabras, describe qué pasó en la iglesia. ¿Qué estaba haciendo el Padre Antonio? ¿Y Andrés? ¿Qué ropa llevaban? ¿Qué ocurrió?

Parte B: Rubén Blades intenta mostrarnos (*is trying to show us*) que el Padre Antonio es una persona común y corriente y que Andrés es un niño típico. Busca partes de la canción que muestren esto.

ACTIVIDAD 20 Las ideas En un concierto, Rubén Blades dijo: "En Latino-américa matan a la gente, pero no la idea". Di qué opinas sobre este comentario.

Escritura

ESTRATEGIA: Reporting

As you learned in Chapter 11, when narrating in the past, you need to say what happened (preterit) and add descriptive and background information (imperfect). You should also construct a clear timeline of events for the reader. To do this, use words such as the following.

primero	mientras	al final
luego/más tarde	más tarde	después de una hora
de repente	después	media hora más tarde

ACTIVIDAD 21 Un cuento **Parte A:** En un libro de texto, normalmente lees un cuento y después contestas preguntas para ver si entendiste o no el contenido. Ahora vas a hacer esta actividad pero al revés (*backwards*). Usa la imaginación y contesta estas preguntas.

1. ¿Adónde fueron Ricardo y su esposa de vacaciones?
2. ¿Cómo era el lugar y qué tiempo hacía?
3. ¿Qué hicieron durante las vacaciones?
4. ¿Cómo se murió la esposa de Ricardo?
5. ¿Qué estaba haciendo Ricardo cuando se rompió la pierna?
6. La policía no dejó a Ricardo volver a su ciudad. ¿Por qué?
7. ¿Quién era la señora del vestido negro y los diamantes?
8. ¿Cómo era físicamente la señora?
9. ¿Qué importancia tiene ella?
10. Al fin, la policía supo la verdad. ¿Cuál era?

◈ **historia/cuento** = story

Parte B: Usa tus respuestas de la Parte A para escribir una historia coherente y lógica sobre lo que les pasó a Ricardo y a su esposa. Conecta tus ideas con palabras como **más tarde, mientras** y **de repente.**

Parte C: Debes releer tu historia para ver si tiene lógica. También debes revisar cada uso del imperfecto y del pretérito.

Parte D: Entrégale las respuestas de la Parte A, los borradores y la versión final a tu profesor/a.

Lo esencial II

La geografía

1. la carretera	4. la montaña	7. el río
2. el puente	5. el valle	8. las cataratas
3. el pueblo	6. el lago	

Otras palabras relacionadas con la geografía

◈ **norte** = north, **sur** = south,
este/oriente = east,
oeste/occidente = west

la autopista	freeway, expressway	**el mar**	sea
el bosque	woods	**el océano**	ocean
el campo	countryside	**la playa**	beach
la ciudad	city	**el puerto**	port
la colina	hill	**la selva**	jungle
la costa	coast	**el volcán**	volcano
la isla	island		

ACTIVIDAD **22** **Categorías**   En parejas, organicen las palabras relacionadas con la geografía en las siguientes categorías.

1. cosas que asocian Uds. con el agua
2. lugares donde normalmente hace calor
3. lugares donde normalmente hace frío
4. cosas que no forman parte de la naturaleza

¿Lo sabían?

La variedad geográfica de Hispanoamérica incluye fenómenos naturales como el lago de Nicaragua que, aunque es de agua dulce (*fresh water*), tiene tiburones (*sharks*) y el lago Titicaca, entre Bolivia y Perú, que es el lago navegable más alto del mundo. En los Andes está el Aconcagua, la montaña más alta del hemisferio. También hay erupción de volcanes y terremotos causados por una falla (*fault line*) que va de Centroamérica a Chile. Esta variedad geográfica que les da su encanto a diferentes partes de América Latina, también trae problemas catastróficos. Algunos desastres que ocurrieron al final del siglo XX hicieron eco en todo el mundo.

1985   Un terremoto destruyó parte del centro y suroeste de México. Murieron unas 25.000 personas.

1985   La erupción de un volcán en Colombia destruyó un pueblo de más de 20.000 habitantes.

1998   El huracán Mitch mató a 8.000 personas en Honduras y un millón de personas se quedaron sin casa.

1999   En la ciudad de La Guaira, en la costa venezolana, hubo terribles inundaciones y derrumbamientos de lodo (*mud slides*). Murieron más de 30.000 personas.

◈ **agua salada** = salt water

▲ El Salto Ángel, Venezuela, la catarata más alta del mundo.

ACTIVIDAD 23 **¿Dónde naciste tú?** **Parte A:** En parejas, descríbanle a su compañero/a la geografía de la zona donde nacieron.

Parte B: Ahora, descríbanle a su compañero/a la geografía de una zona donde les gustaría vivir. Empiecen diciendo: **Quiero vivir en un lugar que tenga . . .**

ACTIVIDAD 24 **La propaganda** **Parte A:** En grupos de tres, cada uno de Uds. va a preparar un anuncio para la televisión hispanoamericana para atraer más turismo a una zona específica. Deben poner énfasis en la variedad de belleza natural que tiene cada lugar. Escojan uno de los siguientes lugares.

- Andorra (los sitios web pueden estar escritos en catalán, español [castellano], francés o inglés)
- El Petén
- Patagonia

Como tarea, cada uno debe investigar su lugar en Internet y preparar un anuncio comercial de un mínimo de 30 segundos e incluir fotos del lugar.

Parte B: Cada persona de un grupo debe presentarles el anuncio a los otros.

La propuesta

➤ Pareja de novios en un parque de Sarchí, Costa Rica.

hoy (en) día	today; nowadays
verdadero/a	real, true
Ya era hora.	It's about time.

Vicente tiene una pequeña sorpresa (surprise) *planeada para Teresa. Todos sus amigos los esperan en el apartamento para ver qué pasa.*

ACTIVIDAD **25** **Reacciones iniciales** Escucha la conversación y marca tus reacciones a estas preguntas.

1. ¿Cómo está Teresa al principio de la conversación?

_____ triste _____ contenta _____ preocupada _____ distraída
(distracted)

2. ¿Cómo es Vicente?

_____ romántico _____ divertido _____ estúpido _____ absurdo

GRUPO   Aquí vienen. Aquí vienen. Todos al dormitorio. El champán, ¿eh?
            Rápido. Vamos. Oye, ¿quieres cerrar la puerta? ¡Huy! Shhhhhh.
VICENTE   Hola, hola.
TERESA   ¿No hay nadie?
VICENTE   No. Solos por fin.
TERESA   Sí, sí. ¿Por qué no te sientas allí mientras miro el correo?
VICENTE   Bueno.

 Making a suggestion

TERESA	¿Qué haces?
VICENTE	Nada. En el restaurante dijiste que querías un tango, ¿no?
TERESA	¿Cómo? Lo que quiero es leer mi correo.
VICENTE	Sí, un tango romántico.
TERESA	¿Ahora quieres ser Carlos Gardel?
VICENTE	Romántico y sensual.
TERESA	¿Sabes algún tango?
VICENTE	En realidad no, pero sé muchas canciones románticas y sensuales. Eso es lo que dijiste el otro día, ¿no?
TERESA	¡Huy! 114 euros de mi cuenta del móvil. ¡Por Dios!
VICENTE	Ahhhh . . . Aquí tienes la canción más romántica del mundo: "Cuando se quiere de veras, como te quiero yo a ti, es imposible mi vida tan separados vivir".
TERESA	Hoy en día todo es tan caro. ¿Me vas a querer si soy pobre? Porque después de . . .
VICENTE	"No te acuerdas, cuando te decía, a la pálida luz de la luna: yo no puedo querer más que a una, y esa una, mi vida, eres tú."
TERESA	¿Y eso es lo que les cantas a todas las mujeres?
VICENTE	"Solamente una vez, amé en la vida. Solamente una vez y nada más."
TERESA	. . . ¿Y ésa que amaste soy yo? ¿Por qué?
VICENTE	"Por ser la chica más guapa del barrio, la más bonita de la localidad."
TERESA	¿Pero estás loco?
VICENTE	Loco no . . . "yo soy un hombre sincero de donde crece la palma" . . .
TERESA	¡Basta ya!
VICENTE	Teresa . . . quiero que te cases conmigo y que pasemos el resto de la vida juntos.
TERESA	Sí que estás loco, ¿eh?
VICENTE	No, no. Nada de loco. Lo digo en serio. ¿Quieres ser mi esposa?
TERESA	¿Hablas en serio? ¿Esto es una verdadera propuesta de matrimonio?
VICENTE	¿Qué más esperabas de mí? Pero, por supuesto. Por favor. Si no te casas conmigo, voy a continuar cantando. "La gallina turuleta ha puesto uno, ha puesto dos, ha puesto tres" . . .
TERESA	¡No puedo más! Sí, sí, sí me caso contigo.
GRUPO	¡Felicitaciones! ¡Enhorabuena! Ya era hora.

Exaggerating (margin note)

Comparing (margin note)

ACTIVIDAD **26** **Preguntas** Después de escuchar la conversación contesta estas preguntas.

1. ¿Cómo son las canciones que canta Vicente: románticas, violentas, cómicas, cursis, tristes?
2. ¿Qué le propone Vicente a Teresa?
3. ¿Teresa le contesta que sí o que no?
4. ¿Cómo sabes que Vicente estaba convencido de que Teresa iba a decir que sí?
5. ¿Te gustaría tener un novio o novia tan chistoso/a como Vicente o prefieres una persona más romántica?
6. Las cuatro primeras canciones que canta Vicente son canciones de amor y todas tienen un tema en común. ¿Cuál es?
   a. la atracción física entre el cantante y la mujer
   b. sólo hay una mujer para el cantante y es la mujer a quien le canta
   c. la atracción espiritual entre el cantante y la mujer
   d. el cantante salió con muchas mujeres, pero la mujer a quien le canta es la mejor de todas

El tango se originó en los barrios pobres de inmigrantes en las afueras de Buenos Aires al final del siglo XIX. Los instrumentos originales del tango eran la guitarra, la flauta y el violín, pero más tarde se introdujo el bandoneón, que es una especie de acordeón con botones. Al principio se consideraba el tango como una música vulgar, pero en los años 20 el tanguero Carlos Gardel empezó a tener fama y a llevar el tango a los escenarios de Europa y de todo el continente americano y llegó a hacer películas para la Paramount Pictures. Lamentablemente en 1935, Gardel falleció en un accidente aéreo en Colombia. Hoy día Gardel sigue siendo un símbolo del tango, y su estatua, que se encuentra en un cementerio de Buenos Aires, tiene placas y flores de admiradores de todas partes del mundo.

▲ Músico con bandoneón.

Hacia la comunicación II

I. Describing: Comparisons of Inequality

1 ◆ To compare two people or two things, use the following formula.

| más menos } | + | noun/adjective/adverb | + | que |

Hablamos **más español que** ellos.		*We speak more Spanish than they do.*
Mis clases son **más difíciles que** tus clases.		*My classes are more difficult than your classes.*
Me acosté **más tarde que** tú.		*I went to bed later than you.*
Hoy tengo **menos clases que** ayer.		*Today I have fewer classes than yesterday.*
Carlos es **menos estudioso que** su hermana.		*Carlos is less studious than his sister.*

2 ◆ To indicate that there is more or less than a certain *amount*, use the following formula.

| más menos } | + | **de** | + | number |

Hay **más de veinte** lenguas indígenas en Guatemala.	*There are more than twenty native languages in Guatemala.*
Me costó **menos de 20.000** pesos.	*It cost me less than 20,000 pesos.*

3 ◆ Some adjectives have both a regular and an irregular comparative form, as well as a change in meaning in some cases.

Regular Comparisons		
bueno	**más bueno**	better; kinder*
malo	**más malo**	worse; meaner; naughtier*
grande	**más grande**	larger in size
pequeño	**más pequeño**	smaller in size

***NOTE: Más bueno** and **más malo** usually refer to *goodness* or lack of it.

Note: **Mayor** (*greater*) and **menor** (*lesser*) may be used with things as in **mayor/menor importancia** (*greater/lesser importance*).

Irregular Comparisons		
bueno	**mejor**	*better*
malo	**peor**	*worse*
grande	**mayor**	*older (person); greater*
pequeño	**menor**	*younger (person); lesser*

Las playas del Caribe son **mejores que** las playas del Pacífico.
Pablo es **menor que** Juan.
Pablo es **más bueno que** Juan.
Pablo es **peor** estudiante **que** Juan.

The Caribbean beaches are better than the Pacific beaches.
Pablo is younger than Juan.
Pablo is kinder/a better person than Juan.
Pablo is a worse student than Juan.

II. Describing: The Superlative

When you want to compare three or more people or things, use the following formula.

$$\left.\begin{array}{l} \text{el/la/los/las } (noun) \text{ más} \\ \text{el/la/los/las } (noun) \text{ menos} \end{array}\right\} + \quad adjective$$

Toño es **el** (chico) **más optimista.**
Raquel es **la mejor** (cantante) **del** conjunto.*

Toño is the most optimistic (young man).
Raquel is the best (singer) in the group.

***NOTE:**
a. In the superlative, *in* = **de: El fútbol es el deporte más popular *de* Suramérica.**
b. **Mejor** (*Best*) and **peor** (*worst*) usually precede the nouns they modify: **Lucía es mi *mejor* amiga. Luquillo es *la mejor* playa *de* Puerto Rico.**

Do Workbook *Práctica mecánica II*, CD-ROM, Web ACE Tests, and lab activities.
Internet

ACTIVIDAD **27** **Las vacaciones** En parejas, "A" cubre la Columna B y "B" cubre la Columna A. Ustedes deben decidir adónde quieren ir de vacaciones. Con su compañero/a, describan y comparen diferentes características de los lugares para decidir cuál de los dos lugares les parece mejor.

◆ A: El Hotel Casa de Campo tiene tres canchas de tenis.
  B: Pues el Hotel El Caribe tiene seis canchas.
  A: Entonces el Hotel Caribe tiene más canchas de tenis que el Hotel Casa de Campo.

A	**B**
La Romana, República Dominicana	Cartagena, Colombia
Hotel Casa de Campo*****	Hotel El Caribe****
Media pensión	Pensión completa
Temperatura promedio 30°C	Temperatura promedio 27°C
Increíble playa privada	Playas fabulosas
Tres canchas de tenis	Seis canchas de tenis
Golf, windsurfing	Golf, pesca, esquí acuático
Discoteca	Casino
US$2.199 por persona en habitación doble por semana	US$2.599 por persona en habitación doble por semana

ACTIVIDAD **28** **¿Cuánto ganan?** Di cuánto crees que gana una persona en las siguientes ocupaciones durante el primer año de trabajo. Sigue el modelo.

◆ El primer año de trabajo, un médico gana más de 50.000 dólares y menos de 75.000 dólares.

1. un/a abogado/a
2. un/a policía
3. un/a asistente social
4. un/a recepcionista
5. un beisbolista profesional
6. un/a profesor/a de escuela secundaria

ACTIVIDAD **29** **¿Mejor o peor?** En parejas, túrnense para preguntar cuál de las siguientes cosas son mejores o peores. Justifiquen sus respuestas.

1. unas vacaciones en las montañas o en la playa
2. tener un trabajo aburrido donde se gana muchísimo dinero o tener un trabajo interesante donde se gana poco dinero
3. ser hijo/a único/a o tener muchos hermanos
4. vivir en una ciudad o vivir en el campo
5. una cena romántica o un concierto
6. ir de camping o quedarse en un hotel elegante
7. el machismo o el feminismo

¿Lo sabían?

En español hay muchos dichos que son comparaciones. Es común oír expresiones como "es más viejo que (la moda de) andar a pie", "es más viejo que Matusalén", "es más largo que una cuaresma (Lent)" o "es más largo que una semana sin carne". Para hablar de la mala suerte se dice: "es más negra que una noche". Para decir que uno es muy buena persona, los hispanoparlantes dicen "él es más bueno que el pan" mientras que en inglés se dice *"he's better than gold".* ¿Qué se puede aprender de una cultura y los valores de su gente a través de sus dichos?

ACTIVIDAD **30** **Comparaciones** **Parte A:** Rompe un papel en tres partes. Sin consultar con nadie, escribe el nombre de una persona famosa en el primer papel. En el segundo papel, escribe el nombre de un lugar famoso. En el tercero, escribe el nombre de una cosa. Dobla cada papel.

Parte B: Tu profesor/a tiene tres sobres grandes, uno dice **gente famosa,** otro dice **lugares** y el tercero dice **cosas.** Pon los papeles en los sobres correspondientes.

Parte C: Un estudiante debe escoger dos o tres papeles del mismo sobre y leer el contenido en voz alta. La clase debe hacer comparaciones. Repitan este proceso cinco o seis veces.

- Madonna / Britney Spears

  Madonna es más inteligente que Britney Spears.

Parte D: Un estudiante debe escoger dos o tres papeles de diferentes sobres y leerlos. Después la clase tiene que hacer comparaciones.

- Madonna / Madrid / guitarra

  Madonna es la más bonita de las tres.

ACTIVIDAD **31** **Los recuerdos de la escuela secundaria** En parejas, hablen sobre los siguientes recuerdos de la escuela secundaria.

1. el mejor profesor que tuviste: cómo se llamaba, cómo era, por qué te gustaba su clase
2. el peor profesor que tuviste: cómo se llamaba, cómo era, por qué no te gustaba su clase
3. las mejores vacaciones que tuviste: adónde fuiste, con quién, por qué te gustaron

ACTIVIDAD **32** **El mejor o el peor** Uds. quieren comprar un perro. En grupos de tres, miren los perros y decidan cuál van a comprar y por qué. Usen frases como **Chuchito es más bonito que Toby. Toby es el más inteligente de todos. Rufi es la mejor porque . . .**

Rufi (hembra),
8 semanas

Chuchito (macho),
6 meses

Toby (macho),
6 meses

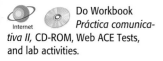

Internet
Do Workbook
Práctica comunica-
tiva II, CD-ROM, Web ACE Tests,
and lab activities.

ACTIVIDAD **33** **El Oscar** En grupos de tres, hagan una lista de las mejores pelícu-las de este año y hagan nominaciones para estas categorías: película dramática, película cómica, actor y actriz. Digan por qué cada una de sus nominaciones es mejor que las otras y por qué debe ganar. Después, hagan una votación (*vote*).

Videoimágenes

Ritmos

ACTIVIDAD 34 La música ¿Cuánto sabes sobre la música hispana? Antes de ver el segmento, marca qué país o región asocias con estos tipos de música.

1. _____ flamenco
2. _____ mariachi
3. _____ merengue
4. _____ música andina
5. _____ salsa
6. _____ tango

a. Argentina
b. el Caribe
c. España
d. México
e. Perú, Ecuador y Bolivia

41:54–46:33

ACTIVIDAD 35 En España La música nos revela mucho de una cultura. Escucha esta entrevista con Carmen Cubillos y contesta las siguientes preguntas sobre el flamenco, la música típica de Andalucía, una región del sur de España.

1. ¿Qué instrumento musical se asocia con este tipo de música?
   a. la trompeta   b. la guitarra   c. el piano
2. Al escuchar la música, ¿qué influencia notaste?
   a. polkas de Alemania   b. música del Medio Oriente   c. cantos gregorianos
3. Según Carmen Cubillos, ¿qué partes del cuerpo son importantes al bailar flamenco?
   a. los brazos   b. las piernas   c. todo el cuerpo
4. ¿Qué adjetivo es el que describe mejor el flamenco?
   a. alegre   b. dramático   c. lento

46:34–52:08

ACTIVIDAD 36 En Ecuador Mientras escuchas una entrevista con el conjunto otavaleño Ñanda Mañachi ("Préstame el camino", en quichua), contesta estas preguntas sobre la música andina. Lee las preguntas antes de mirar el video.

1. La música andina tiene influencias . . .
   a. indígena, española y africana.
   b. indígena y española.
   c. indígena y africana.
2. El señor toca y habla de varios instrumentos. Escribe una **V** si el instrumento es de viento o una **C** si es un instrumento de cuerda.
   _____ bandolín   _____ guitarra
   _____ bocina   _____ rondador
   _____ charango   _____ zampoña o sikus

➤ El charango, un instrumento típico de la zona andina.

3. ¿Qué animal se usa para hacer un charango?
   a. armadillo
   b. cocodrilo
   c. tortuga (*turtle*)

4. ¿Cuál es el tema principal de las canciones de Ñanda Mañachi?
   a. la naturaleza
   b. los problemas de los indígenas
   c. el amor

52:09–end

ACTIVIDAD **37** **En Puerto Rico** La salsa es un baile típico del Caribe. Mira este segmento del video para contestar estas preguntas sobre la salsa.

1. La salsa tiene influencias . . .
   a. indígena, española y africana.
   b. indígena y española.
   c. africana y española.

2. Para bailar salsa, ¿qué es importante? Es posible marcar más de una respuesta.
   a. mantener la espalda recta
   b. mover mucho las caderas (*hips*)
   c. comunicarse con su pareja
   d. nunca separarse de su pareja

ACTIVIDAD **38** **Fusión de culturas** La música de un país refleja las diferentes culturas que influyeron en su historia. En parejas, comenten cómo refleja la historia la fusión de culturas en el flamenco, la música andina y la salsa. Después piensen en la música de su país o región y comenten cómo refleja la historia del área.

 Do Web Search activities.
Internet

Vocabulario funcional

Instrumentos musicales

la batería	*drums*
el clarinete	*clarinet*
la flauta	*flute*
el saxofón	*saxophone*
el trombón	*trombone*
la trompeta	*trumpet*
el violín	*violin*
el violonchelo	*cello*

Vocabulario relacionado con la música

la banda	*band*
el conjunto	*group* (as in *rock group*)
la orquesta sinfónica	*symphony orchestra*

La comida *Ver página 316.*

el ajo	*garlic*
la carne de res	*red meat*
el cerdo	*pork*
la coliflor	*cauliflower*
el cordero	*lamb*
los espárragos	*asparagus*
las habichuelas/ judías verdes	*green beans*
las zanahorias	*carrots*

Vocabulario de restaurante

las bebidas	*drinks*
La cuenta, por favor.	*The check, please.*
¿Cómo está el/la . . . ?	*How is the . . . ?*
Me gustaría el/la . . .	*I would like . . .*
el menú/la carta	*menu*
la sopa	*soup*
la torta	*cake*

Expresiones usadas con el imperfecto
Ver página 318.

La geografía *Ver página 326.*

la carretera	*highway*
las cataratas	*waterfalls*
el lago	*lake*
la montaña	*mountain*
el pueblo	*town*
el puente	*bridge*
el río	*river*
el valle	*valley*

Los puntos cardinales

el este	*east*
el norte	*north*
el oeste	*west*
el sur	*south*

Más verbos

continuar	*to continue*
cubrir	*to cover*
romper	*to break*

Palabras y expresiones útiles

¿Algo más?	*Something/Anything else?*
cursi	*overly cute; tacky, in bad taste*
hoy (en) día	*today; nowadays*
¡Qué chévere!	*Great!* (Caribbean expression)
ni . . . ni	*neither . . . nor*
verdadero/a	*real, true*

Capítulo 13

Chapter Objectives

- ➤ Discussing travel plans
- ➤ Talking about past experiences in relation to the present
- ➤ Expressing feelings about the past
- ➤ Talking about unintentional occurrences
- ➤ Giving directions and commands
- ➤ Making comparisons

▼ Lisa Demetriou, policía, con su hijo Troy Julio en un desfile puertorriqueño en Nueva York. Foto de la exhibición *Americanos: La vida latina en los Estados Unidos.*

Datos interesantes

Profesiones en los Estados Unidos

	Blancos no hispanos	Hispanos	Blancas no hispanas	Hispanas
Precisión producción	19%	22%	2%	3%
Servicios	9%	15%	15%	26%
Gerencial, profesional	31%	11%	35%	18%
Técnico, ventas	21%	15%	42%	38%
Agricultura	3%	8%	1%	2%
Operarios, obreros	17%	29%	5%	13%

La oferta de trabajo

ya que	since, because
¿De acuerdo?	O.K.? Agreed?
sacar de un apuro (a alguien)	to get (someone) out of a jam

Don Alejandro ya regresó de Colombia y quiere hablar con Juan Carlos y con Álvaro para ofrecerles un trabajo.

ACTIVIDAD **1** **¿Qué oferta?** Mientras escuchas la conversación, identifica cuál es la oferta que hace don Alejandro y si los muchachos la aceptan.

JUAN CARLOS	Buenos días, don Alejandro.
ALEJANDRO	¡Entren, entren muchachos! Buenos días. Encantado de verlos.
ÁLVARO	Igualmente, don Alejandro. ¿Cómo está?
ALEJANDRO	Bien, pero muy ocupado. Los invité a la oficina porque quiero hablarles sobre un posible trabajo y espero que todavía no hayan planeado sus vacaciones de Semana Santa.
JUAN CARLOS	Yo no tengo ningún plan en particular. ¿Y tú, Álvaro?
ÁLVARO	No, yo tampoco. ¿De qué se trata?
ALEJANDRO	Pues necesito ayuda con un grupo de cuarenta turistas que va a viajar por América. He contratado a un guía, pero necesito a alguien más. Teresa me mencionó que Uds. tenían algo de experiencia de ese tipo. ¿Pueden darme más detalles?

◈ Expressing a hope

◈ **Semana Santa** = Holy Week

◈ Talking about the recent past

JUAN CARLOS	Yo fui guía turístico en Machu Picchu.
ÁLVARO	Y yo he acompañado a algunos grupos de estudiantes a las Islas Canarias.
ALEJANDRO	Bueno, me parece experiencia suficiente ya que no van a tener Uds. toda la responsabilidad. El trabajo consiste en llevar al grupo de los aeropuertos a los hoteles, ir en las excursiones y ayudar al guía a resolver problemas. El tour va a los Estados Unidos, México, Guatemala, Venezuela y la República Dominicana. ¿Les interesa?
ÁLVARO	¡Me parece buenísimo! ¿Y a ti, Juan Carlos?
JUAN CARLOS	Me encanta la idea.
ALEJANDRO	Entonces . . . ah, casi se me olvida decirles algo importante. El viaje es gratis para Uds., por supuesto, y también reciben un pequeño sueldo. Mi secretaria puede darles más detalles. Luego podemos reunirnos la próxima semana para hablar con más calma. ¿De acuerdo?
JUAN CARLOS	Cómo no, don Alejandro, y gracias por la oferta.
ALEJANDRO	¡Uds. son los que me sacan de un apuro! Fue un placer verlos.
ÁLVARO	Adiós, don Alejandro. Gracias nuevamente.
JUAN CARLOS	Hasta luego, don Alejandro.
ÁLVARO	¡Vamos a América! No lo puedo creer.
JUAN CARLOS	Vamos a hablar con la secretaria y luego te invito a tomar una cerveza para celebrarlo.

◈ Stating unintentional occurrences

◈ Inviting someone

ACTIVIDAD **2** **En el bar** Después de escuchar la conversación otra vez, contesta estas preguntas.

1. ¿Cuándo es el viaje?
2. ¿Qué experiencia tienen los dos jóvenes?
3. ¿Sabes dónde están las Islas Canarias? ¿A qué país pertenecen?
4. ¿A cuántos países va a ir el grupo? ¿Cuáles son?
5. ¿Has viajado alguna vez en un tour organizado? ¿Adónde, con quiénes y cuándo fuiste?

Las Islas Canarias son siete islas volcánicas españolas que están en el Océano Atlántico, cerca de África. Son una meca para el turismo por su belleza natural. En las islas hay una gran variedad de paisajes: unas playas doradas y otras negras por la lava de los volcanes, montañas con valles fértiles de vegetación tropical y hasta desiertos con camellos. Tres de los nueve parques nacionales españoles están en las Islas Canarias. En las ciudades de Santa Cruz de Tenerife y Las Palmas de Gran Canaria, el turista tiene la oportunidad de gastar su dinero en las numerosas tiendas libres de impuesto.

➤ Hombre trabajando la tierra con la ayuda de un camello en las Islas Canarias, España.

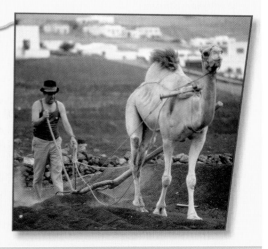

ACTIVIDAD **3** **Ya que . . .** Escoge frases de cada columna para formar oraciones lógicas sobre Juan Carlos y Álvaro.

Álvaro puede ver el Festival de la Calle Ocho		van a ir en el tour de América
Juan Carlos necesita tener el pasaporte al día		va a ir a Miami
en Miami van a comer plátanos fritos	ya que	viajó por las Islas Canarias
Álvaro sabe montar a camello		les encanta la comida cubana
Juan Carlos tiene experiencia en turismo		fue guía turístico en Machu Picchu
los dos están contentos		le encanta viajar

Lo esencial I

El viaje

Traveltur

Itinerario e instrucciones especiales para Juan Carlos y Álvaro:

PRIMER DÍA --

10:45	Llegada a Miami del vuelo charter 726 de Iberia Traslado del aeropuerto al hotel en autobús ($10,00 de propina para el chofer)
13:00	Almuerzo en el hotel

Tarde libre para ir a la playa

Explíquenle al grupo que en los Estados Unidos no es como en España donde la propina está incluida en el precio o se deja muy poco. Hay que darles un 15% a los camareros en los restaurantes y a los taxistas. A los botones en los hoteles, como en España, se les da $1 por cada maleta. A los guías y al chofer del autobús los pasajeros no tienen que darles nada si no quieren; Traveltur les da propinas.

SEGUNDO DÍA --

9:00	Tour por la ciudad en autobús con guía turístico ($25,00 propina para el guía) Visita a Vizcaya (museo y jardines), el Seaquarium y el Metro Zoo Entradas incluidas en el tour de la ciudad
Almuerzo libre	Sugerencias: el comedor del hotel; también hay muchas cafeterías cerca del hotel
Tarde:	Excursión opcional a los Everglades Precio: $15,00
Cena libre	Sugerencias: Joe's Stone Crab (mariscos), Los Ranchos (nicaragüense), Versailles (cubano), La Carreta (cubano), Monserrate (colombiano)

TERCER DÍA --

Traslado del hotel al aeropuerto en autobús
($10,00 de propina para el chofer)

Tiempo para ir de compras en el aeropuerto

Los impuestos de los aeropuertos están incluidos en el precio del tour

13:00	Salida del vuelo 356 de Aeroméxico para México Almuerzo a bordo

El/La guía = a person who guides; **la guía** = a guidebook.

La entrada = admission ticket; **el billete** (Spain)/**el boleto** (Hispanic America) = ticket for transport; **el ticket/tiquete** = ticket stub

¿Lo sabían?

La costumbre de dejar propina en los restaurantes no es uniforme en el mundo hispano y la cantidad que se deja en un restaurante varía según la categoría del restaurante. En los económicos generalmente no se espera propina, pero en los más elegantes la propina puede variar entre el 5% en países como España al 15% en países como México. Antes de viajar a un país hispano, es buena idea consultar guías turísticas en Internet como **www.lonelyplanet.com** para saber cuánta propina se debe dejar; o si no al llegar al país, se puede hablar con la gente del lugar. ¿Cuáles son las costumbres en cuanto a propinas en tu país?

ACTIVIDAD **4** **Las responsabilidades** En grupos de tres, contesten las siguientes preguntas según el itinerario.

1. ¿Cuáles son algunas cosas que Juan Carlos y Álvaro tienen que explicarle al grupo?
2. ¿A quiénes les tienen que dar ellos propina? ¿A quiénes les tienen que dar propina los pasajeros?
3. ¿Cómo van a ir del aeropuerto al hotel y viceversa?
4. Ya que Álvaro y Juan Carlos tienen que ir en todas las excursiones, ¿qué van a ver ellos?

ACTIVIDAD **5** **Preferencias** **Parte A:** En parejas, entrevístense para ver cuáles son sus preferencias sobre los viajes.

1. ¿Te gusta tener mucho tiempo libre cuando viajas o prefieres tener muchas actividades planeadas?
2. ¿Te interesan las explicaciones históricas de los guías?
3. ¿Te interesa ver los monumentos de las ciudades que visitas o solamente quieres descansar?
4. ¿Te gustan las excursiones en autobús donde puedes conocer a gente nueva o prefieres alquilar un carro y explorar la zona con dos o tres amigos?
5. Cuando viajas, ¿compras libros para aprender algo de la zona o prefieres hacer una excursión con un guía que te lo explique todo?
6. Generalmente, ¿das propinas cuando viajas? ¿A quién y cuánto le das?
7. ¿Crees que viajar a otros países cambia tu manera de pensar?

Parte B: Ahora, sugiérele a tu compañero/a el viaje perfecto de la siguiente lista de acuerdo con sus preferencias. Usa oraciones como: **Me parece que . . . , (No) creo que . . . , ¿No te gustaría . . . ?**

A	B	C
4 días en la ciudad de México con 3 excursiones con guía turístico	4 días en Mazatlán con carro para explorar la costa	2 días en la ciudad de México, tour opcional de la ciudad el segundo día. 2 días en la playa de Mazatlán.

Hacia la comunicación I

I. Speaking About Past Experiences: The Present Perfect

1 ◆ The present perfect is frequently used to ask and answer the question, "Have you ever . . . ?"

haber *(present)*			
he	hemos ⎫		
has	habéis ⎬	+	*past participle*
ha	han ⎭		

¿Han ido Uds. a Suramérica alguna vez?	*Have you (ever) gone to South America?*

Possible answers include:

—No, nunca **hemos ido.**	*No, we have never gone.*
—No, todavía no **hemos ido** a Suramérica, pero nos gustaría.	*No, we haven't gone to South America yet, but we would like to.*
—Sí, ya **hemos ido** y nos gustaría volver pronto.	*Yes, we have gone already and we would like to return soon.*
—Sí, ya fuimos y nos encantó.	*Yes, we already went and we loved it.*

NOTE: Todavía no is frequently followed by the present perfect. Although **ya** can be followed by either the present perfect or the preterit, the latter is more common.

2 ◆ The present perfect can also be used to talk about the recent past. Like in English, it can be used interchangeably with the preterit without changing the message of the sentence or question.

¿Has visto el nuevo video de Sting?	*Have you seen the new video by Sting?*
¿Viste el nuevo video de Sting?	*Did you see the new video by Sting?*

◈ Review the subjunctive, Chs. 8 and 9.

II. Expressing Feelings About the Past: *Haya* + Past Participle

To express doubt, emotion, hope, etc., in the present about something that may have happened in the past, you may use the present perfect subjunctive in a dependent clause. This tense is formed as follows.

> **que** + *present subjunctive of* **haber** + *past participle*

haber *(present subjunctive)*			
que **haya**	que **hayamos** ⎫		
que **hayas**	que **hayáis** ⎬	+	*past participle*
que **haya**	que **hayan** ⎭		

—Dudo que ella **haya viajado** mucho y yo busco personas que **hayan estado** en Suramérica.

I doubt that she has traveled a lot, and I'm looking for people who have been in South America.

—¿Crees que ella **haya ido** a Bolivia a visitar a su novio?

Do you think she's gone to Bolivia to visit her boyfriend?

Compare:

now
Espero que **venga.**

now
Espero que **haya venido.**

III. Talking About Unintentional Occurrences: *Se me olvidó* and Similar Constructions

To express accidental and unintentional actions or events, use the following construction with verbs like **caer, olvidar, perder, quemar,** and **romper.**

se me	se nos		*third person singular of verb + singular noun or*
se te	se os	+	*infinitive*
se le	se les		*third person plural of verb + plural noun or a series of nouns*

Se nos quemó la tortilla.
We burned the tortilla (unintentionally).

Se me olvidó llamarte ayer.
I forgot to call you yesterday (unintentionally).

¿Cómo? ¿**Se te perdieron** las entradas?
What? You lost the tickets (unintentionally)?

BUT: Quemamos la carta.
We burned the letter (intentionally).

NOTE: Remember that the person who accidentally does the action is represented by an indirect-object pronoun, which may be clarified or emphasized by a phrase with **a: a mí, a él,** etc.

Se **le** perdió la maleta **(a él).**
He lost the suitcase.

(A mí) siempre se **me** olvida llevar los libros a clase.
I always forget to take my books to class.

Se **le** rompieron las gafas **(a Jorge).**
Jorge's glasses broke.

Do Workbook *Práctica mecánica I* and corresponding CD-ROM activities.

ACTIVIDAD **6 De viaje Parte A:** Entre todos, hagan una lista en la pizarra de lugares interesantes para visitar.

Parte B: Pregúntenles a algunos de sus compañeros si han estado en esos lugares. Si contestan que sí, pregúntenles cuándo fueron, con quién, cuánto tiempo estuvieron y qué hicieron.

◆ A: ¿Has estado en el parque de Yellowstone?

B: Sí, he estado.   B: No, no he estado nunca.
A: ¿Cuándo fuiste?   A: ¿Te gustaría ir?
B: Fui en el 99.   B: Sí/No . . .
A: ¿Qué hiciste?
B: . . .

◈ **En el 99 = en 1999**

ACTIVIDAD **7 El Club Med** El Club Med de Punta Cana, República Dominicana, está entrevistando gente para el puesto (*position*) de director de actividades. Ésta es la persona que entretiene a todos los huéspedes (*guests*) durante una semana, organizando bailes, competencias deportivas y otras actividades. En parejas, escojan el Papel A o B y sigan las instrucciones para su papel.

A

Trabajas para el Club Med y vas a entrevistar a una persona para el puesto de director de actividades. La persona que buscas debe haber hecho las siguientes cosas: trabajar para el Club Med antes y tener experiencia con adultos o con niños y con primeros auxilios (*first aid*). Buscas una persona que sea dinámica. Haz preguntas como la siguiente: ¿Has trabajado antes para el Club Med?

B

Estás en una entrevista para el puesto de director de actividades del Club Med. Ésta es la información sobre ti que puede ayudarte a conseguir el trabajo: fuiste huésped (*guest*) en un Club Med hace dos años, tienes cuatro hermanos pequeños y enseñas educación física en una escuela. En este momento, eres estudiante en un curso de primeros auxilios (*first aid*).

➤ Las playas del Caribe son unas de las mejores del mundo. Playa Flamenco en la isla Culebra, Puerto Rico.

ACTIVIDAD **8** **¿Alguna vez . . . ?** **Parte A:** Pregúntales a un mínimo de cuatro compañeros si han hecho las cosas de la lista que sigue. Si contestan que sí, pregúntales cuándo, cuántas veces, con quién y si les gustó. Si contestan que no, pregúntales si les gustaría hacerlas algún día.

- ◆ A: ¿Has piloteado un avión?

  B: No, nunca.

  A: ¿Te gustaría hacerlo?

  B: Sí, me gustaría porque . . . / No, no me interesa porque. . .

1. nadar en el Caribe o en el Golfo de México
2. hablar con un cubano de Miami
3. ir al festival de la Calle Ocho en Miami
4. hacer un crucero
5. ver el desfile (*parade*) puertorriqueño en Nueva York
6. comer ropa vieja
7. viajar en un tour
8. visitar Cuba, Puerto Rico o la República Dominicana
9. estudiar sobre la crisis de los misiles soviéticos en Cuba en 1962
10. beber piña colada

Parte B: Ahora tu profesor/a va a hacerte algunas preguntas.

- ◆ Profesor/a: ¿Hay alguien en la clase que haya nadado en el Caribe?

S1: No, no hay nadie que haya nadado en el Caribe.

S2: Sí, hay alguien que ha nadado en el Caribe.

Profesor/a: ¿Quién es?

S2: Jim nadó en el Caribe el año pasado.

ACTIVIDAD **9** **No te preocupes** En parejas, tú y tu esposo/a se van de viaje con sus siete hijos a una playa de Puerto Rico. "A" preparó una lista de cosas que cada persona de la familia tenía que hacer y ahora quiere saber si las hicieron. "B" sabe qué hizo o no hizo cada uno.

- ◆ Juan: hacer la maleta

  A: Espero que Juan haya hecho la maleta.

  B: Ya la hizo. / Todavía no la ha hecho, pero va a hacerla hoy.

A

1. Pablo: comprar los pasajes
2. Pepe y Manuel: ir al banco
3. Victoria y Ángela: comprar gafas de sol
4. Elisa: llevar el perro a la casa de su amiga
5. Guillermo y Manuel: recoger (*pick up*) sus pasaportes
6. Tu esposo/a: poner el Pepto-Bismol en la maleta
7. Victoria: hacer la reserva del hotel
8. Todos: poner los trajes de baño en la maleta

B

Tú sabes que tus hijos y tú han hecho las cosas que tenían que hacer, pero que tus hijas no las han hecho.

ACTIVIDAD **10** **Una llamada urgente**   En parejas, Uds. son hermanos y acaban de volver a casa. Ven que hay un mensaje en el contestador automático diciendo que sus padres están en el hospital y que Uds. deben ir allí. Reaccionen a esa llamada usando frases como **Dudo que hayan . . .** , **Es posible que . . .** , **No creo que . . .** , etc.

◆ Es posible que hayan tenido un accidente.

ACTIVIDAD **11** **La mala suerte**   En grupos de cuatro, díganles a sus compañeros si alguna vez, al hacer un viaje, han tenido alguno de los siguientes problemas inesperados (*unexpected*). Den detalles.

◆ Una vez se me olvidó el pasaporte en el avión . . .
   Nunca se me ha olvidado el pasaporte . . .

1. perder la maleta
2. acabar el dinero
3. olvidar cosas en un hotel
4. romper algo en una tienda
5. perder las tarjetas de crédito
6. abrir un perfume, un Pepto-Bismol, etc. en la maleta

ACTIVIDAD **12** **¿Intencional o accidental?**   En parejas, miren los siguientes pares de situaciones y digan para cada par, cuál de la acciones fue accidental. Luego inventen el contexto en que ocurrió cada una.

1. a. Se me rompieron los pantalones.
   b. Rompí los pantalones.
2. a. Se me quemó la foto de mi novia.
   b. Quemé la foto de mi novia.

ACTIVIDAD **13** **Dichos**   En español hay muchos dichos que tienen la construcción **se me, se te,** etc. Unos muy populares son los siguientes.

Se le hace agua la boca.   Se le acabó la paciencia.
Se le fue la lengua.   Se le fue el alma (*soul*) a los pies.
Se le hizo tarde.   Se le cae la baba (*drool*) (por alguien).

En parejas, adivinen el significado de cada dicho y digan qué dicho se puede usar en cada una de las siguientes situaciones.

1. Tenía que ir a la biblioteca para buscar un libro; iba a ir a las siete, pero llegué a las ocho y ya estaba cerrada. _____
2. El niño no debía decirle nada a nadie, pero le dijo a su abuela que sus padres tenían problemas económicos. _____
3. Miguel está muy enamorado de Marcela y tiene ganas de salir con ella. _____
4. Mi abuela acaba de preparar ropa vieja. UMMMMM. A mí _____
5. Al final, el camarero se enfadó con los clientes y les tiró toda la comida encima. _____
6. Raquel tuvo un accidente y su madre recibió una llamada del hospital. _____

Do Workbook *Práctica comunicativa I* and corresponding CD-ROM activities.

Nuevos horizontes

ESTRATEGIA: Linking Words

In a text, phrases and sentences are linked with connectors, or linking words, to provide a smooth transition from one idea to another. Linking words establish relationships between parts of a text. For example, in the sentence *My house is more beautiful than yours, more . . . than* expresses a comparison. In the sentence *I went to the movies and then I had dinner*, sequence is established by the words *and then*. The following list contains common Spanish linking words.

Function	Linking Words
Adding	**y, también, además de** (*apart from, besides*)**, asimismo** (*likewise*)**, a la vez** (*at the same time*)**, sino también** (*but also*)
Contrasting and Comparing	**a diferencia de, pero, sin embargo, por otro lado** (*on the other hand*)**, a pesar de que** (*in spite of*)**, aunque** (*although*)**, más/menos . . . que, al igual que** (*just like*)**, como**
Exemplifying	**por ejemplo**
Generalizing	**por lo general, generalmente, normalmente**
Giving Reasons	**por, porque, pues, ya que**
Showing Results	**por lo tanto** (*therefore*)**, por eso, como consecuencia/resultado, entonces**
Showing Sequence	**primero, después, luego, finalmente**

ACTIVIDAD 14 Preguntas Contesta estas preguntas antes de leer el texto.

1. ¿Quiénes fueron los primeros inmigrantes que llegaron a los Estados Unidos?
2. ¿Por qué vinieron?
3. ¿Dónde hay inmigrantes hispanos en los Estados Unidos?
4. ¿Crees que la cultura hispana es homogénea o heterogénea?
5. ¿Crees que los inmigrantes que vienen a los Estados Unidos pierden sus costumbres en las generaciones sucesivas?

ACTIVIDAD 15 El significado Las palabras que están en negrita en las siguientes oraciones aparecen en la lectura que sigue. Primero, lee estas oraciones y escoge el sinónimo para cada palabra.

1. Voy a **criar** a mis hijos exactamente como mis padres me criaron. Mis padres son fantásticos. (educar, mirar)
2. Soy de Guatemala, pero vivo en México y no puedo volver a mi **patria** por razones políticas. (ciudad, país)
3. Después de cometer muchos delitos (*crimes*) contra el pueblo, el nuevo gobierno mandó al ex presidente a vivir a otro país. En el **destierro** estaba muy triste y quería volver. (prisión, exilio)

La actividad continúa en la página siguiente.

4. Es increíble el **cariño** que tiene por su hijo de cinco meses: lo besa, lo baña y le lee cuentos infantiles. Su hijo es la luz de sus ojos. (amor, admiración)

5. Después de dejar de salir con su novio, Marta quería **borrarlo de la memoria.** (matarlo, olvidarlo)

6. Es importante que las plantas tengan agua, sol y **abono** (el mejor es el natural que no contiene productos químicos). (calor, fertilizante)

7. **Un bebé recién nacido** pesa más o menos tres kilos. (un bebé de dos o tres días, un bebé de seis meses)

8. Raúl va a dar su primer recital y su profesor de música le compró flores porque está muy **orgulloso de** él. (contento por, triste por)

ACTIVIDAD 16 Asociaciones Mientras lees la lectura, asocia estas oraciones con las personas de la lectura y escribe sus iniciales después de cada oración. ¡Ojo! Puede haber más de una persona para cada línea.

1. Nací y me crie en Cuba. _____

2. Nací en Cuba, pero me crie en los Estados Unidos. _____

3. Nací en los Estados Unidos de padres cubanos. _____

4. Nada es gratis en este mundo. Hay que trabajar. _____

5. Echo muchísimo de menos a mi familia en Cuba. _____

6. Mi experiencia al salir de Cuba fue muy difícil, pero irónica. _____

7. Tengo doble patria: me siento de Cuba y de los Estados Unidos. _____

8. Me siento más cubano/a que norteamericano/a. _____

Retratos y relatos

Las siguientes lecturas son citas de diferentes cubanos o personas de origen cubano que viven en los Estados Unidos. Cada uno tiene una historia diferente que refleja algún aspecto de la experiencia de ser cubano y vivir fuera de su patria. Algunos vinieron antes de subir Fidel Castro al poder en 1959 y otros después. Todos han pasado por lo menos parte del régimen de Castro en los Estados Unidos. Al leer sus historias, se puede ver un poco del alma de cada uno de ellos y aprender así algo más sobre los cubanos.

PAMELA MARÍA SMORKALOFF
Escritora, Nueva York

Mi familia emigró a los Estados Unidos en los años 30. Mi abuela me enseñaba en los libros *National Geographic* dónde estaba Cuba, porque después de la revolución, en los partes meteorológicos no aparecía; la habían borrado.

Yo nací en Nueva York, pero desde pequeña mi madre y mi abuela me inculcaron la cultura cubana. Ellas no tenían idea, en ese entonces, que después de grande escribiría un estudio de la cultura literaria cubana, publicado en La Habana.

JULIO RAMÍREZ MARQUES
Desempleado, Miami, Florida

"Soy balsero y trabajo por comida. Ayúdame." Yo llegué aquí el 14 de noviembre de 1993. Un hombre ahí me dijo que eso era un mal ejemplo para los cubanos porque yo estaba pidiendo trabajo por comida. Yo le dije que yo no sé hacer otra cosa. Yo no sé robar. No sé quitarle la cartera a una vieja. No sé vender drogas. En Cuba yo trabajaba en abono químico. Soy de Regla y no tengo familia. Allá yo no podía vivir por el régimen que está muy malo.

HILDE F. CRUZ
All-Car Service, Washington Heights, Nueva York

Yo soy de Banes, Oriente. Nosotros nos fuimos de Cuba el 26 de septiembre de 1961. La lancha era de catorce pies y medio, con un motor fuera de borda de 15 H.P. Salimos para las Bahamas en un viaje como de 18 horas. Éramos cuatro en la lancha. Cuando llegamos a Nassau, el cubano que atendía a los cubanos recién llegados, por esas cosas del destino, ¡se llamaba Fidel Castro!

RUBÉN D. JIMÉNEZ
Maestro, Nueva York

Salí de Cuba hace más de 25 años y prácticamente me siento tan cubano como la caña de azúcar. Ser cubano exiliado es una ventaja amarga puesto que el destierro nos ha enseñado a querer a nuestra patria aún más.

Siempre pienso en el regreso a ver a mi familia, pues aunque hayan pasado tantos años, el amor y la relación familiar jamás se han perdido. ¿Qué les diría? ¿Cuál será la relación de ese momento en adelante? Verdaderamente es difícil tratar de recuperar el tiempo perdido, pero el cariño puede vencer. Los años pasan y mi juventud se va marchitando y el miedo de llegar viejo a Cuba y no poder disfrutarla me entristece.

Nací en La Habana, Cuba, procedente de una familia de clase media, y me crié en Nueva York. Hoy día soy maestro de educación especial en la misma escuela donde fui estudiante hace 25 años.

OFELIA COBIÁN
Agente de publicidad, Nueva York

Yo nací en Oriente, Cuba, el 13 de abril de 1966. Mi niñez fue feliz, **aunque** con muy pocas riquezas. En 1980 emigré junto con mi familia a los Estados Unidos. Soy el producto de dos culturas y de dos naciones. De mi hispanidad estoy muy orgullosa y es **por eso** que representé a la comunidad latina de Nueva York en un concurso internacional. **Por otro lado,** amo a este país **y,** aunque todo aquí no es perfecto, fue la mejor decisión que tomaron mis padres al traerme a este país para garantizarme un mejor futuro. Hoy en día, mi vida es **como** la de cualquier hispano neoyorquino y no la cambiaría por nada en el mundo.

5

10

ACTIVIDAD **17** **Comparar** En parejas, lean las historias una vez más y decidan cuál de las cinco personas es la más feliz y cuál es la más triste y por qué.

ACTIVIDAD **18** **Enlaces** Lee otra vez lo que dice Ofelia Cobián y contesta estas preguntas.

1. ¿Qué cosas contrasta **aunque** en la línea 2?
2. ¿Qué resultado indica **por eso** en la línea 8?
3. ¿Qué sentimientos contrasta **Por otro lado** en la línea 10?
4. ¿Qué añade **y** en la línea 10?
5. ¿Qué cosas compara **como** en la línea 12?

Escritura

ESTRATEGIA: Comparing and Contrasting

To compare or contrast two ideas is to present their similarities and differences. This may be done by presenting one idea and then the other or by presenting the similarities of both ideas followed by their differences. Look at how Ofelia Cobián contrasted her life in Cuba with her life in the United States. Also notice how linking words helped her to create cohesive and coherent sentences.

When writing a comparison, you may want to use a Venn Diagram to help organize your ideas. The diagram on the left reflects the paragraph written by Ofelia Cobián. The circle on the left contains information about her life in Cuba and the other has data about her life in the United States. Where the circles overlap there is information common to both the United States and Cuba.

nacer en Cuba
niñez feliz
pocas riquezas

dos culturas
dos naciones
hispanidad

representante concurso internacional
amar el país
mejor futuro

ACTIVIDAD **19** **Contrastes** **Parte A:** Vas a escribir un párrafo que contraste y compare dos elementos de tu personalidad, dos ciudades o dos universidades. Primero, haz un Diagrama Venn para organizar tus ideas. Después, escribe el párrafo.

Parte B: Revisa bien el párrafo. ¿Usaste frases como **sin embargo** y **a diferencia de?** Al terminar, entrégale el Diagrama Venn, los borradores y la copia final a tu profesor/a.

◈ Consult the list of linking words on page 347 while writing.

Lo esencial II

Cómo llegar a un lugar

Ayer un detective pasó todo el día observando los movimientos de un sospechoso (*suspect*). Mira los dibujos y las descripciones que hizo el detective.

1. El sospechoso salió del banco y caminó hasta la **esquina.**

2. En la esquina **dobló a la derecha** y caminó hasta la estación de autobuses.

3. **Tomó** el autobús.

4. Cuando el autobús paró en **el semáforo, bajó** en la **parada.**

◈ **Derecho = recto**

◈ **Cuadra = manzana** (Spain), **bloque** (Puerto Rico)

5. **Cruzó** la calle por **la senda peatonal.**

6. **Siguió derecho** dos **cuadras.**

7. Caminó por un **callejón.**

8. **Pasó por** la iglesia.

9. Entró en **el estacionamiento.**

10. Quiso subir en **el ascensor,** pero no funcionaba.

11. Por eso **subió las escaleras,** se subió al coche y se fue.

ACTIVIDAD **20** **Cómo llegar a un lugar** En parejas, explíquenle a su compañero/a cómo se va al correo, al banco o a otro lugar desde su clase. Luego su compañero/a le explica cómo llegar a otro sitio.

◆ A: ¿Cómo se llega a . . . ? ¿Puedes decirme cómo llegar a . . . ?
   B: Primero, sales de la clase, después bajas las escaleras y . . .

ACTIVIDAD **21** **¿Dónde estás?** **Parte A:** Escribe instrucciones para llegar a un lugar de la universidad desde la clase. No escribas en el papel el nombre del lugar.

Parte B: Ahora en parejas, lea cada uno las instrucciones que escribió la otra persona y digan a qué lugar de la universidad llegaron con esas instrucciones.

ACTIVIDAD **22** **En la calle** **Parte A:** En grupos de tres, discutan las siguientes preguntas sobre su comportamiento (*behavior*) en la calle.

1. ¿Generalmente cruzan la calle por la senda peatonal?
2. Si tienen que ir a un lugar que está a quince cuadras de su casa, ¿caminan, manejan o toman el autobús o el metro?
3. Si conducen, ¿con qué frecuencia cruzan con el semáforo en amarillo?
4. ¿Hablan con la gente en la parada del autobús o en la estación de metro?
5. ¿Con qué frecuencia olvidan dónde han dejado su carro en un estacionamiento?
6. Por la noche, ¿caminan a veces por un callejón cuando éste es el camino más corto para llegar adonde van?
7. Si tienen que subir tres pisos, ¿suben las escaleras o usan el ascensor?

Parte B: Ahora usen las siguientes palabras para describir cómo creen que son sus compañeros y expliquen por qué eligieron esas palabras.

respetuoso
osado   (*daring*)
distraído   (*absent-minded*)
amigable
perezoso
atlético

Impresiones de Miami

◄ El Carnaval Miami, en la Calle Ocho de la Pequeña Habana. Actualmente es el festival hispano más grande de los Estados Unidos.

así	like this/that
todo el mundo	everybody, everyone
volver a + *infinitive*	to do (something) again

Juan Carlos y Álvaro llegaron ayer a Miami con el grupo de turistas españoles y ahora regresan al hotel en el autobús después de hacer el tour de la ciudad.

ACTIVIDAD 23 Cierto o falso Mientras escuchas la conversación, identifica si estas oraciones son ciertas (**C**) o falsas (**F**).

1. _____ A los turistas les sorprendió ver que Miami no fuera una ciudad típica de los Estados Unidos.
2. _____ La Dra. Llanos estuvo en Cuba.
3. _____ Las películas presentan al norteamericano tal como es.
4. _____ El Sr. Ruiz y la Dra. Llanos no son muy buenos amigos.
5. _____ El Sr. Ruiz tiene que ir a la oficina de American Express mañana.

ÁLVARO	Esperamos que les haya gustado el tour de la ciudad. Para mí fue una verdadera sorpresa.
DRA. LLANOS	Es cierto. ¡Qué sorpresa encontrar una ciudad tan hispana en los Estados Unidos!
JUAN CARLOS	Y Miami no es la única; hay hispanos en el suroeste, en California, en Nueva York . . . vamos . . . en casi todo el país.

SR. RUIZ   ¡Y la Calle Ocho! ¡Qué interesante! Todo el mundo hablando con acento caribeño. Al cerrar los ojos me parecía volver a estar en La Habana. ¿Sabían que yo estuve allí hace muchos años? Me fascina, sencillamente, ¡me fascina! Y . . .

ÁLVARO   ¿Vieron qué interesante pasear por las calles y ver restaurantes de tantos países hispanos? Hay muchos centroamericanos, ¿no?

JUAN CARLOS   ¡Cómo no! Y suramericanos también.

◈ Making comparisons

DRA. LLANOS   De veras, los Estados Unidos es un país increíble. No creo que haya otro país tan variado como éste, con tal mezcla de gentes y costumbres. Me sorprende este pluralismo cultural.

ÁLVARO   Y qué distinta es la realidad del estereotipo que se ve en las películas. Pero los estereotipos son siempre así . . .

◈ Giving a direct command

JUAN CARLOS   Bueno, ¡atención! Ya hemos llegado al hotel. Escuchen, por favor. Ahora hay un rato libre para el almuerzo, pero por favor, si quieren ir a los Everglades, regresen a la una y media porque volvemos a salir a las dos. ¡Ah, me olvidaba! Para los que necesitan mandar email, hay un cibercafé en la calle Washington cerca del hotel.

SR. RUIZ   ¡Virgen Santísima! ¡No encuentro mis cheques de viajero y los tenía en el bolsillo! ¿Ahora qué voy a hacer?

ÁLVARO   Pero, los tiene Ud. en la mano, Sr. Ruiz.

◈ Expressing annoyance

DRA. LLANOS   ¡Qué hombre, Dios mío, qué hombre!

ACTIVIDAD 24 ¿Comprendiste? Después de escuchar la conversación otra vez, contesta las siguientes preguntas.

1. Según Juan Carlos, ¿en qué parte de los Estados Unidos hay muchos hispanos?
2. Según el Sr. Ruiz, ¿a qué ciudad se parece Miami y por qué?
3. Menciona dos cosas que le sorprendieron a la Dra. Llanos.
4. ¿Adónde pueden ir las personas del tour para mandar email?
5. Álvaro menciona los estereotipos que se ven en las películas. ¿Cuáles son? ¿Cómo es el estereotipo del hispano? ¿Y del norteamericano? ¿Qué piensas de los estereotipos en general?

¿Lo sabían?

En muchos países hispanos es frecuente ver cibercafés por la ciudad. En ellos la gente puede tomar café o comer algo ligero mientras escribe emails o se conecta a Internet. La existencia de estos cafés se debe en gran parte al alto costo de las computadoras en algunos países y, en parte, a la necesidad que tienen los turistas de tener un lugar para mandar emails mientras están de viaje. En algunos países, otro lugar donde uno puede encontrar computadoras para mandar emails es el locutorio. Desde allí también se pueden hacer llamadas telefónicas de larga distancia que generalmente resultan más económicas que de un teléfono público. Cuando una persona viaja por los Estados Unidos, ¿adónde puede ir para leer sus emails? ¿Y para hacer llamadas de larga distancia?

▲ Cibercafé en Buenos Aires, Argentina.

ACTIVIDAD **25** **Volver a empezar** Di las cosas que tienes que volver a hacer, completando estas frases.

◆ Si no entiendo las instrucciones, tengo que volver a leerlas.

1. Si no sale bien la comida, . . .
2. Si estás contando dinero y te interrumpen, . . .
3. Si el profesor no está en su oficina, . . .
4. Si te devuelven una carta por no tener estampillas, . . .
5. Si te quieres conectar a Internet pero está ocupado, . . .
6. Si no entiendes el final de la novela, . . .
7. Si te quedas dormido/a en el autobús y te pasas de la parada, . . .

Hacia la comunicación II

I. Describing: Comparisons of Equality

When you want to compare things that are equal, you can apply the following formulas.

tan + *adjective/adverb* + **como**

Mi hermano es **tan alto como** mi mamá.

*My brother is **as tall as** my mother.*

Llegaste **tan tarde como** tus hermanos.

*You arrived **as late as** your brothers.*

tanto/a/os/as + *noun* + **como**

Tienes **tanto trabajo como** yo.

*You have **as much** work **as** I do.*

Hay **tantas mujeres como** hombres en el tour.

*There are **as many** women **as** men in the tour group.*

II. Making Requests and Giving Commands: Commands with *Usted* and *Ustedes*

You have already learned how to ask somebody to do something.

Es importante que hagas la tarea.
No quiero que pongas los pies en la mesa.

1 ◆ To make a direct request or to give a command to someone you address as **Ud.** or **Uds.,** use the corresponding present subjunctive verb forms.

¡Hable (Ud.)!* }
¡Hablen (Uds.)! }   *Speak!*

¡No **lleguen** tarde al concierto,   *Don't come late to the concert, please!*
   por favor!

NOTE: Subject pronouns are seldom used with commands, but if they are, they follow the verb.

2 ◆ When reflexive or object pronouns are used with commands, follow these rules.

a. When the command is affirmative, the pronouns are attached to the end of the verb.

¡Levánte**se** temprano!   *Get up early!*
¡Digan**selo** a él!   *Tell it to him!*

b. When the command is negative, the pronouns immediately precede the verb.

¡**No se** levante tarde!   *Don't get up late!*
¡**No se lo** digan a él, por favor!   *Please, don't tell it to him!*

◇ Remember to use accents.

◇ To review double-object pronouns, see Ch. 10.

Do Workbook *Práctica mecánica II*, CD-ROM, Web ACE Tests, and lab activities.

ACTIVIDAD **26** **Tan . . . como . . .** Usa la imaginación para comparar dos personas de la siguiente lista. Incluye las expresiones **tan . . . como . . . , tantos/tantas . . . como** y **más/menos . . . que . . .**

◆ Bart Simpson es tan inteligente como Ozzy Osbourne, pero es más inteligente que Regis Philbin.

Cher   Jennifer López   Matt Damon   Madonna

Regis Philbin   Brad Pitt   Martha Stewart   Ozzy Osbourne   Tiger Woods

Bart Simpson   Reese Witherspoon   Jesse Jackson   Julia Roberts   Simon

Shakira   Michael Jackson   Shaquille O'Neal   Adam Sandler   Buffy la Cazavampiros

Tom Cruise   Katie Couric   Winona Ryder

Will Smith   Ben Affleck

Pedro Martínez   Serena Williams   Ricky Martin   Jim Carrey

ACTIVIDAD **27 Las comparaciones** En parejas, comparen a Adela y Consuelo, dos buenas amigas que tienen muchas cosas en común. "A" cubre la Columna B y "B" cubre la Columna A. Altérnense dando información.

◆ A: Adela tiene 28 años. ¿Y Consuelo?
B: 29. Entonces Adela es menor que Consuelo. / Entonces Consuelo es mayor que Adela.

A

Adela
medir 1,70 (uno setenta)
pesar 59 kilos
ser bonita
jugar bien al tenis
tener dos carros
tener $10.000 en el banco

B

Consuelo
medir 1,65 (uno sesenta y cinco)
pesar 59 kilos
ser bonita
jugar bien al tenis
tener dos carros
tener $1.000 en el banco

1,70 = 1 meter 70 centimeters (5 feet 7 inches)

medir (e ⟶ i, i)

ACTIVIDAD **28 Sigan las instrucciones** Escuchen las instrucciones de su profesor/a y hagan las acciones de los siguientes gestos (*gestures*) hispanos.

Para indicar que una persona es tacaña (*stingy*):

1. Levántense.
2. Doblen el brazo derecho con la mano hacia arriba.
3. Cierren la mano derecha.
4. Abran la mano izquierda.
5. Pongan la mano izquierda debajo del codo derecho.
6. Con la palma de la mano izquierda, tóquense el codo varias veces.

Para indicar "no, no, no":

1. Levanten la mano derecha y pónganla enfrente del cuerpo con la palma de la mano hacia enfrente.
2. Cierren la mano.
3. Saquen el dedo índice hacia arriba.
4. Muevan el dedo índice de izquierda a derecha como un limpiaparabrisas.

ACTIVIDAD **29 Te toca a ti** Lee las siguientes instrucciones y escribe órdenes (*commands*) con los verbos entre paréntesis para poder hacer unos gestos típicos de la cultura hispana. Usa la forma de Uds. al escribir las instrucciones.

1. Para indicar que se debe tener cuidado:
   _____ el dedo índice debajo del ojo y _____ hacia abajo. (Poner, tirar)
2. Para indicar que una persona es delgada:
   _____ la mano y _____ el dedo meñique (*little finger*) hacia arriba. (Cerrar, levantar)
3. Para indicar que hay muchas personas en un lugar:
   Con la palma de la mano hacia arriba, _____ la mano.
   _____ los dedos hacia arriba. _____ el pulgar (*thumb*) con los otros dedos. (cerrar, Extender, Tocar)

ACTIVIDAD **32** **En La Habana** En parejas, una persona lee el Papel A y la otra el Papel B.

A

Estás en La Habana Vieja, Cuba y quieres saber cómo llegar a los siguientes lugares:
   el Parque Arqueológico
   el Museo Nacional de Bellas Artes
   la Iglesia del Espíritu Santo

Sabes dónde están los siguientes lugares que aparecen numerados en el mapa, así que cuando tu compañero/a te pregunte cómo llegar, dale instrucciones. Empieza las instrucciones para cada lugar en la esquina de las calles Compostela y Brasil que está marcada con una X.
   3. el Castillo de San Salvador de la Punta
   7. el Capitolio Nacional
   8. la Catedral de La Habana

B

Estás en La Habana Vieja, Cuba y quieres saber cómo llegar a los siguientes lugares:
   el Castillo de San Salvador de la Punta
   el Capitolio Nacional
   la Catedral de La Habana

Sabes dónde están los siguientes lugares que aparecen numerados en el mapa, así que cuando tu compañero/a te pregunte cómo llegar, dale instrucciones. Empieza las instrucciones para cada lugar en la esquina de las calles Compostela y Brasil que está marcada con una X.
   5. el Parque Arqueológico
  10. el Museo Nacional de Bellas Artes
  12. la Iglesia del Espíritu Santo

Do Workbook *Práctica comunicativa II* and the *Repaso* section. Do CD-ROM, Web ACE Tests, and lab activities.

Do Web Search activities.

ACTIVIDAD **33** **En la universidad**   En parejas, túrnense para darle instrucciones muy detalladas a su compañero/a para llegar a los siguientes lugares de su universidad: **la biblioteca principal, el cajero automático** (*ATM*) **más cercano a la clase, la cafetería que tiene la mejor comida de la universidad, un buen lugar para dormir una siesta.**

Vocabulario funcional

El viaje

el/la chofer	*driver, chauffeur*
la entrada	*entrance ticket*
la excursión	*excursion, side trip*
el/la guía turístico/a	*tour guide*
los impuestos	*taxes*
el itinerario	*itinerary*
libre	*free (with nothing to do)*
opcional	*optional*
la propina	*tip, gratuity*
el/la taxista	*taxi driver*
el tour	*tour*
el traslado	*transfer*

Cómo llegar a un lugar

el ascensor	*elevator*
bajar	*to go down*
bajar de	*to get off*
el callejón	*alley*
¿Cómo se llega a . . . ?	*How does one get to . . . ?*
cruzar	*to cross* (the street)
la cuadra	*city block*
doblar	*to turn*
la(s) escalera(s)	*stair(s), staircase*
la esquina	*corner*
el estacionamiento	*parking*
la parada de autobús	*bus stop*
pasar por	*to pass by/through*
¿Puede decirme cómo llegar a . . . ?	*Can you tell me how to get to . . . ?*
¿Sabe dónde está . . . ?	*Do you know where . . . is?*
seguir derecho	*to keep going straight ahead*
el semáforo	*traffic light*
la senda peatonal	*pedestrian walkway*
subir	*to go up*

Más verbos

caer	*to fall; to drop*
conseguir	*to get, obtain*
haber	*to have* (auxiliary verb)
obtener	*to obtain*
olvidar	*to forget*
pasar	*to spend* (time)
perder	*to lose*
quemar	*to burn*

Palabras y expresiones útiles

alguna vez	*(at) sometime; ever*
así	*like this/that*
el cheque de viajero	*traveler's check*
¿De acuerdo?	*O.K.?, Agreed?*
sacar de un apuro (a alguien)	*to get (someone) out of a jam*
tan	*so*
tan . . . como	*as . . . as*
tanto/a . . . como	*as much . . . as*
tantos/as . . . como	*as many . . . as*
todo el mundo	*everybody, everyone*
volver a + *infinitive*	*to do (something) again*
ya que	*since, because*

Capítulo 14

Chapter Objectives

➤ Making bank transactions

➤ Discussing sites to visit

➤ Giving informal and indirect commands

➤ Avoiding repetition

➤ Expressing possession in an emphatic way

➤ Discussing animals

▼ Detalle del mural *Historia de la conquista* de Diego Rivera en el Palacio Nacional de la ciudad de México.

Datos interesantes

	Estados Unidos de América	México
Tasa bruta de natalidad (por 1.000 habitantes) 1995–2000	14%	29%
Tasa bruta de mortalidad (por 1.000 habitantes) 1995–2000	8%	5%
Tasa de mortalidad infantil (menores de 5 años de edad por 1.000 nacidos vivos) 1995–2000	9%	15%
Población de 60 años, y más, 1999	16,4%	7,3%

En México y con problemas

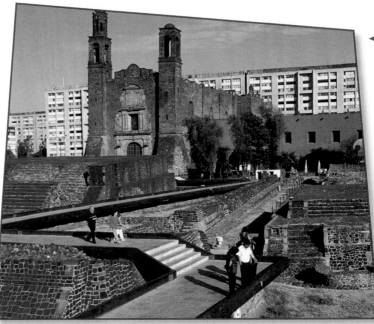

◄ La Plaza de las Tres Culturas, México. ¿Puedes indentificar cuáles son las tres culturas representadas?

¡Basta (de . . .)!	(That's) enough (. . .)!
¡Ya voy!	I'm coming!
una enciclopedia ambulante	a walking encyclopedia
¡Ni loco/a!	Not on your life!

Mientras el grupo de turistas tiene unas horas libres en México, Álvaro y Juan Carlos tienen cosas que hacer.

ACTIVIDAD 1 Por la calle Mientras escuchas la conversación, identifica las respuestas a estas preguntas.

1. ¿Adónde va a ir Álvaro y por qué?
2. ¿Adónde va a ir Juan Carlos?
3. ¿Por qué llama Álvaro a Juan Carlos "una enciclopedia ambulante"?

JUAN CARLOS	Vamos, Álvaro, ya es tarde. Apúrate.
ÁLVARO	¡Ya voy!
JUAN CARLOS	Hombre, te digo que te apures que no vas a tener tiempo para ir al consulado español. ¡Qué memoria tiene este hombre! Perder el pasaporte cuando estamos de viaje. ¡Increíble!

 ◈ Giving an implied command

ÁLVARO	Ya estoy listo.
JUAN CARLOS	¿Lo tienes todo?
ÁLVARO	Sí, tres fotos, la denuncia que hice en la policía y . . .
JUAN CARLOS	¿Y la fotocopia del pasaporte con tu foto?
ÁLVARO	Aquí está. Por suerte hice una fotocopia de mi pasaporte en España.
JUAN CARLOS	Bien, vamos.
ÁLVARO	Una cosa más. ¿Me prestas tu chaqueta de cuero?
JUAN CARLOS	¿Mi chaqueta de cuero? ¡Ni loco! Se te va a perder como se te perdió el pasaporte.
ÁLVARO	Bueno, hombre, no te pongas así. Vamos, yo voy al consulado y, mientras tanto, tú puedes ir a sacar dinero de un cajero automático.
JUAN CARLOS	No olvides que tenemos que estar en el hotel a las once para acompañar al grupo en el tour de la ciudad.
ÁLVARO	Y dime, ¿qué vamos a ver hoy? Lo leí en el itinerario anoche, pero se me olvidó.
JUAN CARLOS	Vamos a ir por la Avenida de la Reforma hasta el Zócalo, que es la plaza principal, para ver la Catedral y los murales de Diego Rivera en el Palacio Nacional.
ÁLVARO	Ahhh, los murales de Rivera. Qué bien representó ese artista los problemas del indígena, ¿no?
JUAN CARLOS	Sí, los representó hace muchos años y todavía siguen casi los mismos problemas en muchos lugares, especialmente en Chiapas, cerca de Guatemala.
ÁLVARO	¿Y después de los murales en el Palacio Nacional?
JUAN CARLOS	Después vamos al Parque de Chapultepec a ver el castillo de Maximiliano y Carlota y por último, vamos a la Plaza de las Tres Culturas, donde hay edificios de apartamentos modernos, una iglesia colonial y ruinas de una pirámide azteca. ¿Y qué? ¿Ya se te está pasando la amnesia?
ÁLVARO	¡Cuánto sabes! ¿Para qué le pagamos a un guía si tú eres una enciclopedia ambulante?
JUAN CARLOS	¡Basta de tonterías y deja de molestar! Ve al consulado mientras yo voy al cajero automático y luego nos encontramos en el hotel. ¡Chau!

Giving a negative command

Maximilian and Carlota were emperors of Mexico, sent by Napoleon III in 1864. Their empire was short and disastrous. When Napoleon withdrew his aid to them, Carlota went to Europe to find support, but received none. Frustrated and desperate, she went crazy. Mexicans captured and executed Maximilian in 1867. Carlota died in Belgium sixty years later.

Giving a command

In the video at the end of this chapter, you will see the Plaza de las Tres Culturas.

ACTIVIDAD **2** **¿Comprendiste?** Después de escuchar la conversación otra vez, contesta estas preguntas.

1. ¿Qué tiene que llevar Álvaro al consulado de España y por qué? ¿Alguna vez has perdido tu identificación?
2. ¿Por qué Juan Carlos no quiere prestarle la chaqueta de cuero a Álvaro?
3. ¿A qué hora tienen que estar Álvaro y Juan Carlos en el hotel y por qué?
4. ¿Cómo se llama el artista qué pintó los murales del Palacio Nacional?
5. ¿Qué hay en el Zócalo?
6. ¿Qué van a visitar en el Parque de Chapultepec?
7. ¿Cuáles son las culturas representadas en la Plaza de las Tres Culturas?

¿Lo sabían?

A pesar de que la colonización de Latinoamérica produjo un gran número de mestizos, aún existe una población numerosa de indígenas, especialmente en México y partes de Centroamérica y Suramérica. Lamentablemente, hoy día este grupo de gente sigue marginada política y económicamente. Un ejemplo de esta opresión es el caso del estado de Chiapas, en el sur de México, donde hay mucho conflicto entre los indígenas por un lado y el gobierno y los grandes terratenientes (*landowners*) por el otro. Sólo el 1% de los dueños de la tierra (descendientes de alemanes, familias españolas y mestizas) controlan la mitad del estado. Muchos indígenas trabajan en plantaciones de café y algodón en condiciones deplorables y reciben sueldos miserables.

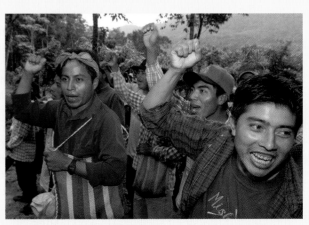

▲ Residentes del estado de Chiapas celebran la retirada de tropas del gobierno.

Hay organizaciones como las Naciones Unidas que intentan ayudar a resolver el conflicto y tanto Rigoberta Menchú (guatemalteca) como Óscar Arias (costarricense) recibieron el Premio Nobel de la Paz por su trabajo para mejorar la situación del indígena en Centroamérica. También hay grupos como Amnistía Internacional que continuamente dan información sobre los problemas que existen y ayudan a la población mundial a presionar a sus gobiernos para que intervengan en la resolución de conflictos de otros países.

ACTIVIDAD **3** **Un buen amigo** Cuando hablan dos amigos, como Juan Carlos y Álvaro, no es igual que cuando hablan dos personas que no se conocen bien. En parejas, lean la conversación de la página 362 e indiquen qué oraciones y comentarios muestra que ellos son amigos y por qué.

ACTIVIDAD **4** **Una enciclopedia ambulante** Si una persona sabe muchos datos, coloquialmente se dice que es "una enciclopedia ambulante". ¿Cómo se puede describir a las siguientes personas usando la palabra **ambulante?**

1. una persona que tiene muchos medicamentos
2. una persona que siempre lleva muchos libros
3. una persona que sabe la definición de muchas palabras
4. una persona que sabe mucha geografía

Lo esencial I

I. Lugares de interés

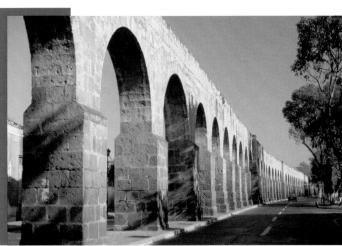

▲ **Acueducto** colonial de Morelos.

▲ **Ruinas** de Monte Albán.

▲ **Catedral** de Querétaro.

▲ **Templo** del Jaguar en Chichén Itzá.

el acuario aquarium	**el monasterio** monastery
el anfiteatro amphitheater	**el palacio** palace
el ayuntamiento city hall	**el parque de atracciones** amusement park
el cementerio cemetery	**la pirámide** pyramid
el consulado consulate	**la sinagoga** synagogue
la embajada embassy	**la torre** tower
la mezquita mosque	**el zoológico** zoo

ACTIVIDAD **5** **Categorías** Di qué lugares de la lista de vocabulario asocias con las siguientes ideas.

las civilizaciones indígenas; la modernidad; las instituciones religiosas; los reyes y la Edad Media; los griegos, los fenicios y los romanos

ACTIVIDAD **6** **¿Qué vas a visitar?** En grupos de tres, hablen de las siguientes ideas.

1. Miren la lista de lugares y digan cuáles tiene su ciudad.
2. Expliquen con detalles qué lugares han visitado en otras ciudades o países.
3. Imaginen que van a una ciudad por primera vez y selecciones dos de los siguientes lugares que les gustaría visitar. Expliquen sus preferencias.

    museo, pirámides, zoológico, acuario, palacio, parque de atracciones

4. Digan los pros y los contras de sacar a los animales de su habitat natural y ponerlos en un zoológico.

II. En la casa de cambio

el billete bill (paper money)	**el cheque de viajero** traveler's check
la caja cashier's desk	**el (dinero en) efectivo** cash
el/la cajero/a cashier	**la firma** signature
el cajero automático ATM	**firmar** to sign
cambiar (dinero) to exchange; to change (money)	**la moneda** currency; coin
	sacar to take out; to withdraw
el cambio exchange rate; change	**la tarjeta de crédito** credit card

¿Lo sabían?

Si viajas a un país hispano, puedes obtener dinero de los cajeros automáticos con una tarjeta de banco. Éstos te dan el dinero en la moneda del país y, por eso, tienes que calcular cuántos dólares sacas de tu cuenta. Pero antes de viajar, es buena idea preguntar en tu banco si te van a cobrar algo cada vez que saques dinero de un cajero. Si optas por no usar el cajero automático, es bueno cambiar dinero en un banco o en una casa de cambio porque generalmente las tiendas y los hoteles cobran una comisión alta. En algunos países no se puede cambiar dinero en todos los bancos; hay que hacerlo en casas de cambio o en bancos que tienen un aviso que dice "CAMBIO". También es bueno que lleves cheques de viajero, pues son más seguros y generalmente los bancos te dan mejor cambio por ellos. No es común pagar con cheques personales en tiendas, restaurantes o supermercados; las compras se hacen con dinero en efectivo o con tarjeta de crédito.

▲ Cajero automático en Caracas, Venezuela.

ACTIVIDAD **7** **¿Cómo pagas?** En parejas, decidan cómo explicarle a un/a visitante hispano/a dónde o cuándo se paga en los Estados Unidos con dinero en efectivo, con cheque personal, con cheque de viajero o con tarjeta de crédito.

ACTIVIDAD **8** **El dinero** Los billetes de los Estados Unidos son todos del mismo tamaño (*size*) y durante años eran del mismo color, pero en otros países, unos billetes son más grandes y otros más pequeños y de colores diferentes. En grupos de cinco, miren e identifiquen de dónde son estos billetes. ¿Quién o qué aparece en el billete? ¿Cuáles son las ventajas y desventajas de tener billetes de diferentes tamaños y colores?

(*left*) **Ignacio Carrera Pinto** is a Chilean war hero from the **Guerra del Pacífico.** He is known as **"el capitán de los 77".** Seventy-seven men under his command died while trying to hold off over 2,000 Peruvians. (*right*) The bill depicting an **embera** Indian was issued to commemorate the Quincentennial (500 years since the arrival of the Spaniards).

ACTIVIDAD **9** **El cambio** En parejas, "A" va a un banco en Puerto Rico a cambiar dólares por moneda de un país hispano; "B" trabaja en el banco y le pregunta a "A" si quiere comprar o vender, qué moneda quiere, cuánto dinero quiere cambiar y le dice a cuánto está el cambio.

Exchange rates accurate at time of printing.

Cambio	US$
Unión Europea/euro	0,92
Bolivia/boliviano	7,84
Brasil/real	3,26
Canadá/dólar	1,45
Chile/peso	734,57
Colombia/peso	2.982,60
Costa Rica/colón	401,58
Gran Bretaña/libra	0,64
Guatemala/quetzal	8,09
Hong Kong/dólar	7,80
Japón/yen	119,65
México/peso	10,57
Perú/nuevo sol	3,58
Venezuela/bolívar	1.600,00

Hacia la comunicación I

I. Making Requests and Giving Commands: Commands with *Tú*

In the conversation between Juan Carlos and Álvaro earlier in the chapter, Juan Carlos says, "**¡Deja de molestar!**" Is he making a suggestion or giving a command? Do you think Juan Carlos is using the **Ud.** or the **tú** form when talking to Álvaro?

 If you said command to the first question and the **tú** form to the second question, you were correct.

1 ◆ In this book you have seen the singular familiar command (**tú**) used in the directions for many activities. To give an affirmative familiar command or to make a request, use the present indicative verb form corresponding to **él/ella/Ud.**

practicar ⟶ practic**a**	traer ⟶ tra**e**	subir ⟶ sub**e**

—**Sube** a mi habitación y **trae** el libro que está allí. *Go up to my room and bring the book that is there.*
—**¡Espera** un momento! *Wait a minute!*

The familiar commands for the following verbs are irregular.

decir	**di**	salir	**sal**
hacer	**haz**	ser	**sé**
ir	**ve**	tener	**ten**
poner	**pon**	venir	**ven**

◈ **Sé** is a familiar command; **se** is a reflexive pronoun and an object pronoun.

Ven acá y **haz** el trabajo. *Come here and do the work.*
Sé bueno y **di** siempre la verdad. *Be good and always tell the truth.*

◈ Review formation of the subjunctive, Ch. 8.

2 ◆ To give a negative familiar command, use the **tú** form of the present subjunctive.

No vayas al consulado todavía. *Don't go to the consulate yet.*
No salgas esta tarde. *Don't go out this afternoon.*

NOTE: Subject pronouns are seldom used with familiar commands, but if they are, they follow the verb: **Estoy ocupado; ven tú. No lo hagas tú; yo voy a hacerlo.**

3 ◆ In familiar commands, as in formal commands (**Ud.** and **Uds.**), the reflexive and the object pronouns immediately precede the verb in a negative command and are attached to the end of an affirmative command.

◈ Note the need for an accent.

No se lo digas. *Don't tell it to her.*
Levánta**te**. *Get up.*

Prepara un delicioso y refrescan vaso de Nescafé Frappé.

1. Pon Nescafé y azúcar a tu gusto en la coctelera.

2. Añade agua fría y hielo (hasta la mitad, aproximadamente).

3. Agita la coctelera, hasta hacer espuma.

4. Sírvelo en vaso largo.

◈ **Vosotros** affirmative commands:
decir = deci + d ⟶ decid.
Reflexive affirmative **vosotros** commands: **lavarse = lava + os ⟶ lavaos.**
Negative **vosotros** commands: Use the corresponding subjunctive forms.

◈ When using **decir:** *to tell that; to say that* = indicative; *to tell to* = subjunctive.

💿 Do Workbook *Práctica mecánica I* and corresponding CD-ROM activities.

◈ **Hacerse el/la** + *adjective* = to pretend to be + *adjective*

4 ◆ The following chart summarizes the forms used for commands.

*****NOTE:** All forms are identical to the subjunctive except the affirmative command form of **tú.**

	Affirmative Commands	Negative Commands
(tú)	come*	no comas
(Ud.)	coma	no coma
(Uds.)	coman	no coman

II. Giving Indirect Commands: *Decir* + Subjunctive

To give an indirect command, you can use the verb **decir** in the independent clause and a verb in the subjunctive in the dependent clause.

Te **digo** que **vayas** al consulado.
I'm telling you to go to the consulate.
¡Oigan! Les **estoy diciendo** que **vengan.**
Listen! I'm telling you to come.

However, when the verb **decir** is used to give information, the verb in the dependent clause is in the indicative.

Él dice que no **va** a llover. *He says that it's not going to rain.*
Le digo que **vamos** al Zócalo. *I'll tell her that we're going to the Zócalo.*
Ella dice que él **es** buen guía. *She says that he is a good guide.*

ACTIVIDAD 10 Los mayores siempre mandan Los niños escuchan muchas órdenes todos los días. En parejas, hagan una lista de, por lo menos, cinco órdenes afirmativas y cinco órdenes negativas que normalmente oye un niño o una niña.

ACTIVIDAD 11 En el programa de David Letterman Tú tienes un perro muy inteligente y lo llevas al programa de David Letterman. Dale órdenes comunes y después pídele que haga "un truco estúpido". Usa verbos como **sentarse, levantarse, dar la pata** (*paw*), **hablar, correr, saltar** (*to jump*), **hacerse el muerto, traer,** etc.

ACTIVIDAD 12 ¡Cuántas órdenes! En grupos de tres, Uds. son tres hermanos que viven juntos e invitaron a comer a un amigo de su padre que está de visita en la ciudad. Tienen que darse órdenes para preparar la comida. Normalmente, los hermanos se contradicen (*contradict each other*) mucho.

◆ A: ¡Corre a la tienda y compra café!
B: ¡No compres café, compra té!
C: No, voy a comprar Pepsi.

servir vino
ir al supermercado y comprar carne
hacer papas fritas
lavar y secar los platos
salir y comprar cerveza
limpiar la casa   preparar el pollo   hacer una ensalada

ACTIVIDAD **13** **¿Quién hace qué?** En parejas, Uds. son Juan Carlos y Álvaro y tienen muchas cosas que hacer. Lean primero sólo las instrucciones para su papel; luego denle órdenes a la otra persona.

Juan Carlos	**Álvaro**
Quieres que Álvaro: —mande tarjetas postales —compre las entradas para el Ballet Folklórico —llame al guía para ver la hora de salida mañana —no le pague al guía todavía Tú ya: —hiciste una reserva en un restaurante	Quieres que Juan Carlos: —compre las entradas para el Ballet Folklórico —ponga un anuncio sobre el Ballet en el hotel —haga una reserva en un restaurante —pregunte cómo llegar al Ballet Tú ya: —llamaste al guía y sabes que el grupo sale mañana a las 7:30 —mandaste las tarjetas postales

ACTIVIDAD **14** **Lo bueno y lo malo** En grupos de tres, una persona tiene dudas sobre qué debe hacer y las otras personas son su conciencia buena y su conciencia mala. Después de escuchar las dos voces de la conciencia, la persona tiene que decidir qué va a hacer y por qué.

1. No tengo dinero y quiero un helado. ¿Debo robármelo?
2. No sé la respuesta, pero puedo ver el examen de Gonzalo. ¿Debo copiar la respuesta?
3. Se le cayeron veinte dólares de la bolsa a esa mujer. ¿Debo decirle algo o quedarme con el dinero?
4. No fui al trabajo ayer porque fui a la playa. ¿Debo mentirle a mi jefa y decirle que estuve enfermo/a?

◈ Remember: Indirect
command = subjunctive;
information = indicative

ACTIVIDAD **15** **¿Quién lo dice?** Di qué suelen decir un médico, un dentista, un abogado y un profesor.

♦ Un dentista siempre te dice que . . .

1. comer muchas verduras
2. hacerse limpieza de dientes una vez al año
3. los cigarrillos causar muchos problemas
4. no decirle nada a nadie
5. tomar buenos apuntes
6. tener problemas de estrés
7. ir al laboratorio
8. la clase empezar a las diez en punto
9. comer dulces es malo para los dientes
10. hacer ejercicio físico
11. darle dinero por anticipado
12. tomar dos aspirinas y llamarlo mañana

ACTIVIDAD **16** **Escúchame niño** En parejas, una persona lee las instrucciones para el papel A y la otra persona lee el papel B.

A

Tu padre/madre siempre te da órdenes y a veces obedeces y a veces no. Haz las siguientes acciones para hacer enojar (*make angry*) a tu padre/madre. Cuando escuches una orden, cuestiónala y continúa haciendo lo que estás haciendo. Tú empiezas haciendo una de las acciones.

B

Tienes un hijo/una hija muy rebelde que necesita aprender a comportarse bien. Reacciona a lo que hace, dándole órdenes para que haga lo que tú quieres y explícale por qué. Si no obedece, repítele la orden diciendo **te digo que . . .** Tu hijo va a empezar.

comer con la boca abierta

saltar

sentarse en el piso

poner los pies en la silla y quitarse los zapatos

meterse el dedo en la nariz

dibujar en la pared

⊙ Do Workbook *Práctica comunicativa I* and corresponding CD-ROM activities.

Nuevos horizontes

Lectura

ESTRATEGIA: Defining Style and Audience

In novels or short stories, the author usually decides whether to write in third or first person. Some authors write in first person from the point of view of one of the characters, and the reader can only rely on what the character says and does to better understand the character and his/her perceptions of others. When writing in third person, the omniscient author can convey more information about the characters and the story to the reader. A writer also chooses an audience (adults, teenagers, etc.) and keeps it in mind when writing the text.

As you read, it is useful to determine in which person the author is writing and who his/her audience is in order to best understand the work.

⬧ preso = prisionero
cárcel = prisión

ACTIVIDAD **17** **Antes de leer** Uds. van a leer el cuento "Beatriz (Una palabra enorme)" del autor uruguayo Mario Benedetti. Antes de leerlo, en grupos de tres, expliquen qué es un **preso político.**

ACTIVIDAD **18** **Lectura rápida** Lee rápidamente el primer párrafo para determinar si el cuento está escrito:

a. en tercera persona.
b. en primera persona.
c. en primera persona desde el punto de vista de un personaje.

ACTIVIDAD **19** **Identificar** Mientras lees el cuento, identifica con qué persona se relaciona cada frase de la lista. Escribe la letra de la frase al lado del nombre de cada persona. Hay más de una respuesta correcta para algunos personas y una frase puede relacionarse con más de un persona.

Mario Benedetti _____   Beatriz _____   Graciela _____

el papá _____   Rolando _____   Angélica _____

a. una amiguita
b. el tío de la narradora
c. un prisionero político
d. la madre de la narradora
e. la esposa del prisionero
f. la narradora
g. el autor del cuento
h. una niña pequeña
i. vive en Libertad
j. tiene ideas
k. su perro se llama Sarcasmo
l. la más alunada

Beatriz (Una palabra enorme)

Mario Benedetti

Libertad es una palabra enorme. Por
ejemplo, cuando terminan las clases, se
dice que una está en libertad. Mientras
dura la libertad, una pasea, una juega, una
5   no tiene por qué estudiar. Se dice que un
país es libre cuando una mujer cualquiera
o un hombre cualquiera hace lo que se le
antoja[1]. Pero hasta los países libres tienen
cosas muy prohibidas. Por ejemplo matar.
10   Eso sí, se pueden matar mosquitos y
cucarachas, y también vacas para hacer
churrascos. Por ejemplo está prohibido
robar, aunque no es grave que una se quede
con algún vuelto[2] cuando Graciela, que es
15   mi mami, me encarga alguna compra. Por
ejemplo está prohibido llegar tarde a la
escuela, aunque en ese caso hay que hacer
una cartita, mejor dicho la tiene que hacer
Graciela, justificando por qué. Así dice la
20   maestra: justificando.

    Libertad quiere decir muchas cosas.
Por ejemplo, si una no está presa, se dice
que está en libertad. Pero mi papá está
preso y sin embargo está en Libertad,
25   porque así se llama la cárcel donde está
hace ya muchos años. A eso el tío Rolando
lo llama qué sarcasmo. Un día le conté a
mi amiga Angélica que la cárcel en que
está mi papá se llama Libertad y que el
30   tío Rolando había dicho qué sarcasmo y
a mi amiga Angélica le gustó tanto la
palabra que cuando su padrino le regaló
un perrito le puso de nombre Sarcasmo.
Mi papá es un preso pero no porque
35   haya matado o robado o llegado tarde a
la escuela. Graciela dice que mi papá
está en Libertad, o sea está preso, por
sus ideas. Parece que mi papá era
famoso por sus ideas. Yo también a
40   veces tengo ideas, pero todavía no soy

famosa. Por eso no estoy en Libertad, o sea
que no estoy presa.

    Si yo estuviera presa, me gustaría que
dos de mis muñecas[3], la Toti y la Mónica,
45   fueran también presas políticas. Porque a
mí me gusta dormirme abrazada por lo
menos a la Toti. A la Mónica no tanto,
porque es muy gruñona[4]. Yo nunca le pego,
sobre todo para darle ese buen ejemplo a
50   Graciela.

    Ella me ha pegado pocas veces, pero
cuando lo hace yo quisiera tener muchísima
libertad. Cuando me pega o me rezonga yo
le digo Ella, porque a ella no le gusta que la
55   llame así. Es claro que tengo que estar muy
alunada[5] para llamarla Ella. Si por ejemplo
viene mi abuelo y me pregunta dónde está
tu madre, y yo le contesto Ella está en la
cocina, ya todo el mundo sabe que estoy
60   alunada, porque si no estoy alunada digo
solamente Graciela está en la cocina. Mi
abuelo siempre dice que yo salí la más
alunada de la familia y eso a mí me deja

▲ Mural de protesta en un barrio obrero de
Santiago, Chile.

---

1 lo que quiere   2 el cambio (monedas)   3 Ken y Barbie son muñecos
4 una persona que protesta mucho   5 de mal humor

muy contenta. A Graciela tampoco le gusta
65 demasiado que yo la llame Graciela, pero
yo la llamo así porque es un nombre lindo.
Sólo cuando la quiero muchísimo, cuando
la adoro y la beso y la estrujo[6] y ella me
dice ay chiquilina no me estrujes así,
70 entonces sí la llamo mamá o mami, y
Graciela se conmueve y se pone muy tier-
nita y me acaricia[7] el pelo, y eso no sería
así ni sería tan bueno si yo le dijera mamá
o mami por cualquier pavada[8].
75   O sea que la libertad es una palabra
enorme. Graciela dice que ser un preso
político como mi papá no es ninguna

vergüenza. Que casi es un orgullo. ¿Por
qué casi? Es orgullo o es vergüenza.
80 ¿Le gustaría que yo dijera que es casi
vergüenza? Yo estoy orgullosa, no casi
orgullosa de mi papá, porque tuvo
muchísimas ideas, tantas y tantísimas
que lo metieron preso por ellas. Yo creo
85 que ahora mi papá seguirá teniendo ideas,
tremendas ideas, pero es casi seguro que
no se las dice a nadie, porque si las dice,
cuando salga de Libertad para vivir en
libertad, lo pueden meter otra vez en
90 Libertad. ¿Ven como es enorme?

---

6 abrazar fuertemente   7 tocar con amor   8 cosa sin importancia; tontería

ACTIVIDAD **20** **Después de leer** En parejas, contesten las siguientes preguntas.

1. El cuento está escrito desde el punto de vista de una niña, pero ¿es un cuento para niños o adultos? Expliquen su respuesta.
2. Al escribir el cuento, el autor usa letras mayúsculas y minúsculas para las mismas palabras. ¿Cuál es la diferencia entre **libertad** y **Libertad**? ¿Cuál es la diferencia entre **ella** y **Ella**?
3. Si un gobierno pone en la cárcel a alguien por sus ideas políticas, ¿crees que esto sea una violación de sus derechos aun cuando (*even though*) sus ideas puedan ser peligrosas para la estabilidad del gobierno?

ACTIVIDAD **21** **El futuro** Parte A: En parejas, comparen a Beatriz con su padre. ¿Son parecidos o muy diferentes? Justifiquen su respuesta.

Parte B: Imagínense que han pasado veinte años y Beatriz ya es adulta. ¿Cómo es? ¿Qué hace?

Escritura | **ESTRATEGIA: Journal Writing**

In the story you just read, Beatriz justified why she thought liberty was such an enormous word; she recorded her thoughts. For many people, the recording of their thoughts in journals or diaries helps them clarify their beliefs. Beatriz appears to be very spontaneous in her writing with one thought leading to another. This allows her to freely examine her feelings.

When you write a journal or diary, you sometimes concentrate on the day's highlights, making comments and jotting down your impressions about what happened. You usually write down your thoughts freely, focusing on the content of the writing, not its form. This spontaneous style of writing helps ideas flow and minimizes writer's block.

ACTIVIDAD **22** **Día tras día** Divide las hojas en dos columnas, una ancha (*wide*) y otra angosta (*narrow*) para escribir un diario. En la parte ancha, escribe, durante un mínimo de tres días, las cosas importantes que te ocurrieron y haz comentarios. La segunda columna es para que tu profesor/a haga comentarios sobre tus ideas.

Lo esencial II

Los animales

1. el elefante
2. el león
3. la serpiente
4. el oso
5. el mono
6. el pez
7. el pájaro

1. la vaca
2. el toro
3. el gato
4. la gallina
5. el perro
6. el caballo

ACTIVIDAD **23** **Características** En parejas, clasifiquen los animales de los dibujos anteriores según los siguientes adjetivos.

◆ grande   El animal más grande es el elefante.

1. feo
2. gracioso
3. rápido
4. tímido

5. valiente
6. simpático
7. tonto

8. bonito
9. inteligente
10. cobarde (*cowardly*)

¿Lo sabían?

La llama, la vicuña, la alpaca y el guanaco son animales de la familia del camello y viven en los altiplanos de los Andes. Tanto el guanaco como la vicuña son salvajes y están en peligro de extinción, pues los indígenas de los Andes los cazan para usar su piel (*hide*) y su lana, que es muy fina y muy cara. La llama y la alpaca han sido domesticadas por los indígenas y se emplean como animales de carga en zonas muy elevadas de los Andes. Pueden llevar cargas hasta de cuarenta y cinco kilos (100 libras). De la llama y la alpaca se usan también la leche y la carne, además de la lana y la piel. ¿Qué animales son importantes en la cultura de tu país?

▲ Hombres cargan una llama en Lacatunga, Ecuador.

ACTIVIDAD 24 Definiciones   Uds. van a describir animales. Para hacerlo, necesitan saber que un pájaro tiene dos **alas,** que come con el **pico** y que los animales tienen **patas,** no piernas. En parejas, "A" cierra el libro y "B" describe los animales en la primera caja para que "A" adivine qué animal es.

vaca	caballo	perro
mono	serpiente	león

Ahora, cambien de papel. "A" describe los animales en la segunda caja.

gallina	pez	elefante
oso	pájaro	toro

ACTIVIDAD 25 Los animales hablan   En parejas, usen la imaginación y túrnense para decir las frases que diría un animal. La otra persona debe adivinar qué animal es. Sigan el modelo.

◆ A: Me gusta vivir en la selva porque yo soy el rey.
  B: Eres un león.

Pet = **mascota**

ACTIVIDAD 26 ¿Te gustan los animales?   En grupos de tres, pregúntenles a sus compañeros si tienen o alguna vez han tenido un animal doméstico. Luego comenten los pros y los contras de tener un animal en una casa y compartan sus ideas con el resto de la clase.

En Yucatán

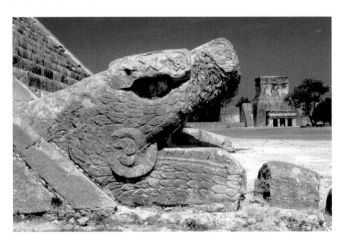

◄ Ruinas mayas en Chichén Itzá, península de Yucatán, México.

pasarlo bien/mal	to have a good/bad time
por un lado . . . por el otro	on the one hand . . . on the other
tenerle fobia a . . .	to have a fear of . . . ; to hate

Juan Carlos está en Yucatán, México, donde buscó un cibercafé para poder escribirles un email a sus amigas de España.

ACTIVIDAD **27 Cierto o falso** Lee rápidamente el mensaje de Juan Carlos y marca si estas oraciones son ciertas **(C)** o falsas **(F).**

1. _____ Juan Carlos y Álvaro lo están pasando muy bien en México.
2. _____ Álvaro tuvo un problema en la habitación del hotel.
3. _____ El grupo de Álvaro tiene gente divertida.
4. _____ El Sr. Ruiz llega tarde para el desayuno.
5. _____ Las ruinas de Yucatán son aztecas.

◇ Expressing extreme interest

◇ Comparing and contrasting

Composición de mensajes

Enviar   Citar   Adjuntar   Dirección   Parar

Asunto: ¡Saludos!

▽ **Direcciones**   **Adjuntos**

Enviar a: davilac@ipcex.es
      Cc:

Hola, chicas. ¿Cómo están? Por aquí todo bien. Con todas las responsabilidades de la excursión, no he tenido tiempo ni para mandar postales, pero hoy encontré un cibercafé y decidí mandarles un email. Estamos bien y muy contentos conociendo lugares interesantísimos, aunque Álvaro . . . ¡qué hombre! Aparte de tener una memoria malísima, ¿sabían Uds. que le tiene fobia a las cucarachas? El otro día estábamos en la habitación del hotel y de repente vio una cucaracha pequeñita, pequeñita y se subió a la cama desesperado y empezó a gritar ¡mátala! ¡mátala! Yo me reía tanto pues no lo podía creer. ¡Fobia a las cucarachas! Ahora, un secreto y no se lo digan a Álvaro, pero yo les tengo fobia a los ascensores.[1]

Aquí lo estamos pasando muy bien. O sea, por un lado, es una responsabilidad, pero por el otro, nos encanta el trabajo de líderes y aprendemos mucho en cada lugar. Dividimos a la gente en dos grupos: el de Álvaro tiene personas un poco sosas, pero el mío es muy divertido. En mi grupo hay un señor, el Sr. Ruiz, que es excéntrico y, a veces, algo desconsiderado. Siempre llega tarde para tomar el desayuno y lo tenemos que esperar para ir a las excursiones. Un día de éstos lo vamos a dejar en el hotel.

México me fascina. En algunos aspectos es como Perú, y se ve bastante la cultura indígena, pero en otros es totalmente distinto y, en algunas partes, la influencia de los Estados Unidos es fuerte. México, la ciudad, es increíblemente grande con gente y tráfico por todas partes. Hemos aprendido expresiones mexicanas como "jale" en vez de "tire" y "camión" en vez de "autobús".

Ya hace dos días que estamos en Yucatán. Las ruinas mayas y toltecas son diferentes de las incaicas de Perú, pero también son fascinantes. Ayer estuvimos en Chichén Itzá; es un lugar misterioso donde se practicaban ritos de sacrificios humanos. Lo que más me gustó fue el Caracol, una torre redonda, y también me fascinó el Castillo, el templo principal del dios Kukulkán. Y siempre hay figuras de animales como serpientes con plumas y jaguares. Ah, y en una pared de piedra hay un jaguar comiendo un corazón humano.

¡Ah! Me está llamando Álvaro. Pues, tengo que irme corriendo con el grupo. Álvaro les manda besos y yo también. Oye, Claudia, ¡te echo de menos! Un beso y chau.

Juan Carlos

_____
1 *elevators*

ACTIVIDAD **28** **¿Comprendiste?** Lee cada pregunta y busca rápidamente la respuesta en el texto del email.

1. ¿A qué le tiene fobia Álvaro? ¿Cómo lo sabes? ¿A qué le tiene fobia Juan Carlos? ¿Tienes tú alguna fobia?
2. ¿Por qué dice Juan Carlos que el Sr. Ruiz es desconsiderado?
3. ¿Qué piensa hacerle Juan Carlos al Sr. Ruiz?
4. ¿Cuáles son algunas diferencias entre el español de España y el de México?
5. ¿Dónde están ahora los turistas? ¿Qué visitaron?
6. ¿Qué animales vio Juan Carlos en Chichén Itzá?
7. ¿Has viajado alguna vez en tour? ¿Adónde fuiste? ¿Había alguien como el Sr. Ruiz en el grupo?

La serpiente es un animal que aparece con frecuencia en ruinas indígenas de México y Centroamérica. Se encuentra inclusive en la bandera de México, donde se puede ver un águila sobre un cacto comiendo una serpiente. Cuenta la leyenda que el dios Huitzilopochtli les ordenó a los aztecas buscar un lugar para vivir donde hubiera un águila, posada en un cacto, devorando a una serpiente. Después de siglos, finalmente pudieron encontrar el águila con la serpiente y establecieron la ciudad de Tenochtitlán en una isla del lago Texcoco.

Hay diferentes versiones sobre lo que representan los colores de la bandera, pero una teoría dice que el verde representa la esperanza, el blanco la pureza y el rojo la sangre que se derramó (*shed*) durante la guerra de la Independencia.

▲ La bandera de México.

ACTIVIDAD **29** **Los pros y los contras** Di cuáles son los pros y los contras de las siguientes acciones relacionadas con los viajes.

◆ leer el periódico mientras viajas

Por un lado es bueno leer el periódico mientras viajas porque sabes qué pasa en el mundo, pero **por otro lado,** generalmente las noticias son muy tristes y si estás de vacaciones, quieres olvidarte un poco de los problemas.

1. viajar en tour
2. trabajar como guía
3. visitar lugares históricos
4. hacer ecoturismo

Hacia la comunicación II

I. Avoiding Repetition: Nominalization

In the email that Juan Carlos writes to his friends in Spain, he says "**. . . el de Álvaro tiene personas un poco sosas pero el mío es divertido.**" Is he referring to **las responsabilidades, el grupo,** or **el trabajo?**

If you answered **el grupo,** you were correct.

Nominalization consists of avoiding the repetition of a noun by using only its corresponding article and the word or words that modify the noun.

Nos gustan las ruinas mayas y **las ruinas aztecas** también.
Nos gustan las ruinas mayas y **las aztecas** también.

Pon unas maletas aquí y **unas maletas** allí.
Pon unas maletas aquí y **unas** allí.

El souvenir que quería comprar y **el souvenir que compré** son muy diferentes.
El souvenir que quería comprar y **el que compré** son muy diferentes.

Tu email y **los emails de Teresa y Claudia** llegaron ayer.
Tu email y **los de ellas** llegaron ayer.

NOTE: The indefinite article **un** becomes **uno** when the noun is eliminated.

Me compré un póster de Diego Rivera y **un póster de Frida Kahlo.**
Me compré un póster de Diego Rivera y **uno de Frida Kahlo.**

◇ Review possessive adjectives, Ch. 2.

II. Expressing Possession: Long Forms of Possessive Adjectives and Pronouns

Possessive adjectives have corresponding long forms that are used for emphasis. The long forms agree in gender and in number with the noun being modified, and they always follow the noun.

mío/a/os/as	nuestro/a/os/as
tuyo/a/os/as	vuestro/a/os/as
suyo/a/os/as	suyo/a/os/as

Un amigo **mío** viene a visitarme
y esa habitación **tuya** está sucia.

A friend of mine is coming to see me and that room of yours is dirty.

NOTE: The possessive pronouns, which have the same forms as the possessive adjectives, are a form of nominalization.

Adjective		el/la/los/las + *Possessive Pronoun*
Mi grupo es divertido, pero	⟶	**el tuyo** es aburrido.
Ella tiene **su** habitación y	⟶	nosotros tenemos **la nuestra**.
No es **su** maleta	⟶	es **mía**.*

Do Workbook
Práctica mecánica
II, CD-ROM, Web ACE Tests, and
lab activities.
Internet

*****NOTE:** After **ser,** the definite article may be omitted: **Esta maleta es (la) tuya, pero ésa es (la) mía.**

ACTIVIDAD **30 En la tienda** En parejas, formen dos conversaciones lógicas. Tienen la primera oración de cada conversación y deben terminarlas sólo con oraciones de la siguiente lista. Al final van a tener dos conversaciones de seis líneas cada una. Las primeras dos oraciones son:

Conversación A

—¿Desea ver una camisa?
—???

Conversación B

—¿Quiere ver un vestido?
—???

_____ Me gusta mucho, pero déjeme ver la blanca también.
_____ ¿Le gusta? Tengo una igual en blanco.
_____ Prefiero el azul.
_____ ¿Le gusta más el blanco o el azul?
_____ ¿Prefiere la blanca o la azul?
_____ Sí. El azul, por favor.
_____ ¿Le gusta? Tengo el mismo en blanco.
_____ Sí. Una azul, por favor.
_____ Voy a llevar las dos.
_____ Me gusta, pero también quiero ver el blanco.

ACTIVIDAD **31 ¿Qué prefieres?** En parejas, túrnense para preguntarle a su compañero/a qué cosas prefiere de la siguiente lista y por qué.

◆ la sopa de verduras / la sopa de pescado
   A: ¿Te gusta más/Prefieres la sopa de verduras o la de pescado?
   B: Me gusta más/Prefiero la de verduras porque . . .

1. la clase de geografía / la clase de cálculo
2. los carros grandes / los carros pequeños
3. las ruinas de Machu Picchu / las ruinas de Chichén Itzá
4. el equipo de los Yanquis / el equipo de los Mets
5. un restaurante vegetariano / un restaurante chino
6. un perro grande / un perro pequeño
7. un tour organizado / un tour independiente

Machu Picchu see p. 104, Chichén Itzá see p. 377.

ACTIVIDAD **32 Los míos son mejores** Saca dos cosas —un bolígrafo, un cuaderno, un libro, una chaqueta, un suéter, etc. Tu compañero/a tiene que tener las mismas cosas. Después intenta convencer a tu compañero/a de que tus cosas son mejores. Sigue el modelo.

◆ A: Mi bolígrafo es mejor que el tuyo.

B: No, el mío es mejor porque no es de plástico.

A: Pero el mío . . .

ACTIVIDAD **33 Un poco de preocupación** **Parte A:** En grupos de tres, "A" es un/a agente de policía y "B" y "C" son dos personas que perdieron a sus hijas en el aeropuerto. Sigan las instrucciones para su papel.

A: Eres policía. Dos personas preocupadas vienen a decirte que no encuentran a sus hijas. Necesitas la siguiente información para tu informe. Entrevista a las dos personas simultáneamente. Usa oraciones como: **¿Cuántos años tiene su hija? ¿Y la suya? ¿De qué color es el pelo de la suya?**

Niños perdidos
Sexo: M _____ F _____
Edad _____
Nombre _____ Apellidos _____
Color de pelo _____ Color de ojos _____
Ropa _____
Objetos personales que tiene _____
Comentarios _____

Niños perdidos
Sexo: M _____ F _____
Edad _____
Nombre _____ Apellidos _____
Color de pelo _____ Color de ojos _____
Ropa _____
Objetos personales que tiene _____
Comentarios _____

B: No encuentras a tu hija de cinco años y estás preocupado/a. Mira el dibujo y descríbesela al/a la policía.

C: No encuentras a tu hija de siete años y estás preocupado/a. Mira el dibujo y descríbesela al/a la policía.

Parte B: Ahora en su grupo, discutan las siguientes preguntas.

1. Cuando eran niños/as, ¿se perdieron alguna vez? Describan las circunstancias: dónde estaban, con quién, qué ocurrió, etc.
2. Hoy día existe la posibilidad de implantarle al niño un chip en el cuerpo para encontrarlo cuando se pierde. ¿Qué opinan de esta idea?

ACTIVIDAD 34 **¿Con cuál nos quedamos?** En grupos de tres, Uds. comparten un apartamento y acaban de llegar a casa cada uno con un animal doméstico distinto: un perro, un gato y un loro. Pero hay un problema: el dueño del apartamento permite que Uds. tengan un solo animal. Cada uno debe intentar convencer a las otras personas de que el animal que trajo es el mejor. Para hacer esto deben comparar los animales usando frases como **el mío es el indicado porque . . . , en cambio el tuyo . . .**

perro
ser mi mejor amigo
traer el periódico
proteger la casa
hacer sus necesidades afuera

gato
no necesitar mucha atención
no hacer ruido
ser independiente
hacer sus necesidades en una caja

loro
hablar dos idiomas
ser exótico
cantar "La bamba"
hacer sus necesidades en un periódico

ACTIVIDAD 35 **El orgullo** En parejas, Uds. son dos mujeres de negocios que están en un avión y empiezan a hablar sobre sus familias. Para hablar de las "fotos" que están abajo, usen oraciones como las siguientes:

Do Workbook *Práctica comunicativa II* and the *Repaso* section. Do CD-ROM, Web ACE Tests, and lab activities.

Internet

—Mi esposo es abogado.

—El mío es ingeniero.

Videoimágenes

Justicia social

ACTIVIDAD 36 México y su gente **Parte A:** Antes de ver el video, en grupos de tres digan qué saben sobre los siguientes temas relacionados con la historia de México.

1. ¿Dónde vivían los aztecas? ¿Y los mayas?
2. ¿De dónde eran los conquistadores que llegaron a México?
3. ¿Se mezclaron los conquistadores con los indígenas?

 55:01–58:05

Parte B: Ahora mira el segmento sobre México para averiguar la siguiente información.

1. ¿Qué era Tlatelolco?
2. ¿Qué culturas están representadas en la Plaza de las Tres Culturas?
3. ¿Qué opinan tres personas sobre la situación del indígena?

Parte C: En el segmento sobre México, una persona opina que los indígenas de ese país aún hoy día se encuentran marginados. En grupos de tres, decidan si uno o más de los siguientes tipos de marginalización son un problema serio en su país. Den ejemplos para justificar su opinión.

color de piel   belleza   religión   edad

ACTIVIDAD 37 Las Madres de la Plaza de Mayo **Parte A:** En el cuento "Libertad" hay un hombre a quien su gobierno pone en la cárcel por sus ideas políticas. A lo largo de la historia de tu país, ¿ha hecho el gobierno ciertas cosas para silenciar la opinión de la gente? Mira la siguiente lista y di su tu gobierno ha hecho algunas de estas cosas.

quitarle dinero a alguien
prohibir que la prensa hable
   de un caso
prohibir que un acusado publique
   un libro
acusar a alguien de delitos que no
   cometió

difamar a alguien
prohibir que un acusado hable en
   televisión o radio
poner a alguien en la cárcel sin per-
   mitirle hablar con su abogado
torturar
matar

 58:06–end

Parte B: Mira el segmento sobre las Madres de la Plaza de Mayo para averiguar quiénes son y por qué están en la plaza.

Una madre en la Plaza ➤
de Mayo, Buenos Aires.

1:02:14–end

Parte C: Mira otra vez el segmento donde cinco madres hablan de sus hijos. Completa las siguientes ideas con toda la información que puedas escribir y luego úsala para decir cuáles eran las características comunes de las personas que desaparecieron.

Año en que desaparecieron	*Edad*	*Ocupación*

Parte D: Después de ver el video y en grupos de tres, mencionen lugares del mundo donde en la actualidad se violan los derechos humanos. Expliquen brevemente cada caso.

Durante la dictadura militar de Argentina entre 1976 y 1984 desaparecieron unas treinta mil personas. Entre ellos había mujeres embarazadas que dieron a luz (*gave birth*) mientras estaban en la cárcel. Muchas de estas mujeres fueron torturadas y asesinadas y sus bebés fueron adoptados ilegalmente. Las abuelas de esos niños buscaron a sus nietos durante años, y una vez restaurada la democracia y con la ayuda de la justicia y de exámenes de sangre, pudieron encontrar a algunos de esos niños. Si quieres saber más sobre este tema, puedes mirar la película *La historia oficial,* que ganó el Oscar a la Mejor Película Extranjera en 1985.

 Do Web Search activities.
Internet

 # Vocabulario funcional

Lugares de interés *Ver página 365.*

el acueducto	*aqueduct*
la catedral	*cathedral*
las ruinas	*ruins*
el templo	*temple*

En la casa de cambio *Ver página 366.*

Los animales *Ver páginas 375–376.*

Palabras y expresiones útiles

¡Basta (de . . .)!	*(That's) enough (. . .)!*
la cita	*appointment; date*
dulce	*sweet*
una enciclopedia ambulante	*a walking encyclopedia*
¡Ni loco/a!	*Not on your life!*
pasarlo bien/mal	*to have a good/bad time*
por un lado . . . por el otro	*on the one hand . . . on the other hand*
quejarse (de)	*to complain (about)*
tenerle fobia a . . .	*to have a fear of . . . ; to hate*
¡Ya voy!	*I'm coming!*

Capítulo

15

Chapter Objectives

➤ Discussing the environment and ecology

➤ Describing personality traits

➤ Expressing pending actions

➤ Making suggestions

➤ Requesting information

➤ Expressing a past action that preceded another past action

▼ Ruinas mayas en plena selva. Tikal, Guatemala.

Datos interesantes

➤ Guatemala es un poco más pequeño que el estado de Tennessee.

➤ Los principales productos de exportación de Guatemala son el café, el azúcar, el banano y el cardamomo.

➤ El índice de alfabetismo es 63,50%.

➤ Aparte del español, en Guatemala se hablan 23 lenguas indígenas.

Pasándolo muy bien en Guatemala

➤ La catedral de Antigua, Guatemala.

al + *infinitive*	upon + *-ing*
Me cae (la mar de) bien.	I like him/her (a lot).
Me cae mal.	I don't like him/her.

El grupo de turistas está en Guatemala y hoy se dividieron en dos grupos para hacer diferentes excursiones. Juan Carlos fue con un grupo y Álvaro con el otro. Acaban de regresar al hotel.

ACTIVIDAD 1 ¿Qué hicieron? Mientras escuchas la conversación, anota las respuestas a estas preguntas.

1. ¿Adónde fue el grupo de Álvaro?
2. ¿Adónde fue el grupo de Juan Carlos?
3. En tu opinión, ¿quiénes se divirtieron más y por qué?

DRA. LLANOS	¡Qué cansada estoy! ¿Y tú, Álvaro?
ÁLVARO	Yo también, pero valió la pena hacer el viaje a Tikal.
JUAN CARLOS	O sea, que les gustó, ¿eh?
DRA. LLANOS	Fue interesantísimo; imagínate, ruinas mayas en medio de una selva tropical tan verde y con tal variedad de pájaros cantando por todos lados. Fue maravilloso.

	ÁLVARO
Speculating about future actions	DRA. LLANOS
	ÁLVARO
	JUAN CARLOS
	DRA. LLANOS
	JUAN CARLOS

ÁLVARO   Después de ver tanta belleza, no entiendo por qué destruyen la selva.

DRA. LLANOS   Sí, es triste. Parece que el ser humano no va a estar satisfecho hasta que lo destruya todo. Es una pena que seamos así.

ÁLVARO   . . . ¿Y vosotros en Antigua y Chichicastenango? ¿Qué tal, Juan Carlos?

JUAN CARLOS   Fue fantástico. Antigua es una ciudad colonial bella, con muchas iglesias y muy tranquila.

DRA. LLANOS   ¿Y Chichicastenango?

JUAN CARLOS   El pueblo nos encantó porque es muy pintoresco y el mercado tiene unas artesanías fabulosas. El grupo compró de todo; creo que ya no queda nada en el mercado.

DRA. LLANOS   ¿Y qué hizo el Sr. Ruiz esta vez?

JUAN CARLOS   Cada día está más gracioso. Al llegar al mercado, se puso a regatear por un vestido que quería comprar para su hija.

ÁLVARO   ¿Y qué pasó?

JUAN CARLOS   No lo van a creer. Le pidió ayuda a una mujer que, según él, tenía la misma talla que su hija y siguió regateando quince minutos más. ¡Hasta la mujer, con el vestido puesto, empezó a ayudarle a regatear!

Showing dislike   DRA. LLANOS   ¡Qué vergüenza!

JUAN CARLOS   Nada de vergüenza. Fue divertidísimo. Al final el vendedor le dio un descuento, se hicieron amigos y le regaló un cinturón.

DRA. LLANOS   ¡Ay! Ese pesado me cae tan mal . . .

ÁLVARO   Pues a mí me cae la mar de bien. Cuando llegue a España, quiero conocer a su familia. Deben ser todos tan graciosos como él. Seamos justos, es un hombre inofensivo.

Stating future intentions   DRA. LLANOS   Por mi parte, cuando yo vuelva a España, no lo quiero volver a ver ni pintado en la pared.

ACTIVIDAD 2 **¿Comprendiste?** Después de escuchar la conversación otra vez, escoge la respuesta correcta.

1. Según Álvaro la selva tropical . . .
   a. está intacta   b. está en peligro   c. tiene ruinas aztecas
2. La ciudad de Antigua . . .
   a. tiene ruinas mayas   b. es de la época colonial   c. está en la selva
3. La Dra. Llanos usa la palabra **pesado** para referirse al Sr. Ruiz. Ella quiere decir que el Sr. Ruiz . . .
   a. es gordo   b. molesta mucho   c. es divertido
4. El vendedor le regaló un cinturón al Sr. Ruiz porque él . . .
   a. le cayó bien   b. compró mucho   c. a y b

ACTIVIDAD 3 **¿Cómo te cae?** Hazles preguntas a personas de la clase para averiguar cómo les caen las siguientes personas y por qué: **su consejero académico, su profesor de . . . , su compañero/a de habitación, sus compañeros de clase, los padres de su novio/a.**

   ◆ A: ¿Te cae bien tu consejero académico?

   B: Me cae (muy/la mar de) bien. / Me cae (muy) mal.

   A: ¿Por qué?

   B: Porque . . .

¿Lo sabían?

Guatemala, México, Ecuador, Perú, Paraguay y Bolivia son los países de Hispanoamérica que tienen la población indígena más numerosa y donde todavía se ven más aspectos de las culturas y de las tradiciones indígenas. Aproximadamente el 50% de los guatemaltecos son descendientes de los mayas y conservan las costumbres y las lenguas de sus antepasados (*ancestors*). En Guatemala se hablan todavía más de veinte lenguas indígenas y hoy en día, el gobierno está estableciendo programas educativos en las escuelas para enseñarles a los niños indígenas en sus propias lenguas mientras aprenden a hablar, leer y escribir en español. ¿Hay escuelas en tu estado que tengan programas bilingües? ¿Qué idiomas se enseñan?

▲ Ecuador es un país de contrastes. Mercado de Latacunga en la Sierra Cotopaxi, Ecuador.

Lo esencial I

◈ **El medio ambiente** = environment

El medio ambiente

1. la contaminación
2. la lluvia ácida
3. la fábrica
4. la basura
5. el reciclaje; reciclar
6. plantar un árbol
7. la energía solar

◈ Both **la contaminación** and **la polución** are used, but the former is more common.

Otras palabras relacionadas con el medio ambiente

el agujero   hole
la capa de ozono   ozone layer
el cartón   cardboard
la conservación; conservar   conservation; to preserve
la destrucción; destruir   destruction; to destroy
la ecología   ecology
en peligro   in danger

la energía nuclear   nuclear energy
el envase   container
la extinción   extinction
la lata de aluminio   aluminum can
el plástico   plastic
proteger   to protect
ser consciente   to be aware
el vidrio   glass

ACTIVIDAD **4** **Salvar el planeta** En grupos de tres, miren los anuncios y hablen sobre el mensaje de cada uno.

Las Islas Galápagos, que están en el Océano Pacífico, son parte de Ecuador y son famosas en todo el mundo por su gran variedad de animales y plantas. Charles Darwin fue a esas islas por primera vez en el año 1835 y allí hizo estudios para su teoría de la evolución. Allí está el Instituto Darwin, donde los biólogos estudian muchas especies de animales que no existen en otras partes del mundo. Hoy, las Islas Galápagos son un santuario para conservar la flora y la fauna que están en peligro de extinción por la introducción de plantas y animales que no son típicos de las islas, por los derrames (*spills*) de petróleo y por la pesca excesiva.

▲ Turistas con las tortugas gigantes de las Islas Galápagos, Ecuador.

ACTIVIDAD **5** **La conservación, ¿sí o no?** Hazle esta encuesta sobre la ecología a uno de tus compañeros y después comenta los resultados con la clase.

1. ¿Estás a favor o en contra de estas fuentes de energía?

    nuclear   a favor _____   en contra _____

    solar   a favor _____   en contra _____

    carbón   a favor _____   en contra _____

2. Las armas nucleares son . . . para un país.

    esenciales _____   importantes _____

    peligrosas _____   inútiles _____

3. ¿Haces algún esfuerzo por reciclar materiales?

    latas de aluminio   sí _____   a veces _____   no _____

    periódicos   sí _____   a veces _____   no _____

    papel   sí _____   a veces _____   no _____

    vidrio   sí _____   a veces _____   no _____

    plástico   sí _____   a veces _____   no _____

4. El control del gobierno sobre las fábricas es . . .

   excesivo _____   adecuado _____

   insuficiente _____   no sé _____

5. ¿Alguna vez le has escrito una carta sobre la contaminación a algún político?

   sí _____   no _____

6. La extinción de especies de animales . . .

   afecta mucho al ser humano _____

   afecta poco al ser humano _____

7. ¿Haces algo para reducir la cantidad de contaminación?

   no usar plástico _____

   tener un coche económico _____

   no usar fluorocarburos (productos aerosoles) _____

   reusar bolsas de papel o de plástico _____

   no comprar verduras y frutas empacadas (*packed*) _____

   otras cosas _____

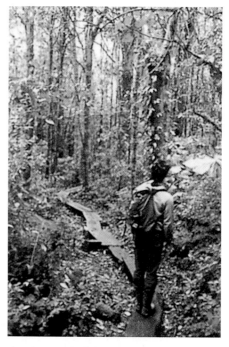

▲ Selva, tropical de Costa Rica.

ACTIVIDAD **6** **La basura** Hay gente que dice que se conoce un país por su basura. En grupos de tres, hablen sobre los siguientes temas.

1. ¿Cuál es la multa (*fine*) por tirar basura en las calles o en las carreteras del estado donde viven?
2. Alaska y otros estados han sufrido grandes derrames de petróleo que han afectado la ecología del área. ¿Qué sugerencias pueden dar Uds. para evitar esos desastres? ¿Quién debe tener la responsabilidad de limpiar los derrames que ocurren?
3. Una compañía de Beverly Hills, California, empaca y vende la basura de muchos de sus vecinos famosos. ¿Qué piensan Uds. de eso? ¿Creen que sea diferente esa basura de la de otras personas? ¿Por qué?
4. ¿Debe hacer más el gobierno para promocionar el transporte público? ¿Y para buscar alternativas a la gasolina? ¿Qué medios de transporte público tiene su ciudad? ¿Los usan Uds.? ¿Qué ciudades en su país tienen tren para ir a otra ciudad cercana? Si han viajado a otro país o continente, comparen los sistemas de transporte público con los de su país.
5. Piensen en la última vez que fueron al supermercado y gastaron más de $30. ¿Cuántas bolsas de plástico y/o de papel les dieron? Incluyan todas las bolsas, por ejemplo: la bolsa de los tomates, la de las papas, etc.
6. ¿La lavadora que usan se abre por arriba o por delante? ¿Cuál es más común en su país? Si han estado en otro país, ¿notaron si las lavadoras se abren por arriba o por delante? ¿Saben cuál de las dos usa menos agua y electricidad?

Hacia la comunicación I

I. Expressing Pending Actions:
The Subjunctive in Adverbial Clauses

Look at the following sentences to decide which one refers to an action that may occur in the future.

Cuando llegue a España quiero conocer a su familia.
Cuando llegué a España quería conocer a su familia.

If you chose the first, you were correct.

◇ Remember: After a preposition, use an infinitive:
Después <u>de</u> llegar a casa . . .

1 ◆ To express present or past *habitual* actions as well as *completed* actions, use the indicative after adverbial conjunctions such as **cuando, después de que,** and **hasta que.**

Habitual

Siempre preparo la cena **cuando llego** a casa.	*I always prepare dinner when I get home.*
Preparaba la cena **cuando llegaba** a casa.	*I used to (would) prepare dinner when I got home.*

Completed

Preparé la cena **cuando llegué** a casa.	*I prepared dinner when I got home.*

2 ◆ To express intentions or actions that have not occurred yet and are *pending*, use the subjunctive after **cuando, después de que,** and **hasta que.**

Pending

Voy a preparar la cena **cuando llegue** a casa.	*I'm going to prepare dinner when I get home.*
¿Qué vas a hacer mañana **después de que llegue** tu sobrina?	*What are you going to do tomorrow after your niece arrives?*
Vamos a trabajar **hasta que terminemos.**	*We'll work until we finish.*

II. Making Suggestions: *Let's . . .*

1 ◆ When you want to suggest to someone that he/she do something with you, use a **nosotros** command, which is identical to the subjunctive form.

◇ Let's go = **vámonos** or **vamos**

Ya es tarde. **Volvamos** a casa.	*It's late already. Let's go home.*
¡Hagámoslo ahora!	*Let's do it now!*
No le **digamos** nada a Isabel.	*Let's not tell Isabel anything.*

2 ◆ When the **nosotros** affirmative command is followed by **se** or by the reflexive pronoun **nos,** drop the final **-s** from the command form.

¿Vamos a prepararle la comida? ⟶ Sí, **¡preparémosela!**
¿Quieres que nos levantemos? ⟶ Claro, **¡levantémonos!**
BUT:
¿Vamos a preparar la comida? ⟶ Sí, **¡preparémosla!**
¿Quieres que lo levantemos? ⟶ Sí, **¡levantémoslo!**

III. Requesting Information: *¿Qué?* and *¿Cuál/es?*

1 ◆ In most cases, the uses of **¿qué?** (*what?*) and **¿cuál/es?** (*which?*) are similar in Spanish and English.

¿Qué pasa?/**¿Qué** hay?	*What's going on?/What's up?*
¿Qué tienes?	*What do you have?/What's the matter?*
¿Cuál prefieres?	*Which (one) do you prefer?*
¿Cuáles de tus amigas son uruguayas?	*Which of your friends are Uruguayan?*

2 ◆ Both **¿qué?** and **¿cuál/es?** followed by the verb **ser** express *what.*

a. Use **¿qué + ser . . . ?** only when asking for a definition or a classification, such as a political affiliation, religion, or nationality.

¿Qué es antropología?	*What is anthropology?* (definition)
¿Qué eres, demócrata o republicano?	*What are you, a Democrat or a Republican?* (classification)

NOTE: ¿Qué es eso/esto? is used to ask for the identification of an unknown item or action.

b. Use **¿cuál/cuáles + ser . . . ?** in all other cases.

¿Cuál es la tarea para mañana?	*What is the homework for tomorrow?*
¿Cuál es el país más grande de Hispanoamérica?	*What is the largest country in Hispanic America?*
¿Cuáles son tus pasatiempos favoritos?	*What are your favorite pastimes?*

3 ◆ Use **qué** when a noun follows: **¿qué +** *noun . . . ?*

¿Qué idiomas hablas?	*What/Which languages do you speak?*
¿En qué país nacieron tus padres?	*In what/which country were your parents born?*

Do Workbook *Práctica mecánica I* and corresponding CD-ROM activities.

ACTIVIDAD **7 Tus planes futuros** Termina estas frases y después, pregúntales a algunos compañeros cuáles son sus planes para el futuro.

1. Después de que termine los estudios universitarios . . .
2. Voy a trabajar hasta que . . .
3. Cuando tenga cincuenta y cinco años . . .

◈ Habitual and completed
    actions = indicative; pending
actions = subjunctive

ACTIVIDAD 8 Un poco de variedad   **Parte A:** Muchas personas se quejan de no tener variedad en la vida y de que su rutina diaria siempre es igual. Termina estas oraciones con lo que haces normalmente.

1. Todos los días cuando termina la clase, yo . . .
2. Cuando llega el verano, yo . . .
3. Todos los días cuando entro en mi casa, yo . . .
4. Cuando llega el fin de semana, mis amigos y yo . . .
5. Los sábados cuando voy a fiestas, yo . . .

Parte B: Ahora, cuéntale a un/a compañero/a qué haces normalmente y qué vas a hacer para cambiar tu rutina. Sigue el modelo.

◆ Todos los días **cuando termina** la clase, voy a la cafetería de la universidad y como una hamburguesa, pero mañana **cuando termine** la clase, pienso ir a un restaurante mexicano y pedir una quesadilla.

◈ Remember: After a preposi-
    tion, use the infinitive.

ACTIVIDAD 9 Los padres   **Parte A:** Juan Carlos le describe su familia al Sr. Ruiz. Completa el párrafo que sigue con la forma y tiempo correctos de los verbos entre paréntesis.

Mis papás se casaron cuando _____ veinticinco años. Yo (tener)
nací cuando mi mamá _____ veintinueve años. Después (tener)
de _____ a mis cuatro hermanos menores, mi mamá (tener)
_____ de trabajar. Mi papá es abogado y trabajó quince años (dejar)
con la misma compañía hasta que _____ de trabajo y empezó (cambiar)
a trabajar para el gobierno. Dice que cuando _____ sesenta y (cumplir)
dos años va a dejar el trabajo, pero hasta que yo no lo _____, (ver)
no voy a creerlo porque él es un hombre que vive para el trabajo. Dice que
después de que _____ de trabajar, va a un hacer crucero por el (dejar)
Caribe cada invierno.

Parte B: En parejas, después de leer la descripción de la familia de Juan Carlos, hablen con su compañero/a sobre su familia y sus planes para el futuro.

ACTIVIDAD 10 ¡Sorpresa!   En grupos de tres, Uds. van a planear una fiesta de sorpresa (*surprise*) para un/a amigo/a que se va a casar. Den un mínimo de seis sugerencias.

◆ Invitemos a todo el mundo.
Alquilemos un salón en un restaurante.

ACTIVIDAD **11** **Un día de viaje** En grupos de tres, Uds. están en la ciudad de Guatemala por un solo día y tienen que aprovechar (*take advantage of*) el tiempo. Lean el siguiente folleto sobre la ciudad y decidan qué van a hacer.

◆ Veamos . . . Visitemos . . .

🏛 MUSEOS

- **Museo Nacional de Arqueología y Etnología** Parque Aurora, Zona 13. Trajes típicos de Guatemala. Modelo de Tikal. Esculturas, cerámicas, textiles, colección de máscaras. Excelente colección de jade. Precio: *$3.80. Niños menores de 10 años gratis.
- **Museo Nacional de Historia Natural** Parque Aurora, Zona 13. Colección de animales y pájaros embalsamados. Mariposas. Especímenes geológicos. Precio: *$1.25.
- **Museo Popol Vuh. Museo de Arqueología** La Reforma 8-60, Zona 9. Amplia colección de artefactos precolombinos y coloniales. Precio: *$2.00.
  * precios en dólares norteamericanos

🍴 RESTAURANTES

- **El Rodeo** Avenida 7, 14-84, Zona 9. Bistecs excelentes. **$**
- **Hola** Avenida Las Américas, Zona 14. Comida francesa e italiana. **$$**
- **Los Antojitos** Calle 17, 6-28, Zona 1. Comida regional (bananas, aguacates, sopa, pollo, arroz, frijoles negros). Música. **$$$**
- **Señor Sol** Calle 5, 11-32, Zona 1. Comida vegetariana. **$**

⛪ IGLESIAS

- **Catedral** Calle 8 y Avenida 7. Se terminó de construir en 1815. Fue dañada por un terremoto en 1976. Pinturas y estatuas de la ciudad de Antigua.
- **San Francisco** Avenida 6 y Calle 13, Zona 1. Escultura de la Cabeza Sagrada, originalmente de Extremadura. Interesante museo con pinturas.
- **Capilla de Yurrita** Ruta 6 y Vía 8. Zona 4. Construida en 1928. Estilo de iglesia ortodoxa rusa.

🏺 TIENDAS ARTESANALES

- **La Momosteca** Avenida 7, 14-48, Zona 1. Textiles y objetos de plata.
- **La Placita** Calle 18 y Avenida 5. Ropa y maletas de cuero.
- **Mercado del Sur** Avenida 6, 19-21, Zona 1. Mercado de comidas, sección de artesanías.
- **Pasaje Rubio** Calle 9, cerca de Avenida 6. Objetos de plata y monedas.

Qué + ser = definition or classification; **Cuál + ser** = all other cases

ACTIVIDAD **12** **La entrevista estudiantil** Completa las siguientes preguntas sobre los estudios académicos con **qué** o **cuál/es.** Luego usa las preguntas para entrevistar a tres compañeros de la clase a quienes no conozcas bien. Háblale sobre las respuestas al resto de la clase.

1. ¿_____ eres, estudiante de primero, segundo, tercer o cuarto año?
2. ¿_____ asignaturas tienes este semestre?
3. ¿_____ es tu clase favorita?
4. ¿_____ son las clases más difíciles?
5. ¿_____ problemas tuviste al llegar a la universidad?
6. ¿_____ piensas hacer cuando termine el semestre?
7. ¿_____ son tus planes para el futuro?

ACTIVIDAD **13** **Cultura general** En parejas, preparen un examen de quince preguntas sobre cultura general. Después de preparar el examen, dénselo a algunos compañeros para que lo hagan.

◆ ¿Cuál es la capital de Honduras?
¿Qué idiomas se hablan en Guatemala?

Do Workbook *Práctica comunicativa I* and corresponding CD-ROM activities.

Nuevos horizontes

Lectura

ESTRATEGIA: Mind Mapping

Mind mapping is a way of brainstorming before you read a text in order to activate your background knowledge and predict the contents of a reading selection. To apply this technique, you start with a key concept and jot down related ideas in different directions radiating from the key concept. This technique lets your mind run freely to tap whatever is stored in it. In the following example you can see how the mind-mapping technique was applied to the word **hogar** (*home*).

ACTIVIDAD **14 El mapa mental** En parejas, hagan un mapa mental con la palabra **ecología** y luego compártanlo con el resto de la clase. Después piensen en los temas relacionados con este concepto que puedan aparecer en el siguiente artículo sobre la ecología. Por último, lean el artículo "Pobre tierra" de la revista peruana *Debate* para confirmar sus predicciones.

¡Pobre tierra!

DEBATE identificó los principales problemas ecológicos que sufre nuestro planeta. Junto a una breve explicación de cada uno de ellos, DEBATE ofrece consejos prácticos que se pueden seguir desde la propia casa para mejorar el medio ambiente.

Desechos peligrosos

Son productos químicos que contaminan el agua, el aire y los alimentos.

▌ Utilice jabón de lavar en lugar de detergentes y lejía, éstos contienen fosfatos

5   que contaminan ríos y mares.

▌ Utilice menos bolsas y empaques plásticos.

▌ Use baterías recargables en sus aparatos, las descartables contienen cadmio, gas

10   que permanece en el medio ambiente.

▌ Prefiera envases de vidrio reciclables en lugar de botellas, latas o envases descartables.

Lluvia ácida

Los gases tóxicos producidos por los

15   vehículos de motor y las fábricas, permanecen en la atmósfera, luego son condensados, y caen nuevamente a la tierra en forma de lluvia o nieve, lo cual destruye plantas y animales y erosiona incluso los edificios.

20 ▌ Controle los gases tóxicos de los vehículos y maquinaria manteniéndolos en buen estado.

▌ Disminuya el consumo de petróleo; utilice otros medios de transporte:

25   bicicletas, caminatas; comparta movilidad.

Destrucción de la capa de ozono

La capa de ozono protege
a la tierra y a sus habitantes
de la radiación solar de los
30   rayos ultravioletas. Esta
capa protectora se está
destruyendo rápida-
mente por la contami-
nación. Un solo átomo
35   de gas dañino destruye
100.000 moléculas de
ozono. La radiación
que recibe la tierra
destruye el sistema
40   inmunológico del ser
humano; además, ha
elevado el número de
casos de cáncer a la piel.
▌ Evite usar aire acondicionado
45   en su casa, oficina o automóvil.
▌ No utilice aerosoles.

Basura acumulada

Los depósitos para basura en las ciudades
estarán ocupados al máximo de su capacidad dentro de los próximos años, y los
50   miles de metros cuadrados de desperdicios
aumentan día a día.
▌ Utilice menos envases plásticos.
▌ Recicle el papel periódico.
▌ Evite los pañales plásticos porque
55   demoran 500 años en desintegrarse:
prefiera los de tela.
▌ Compre baterías recargables.

Efecto invernadero

El efecto invernadero es el fenómeno que
regula la temperatura de la tierra. Debido
60   a la contaminación, el efecto invernadero
ha llegado al punto de ser perjudicial. El
exceso de dióxido de carbono proveniente
de la quema de combustibles eleva la
temperatura y queda atrapado en la
65   atmósfera, recalentando la tierra.
▌ Disminuya su consumo de electricidad.

▌ Mantenga su automóvil y artefactos
eléctricos en buen estado.
▌ Alumbre con fluorescentes compactos:
70   dan mayor luminosidad, ahorran 75%
de la energía y duran entre 5 y 10 años.
▌ Comparta la movilidad al colegio
y a la oficina: ahorra en gasolina y
contamina menos.
75   ▌ Maneje menos y camine más.
Movilícese en bicicleta.

Contaminación ambiental

El aire que respiramos es sucio e insano.
La contaminación del medio ambiente
es el resultado del uso del petróleo en
80   vehículos y maquinaria. Ello produce el
recalentamiento de la tierra y es la causa
principal de los casos de cáncer de pulmón
en los países en vías de desarrollo. Las
recomendaciones son las mismas que
85   para el efecto invernadero.

Extinción de la vida salvaje

El crecimiento de la población mundial, la destrucción de bosques, la contaminación de los mares y la comercialización de pieles y colmillos de animales, han 90 ocasionado la desaparición de muchas especies. Tres especies animales o vegetales desaparecen al día, con lo cual para el año 2010 habrá desaparecido el 20% de las especies de la fauna y flora.

95 ▌ Guarde periódicos viejos y papel que no sirva, envíelo a reciclar a una planta papelera. Le pagarán por kilo.

▌ Evite las bolsas y envases plásticos: use canastas, cajas de cartón (que también se 100 pueden reciclar) o bolsas de papel.

▌ Lave con jabón en lugar de detergente.

▌ No compre artículos fabricados con pieles o colmillos de animales salvajes.

▌ Prefiera siempre artículos orgánicos: 105 telas de fibras naturales en lugar de sintéticas o de plástico.

ACTIVIDAD **15** **Problemas y soluciones** En parejas, usen la información del artículo que leyeron para decidir qué acciones de la segunda columna disminuyen los problemas de la primera columna. Puede haber más de una respuesta posible para cada uno.

1. desechos peligrosos ———
2. lluvia ácida ———
3. destrucción de la capa de ozono ———
4. basura acumulada ———
5. efecto invernadero ———
6. contaminación ambiental ———
7. extinción de la naturaleza y la vida salvaje ———

a. tomar el autobús para ir al trabajo
b. volver a usar las bolsas del supermercado
c. no comprar botas de piel de caimán
d. comprar botellas de vidrio reciclable
e. no usar detergentes
f. apagar las luces cuando no se usa un cuarto
g. abrir las ventanas del carro cuando hace calor
h. revisar el carro con frecuencia
i. usar ropa de algodón y no de poliéster

ESTRATEGIA: **Mind Mapping**

The mind-mapping technique described under the *Lectura* section on page 396 can also be used as a pre-writing strategy. This is a useful way of generating ideas in a nonlinear and unstructured way. Once you finish your mind map, choose the main ideas and organize them.

ACTIVIDAD **16** **El progreso** **Parte A:** Haz un mapa mental con la palabra **progreso** en el centro. Incluye tanto los aspectos positivos como los negativos.

Parte B: Escoge las ideas más interesantes del mapa mental y haz un bosquejo (*outline*) para escribir una composición sobre el progreso. Después, escribe la composición.

Parte C: Entrégale el mapa mental, el bosquejo, el borrador (o los borradores) y la versión final a tu profesor/a.

Lo esencial II

◇ Associate these adjectives with friends or relatives to help you remember them.

La personalidad

abierto/a   open
agresivo/a   aggressive
amable   nice
ambicioso/a   ambitious (*negative connotation*)
arrogante   arrogant
astuto/a   astute
capaz   capable
carismático   charismatic
chismoso/a   gossipy
cobarde   cowardly
corrupto/a   corrupt
creído/a   conceited, vain
encantador/a   charming
honrado/a   honest

ignorante   ignorant
impulsivo/a   impulsive
indiferente   indifferent, apathetic
insoportable   unbearable
justo/a   fair
orgulloso/a   proud
mentiroso/a   untruthful, lying, false
pacifista   pacifist
perezoso/a   lazy
sensato/a   sensible
sensible   sensitive
sociable   sociable
sumiso/a   submissive
testarudo/a   stubborn
valiente   brave

> ### ¿Cómo eres? ¿Te conoces bien a ti mismo?
> 1. Cuando tienes un problema, ¿lo confrontas o no haces nada?
> 2. Cuando cometes un error, ¿lo admites?
> 3. Cuando un amigo te habla de sus problemas, ¿lo escuchas?
> 4. Si necesitas un trabajo, ¿lo buscas activamente?

ACTIVIDAD 17 ¿Cómo somos?   De la lista anterior, escoge la característica que más te describa y la que menos te describa y anótalas. Escoge también una característica que describa a tu compañero/a y una que no lo/la describa. Luego en parejas, comparen las palabras y digan por qué las seleccionaron.

ACTIVIDAD 18 ¿Positivo o negativo?   En grupos de tres, decidan cuáles de las palabras de la lista anterior representan defectos y cuáles representan cualidades deseables. ¿Es positivo o negativo ser orgulloso o ambicioso? ¿Creen que sea igual en otras culturas?

ACTIVIDAD 19 Personas famosas   Describe cómo son o eran estas personas: Julia Roberts, la princesa Diana, Brittany Spears, Abraham Lincoln, Hillary Clinton, el reverendo Al Sharpton, The Rock, Venus Williams, John F. Kennedy.

ACTIVIDAD **20** **Los sexos**   **Parte A:** Piensa en los estereotipos de un hombre y una mujer en un contexto laboral, mira la lista de adjetivos de la página 399 y di si se relacionan más con un hombre o con una mujer. ¿Hay palabras que se interpretan como positivas si describen a un hombre y que son negativas si describen a una mujer y viceversa? ¿Hay algún adjetivo de la lista que se relacione sólo con hombres o sólo con mujeres?

Parte B: Menciona las consecuencias negativas a las que llevan estos estereotipos en el campo laboral. Si conoces a alguien que haya sufrido discriminación por esas percepciones, explica el caso.

ACTIVIDAD **21** **Los gobernantes**   **Parte A:** En parejas, hablen de las cualidades que deben tener los políticos para ganar elecciones.

Parte B: Entre los integrantes de una monarquía parlamentaria como la de España o Inglaterra se encuentran los miembros de la familia real (el rey, la reina, los príncipes, las princesas, etc.) que a veces son muy populares y a veces no. ¿Qué cualidades deben tener un rey o una reina para ser populares con el público? Comparen estas cualidades con las que mencionaron sobre los políticos en la Parte A. ¿Son iguales o diferentes?

España tiene una monarquía parlamentaria que está formada por el poder legislativo (el Congreso de Diputados y el Senado), el poder ejecutivo y el poder judicial. Dentro del ejecutivo se encuentran el rey Juan Carlos I de Borbón (Jefe de Estado, cargo que es de por vida), el primer ministro, el vice presidente y el gabinete (_cabinet_). Las funciones del rey son sancionar y proclamar leyes nuevas, disolver el parlamento y llamar a elecciones parlamentarias, actuar como jefe de las Fuerzas Armadas y también representar al país en relaciones internacionales. El príncipe Felipe, hijo del rey Juan Carlos I y la reina Sofía, va a ser el futuro rey de España y, para prepararse, se ha educado en diferentes universidades nacionales y del extranjero, entre ellas Georgetown. Tiene especializaciones en política, economía y derecho. También ha sido miembro de las tres fuerzas militares españolas: la Armada, la Marina y la Fuerza Aérea. Aunque no es común que la familia real participe en la política diariamente,

▲ El rey Juan Carlos I, la reina Sofía y su hijo el príncipe Felipe reciben a Condoleezza Rice en el Palacio de la Zarzuela en Madrid.

con frecuencia el príncipe habla de temas como la protección del medio ambiente y la ayuda a los pobres. El príncipe Felipe es el miembro de la familia real más preparado de la historia de España y es muy popular con el pueblo español.

Sí, mi capitana

➤ Parque Nacional Mochima, Venezuela.

dar una vuelta	to take a ride; to go for a stroll/walk
llevarse bien/mal (con alguien)	to get along/not to get along (with someone)

El grupo de turistas salió de Guatemala para hacer un crucero por el Mar Caribe.

ACTIVIDAD **22 Cierto o falso** Mientras escuchas el anuncio de la capi- tana, marca si estas oraciones son ciertas **(C)** o falsas **(F).**

1. _____ Hace buen tiempo.
2. _____ Durante la conquista se exportaba plata desde La Guaira.
3. _____ La Guaira es una ciudad muy moderna.
4. _____ El Sr. Ruiz va a invitar a las personas del grupo a cenar esta noche porque es su cumpleaños.

◈ Identifying oneself

◈ Describing weather

◈ It is common in Spain for the person celebrating a birthday to invite others out.

¡Atención! ¡Atención! Señores pasajeros: Les habla la capitana Leyva. Espero que estén disfrutando del crucero y del agradable clima caribeño. Avanzamos a una velocidad promedio de quince nudos (*knots*) y, como les había prometido ayer, hoy tenemos un día claro y despejado, de sol brillante y poco viento y una temperatura de veintiocho grados centígrados: un día ideal para hacer una parada en La Guaira, Venezuela. La Guaira era el puerto exportador de cacao más importante durante la conquista y más tarde se convirtió en un centro no sólo de exportación sino también de importación. Hoy día, es el puerto más importante del país. Es una ciudad del siglo XVI y un lugar de mucho turismo. Tenemos un día para ir de compras en La Guaira, dar una vuelta y luego, mañana, tienen un tour de Caracas. Pasado mañana saldremos para el Parque Nacional Mochima, que tiene unas playas vírgenes maravillosas y donde pueden hacer snorkeling.

Este . . . ¿cómo? . . . Un momento por favor . . . ¡Atención! Acaban de informarme que es el cumpleaños del Sr. Pancracio Ruiz, un miembro del grupo que se lleva muy bien con todo el mundo. Él quiere invitarnos a todos a tomar una copa esta noche en el restaurante La Gabarra. ¡Qué hombre tan encantador! Le damos las gracias y le deseamos un feliz cumpleaños.

Gracias por la atención prestada y espero que pasen un día muy agradable.

ACTIVIDAD **23** **¿Comprendiste?** Después de escuchar el anuncio de la capitana otra vez, contesta estas preguntas.

1. ¿Dónde van a hacer escala hoy?
2. ¿Cuál es la importancia de ese lugar?
3. ¿Qué va a hacer el grupo allí?
4. ¿Has hecho alguna vez un crucero o conoces a alguien que haya hecho un crucero? ¿Adónde fuiste o adónde fue? ¿Con quién?

¿Lo sabían?

El origen de los nombres de algunos países hispanoamericanos es muy variado. Por ejemplo, cuando llegaron los españoles a Venezuela, vieron casas construidas sobre pilotes (*stilts*) en el agua y recordaron a Venecia, en Italia. Por eso, llamaron a esa tierra Venezuela, que quiere decir "pequeña Venecia". Colón le dio su nombre a Costa Rica porque cuando llegó a esos lugares vio que tenían una rica vegetación. Uruguay es una palabra indígena que quiere decir "río de los pájaros". Nicaragua lleva el nombre del jefe indígena que los españoles encontraron en esa región. ¿Sabes qué significan las palabras Colorado, Nevada y Montana?

▲ Casas sobre pilotes en Venezuela.

ACTIVIDAD **24** **¿Bien o mal?** En parejas, pregúntenle a su compañero/a el nombre de dos personas con quienes se lleva bien y dos personas con quienes se lleva mal y por qué. Pueden ser amigos, compañeros de trabajo, profesores, vecinos (*neighbors*), etc.

Hacia la comunicación II

 Review formation of the past participle, Chs. 11 and 12.

 Remember:
 hay = there is/are
había = there was/were
Other forms of the verb **haber** (**habías, habían,** etc.) are only used with past participles.

I. Talking About the Past: The Pluperfect

In the following sentence, which of the two underlined actions happened first?

Ayer cuando <u>conocí</u> a la Dra. Llanos, ya <u>había salido el barco.</u>

If you answered **había salido el barco,** you were correct.

The pluperfect tense (or past perfect) is used to express a past action that occurred prior to another past action. To express this tense use the following formula.

haber (*imperfect*)		
había	habíamos	
habías	habíais	} + *past participle*
había	habían	

X —————————————————————→ Y
había llegado   llamé   now

Ellos ya **habían llegado** cuando los llamé.

They had already arrived when I called them.

¿**Habías estudiado** para el examen de ayer?

Had you studied for yesterday's exam?

Cuando llegaste, el barco ya **había salido.**

When you arrived, the ship had already left.

II. Other Uses of *Por*

1 ◆ **Por** is used to express rate or measurement.

Se vende la gasolina **por** litro.

Gas is sold by the liter.

La velocidad máxima es de 110 km **por** hora.

The speed limit is 110 km an hour.

2 ✦ **Por** is used in many common expressions.

por (pura) casualidad by (pure) chance	**por si (acaso)** (just) in case
por eso that's why	**por suerte** luckily
por lo menos at least	**por supuesto** of course

Llevemos abrigo **por si (acaso)** hace frío.   *Let's take coats in case it's cold.*

Por suerte llegué a tiempo.   *Luckily I arrived in time.*

Ellos tienen, **por lo menos,** un millón de dólares.   *They have at least a million dollars.*

¿**Por casualidad,** tienes tiempo para ayudarme?   *Do you, by any chance, have time to help me?*

◈ Note that relative pronouns have no accents.

III. Relating Ideas: The Relative Pronouns *Que, Lo que,* and *Quién*

1 ✦ Relative pronouns are words that connect or relate two clauses and refer to a person or thing in the first clause. The most common relative pronoun is **que,** which can refer to both persons and things.

La llama es un animal. ⎫
La llama vive en los Andes. ⎭   La llama es un animal **que** vive en los Andes.

El señor llamó. ⎫
El señor es ingeniero. ⎭   El señor **que** llamó es ingeniero.

◈ When *what* is not a question word, use **lo que.**

2 ✦ To refer to a situation or occurrence in its entirety, use **lo que.**

Lo que me dijiste no es verdad.   *What (The thing that) you told me isn't true.*

Nos molestó **lo que** pasó esta mañana.   *What happened this morning bothered us. (The speaker knows what happened.)*

3 ✦ The relative pronoun **quien/es** is preferred after a preposition when referring to people.

◈ Do Workbook *Práctica mecánica II*, CD-ROM, Web ACE Tests, and lab activities.

No conozco al chico **con quien** sales.   *I don't know the young man you are dating.*

Les vendí el apartamento a los señores **de quienes** me hablaste.   *I sold the apartment to the couple that you spoke to me about.*

ACTIVIDAD **25** **La historia**   En parejas, completen las dos oraciones que siguen. Después inventen cinco oraciones más que presenten una acción que ya había ocurrido cuando ocurrió otra.

1. John F. Kennedy ya _____ (morir) cuando Neil Armstrong _____ (llegar) a la luna.
2. La Guerra de Vietnam ya _____ (terminar) cuando yo _____ (nacer).

ACTIVIDAD **26** **Ya había . . .**   En parejas, cuéntenle a su compañero/a tres cosas interesantes que ya habían hecho antes de empezar los estudios universitarios.

◆   Antes de empezar mis estudios universitarios ya había . . .

sacar el permiso de manejar
obtener mi primer trabajo
ir a Europa
visitar la universidad
asistir a una fiesta en la universidad
hablar con un/a profesor/a de la universidad
asistir a un partido de fútbol o basquetbol de la universidad
recibir una beca (*scholarship*)
conocer a mi compañero/a de cuarto

ACTIVIDAD **27** **Por supuesto**   Completa estas situaciones de forma lógica, usando una expresión con **por.**

1. Odio a mi jefe/a y . . .
2. Para vivir bien económicamente hay que tener . . .
3. Mi hermana quiere ser una buena arquitecta . . .
4. No sé si va a nevar, pero . . .
5. Mi moto es muy rápida; puede ir a . . .
6. Yo sé que tengo razón y . . .
7. ¡Qué bueno! No tenía la tarea y . . .
8. Conocí a mi novio/a . . .

ACTIVIDAD **28** **La capa de ozono**   Completa este párrafo sobre la capa de ozono con **que, lo que** o **quien/es.**

La capa de ozono, _____ rodea la tierra, nos protege de los peligrosos rayos del sol. Desde 1974, los científicos nos han advertido sobre la posible crisis global por el uso de sustancias peligrosas como los clorofluorocarbonos. _____ es importante recordar es que aunque los países de América Latina y el Caribe contribuyen solamente con el 14% del consumo global que afecta a la capa de ozono, la protección de la misma es reponsabilidad de todos. Sabemos ya que la destrucción de la capa de ozono trae consecuencias negativas como cáncer de piel, disminución del sistema inmunológico y problemas en los ojos, tales como cataratas _____ afectan la visión. Pero no es sólo el ser humano a _____ le afecta el problema de la capa de ozono. Los animales y las plantas también sufren consecuencias graves: hay animales como vacas, gatos, perros, ovejas y conejos _____ pueden sufrir también de cáncer de piel. La alta cantidad de radiación ultravioleta disminuye el crecimiento de las plantas y si las plantas no alcanzan un tamaño normal, esto es un problema para los animales _____ pasan hambre por falta de comida. Tanto los animales como los seres humanos sufren el efecto del agujero en la capa de ozono, pero son los científicos y los políticos con _____ tenemos que trabajar para poder solucionar este problema.

ACTIVIDAD **29** **Esa cosa** Cuando no recuerdas o no sabes la palabra exacta para algo, necesitas describirlo. En parejas, usen **que** para explicar las palabras que buscan. Describan palabras relacionadas con animales, medicina, carros, ropa y comida.

> ◆ A: Es un líquido que le echamos al carro.
>   B: Ah, la gasolina.

◄ Las gasolineras argentinas ofrecen alconafta, combustible hecho de caña de azúcar.

ACTIVIDAD **30** **Un nuevo amigo** En parejas, cuéntenle a su compañero/a sobre un/a nuevo/a amigo/a que tienen, completando las siguientes frases. Usen la imaginación.

> Conocí a un/a chico/a que . . .
> Lo que más me gusta de él/ella . . .
> Es una persona que . . .
> No sé lo que . . .
> Creo que es una persona a quien . . .
> Es una persona con quien . . .

ACTIVIDAD **31** **La tecnología** **Parte A:** En los últimos cincuenta años, la tecnología ha avanzado muy rápidamente. En grupos de tres, comenten qué tipo de tecnología ya existía cuando Uds. nacieron y qué cosas no existían. Usen oraciones como **Cuando nací, ya habían inventado las computadoras, pero no había computadoras portátiles.**

Parte B: Hablen de la tecnología actual. Usen oraciones como **Ahora es muy común tener computadora personal que nos ayude en el trabajo.**

Parte C: Usen la imaginación para predecir cuáles van a ser los avances tecnológicos de este siglo. Usen frases como **En el año 2020, cuando tenga . . . años, es posible que no exista el dinero en efectivo.**

Parte D: Usen la imaginación para predecir cuáles van a ser los problemas del medio ambiente de este siglo y cómo podemos evitar o solucionar estos problemas con o sin la tecnología. Usen frases como **Lo que más me preocupa es/son . . . , Los países que . . . , Los animales que . . . , Lo que hay que hacer es . . .**, etc.

Internet   Do Workbook
Práctica comunica-
tiva II, CD-ROM, Web ACE Tests, and lab activities.

Internet   Do Web Search activities.

Vocabulario funcional

El medio ambiente (*The environment*)
Ver página 389.

la basura	*garbage*
la contaminación	*pollution*
la energía	*energy*
solar	*solar*
la fábrica	*factory*
la lluvia ácida	*acid rain*
plantar un árbol	*plant a tree*
el reciclaje	*recycling*
reciclar	*to recycle*

La personalidad *Ver página 399.*

Expresiones con *por* *Ver página 404.*

Palabras y expresiones útiles

al + *infinitive*	*upon* + -ing
dar una vuelta	*to take a ride; to go for a stroll/walk*
llevarse bien/mal (con alguien)	*to get along/not to get along (with someone)*
Me cae (la mar de) bien.	*I like him/her (a lot).*
Me cae mal.	*I don't like him/her.*
nacer	*to be born*

Capítulo 16

Chapter Objectives

➤ Discussing photography and camera equipment

➤ Establishing job requirements and discussing benefits

➤ Expressing future plans

➤ Expressing hypothetical actions

➤ Expressing probability in the present and past

▼ Niño en la República Dominicana.

Datos interesantes

➤ Santo Domingo, capital de la República Dominicana, fue la primera ciudad fundada por europeos en América, en 1496.

➤ La capital tuvo el primer hospital del continente americano.

➤ Santa María la Menor, la primera catedral del continente, tuvo bajo su techo los restos de Cristóbal Colón por dos siglos y medio. Hoy día se encuentran en Sevilla, España.

➤ La República Dominicana es el mayor exportador caribeño de ropa a los Estados Unidos.

➤ Veinte equipos norteamericanos de las Grandes Ligas del béisbol tienen campos de entrenamiento en la República Dominicana para buscar jugadores de ese país.

➤ Uno de cada seis jugadores de las Grandes Ligas es de América Latina. La mayoría es de la República Dominicana.

Ya nos vamos . . .

◄ Bahía de Barahona, República Dominicana.

dejar boquiabierto (a alguien)	to leave (someone) dumbfounded
ya es hora de + *infinitive*	it's time to + *infinitive*
antes que nada	before anything else

Ya se termina el tour y Juan Carlos y Álvaro están en la playa en Punta Cana, República Dominicana, aprovechando los últimos momentos de descanso antes de regresar a España con el grupo de turistas.

ACTIVIDAD **1** **Temas principales** Mientras escuchas la conversación, indica los temas que se mencionan.

_____ las playas de la República Dominicana

_____ el merengue

_____ lo aburrido que es Santo Domingo

_____ la vida nocturna de Caracas

_____ los indígenas de Guatemala

_____ los problemas de Álvaro

JUAN CARLOS   Y ya se acaban las vacaciones y tenemos que regresar a España . . . ¡Qué lástima! Estas playas con sus palmeras y sus aguas cristalinas me han dejado boquiabierto. Se ven colores brillantes por todas partes: mar turquesa, arenas blancas, vegetación tropical de un verde intenso. Qué colores, qué colores y ya nos vamos . . .

ÁLVARO	Bueno, hombre, pero todavía nos queda un día más. Recuerda que mañana nos vamos a Santo Domingo al festival del merengue.
JUAN CARLOS	¿Y tú sabes bailar merengue?

◆ Discussing the future

ÁLVARO	No, pero te aseguro que aprenderé pues soy muy bueno para bailar y además no me quiero perder a Juan Luis Guerra y su "Se me sube la bilirrubina".
JUAN CARLOS	¡Ah! Además de bailarín también cantas. No sabía que eras tan talentoso. Pero recuerda que aparte del festival también iremos a visitar la zona colonial de Santo Domingo.
ÁLVARO	Ah, sí, es cierto. Pero, dime, Juan Carlos, ¿qué es lo que más te gustó?

◆ Speaking hypothetically

◆ Describing

JUAN CARLOS	No sé . . . Sería difícil decir. Lo más sorprendente para mí fue ver lo cosmopolita que es Caracas.
ÁLVARO	Sí, llena de discotecas y bares . . . ¡y qué playas tiene Venezuela! Pero a mí me encantó Guatemala y me pareció interesante ver cómo no le ha afectado mucho la globalización.
JUAN CARLOS	Bueno, supongo que ahora que la situación política está más estable llegará más turismo, tendrán más infraestructura . . .
ÁLVARO	. . . y llegarán las multinacionales. ¿Qué pasará entonces?
JUAN CARLOS	No sé, tal vez mejore la calidad de vida, pero tal vez pierdan parte de su cultura. Pero . . . trabajar con el grupo ha sido una experiencia magnífica, ¿no?
ÁLVARO	¡Claro que sí! Pero, ya es hora de volver. Cuando llegue a España, antes que nada tengo que ir al oculista . . .

◆ Reporting

JUAN CARLOS	¡Qué mala suerte tienes, Álvaro! Primero pierdes el pasaporte y ahora se te pierde el lente de contacto . . . ¡Ay, Dios mío! Mira qué hora es y yo le prometí al Sr. Ruiz que iría . . .
ÁLVARO	Y hablando del rey de Roma . . . Ahí viene el Sr. Ruiz.
JUAN CARLOS	¡Por Dios! Mira el traje de baño que lleva y como siempre, sacando fotos.
ÁLVARO	¡Qué barbaridad! ¡Ese traje tiene más colores que toda la República Dominicana!

ACTIVIDAD **2** **¿Comprendiste?** Después de escuchar la conversación otra vez, contesta estas preguntas.

1. ¿Quiere volver a España Juan Carlos?
2. ¿Qué van a ver en Santo Domingo?
3. ¿Qué fue lo que más le gustó a Álvaro?
4. ¿Han llegado los efectos de la globalización a Guatemala? ¿Cuáles son las posibles ramificaciones que mencionan?
5. ¿Qué tiene que hacer Álvaro en cuanto llegue a España?
6. ¿Crees que les gustó a los muchachos viajar con el grupo? ¿Te gustaría viajar a Hispanoamérica con un grupo de turistas?

ACTIVIDAD **3** **Lo mejor** En grupos de cuatro, decidan qué fue lo mejor y lo peor de todo el año en tu universidad. Usen frases como **lo más divertido fue . . . ; ahora, lo triste es . . . ; lo peor era que . . .**

¿Lo sabían?

"Globalización" es un término que se refiere a la influencia global sobre el sector cultural, económico y social de una nación o región. A nivel cultural, se observa esta influencia en ciertos cambios de tradiciones y costumbres. Hoy día, por ejemplo, no es raro ver a adultos y niños del mundo hispano comiendo hamburguesas en lugares de comida rápida como McDonald's, en vez de comer la comida tradicional que normalmente se prepara en casa. A nivel social y económico, la globalización le ofrece a un gran sector de la población un mayor acceso al confort que brinda la tecnología. Por ejemplo, con antenas satelitales de televisión, teléfonos celulares o acceso a Internet, la vida diaria, económica y social ha visto grandes cambios y se han facilitado la industria y el comercio. Pero por otro lado, algunas consecuencias de la globalización han sido negativas, tales como días laborales más largos, pérdida de beneficios y un aumento en el costo de servicios públicos como el teléfono y el agua. ¿Qué efectos de la globalización a nivel económico, social y cultural se ven en tu país?

Ranking mundial de globalización	
Panamá (28)	Este ranking tiene en cuenta
Chile (34)	trece factores que indican el
Argentina (44)	nivel de relación del país con
México (50)	otros países. Entre los factores
Venezuela (57)	considerados están el comercio
Colombia (60)	internacional, las inversiones
Perú (61)	extranjeras, viajes y turismo y
	número de usuarios de
	Internet. El estudio incluye
	a sesenta y dos países.

ACTIVIDAD **4** **¿Sabes el refrán?** **Parte A:** Cuando Álvaro y Juan Carlos hablan del Sr. Ruiz, Álvaro lo ve venir y dice **"Hablando del rey de Roma (pronto asoma** [*he soon shows up*])". Aquí hay más refranes populares. Intenta completarlos con una terminación lógica de la segunda columna.

1. _____ Del odio al amor . . .   a. corazón que no siente.
2. _____ Dime con quién andas . . .   b. y el pedir, dolor.
3. _____ El dar es honor . . .   c. hay sólo un paso.
4. _____ En boca cerrada . . .   d. más quiere.
5. _____ Llama al pan, pan, . . .   e. no entran moscas (*flies*).
6. _____ Quien mucho duerme . . .   f. y te diré quién eres.
7. _____ Ojos que no ven . . .   g. poco aprende.
8. _____ Más vale tarde . . .   h. que mal acompañado.
9. _____ Quien más tiene, . . .   i. que nunca.
10. _____ Más vale estar solo . . .   j. y al vino, vino.

Parte B: Ahora, en parejas, inventen situaciones para cada refrán.

◆ "En boca cerrada no entran moscas."

   John no sabía que Carla ya no sale con Pete y le preguntó por él delante de su nuevo novio.

Lo esencial I

◈ In some Hispanic countries it is common for optical stores to sell cameras and develop film.

En la óptica

1. la cámara (digital)
2. las gafas/los anteojos
3. la cámara de video
4. el marco
5. el rollo/carrete
6. el flash
7. el álbum (de fotos)
8. el/la oculista

Otras palabras relacionadas con la óptica y la fotografía

bajar fotos   to download photos
blanco y negro; color   black and white; color
desechable   disposable
la diapositiva   slide
enfocar   to focus
el enfoque   focus
filmar   to film
los lentes de contacto (blandos/duros)   contact lenses (soft/hard)
la pila   battery
revelar (fotos)   to develop (photos)
sacar fotos   to take pictures

En todas las lenguas hay "frases hechas" que a menudo son iguales o parecidas en varios idiomas. Sin embargo, si miras la lista que sigue, verás una diferencia curiosa entre estas frases en español y su equivalente en inglés.

agua y jabón	**blanco y negro**	**huevos y jamón**	**tarde o temprano**
besos y abrazos	**de pies a cabeza**	**perros y gatos**	**vivo o muerto**

¿Cuáles son las expresiones correspondientes en inglés?

ACTIVIDAD **5** **Entrevistas** Habla con diferentes personas de la clase y escribe el nombre de las personas que usen o no las siguientes cosas. Haz preguntas como **¿Cuándo usas anteojos?, ¿Usas anteojos sólo para leer?**

Busca personas que . . .

1. usen anteojos sólo para leer
2. usen lentes de contacto blandos
3. usen lentes de contacto de color
4. usen lentes de contacto desechables
5. usen anteojos para ver de lejos
6. usen anteojos para manejar
7. no usen anteojos
8. nunca usen anteojos de sol

ACTIVIDAD **6** **Los consejos fotográficos** En grupos de cuatro, escriban un mínimo de cuatro consejos para sacar una buena foto.

◆ Hay que revisar las pilas.

ACTIVIDAD **7** **La fotografía** En grupos de tres, discutan las siguientes preguntas.

1. ¿Les gusta que les saquen fotos? ¿Se consideran personas fotogénicas? Cuando alguien les saca una foto ¿posan para la cámara, hacen caras graciosas?
2. ¿Saben sacar fotos?
3. ¿Tienen cámara de fotos? ¿Qué tipo de cámara tienen? ¿Compran cámaras desechables?
4. ¿Les gusta sacar fotos de personas o de lugares? ¿Generalmente sacan fotos o filman con su cámara de video cuando visitan un lugar nuevo?
5. ¿Ponen las fotos en un álbum o las dejan en el sobre? ¿Bajan fotos de su cámara digital para ponerlas en una página Web o para mandárselas a amigos o parientes?
6. ¿Dónde revelan sus fotos?
7. ¿Tienen fotos de su familia o amigos en su apartamento o colegio mayor? ¿Llevan fotos de su familia o amigos en su billetera (*wallet*)? Si tienen, muéstrenselas a sus compañeros de grupo.

ACTIVIDAD **8** **Las quejas** En parejas, "A" trabaja en una óptica y cubre el papel B. "B" es un/a cliente y cubre el papel A. El/La cliente recibe unas fotos que salieron bastante mal. Lean sólo las instrucciones para su papel.

A

Trabajas en una óptica en la República Dominicana y revelas fotos. A veces los clientes te culpan (*blame*) por revelar mal las fotos, pero usas máquinas automáticas para hacer el revelado. Muchas veces son ellos los que no sacan bien las fotos. Ahora viene un/a cliente a buscar sus fotos, que no son muy buenas. Es evidente que la persona que las sacó no es muy buen fotógrafo porque unas tienes poca luz y las otras están borrosas (*blurry*).

B

Estás haciendo turismo en la República Dominicana y ayer dejaste un rollo de fotos para revelar en una óptica. Hoy, al recibirlas, ves que algunas fotos están borrosas (*blurry*) y tú crees que las revelaron mal. Habla con el/la empleado/a para quejarte; empieza diciendo, **Estas fotos están horribles . . .**

Hacia la comunicación I

I. Describing: *Lo* + Masculine Singular Adjective

To characterize something in a general or abstract way, use the neutral article **lo** with a masculine singular adjective.

Lo bueno es que regresaron sin problemas.	*The good thing is that they returned without any problems.*
Lo más interesante del viaje fue la gente.	*The most interesting part of the trip was the people.*
Lo difícil para los españoles era la comida mexicana picante.	*The difficult thing for the Spaniards was the hot Mexican food.*

After studying the preceding examples, answer the following questions.

• What does the title of the movie, **Lo bueno, lo malo y lo feo** with Clint Eastwood mean in English?

• What would it mean if it were **El bueno, el malo y el feo?**

If you answered, *The good thing, the bad thing,* and *the ugly thing* to the first question and *The good one, the bad one,* and *the ugly one* to the second one, you were correct.

II. Expressing the Future: The Future Tense

In the conversation at the beginning of the chapter Juan Carlos says, "**. . . también iremos a visitar la zona colonial de Santo Domingo,**" and Álvaro says, "**Y llegarán las multinacionales.**" In these sentences they are discussing the future. How can you express these future ideas in another way?

If you answered **. . . también vamos a visitar** and **. . . van a llegar . . .**, you were correct.

As you have already seen, the future may be expressed with the present indicative or with the construction **ir + a** + *infinitive:* **Te veo mañana. Voy a ver a mi padre mañana.** The future may also be expressed with the future tense. To form the future tense, add the following endings to the infinitives of **-ar, -er,** and **-ir** verbs.

◈ Note that the **nosotros** form has no accent.

mirar		**traer**		**ir**	
miraré	mirar**emos**	traeré	traer**emos**	iré	ir**emos**
mirar**ás**	mirar**éis**	traer**ás**	traer**éis**	ir**ás**	ir**éis**
mirar**á**	mirar**án**	traer**á**	traer**án**	ir**á**	ir**án**

El año que viene, Teresa y Marisel **irán** a Suramérica.	*Teresa and Marisel will go to South America next year.*
Si el vuelo llega a tiempo, Juan Carlos **comerá** con Claudia.	*If the flight arrives on time, Juan Carlos will eat with Claudia.*

The following groups of verbs have an irregular stem in the future tense, but use the same endings as regular verbs.

haber ⟶ **habré**	poner ⟶ **pondré**	decir ⟶ **diré**
poder ⟶ **podré**	salir ⟶ **saldré**	hacer ⟶ **haré**
querer ⟶ **querré**	tener ⟶ **tendré**	
saber ⟶ **sabré**	venir ⟶ **vendré**	

Hay = there is/are
Habrá = there will be

Habrá muchos amigos esperando a los turistas.
Si Álvaro llega hoy, él y Diana **saldrán** a cenar esta noche.

There will be many friends waiting for the tourists.
If Álvaro arrives today, he and Diana will go out to eat tonight.

III. Expressing Hypothetical Actions and Reporting: The Conditional

The conditional tense may be used to express something that you would do in a hypothetical situation. It is also used to report what someone said. The formation of this tense is similar to that of the future tense in that it uses the same stems. Add the conditional endings (**-ía, -ías, -ía,** etc.) to all stems.

The conditional endings are the same as those of imperfect **-er** and **-ir** verbs. Unlike the imperfect endings, they are added to an irregular stem or to the infinitive.

mirar	
miraría	miraríamos
mirarías	miraríais
miraría	mirarían

traer	
traería	traeríamos
traerías	traeríais
traería	traerían

ir	
iría	iríamos
irías	iríais
iría	irían

¡Comprar el carro de Gonzalo! Yo no lo **haría.**
Álvaro me dijo que me **traería** unos aretes de jade mexicano.

Buy Gonzalo's car! I wouldn't do it. (hypothetical)
Álvaro told me that he would bring me some Mexican jade earrings. (reporting)

Hay = there is/are
Habría = there would be

Do Workbook *Práctica mecánica I* and corresponding CD-ROM activities.

The groups of verbs on the right have the same irregular stems in the conditional as they do in the future.

Con el dinero que gana en la agencia, Teresa **podría** ir a Puerto Rico.

With the money she earns at the agency, Teresa could (would be able to) go to Puerto Rico.

—No sé qué **haría** sin ella —dijo Juan Carlos.

"I don't know what I would do without her," said Juan Carlos.

Infinitive	Stem	Conditional
haber	habr-	**habría**
poder	podr-	**podría**
querer	querr-	**querría**
saber	sabr-	**sabría**
poner	pondr-	**pondría**
salir	saldr-	**saldría**
tener	tendr-	**tendría**
venir	vendr-	**vendría**
decir	dir-	**diría**
hacer	har-	**haría**

ACTIVIDAD **9** **Los críticos** En parejas, escojan una película interesante que Uds. dos hayan visto y comenten distintos aspectos de la película. Usen expresiones como **lo bueno, lo malo, lo inesperado, lo interesante, lo cómico, lo triste** y **lo peor de todo.**

◆ Lo mejor fue el final porque . . .
Lo más divertido fue cuando . . .

ACTIVIDAD **10** **La bola de cristal** Escribe predicciones sobre el mundo de Hollywood y de Washington.

1. El próximo presidente de este país . . .
2. La boda del año en Hollywood . . .
3. El próximo escándalo en Washington . . .
4. La mejor película del año . . .
5. El divorcio menos esperado . . .

ACTIVIDAD **11** **La suerte** En parejas, "A" quiere saber su suerte (*fortune*) y "B" sabe leer la palma de la mano. Lea cada uno las instrucciones para un solo papel.

A

Tú crees en lo sobrenatural y quieres saber qué te ocurrirá en el futuro, por eso vas a ver a una persona que te lea la mano. Antes de empezar, piensa en preguntas que puedes hacerle como **¿Qué ocurrirá en mi vida? ¿Tendré muchos hijos?**

B

Tú sabes leer la palma de la mano y ahora viene un/a estudiante que quiere saber qué le ocurrirá en el futuro. Mira el dibujo de la mano como guía para interpretar la palma de la mano del/de la estudiante. Usa expresiones como **tendrás un futuro . . . , en el amor; tendrás . . . ; irás . . .** Empieza la conversación diciendo **Buenas tardes.**

ACTIVIDAD **12** **Supersticiones dominicanas** **Parte A:** En parejas, combinen ideas de las dos columnas para formar supersticiones comunes en la República Dominicana. Usen el futuro con los verbos de la segunda columna.

1. Si una persona se viste de negro para una boda, . . .
2. Si una persona duerme con los pies hacia el frente de la casa, . . .
3. Si se siente picor (*itch*) en la mano derecha, . . .
4. Si una persona va al cementerio cuando está enferma, . . .
5. Si se le pega a un niño el Jueves o el Viernes Santo, . . .

a. la mano quedar pegada (*stick*) al cuerpo del niño
b. morir
c. morir de esa enfermedad
d. recibir dinero
e. traerles mala suerte a los novios

Parte B: Ahora terminen estas supersticiones que son comunes en los Estados Unidos.

Si un gato negro cruza delante de una persona, . . .
Si a una mujer soltera le cae el ramo de flores en una boda, . . .
Si pisas una grieta (*crack*) en la calle, . . .
Si encuentras un trébol de cuatro hojas, . . .
Si alguien rompe un espejo, . . .

For hypothetical situations, use the conditional.

ACTIVIDAD **13** **Mentiras inocentes** ¿Has mentido alguna vez para evitar problemas o por el bien de otra persona? Decide qué harías en las siguientes situaciones. Después, en parejas, compartan las respuestas con su compañero/a.

◆ Acabas de comprar algo y el vendedor te da el cambio; te das cuenta de que hay $10 de más.

 a. decírselo al vendedor   b. darle las gracias   c. algo diferente

 Yo le diría que me dio $10 de más. / Le daría las gracias y saldría. / Le regalaría el dinero a una persona pobre. / (etc.)

1. Vuelves de un viaje por México y traes diez botellas de tequila en el carro; el agente de aduanas te pregunta si traes alcohol.
 a. decirle que sí   b. decirle que no   c. algo diferente
2. Estás en la sala de la casa de un amigo con su perro; acabas de sentarte en el sofá y de romperle los anteojos de $500 a tu amigo.
 a. decirle que su perro   b. decirle la verdad   c. algo diferente
    los rompió

125 kilómetros por hora = 78 mph

3. Un policía te detiene porque manejabas a 125 kilómetros por hora y el límite de velocidad es de 100.
 a. pedirle perdón por   b. decirle que ibas a 105   c. algo diferente
    tu error
4. Un niño de cuatro años te dice que su hermana mayor le dijo que Santa Claus no existía.
 a. explicarle la verdad   b. decirle que su hermana   c. algo diferente
                                le mintió
5. Sabes que un amigo casado sale con otra mujer.
 a. no hacer nada   b. hablar con él   c. algo diferente

ACTIVIDAD **14** **El dilema** Un avión pequeño tiene problemas con un motor y está perdiendo altitud rápidamente. Hay ocho pasajeros y un piloto, pero sólo hay cuatro paracaídas (*parachutes*). En grupos de cuatro, lean las descripciones de las personas y decidan a quiénes les darían Uds. los paracaídas y por qué.

◆ Lo importante/interesante/fundamental es que Antonio Sánchez tiene tres hijos; por eso le daría uno de los paracaídas.

1. Antonio Sánchez: 44 años, piloto, casado y con tres hijos
2. Pilar Tamayo: 34 años, soltera, doctora famosa por sus investigaciones sobre métodos anticonceptivos
3. Lola del Rey: 23 años, soltera, actriz; fue Miss Ecuador y salió segunda en el concurso de Miss Universo; hizo viajes cantando para los soldados
4. Tommy González: 10 años, estudiante de cuarto grado, jugador de fútbol
5. Angustias Ramírez: 63 años, casada, con cinco hijos y siete nietos, abuela de Tommy González; ayuda a los pobres en un programa de la iglesia
6. Enrique Vallejo: 46 años, divorciado, con tres hijos, político importante, liberal, líder del movimiento laboral
7. El Padre Pacheco: 56 años, cura católico de una iglesia para trabajadores migratorios, fundador del programa E.S.D. (Escuela Sin Drogas), una escuela para jóvenes ex drogadictos
8. Lulú Camacho y Víctor Robles: 25 y 28 años, dos físicoculturistas (*bodybuilders*) que participan en competencias internacionales; hacen anuncios en la televisión para el Club Cuerposano

ACTIVIDAD **15** **El arte y la globalización**
En la siguiente escultura el artista colombiano Nadín Ospina muestra la influencia de la globalización al presentar a un indígena, jugador de pelota, con la imagen de Mickey Mouse.

En parejas, lean la siguiente lista de íconos americanos y digan cómo los modificarían para mostrar la influencia de la globalización en su país.

Ronald McDonald, el puente de Golden Gate, el cuadro *American Gothic*, la estatua de la Libertad, la estatua de Lincoln, el cowboy

Do Workbook *Práctica comunicativa I* and corresponding CD-ROM activities.

Nuevos horizontes

Lectura

ESTRATEGIA: Understanding the Writer's Purpose

In writing a text, the writer chooses a purpose, such as informing, convincing, or entertaining. A writer does this by painting a picture with his/her words. In order to form one's own opinions about what one reads, it is important to note the writer's bias and how it can affect what he/she writes. By recognizing a writer's purpose and biases one can better filter the information presented.

ACTIVIDAD **16** **A primera vista** Lee el título de los artículos y di cuál de los dos preferirías leer y por qué.

ACTIVIDAD **17** **Propósito** Lee los dos artículos y decide cuál de las siguientes palabras describe mejor el propósito de cada artículo: informar, criticar, persuadir o entretener. Justifica tus respuestas con ejemplos específicos.

¡Magnífico Tikal!

Viajar a Tikal no es fácil, pero resulta una experiencia inolvidable en la que siempre se
5 aprende algo, y sobre todo, nutre nuestro orgullo como guatemal- tecos y como descen- dientes de los mayas,
10 una de las civilizaciones antiguas más admirables, comparables con los an- tiguos griegos o egip- cios en el viejo mundo.

15   El valor histórico de Tikal es muy grande, como grande es tam- bién el valor turístico que

▲ Ruinas mayas en plena selva. Tikal, Guatemala.

tiene para nuestro país, pues sin duda es el mayor atractivo que Guatemala
20 puede ofrecer a los extranjeros que visitan lo que ha dado a llamarse "el mundo maya" y que incluye un recorrido por Yucatán (México), Petén y Honduras, en un proyecto de explotación conjunto de estos países.

Si bien es cierto que Petén es el departamento más aislado y hasta cierto punto abandonado del país, en medio de la selva está Tikal, lo que obliga a
25 pensar en la necesidad de seguir desarrollando la infraestructura turística, no sólo para facilitar la llegada de extranjeros, sino para buscar también que más guatemaltecos puedan apreciar algo de lo mucho que tenemos.

Por eso es que sería excelente que las autoridades de turismo y las empresas que se dedican al turismo receptivo, buscaran la forma de realizar excursiones al
30 menor precio posible, con el fin de que muchas personas puedan viajar a Petén y disfrutar de ese patrimonio que trasciende a los guatemaltecos y se convierte en verdadero patrimonio de la humanidad.

Sería buena idea que se promocionara mucho internamente y que se crearan paquetes especiales —más accesibles—, desde el transporte, alimentación,
35 hospedaje y el tour mismo.

Una modesta saga municipal

por José da Cruz

Esto pasó en los Estados Unidos. En la historia entran una niña de once años, un auto y un parquímetro[1].

En un día de marzo de 1998 en Berkeley, California, Ellie Lamer acompañó a su mamá al centro. Estacionaron el auto, pusieron en el parquímetro las monedas para cubrir una hora y se fueron a sus mandados. Regresaron cuarenta minu-
tos después. En el parabrisas las esperaba una multa de veinte dólares pues el aparato indicaba tiempo vencido. La mamá se enojó mucho, pero comprobó que el dial del mecanismo marcaba lo que marcaba, aunque no hubiera pasado una hora, y de todos modos pagó la multa.

Los niños de esa edad suelen tener un sentido de la justicia muy agudo, y a Ellie no le gustó la cosa. En vez de protestar y armar un berrinche[2], decidió luchar por sus derechos. En la escuela comentó lo sucedido y en vista de que ya se acercaba el fin del año escolar —supongo que llegaría en mayo o junio— pidió permiso a la maestra para que su trabajo final fuese un control de los parquímetros de la ciudad. La maestra lo aceptó. Cuando llegó el momento, la niña vació su alcancía[3] y utilizó sus moneditas para controlar cincuenta aparatos.

Conviene resaltar varias cosas: la niña se había planteado un problema con-
creto, partía de su experiencia y contaba con apoyo[4] institucional; tenía una obli-
gación escolar que cumplir, había hallado un tema que verdaderamente la entu-
siasmaba y podía aplicar un método empírico y sencillo para investigarlo; tenía recursos propios para cubrir gastos y la voluntad de invertirlos en eso; finalmente, estaba imbuida de un santo espíritu de reivindicación. En resumen: reunía todas las condiciones para tener éxito científico. Así, puso en marcha su trabajo de campo y obtuvo los siguientes resultados:

6% de los parquímetros eran exactos

28% favorecían al automovilista

66% medían tiempo de menos

No era poca cosa: era un escándalo. El informe de Ellie se hizo público y generó una reacción fuerte; es decir, tuvo una dimensión social muchísimo mayor que el 99,9% de los trabajos universitarios. La comuna de Berkeley alegó que los parquímetros eran de sistema mecánico, estaban desgastados y no había habido mala fe, pero la bola de nieve ya estaba en marcha y tuvieron que reponer 3.200 aparatos.

La cosa no quedó ahí[5]. El ejemplo de Ellie fue seguido en decenas de escuelas en el país, donde los alumnos obtuvieron resultados similares. Por lo tanto, grupos de enardecidos contribuyentes entablaron juicios alegando multas mal cobradas. La niña se hizo famosa y fue invitada a programas de radio y televisión, entre-
vistada en los periódicos y demás. Hasta hubo una reforma legal en California responsabilizando a los municipios por la exactitud de aparatos y multas. [. . .]

---

1 *parking meter*   2 *throw a tantrum*   3 *piggy bank*   4 *support*   5 *It didn't stop there.*

40 Esto pasó en los Estados Unidos; no sé qué hubiera sucedido si Ellie se hubiese enojado con el municipio[6] de Montevideo. Claro, dirán ustedes, aquí el estacionamiento se controla con relojes digitales y no pasa eso, pero utilicemos la fantasía. Probablemente su mamá le hubiera dicho "no te metás[7], dejá[7] todo así"; en el peor de los casos le hubiera dado una cachetada[8] y mandado a jugar

45 con muñecas. La maestra le habría dicho, "pero m'ijita, estudiá[7] los verbos que te va a venir mejor" y el jerarca municipal correspondiente la habría hecho esperar seis horas a la puerta de la oficina, para después ladrarle que no se metiera en cosas de adultos, como el gobierno de la ciudad. Finalmente, los medios de comunicación hubieran publicitado el caso si su color político era contrario al

50 del gobierno comunal; si no, no. Hay otra tolerancia aquí, la tolerancia cero. También es probable, bah, casi seguro, que Ellie no hubiera tenido ahorros[9] para pagar el costo de su prueba.

Conclusión: estamos muy mal para la investigación, andamos pésimo para armar un informe, no podemos esperar ayuda institucional y la sociedad inter-

55 preta como "horrible" todo esfuerzo para hacer cualquier cosa que pueda significar el mínimo cambio, el mínimo esfuerzo, el mínimo. Cuando pienso que esta niña tenía once años, recuerdo que, a los once años, mi preocupación principal era que no me descubrieran fumando a escondidas a la salida del Liceo Zorrilla. Tal vez todo se reduzca a un problema de mentalidades diferentes.

---

6 *as if she had gotten mad at the local government*   7 *familiar commands for* **vos** *used in Uruguay*
8 *little slap*   9 *savings*

ACTIVIDAD 18 **¿Quién dice qué?** Después de leer los dos artículos, mira las siguientes ideas y escribe 1 para indicar que el autor del primer artículo menciona la idea, 2 para indicar que la menciona el autor del segundo artículo o 1 y 2 para indicar que la mencionan los dos.

_____ Quiere cambio.

_____ Ofrece sugerencias para implementar el cambio.

_____ Discute los impedimentos culturales para el cambio.

_____ Habla de la influencia de los medios de comunicación.

_____ Está orgulloso de su cultura.

_____ Habla de la importancia de apreciar su propia cultura.

_____ Es optimista en cuanto a la posiblidad de cambio.

_____ Es pesimista en cuanto a la posibilidad de cambio.

ACTIVIDAD **19** **Problemas y soluciones** **Parte A:** Discute la siguiente pregunta sobre el artículo de Tikal.

El autor dice que Tikal es una maravilla maya, pero identifica un problema. ¿Cuál es el problema y cómo se podría solucionar?

Parte B: Ahora discute las siguientes preguntas sobre el artículo del uruguayo José da Cruz.

1. ¿Cuál es la historia de Ellie?
2. ¿Bajo qué circunstancias publicaría la prensa de Uruguay lo ocurrido?
3. ¿Qué impedimentos para el cambio ve el autor en Uruguay?

Parte C: Después de la Segunda Guerra Mundial, Europa estaba totalmente destruida y los Estados Unidos implementaron un plan de ayuda económica llamado el Plan Marshall. La idea era que una Europa fuerte sería un buen mercado para comprar los productos de los Estados Unidos y se alejaría de la amenaza (*threat*) del comunismo de la Unión Soviética. En grupos de cuatro, piensen en los casos de Guatemala y de Uruguay que se presentan en los dos artículos que leyeron y digan de qué manera los países desarrollados pueden ayudar a los países en vías de desarrollo y beneficiarse de la ayuda que les brinden.

ESTRATEGIA: Writing a Summary

A summary includes the main points of a text, without details. As with a description of an event, you address the questions *who?*, *what?*, *where?*, *when?*, and *why?* In order to do a summary, it is helpful to list the main points of the text first, and then to use connectors or linking words to join the ideas. When writing a summary, remember to use the following phrases to support, expand upon, or contrast ideas:

a la vez	por ejemplo	sin embargo
por lo general	por un lado . . . por el otro	

ACTIVIDAD **20** **Un resumen** **Parte A:** Vas a escribir un resumen sobre uno de los dos artículos que acabas de leer. Tendrás que incluir también tus reacciones e impresiones sobre el argumento principal del artículo. Para organizarte, haz primero una lista con información sobre los puntos importantes del artículo y tus impresiones y reacciones a estos puntos.

Lo que dijo el artículo   *Mis impresiones y reacciones*

Parte B: Ahora escribe el resumen con tus comentarios. Relee el borrador para ver si incluiste frases como **a la vez** y **por lo general.**

Parte C: ¿Copiaste frases enteras del artículo o usaste parífrasis, o sea, usaste tus propias palabras? Está bien citar (*to quote*) al autor, pero la mayoría de tu resumen debe estar escrito en tus propias palabras. Escribe la versión final.

Parte D: Entrégale la lista, el borrador y la versión final a tu profesor/a.

Lo esencial II

EXTRANJEROS

(Régimen General)

REGISTRO

SOLICITUD DE PERMISO DE TRABAJO Y RESIDENCIA

ESPAÑA

POR FAVOR, NO ESCRIBA EN LOS ESPACIOS SOMBREADOS. VEA
INSTRUCCIONES AL DORSO. RELLÉNELO A MAQUINA O CON
BOLIGRAFO NEGRO Y LETRA DE IMPRENTA

DATOS DEL TRABAJADOR

Apellido(s)   Nombre

Apellido de nacimiento   País de nacionalidad

Lugar de nacimiento (localidad)   País de nacimiento

Fecha de nacimiento (día, mes y año)   Sexo   Estado civil   Profesión habitual

Núm. de afiliación a la Seguridad Social española (1)   Titulación y conocimientos especiales

Apellido(s) y nombre de la madre   Apellido(s) y nombre del padre

¿TUVO PERMISO DE RESIDENCIA Y TRABAJO CON ANTERIORIDAD A ESTA SOLICITUD? (2) No ☐ Sí ☐ ¿Por cuenta propia? ☐ ¿Por cuenta ajena? ☐
SI YA TRABAJA O VA A TRABAJAR: Dependencia laboral (2) Cuenta propia ☐   Cuenta ajena ☐

En busca de trabajo

la carta de recomendación
  letter of recommendation
completar to fill out
contratar to contract, hire
el contrato contract
el curriculum (vitae)/currículo
  résumé, curriculum vitae
el desempleo unemployment
despedir (e ⟶ i, i) to fire
el empleo job, position; employment
la entrevista interview

la experiencia experience
el puesto job, position
el seguro médico medical insurance
solicitar to apply for
la solicitud application
el sueldo salary
el título title; (university) degree
**trabajar tiempo parcial/tiempo
  completo** to work part
  time/full time

ACTIVIDAD **21** **Definiciones** Termina estas oraciones con una palabra o frase
lógica de la lista presentada en la sección *En busca de trabajo*.

1. Antes de una entrevista, tienes que completar una _____.
2. Para solicitar un trabajo, es bueno pedirles a varias personas una
   _____.
3. Sólo trabajas veinte horas por semana; es decir que trabajas
   _____ y no _____.
4. La cantidad de dinero que recibes por semana o por mes es tu
   _____.
5. Tu historia profesional se llama _____.
6. Un beneficio que te pueden dar es el _____.

¿Lo sabían?

En muchos países hispanos se divide el sueldo anual en catorce pagos en vez de doce. De esta forma, una persona recibe normalmente el doble del sueldo mensual en julio y en diciembre.

Mucha gente usa este dinero para las vacaciones y para las compras de Navidad. ¿Te gustaría recibir bonos o prefieres repartir el dinero en doce pagos iguales?

ACTIVIDAD 22 ¿Quién lo hace? Decide quién o quiénes hacen las siguientes acciones: un futuro jefe, un jefe, un ex jefe, un futuro empleado o un empleado.

CARLOS CUEVAS P.
RADIOLOGO INDUSTRIAL

APDO. POSTAL 68
TULA HGO.
cuevasrad@correo.com

REFINERIA TULA
RADIOGRAFIAS INDUSTRIALES

1. anunciar un puesto de trabajo
2. recibir seguro médico
3. despedir a alguien
4. firmar un contrato
5. leer una solicitud
6. completar una solicitud
7. escribir cartas de recomendación
8. hacer el curriculum vitae
9. recibir sueldo
10. participar en una entrevista

ACTIVIDAD 23 En busca de trabajo En parejas, "A" busca empleo y "B" es consejero/a en la agencia de empleos de la universidad. "A" quiere saber qué posibilidades de empleo hay, qué beneficios ofrecen, qué documentos tendrá que presentar, y qué debe incluir en su curriculum. Lean sólo las instrucciones para su papel.

A

Tienes título universitario en economía y estás empezando tus estudios de posgrado; por eso, necesitas un trabajo de tiempo parcial. Tu lengua materna es el inglés pero hablas francés y español. Durante tus años de escuela secundaria trabajaste en McDonald's y mientras estudiabas en la universidad, trabajaste en una compañía de importación escribiendo emails dirigidos a países hispanos y a Francia.

B

Los siguientes son dos puestos disponibles (*available*). Averigua las cosas que sabe hacer "A" y recomiéndale uno de estos puestos.

Traductor/a para compañía de seguros; bilingüe (español/inglés); horario variable—más o menos 20 horas por semana; $25 por página; seguro médico incluido. Requisitos: un año de experiencia; examen de español e inglés; 3 cartas de recomendación; curriculum; título universitario. Para conseguir la solicitud, llamar al 467 43 89.

Camarero/a en el restaurante de primera categoría El Charro; lunes, martes, fines de semana; 25 horas semanales; sueldo según experiencia; propinas; 2 semanas de vacaciones; sin seguro médico. Requisitos: buena presencia; con experiencia; carta de recomendación del último jefe; curriculum; conseguir la solicitud en el restaurante. Avenida Guanajuato 3252.

ACTIVIDAD **24 El puesto ideal** Ahora, el/la consejero/a quiere simular una entrevista. "A" y "B" deben practicar entrevistas para los puestos presentados en la actividad anterior. Cambien de papel después de la primera entrevista.

¿A trabajar en la Patagonia?

◄ Pingüinos en la Península de Valdés, Argentina.

los chismes	gossip
resultó ser . . .	it/he/she turned out to be . . .
tomarle el pelo (a alguien)	to pull someone's leg

Juan Carlos y Álvaro acaban de regresar de su viaje, y mientras estaban en Venezuela, Juan Carlos conoció a un señor que le habló de un posible empleo. Ahora él está otra vez en Madrid con Teresa y Claudia, contándoles sobre el viaje y completando la solicitud en Internet.

ACTIVIDAD **25 Escucha y responde** Mientras escuchas la conversación, anota las respuestas a estas preguntas.

1. ¿Dónde conoció Juan Carlos al señor?
2. ¿Por qué tiene el señor interés en ayudar a Juan Carlos?
3. ¿Qué tiene que hacer Juan Carlos?
4. ¿Está contento don Alejandro con el trabajo de Juan Carlos y Álvaro?
5. Si Juan Carlos consigue el trabajo, ¿adónde irá?

<table>
<tr><td>TERESA</td><td>¿Por qué no sigues contándonos de la Dra. Llanos y el Sr. Ruiz? Ayer no terminaste de explicarnos por qué ella lo odiaba a muerte. No me sorprendería verlos después muy amigos.</td></tr>
<tr><td>JUAN CARLOS</td><td>¿Amigos, ellos? Nunca. ¡Estás loca! Tú no los viste en el viaje.</td></tr>
<tr><td>CLAUDIA</td><td>Y, ¿por qué no? Del odio al amor hay sólo un paso . . .</td></tr>
<tr><td>JUAN CARLOS</td><td>Bueno, dejémonos de chismes y ayúdenme a terminar esta solicitud, pues quiero mandarla antes de que salgamos a comer.</td></tr>
<tr><td>TERESA</td><td>Lo que no entiendo es que te fuiste de viaje y llegaste con una oferta de trabajo. ¿Cómo es posible?</td></tr>
<tr><td>JUAN CARLOS</td><td>Fue pura casualidad. Estábamos en Venezuela celebrando el cumpleaños del Sr. Ruiz en un club y me puse a hablar con un señor peruano que tendría unos cuarenta años. Resultó ser gerente de una empresa de ingenieros e íntimo amigo de un tío mío.</td></tr>
<tr><td>CLAUDIA</td><td>Para mala suerte, Álvaro, y para suerte loca, Juan Carlos.</td></tr>
<tr><td>JUAN CARLOS</td><td>Bueno, entonces cuando supo quién era mi tío y que yo estudiaba ingeniería, me dijo que por qué no solicitaba un puesto con su empresa. Y ahora tengo que mandarles esta solicitud por email a los jefes de personal.</td></tr>
<tr><td>CLAUDIA</td><td>O sea, conoce a tu tío, ¿eh? . . . Eso se llama tener palanca.</td></tr>
<tr><td>JUAN CARLOS</td><td>Bueno, pero también tengo un buen curriculum, ¿no? Oye, Teresa, ¿crees que tu tío me escribiría una carta de recomendación?</td></tr>
<tr><td>TERESA</td><td>Por supuesto. Él está feliz con los comentarios de la gente del tour, pues todo lo que dicen de ti y de Álvaro son maravillas. Lo malo es que esta tarde sale para Londres y no sé dónde estará ahora . . . Lo llamo ahora mismo a ver si está en la oficina.</td></tr>
<tr><td>JUAN CARLOS</td><td>Con la recomendación de don Alejandro, es posible que me den el puesto sin entrevistarme, ¿no crees?</td></tr>
<tr><td>CLAUDIA</td><td>¡Un momento, un momento! Lo que yo quisiera saber es dónde es ese trabajo . . . Creo que tengo derecho a saber . . . ¿eh?</td></tr>
<tr><td>JUAN CARLOS</td><td>Pues . . . Lo único es que . . . es que es . . . es en la Patagonia . . .</td></tr>
<tr><td>CLAUDIA</td><td>¿La Patagonia? Pero, ¡eso está muy lejos!</td></tr>
<tr><td>JUAN CARLOS</td><td>¡Calma, calma! Te estoy tomando el pelo. La oferta de trabajo es para Caracas, no para la Patagonia y ¡con un buen sueldo . . . !</td></tr>
</table>

◈ Expressing urgency

◈ Approximating

◈ Wondering

ACTIVIDAD **26** **Un resumen** Después de escuchar la conversación otra vez, en parejas, digan cinco oraciones que resuman la conversación entre Juan Carlos y las dos chicas.

ACTIVIDAD **27** **Predicciones** Escribe las respuestas a las siguientes preguntas y después, en parejas, comparen sus respuestas con las de su compañero/a. Deben estar preparados para defender sus predicciones.

1. Algún día, ¿serán amigos el Sr. Ruiz y la Dra. Llanos?
2. ¿Qué dirá don Alejandro en la carta de recomendación?
3. ¿Le darán el empleo a Juan Carlos?
4. ¿Qué pasará con Claudia y Juan Carlos?

¿Lo sabían?

En español se dice que si una persona está debajo de un árbol grande, está protegida por su sombra (*shade*). Este dicho se refiere a lo importante que es conocer a personas de influencia para obtener un buen puesto o, a veces, para que le hagan favores. Esta costumbre tiene diferentes nombres en diferentes países hispanos: el enchufe, la corbata, la conexión, la palanca, tener padrino, etc. ¿Crees que esta costumbre sea común en muchos países? ¿Y en tu país? ¿Puedes pensar en algunas palabras o expresiones en inglés que se relacionen con esta costumbre? ¿Sabes de alguien que haya obtenido su puesto con "palanca"?

ACTIVIDAD **28** **Al fin**   Di qué ocurrió en las siguientes situaciones, usando la frase **resultó ser** para terminar las oraciones.

1. Compré un coche nuevo y . . .
2. Conseguí un puesto con la ONU (Organización de las Naciones Unidas) y . . .
3. Cuando un amigo mío conoció a su primera novia, ella era simpática, trabajadora y tenía ambiciones, pero después de unos años . . .
4. Para Juan Carlos el viaje . . .

Hacia la comunicación II

I.   Expressing Probability: The Future and the Conditional

The future and the conditional tenses are often used to express probability or to wonder about a situation. When you wonder about the present, use the future tense. When you wonder about the past, use the conditional.

—¿Cuántos años **tendrá** ese muchacho?	*I wonder how old that guy is.*
—**Tendrá** unos diecinueve.	*He's probably (He must be) about nineteen.*
—¿Qué hora **será**?	*I wonder what time it is.*
—**Serán** las 3:00.	*It must be (It's probably) 3:00.*
—¿Cuántos años **tendría** cuando se casó?	*I wonder how old he was when he got married. (How old could he have been when he got married?)*
—**Tendría** unos veinticinco.	*He probably was (must have been) about twenty-five.*
—¿Qué hora **sería** cuando llegaron los chicos?	*What time could it have been when the guys arrived?*
—**Serían** las 3:00 de la mañana.	*It must have been (It probably was) 3:00 AM.*

II. The Subjunctive in Adverbial Clauses

The following adverbial conjunctions are always followed by the subjunctive.

Remember the acronym **ESCAPA.**

E	**en caso (de) que**	in the event that; in case
S	**sin que**	without
C	**con tal (de) que**	provided that
A	**antes (de) que**	before
P	**para que**	in order that, so that
A	**a menos que**	unless

En caso de que llueva, no iremos al parque.
In the event that it rains, we won't go to the park.

Van a entrar **sin que** nadie los **oiga.**
They're going to come in without anybody hearing them.

Yo voy, **con tal de que** tú **vayas** conmigo.
I'll go provided that you go with me.

Llámame **antes de que salgas** para Caracas.
Call me before you leave for Caracas.

Me va a dar su cámara **para que saque** fotos del viaje.
He's going to give me his camera so that (in order that) I can take pictures of the trip.

Juan Carlos no aceptará el puesto **a menos que** Claudia **vaya** con él.
Juan Carlos won't accept the job unless Claudia goes with him.

NOTE: Sin que, para que, and **antes de que** take the subjunctive when there is a change of subject. If there is no change of subject, use an infinitive immediately after the prepositions, omitting the word **que.**

Trabajo **para que mi familia viva** bien.
Trabajo **para vivir** bien.

Ella se va a casar **sin que sus padres** lo **sepan.**
Ella se va a casar **sin decirles** nada a sus padres.

Do Workbook *Práctica mecánica II,* CD-ROM, Web ACE Tests, and lab activities.

There are multiple possibilities.

ACTIVIDAD 29 Situaciones Imagínate qué están haciendo las personas que dicen estas oraciones.

- "Me encanta esta música."
  Estará en un concierto.

1. "Está deliciosa. Realmente eres un genio."
2. "No puedo continuar. Estoy cansadísima."
3. "No me interrumpas. Debo terminar esto lo antes posible."
4. "Justo ahora que estoy aquí, suena el teléfono."

ACTIVIDAD **30** **Los misterios de la vida** En parejas, digan por qué creen que ocurrieron estas cosas.

◆ Gloria no fue a la entrevista de trabajo.
Estaría enferma.

1. No aceptaron a tu amigo Alfredo, un estudiante excelente, en la facultad de medicina.
2. Desaparecieron misteriosamente tus amigos Mariano y Rosa.
3. Tu amigo Felipe nunca tenía dinero y la semana pasada compró un carro nuevo.
4. La perra de un amigo estaba muy gorda. Siempre tenía hambre y no hacía más que comer y dormir.

ACTIVIDAD **31** **Los deseos de los padres** Muchas veces nuestros padres nos piden que hagamos cosas que no queremos hacer. Cuando ocurre esto, tenemos tres opciones: decir que sí, decir que no o negociar con ellos. Cuando negociamos, les ponemos condiciones. Pon condiciones a los siguientes pedidos de tus padres.

1. Tus padres quieren que tú salgas con el hijo de uno de sus amigos que va a estar de visita en la ciudad. No conoces a ese joven, pero es posible que no te caiga bien.

No saldré con él a menos que . . .

2. Tus padres quieren que tú pases el fin de semana con ellos para celebrar una reunión familiar, pero tus amigos van a hacer una fiesta fabulosa.

Iré a la reunión familiar con tal de que . . .

3. Tú te quieres cambiar de universidad, pero tus padres se oponen.

Me cambiaré de universidad después de que . . .

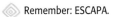 Remember: ESCAPA.

ACTIVIDAD **32** **Usa la imaginación** Completa las siguientes frases sobre los personajes del libro de forma original usando expresiones como **antes de que, sin que, para que,** etc.

◆ Juan Carlos no irá a Caracas a menos que le den el trabajo.

1. Don Alejandro va a entrevistar a varias personas . . .
2. Teresa estudia turismo . . .
3. Claudia piensa casarse con Juan Carlos . . .
4. No le van a dar el trabajo a Juan Carlos . . .
5. Vicente y Teresa irán de vacaciones a Centroamérica . . .
6. Claudia le pregunta a Juan Carlos sobre sus planes . . .
7. Marisel quiere quedarse en España . . .

ACTIVIDAD **33** **Los últimos detalles** **Parte A:** Uds. van a llevar a un grupo de estudiantes norteamericanos de dieciséis años a la República Dominicana para que vivan con familias dominicanas durante un mes. Completen la carta (página 430) que recibieron las familias dominicanas que van a hospedar (*host*) a los estudiantes. Usen las expresiones **en caso de que, sin que, con tal de que, antes de que, para que** y **a menos que.**

Estimados señores:

Muchas gracias por participar en nuestro programa de intercambio estudiantil. Ésta es la última carta que les voy a escribir antes de la llegada de los jóvenes a la República Dominicana. A continuación hay información que puede ayudarlos:

1. _____ los estudiantes lleguen, Uds. van a recibir su nombre, su dirección en los Estados Unidos y el nombre de sus padres. Si no tienen esta información, por favor comuníquense con nuestra oficina.

2. _____ su estudiante tenga un accidente o se enferme, deben llevarlo a la Clínica Infantil Dr. Robert Reid Cabral en Santo Domingo. Todos los estudiantes tienen seguro médico. Uds. no tienen que pagar nada. No tienen que avisar a la oficina _____ sea algo grave.

3. Los estudiantes no pueden hacer viajes a otras ciudades _____ tengan permiso escrito de sus padres y _____ Uds. avisen a nuestra oficina.

4. Los estudiantes pueden salir de noche _____ Uds. les den permiso. _____ no tengan problemas, les recomendamos que impongan una hora de llegada.

5. Nuestra oficina no permite que los estudiantes cambien de casa _____ el estudiante, la familia y el director del programa lo consideren necesario.

Los estudiantes llegarán el sábado a las 11:32 de la mañana en el vuelo número 357 de TACA. Allí los espero frente a la sala de aduanas número 2 para recibir a los estudiantes.

Los saluda atentamente,

Rafael Gris Vicens

Rafael Gris Vicens

Parte B: Uds. quieren que los chicos representen bien a los Estados Unidos mientras estén en la República Dominicana, pero temen que pueda haber problemas. Aquí hay algunas preocupaciones que Uds. tienen. En grupos de tres, hablen de la lista y sus posibles consecuencias.

Habrá problemas con el alcohol.
No querrán probar la comida.
Llegarán tarde por la noche.
Saldrán sin pedir permiso.

No hablarán español.
Aprenderán malas palabras en la calle y las usarán en la casa.

Parte C: Ahora en su grupo, preparen lo que les dirán a los chicos para evitar problemas. Estén listos para decirlo enfrente de la clase. Por ejemplo: **No deben salir de la casa sin que sus padres dominicanos les den permiso porque... Deben recordar que sus padres dominicanos son sus padres en la República Dominicana y...**

Videoimágenes

La comunidad global

ACTIVIDAD **34** **El mundo es un pañuelo** Antes de ver un segmento sobre la globalización, decidan en parejas si las siguientes compañías son de los Estados Unidos o de otros países.

1. Braun
2. Phillips
3. Shell
4. Johnson & Johnson
5. Benetton
6. Knorr
7. Nestlé
8. Goodrich
9. Panasonic
10. Volvo
11. Nokia
12. Motel 6

1:04:06–1:05:30

ACTIVIDAD **35** **Las multinacionales** Ahora mira este segmento del video sobre el mundo hispano y haz una lista de las marcas y compañías que conoces que aparecen en el video.

1:05:31–1:07:01

ACTIVIDAD **36** **Los efectos de la globalización** **Parte A:** Ahora mira otro segmento para enterarte (*find out*) de aspectos de España que se han visto afectados por la globalización y cuál ha sido el efecto de la Unión Europea sobre ese país.

1:07:02–1:08:40

Parte B: Ahora mira este segmento para enterarte de cuáles han sido los aspectos positivos y negativos de la globalización en la Argentina y si el ALCA (Acuerdo de Libre Comercio de las Américas) puede ser positivo o negativo para el país.

1:08:41–1:10:12

Parte C: Mira el siguiente segmento sobre México para saber cuáles son los aspectos positivos del TLC y qué aspectos negativos podría traer consigo este acuerdo.

1:10:13–end

ACTIVIDAD **37** **Los otavalos** Mariela está en Otavalo, Ecuador, donde entrevista a unos indígenas del lugar sobre cómo coexiste su cultura antigua con la modernización del siglo XXI. Mira el siguiente segmento y contesta las preguntas que les hace Mariela.

1. ¿Qué hacen para transmitir la cultura de sus antepasados a sus hijos y así mantener viva su cultura y su lengua?
2. ¿Qué han hecho para entrar en el mercado global?
3. En la página Web de los otavalos hay una frase que dice "Queremos pertenecer a una comunidad global sin dejar de ser lo que somos". ¿Qué quieren decir ellos con esta frase?

Mariela habla con ➤
dos otavaleños.

ACTIVIDAD 38 Los indígenas de tu país ¿Han podido aprovechar el desarrollo tecnológico los indígenas de tu país a nivel nacional y/o internacional? Busca en Internet información sobre el tema y tráela a clase al día siguiente para compararla con lo que hacen los otavalos.

Do Web Search activities.
Internet

Vocabulario funcional

En la óptica

el álbum (de fotos)	*photo album*
la cámara (digital)	*(digital) camera*
la cámara de video	*video camera*
el flash	*flash*
las gafas/los anteojos	*eyeglasses*
el marco	*frame*
el/la oculista	*eye doctor*
el rollo/carrete	*film*

Otras palabras relacionadas con la óptica y la fotografía *Ver página 412.*

En busca de trabajo *Ver página 423.*

Palabras y expresiones útiles

antes que nada	*before anything else*
los chismes	*gossip*
dejar boquiabierto (a alguien)	*to leave (someone) dumbfounded*
es hora de + *infinitive*	*it's time to* + infinitive
inesperado/a	*unexpected*
resultó ser . . .	*it/he/she turned out to be . . .*
tomarle el pelo (a alguien)	*to pull someone's leg*

Capítulo 17

Chapter Objectives

➤ Discussing art and giving opinions about art

➤ Expressing doubts and emotions in the past

➤ Giving implied commands in the past

➤ Expressing your ideas on love and romance

➤ Expressing reciprocal actions

➤ Describing hypothetical situations

▼ Museo del Prado, Madrid.

Datos interesantes

Dentro de los Estados Unidos se puede ver arte hispano en lugares como:

➤ el Instituto Mexicano de Bellas Artes, Chicago, IL

➤ el Museo del Barrio, ciudad de Nueva York, NY

➤ el Museo de las Américas, Denver, CO

➤ el Museo de Arte Latinoamericano, Long Beach, CA

➤ el Centro Cívico y la Plaza Brunswick (esculturas de Picasso y Miró), Chicago, IL

➤ la Plaza de La Raza, East Los Ángeles

➤ el Museo de Arte de las Américas, Washington, D.C.

El arte escondido

▲ *Los fusilamientos en la montaña del Príncipe Pío,* Francisco de Goya y Lucientes (1746–1828), español.

no veo la hora de + *infinitive*	I can't wait to + *infinitive*
dar a conocer	to make known
en seguida	at once, right away

Diana y Álvaro van en el carro escuchando la radio cuando oyen una noticia increíble.

ACTIVIDAD **1** **Busca información** Mientras escuchas la conversación y la noticia, anota las respuestas a las siguientes preguntas.

1. ¿Cuándo tendrá examen Álvaro?
2. ¿Qué se encontró en la casa de la señora?
3. ¿Qué le pasó a la señora?
4. ¿Qué le molesta a Álvaro?
5. ¿Cuántas veces ha ido Álvaro al Museo del Prado?

◈ Showing impatience	ÁLVARO	No veo la hora de terminar el trimestre. A propósito, quería preguntarte, ¿qué tal van tus clases?
	DIANA	Pronto tendré exámenes.
	ÁLVARO	Sí, yo tengo uno de derecho penal el martes que viene.
	DIANA	Y yo, uno de literatura.
	ÁLVARO	¡Huy! Literatura, ¡qué aburrido!
	DIANA	De aburrido, nada. A mí me encanta.
	ÁLVARO	Pero la literatura es . . .
	EL LOCUTOR	¡Atención! Interrumpimos para dar una noticia de última hora . . .
	DIANA	¡Calla, calla! Escucha.
◈ Expressing doubt	EL LOCUTOR	La dirección del Museo del Prado dio a conocer hoy el hallazgo de un cuadro, hasta ahora desconocido, de Goya. Se trata de una de las pinturas de su época negra. El cuadro se encontró en la casa de una señora de noventa y ocho años que murió en la provincia de Zaragoza. Cuando sus hijos estaban sacando los muebles de la casa, encontraron la pintura debajo de la cama. Dijeron que no sabían nada del cuadro, pero que era posible que fuera de un pariente coleccionista. Al principio se dudaba que fuera un original, pero al examinarla, los expertos en seguida se dieron cuenta de que era una obra maestra del gran pintor español. Al pedirle una declaración al director del museo, sólo ha dicho que valoran el cuadro en cientos de millones . . .
	ÁLVARO	Un loco del siglo XVIII pintó algo para que otro loco del siglo XXI pagara millones por su cuadro.
◈ Showing displeasure	DIANA	¡Qué poco entiendes! El loco serás tú.
	ÁLVARO	Es que no me interesa mucho el arte; la arquitectura me fascina, pero los cuadros . . .
◈ Inquiring about past actions	DIANA	¿Los cuadros qué? ¿Has estado en el Museo del Prado alguna vez?
	ÁLVARO	No, pero . . .
	DIANA	Eres un inculto. Mañana tengo que ir al museo y quiero que vengas conmigo.
	ÁLVARO	¡¿Me estás pidiendo que vaya a un museo?!
	DIANA	Vamos, hombre. Vas a recibir una lección de arte.

ACTIVIDAD **2** **¿Comprendiste?** Después de escuchar la conversación
otra vez, completa estas oraciones.

1. Diana y Álvaro tienen que estudiar porque . . .
2. La pintura de Goya se encontró . . .
3. El valor de la obra . . .
4. Diana le dice a Álvaro que es un loco porque . . .
5. Álvaro prefiere . . .
6. Mañana Álvaro posiblemente . . .

ACTIVIDAD **3** **No veo la hora . . .** Escribe una lista de cuatro cosas que deseas que ocurran muy pronto. Después, en parejas, comparen su lista con la de su compañero/a y pregúntenle por qué quiere que pasen estas cosas.

◆ No veo la hora de terminar el semestre.

Uno de los mejores museos de arte del mundo es el Museo del Prado de Madrid. El Prado tiene una colección artística de más de tres mil pinturas y unas cuatrocientas esculturas de artistas de todo el mundo. Además de obras de El Greco, Velázquez, Goya, Ribera y muchos otros artistas españoles, el Prado tiene la segunda colección de pintores flamencos del mundo, con obras de Rubens, El Bosco, Van Dyck y Brueghel. En otro museo de Madrid, el Centro de Arte Reina Sofía, se puede ver la obra más política de Picasso, *Guernica,* y los dibujos que hizo el pintor cuando preparaba esta famosa obra.

Un museo relativamente nuevo en Madrid, el Museo Thyssen-Bornemisza, recibe su nombre del barón Hans Heinrich Thyssen-Bornemisza (1921–2002), holandés nacionalizado suizo casado con una española. Ellos le vendieron su colección de setecientos setenta y cinco cuadros, una de las mejores del mundo, al gobierno español a un precio mínimo. En una visita al Thyssen-Bornemisza se puede ver la evolución del arte europeo a través de los años, porque está organizado en orden cronológico empezando con los italianos del siglo XIV y terminando con cuadros del siglo XX. Aunque la mayoría de los cuadros son de origen europeo, inclusive de españoles como Goya, Ribera, Picasso y Miró, también hay pintores norteamericanos como Sargent, O'Keeffe, Rothko y Hopper.

◈ Goya was the Garry Trudeau of his time. (Trudeau created the cartoon strip *Doonesbury*.) Goya's instrument was the brush.

Lo esencial I

◈ **Arte** is normally masculine when singular (**el arte moderno**) and feminine when plural (**las bellas artes**).

El arte

1. el/la artista
2. el cuadro/la pintura
3. el dibujo
4. el/la modelo
5. la escultura
6. el/la escultor/a

When studying, try to associate these words with people or things: **pintor = Picasso; estatua = Venus de Milo.**

Otras palabras relacionadas con el arte

el autorretrato   self-portrait
el bodegón   still life
la copia   copy
dibujar   to draw, sketch
la escena   scene
la estatua   statue
la exhibición/exposición   exhibition
la obra maestra   masterpiece
el original   original
el paisaje   landscape
pintar   to paint
el/la pintor/a   painter
el retrato   portrait

ACTIVIDAD **4** **¿Hay artistas en la clase?** En parejas, háganle las siguientes preguntas a su compañero/a para ver si es una persona artística o una persona a quien le gusta el arte.

1. Cuando eras pequeño/a, ¿dibujabas o pintabas mucho?
2. Hoy día, ¿dibujas en los cuadernos durante tus clases o cuando hablas por teléfono?
3. ¿Te gusta dibujar? ¿Pintar? ¿Has hecho alguna escultura?
4. ¿Has tomado clases de arte?
5. ¿Hay cuadros en la casa de tus padres y/o abuelos? ¿Son originales o copias? Descríbelos.
6. ¿Te gusta visitar museos? ¿Cuál fue el último museo que visitaste? ¿Qué viste?
7. ¿Qué pintores/artistas te gustan y por qué?

¿Lo sabían?

Muchos artistas hacen comentarios sociales como los hizo Goya hace doscientos años. El arte mexicoamericano es un comentario social importante en los Estados Unidos. Los mexicoamericanos comenzaron a pintar murales urbanos en Chicago en 1968 y hoy en día hay murales en otras ciudades del país, especialmente en Los Ángeles. Estos murales representan, de forma a veces satírica, la historia mexicana, el movimiento de los trabajadores agrícolas y la tradición mexicana en los Estados Unidos; en ellos se ve la influencia de los grandes muralistas de México como Diego Rivera, José Clemente Orozco y David Alfaro Siqueiros.

▲ *La antorcha* (torch) *de Quetzalcóatl,* Leo Tanguma, mexicoamericano. Este mural muestra la historia del mexicoamericano y su lucha por mantener sus costumbres dentro de la sociedad de los Estados Unidos.

ACTIVIDAD **5** **Críticos de arte** En grupos de cuatro, miren los cuadros de este capítulo y coméntenlos dando sus impresiones. Usen frases como **lo interesante es . . . , lo curioso es . . . , lo que (no) me gusta es . . . ,** etc. Incluyan el nombre del artista y del cuadro.

◆ Lo interesante de *Los fusilamientos en la montaña del Príncipe Pío* de Goya es que no se ven las caras de los militares.

ACTIVIDAD **6** **Usa la imaginación** En parejas, escojan uno de los siguientes cuadros para inventar una historia sobre lo que ocurrió fuera del cuadro antes y después de que lo pintaran. Usen la imaginación para crear la historia y usen el pretérito y el imperfecto para contarla. Sigan el modelo sobre el cuadro de Goya en la página 434.

◆ Era el tres de mayo y la gente tenía miedo y estaba cansada, cuando los soldados capturaron a un grupo de hombres . . .

◄ (*Izquierda*) *El paro* (The Strike), Osvaldo Guayasamín, ecuatoriano. (*Arriba izquierda*) *Antes del juego,* Claudio Bravo, chileno. (*Arriba derecha*) *La mujer solitaria en una cantina,* Luz Ríos Duarte, costarricense.

Hacia la comunicación I

Remember: **hacer preguntas** = to ask questions.

I. Asking and Requesting: *Preguntar* Versus *Pedir*

1 ◆ Use the verb **preguntar** when reporting a question that was asked or talking *about* a question that will be asked.

Me **preguntaron** cuánto costaba la entrada.	*They asked me how much the entrance fee was.*
Le voy a **preguntar** si quiere ir al museo conmigo.	*I'm going to ask her if she wants to go to the museum with me.*

2 ◆ Use the verb **pedir** when reporting or talking about a request *for* something or *for* someone to do something.

Pidieron varios millones por el cuadro.	*They asked several million for the painting.*
Vamos a **pedirles** el dinero.	*We are going to ask them for the money.*
Ellos siempre me **piden** que los visite.*	*They always ask me to visit them.*

*NOTE: Because **pedir** is used to request that somebody do something, it is followed by a verb in the subjunctive form introduced by **que**.

Review uses of the subjunctive, Ch. 8, 9, 13, 14, 15, and 16.

II. Speaking About the Past: The Imperfect Subjunctive

In the radio newscast that you heard at the beginning of the chapter, the newscaster says, **"Al principio se dubaba que fuera un original . . ."** Was he referring to a past or present doubt?

If you answered past, you were correct. When expressing a past doubt, emotion, or desire, you need to use an imperfect subjunctive form of the verb in the dependent clause.

A. Formation of the Imperfect Subjunctive

You use the imperfect subjunctive in the same cases as the present subjunctive, except that you are referring to the past. To conjugate any verb in the imperfect subjunctive, apply the following rules.

1. Put the verb in the **Uds./ellos** form of the preterit: **cerrar** ⟶ **cerraron**
2. Drop the final **-ron:** **cerra-**
3. Add the appropriate **-ra** endings: **cerrara, cerraras,** etc.

*NOTE: The **nosotros** form always takes an accent on the final vowel of the stem.

Quería que **vinieras** temprano. *I wanted you to come early.*
Busqué un cuadro que **fuera** *I looked for a painting that was famous.*
famoso.
Teresa **iba** a llevar a Carlitos al *Teresa was going to take Carlitos to the*
museo para que **viera** un cuadro *museum so that he could see one of El*
de El Greco. *Greco's paintings.*

B. Using the Subjunctive in Different Time Frames

In order to decide which form of the subjunctive to use (**hable, haya hablado,** or **hablara**), follow these three guidelines.

1 ◆ To express *present* or *future* emotions, doubt, to give advice, etc., about a *present* or *future* situation, use the present subjunctive in the dependent clause.

Le **pediré** que **venga** mañana. *I'll ask him* (in the future) *to come tomorrow* (in the future).

Dile que **venga** esta noche. *Tell him to come tonight.*

Espero que **venga** el sábado. *I hope* (right now) *that he's coming on Saturday* (in the future).

2 ◆ To express *present* emotions, doubt, etc., about a *past* situation, use the present perfect subjunctive in the dependent clause.

Espero que **haya llegado.** *I hope* (right now) *that he has arrived* (at some time in the past).

Me alegro de que **esté** bien. *I'm happy* (right now) *that he is well* (right now).

3 ◆ To express *past* emotions, doubt, to give advice, etc., about a *past* situation, use the imperfect subjunctive in the dependent clause.

Me **pidió** que **cenara** con él.   *He asked me to have dinner with him.*

Me alegré de que **estuviera** bien.   *I was happy that he was well* (at the same time in the past).

Do Workbook *Práctica mecánica I* and corresponding CD-ROM activities.

ACTIVIDAD **7** **En el museo** Usa **siempre me preguntan** y **siempre me piden** para formar oraciones que diría un adolescente al explicar las visitas típicas a un museo con un grupo de estudiantes y algunos profesores.

> ◆ qué pienso de los cuadros de arte moderno
>
>   Siempre me preguntan qué pienso de los cuadros de arte moderno.

1. mi carnet de estudiante para recibir un descuento
2. que no coma
3. que no hable en voz alta
4. cómo me siento al ver un cuadro
5. cuál de los pintores me gusta más
6. que no toque las esculturas
7. si entiendo el simbolismo
8. que explique el simbolismo
9. si prefiero los paisajes o los retratos
10. que escuche bien las explicaciones del guía
11. que estudie más sobre los diferentes estilos
12. que escriba una composición sobre mis impresiones

ACTIVIDAD **8** **La indecisión** Tú tienes talento artístico y tomas clases con un profesor muy indeciso que siempre cambia de idea. Lee estas oraciones que explican qué quiere tu profesor hoy y compáralo con lo que quería ayer.

> ◆ Hoy mi profesor me dice que use colores más brillantes en mis cuadros, pero ayer me dijo que usara colores más oscuros.

1. Hoy mi profesor me pide que yo pinte paisajes, pero ayer . . .
2. Hoy me aconseja que experimente con figuras más abstractas; ayer . . .
3. Hoy me pide que termine un cuadro para el lunes que viene; ayer . . .
4. Hoy me dice que le traiga más muestras (*samples*) de mis dibujos; ayer . . .
5. Hoy me dice que use más tonos de rojo en mis cuadros, pero ayer . . .
6. Hoy me sugiere que yo participe en una exhibición en la Galería Vicens, pero ayer . . .

◈ Remember:
Present ⟶ present subjunctive. Past ⟶ imperfect subjunctive.

ACTIVIDAD **9** **Consejos** En parejas, hablen de los consejos que les dieron sus maestros, sus padres u otros parientes cuando Uds. eran pequeños. Comparen estos consejos con los consejos que les dan esas personas hoy día. Usen oraciones como: **Antes me aconsejaban que . . . , pero ahora creen que es mejor que yo . . . ; Cuando tenía diez años, un profesor me dijo que . . . para que . . . , pero ahora . . .**

ACTIVIDAD **10** **¿Qué sabes?** Combina ideas de las dos columnas para obtener información sobre artistas hispanos. Usa la forma correcta del imperfecto del subjuntivo con los verbos de la segunda columna.

1. Picasso, español, dijo que su cuadro *Guernica*, por su tema político, no podía estar en España antes de que . . .
2. Diego Rivera, mexicano, pintó murales políticos para que . . .
3. Francisco de Goya, español, pintó cuadros más o menos alegres antes de que . . .
4. Frida Kahlo, mexicana, no hizo ningún autorretrato antes de que . . .
5. Nadín Ospina, colombiano, hizo esculturas que combinan lo indígena con íconos como Mickey Mouse y Bart Simpson para que . . .
6. Antes de la segunda mitad del siglo XX, el mundo no reconoció las obras de artistas mujeres a menos de que . . .

a. el mundo ver los efectos de la globalización.
b. las mujeres tener una conexión con un hombre famoso, como Frida Kahlo con Diego Rivera y Georgia O'Keeffe con Alfred Stieglitz.
c. Napoleón invadir España y el pintor ver los horrores de la guerra.
d. la gente conocer los problemas del pueblo.
e. tener un accidente terrible dejarla con mucho dolor y sufrimiento.
f. España tener un gobierno democrático.

ACTIVIDAD **11** **Los artistas** **Parte A:** Hagan entre todos una lista de artistas famosos del mundo entero. Una persona debe escribir los nombres en la pizarra.

Parte B: Examinen la lista que crearon. ¿Cuántas mujeres hay en la lista? ¿Hay algunas que pintaran antes del siglo XX?

Parte C: Durante siglos, el arte producido por las mujeres no recibía ni ayuda ecomómica de los gobiernos ni reconocimiento mundial. Nadie apoyaba la formación de pintoras ni escultoras. Formen oraciones sobre ese período. Usen frases como **Antes la sociedad dudaba que . . . , era imposible que . . . , (no) creían que . . . , (no) querían que . . . ,** etc.

Parte D: Después de la revolución femenina muchas mujeres han podido exponer sus obras en los museos más importantes del mundo. Contrasten las opiniones de la Parte C con las opiniones sobre el arte producido por mujeres hoy día. Usen frases como **Ahora (no) creen que . . . , es posible que . . . , quieren que . . . ,** etc.

◉ Do Workbook *Práctica comunicativa I* and corresponding CD-ROM activities.

Nuevos horizontes

Lectura

ESTRATEGIA: Timed Reading

One way of improving your reading speed is by timing yourself when you read. The advantage of this technique is that it forces you to focus on main ideas instead of stopping to wonder about individual words. Regular practice of this technique can help you learn to read faster and also hone in on key ideas. You will have a chance to practice this strategy while you read the selection.

ACTIVIDAD 12 Mira y contesta Antes de leer el texto, contesta estas preguntas.

1. ¿Qué crees que representen las obras de arte que hay en esta página y en la siguiente? ¿Por qué crees que sean tan gordas las personas?
2. En tu opinión, ¿qué quiere expresar el artista?
3. ¿Por qué crees que se pinta un cuadro o se hace una escultura?

ACTIVIDAD 13 Lectura veloz En cuatro minutos, lee los siguientes textos sobre el artista Fernando Botero y su obra. Concéntrate en buscar las ideas principales que se presentan.

▲ *Los músicos,* Fernando Botero, Colombia.

Datos interesantes sobre Fernando Botero

1932	Nace el 19 de abril en Medellín, Colombia.
1956	Enseña en la escuela de Bellas Artes de la Universidad Nacional en Bogotá y luego se va a vivir a México para estudiar las obras de los muralistas Rivera y Orozco.
1963	El Museo de Arte Moderno de Nueva York compra y exhibe su *Monalisa,* mientras que el Museo Metropolitano expone la *Mona Lisa* de Leonardo da Vinci.
1973	Tiene un terrible accidente automovilístico en España en el que muere su hijo Pedro. Botero pierde parte de dos dedos de la mano derecha y por muchos meses los doctores creen que no va a poder pintar más.
1975	Conoce a Sofía Vari, su compañera desde ese momento, quien lo conecta con la alta sociedad europea y con muchos coleccionistas de arte.
1990	Bate el récord en Christie's del mayor precio pagado por una obra de arte latinoamericana: 1.53 millones de dólares por su cuadro *La familia.*

▲ *Hombre a caballo,*
Fernando Botero, Colombia.

FERNANDO BOTERO

Pinturas Dibujos Esculturas

Del 22 de Junio al 15 de Agosto
Sala A-O

MINISTERIO DE CULTURA

Centro de Arte Reina Sofía
C/. Santa Isabel, 52-28012 MADRID

"Después de haber estado colonizados durante siglos, nosotros los artistas hispanoamericanos sentimos con especial fuerza la necesidad de encontrar nuestra propia autenticidad. El arte ha de ser independiente…Quiero que mi pintura tenga raíces, porque estas raíces son las que dan sentido y verdad a lo que se hace. Pero, al mismo tiempo, no quiero pintar únicamente campesinos suda-mericanos. Quiero poder pintar de todo, así también a María Antonieta, pero siempre con la esperanza de que todo lo que toque reciba algo del alma sudamericana…"

Esta es la primera gran exposición individual de Fernando Botero en España. Organizada por la Kunsthalle de Munich, se ha exhibido ya en Bremen y Frankfurt, de donde llega a Madrid, ciudad en que finaliza su intinerario.

Junto al casi centenar de obras que integran la exposición itinerante, procedentes de Galerías, Museos y Colecciones privadas de EE.UU. y Europa, se presentarán unas 30 obras más entre pinturas, dibujos y esculturas de la colección del artista, que quiere subrayar así la importancia que concede a su exposición en Madrid.

El mundo creado por Botero—nutrido del arte de Piero della Francesca, Velázquez, Rubens, Ingres o Bonard entre otros—es un mundo imaginario, una distorsión poética de lo cotidiano, en donde subyace la realidad latinoamericana que Botero transforma.

Sus temas surgen de las ciudades de su juventud, padres e hijos, curas, monjas, cardenales, militares, etc., que no sólo quedan plasmados en los óleos, sino también en sus monumentales esculturas; "gigantismo" no exento de inocencia que provoca en el espectador una respuesta de acercamiento a su obra, por otro lado difícil de olvidar, ya que la originalidad de su estilo la convierte inmediatamente en reconocible.

Botero ha realizado desde 1951 exposiciones individuales y colectivas, en las más importantes galerías y museos, en muchos de los cuales sus obras se encuentran en la colección permanente.

ACTIVIDAD **14** **Preguntas** Después de leer el texto, contesta las siguientes preguntas.

1. ¿Dónde va a tener lugar la exposición de las obras de Botero?
2. ¿De dónde son las pinturas de esta exhibición?
3. ¿Qué influencias tuvo este artista?
4. ¿Cuáles son los temas de sus pinturas?
5. Botero dice que "El arte ha de ser (*should be*) independiente". ¿Independiente de qué?
6. Menciona algunos eventos importantes de la vida del artista.

ESTRATEGIA: **Describing a Scene**

To describe a scene for an audience who will not see it, it's a good idea to look carefully at all the details and make a list of those that are essential to include. A description can include not only the physical characteristics but also the feelings that the scene evokes in you. To do this, use phrases such as **Al mirarlo siento . . .**, **Me parece que . . .**, and **Me da la impresión de que . . .** You may also want to speculate as to the message the artist was trying to convey. Use phrases such as **El artista quería que nosotros . . .** and **La artista esperaba que la gente . . .** The idea is to try to recreate not only the painting itself but also the sentiments it evoked in you.

ACTIVIDAD **15** **Descripción de un cuadro** **Parte A:** Observa detenidamente el siguiente cuadro de Frida Kahlo. Haz una lista de elementos de la obra. Por ejemplo: **lágrima** (*tear*), **cejas** (*eyebrows*), etc.

Parte B: Escribe qué sientes al mirar el cuadro y por qué.

Parte C: Contesta esta pregunta. **En tu opinión, ¿qué quería Kahlo que pensáramos al ver el cuadro?**

Parte D: Finalmente, escribe una descripción que incluya también tu interpretación de la obra. Usa todos los datos de las Partes A, B y C al expresar tu opinión.

Parte E: Entrégale todas las hojas a tu profesor/a con la versión final.

Diego y yo, Frida Kahlo, mexicana. ➤

Lo esencial II

La expresión del amor

abrazar/el abrazo

besar/el beso

He tenido gran suerte en casarme con Guido. Es muy bueno. Se ocupará de nosotros...

la novia vestida para la boda

Otras palabras relacionadas con el amor

◈ **Amante** = lover (of a married person)

el/la amante   lover (*usually a negative connotation*)
amar   to love
la aventura amorosa   affair
el cariño   affection
casarse (con)   to get married (to)
el compromiso   engagement
el corazón   heart
divorciarse (de)   to get divorced (from)
el divorcio   divorce
enamorarse (de)   to fall in love (with)
estar comprometido/a   to be engaged
estar enamorado/a (de)   to be in love (with)
feliz   happy
la novia   girlfriend; fiancée; bride
el novio   boyfriend; fiancé; bridegroom
odiar   to hate
la pareja   couple; lovers (*positive connotation*)
mi/tu pareja   partner, significant other, lover (*positive connotation*)
pelearse (con)   to fight (with)
querer a   to love someone
querido/a, cariño   dear (*terms of endearment*)
salir con   to date, go out with (someone)
separarse (de)   to separate
ser celoso/a   to be a jealous person
la soledad   loneliness
tener celos (de)/estar celoso/a (de)   to be jealous (of)

ACTIVIDAD 16 Opiniones **Parte A:** Lee estas oraciones y escribe **sí** si te identificas con lo que dicen y **no** si no te identificas con lo que dicen.

1. ____ Te enamoras fácilmente.
2. ____ Te molesta ver parejas que se besan y se abrazan en público.
3. ____ Es importante salir con una persona por lo menos un año para conocerla bien antes de casarse.
4. ____ Te gustaría casarte en una iglesia, sinagoga, etc.
5. ____ Para casarse, es más importante que exista amistad que amor.
6. ____ Te casarías con una persona que no supiera besar bien.
7. ____ Es mejor vivir juntos antes de casarse.
8. ____ Muchas parejas se divorcian rápidamente sin intentar solucionar los problemas.
9. ____ En la televisión hay demasiadas aventuras amorosas y eso no refleja la realidad.
10. ____ Te gusta usar palabras como "cariño", "querido/a" y "mi amor" cuando hablas con tu novio/a.
11. ____ El refrán que dice "Más vale estar solo que mal acompañado" es verdad.
12. ____ El refrán "Donde hubo fuego, cenizas (*ashes*) quedan" es verdad.
13. ____ Las mujeres tienen tantas aventuras amorosas como los hombres.

Parte B: En grupos de tres, comparen sus respuestas y decidan:

1. quién es la persona más romántica
2. quién es la persona menos tradicional

➤ ¿Celebras el Día de los enamorados? ¿Cómo lo celebras?

ACTIVIDAD **17** **La boda** En parejas, Uds. están comprometidos y van a casarse dentro de un mes. Escojan el papel A o B y lean solamente las instrucciones para su papel. Después conversen según las indicaciones.

A

El fin de semana pasado fuiste a una fiesta sin tu novio/a y conociste a otro/a. Esta persona te gusta muchísimo y has decidido no casarte. Ve a casa de tu novio/a para decirle que no quieres casarte, pero sé diplomático/a para no herir (*hurt*) mucho sus sentimientos.

B

Estás planeando algunos detalles de tu boda y justo en ese momento llega tu novio/a. Pregúntale a quién invitó él/ella, si mandó las invitaciones y si reservó el salón para la fiesta.

ACTIVIDAD **18** **Una telenovela** Las telenovelas siempre tienen un argumento (*plot*) muy complicado. Aquí tienen Uds. seis personajes que necesitan nombre, profesión y personalidad. En grupos de tres, descríbanlos y escriban una sinopsis breve del argumento de tres episodios de la telenovela para publicarla en una revista. Usen las palabras de la lista *La expresión del amor* (página 446).

La pregunta inesperada

◄ *Don Quijote,* Pablo Ruiz Picasso (1881–1973), España.

invitar	to invite; to treat
por algo será	there must be a reason

Juan Carlos invitó a Claudia a pasar el día en Alcalá de Henares, una pequeña ciudad que está a media hora de Madrid.

ACTIVIDAD **19** **Busca la información** Mientras escuchas la conversación, anota qué hay en Alcalá de Henares y después, di por qué están allí Juan Carlos y Claudia.

<table>
<tr><td>CLAUDIA</td><td>¿Por qué insististe en venir a Alcalá de Henares? No me dices nada, ¿eh? Tú te andas con unos misterios como si tuvieras algún secreto . . .</td></tr>
<tr><td>JUAN CARLOS</td><td>Pero, ¿no te parece romántico estar aquí, en el lugar donde nació Cervantes? Si no fuera por él, no existiría Dulcinea y entonces yo no te podría llamar "mi Dulcinea".</td></tr>
<tr><td>CLAUDIA</td><td>Por favor, Juan Carlos, no seas cursi y vamos a almorzar que me estoy muriendo de hambre.</td></tr>
<tr><td>JUAN CARLOS</td><td>Bueno, vamos a comer en la Hostería del Estudiante.</td></tr>
</table>

 Hypothesizing

CLAUDIA   ¡Huy, huy, huy! ¿A qué se debe tanta elegancia? ¿Qué vamos a celebrar, tu nuevo puesto en Caracas? Supongo que me vas a invitar, ¿no?

JUAN CARLOS   Claro que te voy a invitar. Si venimos a Alcalá de Henares, por algo será . . .

En la Hostería del Estudiante (*después de la comida*)

CLAUDIA   La comida estaba deliciosa. ¿Tomamos el café en otro lugar?

JUAN CARLOS   No, mejor nos quedamos aquí porque quiero hablarte. Claudia . . . este . . . nosotros nos queremos, ¿no?

CLAUDIA   Claro que nos queremos. ¿A qué viene esa pregunta? No sé qué te pasa hoy; estás tan . . . tan no sé qué . . .

JUAN CARLOS   Pues es que . . . ya casi se acaba el año . . . y . . . yo me voy a Venezuela y tú te vuelves a Colombia.

CLAUDIA   No me lo recuerdes . . . Pero vamos a estar cerca . . . Vas a ir a visitarme, ¿no?

JUAN CARLOS   Por supuesto, pero . . . ya nos conocemos desde hace un año y . . . ¿Sabes que mi abuelo le propuso matrimonio a mi abuela aquí mismo hace cincuenta y cuatro años? Y . . . estaba pensando que . . . ¿Por qué no nos casamos tú y yo?

◈ Popping the question
◈ Showing disbelief

CLAUDIA   ¿Cómo? . . . ¿Me estás tomando el pelo?

JUAN CARLOS   Claudia, ¡por favor! Hablo en serio. Quiero que te cases conmigo, que te vayas a Caracas conmigo y que pasemos el resto de nuestra vida juntos.

CLAUDIA   Juan Carlos . . .

◈ Hypothesizing

CLIENTES   Si fuera más joven, yo me casaría con él . . . ¡Di que sí! . . . ¡Contesta que sí! ¡Acepta! . . . ¡No lo hagas sufrir! ¡Cásate!

ACTIVIDAD 20 ¿Comprendiste? Después de escuchar la conversación otra vez, contesta estas preguntas.

1. ¿Por qué es romántico Alcalá de Henares para Juan Carlos?
2. ¿Qué sabes de Cervantes?
3. ¿Qué van a hacer Juan Carlos y Claudia ahora que casi se acaba el año?
4. ¿Por qué fueron a la Hostería del Estudiante y no a otro restaurante?
5. ¿Crees que Claudia diga que sí o que no? ¿Por qué?
6. En tu opinión, ¿cómo es Juan Carlos: romántico, cursi, . . . ?

Alcalá de Henares fue un centro cultural muy importante en siglos pasados. Por su universidad pasaron muchas personas famosas, incluso el escritor más famoso de la lengua española, Miguel de Cervantes Saavedra. Cervantes escribió *El ingenioso hidalgo Don Quijote de la Mancha,* la novela cumbre de la literatura española. La figura de Don Quijote representa el idealismo y Sancho Panza, su fiel compañero, el realismo. Del *Quijote* viene la palabra "Dulcinea", que tiene una connotación parecida a la de *Juliet* en inglés. ¿Qué significa la palabra *quixotic* en inglés?

ACTIVIDAD 21 **Los estereotipos** Los hispanos tienen fama de ser muy románticos. En cambio, los norteamericanos tienen fama de ser fríos y poco apasionados.
En grupos de cuatro, hablen sobre esta pregunta: ¿Creen que sean ciertos estos
estereotipos? ¿Por qué?

Hacia la comunicación II

I. Expressing Reciprocal Actions

Él la besa.

Ella lo besa.

Ellos se besan.

◈ Review placement of reflexive
pronouns, Ch. 4.

1 ◆ To express a reciprocal action (something people do to each other or to one
another), use the reflexive pronouns **nos, os,** and **se** with the corresponding form
of the verb. Some common verbs used reciprocally are **abrazar, amar, besar,
escribir, mirar, llamar, odiar,** and **querer.**

Las amigas **se** escrib**en** a menudo.	*The friends write to each other often.*
Cuando entró mamá, **nos estábamos** besando.	*When Mom came in, we were kissing (each other).*

2 ◆ You may use **el uno al otro** (*each other*) for clarification or emphasis. **El uno
al otro** agrees in gender and number with the nouns or pronouns being modified.

Ellas **se** llam**an la una a la otra** todos los días.	*They call each other every day.*
Al ganar, los miembros del equipo **se** abraz**aron los unos a los otros.**	*Upon winning, the team members hugged each other.*

NOTE: Use the masculine form of the clarification or emphatic phrase for a male
and a female or males and females.

Él y ella se besaron **el uno al otro.**

II. Expressing Hypothetical Situations: Clauses with *Si*

1 ◆ When making a hypothetical statement about possible future plans, use the present indicative after **si,** and the present, **ir a** + *infinitive*, or the future in the result clause.

Si Clause		Result Clause
Si + present indicative	+	present tense **ir a** + *infinitive* future tense

Si tenemos tiempo, **pasamos/ vamos a pasar** la tarde en el museo.

If we have time, we are going to spend the afternoon at the museum.

Si tengo dinero, **iré** a Machu Picchu.

If I have money, I will go to Machu Picchu.

◈ When the subjunctive is used after **si,** it must be a form of the subjunctive in the past.

2 ◆ To express hypothetical situations about the present, use the imperfect subjunctive after **si** and the conditional in the result clause. Notice in the examples that the **si** clause expresses information that is contrary-to-fact.

Si Clause		Result Clause
Si + imperfect subjunctive	+	conditional

Si fueras presidente, ¿qué **harías**?

If you were president (which you are not), *what would you do?*

Si tuviera dinero, **iría** a Machu Picchu.

If I had money (which I don't right now), *I would go to Machu Picchu.*

Do Workbook *Práctica mecánica II*, CD-ROM, Web Ace Tests, and lab activities.

Internet

ACTIVIDAD **22** **La felicidad matrimonial** Explica qué pasa en cada dibujo, usando los verbos que se presentan.

gritar

no / hablar / mirar

mirar

mirar

mirar

besar

abrazar

hablar

ACTIVIDAD **23** **Luz, cámara, acción** En grupos de tres, una persona es directora de películas y las otras dos (un hombre y una mujer) son actores. Los dos actores deben cerrar el libro ahora mismo. El/la director/a va a leer en voz alta las siguientes líneas del guion mientras los actores representan la escena.

Escena romántica

(Él y ella están sentados.)

Acción:
  Él mira hacia la puerta y ella mira hacia la ventana.
  Él la mira a ella.
  Él mira la pizarra.
  Ella lo mira a él.
  Ella mira hacia la ventana otra vez.
  Él la mira a ella.
  Ella lo mira a él.
  Se miran tiernamente por cinco segundos.
  Él le toca la mano a ella.
  Ella la retira y mira hacia la ventana.
  Él se pone de pie enfrente de ella.
  Se miran intensamente.
  Ella se levanta.
  Él la abraza.
  Ella no lo abraza y se sienta otra vez.
  Él se pone de rodillas y le dice: "Lo siento".
  Ella se ríe.
  Ellos se abrazan.
  Se besan (si el director o la directora quiere).
  FIN

ACTIVIDAD 24 A locas **Parte A:** En grupos de seis, preparen situaciones hipotéticas. Tres personas leen el papel A y tres personas leen el papel B. Sigan las instrucciones.

A

Usen la imaginación y escriban cinco situaciones como las siguientes usando la forma de **yo** (cuanto más exageradas las ideas, mejor): **Si yo ganara $100 por hora . . . , Si tuviera un león en casa . . . , Si estuviera en Siberia . . .** , etc.

B

Usen la imaginación y escriban cinco resultados como los siguientes usando la forma de **yo** (cuanto más exageradas las ideas, mejor): **. . . tendría ocho carros, . . . sería la persona más feliz del mundo,** etc.

Parte B: Cuando estén listos, miren todas las frases del grupo y hagan combinaciones para formar oraciones. Compartan con la clase las que más les gusten.

◆ Si estuviera en Siberia, sería la persona más feliz del mundo.

ACTIVIDAD 25 ¿Qué pasaría? En parejas, terminen estas frases relacionadas con el amor.

1. Yo estaría feliz si mi novio/a . . .
2. Sólo me casaría si . . .
3. Si estuviera casado/a, sólo me divorciaría si . . .
4. Si me enamorara de una persona de otro país, mis padres . . .
5. Si quisiera casarme con alguien que a mis padres no les gustara, . . .
6. Si pudiera viajar a través del tiempo, yo . . . una aventura amorosa con . . . porque . . .

ACTIVIDAD 26 Mi media naranja **Parte A:** Tu vida romántica está muy mal últimamente y por eso, decides ir a la agencia "Corazones solitarios" para encontrar a la persona de tus sueños. Tienes que completar este formulario.

Nombre _____

Edad _____   Soltero/a _____ Divorciado/a _____

Intereses _____

Estoy contento/a cuando _____

Creo que la inteligencia de una persona es tan importante como su aspecto físico.

Sí _____ No _____

Termina estas frases: Si la persona que me selecciona . . .

fuera quince años mayor que yo, _____

tuviera otras creencias religiosas, _____

fuera mucho más baja que yo, _____

no tuviera dinero, _____

no quisiera hijos, _____

nunca hiciera estudios universitarios, _____

viviera a más de cinco horas de mi casa, _____

Creo que una noche perfecta es cuando _____

Parte B: Ahora, vas a tener una entrevista con un/a empleado/a de la agencia. Trabajen en parejas, y basen la entrevista en las respuestas del formulario de la Parte A. Después, cambien de papel.

  Do Workbook *Práctica comunicativa II* and the *Repaso* section. Do CD-ROM, Web Ace Tests, and lab activities.

 Do Web Search activities.

◆ A: Veo que a Ud. le interesa esquiar. ¿Le importaría salir con una persona que no esquiara?

B: Sí, me molestaría porque viajo a muchos centros de esquí.

 # Vocabulario funcional

El arte

el/la artista	*artist*
el cuadro/la pintura	*painting*
el dibujo	*drawing, sketch*
el/la escultor/a	*sculptor*
la escultura	*sculpture*
el/la modelo	*model*

Otras palabras relacionadas con el arte
Ver página 437.

La expresión del amor

abrazar	*to hug, embrace*
el abrazo	*hug, embrace*
besar	*to kiss*
el beso	*kiss*

Otras palabras relacionadas con el amor
Ver página 446.

Palabras y expresiones útiles

dar a conocer	*to make known*
en seguida	*at once, right away*
invitar	*to invite; to treat*
no veo la hora de + *infinitive*	*I can't wait to + infinitive*
por algo será	*there must be a reason*

Capítulo
18

▼ Plaza Mayor, Madrid.

Datos interesantes

¡Felicitaciones! Terminaste el curso de español. Te sugerimos que veas las siguientes películas durante las vacaciones.

➤ *Como agua para chocolate*

➤ *El Norte*

➤ *Fresa y chocolate*

➤ *La historia oficial*

➤ *La lengua de la mariposa*

➤ *Mujeres al borde de un ataque de nervios*

➤ *Todo sobre mi madre*

La despedida

darle las gracias (a alguien)	to thank someone
llevarle la contraria (a alguien)	to contradict someone
cada loco con su tema	to each his/her own (literally, each crazy person with his/her own theme)
¡Que vivan los novios!	Long live the bride and groom!

En el capítulo anterior, Juan Carlos le propuso matrimonio a Claudia. Claudia decidió aceptar y ahora los dos van a volver a Colombia para hacer los preparativos para la boda. La conversación tiene lugar en el aeropuerto de Barajas en Madrid, donde están sus amigos para hacerles una despedida.

ACTIVIDAD 1 La despedida Mientras escuchas la conversación, marca los temas que se mencionan.

_____ recuerdos del año   _____ los nervios

_____ don Alejandro y su ayuda   _____ los exámenes finales

_____ qué van a beber   _____ una obra de teatro

_____ qué van a comer   _____ un brindis (*a toast*)

	CLAUDIA	Teresa, no te olvides de darle a don Alejandro las gracias otra vez por toda la ayuda que nos dio a Juan Carlos y a mí este año.
	MARISEL	De verdad, él ha sido como un padre para todos nosotros.
	CAMARERO	¿Qué van a tomar?
	JUAN CARLOS	Champán para todos. Hay que celebrar.
	CAMARERO	Bueno, ¿dos botellas?
	JUAN CARLOS	Sí, y siete copas.
	CLAUDIA	Para mí no. Un té.
	JUAN CARLOS	¿Un té? ¿Estás bien?
	CLAUDIA	Sí, estoy bien, sólo un poco nerviosa.

◇ Ordering

	JUAN CARLOS	Camarero, dos botellas de champán, siete copas y un té. Por lo menos vas a participar en el brindis y no se puede brindar con una taza de té.
	CLAUDIA	Bueno, tomaré sólo un poquito.
	TERESA	¡Ay! Los nervios de la novia.
	JUAN CARLOS	Y del novio. Todavía no conozco a la familia de Claudia y nunca he estado en Colombia.

◇ Giving an implied command

	CLAUDIA	Ya te dije que no te preocuparas. Todos te van a querer mucho y te va a encantar Colombia. Yo tampoco conozco a tu familia.
	JUAN CARLOS	A través de mis emails ya te conocen perfectamente y les caes muy bien. Yo sólo espero que tú y yo tengamos una vida feliz y que no nos peleemos como en la obra de teatro que vimos la semana pasada.
	CLAUDIA	Sí, cada vez que él decía negro, ella decía blanco.
	JUAN CARLOS	Negro.
	CLAUDIA	Blanco, te dije.
	JUAN CARLOS	¿Me vas a llevar la contraria? Negro.
	MUJERES	Blanco.
	HOMBRES	Negro.
	VICENTE	Cada loco con su tema y ésos del drama sí que estaban locos, completamente locos.

◇ Predicting

	CLAUDIA	Tú y yo nunca seremos así. Siempre vamos a hablar.
	JUAN CARLOS	Y a escucharnos el uno al otro. Así no vamos a tener problemas cuando estemos casados.
	CAMARERO	Aquí tienen Uds. un té, siete copas y dos botellas de champán.
	VICENTE	Mira, el champán es Cordón Negro.
	MUJERES	Blanco.
	HOMBRES	Negro.
	VICENTE	Bueno, negro o blanco, quiero hacer un brindis.
	TERESA	Sí, un brindis.

◇ Expressing hope

	VICENTE	Espero que Claudia y Juan Carlos sean felices en su matrimonio o por lo menos que no se peleen mucho por cosas de poca importancia, que todos nosotros podamos ir a Colombia para la boda y que don Alejandro encuentre unos pasajes muy baratos para que vayamos sin que nos cueste un ojo de la cara. ¡Que vivan los novios!
	TODOS	¡Que vivan!

ACTIVIDAD **2** **Los detalles** Escucha la conversación otra vez y contesta estas preguntas.

1. Don Alejandro los ayudó mucho a todos este año. ¿Con quién lo compara una de las chicas?
2. ¿Qué piden para tomar?
3. ¿Qué pide Claudia y por qué?
4. Todos vieron una obra de teatro la semana pasada. ¿Cuál crees que sea el título del drama?
5. Vicente hace un brindis y pide tres deseos. ¿Cuáles son?

ACTIVIDAD **3** **¡Que vivan!** En la conversación, Vicente dice **¡Que vivan los novios!** Es muy típico oír deseos con la construcción **que** + *subjuntivo* en una celebración. Expresa tus deseos sobre el final del curso y el examen final.

 ◆ ¡Que el examen sea justo!

Una obra de teatro

ESTRATEGIA: Reading a Play

A play is meant to be seen and heard. Therefore, while reading a play it is important to visualize the action that is occurring. In order to do this, one must focus on the three integral parts of any play:

- a description of the set including lighting
- the stage directions, which tell the actors how to respond, what gestures to make, and where to go
- the dialogue

You will read a short, one-act play by Virgilio Piñera (1912–1980), a Cuban author. This work is entitled *Estudio en blanco y negro* and is representative of a genre called "theater of the absurd."

Use the conditional to hypothesize.

el personaje = character in a play

el carácter = character of a person

ACTIVIDAD **4** **Llevarle la contraria** En parejas, lean otra vez la parte de la conversación del principio del capítulo donde Claudia y Juan Carlos hablan del drama que vieron. Si tuvieran que crear un drama con esa información, ¿de qué trataría? ¿Quiénes serían los personajes principales?

ACTIVIDAD **5** **Según el contexto** Antes de leer el drama _Estudio en blanco y negro_ de Virgilio Piñera, debes comprender el significado de algunas palabras que encontrarás. Intenta sacar el significado de las palabras en negrita (_bold_).

1. Mira estos dos como están **arrullándose,** parece que están muy enamorados.
   a. peleándose   b. abrazándose   c. sentándose

2. Siempre me molesta cuando alguien **alza la voz** al hablar con los extranjeros. El problema es que ellos no entienden bien el español, no es que no puedan oír.
   a. habla en voz baja   b. habla con claridad   c. habla en voz alta

3. El otro día Juan **se me declaró** pero yo le dije que no lo quería. El pobre estaba muy triste.
   a. me dijo que me quería
   b. me propuso que viviéramos juntos
   c. me propuso que nos separáramos

4. —Un hombre me insultó en la calle.
   —**¡Qué más te da!** Ni lo conoces y nunca lo vas a volver a ver.
   a. ¡No importa!   b. ¡Qué molesto!   c. ¡Qué significativo!

5. —Yo que tú, le diría que debe aceptar el trabajo.
   —**¿Quién te dio vela en este entierro?** Él no es ni tu novio ni tu marido y de verdad, no tienes por qué opinar.
   a. Gracias por tu opinión.
   b. No estoy de acuerdo con tu opinión.
   c. No es asunto tuyo, por eso no debes dar tu opinión.

6. —Mi hermano me dijo que no iba a contarles nada a mis padres con tal de que yo le diera 1.000 pesos.
   —Conque **chantaje,** ¿eh?
   a. dinero para comprar algo en una tienda
   b. dinero para que otra persona no hable
   c. dinero para otra persona por un servicio

7. Pepe y Carlos se pelearon y Pepe **le dio dos bofetadas** a Carlos. Debías de haberlo visto. El pobre Carlos tenía el ojo totalmente cerrado y se le cayó un diente.
   a. le pegó   b. le habló en voz alta   c. le rompió algo

8. —¿Qué quieres que te diga?
   —Quiero **que seas franca,** no quiero oír más mentiras.
   a. que digas la verdad
   b. que seas puntual
   c. que des la respuesta correcta

9. Pobre Carmela, se le murió el marido y después perdió al hijo en un accidente de tráfico. La pobre se volvió loca y la pusieron en un **manicomio.**
   a. hospital para enfermos mentales
   b. hospital para pacientes con problemas físicos
   c. centro de rehabilitación para gente con problemas de drogadicción

10. —Creo **que encendí la candela** hoy con Pablo.
    —¿Se enfadó contigo? ¿Por qué?
    —Le conté un chiste sobre calvos y creo que se ofendió.
    a. terminé algo   b. causé problemas   c. justifiqué mi opinión

Estudio en blanco y negro

Virgilio Piñera

Una plaza. Estatua ecuestre en el centro de la plaza. En torno a la estatua, cuatro bancos de mármol. En uno de los bancos se arrulla una pareja. Del lateral derecho un HOMBRE que se cruza con otro HOMBRE que ha salido del lateral izquierdo exactamente junto a la estatua. Al cruzarse se inmovilizan y se dan la vuelta como si se hubieran reconocido. La acción tiene
5 *lugar durante la noche.*

HOMBRE 1°:	Blanco . . .
HOMBRE 2°:	¿Cómo ha dicho?
HOMBRE 1°:	He dicho blanco.
HOMBRE 2°:	(*Denegando con la cabeza.*) No . . . no . . . no . . . no . . . Blanco, no; negro.
10 *HOMBRE 1°:*	He dicho blanco, y blanco tiene que ser.
HOMBRE 2°:	Así que ésas tenemos . . . (*Pausa.*) Pues yo digo negro. Cámbielo si puede.
HOMBRE 1°:	Y lo cambio. (*Alza la voz.*) Blanco.
HOMBRE 2°:	Alza la voz para aterrorizarme, pero no irá muy lejos. Yo también tengo pulmones. (*Gritando.*) Negro.
15 *HOMBRE 1°:*	(*Ya violento agarra a HOMBRE 2° por el cuello.*) Blanco, blanco y blanco.
HOMBRE 2°:	(*A su vez agarra por el cuello a HOMBRE 1°, al mismo tiempo que se libra del apretón de éste con un brusco movimiento.*) Negro, negro y negro.
HOMBRE 1°:	(*Librándose con igual movimiento del apretón del HOMBRE 2°, frenético.*) Blanco, blanco, blancooooo . . .
20 *HOMBRE 2°:*	(*Frenético.*) Negro, negro, negrooooo . . .

Las palabras "blanco" y "negro" llegan a ser ininteligibles. Después sobreviene el silencio. Pausa larga. HOMBRE 1° ocupa un banco. HOMBRE 2° ocupa otro banco. Desde el momento en que ambos hombres empezaron a gritar, los NOVIOS han suspendido sus caricias y se han dedicado a mirarlos con manifiesta extrañeza.

25 NOVIO: (*A la* NOVIA.) Hay muchos locos sueltos . . .

NOVIA: (*Al* NOVIO, *riendo.*) Y dilo . . . (*Pausa.*) El otro día . . .

NOVIO: (*Besando a la* NOVIA.) Déjalos. Cada loco con su tema. El mío es besarte. Así. (*Vuelve a hacerlo.*)

NOVIA: (*Al* NOVIO, *un tanto bruscamente.*) Déjame hablar. Siempre que voy a
30 decir algo me comes a besos. (*Pausa.*) Te figuras que soy nada más que una muñequita de carne . . .

NOVIO: (*Contemporizando.*) Mima, yo no creo eso.

NOVIA: (*Al* NOVIO *más excitada.*) Sí que lo crees. Y más que eso. (*Pausa.*) El otro día me dijiste que los hombres estaban para pensar y las mujeres para gozar.

35 NOVIO: (*Riendo.*) ¡Ah, vaya! ¿Es eso lo que tenías guardado? Por eso dijiste: «El otro día . . . »

NOVIA: (*Moviendo la cabeza.*) No, no es eso. Cuando dije «el otro día» es que iba a decir . . . (*Se calla.*)

NOVIO: (*Siempre riendo.*) Acaba por decirlo.

40 NOVIA: (*Con mohín de pudor.*) Es que me da pena.

NOVIO: (*Enlazándole la cintura con ambos brazos.*) Pena con tu papi . . .

NOVIA: Nada, que el otro día un loco se me declaró, y si no llega a ser por un perro, lo paso muy mal. Figúrate que . . . (*Se calla.*)

NOVIO: (*Siempre riendo.*) ¿Qué hizo el perro? ¿Lo mordió?

45 NOVIA: No, pero le ladró, el loco se asustó y se mandó a correr.

NOVIO: (*Tratando de besarla de nuevo.*) Bueno, mima, ya lo dijiste. Ahora déjate dar besitos por tu papi. (*Une la acción a la palabra.*)

HOMBRE 2º: (*Mostrando el puño a* HOMBRE 1º *lo agita por tres veces.*) Negro.

HOMBRE 1º: (*Negando por tres veces con el dedo índice en alto.*) Blanco.

50 NOVIO: (*A la* NOVIA.) Esto va para largo. Mima, vámonos de aquí. (*La coge por la mano.*)

NOVIA: (*Negándose.*) Papi, ¡qué más te da! . . . Déjalos que griten.

NOVIO: (*Resignado.*) Como quieras. (*Con sensualidad.*) ¿Quién es tu papito rico?

NOVIA: (*Con sensualidad.*) ¿Y quién es tu mamita rica?

55 HOMBRE 1º: (*Se para, se acerca a la pareja, pregunta en tono desafiante.*) ¿Blanco o negro?

NOVIO: (*Creyendo habérselas con un loco.*) Lo que Ud. prefiera, mi amigo.

HOMBRE 1º: Lo que yo prefiera, no. ¿Blanco o negro?

NOVIO: (*Siempre en el mismo temperamento.*) Bueno, la verdad que no sé . . .

HOMBRE 1º: (*Enérgico.*) ¡Cómo que no sabe! ¿Blanco o negro?

60 NOVIA: (*Mirando ya a* HOMBRE 1º *ya a su* NOVIO, *de súbito.*) Blanco.

NOVIO: (*Mirando a su* NOVIA *y dando muestras de consternación.*) ¿Blanco? . . . No; blanco, no; negro.

NOVIA: (*Excitada.*) Que te crees tú eso. He dicho blanco.

NOVIO: (*Persuasivo.*) Mima, ¿me vas a llevar la contraria? (*Pausa.*) Di negro,
65 como tu papi lo dice.

NOVIA: (*Con mohín de disgusto.*) ¿Y por qué te voy a dar el gusto? Cuando el loco preguntó, yo dije blanco. (*Pausa.*) Vamos a ver: ¿por qué también no dijiste blanco?

NOVIO: (*Siempre persuasivo, pero con violencia contenida.*) Mima, di negro, com-
70 place a tu papi. ¿Qué más te da decirlo?

NOVIA: Pídeme lo que quieras, menos que diga negro. Dije blanco, y blanco se queda.

NOVIO: (*Ya violento.*) ¿De modo que le das la razón a ese tipejo y me la quitas a mí? (*Pausa.*) Pues vete con él.

◈ **Mima** and **mami** are used interchangeably as terms of endearment in Cuba. **Papi** is a corresponding term for men.

75   *NOVIA:*   (*Con igual violencia.*) ¡Ah!, ¿sí? ¿Conque chantaje? Pues oye: ¡blanco, blanco, blanco, blanco! (*Grita hasta desgañitarse, terminando en un acceso de llanto. Se deja caer en el banco ocultando la cara entre las manos.*)

    HOMBRE 1°:   (*Se arrodilla a los pies de la* NOVIA, *saca un pañuelo, le seca las lágrimas, le toma las manos, se las besa, con voz emocionada y un tanto en falsete:*)

80   ¡Gracias, señorita, gracias! (*Pausa. Se para. Gritando.*) ¡Blanco!

    NOVIA: (*Mirándolo extrañada.*) ¿Quién te dio vela en este entierro? (*Pausa.*) ¡Negro, negro, negro!

    NOVIO: (*Se sienta junto a la* NOVIA, *le coge las manos, se las besa.*) Gracias mami; gracias por complacer a tu papi. (*Hace por besarla, pero ella hurta la cara.*)

85   *NOVIA:*   ¡Que te crees tú eso! ¡Blanco, blanco!

    HOMBRE 1°:   (*A la* NOVIA.) Así se habla.

    NOVIO: (*A* HOMBRE 1°, *agresivo.*) Te voy a partir el alma . . .

    HOMBRE 2°:   (*Llegando junto al* NOVIO.) Déle dos bofetadas, señor. Usted es de los míos.

90   *NOVIO:*   (*A* HOMBRE 2°.) No se meta donde no lo llaman.

    HOMBRE 2°:   (*Perplejo.*) Señor, usted ha dicho, como yo, negro.

    NOVIO: (*A* HOMBRE 2°.) ¡Y qué! Pues digo blanco. ¿Qué pasa?

    NOVIA: (*Amorosa.*) Duro y a la cabeza, papi. Te quiero mucho.

    NOVIO: (*A la* NOVIA.) Sí, mami; pero eso es aparte. No le permito a ese tipejo

95   que hable en mi nombre. Si digo negro es porque yo mismo lo digo.

    NOVIA: (*Al* NOVIO.) Pero ahora mismo acabas de decir blanco.

    NOVIO: (*A la* NOVIA.) Por llevarle la contraria, mami; por llevársela. (*Pausa.*) Desde un principio dije negro, y si tú me quieres también debes decir negro.

100   *NOVIA:*   (*Categórica.*) Ni muerta me vas a oír decir negro. Hemos terminado. (*Adopta una actitud desdeñosa y mira hacia otro lado.*)

    NOVIO: (*Igual actitud.*) Bueno, cuando te decidas a decir negro me avisas. (*Se sienta en otro banco.*)

HOMBRE 1° *y* HOMBRE 2° *ocupan los dos bancos restantes. La escena se oscurece hasta un*
105 *punto en que no se distinguirán las caras de los actores. Se escuchará en sordina, cualquier marcha fúnebre por espacio de diez segundos. De nuevo se hace luz.*

    NOVIO: (*Desde su banco, a la* NOVIA.) ¿Cómo se llama este parque?

    NOVIA: (*Con grosería, sin mirarlo.*) Ni lo sé ni me importa.

    NOVIO: (*Se para, va al banco de su* NOVIA, *se sienta junto a ella.*) Vamos, mami, no

110   es para tanto . . . (*Trata de abrazarla.*)

    NOVIA: (*Se lo impide.*) Suelta . . . Suelta . . .

    HOMBRE 1°:   (*Desde su banco.*) Éste es el Parque de los Mártires.

    NOVIA: (*Sin mirar a* HOMBRE 1°.) No me explico, sólo se ve un mártir.

    HOMBRE 1°:   (*A la* NOVIA.) Se llama Parque de los Mártires desde hace veinticinco

115   años. Hace diez erigieron la estatua ecuestre. Es la del general Montes.

    HOMBRE 2°:   (*Se para, camina hacia el banco donde están los* NOVIOS.) Perdonen que intervenga en la conversación. (*Pausa.*) Sin embargo, les interesará saber que el general Montes fue mi abuelo.

    HOMBRE 1°:   (*Se para, camina hacia el banco donde están los novios. A* HOMBRE 2°.) ¿Es

120   cierto, como se dice, que el general murió loco?

    HOMBRE 2°:   Muy cierto. Murió loco furioso.

    HOMBRE 1°:   (*A* HOMBRE 2°.) Se dice que imitaba el ladrido de los perros. ¿Qué hay de verdad en todo esto?

HOMBRE 2°:   (*A HOMBRE 1°.*) No sólo de los perros, también de otros animales.
125   (*Pausa.*) Era un zoológico ambulante.
HOMBRE 1°:   (*A HOMBRE 2°.*) La locura no es hereditaria.
HOMBRE 2°:   (*A HOMBRE 1°.*) No necesariamente. Que yo sepa, en mi familia ha sido el único caso.
NOVIA: (*A HOMBRE 2°.*) Perdone, pero soy tan fea como franca. Para mí, usted
130   es un loco de atar.
HOMBRE 2°:   (*Con suma cortesía y un dejo de ironía.*) Perdón, señorita; su opinión es muy respetable. Ahora bien: siento defraudarla. No estoy loco. Me expreso razonablemente.
NOVIA: (*A HOMBRE 2°.*) ¿Cuerdo usted? ¿Cuerdo se dice? ¿Y cuerdo se cree?
135   (*Pausa.*) ¿Así que usted llega a un parque, se para y grita: «¡Negro!», y cree estar cuerdo? (*Pausa.*) Pues mire, por menos que eso hay mucha gente en el manicomio. (*Pausa. A HOMBRE 1°.*) Y usted no se queda atrás. Entró por allí (*Señala el lateral derecho.*) gritando «¡Blanco!»
HOMBRE 1°:   (*A la NOVIA.*) Siempre es la misma canción. Si uno grita blanco o
140   cualquier otra cosa, en seguida lo toman por loco. (*Pausa.*) Pues sepa que me encuentro en pleno goce de mis facultades mentales.
HOMBRE 2°:   (*A la NOVIA.*) Igual cosa me ocurre a mí. Nadie, que yo sepa, está loco por gritar blanco, negro u otro color. (*Pausa.*) Vine al parque; de pronto me entraron unas ganas locas de gritar algo. Pues grité
145   «¡Negro!» y no pasó nada, no se cayó el mundo.
NOVIO: (*A HOMBRE 2°.*) ¿Que no pasó nada? Pues mire: mi novia y yo nos hemos peleado.
HOMBRE 2°:   Lo deploro profundamente. (*Pausa.*) Ahora bien: le diré que eso es asunto de ustedes. (*A HOMBRE 1°.*) ¿Vive por aquí?
150 HOMBRE 1°: No, vivo en la playa; pero una vez por mes vengo a efectuar un pago en ese edificio de la esquina. (*Señala con la mano.*) Usted comprenderá que el tramo es más corto atravesando el parque. (*Pausa.*) Y usted, ¿vive en este barrio?
HOMBRE 2°:   Allí, en la esquina. (*Señala con la mano.*) Es la casa pintada de azul. ¿La
155   ve? La de dos plantas. En ella murió el general.
NOVIO: (*Nervioso, a ambos hombres.*) ¡Oigan! Ustedes ahí muy tranquilos conversando después de haber encendido la candela . . .
HOMBRE 1°:   (*Mirando a HOMBRE 2° y después mirando al NOVIO.*) ¿La candela? . . . No entiendo.
160 NOVIO: ¡Pues claro! Se pusieron a decir que si blanco, que si negro; nos metieron en la discusión, y mi novia y yo, sin comerlo ni beberlo, nos hemos peleado por ustedes.
HOMBRE 2°:   (*Al NOVIO.*) Bueno, eso de sin comerlo ni beberlo se lo cuenta a otro. Usted se decidió por negro.
165 NOVIO: Porque ella dijo blanco. (*Pausa. A la NOVIA.*) A ver, ¿por qué tenía que ser blanco?
NOVIA: (*Al NOVIO.*) ¿Y por qué tenía que ser negro? A ver, dime.
NOVIO: (*A la NOVIA.*) Mami, no empieces . . .
NOVIA: (*Al NOVIO.*) ¡Anjá! Conque no empiece . . . ¿Y quién empezó?
170 NOVIO: (*A la NOVIA.*) Mira, mami, yo lo que quiero es que no tengamos ni un sí ni un no. ¿Qué trabajo te cuesta complacer a tu papi?
NOVIA: (*Al NOVIO.*) Compláceme a mí. Di blanco. Anda, dilo.
NOVIO: (*A la NOVIA.*) Primero muerto y con la lengua cosida. Negro he dicho y negro seguiré diciendo.

◀ Un teatro de
Cienfuegos, Cuba.

175 *HOMBRE 1º:*   (*Al NOVIO.*) Que se cree usted eso. Es blanco.

NOVIO: (*Se levanta, desafiante.*) ¿Qué te pasa? Está bueno ya, ¿no? No me desmoralices a mi novia. (*A la NOVIA.*) Mami, di que es negro.

NOVIA: (*Se levanta hecha una furia. Al NOVIO.*) No, no y mil veces no. Es blanco y seguirá siendo blanco.

180 *HOMBRE 1º:*   (*Cuadrándose y saludando militarmente.*) Es blanco. (*Al NOVIO, presentándole el pecho abombado.*) Puede matarme, aquí mi corazón; pero seguiremos diciendo blanco. (*A la NOVIA.*) ¡Valor, señorita!

NOVIO: (*A HOMBRE 1º.*) Y yo te digo que es negro y te voy a hacer tragar el blanco.

185 *HOMBRE 2º:*   (*Gritando.*) ¡Negro, negro!

NOVIA: (*Gritando.*) ¡Blanco!

NOVIO: (*Gritando.*) ¡Negro!

HOMBRE 1º: (*Gritando.*) ¡Blanco!

HOMBRE 2º: (*Gritando.*) ¡Negro!

190 *Ahora todos gritan indistintamente «blanco» o «negro». Las palabras ya no se entienden. Agitan los brazos.*

HOMBRE 3º: (*Entrando por el lateral izquierdo, atraviesa el parque gritando:*) ¡Amarillo! ¡Amarillo! ¡Amarillo!

Los cuatro personajes enmudecen y se quedan con la boca abierta y los brazos en alto.

195 *HOMBRE 3º:*   (*Vuelve sobre sus pasos, siempre gritando:*) ¡Amarillo! ¡Amarillo! ¡Amarillo! (*Desaparece. Telón.*)

FIN DE
ESTUDIO EN BLANCO Y NEGRO

ACTIVIDAD **6** **¿Cuánto entendiste?** Contesta estas preguntas sobre el drama.

1. ¿Dónde tiene lugar la acción?
2. ¿Cuántos personajes hay? ¿Quiénes son?
3. ¿Cómo empieza la pelea entre los hombres?
4. ¿Al principio qué piensan los jóvenes de los dos hombres?
5. ¿Quiere responder el *NOVIO* cuando el *HOMBRE 1°* le pregunta si es blanco o negro? ¿Por qué sí o no?
6. ¿Cómo empieza la pelea entre los dos jóvenes?
7. ¿Cómo se llama el parque y de quién es la estatua?
8. La *NOVIA* cree que el *HOMBRE 2°* es **un loco de atar.** ¿El *HOMBRE 2°* se considera loco o cuerdo?
9. En las líneas 156–157, el *NOVIO* acusa a los dos hombres de **encender la candela.** ¿A qué se refiere?
10. ¿Cómo termina el drama?
11. Para ti, ¿cuál es el mensaje del drama?

Note: The director should use commands to tell the actors what to do. For example: **Siéntate allí. Di esta frase con más emoción.**

ACTIVIDAD **7** **Luz, cámara, acción** En grupos de seis, ensayen el drama para representarlo enfrente de la clase. Una persona es el/la director/a y el Hombre 3 y los otros son los demás personajes. Tomen de diez a quince minutos para ensayar su actuación.

El rodaje de una ➤ película en Madrid.

ACTIVIDAD **8** **El feminismo y el machismo** En el drama hay varios ejemplos de machismo y de feminismo. Busca los ejemplos y prepárate para defender tu opinión.

♦ Él le dijo a ella que quería que ella . . . Eso es típico del machismo porque . . .

ACTIVIDAD **9** **Su vida** En parejas, háganse las siguientes preguntas sobre su vida.

1. ¿Alguna vez has tenido una pelea con alguien sobre algo totalmente insignificante? Si contestas que sí, ¿recuerdas de qué se trataba?
2. ¿Conoces a alguien que sea muy machista? Si contestas que sí, ¿te molesta su actitud? ¿Por qué sí o no?
3. ¿Conoces a alguien que sea muy feminista? Si contestas que sí, ¿te molesta su actitud? ¿Por qué sí o no?

◈ Review contrary-to-fact statements on p. 452.

ACTIVIDAD **10** **Opiniones** Piensa en tus respuestas a las siguientes preguntas. Luego, en parejas, comparen sus respuestas y defiendan su opinión.

1. ¿Cómo reaccionarías si tu pareja ganara más dinero que tú?
2. Si estuvieras con un grupo de amigos y si tu pareja dijera algo con lo cual no estuvieras de acuerdo, ¿le llevarías la contraria? ¿Por qué sí o no? Si dices que dependería de las circunstancias, explica las circunstancias.
3. ¿Cómo reaccionarías si tu hermana o una amiga estuviera casada con un hombre que no trabajara y que se ocupara de la casa y de los niños? ¿Cómo reaccionarían tus padres?
4. ¿Cómo reaccionarías si tu pareja te tratara como el novio del drama? ¿Y si tu pareja te tratara como la novia?

◈ Predicting the future

ACTIVIDAD **11** **El futuro** En parejas, imagínense que la pareja del drama *Estudio en blanco y negro* se casa. ¿Cómo será su vida en el futuro? ¿Serán felices? ¿Vivirán tranquilamente? ¿Se pelearán? Hagan predicciones sobre el futuro.

◈ Narrating and describing in the past and expressing opinions

ACTIVIDAD **12** **Narración en el pasado** En parejas, Uds. son críticos de teatro y van a hacer una crítica de *Estudio en blanco y negro*. Primero, hablen de cómo era el escenario, de qué trataba el drama, qué ocurrió, el machismo y feminismo en la obra y si les gustó la obra o no y por qué.

Fin de curso

◈ Use future tense.

ACTIVIDAD **13** **Preparándose para el examen** **Parte A:** En grupos de tres, hablen de cómo se van a preparar para el examen final. Anoten sus ideas.

 ◆ Usaremos el CD-ROM.

Parte B: Conviertan las oraciones de la Parte A en mandatos para darle órdenes al resto de la clase.

◈ Use commands.

 ◆ Usaremos el CD-ROM. ⟶ Usen el CD-ROM.

ACTIVIDAD **14** **La última actividad** Felicitaciones, Uds. acaban de terminar el curso de español. En grupos de tres hablen de los siguientes temas.

1. Tres cosas que aprendieron este año que no sabían antes sobre el mundo hispano.
2. Cómo usarán el español en el futuro. Deben pensar en cinco posibilidades, por lo menos.

Videoimágenes

Imágenes

ACTIVIDAD **15** **¿Qué recuerdas?** A lo largo de este video has visto cinco ciudades: Madrid, San Juan, el D. F., Quito y Buenos Aires. Di cuál te interesaría visitar y por qué.

El palacio de Bellas Artes, ➤ ciudad de México.

1:13:34–end

ACTIVIDAD **16** **Lugares de interés** Mariela y Javier le preguntan a gente de las cinco ciudades qué lugares recomendarían para visitar en un día solamente y por qué. Escucha lo que dice la gente y marca qué lugar está en qué ciudad.

	el D. F.	San Juan	Quito	Buenos Aires	Madrid
La Boca					
la Iglesia de la Compañía					
la Iglesia San Francisco					
el Morro					
el Museo de Antropología					
el Museo del Prado					
el Palacio de Bellas Artes					
el Parque de Chapultepec					
el Parque de la Alameda					
el Parque del Retiro					
la Plaza de la Independencia					
la Plaza Mayor					
la Recoleta					
San Telmo					
el Yunque					
el Zócalo					

ACTIVIDAD **17** **¿Cuáles prefieres?** Imagina que puedes visitar una de las cinco ciudades que viste en el segmento. Decide cuál prefieres y prepárate para justificar tu preferencia. Luego, en grupos de tres, Uds. van a visitar juntos una de las cinco ciudades que vieron. Traten de convencer a las otras personas del grupo que la ciudad que Uds. eligieron es la ideal para visitar.

ACTIVIDAD **18** **Tu ciudad** En grupos de tres, imaginen que un grupo de estudiantes de otro país está de visita por un día en la ciudad donde Uds. estudian. Decidan cuatro lugares que van a recomendarles para que visiten y por qué.

Reference Section

Appendix A: Verb Charts

NOTE: In the sections on stem-changing and spelling-changing verbs, only tenses in which a change occurs are shown.

Regular Verbs

Infinitive	hablar	comer	vivir
Present participle	hablando	comiendo	viviendo
Past participle	hablado	comido	vivido

Simple Tenses

	hablar	comer	vivir
Present indicative	hablo	como	vivo
	as	es	es
	a	e	e
	amos	emos	imos
	áis	éis	ís
	an	en	en
Imperfect indicative	hablaba	comía	vivía
	abas	ías	ías
	aba	ía	ía
	ábamos	íamos	íamos
	abais	íais	íais
	aban	ían	ían
Preterit	hablé	comí	viví
	aste	iste	iste
	ó	ió	ió
	amos	imos	imos
	asteis	isteis	isteis
	aron	ieron	ieron
Future indicative	hablaré	comeré	viviré
	ás	ás	ás
	á	á	á
	emos	emos	emos
	éis	éis	éis
	án	án	án
Conditional	hablaría	comería	viviría
	ías	ías	ías
	ía	ía	ía
	íamos	íamos	íamos
	íais	íais	íais
	ían	ían	ían

	hablar	comer	vivir
Affirmative and negative commands	**tú:** habla, no hables **Ud.:** hable, no hable **Uds.:** hablen, no hablen **vosotros/as:** hablad, no habléis	come, no comas coma, no coma coman, no coman comed, no comáis	vive, no vivas viva, no viva vivan, no vivan vivid, no viváis
Present subjunctive	que hable es e emos éis en	que coma as a amos áis an	que viva as a amos áis an
Imperfect subjunctive	que hablara aras ara áramos arais aran	que comiera ieras iera iéramos ierais ieran	que viviera ieras iera iéramos ierais ieran

Compound Tenses

	hablar	comer	vivir
Present perfect indicative	he hablado has hablado, *etc.*	he comido has comido, *etc.*	he vivido has vivido, *etc.*
Pluperfect indicative	había hablado habías hablado, *etc.*	había comido habías comido, *etc.*	había vivido habías vivido, *etc.*
Future perfect	habré hablado habrás hablado, *etc.*	habré comido habrás comido, *etc.*	habré vivido habrás vivido, *etc.*
Conditional perfect	habría hablado habrías hablado, *etc.*	habría comido habrías comido, *etc.*	habría vivido habrías vivido, *etc.*
Present perfect subjunctive	que haya hablado hayas hablado, *etc.*	que haya comido hayas comido, *etc.*	que haya vivido hayas vivido, *etc.*
Pluperfect subjunctive	que hubiera hablado hubieras hablado, *etc.*	que hubiera comido hubieras comido, *etc.*	que hubiera vivido hubieras vivido, *etc.*

Stem-Changing Verbs

	-ar verbs: e ⟶ ie		**-er** verbs: e ⟶ ie	
Infinitive	**pensar** to think		**entender** to understand	
Present indicative	**pienso** **piensas** **piensa**	pensamos pensáis **piensan**	**entiendo** **entiendes** **entiende**	entendemos entendéis **entienden**
Affirmative commands	**piensa** **piense**	pensad **piensen**	**entiende** **entienda**	entended **entiendan**
Present subjunctive	que **piense** **pienses** **piense**	pensemos penséis **piensen**	que **entienda** **entiendas** **entienda**	entendamos entendáis **entiendan**

	-ar verbs: o ⟶ **ue**		**-er** verbs: o ⟶ **ue**	
Infinitive	**contar** to tell; to count		**volver** to return	
Present indicative	**cuento**	contamos	**vuelvo**	volvemos
	cuentas	contáis	**vuelves**	volvéis
	cuenta	**cuentan**	**vuelve**	**vuelven**
Affirmative commands	**cuenta**	contad	**vuelve**	volved
	cuente	**cuenten**	**vuelva**	**vuelvan**
Present subjunctive	que **cuente**	contemos	que **vuelva**	volvamos
	cuentes	contéis	**vuelvas**	volváis
	cuente	**cuenten**	**vuelva**	**vuelvan**

	-ir verbs: e ⟶ **i, i**	
Infinitive	**servir** to serve	
Present indicative	**sirvo**	servimos
	sirves	servís
	sirve	**sirven**
Affirmative commands	**sirve**	servid
	sirva	**sirvan**
Present subjunctive	que **sirva**	**sirvamos**
	sirvas	**sirváis**
	sirva	**sirvan**
Preterit	serví	servimos
	serviste	servisteis
	sirvió	**sirvieron**
Imperfect subjunctive	que **sirviera**	
	sirvieras, *etc.*	
Present participle	**sirviendo**	

	-ir verbs: e ⟶ **ie, i**		**-ir** verbs: o ⟶ **ue, u**	
Infinitive	**sentir** to feel; to regret		**dormir** to sleep	
Present indicative	**siento**	sentimos	**duermo**	dormimos
	sientes	sentís	**duermes**	dormís
	siente	**sienten**	**duerme**	**duermen**
Affirmative commands	**siente**	sentid	**duerme**	dormid
	sienta	**sientan**	**duerma**	**duerman**
Present subjunctive	que **sienta**	**sintamos**	que **duerma**	**durmamos**
	sientas	**sintáis**	**duermas**	**durmáis**
	sienta	**sientan**	**duerma**	**duerman**
Preterit	sentí	sentimos	dormí	dormimos
	sentiste	sentisteis	dormiste	dormisteis
	sintió	**sintieron**	**durmió**	**durmieron**
Imperfect subjunctive	que **sintiera**		que **durmiera**	
	sintieras, *etc.*		**durmieras,** *etc.*	
Present participle	**sintiendo**		**durmiendo**	

Verbs with Spelling Changes

	Verbs in **-car:** **c** ⟶ **qu** before **e**		Verbs in **-gar:** **g** ⟶ **gu** before **e**	
Infinitive	**buscar** to look for		**llegar** to arrive	
Preterit	**busqué**	buscamos	**llegué**	llegamos
	buscaste	buscasteis	llegaste	llegasteis
	buscó	buscaron	llegó	llegaron
Affirmative commands	busca	buscad	llega	llegad
	busque	**busquen**	**llegue**	**lleguen**
Present subjunctive	que **busque**	**busquemos**	que **llegue**	**lleguemos**
	busques	**busquéis**	**llegues**	**lleguéis**
	busque	**busquen**	**llegue**	**lleguen**

	Verbs in **-ger** and **-gir:** **g** ⟶ **j** before **a** and **o**		Verbs in **-guir:** **gu** ⟶ **g** before **a** and **o**	
Infinitive	**coger** to pick up		**seguir** to follow	
Present indicative	**cojo**	cogemos	**sigo**	seguimos
	coges	cogéis	sigues	seguís
	coge	cogen	sigue	siguen
Affirmative commands	coge	coged	sigue	seguid
	coja	**cojan**	**siga**	**sigan**
Present subjunctive	que **coja**	**cojamos**	que **siga**	**sigamos**
	cojas	**cojáis**	**sigas**	**sigáis**
	coja	**cojan**	**siga**	**sigan**

	Verbs in **-zar: z** ⟶ **c** before **e**	
Infinitive	**empezar** to begin	
Preterit	**empecé**	empezamos
	empezaste	empezasteis
	empezó	empezaron
Affirmative commands	empieza	empezad
	empiece	**empiecen**
Present subjunctive	que **empiece**	**empecemos**
	empieces	**empecéis**
	empiece	**empiecen**

	Verbs in **-eer:** unstressed **i** ⟶ **y**	
Infinitive	**creer** to believe	
Preterit	creí	creímos
	creíste	creísteis
	creyó	**creyeron**
Imperfect subjunctive	que **creyera**	**creyéramos**
	creyeras	**creyerais**
	creyera	**creyeran**
Present participle	**creyendo**	

Irregular Verbs

	caer to fall	**conducir** to drive
Present indicative	caigo, caes, cae, caemos, caéis, caen	conduzco, conduces, conduce, conducimos, conducís, conducen
Preterit	caí, caíste, cayó, caímos, caísteis, cayeron	conduje, condujiste, condujo, condujimos, condujisteis, condujeron
Imperfect	caía, caías, *etc.*	conducía, conducías, *etc.*
Future	caeré, caerás, *etc.*	conduciré, conducirás, *etc.*
Conditional	caería, caerías, *etc.*	conduciría, conducirías, *etc.*
Present subjunctive	que caiga, caigas, caiga, caigamos, caigáis, caigan	que conduzca, conduzcas, conduzca, conduzcamos, conduzcáis, conduzcan
Imperfect subjunctive	que cayera, cayeras, cayera, cayéramos, cayerais, cayeran	que condujera, condujeras, condujera, condujéramos, condujerais, condujeran
Participles	cayendo, caído	conduciendo, conducido
Affirmative commands	————	conduce, conducid conduzca, conduzcan

	conocer to know, be acquainted with	**construir** to build
Present indicative	conozco, conoces, conoce, conocemos, conocéis, conocen	construyo, construyes, construye, construimos, construís, construyen
Preterit	conocí, conociste, conoció, conocimos, conocisteis, conocieron	construí, construiste, construyó, construimos, construisteis, construyeron
Imperfect	conocía, conocías, *etc.*	construía, construías, *etc.*
Future	conoceré, conocerás, *etc.*	construiré, construirás, *etc.*
Conditional	conocería, conocerías, *etc.*	construiría, construirías, *etc.*
Present subjunctive	que conozca, conozcas, conozca, conozcamos, conozcáis, conozcan	que construya, construyas, construya, construyamos, construyáis, construyan
Imperfect subjunctive	que conociera, conocieras, conociera, conociéramos, conocierais, conocieran	que construyera, construyeras, construyera, construyéramos, construyerais, construyeran
Participles	conociendo, conocido	construyendo, construido
Affirmative commands	conoce, conoced conozca, conozcan	construye, construid construya, construyan

	dar to give	**decir** to say; to tell
Present indicative	doy, das, da, damos, dais, dan	digo, dices, dice, decimos, decís, dicen
Preterit	di, diste, dio, dimos, disteis, dieron	dije, dijiste, dijo, dijimos, dijisteis, dijeron
Imperfect	daba, dabas, *etc.*	decía, decías, *etc.*
Future	daré, darás, *etc.*	diré, dirás, *etc.*
Conditional	daría, darías, *etc.*	diría, dirías, *etc.*
Present subjunctive	que dé, des, dé, demos, deis, den	que diga, digas, diga, digamos, digáis, digan
Imperfect subjunctive	que diera, dieras, diera, diéramos, dierais, dieran	que dijera, dijeras, dijera, dijéramos, dijerais, dijeran
Participles	dando, dado	diciendo, dicho
Affirmative commands	da, dad dé, den	di, decid diga, digan

	estar to be	**freír** to fry
Present indicative	estoy, estás, está, estamos, estáis, están	frío, fríes, fríe, freímos, freís, fríen
Preterit	estuve, estuviste, estuvo, estuvimos, estuvisteis, estuvieron	freí, freíste, frió, freímos, freísteis, frieron
Imperfect	estaba, estabas, *etc.*	freía, freías, *etc.*
Future	estaré, estarás, *etc.*	freiré, freirás, *etc.*
Conditional	estaría, estarías, *etc.*	freiría, freirías, *etc.*
Present subjunctive	que esté, estés, esté, estemos, estéis, estén	que fría, frías, fría, friamos, friáis, frían
Imperfect subjunctive	que estuviera, estuvieras, estuviera, estuviéramos, estuvierais, estuvieran	que friera, frieras, friera, friéramos, frierais, frieran
Participles	estando, estado	friendo, frito
Affirmative commands	está, estad esté, estén	fríe, freíd fría, frían

	haber to have (*auxiliary verb*)	**hacer** to do; to make
Present indicative	he, has, ha, hemos, habéis, han	hago, haces, hace, hacemos, hacéis, hacen
Preterit	hube, hubiste, hubo, hubimos, hubisteis, hubieron	hice, hiciste, hizo, hicimos, hicisteis, hicieron
Imperfect	había, habías, *etc.*	hacía, hacías, *etc.*
Future	habré, habrás, *etc.*	haré, harás, *etc.*
Conditional	habría, habrías, *etc.*	haría, harías, *etc.*
Present subjunctive	que haya, hayas, haya, hayamos, hayáis, hayan	que haga, hagas, haga, hagamos, hagáis, hagan
Imperfect subjunctive	que hubiera, hubieras, hubiera, hubiéramos, hubierais, hubieran	que hiciera, hicieras, hiciera, hiciéramos, hicierais, hicieran
Participles	habiendo, habido	haciendo, hecho
Affirmative commands	————	haz, haced haga, hagan

	ir to go	**oír** to hear
Present indicative	voy, vas, va, vamos, vais, van	oigo, oyes, oye, oímos, oís, oyen
Preterit	fui, fuiste, fue, fuimos, fuisteis, fueron	oí, oíste, oyó, oímos, oísteis, oyeron
Imperfect	iba, ibas, iba, íbamos, ibais, iban	oía, oías, *etc.*
Future	iré, irás, *etc.*	oiré, oirás, *etc.*
Conditional	iría, irías, *etc.*	oiría, oirías, *etc.*
Present subjunctive	que vaya, vayas, vaya, vayamos, vayáis, vayan	que oiga, oigas, oiga, oigamos, oigáis, oigan
Imperfect subjunctive	que fuera, fueras, fuera, fuéramos, fuerais, fueran	que oyera, oyeras, oyera, oyéramos, oyerais, oyeran
Participles	yendo, ido	oyendo, oído
Affirmative commands	ve, id vaya, vayan	oye, oíd oiga, oigan

	poder (ue) to be able, can	**poner** to put
Present indicative	puedo, puedes, puede, podemos, podéis, pueden	pongo, pones, pone, ponemos, ponéis, ponen
Preterit	pude, pudiste, pudo, pudimos, pudisteis, pudieron	puse, pusiste, puso, pusimos, pusisteis, pusieron
Imperfect	podía, podías, *etc.*	ponía, ponías, *etc.*
Future	podré, podrás, *etc.*	pondré, pondrás, *etc.*
Conditional	podría, podrías, *etc.*	pondría, pondrías, *etc.*
Present subjunctive	que pueda, puedas, pueda, podamos, podáis, puedan	que ponga, pongas, ponga, pongamos, pongáis, pongan
Imperfect subjunctive	que pudiera, pudieras, pudiera, pudiéramos, pudierais, pudieran	que pusiera, pusieras, pusiera, pusiéramos, pusierais, pusieran
Participles	pudiendo, podido	poniendo, puesto
Affirmative commands	————	pon, poned ponga, pongan

	querer (ie) to want; to love (someone)	**saber** to know (how)
Present indicative	quiero, quieres, quiere, queremos, queréis, quieren	sé, sabes, sabe, sabemos, sabéis, saben
Preterit	quise, quisiste, quiso, quisimos, quisisteis, quisieron	supe, supiste, supo, supimos, supisteis, supieron
Imperfect	quería, querías, *etc.*	sabía, sabías, *etc.*
Future	querré, querrás, *etc.*	sabré, sabrás, *etc.*
Conditional	querría, querrías, *etc.*	sabría, sabrías, *etc.*
Present subjunctive	que quiera, quieras, quiera, queramos, queráis, quieran	que sepa, sepas, sepa, sepamos, sepáis, sepan
Imperfect subjunctive	que quisiera, quisieras, quisiera, quisiéramos, quisierais, quisieran	que supiera, supieras, supiera, supiéramos, supierais, supieran
Participles	queriendo, querido	sabiendo, sabido
Affirmative commands	quiere, quered quiera, quieran	sabe, sabed sepa, sepan

	salir de to leave; to go out	**ser** to be
Present indicative	salgo, sales, sale, salimos, salís, salen	soy, eres, es, somos, sois, son
Preterit	salí, saliste, salió, salimos, salisteis, salieron	fui, fuiste, fue, fuimos, fuisteis, fueron
Imperfect	salía, salías, *etc.*	era, eras, era, éramos, erais, eran
Future	saldré, saldrás, *etc.*	seré, serás, *etc.*
Conditional	saldría, saldrías, *etc.*	sería, serías, *etc.*
Present subjunctive	que salga, salgas, salga, salgamos, salgáis, salgan	que sea, seas, sea, seamos, seáis, sean
Imperfect subjunctive	que saliera, salieras, saliera, saliéramos, salierais, salieran	que fuera, fueras, fuera, fuéramos, fuerais, fueran
Participles	saliendo, salido	siendo, sido
Affirmative commands	sal, salid salga, salgan	sé, sed sea, sean

	tener to have	**traer** to bring
Present indicative	tengo, tienes, tiene, tenemos, tenéis, tienen	traigo, traes, trae, traemos, traéis, traen
Preterit	tuve, tuviste, tuvo, tuvimos, tuvisteis, tuvieron	traje, trajiste, trajo, trajimos, trajisteis, trajeron
Imperfect	tenía, tenías, *etc.*	traía, traías, *etc.*
Future	tendré, tendrás, *etc.*	traeré, traerás, *etc.*
Conditional	tendría, tendrías, *etc.*	traería, traerías, *etc.*
Present subjunctive	que tenga, tengas, tenga, tengamos, tengáis, tengan	que traiga, traigas, traiga, traigamos, traigáis, traigan
Imperfect subjunctive	que tuviera, tuvieras, tuviera, tuviéramos, tuvierais, tuvieran	que trajera, trajeras, trajera, trajéramos, trajerais, trajeran
Participles	teniendo, tenido	trayendo, traído
Affirmative commands	ten, tened tenga, tengan	trae, traed traiga, traigan

	valer to be worth	**venir** to come
Present indicative	valgo, vales, vale, valemos, valéis, valen	vengo, vienes, viene, venimos, venís, vienen
Preterit	valí, valiste, valió, valimos, valisteis, valieron	vine, viniste, vino, vinimos, vinisteis, vinieron
Imperfect	valía, valías, *etc.*	venía, venías, *etc.*
Future	valdré, valdrás, *etc.*	vendré, vendrás, *etc.*
Conditional	valdría, valdrías, *etc.*	vendría, vendrías, *etc.*
Present subjunctive	que valga, valgas, valga, valgamos, valgáis, valgan	que venga, vengas, venga, vengamos, vengáis, vengan
Imperfect subjunctive	que valiera, valieras, valiera, valiéramos, valierais, valieran	que viniera, vinieras, viniera, viniéramos, vinierais, vinieran
Participles	valiendo, valido	viniendo, venido
Affirmative commands	————	ven, venid venga, vengan

	ver to see
Present indicative	veo, ves, ve, vemos, veis, ven
Preterit	vi, viste, vio, vimos, visteis, vieron
Imperfect	veía, veías, veía, veíamos, veíais, veían
Future	veré, verás, *etc.*
Conditional	vería, verías, *etc.*
Present subjunctive	que vea, veas, vea, veamos, veáis, vean
Imperfect subjunctive	que viera, vieras, viera, viéramos, vierais, vieran
Participles	viendo, visto
Affirmative commands	ve, ved vea, vean

Reflexive Verbs

	levantarse to get up; to stand up
Present indicative	me levanto, te levantas, se levanta, nos levantamos, os levantáis, se levantan
Participles	levantándose, levantado
Affirmative and negative commands	**tú:** levántate, no te levantes **Ud.:** levántese, no se levante **Uds.:** levántense, no se levanten **vosotros/as:** levantaos, no os levantéis

Appendix B: Accentuation and Syllabication

Diphthongs

1 ♦ A diphthong is the combination of a weak vowel (i, u) and a strong vowel (a, e, o), or the combination of two weak vowels. When two vowels are combined, the strong vowel or the second of two weak vowels takes a slightly greater stress in the syllable:

v*u*elvo   a*u*tomático   t*i*ene   conc*i*enc*i*a   c*iu*dad

2 ♦ When the stress of the word falls on the weak vowel of a strong-weak combination, no diphthong occurs and the weak vowel takes a written accent mark to break the diphthong:

pa-ís   dí-a   tí-o   en-ví-o   Ra-úl

Stress

1 ♦ If a word ends in **n, s,** or a **vowel,** the stress falls on the *next-to-last syllable.*

lava**pla**tos   ex**a**men   **ho**la   aparta**men**to

2 ♦ If a word ends in any **consonant** other than **n** or **s,** the stress falls on the *last syllable.*

espa**ñol**   us**ted**   regu**lar**   prohi**bir**

3 ♦ Any exception to rules 1 and 2 has a written accent mark on the stressed vowel.

televi**si**ón   tel**é**fono   **ál**bum   cen**tí**metro

4 ♦ Question and exclamation words (**cómo, dónde, cuál, qué,** etc.) always have accents.

5 ♦ Certain words change meaning when written with an accent although pronunciation remains the same.

cómo	how	**como**	like
dé	give	**de**	of/from
él	he/him	**el**	the
más	more	**mas**	but
mí	me	**mi**	my
sé	I know	**se**	*refl. pro.*
sí	yes	**si**	if
sólo	only	**solo**	alone
té	tea	**te**	you
tú	you	**tu**	your

6 ◆ Demonstrative pronouns may have a written accent to distinguish them from demonstrative adjectives (except for **esto, eso,** and **aquello,** which are always neuter pronouns).

éste   este niño   éstas   estas blusas

Syllabication

1 ◆ Syllables usually end in a vowel.

ca-sa   ba-su-ra   dro-ga

2 ◆ A diphthong is never separated unless the stress of the word falls on the weak vowel of a strong-weak vowel combination.

a-mue-blar   ciu-dad   ju-lio   BUT: dí-a

3 ◆ Two consonants are usually separated. Remember that **ch, ll,** and **rr** are each a single consonant in Spanish.

al-qui-ler   por-te-ro   ca-le-fac-ción   BUT: pe-rro

4 ◆ The consonants **l** and **r** are never separated from the preceding letters **b, c, d, f, g, p,** or **t.**

po-si-ble   a-cla-rar   a-bri-go   BUT: ais-lar

5 ◆ When there is a cluster of three consonants, the first two stay with the preceding vowel unless the third consonant is an **l** or an **r,** in which case the last two consonants stay with the vowel that follows.

ins-ti-tu-ción   BUT: ex-pli-car   des-crip-ción

6 ◆ When there is a cluster of four consonants, they are always divided between the second and third consonants.

ins-crip-ción   ins-truc-ción

Spanish-English Vocabulary

This vocabulary includes most of the active vocabulary presented in the chapters. (Some exceptions are the months of the year, adjectives of nationality, many numbers, names of cities and countries, and many obvious cognates.) The list also includes many receptive words found throughout the chapters. The definitions are limited to the context in which the words are used in this book. Active words are followed by a number that indicates the chapter in which the word appears as an active item; the abbreviation Pre. refers to the *Capítulo preliminar*.

The following abbreviations are used:

adj.	adjective	*n.*	noun
adv.	adverb	*part.*	participle
aux.	auxiliary	*pl.*	plural
f.	feminine	*sing.*	singular
inf.	infinitive	*subj.*	subjunctive
m.	masculine	*v.*	verb

a to; at; **al (a + el)/a la** to the; **A la/s . . .** At . . . o'clock. 5; **~ la vez** at the same time; **~ lo mejor** perhaps 10; **~ menos que** unless 16; **~ menudo** often 12; **¿~ qué hora . . . ?** At what time . . . ? 5; **¿~ quién?** to whom?; **~ tiempo** on time 7, in time; **~ veces** at times 12; **~ ver.** Let's see.
abajo below
abierto/a open 15
el/la abogado/a lawyer 1
el abono fertilizer
abrazar to hug; to embrace 17
el abrazo hug; embrace 17
el abrigo coat 5
abrir to open 6; **Abre/Abran el libro en la página . . .** Open your book to page . . . Pre.
abrocharse el cinturón to buckle the seat belt 11
el/la abuelo/a grandfather/grandmother 6
aburrido/a: estar ~ to be bored; **ser ~** to be boring 3
aburrirse como una ostra to be really bored (literally, "to be bored like an oyster") 10
acabar de + *inf.* to have just + *past part.* 5
acaso: por si ~ in case
acampar to go camping
la acción action
el aceite oil 9
el acelerador accelerator 11
el acento accent
acentuar to accent
aceptado/a accepted

aceptar to accept, agree to do
acercarse to approach, come near
acompañar to accompany 7
aconsejar to advise 8
el acontecimiento event
acordarse (o → ue) de to remember
acostar (o → ue) to put someone to bed
acostarse (o → ue) to go to bed 5
acostumbrarse a to become accustomed to
la actividad activity Pre.; **Mira/Miren la actividad . . .** Look at activity . . . Pre.
activo/a active, lively
el actor/la actriz actor 1
actual present-day, current
el acuario aquarium 14
el acueducto aqueduct 14
acuerdo: ¿De ~? Agreed? O.K.?
adecuado/a adequate
además besides 11
Adiós. Good-by. Pre.
la adivinanza guessing game
adivinar to guess
la admisión admission
¿Adónde? Where? (*with verb of motion*); **¿~ vas?** Where are you going? 3
adorar to adore
adquirir (e → i, i) to acquire
la aduana customs 7; **el/la agente de aduanas** customs official
la aerolínea airline 7
el/la aeromozo/a flight attendant
el aeropuerto airport 7
afectar to affect
afeitar: la crema de ~ shaving cream 2

afeitarse to shave 4
el afiche poster
la afición liking, fondness
el/la aficionado/a enthusiast, fan
la agencia de viajes travel agency 3
el/la agente: ~ de aduanas customs official; **~ de viajes** travel agent 1
agradable pleasant
agresivo/a aggressive 15
agrícola agricultural
el agua (*f.*) water 8; **~ de colonia** cologne 2; **~ dulce** fresh water; **~ salada** salt water
el aguacate avocado
el agujero hole 15
ahí there
ahora now; **~ mismo** right now 11
ahorrar to save
el aire: ~ acondicionado air conditioning 11
al aire libre outdoors
aislado/a isolated
el ajedrez chess 9; **jugar (u → ue) (al) ajedrez** to play chess 9
el ajo garlic 12
al + *inf.* upon + *-ing* 15
el ala (*f.*) wing
el albergue hostel
el álbum (de fotos) photo album 16
alcanzar to reach
la alcoba bedroom
alcohólico/a alcoholic
alegrarse de to be happy about 9
la alegría happiness
la alfombra rug 8
algo something 6; **¿~ más?** Something/Anything else? 12

el algodón cotton 5
alguien someone 6
algún/alguno/a/os/as some/any 7;
    algunas veces sometimes 12;
    alguna vez (at) sometime, ever 13
allá over there 4
allí there 4
el alma (*f.*) soul
el almacén department store
almorzar (**o → ue**) to have lunch 5
el almuerzo lunch
¿Aló? Hello? 7
el alojamiento lodging, accommodation
alquilar to rent 8
el alquiler the rent 8
alrededor around
alternar to alternate
el altiplano high plateau
alto/a tall 3
el/la alumno/a student
el ama de casa (*f.*) housewife 1
amable nice 15
el/la amante lover (*usually negative
    connotation*) 17
amar to love 7
amargo/a bitter
amarillo/a yellow 5
ambicioso/a ambitious (*negative
    connotation*) 15
el ambiente atmosphere; **el medio
    ambiente** the environment 15
el ámbito field (*professional*)
ambos/as both
la ambulancia ambulance 11
el/la amigo/a friend
la amistad friendship
el amor love; **¡Por ~ de Dios!** For
    heaven's sake! (literally, "For the
    love of God!") 8
amueblado/a furnished 8
amueblar to furnish
el analfabetismo illiteracy
anaranjado/a orange (*color*) 5
el/la anciano/a old man/woman
andar to go; to walk; to amble
andinismo: hacer ~ to go mountain
    climbing, mountaineering
andino/a Andean
el anillo ring
el aniversario anniversary
anoche last night 6
anotar to take notes, jot down
anteayer the day before yesterday 6
los anteojos eyeglasses 16
el/la antepasado/a ancestor
anterior (*adj.*) former, previous; (*n. m.*)
    front part
antes before; **~ de** (+ *inf.*) before + -*ing*;
    ~ (de) que before 16; **~ que
    nada** before anything else 16
el antibiótico antibiotic 11
el anticonceptivo contraceptive

antiguo/a ancient, antique
antipático/a unpleasant; disagreeable 3
anunciar to advertise; to announce
el anuncio advertisement, notice,
    announcement
añadir to add 9; to increase
el anfiteatro amphitheater 14
el año year 1; **Año Nuevo** New Year's
    Day; **~ pasado** last year 6; **~ que
    viene** next year; **cumplir años** to
    have a birthday 4
apagar to turn off 11
aparecer to appear
el apartamento apartment 8
aparte separate; **~ de** apart from
la apatía apathy
apático/a apathetic, indifferent
el apellido: el primer apellido first last
    name (*father's name*) 1; **el
    segundo apellido** second last name
    (*mother's maiden name*) 1
apenas scarcely, hardly
apoyar to support
el apoyo support
apreciar to value, appreciate
aprender to learn 3
aprovechar to make use of, take
    advantage of
aproximadamente approximately
apuntar to jot down
el apunte note; annotation; **tomar
    apuntes** to take notes
aquí here 4
la araña spider
el árbol tree
el arca (*f.*) treasure chest, coffer
el área (*f.*) area code 7
el argumento argument (*reasoning*);
    plot
el armario closet 8
el/la arqueólogo/a archaeologist
el/la arquitecto/a architect
arrancar to start the car 11
arreglar to fix; to arrange 9; **~ el carro**
    to fix the car 9
el arreglo arrangement
arriba above, up
arroba @ (*symbol used in email addresses*) 10
arrogante arrogant 15
el arroz rice
el arte (*normally m.*) art 2
las artes (*f. pl.*) the arts
la artesanía craftsmanship, handicraft
el artículo article
el/la artista artist 17
la arveja pea 12
la ascendencia ancestry
el ascensor elevator 13
asegurar to assure
asesinar to murder
así like this/that 13; **~ es** that's right
el asiento seat 7

la asignatura subject (*school*)
asimilarse to assimilate
asimismo likewise
asistir a to attend (*class, church, etc.*) 6
asociar to associate
el asombro amazement, astonishment
la aspiradora vacuum cleaner 8
la aspirina aspirin 11
astuto/a astute 15
el asunto matter, subject
asustado/a frightened
asustarse to be frightened
atraer to attract
atrás back, behind, rear
atropellar to run over 11
aumentar to increase
el aumento increase
aun even
aún still, yet
aunque although
la aurora dawn
el auto car 6
el autobús bus 6
automático/a automatic (*car*) 11
la autopista freeway, expressway 12
el autorretrato self-portrait 17
auxilios: primeros ~ first aid
avanzar to advance
el ave (*f.*) bird; poultry 12
la avenida avenue
la aventura adventure; **~ amorosa** (love)
    affair 17
averiguar to find out (about)
el avión airplane 6; **por avión** by
    airmail, by plane
avisar to advise; to inform
el aviso sign
ayer yesterday 6
la ayuda help
el/la ayudante helper, assistant
ayudar to help 7; **~ a** + *inf.* to help + *inf.*
el ayuntamiento city hall 14
el azúcar sugar
azul blue 5

la bahía bay
bailar to dance 2
el bailarín/la bailarina dancer
el baile dance
bajar to go down 13; **~ de** to get
    off 13; **~ fotos** to download
    photos 16
bajo/a short (*in height*) 3; low (*voice*)
el bajo first floor; bass guitar
el balcón balcony
el balón ball (*large*) 10
el banano banana; banana tree
el banco bank 3; bench
la banda band 12
el bandoneón concertina (*type of accordion*)
la bandurria lute-like instrument
bañarse to bathe 4

la **bañera** bathtub   8

el **baño** bathroom   7; **el traje de baño** bathing suit   5

barato/a cheap, inexpensive   5

la **barba** beard   4

barbaridad: ¡Qué ~! How awful!

el **barco** ship, boat   6; **en/por ~** by boat

la **barra** slash (*as in* http://www)   10

la **barrera** barrier

el **barrio** neighborhood

basado/a based

basar to base

el **basquetbol** basketball   10

¡Basta (de . . .)! (That's) enough (. . .)!   14

bastante enough

bastardilla: en ~ in italics

la **basura** garbage   15

el **bate** bat   10

la **batería** battery   11; drums   12

la **batidora** blender

el **baúl** trunk   11

beber to drink   2

la **bebida** drink   12

la **beca** scholarship

el **béisbol** baseball   10

la **belleza** beauty

bello/a beautiful; **bellísimo/a** very beautiful   6

besar to kiss   17

el **beso** kiss   17

la **biblioteca** library   3

la **bicicleta** bicycle   6

el **bidé** bidet   8

bien O.K.; well   Pre.

bienvenido/a welcome

el/los bigote/s mustache   4

bilingüe bilingual

el **billar** billiards   9

el **billete** bill (*paper money*)   14; ticket   7

la **biología** biology   2

el **bistec** steak   12

blanco/a white   5; **blanco y negro** black and white   16

blando/a soft

el **bloque** block

la **blusa** blouse   5

la **boca** mouth   4

la **boda** wedding   6

el **bodegón** still life (*painting*)   17

la **bola: ~ de bolos** bowling ball   10

el **boleto** ticket

el **bolígrafo** ballpoint pen   Pre.

los bolos bowling   10

la **bolsa** bag

el **bolso: ~ de mano** hand luggage   7

bonito/a pretty   3

borracho/a drunk   3

el **borrador** rough draft

borrar to erase

el **bosque** woods   12; **~ pluvial** rain forest

el **bosquejo** outline

la **bota** boot   5

la **botánica** store that sells herbs, candles, books, and religious articles (*Puerto Rico, Cuba*)

la **botella** bottle

el **botones** bellboy   7

el **boxeo** boxing   10

el **brazo** arm   4

breve brief

la **brisa** breeze

bueno/a good   3; **es bueno** it's good   8; **Buenas noches.** Good night. Good evening.   Pre.; **Buenas tardes.** Good afternoon.   Pre.; **Buenos días.** Good morning.   Pre.

el **buscador** search engine   10

buscar to look for   6

la **búsqueda** search

el **buzón** mailbox   10

el **caballero** gentleman

el **caballo** horse   14

la **cabeza** head   4

la **cabina** cabin

cabo: al fin y al ~ after all; **llevar a ~** to accomplish

cada each, every; **~ loco con su tema** to each his/her own (literally, "each crazy person with his/her own theme")   18

la **cadena** chain; (television) network

la **cadera** hip

caer to fall; to drop   13; **Me cae (la mar de) bien.** I like him/her a lot.   15; **Me cae mal.** I don't like him/her.   15

el **café** coffee   2

la **cafetera** coffeepot   8

la **cafetería** cafeteria, bar   1

la **caída** fall, drop

la **caja** cashier's desk; box   14

el/la **cajero/a** cashier   14

el **cajero automático** ATM   14

la **calabaza** gourd

el **calcetín** sock

la **calculadora** calculator   2

el **cálculo** calculus   2

la **calefacción** heat (*in a house*)   8

el **calendario** calendar

caliente warm

¡Calla! Quiet!

callado/a quiet, silent

callarse to be silent, keep quiet

la **calle** street   8

el **callejón** alley   13

calor: hace ~ it's hot   4; **tener ~** to be hot   5

calvo/a bald

los calzoncillos/calzones men's/women's underwear

la **cama** bed   2

la **cámara** camera   2; **~ de video** video camera   16; **~ digital** digital camera   16

el/la **camarero/a** waiter/waitress   1

cambiar to change; **~ de papel** to switch roles; **~ (dinero)** to exchange, to change (money)   14; **cambiando de tema** changing the subject   10

el **cambio** exchange rate   14; change (*i.e., coins, small bills*)   14; exchange; **~ de raíz** stem change; **en cambio** in exchange; on the other hand; instead

los **cambios** gears (*of a car*); **con cambios** manual (transmission)

caminar to walk   2

la **caminata** walk, stroll

el **camino** road, path

el **camión** truck   6

la **camisa** shirt   5

la **camiseta** T-shirt   5

la **campana** bell

el **campeón/la campeona** champion   10

el **campeonato** championship

el/la **campesino/a** peasant, farmer

el **campo** countryside   12; field; **~ de fútbol** soccer field

el **canal de televisión** TV channel

la **canasta** basket

la **cancha** (*tennis, basketball*) court

la **canción** song

la **canica** marble (*for games*)

cansado/a tired   3

el **cansancio** fatigue, tiredness, weariness

el/la **cantante** singer   1

cantar to sing   2

la **cantidad** quantity

el **canto** singing, song

la **caña de azúcar** sugar cane

la **capa de ozono** ozone layer   15

el **caparazón** shell (*of an animal*)

capaz capable   15

la **capital** capital (city); **¿Cuál es ~ de . . . ?** What is the capital of . . . ?   Pre.

el **capítulo** chapter

la **cápsula** capsule   11

captar to capture

la **cara** face   4; **Cuesta un ojo de ~.** It costs an arm and a leg. (Literally, "It costs an eye from your face.")   5

el **cardamomo** cardamom

la **carga** load, cargo, burden

cargar to carry, transport

el **cariño** affection   17

carismático/a charismatic   15

la **carne** meat   12; **~ de res** beef   12

caro/a expensive   5; **Te va a salir caro.** It's going to cost you.   10

la **carrera** course of study; career; race

la **carreta** wagon, cart

el **carrete** film   16

la **carretera** road, highway   12

el carro car 6

la carta letter 4; menu 12; **~ de recomendación** letter of recommendation 16

las cartas: jugar (u → ue) a ~ to play cards 9

el cartel poster

el/la cartero letter carrier 10

el cartón cardboard 15

la casa house; home 3; **echar ~ por la ventana** to go all out (literally, "to throw the house out the window") 6

casado/a: está ~ (con) he/she is married (to) 6

casarse (con) to marry; to get married (to) 6

el casco (de bicicleta/de moto/de fútbol americano) (bicycle/motorcycle/football) helmet 10

casi almost 11

la casilla box

caso: en ~ (de) que in case that

el cassette tape, cassette 2

las castañuelas castanets

el castigo punishment

el castillo castle 14

casualidad: por (pura) ~ by (pure) chance

las cataratas waterfalls 12

catarro: tener ~ to have a cold 11

la catedral cathedral 14

el/la cazador/a hunter

cazar to hunt

la cebolla onion 9

la cédula ID card

celebrar to celebrate

celos: tener ~ (de) to be jealous (of)

celoso/a: estar ~ (de) to be jealous (of); **ser ~** to be jealous

celular: el teléfono ~ cell phone 2

el cementerio cemetery 14

la cena dinner

cenar to have supper/dinner

el centavo cent

centígrados centigrade/Celsius 4

cepillarse: ~ el pelo to brush one's hair 4; **~ los dientes** to brush one's teeth 4

el cepillo: ~ de dientes toothbrush 2; **~ de pelo** hairbrush 2

cerca de near 6

cercano/a near, close by

el cerdo pork 12; pig

el cereal cereal

el cerebro brain

cero zero 1

cerrado/a closed

cerrar (e → ie) to close 5; **Cierra/Cierren el libro.** Close your book. Pre.

la certeza certainty

la cerveza beer 2

el cetro scepter

el champán champagne

el champú shampoo 2

el chantaje blackmail

Chao. By. So long. Pre.

la chaqueta jacket 5

el charango small, five-stringed guitar

la charla talk, conversation

charlar to chat, talk

Chau. By. So long. Pre.

el cheque check; **~ de viajero** traveler's check 14

chévere: ¡Qué ~! Great! (*Caribbean expression*) 12

el/la chico/a boy/girl 1

el chile chili pepper

la chimenea chimney

el/la chiquillo/a young child

los chismes gossip 16

chismoso/a gossipy 15

el chiste joke, funny story

chocar to crash 11

el chocolate chocolate, hot chocolate

el chofer driver, chauffeur 13

el chorizo sausage (*pork, seasoned*)

la chuleta chop 12

el churrasco steak (*Argentina*) 12

el ciclismo cycling 10

el/la ciclista cyclist

cien one hundred 1

la ciencia science

cierto/a sure, certain, true; **es cierto** it's true 9; **por cierto** by the way

el cigarrillo cigarette

la cigüeña stork

el cine movie theater 3

la cinta tape, cassette 2

el cinturón belt 5, **~ de seguridad** seat belt 11

la cirugía surgery

la cita appointment; date; quote

la ciudad city 12; **~ universitaria** college campus

el/la ciudadano/a citizen

el clarinete clarinet 12

claro/a light 5; clear

Claro. Of course. 2; **¡Claro que no!** Of course not!; **¡Claro que sí!** Of course! 2; **está claro** it's clear 9

la clase lesson; class 3

clasificar to rate

el claustro cloister

la cláusula clause

clavar to fix upon; to nail down

el/la cliente client

el clima climate

cobarde cowardly 15

cobrar to charge; to collect

cobro: la llamada a ~ revertido collect phone call 7

el coche car 6

la cocina kitchen 8; **~ eléctrica/de gas** electric/gas stove 8

cocinar to cook 9

el/la cocinero/a cook, chef

el código: ~ internacional country code (*telephone*) 7; **~ postal** postal/zip code

el codo elbow 4

el cognado cognate

el cojín pillow, cushion

cola: hacer ~ to stand in line 10

coleccionar to collect 9; **~ estampillas** to collect stamps 9; **~ monedas** to collect coins 9

el colegio school 3; **~ mayor** dormitory (*Spain*) 1

colgar (o → ue) to hang

la coliflor cauliflower 12

la colina hill 12

colmo: para ~ to top it all off 11

colocado/a positioned, arranged

la colonia colony; **el agua** (*f.*) **de colonia** cologne 2

el color color 5; **¿De qué color es?** What color is it? 5

la comedia comedy

el comedor dining room 8

comentar to comment on; to gossip; **Se comenta que . . .** People comment that . . . 5

el comentario comment

comenzar (e → ie) to begin 5

comer to eat 2

el/la comerciante business owner 1

la comida meal 7

el comienzo beginning, start

como like, as; **~ consecuencia** as a consequence; **~ resultado** as a result; **~ si** as if

¿Cómo? What?; What did you say? 1; **¿~ estás/está?** How are you? (*informal/formal*) Pre.; **¿~ que . . . ?** What do you mean . . . ? 7; **¿~ se dice . . . en español?** How do you say . . . in Spanish? Pre.; **¿~ se escribe . . . ?** How do you spell . . . ? Pre.; **¿~ se llama (usted)?** What's your name? (*formal*) Pre.; **¿~ se llega a . . . ?** How do you get to . . . ? 13; **¿~ te llamas?** What's your name? (*informal*) Pre.

la cómoda chest of drawers 8

cómodo/a comfortable

el/la compañero/a companion; partner

la compañía comercial company, business

comparar to compare

compartir to share

completar to fill out 16; to complete, finish

el comportamiento behavior

comprar to buy   2
comprender to understand; **No comprendo.** I don't understand. Pre.
comprobar (o → ue) to check
el compromiso engagement (*for marriage*)   17
la computadora computer   2
común common; **en ~** in common
la comunidad community
con with   3; **~ cuidado** carefully; **~ frecuencia** frequently, often 12; **~ mucho gusto** with pleasure; **¿~ quién vas?** With whom are you going?   3; **~ tal (de) que** provided that   16
el concierto concert   5
la concordancia concordance, harmony
concordar (o → ue) to agree
el concurso contest
conducir to drive   11
conectar to connect
la conferencia lecture, talk; long distance call
la confianza confidence
el congelador freezer   8
el conjunto (musical) group   12; outfit
conocer to know (*a person/place/thing*)   4; **dar a ~** to make known
conocido/a known
el conocimiento knowledge
la conquista conquest
conquistar to win, conquer, overcome
consciente: ser ~ to be aware   15
la consecuencia consequence; **como consecuencia** as a consequence
conseguir (e → i, i) to get, obtain   13
el/la consejero/a counselor
el consejo advice   8
la conservación conservation   15
conservar to conserve, preserve   15; to take care of
consistir en to consist of
constante constant
constantemente constantly   9
construir to build
el consulado consulate   14
consultar to consult
el consultorio doctor's office
el consumidor consumer
el consumo consumption
la contaminación contamination, pollution   15
contar (o → ue) to tell   6; to count
contemporáneo/a contemporary
el contenido content
contento/a happy   3
el contestador automático answering machine
contestar to answer   6; **(Ana), contéstale a (Vicente) . . .** (Ana), answer (Vicente) . . . Pre.

continuamente continually   9
continuar to continue   12
contra: estar en ~ to be against
la contratapa inside cover
contratar to contract, hire   16
el contrato contract   16
convencer to convince
conversar to converse, talk
convertir (e → ie, i) to convert; to become
la copa stemmed glass, goblet; **~ Mundial** World Cup (*soccer*); **~ de vino** wine glass   9
la copia copy   17
el corazón heart   17
la corbata tie   5
el cordero lamb   12
corregir (e → i, i) to correct
el correo post office; mail   10; **~ electrónico** email   10
correr to run   2
correspondiente corresponding
la corrida de toros bullfight
corrupto/a corrupt   15
cortar to cut   9
la cortina curtain
corto/a short (*in length*)   3
la cosa thing
coser to sew   9
la costa coast   12
costar (o → ue) to cost   5; **Cuesta un ojo de la cara.** It costs an arm and a leg.   5
la costumbre custom, habit
cotidiano/a daily
crear to create
el crecimiento growth
crédito: la tarjeta de ~ credit card
creer to believe   7
creído/a conceited, vain   15
la crema de afeitar shaving cream   2
criar to breed, rear, raise
el crucero cruise
el crucigrama: hacer crucigramas to do crossword puzzles   9
la cruz cross
cruzar to cross (*the street*)   13
la cuadra city block   13
el cuadrado square
el cuadro painting   17; **de cuadros** plaid   5
¿Cuál? Which?   1; **¿~ es tu/su número de . . . ?** What is your . . . number? 1; **¿~ es la capital de . . . ?** What is the capital of . . . ?   Pre.
cualquier any; whichever
cuando when; **de vez en ~** once in a while, from time to time   12
¿Cuándo? When?   2
¿Cuánto/a? How much?; **¿Cuánto cuesta/n . . . ?** How much is/are . . . ?   5

¿Cuántos/as? How many?; **¿Cuántos años tiene él/ella?** How old is he/she?   1
el cuarto room   8; **~ de hora** quarter (*of an hour*)   5; **~ de servicio** maid's room   8
cuarto/a fourth   8
el cuatro four-stringed guitar used in Andean and Caribbean music
cuatrocientos four hundred   6
los cubiertos silverware   9
cubrir to cover   12
la cuchara spoon   9
la cucharada spoonful
el cuchillo knife   9
el cuello neck   4
la cuenta check; account; bill; **~, por favor.** The check, please.   12; **darse cuenta de (algo)** to realize (something)   7; **tener en cuenta** to take into account, bear in mind
el cuento story
la cuerda string
el cuero leather   5
el cuerpo body   4
el cuestionario questionnaire
el cuidado care; **con cuidado** carefully; **tener cuidado** to be careful
cuidar to care for, take care of; **~ plantas** to take care of plants   9
la culpa guilt
culpable guilty
cultivado/a cultured, cultivated
el cumpleaños birthday   4; **Feliz cumpleaños.** Happy birthday.
cumplir ~ años to have a birthday   4
el/la cuñado/a brother-in-law/sister-in-law   6
el cura priest
curar to cure, treat
la curiosidad curiosity; indiscretion; question
el curriculum (vitae)/currículo résumé, curriculum vitae   16
cursar to study, take (*a class*)
cursi overly cute; tacky, in bad taste   12
el curso course

la dama: la primera dama first lady
la danza dance
el daño damage, harm
dar to give   6; **~ a conocer** to make known   17; **~ de comer** to feed; **~ un paseo** to take a walk; **~ una excusa** to give an excuse; **~ una vuelta** to take a ride   15; to go for a stroll/walk; **~ vergüenza** to make ashamed; **darle la vuelta** to turn over   9; **darle las gracias a alguien** to thank someone   18; **darse cuenta de (algo)** to realize (something)   7

el dato fact, piece of information
de of; from 1; **¿~ acuerdo?** O.K.?, Agreed? 13; **ir ~ compras** to go shopping; **~ cuadros** plaid 5; **¿~ dónde eres?** Where are you from? (*informal*) Pre.; **~ espaldas** back-to-back; **~ lunares** polka-dotted 5; **~ nada.** You're welcome. Pre.; **(~ parte) ~ . . .** It/This is . . . (*on telephone*) 7; **¿~ parte de quién?** May I ask who is calling? 7; **¿~ qué color es?** What color is it? 5; **¿~ qué material/tela es?** What material is it made out of? 5; **~ quien** about whom; **¿~ quién/es?** Whose? 2; **~ rayas** striped 5; **~ repente** suddenly 6; **~ segunda mano** secondhand, used 8; **~ súbito** suddenly; **¿~ veras?** Really? 2; **~ vez en cuando** once in a while, from time to time 12
debajo de below 6
deber to owe; **~ + *inf.*** ought to/should **+ *v.*** 4
debido/a due; **debido a** due to, because of
el/la decano/a dean
decidir to decide 6
décimo/a tenth 8
decir to say; to tell 5; **¿Cómo se dice . . . en español?** How do you say . . . in Spanish? Pre.; **Diga. / Dígame.** Hello! (*on telephone*) 7; **Dile a . . .** Tell . . . Pre.; **¡No me diga/s!** No kidding! 5; **¿Qué quiere ~ . . . ?** What does . . . mean? Pre.
el dedo finger 4; **~ meñique** little finger; **~ del pie** toe 4
dejar to leave behind; to let, allow 6; **~ boquiabierto/a (a alguien)** to leave (someone) dumbfounded 16; **~ caer** to drop; **~ de + *inf.*** to stop, quit + -*ing* 10
del = de + el of
delante de in front of 6
deletrear to spell
delgado/a thin 3
demás remaining, rest
demasiado/a too much 3
democrático/a democratic
¡Demonios! Damn! What the devil!
demorar to take (*time*), delay
demostrar (o → ue) to demonstrate
el/la dentista dentist 1
dentro: ~ de in, inside; **~ de poco** in a while
el departamento department; apartment
depender de to depend on
el deporte sport 10
el/la deportista athlete 1
deportivo/a (*adj.*) related to sports

el depósito security deposit 8
la derecha right-hand side; **a ~ de** to the right of 6
el derecho right; law
desafortunadamente unfortunately
la desaparición disappearance
desarrollado/a developed
desarrollar to develop
el desastre disaster
desayunar/se to have breakfast 4
el desayuno breakfast 7
descansar to rest
el/la descendiente descendant
desconocido/a unknown
describir to describe
la descripción description
el descubrimiento discovery
descubrir to discover
desde since, from; **~ hace** for (*time duration*); **~ . . . hasta** from . . . until; **~ luego** of course
desdeñoso/a disdainful, scornful
deseable desirable
desear to want; to desire 3
desechable disposable 16
el desecho waste
el desempleo unemployment 16
el deseo wish, desire
desesperado/a desperate
desfilar to march
el desfile de modas fashion show
el desierto desert
desnudo/a naked
el desodorante deodorant
el desorden disorder
despacio slow, slowly; **Más ~, por favor.** More slowly, please. Pre.; **¿Puede hablar más ~, por favor?** Can you speak more slowly, please? 7
la despedida farewell
despedir (e → i, i) to fire 16
despedirse (e → i, i) to say good-by
despejado/a clear, sunny; spacious
el desperdicio waste
despertar (e → ie) to wake someone up 5
despertarse (e → ie) to wake up 5
después after 3; **~ de + *inf.*** after + -*ing*; **~ de que** after
destacarse to stand out, be outstanding
el destierro exile
el destino destination 7; destiny
destrozado/a ruined, destroyed
la destrucción destruction 15
destruido/a destroyed
destruir to destroy 15
desvelado/a watchful, careful
la desventaja disadvantage
el detalle detail
detener to detain
detenidamente thoroughly
determinado/a specific

detrás de behind 6
la deuda debt
devolver (o → ue) to vomit 11; to return, send back
el día day; **Buenos días.** Good morning. Pre.; **hoy (en) día** today; nowadays 12; **ponerse al día** to bring up to date; **todos los días** every day 3
el diablo devil
el diálogo dialogue
el diamante diamond
la diapositiva (*photographic*) slide 16
diario/a daily
el diario diary, journal
diarrea: tener ~ to have diarrhea 11
dibujar to draw, sketch 17
el dibujo drawing, sketch 17
el diccionario dictionary 2
el dicho saying
el dictado dictation
la dictadura dictatorship
el diente tooth 4; **~ de ajo** clove of garlic; **cepillarse los dientes** to brush one's teeth 4; **la pasta de dientes** toothpaste 2
la diferencia difference; **a diferencia de** unlike; in contrast to
diferente (de) different (from)
difícil difficult
el dinero money 2; **~ en efectivo** cash 14
el/la dios/a god/goddess; **¡Por el amor de Dios!** For heaven's sake! (literally, "For the love of God!") 8
la dirección address 1
directamente directly
el/la director/a director 1
dirigido/a directed
el disco record; **~ compacto** compact disc 2
la discoteca club; disco
discutir to argue; to discuss
el/la diseñador/a designer
disfrutar to enjoy
disparar to fire, shoot
disponible available
disputarse to argue
la distancia distance; **larga distancia** long distance 7
el distrito district
diversificar to diversify
la diversión amusement, entertainment, recreation
divertido/a entertaining, amusing
divertirse (e → ie, i) to have fun 5
divinamente divinely, wonderfully 9
divino/a divine, wonderful
divorciado/a: está ~ (de) he/she is divorced (from) 6
divorciarse (de) to get divorced (from) 17
el divorcio divorce 17

doblado/a dubbed (*movie*)
doblar to turn 13; to fold
doble: la habitación ~ double room 7
el/la doctor/a doctor 1
el documental documentary
doler (o → ue) to hurt 11
el dolor ache, pain
doloroso/a painful
doméstico/a domestic
el domicilio residence
domingo Sunday 2; el ~ on Sunday 2; los domingos on Sundays 2
don/doña title of respect used before a man's/woman's first name
donde where
dónde? where?; ¿~ estás? Where are you? (*informal*) 3; ¿De ~ eres? Where are you from? (*informal*) Pre.; ¿De ~ es Ud.? Where are you from? (*formal*) Pre.
dorado/a gilded, covered with gold
dormir (o → ue, u) to sleep 5
dormirse (o → ue, u) to fall asleep 5
el dormitorio bedroom 8
doscientos two hundred 6
dramático/a dramatic
la droga drug
la ducha shower 8
ducharse to take a shower 4
duda: no hay ~ (de) there is no doubt 9
dudar to doubt 9
dudoso: es ~ it's doubtful 9
el/la dueño/a de un negocio owner of a business 1
dulce sweet
durante during
durar to last
duro/a hard

and (*before* i *or* hi)
echar to throw; to put in, add; to throw out; ~ de menos to miss (*someone or something*) 10; ~ la casa por la ventana to go all out (literally, "to throw the house out the window") 6
la ecología ecology 15
la economía economics 2; economy
el/la economista economist 1
Ecuador: la línea del ~ equator
ecuatorial: la línea ~ equator
la edad age; ~ Media Middle Ages
el edificio building 8
la editorial publisher
el (dinero en) efectivo cash
efectuar to carry out
ejecutar to execute
ejemplar (*adj.*) exemplary, model
el ejemplo example; por ejemplo for example
el ejercicio exercise Pre.; Mira/Miren ~ ... Look at exercise ... Pre.

el ejército army
el the (*m. sing.*) 2
él he 1
la electricidad electricity 8
el elefante elephant 14
elegir (e → i, i) to choose, select
eliminar to delete (*email*)
ella she 1
ellos/as they 1
el elote corn on the cob (*Mexico*) 9
la embajada embassy 14
embarazada pregnant 11
embarazoso/a embarrassing
embargo: sin ~ however, nevertheless 12
el embrague clutch 11
la emergencia emergency
emigrar to emigrate
la emisora radio station
empacar to pack
el emperador emperor
empezar (e → ie) to begin 5
el/la empleado/a employee; ~ (de servicio) maid 7
emplear to employ, use
el empleo job, position; employment 16
la empresa enterprise; company
en in; on; at; ~ barco/tren/etc. by boat/train/etc. 6; ~ caso (de) que in the event that; in case 16; ~ cuanto when, as soon as; ~ general in general; ~ lugar de instead of, in place of; ¿~ qué página, por favor? What page, please? Pre.; ¿~ qué puedo servirle? How can I help you?; ~ realidad really, actually; ~ seguida at once, right away 17; ~ sus/tus propias palabras in his/her/your own words
enamorado/a (de) in love (with) 3
enamorarse (de) to fall in love (with) 17
Encantado/a. Nice to meet you. 1
encantador/a enchanting, delightful 15
encantar to like a lot, love 10
encender (e → ie) to light; to ignite
encerrar (e → ie) to lock up, confine
la enciclopedia encyclopedia; una enciclopedia ambulante a walking encyclopedia 14
encima de on top of 6
encontrar (o → ue) to find 5
encontrarse con (alguien) (o → ue) to run into (someone)
el encuentro encounter, meeting
la encuesta inquiry, poll
la energía energy; ~ nuclear/solar nuclear/solar energy 15
enfadarse to get angry
enfermarse to become sick
la enfermedad sickness, illness 11
el/la enfermero/a nurse

enfermo/a sick 3
enfilado/a in rows
enfocar to focus 16
el enfoque focus 16
enfrente de facing, across from 6
el enlace link, connection 10
enojado/a angry, mad 3
enojarse to become angry
la ensalada salad 9
ensayar to rehearse
el ensayo essay
enseñar to teach 6; to indicate, point out
entender (e → ie) to understand 5; No entiendo. I don't understand. Pre.
enterarse to find out, learn
el entierro burial
entonces then, therefore 1
la entrada entrance ticket; entrance 13
entrar (en/a) to enter 6
entre between, among 6
entregar to give, deliver
entretener to entertain
entretenido/a fun, entertaining
la entrevista interview 16
entrevistar to interview
el envase container 15
enviado/a sent
la época time, season
el equipaje luggage 7
el equipo team; equipment, gear 10
equivocado: el número ~ wrong (phone) number 7
equivocarse to be wrong, make a mistake
es: ~ hora de + *inf.* it's time + *inf.* 16
la escala stop 7; hacer escala to make a stop 7
escalar to climb
la(s) escalera(s) stair(s), staircase 13
escalofríos: tener ~ to have the chills 11
escasear to be scarce
la escena scene 17
el/la esclavo/a slave
la esclusa lock (*canal gate*)
escoger to choose, select 8
escondido/a hidden
escribir to write 2; ~ cartas/poemas to write letters/poems 9; Escribe./Escriban. Write. Pre.
el/la escritor/a writer
el escritorio desk 2
la escritura writing
escuchar to listen 2; Escucha./Escuchen. Listen. Pre.
la escuela school 3; ~ primaria elementary school; ~ secundaria high school
el/la escultor/a sculptor 17
la escultura sculpture 17
el esfuerzo effort
eso that 4; por ~ therefore 2, that's why

el **espacio** blank, space
la **espada** sword
la **espalda** back 4; **de espaldas** back-to-back
los **espárragos** asparagus 12
la **especia** spice
especial special
la **especie** species
específico/a specific
el **espejo** mirror 8; ~ **retrovisor** rearview mirror 11
la **esperanza** hope 8
esperar to wait (for) 7; to hope 8
el **espíritu** spirit
el/la **esposo/a** husband/wife 6
el **esqueleto** skeleton
el **esquema** diagram; sketch; outline
el **esquí** skiing; ski
esquiar to ski 2
los **esquíes: ~ de agua** water skis 10; ~ **de nieve** snow skis 10
la **esquina** corner 13
esta this; ~ **mañana/tarde/noche** this morning/afternoon/evening 2
estable (*adj.*) stable
establecer to establish 3
la **estación** season 4; station
el **estacionamiento** parking 13
estacionar to park
el **estadio** stadium 10
las **estadísticas** statistics
el **estado** state; ~ **civil** marital status
la **estampilla** stamp 10
el **estante** shelf 8
estar to be 3; ~ **a dieta** to be on a diet; ~ **casado/a (con)** to be married (to) 6; ~ **celoso/a (de)** to be jealous (of) 17; ~ **comprometido/a** to be engaged 17; ~ **de acuerdo (con)** to agree (with); ~ **divorciado/a (de)** to be divorced (from) 6; ~ **en** to be in/at 3; ~ **embarazada** to be pregnant; ~ **enamorado/a (de)** to be in love (with); ~ **listo/a** to be ready 3; ~ **loco/a** to be crazy 3; ~ **mareado/a** to be dizzy 11; ~ **resfriado/a** to have a cold 11; ~ **seguro/a (de)** to be sure (of) 9; **está nublado** it's cloudy 4; **¿Está . . . , por favor?** Is . . . there, please? 7
la **estatua** statue 17
el **este** east 2
el **estéreo** stereo 2
el **estilo** style
estimado/a esteemed, respected
el **estómago** stomach 4
estornudar to sneeze 11
la **estrategia** strategy
la **estrella** star
la **estrofa** stanza

el/la **estudiante** student 1
estudiar to study 2
el **estudio** study
la **estufa** stove 8; ~ **eléctrica** electric stove; ~ **de gas** gas stove
estúpido/a stupid 3
la **etapa** stage
étnico/a ethnic
evidente; es ~ it's evident 9
evitar to avoid
exactamente exactly
el **examen** examination; test
exceder to exceed
la **excursión** excursion, side trip 13
la **excusa** excuse
exento/a exempt
la **exhibición** exhibition 17
exigente demanding
existir to exist
éxito: tener ~ to be successful
el **éxodo** exodus
la **experiencia** experience 16
la **explicación** explanation
explicar to explain 6
la **exposición** exhibition
la **expresión** expression
expulsar to expel, throw out
externo/a external, outside
la **extinción** extinction 15
extranjero/a foreign
el/la **extranjero/a** foreigner
extrañar/se to miss; to find strange
extraño/a strange

la **fábrica** factory 15
fácil easy
fácilmente easily 9
la **facultad** school of a university
la **falda** skirt 5
falso/a false
la **falta** lack
faltar to lack; to be missing 10
la **familia** family 3
famoso/a famous
el **fantasma** ghost
fantástico/a fantastic, great; **es ~** it's fantastic 9
la **farmacia** pharmacy, drugstore 3
fascinar to like a lot; to find fascinating 10; **¡Me fascina/n!** I love it/them! 5
favor: por ~ please 1
favorito/a favorite
el **fax** fax 10
la **fecha** date 4
la **felicidad** happiness
felicitar to congratulate
feliz happy 17; ~ **cumpleaños.** Happy birthday.
feo/a ugly 3
la **fianza** security deposit 8
la **ficción** fiction
la **ficha** record card, index card

la **fiebre** fever 11; **tener fiebre** to have a fever 11
fiel faithful, loyal
la **fiesta** party
la **figura** figure
la **fila** row, line
el **filete** fillet; sirloin 12
filmar to film 16
el **fin** end; ~ **de semana** weekend 2; **al fin y al cabo** after all; **por fin** at last 7
el **final** ending; **al final de** at the end of
finalmente finally
fino/a fine, elegant
la **firma** signature 14
firmar to sign 14
flaco/a skinny 3
flamenco/a Flemish
el **flamenco** Spanish dance
el **flan** Spanish egg custard 12
el **flash** flash 16
la **flauta** flute 12
el **flautín** piccolo
la **flor** flower
fobia: tenerle ~ a . . . to have a fear of . . . to hate 14
el **folleto** brochure, pamphlet
fomentar to promote, foster, encourage
el **fondo** bottom; background
formado/a formed
formar to form
el **formulario** form
fornido/a robust, stout
la **fotografía** photography; **la foto(grafía)** photograph
el **fracaso** failure
la **fractura** fracture, break 11
franco/a frank, candid
la **frase** phrase
frecuencia: con ~ frequently, often 12
frecuente frequent
frecuentemente frequently 9
el **fregadero** kitchen sink 8
freír (e → i, i) to fry 9
el **freno** brake 11
fresco/a fresh; cool; **Hace fresco.** It's chilly. 4
el **frijol** bean 12
frío/a cold; **hace frío** it's cold 4; **tener frío** to be cold 5
frito/a fried; **los huevos fritos** fried eggs
la **frontera** border
frustrado/a frustrated
frustrante frustrating
la **fruta** fruit 9
el **fuego** fire
la **fuente** fountain; source
fuerte strong
la **fuerza** strength, power, force
la **fuga de cerebros** brain drain
Fulano, Mengano y Zutano Tom, Dick and Harry 8

fumar smoke 7; **se prohíbe ~** no smoking 7
funcionar to function, work, run
el/la fundador/a founder
funerario/a (*adj.*) funeral, funerary
el funicular cable car
el fusil rifle
el fusilamiento execution
el fútbol soccer 10; **~ americano** football 10
el futuro future

las gafas eyeglasses 16; **~ de sol** sunglasses 5
la galleta cookie; cracker
la gallina chicken 14
el/la ganador/a winner
ganar to win; to earn 10; to gain
ganas: tener ~ de + *inf.* to feel like + *-ing* 6
la ganga bargain
el garaje garage 8
la garganta throat
el gas gas 8
la gaseosa soda
la gasolinera gas station
gastar to spend
los gastos expenses 8
el gato cat 14
el/la gemelo/a twin
general: en ~ in general
generalmente generally 9
el género genre; gender
el/la genio genius
la gente people 8
el/la gerente manager
el gesto gesture
el/la gigante giant
el/la gitano/a gypsy
el/la gobernador/a governor
el/la gobernante person in power, ruler, governor
el gobierno government
el gol goal, point
el golpe: ~ de estado coup d'état; **~ militar** military coup
gordo/a fat 3
gozar to enjoy
la grabación recording
la grabadora tape recorder 2
grabar to record
Gracias. Thank you. Pre.; **Muchas ~.** Thank you very much. Pre; **Un millón de ~.** Thanks a lot. 4
gracioso/a funny
el grado degree; **Está a . . . grados (bajo cero).** It's . . . degrees (below zero). 4
graduarse to graduate
la gramática grammar
grande large, big 3; great

gratis free of cost
grave grave, serious
la gripe flu 11; **tener gripe** to have the flu 11
gris gray 5
gritar to shout, scream 6
el grupo group
el guante (de béisbol/boxeo/ciclismo) (baseball/boxing/racing) glove 10
guapo/a good-looking 3
guardar to keep, store
la guayabera specific style of men's shirt worn in the tropics
la guerra war
el/la guía guide; **~ turístico/a** tour guide 13
la guía guidebook 4
el guion script
el güiro musical instrument made from a gourd
el guisante pea (*Spain*) 12
la guitarra guitar 2
gustar to like, be pleasing 2; **me gustaría** I would like 3; **No me gusta/n nada.** I don't like it/them at all. 5
el gusto taste; pleasure

haber to have (*aux. v.*) 13
había there was/there were 10
la habichuela green bean 12
la habitación room 2; **~ doble** double room 7; **~ sencilla** single room 7
el/la habitante inhabitant
habitar to inhabit
hablar to speak 2; **Habla . . .** It/This is . . . (*on telephone*) 7; **¿Puede ~ más despacio, por favor?** Can you speak more slowly, please? 7; **¿Quién habla?** Who is speaking/calling? 7; **Quisiera ~ con . . . , por favor.** I would like to speak with . . . , please. 7
hace (*weather*): **~ buen tiempo.** It's nice out. 4; **~ calor.** It's hot. 4; **~ fresco.** It's chilly. 4; **~ frío.** It's cold. 4; **~ mal tiempo.** It's bad out. 4; **~ sol.** It's sunny. 4; **~ viento.** It's windy. 4
hacer to do 2; to make; **~ artesanías** to make crafts 9; **~ caso (de)** to pay attention (to); **~ clic** to click 10; **~ cola** to stand in line 10; **~ crucigramas** to do crossword puzzles 9; **~ escala** to make a stop 7; **~ punto** to knit; **~ rompecabezas** to do jigsaw puzzles 9; **hace tres días/meses/años** three days/months/years ago 6

hacia toward 6
el hall (de entrada) entrance hall 8
hallar to find
el hambre (*f.*) hunger; **tener hambre** to be hungry 5
hasta until 6; **~ luego.** See you later. Pre.; **~ mañana.** See you tomorrow. Pre.; **~ que** until 15
hay there is/there are 4; **~ que** + *inf.* one/you must + *v.* 9; **No ~ de qué.** Don't mention it./You're welcome. 1; **no ~ duda (de)** there's no doubt 9
el helado ice cream 12
la hembra female
el hemisferio hemisphere
heredar to inherit
la herencia heritage
la herida injury, wound 11
el/la herido/a injured man/woman
herir (e → ie, i) to hurt, injure
el/la hermanastro/a stepbrother/stepsister 6
el/la hermano/a brother/sister 6
el hielo ice 10; **los patines de hielo** ice skates 10
el hierro iron
el/la hijo/a son/daughter 6
hispano/a Hispanic
hispanoamericano/a Hispanic American
la historia history 2; story
el hockey hockey 10
el hogar home; fireplace, hearth
la hoja leaf; sheet (*of paper*)
Hola. Hi. Pre.
el hombre man; **~ de negocios** businessman 1
el hombro shoulder 4
el homenaje homage, tribute
honorífico/a honorable (*title*)
honrado/a honest 15
la hora hour 5; **~ de llegada** time of arrival 7; **~ de salida** time of departure 7; **¿A qué hora . . . ?** At what time . . . ? 5; **¿Qué hora es?** What time is it? 5
el horario schedule
el horizonte horizon
el horno oven 8; **~ (de) microondas** microwave oven 8
el hospedaje lodging
hospedar to lodge, give lodging
el hospital hospital 3
el hostal inn
el hotel hotel 6
hoy today 2; **~ (en) día** today; nowadays 12
el hoyo hole
el/la huérfano/a orphan

el **huésped** guest
el **huevo** egg 9; **los huevos (fritos, revueltos, duros)** (fried, scrambled, hard-boiled) eggs
humilde humble

la **ida** one way; outbound trip 7; **de ida y vuelta** round trip 7
la **idea** idea
la **identidad** identity
identificar to identify
el **idioma** language
la **iglesia** church 3
ignorante ignorant 16
igual equal, (the) same; **al ~ que** just like, whereas
Igualmente. Nice to meet you, too. / Same here. 1
la **imagen** image
imaginarse to imagine
impar odd (*number*)
el **imperio** empire
importante important; **es ~** it's important 8
importar to matter; **No importa.** It doesn't matter. 2
impresionante impressive
los **impuestos** taxes 13
impulsivo/a impulsive 15
inca Incan; **el/la ~** Inca
incaico/a Incan
incierto/a uncertain
incluido/a included
incluir to include
indicar to indicate
el **indicativo internacional** country code (*telephone number*) 7
el **índice** index
indiferente indifferent, apathetic 15
indígena indigenous, native
indio/a Indian 3; **el/la ~** Indian man/woman; **el/la indio/a americano/a** American Indian
inesperado unexpected 16
la **inestabilidad** instability
inexplicable unexplainable
la **infección** infection 11
la **influencia** influence
influir to influence
el **informe** report
el/la **ingeniero/a** engineer 1
el **inglés** English language 2
los **ingresos** income, revenue
iniciar to initiate, start
la **injusticia** injustice
inmediatamente immediately 9
el **inodoro** toilet 8
inofensivo/a harmless
inolvidable unforgettable
insoportable unbearable 15
instalar to install

las **instrucciones** instructions, directions; **Lee/Lean ~.** Read the instructions. Pre.
el **instrumento** instrument 12
integrar to make up, integrate
inteligente intelligent 3
intentar to try
el **intercambio** exchange
interesar to interest
interno/a internal
interrumpir to interrupt
la **introducción** introduction
inútil useless
inventar to invent
la **inversión** investment
invertir (e → ie, i) to invest
la **investigación** research
el **invierno** winter 4
la **invitación** invitation
el/la **invitado/a** guest
invitar to invite 7
la **inyección** injection 11
ir to go; **~ a +** *inf.* to be going to . . . 2; **~ de compras** to shop, go shopping 5
la **isla** island 12
el **itinerario** itinerary 13
la **izquierda** left-hand side; **a ~ de** to the left of 6

el **jabón** soap 2
jamás never
el **jamón** ham 9; **~ serrano** a country style of ham
el **jarabe** (cough) syrup 11
el **jardín** flower garden; lawn
la **jardinería** gardening 9
el/la **jefe/a** boss, chief 8
el/la **joven** youth, young person
joven (*adj.*) young 3
las **joyas** jewelry
la **joyería** jewelry store
la **judía verde** green bean (*España*) 12
el **juego** game; **~ electrónico/de video** electronic/video game 9
jueves Thursday 2; **el ~** on Thursday 2; **los ~** on Thursdays 2
el/la **juez** judge
jugar (u → ue) to play (*a sport or game*) 5; **~se la vida** to risk one's life 11
el **jugo** juice
el **juguete** toy
el **juicio** trial
junto/a together
justo/a fair 15
la **juventud** youth

el **kilómetro** kilometer
el **kleenex** Kleenex, tissue 2

la the (*f. sing.*) 2
los **labios** lips 4
el **lado** side; **al lado de** beside 6; **por otro lado** on the other hand; **por todos lados** on all sides; **por un lado** on the one hand
ladrar to bark
el **lago** lake 12
la **lágrima** tear
la **laguna** lagoon, small lake
la **lámpara** lamp 2
la **lana** wool 5
la **lancha** boat; launch
el **lápiz** pencil Pre.
largo/a long 3; **a lo largo de** alongside; **larga distancia** long distance
las the (*f. pl.*) 2
lástima: es una ~ it's a shame/pity; **¡Qué lástima!** What a shame! 9
la **lata de aluminio** aluminum can 15
el **lavabo** bathroom sink 8
la **lavadora** washing machine 8
el **lavaplatos** dishwasher 8
lavar to wash 4
lavarse to wash up, wash (oneself) 4
la **lavavajillas** dishwasher
la **lección** lesson
la **leche** milk
la **lechuga** lettuce 9
la **lectura** reading
leer to read 2; **Lee/Lean las instrucciones.** Read the instructions. Pre.
lejos de far from 6
la **lengua** tongue 4; language
el **lenguaje** language
la **lenteja** lentil 12
los **lentes de contacto (blandos/duros)** (soft/hard) contact lenses 16
lento/a slow
el **león** lion 14
el **letrero** sign
levantar to lift
levantarse to stand up Pre.; to get up 4; **Levántate./Levántense.** Stand up. Pre.
la **ley** law
la **leyenda** legend
libre free (*with nothing to do*)
la **librería** bookstore 3
el **libro** book Pre.; **Abre/Abran ~ en la página . . .** Open your book to page . . . Pre.; **Cierra/Cierren ~.** Close your book. Pre.
la **licencia (de conducir)** driver's license 11
limitar con to border on
el **limpiaparabrisas** windshield wiper 11
limpiar to clean 8
lindo/a pretty

la línea line; **~ aérea** airline 7;
  ~ ecuatorial equator; **patines
  en línea** inline skates 10
lío: ¡Qué lío! What a mess! 11
la lista list
listo/a: estar ~ to be ready 3; **ser ~** to
  be clever 3
la literatura literature 2
el litoral shore (*of an ocean*)
la llamada telephone call; **~ a cobro
  revertido/para pagar allá** collect
  call; 7; **~ de larga distancia** long-
  distance call 7; **~ local** local call 7
llamar to call; to phone
llamarse to be called; **Me llamo. . .** My
  name is . . . Pre.
la llanta tire 11
la llave key
la llegada arrival 7; **la hora de ~** time
  of arrival 7
llegar to arrive 6; **~ con atraso** to
  arrive late 7
llenar to fill, fill out
lleno/a full
llevar to carry, take along; to wear 2;
  ~ a cabo to accomplish; **~le la
  contraria a alguien** to contradict
  someone 18; **~se bien/mal (con
  alguien)** to get along/not to get
  along (with someone) 15
llorar to cry 6
llover (o → ue) to rain 4; **Llueve.** It's
  raining. 4
la lluvia rain; **~ ácida** acid rain 15
lo que what (the thing that)
Lo siento. I'm sorry. 7
loco/a crazy 3; **¡Ni ~!** Not on your life!
el/la locutor/a (radio/TV) commentator
lograr to get, obtain, achieve
los the (*m. pl.*) 2
las luces headlights 11; lights
la lucha fight, struggle
luego later 5; **desde ~** of course;
  Hasta ~. See you later. Pre.
el lugar place
lujoso/a luxurious
la luna moon; **~ de miel** honeymoon 6
lunares: de ~ polka-dotted 5
lunes Monday 2; **el ~** on Monday 2;
  los ~ on Mondays 2
la luz electricity; light 8

el macho male
la madera wood
la madrastra stepmother 6
la madre mother 1
la madrina godmother; maid of honor (*in
  a wedding*)
la madrugada wee hours of the morning
el/la maestro/a teacher
mago: los Reyes Magos the Three Wise
  Men

el maíz corn
mal (*adv.*) lousy, awful Pre.
la maleta suitcase 7; **las maletas** luggage
malo/a bad 3
la mamá mom, mother 1
mami mom, mommy
mandar to send 6; to command
el mandato command
manejar to drive 7
la manera way, manner
la manga sleeve 5
la mano hand 4; **de segunda mano**
  secondhand, used 8
mantener to maintain
la mantequilla butter
la manzana apple; (city) block (*Spain*)
mañana tomorrow 2; **Hasta ~.** See you
  tomorrow. Pre.; **la ~** morning;
  por la ~ in the morning 2
el mapa map
maquillarse to put on makeup 4
la máquina machine; **~ de afeitar**
  electric razor 2; **~ de escribir**
  typewriter; **~ de fotos** camera
el mar sea 12
maravilloso/a wonderful
la marca brand
marcar to mark; to dial; **~ directo** to dial
  direct 7; **~ un gol** to score a
  goal/point
el marco frame 16
mareado/a: estar ~ to be dizzy 11
el mariachi mariachi musician/group
el marido husband
los mariscos shellfish
marrón brown 5
martes Tuesday 2; **el ~** on Tuesday 2;
  los ~ on Tuesdays 2
más more 2; **¿Algo ~?**
  Something/Anything else? 11;
  ~ de + *number* more than;
  ~ + *n./adj./v.* + que more . . .
  than; **~ o menos.** So-so. Pre.;
  ~ tarde later 5
la máscara mask; costume
la mascota pet
matar to kill
el mate maté (*tea, plant*), maté vessel
las matemáticas mathematics 2
la materia class; subject; material
el material: ¿De qué material es? What
  material is it made of?
la matrícula license plate 11; tuition
matrimonial: la cama ~ double bed
el matrimonio marriage
mayor old 3; older 6; **la ~ parte de**
  most of
la mayoría majority
la mazorca (de maíz) corn on the cob 9
Me cae (la mar de) bien. I like him/her
  (a lot). 15
Me cae mal. I don't like him/her. 15

mediados middle, halfway through
mediano/a average
la medianoche midnight 5
las medias stockings; socks 5
el medicamento medication
la medicina medicine 11
el médico doctor 1
medio/a half; **media (hora)** half (an
  hour) 5; **La Edad Media**
  Middle Ages; **media pensión**
  breakfast and one meal included 7;
  medio tiempo part-time 16;
  el medio ambiente environment
  15; **el medio de transporte**
  means of transportation; **en medio
  de** in the middle of; **el asiento del
  medio** center seat 7
el mediodía noon 5
los medios de comunicación mass media
medir (e → i, i) to measure
mejor better 12; **a lo ~** perhaps
  10; **es ~** it's better 8
mejorar to improve, better
el melocotón peach; peach tree
el melón melon
la memoria memory
memorizar to memorize
mencionar to mention
menor younger 6
menos less; **~ de** less than; **a ~ que** unless
  16; **Es la una ~ cinco.** It's five to
  one. 5; **por lo ~** at least 15
el mensaje message; **~ electrónico**
  email 10
el/la mensajero/a messenger
mensual monthly
la mente mind
mentir (e → ie, i) to lie 7
la mentira lie
mentiroso/a untruthful, lying, false 15
el menú menu 12
menudo: a ~ often, frequently 12
meñique: el dedo ~ little finger
el mercadeo marketing
el mercado market; **~ consumidor**
  consumer market
el mes month 4; **~ pasado** last month 6;
  todos los meses every month 12
la mesa table 2; **poner ~** to set the
  table 9
mestizo/a of mixed Indian and European
  blood
la meta goal
meter la pata meddle, interfere (literally,
  "to put one's foot in it")
el método method
el metro subway 6
la mezcla mixture
mezclar to mix
la mezquita mosque 14
mí (*after a preposition*) me 6
mi/s my 1

el miedo fear; **tener miedo** to be scared 5

el miembro member

mientras while 11; **~ tanto** meanwhile 9

miércoles Wednesday 2; **el ~** on Wednesday 2; **los ~** on Wednesdays 2

mil one thousand 6

el milagro miracle

la milla mile

un millón one million 6; **~ de gracias.** Thanks a lot. 4

el mínimo minimum

ministro/a: el/la primer/a ~ prime minister

la minoría minority

el minuto minute 5

mío/a my, of mine 14; **el/la ~** mine 14

mirar to look (at); to watch 2; **Mira/Miren el ejercicio/la actividad . . .** Look at the exercise/the activity . . . Pre.

la misa mass (church service)

el/la mismo/a the same; **ahora mismo** right now 11

el misterio mystery

misterioso/a mysterious

la mitad half

el/la mocetón/ona robust youth

la moda fashion, trend

los modales manners

el modelo model 17; **el/la modelo** (fashion) model 17

modificar to modify, alter

el modo manner, way

el mole (poblano) black chili sauce

molestar to find annoying, to be bothered by 10

momento: un ~ just a moment

el monaguillo altar boy

el monasterio monastery 14

la moneda currency; coin 14; **coleccionar monedas** to collect coins 9

la monja nun

el mono monkey 14

el monstruo monster

la montaña mountain 12

montar to ride; **~ en bicicleta** to ride a bicycle 10; **~ en carro** to ride in a car

morado/a purple 5

morder (o → ue) to bite

moreno/a brunet/te; dark-skinned 3

morir/se (o → ue, u) to die 5

el/la moro/a Moor; Moslem

la mosca fly

mostrar (o → ue) to show 2

motivar to motivate

la moto/motocicleta motorcycle 6

el motor engine 11

el móvil cell phone 2

el mozo waiter; young man

el/la muchacho/a boy/girl, young man/woman

mucho/a/os/as many, a lot (of) 2; very much Pre.; **muchos/muchas** many; **muchas veces** many times 12; **Mucho gusto.** Nice to meet you. 1

mudar/se to move (houses)

los muebles furniture

la muerte death

muerto/a dead

la mujer woman; **~ de negocios** businesswoman 1

mulato/a dark-skinned, of mixed African and European blood

la multa fine (as for speeding)

el mundo world; **todo ~** everybody, everyone

la muñeca doll; wrist

el museo museum 3

la música music 2

muy very 3; **¡~ bien!** Very well! Pre.

nacer to be born 15

nacido/a born

el nacimiento birth

la nación nation

la nacionalidad nationality; **¿De qué nacionalidad eres/es?** What nationality are you? 3

nada nothing 6; **De ~.** You're welcome. Pre.

nadar to swim 2

nadie no one 6

el nailon nylon 5

la naranja orange

la nariz nose 4

narrar to narrate

natal native

la naturaleza nature

la náusea nausea 11; **tener náuseas** to feel nauseous 11

navegable navigable

navegar to sail; **~ por Internet** to surf the Net 9

la Navidad Christmas

necesario/a necessary; **es necesario** it's necessary 8

necesitar to need 3

el negocio business; **el hombre/la mujer de negocios** businessman/woman 1

negrita boldface type

negro/a black 5

nervioso/a nervous

nevar (e → ie) to snow 4; **Nieva.** It's snowing. 4

la nevera refrigerator 8

ni: ~ . . . ~ neither . . . nor 12

¡Ni loco/a! Not on your life! 14

ni siquiera not even

el/la nieto/a grandson/granddaughter 6

la nieve snow

el nilón nylon 5

ningún/ninguno/a (not) any; none/no one 7

el/la niño/a boy/girl

el nivel level

no no 1; **¿~?** right?, isn't it? 1

no veo la hora de + inf. I can't wait + inf. 17

la noche night, evening; **Buenas noches.** Good evening. Pre; **por ~** at night 5

la Nochebuena Christmas Eve

nombrar to name

el nombre (de pila) first name 1

el norte north 12

nosotros/as we, us 1

la nota grade; note

notar to note, notice

la noticia news item; **las noticias** news 7

novecientos nine hundred 6

la novela novel 2

noveno/a ninth 8

el/la novio/a boyfriend/girlfriend 1; fiancé/fiancée; groom/bride

nublado: Está ~. It's cloudy. 4

nuestro/a our 2; ours 14; **el/la nuestro/a** ours 14

nuevo/a new 3

numerar to number

el número number; shoe size 5; **~ equivocado** wrong number 7

nunca never 6

o or 2; **~ . . . ~** either . . . or 12; **~ sea** that is 8

el obispo bishop

el objeto object

la obra work; **~ maestra** masterpiece 17

obstruir to obstruct

obtener to obtain 13

obvio: es ~ it's obvious 9

ocasionar to cause

el océano ocean 12

ochocientos eight hundred 6

el ocio idleness, inactivity, leisure

octavo/a eighth 8

el/la oculista eye doctor 16

la ocupación occupation

ocupado/a busy 4

ocupar to fill (a position); to occupy

ocurrir to happen, occur

odiar to hate 7

el oeste west 12

la oficina office 3

ofrecer to offer 3

el oído inner ear 4

oír to hear 7; **¡Oye!** Hey!, Listen! 1

ojalá (que) + subj. I hope that . . . 8

el ojo eye 4; **Cuesta un ojo de la cara.** It costs an arm and a leg. 5; **¡Ojo!** Watch out!

la ola wave

la olla pot 9

olvidar to forget 13
opcional optional 13
el/la operador/a operator
oponer to oppose
la oración sentence
el orden order (*sequence*); **la orden** order (*command*)
el ordenador computer (*Spain*)
ordenar to arrange, put in order
la oreja ear 4
la Organización de las Naciones Unidas United Nations
organizar to organize
el orgullo pride
orgulloso/a proud 15
el origen origin 3
el original original 17
la orilla shore
el orisha god of Yoruba origin
el oro gold; **de oro** made of gold
la orquesta (sinfónica) (symphony) orchestra 12
oscuro/a dark 5
el oso bear 14
la ostra oyster; **aburrirse como una ostra** to be really bored (literally, "to be bored like an oyster") 10
el otoño fall, autumn 4
otro/a other; another 3; **el uno al otro** each other; **otra vez** again
¡Oye! Hey!, Listen! 1

pacifista pacifist 15
el padrastro stepfather 6
el padre father 1
los padres parents 6
los padrinos best man and maid of honor; godparents
pagar to pay (for) 6
la página page Pre.; **Abre/Abran el libro en ~ . . .** Open your book to page . . . Pre.; **¿En qué página, por favor?** What page, please? Pre.
el pago payment
el país country
el paisaje landscape 17
el paisajismo landscape painting
el pájaro bird 14
la palabra word; **en sus/tus propias palabras** in his/her/your own words
el palacio palace 14
el palo de golf golf club 10
la pampa Argentine prairie
el pan bread 9
la pandereta tambourine
los pantalones pants 5
la pañoleta scarf
el pañuelo handkerchief
la papa potato; **las papas fritas** potato chips; french fries 2

el papel paper Pre.; role
papi dad, daddy
el paquete package 10
par even (*number*)
un par (de) a pair (of)
para for; **~ colmo** to top it all off 11; **~ + inf.** in order to + *v.*; **~ que** in order that 16; **¿~ qué?** For what (purpose)? 5; **¿~ quién?** For whom? 5
el parabrisas windshield 11
el paracaídas parachute
la parada stop; **~ de autobús** bus stop 13
el parador inn, hotel
parar to stop
parcial: tiempo ~ part time 16
parecer to seem 10
parecido/a similar
la pared wall
la pareja couple; lovers (*positive connotation*) 17; significant other; pair; dance partner
el/la pariente relative 6
el parque park 3; **~ de atracciones** amusement park 14
el párrafo paragraph
la parte: De parte de . . . It/This is . . . (*on telephone*) 7; **¿De parte de quién?** May I ask who is calling? 7; **por mi parte** as far as I'm concerned
participar to participate
particular private
el partido game, match 10; **~ (político)** political party
partir: a ~ de starting from
pasado/a: el (sábado/mes/año) pasado last (Saturday/month/year) 6; **la semana pasada** last week 6
el pasaje (plane) ticket 7; **~ de ida** one-way ticket 7; **~ de ida y vuelta** round-trip ticket 7
el/la pasajero/a passenger 7
el pasaporte passport 1
pasar to spend (*time*) 13; to happen, occur; **~ por** to pass by/through 13; **pasarlo bien/mal** to have a good/bad time 14
el pasatiempo pastime, hobby 9
pascua: la Pascua Florida Easter
pasear to take a walk
el paseo: dar un paseo to take a walk
el pasillo hallway 8; **el asiento del ~** aisle seat 7
el paso step
la pasta de dientes toothpaste 2
el pastel cake
la pastilla pill 11
la pata paw, foot
la patata potato (*Spain*) 2; **las patatas fritas** potato chips; french fries
paterno/a paternal 6

los patines: ~ de hielo ice skates 10; **~ en línea** inline skates 10
la patria homeland
el patrimonio heritage
paulatinamente slowly
el pavo turkey 12
la paz peace
el pedido request
pedir (e → i, i) to ask for 5
peinarse to comb one's hair 4
el peine comb 2
la pelea fight
pelearse (con) to fight (with) 17
la película movie 3
el peligro danger; **en peligro** in danger 15
peligroso/a dangerous
el pelo hair 4; **tomarle ~ (a alguien)** to pull someone's leg; **cepillarse ~** to brush one's hair 4
la pelota ball 10
la peluquería hair salon
la pena grief, sorrow; **(No) vale ~ + inf.** It's (not) worth + *-ing.* 11; **es una pena** it's a pity 9; **¡Qué pena!** What a pity! 9
el pendiente earring
el pensamiento thought
pensar (e → ie) to think 5; **~ (en)** to think (about) 5; **~ + inf.** to plan to 5
la pensión boarding house; **media pensión** breakfast and one meal included 7; **pensión completa** all meals included 7
peor worse 12
pequeño/a small 3
la percepción extrasensorial ESP
perder (e → ie) to lose 5; **~ el autobús/el avión/etc.** to miss the bus/plane/etc. 7
perdido/a lost
Perdone. I'm sorry./Excuse me.
perezoso/a lazy 15
perfecto/a perfect
el perfume perfume 2
el periódico newspaper 2
el/la periodista journalist 1
permanecer to stay, remain
el permiso de conducir driver's license 11
pero but 2
el perro dog 14
el personaje character (*in a book*)
la personalidad personality
personalmente personally
pertenecer a to belong to
la pesa weight, dumbell 10
pesado/a heavy
pesar to weigh; **a ~ de que** in spite of
la pesca fishing
el pescado fish
pescar to fish 9

el peso weight
el petróleo oil
el pez fish 14
picante spicy
el pie foot 4
la piedra rock, stone
la piel skin, hide
la pierna leg 4
la pila battery 16
la píldora pill 11
el pimentero pepper shaker 9
la pimienta pepper 9
el pimiento (bell) pepper
pintar to paint 9
el/la pintor/a painter 17
pintoresco/a picturesque
la pintura painting 17
la pirámide pyramid 14
el piropo flirtatious remark
pisar to step on 11
la piscina pool 3
el piso floor 8
la pista clue; **~ de aterrizaje** landing strip
la pizarra chalkboard
la placa license plate 11
el placer pleasure
el plan plan; diagram
planear to plan
el plano diagram
la planta plant 2; **~ baja** first or ground floor
el plástico plastic 15
la plata slang for "money" (literally, "silver") 8; **de plata** made of silver
el plátano plantain; banana
la plática chat (*Mexico*)
el plato course, plate 9; dish
la playa beach 3
la plaza plaza, square 3
la pluma pen
la población population
poblado/a populated
pobre poor
la pobreza poverty
poco/a/os/as (*adj.*) few, a little 3; **poco** (*adv.*) a little; **dentro de poco** in a while; **poco a poco** little by little
el poder power; **~ adquisitivo** purchasing power
poder (o → ue) to be able, can 5; **¿Podrías + *inf.*?** Could you . . . ? 4; **¿Puede decirme cómo llegar a . . . ?** Can you tell me how to get to . . . ? 13; **¿Puede hablar más despacio, por favor?** Can you speak more slowly, please? 7; **No puedo más.** I can't take it anymore. 9
poderoso/a powerful
la poesía poem 9; poetry
político/a in-law; **el/la hermano/a ~** brother-/sister-in-law 6
el/la político/a politician

el pollo chicken 12
poner to put, place 3; **~ la mesa** to set the table 9
ponerse: ~ al día to bring up to date; **~ de moda** to become fashionable; **~ de pie** to stand up; **~ la ropa** to put on one's clothes 4; **~ rojo/a** to blush
por for; by 5; **~ algo será.** There must be a reason. 17; **~ aquí** around here; **~ avión** by airmail; **~ barco/tren/etc.** by boat/train/etc. 6; **~ (pura) casualidad** by (pure) chance 15; **~ cierto** by the way; **~ ejemplo** for example; **¡~ el amor de Dios!** For heaven's sake! (literally, "For the love of God!") 8; **~ eso** therefore 2; that's why; **~ favor** please 1; **~ fin** at last, finally 5; **~ lo general** in general; **~ lo menos** at least 15; **~ lo tanto** therefore; **~ mi parte** as far as I'm concerned; **~ otro lado** on the other hand; **¿~ qué?** Why? 3; **~ si acaso** (just) in case 15; **~ suerte** luckily 15; **~ supuesto** Of course. 2; **~ última vez** for the last time; **~ un lado . . . ~ el otro** on the one hand . . . on the other hand 14
el porcentaje percentage
porque because 3
portátil portable
el portero doorman; janitor 8; goalkeeper; **~ automático** intercom; electric door opener 8
la posesión possession 2
el posgrado graduate studies
posible possible 7; **es ~** it's possible 9
posiblemente possibly 9
postal: la (tarjeta) ~ postcard 10
el postre dessert 9
la práctica practice
practicar to practice
el precio price 7
precolombino/a pre-Columbian
predecir to predict
la preferencia preference
preferir (e → ie, i) to prefer 5
el prefijo prefix; (telephone) area code 7
la pregunta question
preguntar to ask (*a question*) 6; **(Vicente), pregúntale a (Ana) . . .** (Vicente), ask (Ana) . . . Pre.
preguntarse to wonder
el premio prize
la prenda item of clothing
preocupado/a worried 3
preocuparse to worry; **No te preocupes.** Don't worry. 3
preparar to prepare
la presentación introduction
presentado/a presented

presidencial presidential
la presión pressure
prestar atención (a) to pay attention (to)
prever to foresee
previo/a previous
la prima bonus
la primavera spring 4
primer/o/a first 8; **el primer plato** first course 9
primero (*adv.*) first 5
el principio beginning
prisa: tener ~ to be in a hurry
probable: es ~ it's probable 9
probablemente probably 9
probar (o → ue) to try (*food*)
probarse (o → ue) to try on (*clothes*) 5
la procedencia (point of) origin
procedente de coming from, originating in
producir to produce 3
el/la profesor/a teacher 1
el/la programador/a de computadoras computer programmer 1
prohibir to prohibit 8; **se prohíbe fumar** no smoking 7
el promedio average
la promesa promise
pronto soon
la propaganda advertising
el/la propietario/a owner
la propina tip, gratuity 14
propio/a own
proponer to propose
el/la protagonista main character
proteger to protect 15
provenir (de) to come (from)
la provincia province
próximo/a next
el proyecto project
la prueba quiz
la psicología psychology 2
el/la psicólogo/a psychologist
el público audience
el pueblo town, village 12
el puente bridge 12
la puerta door 11; **~ (de salida) número . . .** (departure) gate number . . . 7
el puerto port 12
pues well (then)
el puesto job, position 16
la pulgada inch
el punto point
la pupila pupil (*of the eye*)

que that, who 8
Qué: ¿~? What? 2; **¡~ + *adj.*!** How + *adj.*! 4; **¡~ + *n.* + más + *adj.*!** What a + *adj.* + *n.*! 6; **¡~ barbaridad!** How awful!; **¡~ chévere!** Great! (*Caribbean expression*) 12; **¿~ hay?** What's up?

1; **¿~ hora es?** What time is it? 5; **¡~ lástima!** What a shame! 9; **¡~ lío!** What a mess! 11; **¿~ mala suerte!** What bad luck! 9; **¡~ pena!** What a pity! 9; **¿~ quiere decir . . . ?** What does . . . mean? Pre.; **¿~ tal?** How are you? (*informal*) Pre.; **¿~ tiempo hace?** What's the weather like? 4; **¡~ va!** No way! 11; **No hay de ~.** Don't mention it. You're welcome. 1

quedar: Te queda bien. It looks good on you. / It fits you well. 5

quedarse en + *place* to stay in + *place* 10

la queja complaint

quejarse to complain 11; **~ (de)** to complain (about) 14

quemar to burn 13

querer (e → ie) to want; to love 5; **~ a alguien** to love someone 5; **quisiera/quisiéramos** I/we would like 7; **Quisiera hablar con . . . , por favor.** I would like to speak with . . . , please. 7

querido/a dear (*term of endearment*) 17

el queso cheese 9

quien who; **de ~** about whom

¿Quién? Who? 1; **¿De parte de ~?** Can I ask who is calling? 7; **¿De ~?** Whose? 2; **¿~ habla?** Who is speaking/calling? 7

¿Quiénes? Who? 1

químico/a chemical

quinientos five hundred 6

quinto/a fifth 8

quitar to remove; to take away

quitarse la ropa to take off one's clothes 4

quizá(s) + *subj.* perhaps/maybe 9

el/la radio radio 2

la radiografía x-ray 11

la raíz root

la ranchera Mexican country song

rápido/a fast

la raqueta racquet 10

el rascacielos skyscraper

el rasgo trait, characteristic

el rato period of time, a while

el ratón mouse

el ratoncito tooth fairy

la raya stripe; **de rayas** striped 5

el rayón rayon 5

la raza race, ancestry

la razón reason; **tener razón** to be right

real royal; true

la realidad reality; **en realidad** really, actually

realizar to accomplish

realmente really

la rebaja discount, sale

rebelde rebellious, rebel

la recámara bedroom (*México*)

el recaudador (tax) collector

la recepción front desk 7

el/la recepcionista receptionist 1

la receta recipe; **~ médica** prescription 11

recibir to receive 3

el reciclaje recycling 15

reciclar to recycle 15

recién recently, newly

reciente recent

el recipiente container

el reclamo complaint

recoger to pick up, gather

recomendación: la carta de ~ letter of recommendation 16

reconocer to recognize

recordar (o → ue) to remember

el recorrido route

recreativo/a recreational

recto/a straight

el recuerdo memory; memento

el recurso resource

la red web (www) 10

la redacción composition; editorial office

redondo/a round

referir/se (e → ie, i) a to refer to

el reflejo reflection; reflex

el refrán proverb, saying

el/la refugiado/a refugee

regalar to give (*a present*) 6

el regalo present, gift 6

regatear to haggle over, bargain for

la regla rule

regresar to return 3

regular not so good Pre.

rehusar to refuse

la reina queen

la relación relation

relacionado/a related

relativamente relatively

rellenar to fill out

el reloj watch; clock 2

el remite return address 10

repente: de ~ suddenly 6

repetir (e → i, i) to repeat 7; **Repite. / Repitan.** Repeat. Pre.

el/la reportero/a reporter

representar to represent

el reproductor de DVD DVD player 2

requete + *adj.* really/extremely + *adj.* 6

el requisito requirement

res: la carne de ~ beef 12

la reseña description, review

la reserva reservation

resfriado/a: estar ~ to have a cold 11

resfrío: tener ~ to have a cold 11

la residencia (estudiantil) dormitory 1

respirar to breathe

responder to answer, respond

la responsabilidad responsibility

la respuesta answer Pre.; **(María), repite ~, por favor.** (María), repeat the answer, please. Pre.; **No sé ~.** I don't know the answer. Pre.

el restaurante restaurant 3

el resto rest, remainder

el resultado result; **como resultado** as a result

resultó ser . . . it/he/she turned out to be . . . 16

el resumen summary

resumir to summarize

retirar to take away

el retraso delay 7

el retrato portrait 17

retroceder to recede, go back

retrovisor: el espejo ~ rearview mirror 11

revelar (fotos) to develop (photos) 16

revertido: la llamada a cobro ~ collect call 7

revés: al ~ backwards

revisar to check 11

la revista magazine 2

revolver (o → ue) to mix 9

revuelto/a scrambled; **los huevos revueltos** scrambled eggs

el rey king; **los reyes** king and queen; **los Reyes Magos** the Three Wise Men

rico/a rich

el río river 12

la riqueza wealth, riches, richness

el ritmo rhythm

robar to steal

rojo/a red 5; **ponerse ~** to blush

el rollo film 16

el rompecabezas: hacer rompecabezas to do jigsaw puzzles 9

romper to break 12

romperse (una pierna) to break (a leg) 11

el ron rum

la ropa clothes; **~ interior** men's/women's underwear 5; **ponerse ~** to put on one's clothes 4; **quitarse ~** to take off one's clothes 4

el ropero closet 8

rosa pink 5

rosado/a pink 5

rubio/a blond/e 3

la rueda wheel; **los patines de ruedas** roller skates

el ruido noise

las ruinas ruins 14

la ruta route

sábado Saturday 2; **el ~** on Saturday 2; **los sábados** on Saturdays 2

saber to know (*facts/how to do something*) 3; **¿Sabe(s) dónde está . . . ?** Do you know where . . . is? 13; **¿No sabías?** You didn't know? 9; **No sé (la respuesta).** I don't know (the answer). Pre.

la sabiduría learning, knowledge
sabroso/a tasty, delicious
sacar to get (*a grade*); to take out 6; to withdraw 14; **~ de un apuro (a alguien)** to get (someone) out of a jam 13; **~ dinero del banco** to withdraw money from the bank; **~ fotos** to take pictures 16; **~ la basura** to take out the garbage; **Saca/Saquen papel/bolígrafo/lápiz.** Take out paper/a pen/a pencil. Pre.
el sacerdote priest
el saco sports coat 5
sagrado/a sacred
la sal salt 9
la sala living room 8; **~ de emergencia** emergency room
el salero salt shaker 9
la salida departure 7; **la hora de salida** time of departure 7
salir to leave, go out 2; **~ con (alguien)** to date, go (out) with (someone) 17; **~ de** to leave (*a place*) 6; **Te va a ~ caro.** It's going to cost you. 10
el salón hall, room for a large gathering; formal living room
la salsa style of Caribbean music; sauce
saltar to jump
el salto waterfall; jump, dive
la salud health; **tener buena salud** to be in good health 11
el saludo greeting Pre.
salvar to save, rescue
sangrar to bleed 11
la sangre blood 11
la sangría sangria (*a wine punch*) 2
el/la santo/a saint
el/la sartén frying pan 9
satisfecho/a satisfied
el saxofón saxophone 12
el secador hair dryer
la secadora clothes dryer
secar to dry
seco/a dry
la sede headquarters
el/la secretario/a secretary 1
el secreto secret 6
secundario/a secondary
sed: tener ~ to be thirsty 5
la seda silk 5
seguida: en ~ at once, right away
seguir (e → i, i) to follow 7; **~ derecho** to keep going straight ahead 13
según according to
el segundo second (*time*) 5
segundo/a second 8; **de segunda mano** secondhand, used 8; **el segundo apellido** second last name (mother's maiden name) 1; **el segundo plato** second course 9

la seguridad security; saftey
seguro/a safe; **estar ~ (de)** to be sure (of) 9
seguro: el ~ médico medical insurance 16
los seguros insurance (*medical*)
seiscientos six hundred 6
seleccionar to select
el sello stamp 10
la selva jungle 12
el semáforo traffic light 13
la semana week 2; **~ pasada** last week 6; **~ que viene** next week 2; **Semana Santa** Holy Week
la semejanza similarity
la semilla seed
sencillamente simply
sencillo/a simple, easy; **la habitación sencilla** single room 7
la senda peatonal pedestrian walkway 13
la sensación feeling 5
sensato/a sensible 15
sensible sensitive 15
sentarse (e → ie) to sit down 5; **Siéntate./Siéntense.** Sit down. Pre.
el sentido sense, feeling
el sentimiento feeling
sentir (e → ie, i) to feel sorry 9; **Lo siento.** I'm sorry. 7
sentirse (e → ie, i) to feel 7
señalar to indicate, point out
señor/Sr. Mr. 1; **el señor** the man 1
señora/Sra. Mrs./Ms. 1; **la señora** the woman 1
señorita/Srta. Miss/Ms. 1; **la señorita** the young woman 1
separar to separate
separarse (de) to separate (from) 17
séptimo/a seventh 8
ser to be 3; **~ + de** to be from 1; **~ + de + *material*** to be made of + *material* 5; **~ + de + *nationality*** to be + *nationality* 1; **~ celoso/a** to be a jealous person 17; **~ consciente** to be aware 15; **~ listo/a** to be clever 3; **Resultó ~ . . .** It/He/She turned out to be . . . ; **Somos tres.** There are three of us. 9; **Son las . . .** It's . . . (*o'clock*) 5
el ser humano human being
la serpiente snake 14
serrano: el jamón ~ a country style of ham
la servilleta napkin 9
servir (e → i, i) to serve 5; **¿En qué puedo servirle?** How can I help you?
setecientos seven hundred 6
el sexo sex
sexto/a sixth 8

si if 3
sí yes 1
siempre always 3
el siglo century
el significado meaning
significar to mean
siguiente following
silenciosamente silently
la silla chair 2; **~ de ruedas** wheelchair
el sillón easy chair, armchair 8
la simpatía sympathy
simpático/a nice 3
sin without 6; **~ embargo** however, nevertheless 12; **~ que** without 16
la sinagoga synagogue 14
sino but rather; **~ que** but rather; on the contrary; but instead
el síntoma symptom 11
siquiera: ni ~ not even
el sitio place; site 10
sobre about
el sobre envelope 10
sobrepasar to surpass
sobresaliente outstanding
sobrevivir to survive
el/la sobrino/a nephew/niece 6
sociable sociable 15
el socialismo socialism
la sociología sociology 2
el sofá sofa, couch 2
el sol sun; **las gafas de sol** sunglasses 5; **Hace sol.** It's sunny. 4
solamente only 9
el/la soldado soldier
la soledad loneliness 17
solicitar to apply for 16
la solicitud application 16
solitario/a lonely, solitary
solo/a alone 3
sólo only
soltar (o → ue) to let go, set free
soltero/a: es ~ he/she is single 6
la sombra shadow
el sombrero hat 5
Somos dos. There are two of us. 9
sonar (o → ue) to ring
el sonido sound
soñar (o → ue) (con) to dream (of/about)
la sopa soup 12
el soplón/la soplona tattletale
soportar to tolerate
sordo/a deaf
sorprenderse de to be surprised about 9
la sorpresa surprise
soso/a dull
el/la sospechoso/a suspect
el sostén bra
el squash squash (*sport*) 10
su/s his/her/your (*formal*)/their 1
subir to go up, climb 4; to raise

subrayar to underline, emphasize
el subtítulo subtitle
sucio/a dirty
el/la suegro/a father-in-law/mother-in-law   6
el sueldo salary   16
suelto/a separate, unmatched
el sueño dream; **tener sueño** to be tired   5
la suerte luck; **por suerte** by chance   15; **¡Qué mala suerte!** What bad luck!   9; **tener suerte** to be lucky   9
el suéter sweater   5
sufrir to suffer
la sugerencia suggestion
sugerir (e → ie, i) to suggest
la suma sum; amount
sumiso/a submissive   15
superar to surpass, exceed
el supermercado supermarket   3
la supervivencia survival
suponer to suppose
supuesto: Por ~. Of course.   2
el sur south   12
el suspenso suspense
suspirar to sigh
el sustantivo noun
la sutileza subtlety
suyo/a his/her/your (de Ud. or de Uds.)/ their; **el/la ~** his/hers/yours (*formal*)/ theirs   14

el tablón de anuncios bulletin board
tachar to cross out
el tacón heel
tal vez + *subj.* perhaps/maybe   9
la talla size   5
el tamaño size
también too, also   1
tampoco neither, nor
tan so   13; **~ . . . como** as . . . as   13
el tanque de gasolina gas tank   11
tanto: mientras ~ meanwhile   9; **por lo ~** therefore; **tanto/a . . . como** as much . . . as   14; **tantos/as . . . como** as many . . . as   14
tapar to cover
tardar to be late; to take a long time
la tarde afternoon   2; **Buenas tardes.** Good afternoon. Pre.; **por ~** in the afternoon   5; (*adv.*) late
la tarea homework   2
la tarjeta card   10; **~ de crédito** credit card   14; **~ de embarque** boarding pass   7; **~ postal** postcard   10
el taxi taxi   6
el/la taxista taxi driver   13
la taza cup   9
el té tea   2
el teatro theater   3
tejer to knit; to weave   9

el tejido weave; fabric
la tela cloth, fabric, material
el telar loom
el/la teleadicto/a television addict
el teléfono telephone   1; **~ celular** cell phone   2
la telenovela soap opera
el televisor television set   2
el tema theme
el temor fear
la temperatura temperature   4
el templo temple   14
la temporada season
temprano early   4
el tenedor fork   9
tener to have   2; **~ . . . años** to be . . . years old   1; **~ buena salud** to be in good health   11; **~ calor** to be hot   5; **~ catarro** to have a cold   11; **~ celos (de)** to be jealous (of)   17; **~ diarrea** to have diarrhea   11; **~ en cuenta** to take into account, bear in mind; **~ escalofríos** to have the chills   11; **~ éxito** to succeed; **~ fiebre** to have a fever   11; **~ frío** to be cold   5; **~ ganas de** + *inf.* to feel like -*ing*   6; **~ gripe** to have the flu   11; **~ hambre** to be hungry   5; **~ le fobia a . . .** to have a fear of . . . ; to hate   14; **~ lugar** to take place   5; **~ miedo** to be scared   5; **~ náuseas** to be nauseous   11; **~ prisa** to be in a hurry; **~ que** + *inf.* to have to . . .   2; **~ que ver (con)** to have to do (with); **~ razón** to be right; **~ resfrío** to have a cold   11; **~ sed** to be thirsty   5; **~ sueño** to be tired   5; **~ suerte** to be lucky   9; **~ tos** to have a cough   11; **~ vergüenza** to be ashamed   5; **No tengo idea.** I don't have any idea.   3; **No, tiene el número equivocado.** No, you have the wrong number.   7
el tenis tennis   10
tercero/a third   8
terminar to finish   6
la ternera veal   12
el terremoto earthquake
terrestre terrestrial
testarudo/a stubborn   15
el texto text
el tiempo weather   4; time; tense; **a tiempo** on time, in time   7; **tiempo completo** full-time   16; **¿Cuánto tiempo hace?** How long ago?   6; **hace buen/mal tiempo** it's nice/bad out   4; **¿Qué tiempo hace?** What's the weather like?   4; **tiempo parcial** part-time   16
la tienda store   3
la tierra earth

tinto: el vino ~ red wine
el tío uncle   3; **la tía** aunt   6
típico/a typical
el tipo type
tirar to pull; to throw out; **~ la casa por la ventana** to go all out (literally, "to throw the house out the window")   6
el título title; (*university*) degree   16
la toalla towel   2
tocar to play (*an instrument*)   3; to touch
el tocino bacon
todavía still, yet   8; **~ no** not yet   8
todo/a everything; every, all   6; **todo el mundo** everybody, everyone   13; **todos** all   1; everyone   6; **todos los días** every day   3; **todos los meses** every month   12
la toma rough cut (*when filming*)
tomar to drink; to take (*a bus, etc.*)   6; **~le el pelo (a alguien)** to pull someone's leg   16
el tomate tomato   9
el tono tone
la tontería foolishness
tonto/a stupid   3
el torneo tournament   5
el toro bull   14
torpe clumsy, awkward
la torre tower   14
la torta cake   12
la tortilla (de patatas) (potato) omelette (*Spain*)   2
la tos cough; **tener tos** to have a cough   11
toser to cough   11
la tostada toast
la tostadora toaster   8
totalmente totally
el tour tour   13
trabajar to work   2; **~ tiempo parcial** to work part-time   16; **~ tiempo completo** to work full-time   16
el trabajo work
traducir to translate   3
traer to bring   3
el traje suit   5; **~ de baño** bathing suit   5
tranquilamente quietly   9
tranquilo/a quiet, tranquil
transporte: el medio de ~ means of transportation
trasero/a back, rear
el traslado transfer   13
el tratado treaty
el tratamiento treatment
tratar de to try to
tratarse de to be about
través: a ~ de across, through
el tren train   6; **en/por tren** by train
trescientos three hundred   6
la tribu tribe

el trigo wheat
el trineo sled
triste sad   3
triunfar to triumph
el trombón trombone   12
la trompeta trumpet   12
tronar (o → ue) to thunder
el trozo piece
el truco trick
tu/s your (*informal*)   1
tú you   Pre.
la tumba tomb
el turismo tourism
tuyo/a yours (*informal*)   14; **el/la ~** yours (*informal*)   14

Ud. (usted) you (*formal*)   Pre.
Uds. (ustedes) you (*formal/informal*)   1
últimamente lately, recently
último/a last, most recent; **la última vez** the last time   7
un, una a, an   2
el uniforme uniform   10
unir to unite, join together
la universidad university   3
uno one   1; **el ~ al otro** each other   17
unos/as some   2
urbano/a urban
usar to use   3
útil useful
utilizar to use, utilize

la vaca cow   14
las vacaciones vacation   4
la vacuna vaccine
la vaina green bean
Vale. O.K.   2; **(No) ~ la pena.** It's (not) worth it.; **(No) ~ la pena +** *inf.* It's (not) worth + *-ing.*   11
valiente brave   15
el valle valley   12
el valor value
valorar to value, price
variar to vary
la variedad variety
varios/as several
vasco/a Basque
el vaso glass   9
¡Vaya! Wow!   8

veces: a ~ at times   12; **algunas ~** sometimes   12; **muchas ~** many times   12
el/la vecino/a neighbor
veloz swift, fast
vencer to conquer, overcome
el vendaje bandage   11
el/la vendedor/a seller; salesperson
vender to sell   3
venir to come   5
la ventaja advantage
la ventana window; **echar la casa por ~** to go all out (literally, "to throw the house out the window")   6
la ventanilla car window; **el asiento de ventanilla** window seat   7
ver to see   3; **A ~.** Let's see.
el verano summer   4
veras: ¿De ~? Really?   2
la verdad the truth; **¿verdad?** right?   1; **es verdad** it's true   9
verdadero real, true   12
verde green   5
la verdura vegetable   12
la vergüenza shame; **tener vergüenza** to be ashamed   5
vertir (e → ie, i) to shed (*a tear*)
el vestido dress   5
vestirse (e → i, i) to get dressed   5
vez: a la ~ at the same time; **de ~ en cuando** once in a while, from time to time   12; **en ~ de** instead of; **la última ~** the last time   7; **por última ~** for the last time; **una ~** one time
la vía way, road
viajar to travel   6
el viaje trip; **el/la agente de viajes** travel agent   1
el/la viajero/a traveler; **el cheque de viajero** traveler's check
la vida life; **jugarse ~** to risk one's life   11
el video VCR; videocassette   2
el vidrio glass   15
viejo/a old   3
viento: Hace ~. It's windy.   4
viernes Friday   2; **el ~** on Friday   2; **los ~** on Fridays   2

el vinagre vinegar   9
el vino wine   2; **~ tinto** red wine
el violín violin   12
el violonchelo cello   12
la viruela smallpox
la visita visit
visitar to visit   2
la vista view
la vivienda dwelling
vivir to live   3
vivo/a bright (*colors*); alive
el volante steering wheel   11
el volcán volcano   12
el voleibol volleyball   10
volver (o → ue) to return, come back   5; **~ a +** *inf.* to do (something) again   13
volverse (o → ue) to become
vomitar to vomit   11
vosotros/as you (*pl., informal*)   1
la votación vote
el/la votante voter
el voto vote
la voz voice
el vuelo flight   7
la vuelta return trip   7; **darle ~** to turn over, flip   9; **dar una vuelta** to take a ride; to go for a stroll/walk; **pasaje de ida y vuelta** round-trip ticket   7
vuestro/a your (*pl. informal*)   3; **el/la ~** yours (*pl. informal*)   14

y and   1; **Es la una ~ cinco.** It's five after one.   5
ya already; now   8; **~ era hora.** It's about time.   12; **~ no** no longer, not anymore   8; **~ que** since, because   13; **¡~ voy!** I'm coming!   14
la yerba herb; grass
yo I   1
el yogur yogurt

la zanahoria carrot   12
los zapatos shoes   5; **~ de tacón alto** high-heeled shoes   5; **~ de tenis** tennis shoes, sneakers   5
la zona zone
el zoológico zoo   14

English-Spanish Vocabulary

This vocabulary contains a selected listing of common words presented in the lesson vocabularies. Many word sets are not included, such as foods, sports, animals, and months of the year. Page references to word sets appear in the index.

Refer to page R13 for a list of abbreviations used in the following vocabulary.

@ arroba
able: be ~ poder (o ⟶ ue)
about sobre; **~ whom** de quien
above arriba
accent (*n.*) el acento; (*v.*) acentuar
accept aceptar
accident el accidente
accomplish realizar
according to según
account: take into ~ tener en cuenta
across a través de
action la acción
active activo/a
activity la actividad
actor el actor/la actriz
actually en realidad
add añadir
advantage la ventaja
adventure la aventura
advertise anunciar
advertisement el anuncio
advertising la propaganda
advise aconsejar; avisar
affair (love) la aventura amorosa
affect afectar
after después; **~ all** al fin y al cabo
afternoon la tarde; **Good ~.** Buenas tardes.
again otra vez
against: be ~ estar en contra
age la edad
agree (with) estar de acuerdo (con)
Agreed? ¿De acuerdo?
airmail por avión
alcoholic alcohólico/a
all todos
allow dejar
almost casi
alone solo/a
already ya
also también
alternate (*v.*) alternar
although aunque
always siempre
among entre
amusing divertido/a
ancient antiguo/a
Andean andino/a
angry: become ~ enojarse

anniversary el aniversario
announce anunciar
announcement el anuncio
answer (*n.*) la respuesta; (*v.*) responder, contestar
answering machine el contestador automático
antique antiguo/a
apathetic indiferente
appear aparecer
apply for solicitar
approximately aproximadamente
archaeologist el/la arqueólogo/a
architect el/la arquitecto/a
argue discutir
argument el argumento, la discusión
army el ejército
around alrededor; **~ here** por aquí
art el arte
as como; **~ . . .** tan . . . como; **~ a consequence** como consecuencia; **~ a result** como resultado; **~ if** como si; **~ many . . . ~** tantos/as . . . como; **~ much . . . ~** tanto/a . . . como
ask preguntar; **~ for** pedir (e ⟶ i, i); **Can I ~ who is calling?** ¿De parte de quién?
assimilate asimilarse
association la asociación
astute astuto/a
at en; **~ last** por fin; **~ least** por lo menos; **~ . . . o'clock** a la(s) . . . ; **~ once** en seguida; **~ the end of** al final de; **~ the same time** a la vez; **~ times** a veces; **~ what time . . . ?** ¿A qué hora . . . ?
athlete el/la deportista
ATM el cajero automático
attend asistir a
audience el público
avenue la avenida
average (*n.*) el promedio; (*adj.*) mediano/a
awful mal, fatal

backwards al revés
bad: It's ~ out. Hace mal tiempo.
bald calvo/a
banana el plátano

bargain la ganga; **~ for** regatear
bark (*v.*) ladrar
baseball el béisbol
bathe bañarse
battle la batalla
bay la bahía
be estar, ser; **~ able** poder (o ⟶ ue); **~ against** estar en contra (de); **~ ashamed** tener vergüenza; **~ called** llamarse; **~ careful** tener cuidado; **~ clever** ser listo/a; **~ cold** tener frío; **~ crazy** estar loco/a; **~ dizzy** estar mareado/a; **~ engaged** estar comprometido/a; **~ from** ser + de; **~ happy about** alegrarse de; **~ hot** tener calor; **~ hungry** tener hambre; **~ in a hurry** tener prisa; **~ in/at** estar en; **~ in good health** tener buena salud; **~ jealous (of)** estar celoso/a (de), tener celos (de); **~ late** atrasarse; **~ lucky** tener suerte; **~ nauseous** tener náuseas; **~ on a diet** estar a dieta; **~ pregnant** estar embarazada; **~ ready** estar listo/a; **~ right** tener razón; **~ scared** tener miedo; **~ silent** callarse; **~ successful** tener éxito; **~ sure (of)** estar seguro/a (de); **~ surprised about** sorprenderse de; **~ thirsty** tener sed; **~ tired** tener sueño; **~ . . . years old** tener . . . años
bear in mind tener en cuenta
beautiful bello/a; **very ~** bellísimo/a
beauty la belleza
because porque
become volverse (o ⟶ ue); **~ angry** enojarse; **~ sick** enfermarse
bedroom la alcoba
before antes; **~ + -ing** antes de + *inf.*; **~ anything else** antes que nada
begin comenzar (e ⟶ ie), empezar (e ⟶ ie)
beginning el comienzo, el principio
behind atrás, detrás de
believe creer
below abajo, debajo de
beside al lado de

besides además
better mejor; **it's ~** es mejor
between entre
bilingual bilingüe
bill la cuenta
birth el nacimiento
birthday el cumpleaños; **Happy ~.** Feliz cumpleaños.; **have a ~** cumplir años
blue azul
blush ponerse rojo/a
bored (estar) aburrido/a
boring (ser) aburrido/a
boss el/la jefe/a
bottle la botella
bra el sostén
brain el cerebro
brand la marca
break romper/se
bring traer; **~ up to date** poner(se) al día
buckle the seat belt abrocharse el cinturón
build construir
burn quemar
business el negocio
businessman/woman el hombre/la mujer de negocios
but pero; **~ instead** sino que; **~ rather** sino
buy comprar
by por; **~ boat/train/etc.** en barco/ tren/etc., por barco/tren/etc.
by the way por cierto

calculus el cálculo
calendar el calendario
call llamar; **be called** llamarse
can: ~ I ask who is calling? ¿De parte de quién?; **~ you speak more slowly, please?** ¿Puede hablar más despacio, por favor?; **~ you tell me how . . . ?** ¿Puede decirme cómo . . . ?
capable capaz
capital (*city*) la capital; **What is the ~ of . . . ?** ¿Cuál es la capital de . . . ?
care el cuidado; **take ~ of** cuidar
career la carrera
careful: be ~ tener cuidado
carefully con cuidado
carrot la zanahoria
case: in ~ por si acaso; **in ~ that** en caso (de) que
castle el castillo
celebrate celebrar
celebration la celebración
cell phone el teléfono celular
cent el centavo
century el siglo
cereal el cereal
chalkboard la pizarra
champagne el champán

championship el campeonato
change cambiar; **changing the subject** cambiando de tema
chapter el capítulo
character el personaje
chat charlar
check la cuenta
chew mascar
chilly: It's ~. Hace fresco.
chimney la chimenea
choose elegir (e → i, i)
Christmas la Navidad
cigarette el cigarrillo
class la clase; la materia
clever: be ~ ser listo/a
click hacer clic
client el/la cliente
climate el clima
climb subir
close cerrar (e → ie)
closed cerrado/a
cloth la tela
clothes: ~ dryer la secadora; **put on one's ~** ponerse la ropa; **take off one's ~** quitarse la ropa
cloudy: It's ~. Está nublado.
clue la pista
clumsy torpe
cold: be ~ tener frío; **have a ~** tener catarro, estar resfriado/a; **It's ~.** Hace frío.
collection la colección
cologne el agua de colonia
comb one's hair peinarse
combat combatir
come venir; **~ back** volver (o → ue)
comedy la comedia
comfortable cómodo/a
command el mandato
comment (*n.*) el comentario; (*v.*) comentar
common común; **in ~** en común
community la comunidad
compare comparar
complain quejarse
computer programmer el/la programador/a de computadoras
concert el concierto
conceited creído/a
confidence la confianza
congratulate felicitar
conquer conquistar
conserve conservar
consist of consistir en
constant constante
consult consultar
consumer el consumidor
continue continuar
contraceptive el anticonceptivo
contrast: in ~ to a diferencia de
converse conversar
convert convertir (e → ie, i)
correct corregir (e → i, i)

cough (*v.*) toser; **have a ~** tener tos
Could you . . . ? ¿Podrías + *inf.*?
counselor el/la consejero/a
count contar (o → ue)
country el país
course el curso
court (*for tennis, basketball*) la cancha
craftsmanship la artesanía
crash chocar
crazy: be ~ estar loco/a
create crear
croissant el croissant, la medialuna
cross (*n.*) la cruz; (*v.*) cruzar
culture la cultura
current (*adj.*) actual
curse el mal de ojo; **put a ~ on** echar el mal de ojo
custom la costumbre

dance (*n.*) el baile; (*v.*) bailar
danger el peligro; **in ~** en peligro
dangerous peligroso/a
day el día; **~ before yesterday** anteayer; **every ~** todos los días
dead muerto/a
dear (*term of endearment*) cariño/a, querido/a
death la muerte
decide decidir
degree (*temperature*) grado; **It's . . . degrees (below zero).** Está a . . . grados (bajo cero).; (*university*) el título
delicious sabroso/a, delicioso/a
delightful encantador/a
demanding exigente
democratic democrático/a
department (*of a university*) la facultad; **~ store** el almacén
describe describir
desert el desierto
desperate desesperado/a
destroy destruir
detain detener
develop desarrollar
developed desarrollado/a
diarrhea: have ~ tener diarrea
die morir/se (o → ue, u)
diet: be on a ~ estar a dieta
difference la diferencia
different diferente
difficult difícil
dinner la cena; **have ~** cenar
disadvantage la desventaja
disaster el desastre
discover descubrir
distance: long ~ larga distancia
divine divino/a
divorced divorciado/a; **get ~ (from)** divorciarse (de); **is ~ (from)** está divorciado/a (de)
dizzy: be ~ estar mareado/a

do hacer; **~ crossword puzzles** hacer crucigramas; **~ jigsaw puzzles** hacer rompecabezas
doll la muñeca
dollar el dólar
domestic doméstico/a
Don't mention it. No hay de qué.
doubt: there's no ~ no hay duda (de)
draw dibujar
dream (*n.*) el sueño; (*v.*) soñar (o ⟶ ue)
drink (*n.*) la bebida; (*v.*) beber
drive conducir, manejar
driver's license el permiso/la licencia de conducir
drop dejar caer
dry (*adj.*) seco/a; (*v.*) secar
dryer: hair ~ el secador; **clothes ~** la secadora
dumbfounded: leave (someone) ~ dejar boquiabierto (a alguien)
during durante

each cada; **~ other** el uno al otro; **to ~ his own** cada loco con su tema
earn ganar
earring el arete, el pendiente
earth la tierra
earthquake el terremoto
Easter la Pascua Florida
easy fácil, sencillo/a
eat comer
either . . . or o . . . o
elegant fino/a
elevator el ascensor
email el correo/mensaje electrónico
emergency la emergencia
end el fin
ending el final
engaged: be ~ estar comprometido/a
engagement (*for marriage*) el compromiso
enjoy disfrutar
enough bastante
enter entrar (en)
entertaining divertido/a
essay el ensayo
establish establecer
ethnic étnico/a
even (*adj.*) par; (*adv.*) aun
evening la noche; **Good ~.** Buenas noches.
every cada, todo/a; **~ day** todos los días; **~ month** todos los meses
everybody todo el mundo
everything todo
evident: it's ~ es evidente
example el ejemplo; **for ~** por ejemplo
exchange (money) cambiar (dinero)
exercise (*n.*) el ejercicio
exist existir

fabric la tela
fabulous fabuloso/a

fair justo/a
faithful fiel
fall caer; **~ asleep** dormirse (o ⟶ ue, u)
fan (*sports*) el/la aficionado/a
farmer el/la granjero/a
fashion la moda
fast rápido/a
fax el fax
fear el miedo; **have a ~ of . . .** tenerle miedo/fobia a . . .
feel sentir/se (e ⟶ i, i); **~ like + -ing** tener ganas de + *inf.*
feeling el sentido
fever: have a ~ tener fiebre
few pocos/as
fight (*n.*) la lucha, la pelea; (*v.*) pelearse
fill (*a position*) ocupar; **~ out** completar, rellenar
find encontrar (o ⟶ ue); **~ strange** extrañarse
fine (*as for speeding*) la multa
finish completar, terminar
first name el nombre (de pila)
fish (*n.*) el pez; (*v.*) pescar
fit: It fits you well. Te queda bien.
fix arreglar
flight attendant el/la asistente de vuelo
floor el piso, el suelo; **first ~** el bajo
flower la flor; **~ garden** el jardín
flu: have the ~ tener gripe
fly la mosca
follow seguir (e ⟶ i, i)
following siguiente
foolishness la tontería
football el fútbol americano
for para, por; **~ example** por ejemplo; **~ heaven's sake!** ¡Por amor de Dios!; **~ lack of** por falta de; **~ the last time** por última vez; **~ what (purpose)?** ¿Para qué?; **~ whom?** ¿Para quién?
foreign extranjero/a
former anterior
fountain la fuente
frame el marco
free gratis; libre
frequently con frecuencia, frecuentemente, a menudo
friend el/la amigo/a
from de
front: in ~ of delante de
frustrated frustrado/a
fun: have ~ divertirse (e ⟶ ie, i)
function funcionar
funny gracioso/a
furnish amueblar
furnished amueblado/a
furniture los muebles

gas station la gasolinera
gears los cambios
general: in ~ en general, por lo general

gentleman el caballero
geography la geografía
geology la geología
get conseguir (e ⟶ i, i); (*a grade*) sacar; **~ angry** enfadarse; **~ dressed** vestirse (e ⟶ i, i); **~ off** bajar(se) de; **~ (someone) out of a jam** sacar de un apuro (a alguien)
gift el regalo
give dar; **~ a present** regalar
go ir; **~ all out** echar la casa por la ventana; **~ down** bajar; **~ out** salir; **~ (out) with (someone)** salir con (alguien); **~ to bed** acostarse (o ⟶ ue); **~ up** subir
goal (*sports*) el gol
good bueno/a; **~ afternoon.** Buenas tardes.; **~ evening/~ night.** Buenas noches.; **~ morning.** Buenos días.
gossip comentar
government el gobierno
grade la nota
graduate graduarse
granddaughter la nieta
grandson el nieto
Great! ¡Qué chévere! (*Caribbean expression*)
grief la pena
ground el suelo
group el grupo

habit la costumbre
hair dryer el secador
hair salon la peluquería
half la mitad
hand la mano; **on the one ~** por un lado; **on the other ~** por otro lado
handicraft la artesanía
happen ocurrir
happiness la felicidad, la alegría
happy: be ~ about alegrarse de; **~ birthday.** Feliz cumpleaños.
hate odiar
have (*aux. v.*) haber; tener; **~ a cold** estar resfriado/a, tener catarro; **~ a cough** tener tos; **~ a fear of . . .** tenerle miedo/fobia a . . . ; **~ a fever** tener fiebre; **~ a good/bad time** pasarlo bien/mal; **~ diarrhea** tener diarrea; **~ drink** tomar; **~ fun** divertirse (e ⟶ ie, i); **~ just + past part.** acabar de + *inf.*; **~ lunch** almorzar (o ⟶ ue); **~ supper/dinner** cenar; **~ the chills** tener escalofríos; **~ the flu** tener gripe
health la salud; **be in good ~** tener buena salud
hear oír
heart attack el infarto
heat calor; calefacción (de la casa)
heavy pesado/a
help (*n.*) la ayuda; (*v.*) ayudar

here aquí
Hey! ¡Oye!
hidden escondido/a
hire contratar
Hispanic hispano/a
home el hogar; la casa
hot: be ~ tener calor; **It's ~.** Hace calor.
How? ¿Cómo?; **~ are you** (*informal/ formal*)? ¿Cómo estás/está?; **~ awful!** ¡Qué barbaridad!; **~ many?** ¿Cuántos?; **~ much?** ¿Cuánto?; **~ much is/are . . . ?** ¿Cuánto cuesta/n . . . ?; **~ old is he/she?** ¿Cuántos años tiene él/ella?
however sin embargo
hug (*n.*) el abrazo; (*v.*) abrazar
hungry: be ~ tener hambre
hunt cazar
hurricane el huracán
hurry: be in a ~ tener prisa
hurt doler (o ⟶ ue); herir (e ⟶ ie, i)

I love it/them! ¡Me fascina/n!
I would like me gustaría; **~ to speak with . . . , please.** Quisiera hablar con . . . , por favor.
ID card la cédula de identidad
identify identificar
if si
illiteracy el analfabetismo
I'm coming! ¡Ya voy!
I'm sorry. Perdone.
image la imagen
imagine imaginarse
in en; **~ a while** dentro de poco; **~ case** por si acaso; **~ case that** en caso (de) que; **~ contrast to** a diferencia de; **~ danger** en peligro; **~ front of** delante de; **~ general** por lo general, en general; **~ order that** para que; **~ spite of** a pesar de que
inch la pulgada
income los ingresos
increase añadir, aumentar
indicate indicar, señalar
indifferent indiferente
indigenous indígena
influence (*n.*) la influencia; (*v.*) influir
inhabitant el/la habitante
instability la inestabilidad
instead of en vez de
interest interesar
interrupt interrumpir
interview (*n.*) la entrevista; (*v.*) entrevistar
invent inventar
invest invertir (e ⟶ ie, i)
Is . . . there, please? ¿Está . . . , por favor?
It looks good on you. Te queda bien.
it's es; **~ a pity** es una pena/lástima; **~ a shame** es una lástima; **~ bad out** hace mal tiempo; **~ better** es mejor;

~ chilly hace fresco; **~ cloudy** está nublado; **~ evident** es evidente; **~ going to cost you** te va a salir caro; **~ hot** hace calor; **~ nice out** hace buen tiempo; **~ (not) worth it** (no) vale la pena; **~ obvious** es obvio; **~ probable** es probable; **~ raining** llueve; **~ snowing** nieva; **~ sunny** hace sol; **~ true** es verdad; **~ windy** hace viento
It/This is . . . Habla . . .

jealous: be ~ (of) tener celos (de); estar celoso/a (de); ser celoso/a
joke el chiste
jot down anotar
journalist el/la periodista
jump saltar
just a moment un momento

keep going straight seguir (e ⟶ i, i) derecho
key la llave
kill matar
king el rey; **~ and queen** los reyes
kiss (*n.*) el beso; (*v.*) besar
knit hacer punto, tejer
know (*sfacts/how to do something*) saber; (*someone or something*) conocer; **You didn't ~?** ¿No sabías?; **Do you ~ where . . . is?** ¿Sabes dónde está . . . ?; **I don't ~ (the answer).** No sé (la respuesta).; **~ people in the right places** tener palanca
known: make ~ dar a conocer

lack faltar; **for ~ of** por falta de
landing strip la pista de aterrizaje
language el idioma
last último/a; **for the ~ time** por última vez; **~ night** anoche
last name el apellido; **first last name (father's name)** el primer apellido; **second last name (mother's maiden name)** el segundo apellido
late (*adv.*) tarde; **be ~** atrasarse
lately últimamente
later luego, más tarde; **See you ~.** Hasta luego.
lawn el jardín
learn aprender
leave salir; **~ behind** dejar; **~ (someone) dumbfounded** dejar boquiabierto (a alguien)
lecture la conferencia
less menos; **~ than** menos de/que
lesson la clase, la lección
let's see a ver
lie (*n.*) la mentira; (*v.*) mentir (e ⟶ ie, i)
life la vida; **risk one's ~** jugarse (u ⟶ ue) la vida
light (*n.*) la luz; (*v.*) encender

like (*adv.*) como; (*v.*) gustar; **I don't ~ him/her.** Me cae mal.; **I ~ him/her a lot.** Me cae (la mar de) bien.; **I don't ~ it/them at all.** No me gusta/n nada.; **~ a lot** encantar, fascinar; **~ this/that** así
listen escuchar; **Listen!** ¡Oye!
little: a ~ poco/pocos; **~ by ~** poco a poco
live vivir
long distance larga distancia
look for buscar; **look (at)** mirar
lose perder (e ⟶ ie)
lost perdido/a
lousy mal
love (*n.*) el amor; (*v.*) amar, querer; **I ~ it/them!** ¡Me fascina/n!
loyal fiel
luck la suerte; **What bad ~!** ¡Qué mala suerte!
lunch el almuerzo; **have ~** almorzar (o ⟶ ue)

maintain mantener
majority la mayoría
make hacer; **~ a stopover** hacer escala; **~ known** dar a conocer
male el macho
manner la manera
many: muchos/muchas; **as ~ . . . as** tantos/as . . . como; **~ times** muchas veces
map el mapa
married casado/a; **is ~ (to)** está casado/a (con)
mask la máscara
mean significar; **What do you ~ . . . ?** ¿Cómo que . . . ?
meaning el significado
meanwhile mientras tanto
measure medir (e ⟶ i, i)
member el miembro
memorize memorizar
memory el recuerdo; la memoria
mention mencionar
mess: What a ~! ¡Qué lío!
message el mensaje
middle mediados; **~ Ages** la Edad Media
mile la milla
mind la mente
minimum el mínimo
minority la minoría
miss (*someone or something*) echar de menos, extrañar
mix revolver (o ⟶ ue)
mixture la mezcla
model el/la modelo
modern moderno/a
monster el monstruo
month el mes
monthly mensual
morning la mañana; **Good ~.** Buenos días.
most recent último/a

motivate motivar
move (*relocate*) mudarse
murder el asesinato
must: One/You ~ + *v*. Hay que + *inf*.
mysterious misterioso/a
mystery el misterio

name: first ~ el nombre (de pila); **last ~** el apellido; **My ~ is . . .** Me llamo . . .
nation la nación
native indígena
nauseous: be ~ tener náuseas
necessary necesario/a
neck el cuello
neighbor el/la vecino/a
neighborhood el barrio
neither tampoco; **~ . . . nor** ni . . . ni
nervous nervioso/a
never nunca
nevertheless sin embargo
news la(s) noticia(s)
news item la noticia
next próximo/a
nice: It's ~ out. Hace buen tiempo.
night noche; **Good ~.** Buenas noches.
no longer ya no
No way! ¡Qué va!
noise el ruido
nor tampoco
not even ni siquiera
note (*n*.) la nota, el apunte; (*v*.) notar; **take notes** apuntar, tomar apuntes
nothing nada
now ahora
nowadays hoy (en) día
number (*n*.) el número; (*v*.) numerar; **You have the wrong ~.** Tiene el número equivocado.
nurse el/la enfermero/a

O.K. Bien., De acuerdo., Vale.
obtain conseguir (e ⟶ i, i), obtener
obvious: it's ~ es obvio
occupation la ocupación
occur ocurrir
of de (del/de la)
Of course. ¡Claro!, ¡Por supuesto!, ¡Claro que sí!; **Of course not!** ¡Claro que no!
offer ofrecer
often a menudo, con frecuencia
old man/woman el/la anciano/a
on en; **~ all sides** por todos lados; **~ the one hand** por un lado; **~ the other hand** por otro lado; **~ time** a tiempo
once: at ~ en seguida; **~ in a while** de vez en cuando
One/You must + *verb*. Hay que + *inf*.
only solamente, sólo
open abierto/a
option la opción
optional opcional

or o
order el orden
organize organizar
origin el origen
other otro/a
ought to + *v*. deber + *inf*.
outstanding sobresaliente
over there allá
owe deber
own (*adj*.) propio/a

pair (of) un par (de); la pareja
paragraph el párrafo
park (*n*.) el parque; (*v*.) estacionar
participate participar
partner el/la compañero/a
pass by/through pasar por
path el camino
paw la pata
pay pagar; **~ attention (to someone)** prestarle atención (a alguien)
peace la paz
peasant el/la campesino/a
pen la pluma
people la gente
percentage el porcentaje
perfect perfecto/a
perhaps a lo mejor, tal vez + *subj*., quizás + *subj*.
personality la personalidad
pet la mascota
phone (*n*.) el teléfono; (*v*.) llamar por telefono
phrase la frase
pick up recoger
pictures: take ~ sacar fotos
picturesque pintoresco/a
pity: it's a ~ es una pena/lástima; **What a ~!** ¡Qué pena!
place el sitio; **take ~** tener lugar
plaid de cuadros
plan (*n*.) el plan; (*v*.) planear
plantain el plátano
play (*a sport or game*) jugar (u ⟶ ue); (*an instrument*) tocar
pleasant agradable
please por favor
point el punto; **~ out** señalar
polka-dotted de lunares
population la población
possibly posiblemente
poster el afiche, el cartel
power el poder, la fuerza; **purchasing ~** el poder adquisitivo
practice (*n*.) la práctica; (*v*.) practicar
predict predecir
prefer preferir (e ⟶ ie, i)
preference la preferencia
pregnant: be ~ estar embarazada
prepare preparar
prescription la receta médica
present-day actual

preserve conservar
previous anterior
pride el orgullo
priest el cura
prize el premio
probable: it's ~ es probable
probably probablemente
produce producir
program el programa
prohibit prohibir
project el proyecto
promise (*n*.) la promesa; (*v*.) prometer
proud orgulloso/a
provided that con tal (de) que
province la provincia
psychologist el/la psicólogo/a
pull tirar; **~ someone's leg** tomarle el pelo (a alguien)
purchasing power el poder adquisitivo
put poner; **~ a curse ("the evil eye") on** echar el mal de ojo; **~ on one's clothes** ponerse la ropa; **~ someone to bed** acostar (o ⟶ ue)

quantity la cantidad
question la pregunta
quiet tranquilo/a

race la carrera
reading la lectura
ready: be ~ estar listo/a
real verdadero/a
reality la realidad
realize something darse cuenta de algo
really en realidad; **Really?** ¿De veras?
reason la razón
recent: most ~ último/a
recipe la receta
recognize reconocer
record grabar
recording la grabación
refer to referir/se (e ⟶ ie, i) a
rehearse ensayar
reject rechazar
relation la relación
relatively relativamente
remember acordarse (o ⟶ ue) de; recordar (o ⟶ ue)
remove quitar
rent (*n*.) el alquiler; (*v*.) alquilar
repeat repetir (e ⟶ i, i)
report el informe
reporter el/la reportero/a
request el pedido
requirement el requisito
research la investigación
reservation la reserva
respond responder
responsibility la responsabilidad
rest descansar
return devolver (o ⟶ ue); volver (o ⟶ ue)

rice el arroz
rich rico/a
ride montar; **~ a bicycle** montar en bicicleta
right el derecho; **be ~** tener razón; **~ now** ahora mismo; **right?** ¿verdad?; **on the ~** a la derecha
risk one's life jugarse (u → ue) la vida
road el camino, la carretera
rock la piedra
roof el techo
room la habitación; **single ~** la habitación sencilla; **double ~** la habitación doble
round redondo/a
royal real

safe seguro/a
saint el/la santo/a
same: the ~ el/la mismo/a; igual
satisfied satisfecho/a
save salvar
say decir; **How do you ~ . . . ?** ¿Cómo se dice ~ . . . ?
scared: be ~ tener miedo
scarf la pañoleta
schedule el horario
science la ciencia
search engine el buscador
secondary secundario/a
secondhand de segunda mano
see ver; **Let's ~.** A ver.; **~ you later.** Hasta luego.; **~ you tomorrow.** Hasta mañana.
seem parecer
select seleccionar
sell vender
send mandar
sensitivity la sensibilidad
sentence la oración
separate (from) separar/se (de)
serious grave
serve servir (e → i, i)
set the table poner la mesa
several varios
sex el sexo
shame la vergüenza; **it's a ~** es una lástima; **What a ~!** ¡Qué lástima!
share compartir
shave afeitarse
shaving cream la crema de afeitar
shellfish los mariscos
shoot disparar
shopping de compras
show mostrar (o → ue)
sick: become ~ enfermarse
side el lado; **on the other ~** por otro lado; **on all sides** por todos lados
significant other la pareja
silent: be ~ callarse
similar parecido/a
simple sencillo/a
simply sencillamente

since ya que, desde
sing cantar
singer el/la cantante
single (unmarried) soltero/a
single room la habitación sencilla
sit down sentarse (e → ie)
situation la situación
skin la piel
slash la barra (http://www)
slave el/la esclavo/a
sleep dormir (o → ue, u)
slow lento/a
smoke fumar
snow (n.) nieve; (v.) nevar
snowing: It's ~. Nieva.
so tan
soap opera la telenovela
soccer el fútbol
sock el calcetín, la media
soda la gaseosa
soldier el/la soldado
some algún, alguno/a
someone alguien
something algo; **~ else?** ¿Algo más?
sometimes algunas veces
song la canción
soon pronto
sorry: I'm ~. Perdone. Lo siento.
source la fuente
speak hablar; **Can you ~ more slowly, please?** ¿Puede hablar más despacio, por favor?; **I would like to ~ with . . . , please.** Quisiera hablar con . . . , por favor.
special especial
specific específico/a
spend (money) gastar; (time) pasar
spice la especia
spicy picante
spite: in ~ of a pesar de que
stand in line hacer cola
start (n.) el comienzo; (v.) comenzar (e → ie), empezar (e → ie); **~ the car** arrancar
starting from a partir de
stay in + place quedarse en + place
steal robar
step on pisar
still aún, todavía
stingy tacaño/a
stone la piedra
stop (n.) la parada; **stop + -ing** (v.) dejar de + inf.
story el cuento
straight recto/a; **keep going ~** seguir (e → i, i) derecho
strange extraño/a
strength la fuerza
striped de rayas
strong fuerte
struggle la lucha
study estudiar
subject (school) la asignatura, la materia

succeed tener éxito
successful: be ~ tener éxito
suddenly de repente
suffer sufrir
sugar el azúcar
suggest sugerir (e → ie, i)
suggestion la sugerencia
summary el resumen
sunny: It's ~. Hace sol.
supper: have ~ cenar
suppose suponer
sure: be ~ (of) estar seguro/a de
surf the net navegar por Internet
surgery la cirugía
surprise la sorpresa
surprised: be ~ about sorprenderse de
suspect el/la sospechoso/a
switch roles cambiar de papel

take (a bus, etc.) tomar; **~ a walk** dar un paseo; **~ care of** cuidar; **~ into account** tener en cuenta; **~ notes** anotar, tomar apuntes; **~ off one's clothes** quitarse la ropa; **~ out** sacar; **~ out the garbage** sacar la basura; **~ pictures** sacar fotos; **~ place** tener lugar
talk conversar, hablar
taste probar (o → ue)
tasty sabroso/a
teach enseñar
tear la lágrima
television la televisión; **~ set** el televisor
tell contar (o → ue); decir; **Can you ~ me how . . . ?** ¿Puede decirme cómo . . . ?
that que; (adj.) ese/a, aquel, aquella; (pron.), ése/a, eso/a, aquél, aquélla, aquello; **~ is** o sea
that's why por eso
theme el tema
then entonces
there allí; **~ is/~ are** hay; **~ must be a reason.** Por algo será.; **~ was/~ were** había
therefore por eso, por lo tanto
there's no doubt no hay duda (de)
thing la cosa
think pensar (e → ie); **~ about** pensar en
thirsty: be ~ tener sed
this (adj.) este/a; (pron.) éste/a, esto
those (adj.) esos/as, aquellos/as; (pron.) ésos/as, aquéllos/as
those (over there) (adj.) aquellos/aquellas; **~ ones (over there)** (pron.) aquéllos/aquéllas
throat la garganta
through a través de
throw: ~ out echar, tirar
ticket el boleto
time: on ~ a tiempo; **What ~ is it?** ¿Qué hora es?

times: many ~ muchas veces
tired: be ~ tener sueño
title el título
to a; **~ top it all** para colmo
together junto/a
tomorrow mañana; **See you ~.** Hasta mañana.
too también; **~ much** demasiado
touch tocar
tour la gira, el tour
tourism el turismo
translate traducir
travel viajar
tree el árbol
true cierto/a, real; **it's ~** es cierto, es verdad
truth la verdad
try intentar; **~ on** (*clothes*) probarse (o → ue); **~ to** tratar de
turn: ~ off apagar; **~ over** darle la vuelta
TV channel el canal de televisión
typical típico/a

unbearable insoportable
uncertain incierto/a
understand comprender, entender (e → ie)
understanding comprensivo/a
underwear (men's) los calzoncillos; **(women's)** los calzones
unexpected inesperado/a
unexplainable inexplicable
uniform el uniforme
unknown desconocido/a
unless a menos que
until hasta (que)
up arriba
upon + *-ing* al + *inf.*
use usar
useful útil
useless inútil

vacation las vacaciones
vain creído/a, vanidoso/a
value el valor
variety la variedad
vary variar
very muy; **~ well!** ¡Muy bien!
view la vista
visit (*n.*) la visita; (*v.*) visitar
voice la voz
vomit devolver (o → ue)

wake up despertarse (e → ie); **wake someone up** despertar (e → ie)
walk andar; **take a ~** dar un paseo
wall la pared
want desear, querer
war la guerra
warm caliente
water el agua (*f.*)
way la manera; **No ~!** ¡Qué va!
web (www) la red
weekend el fin de semana
weigh pesar
weight el peso
well (then) pues
What? ¿Qué?, ¿Cómo?; **~ a mess!** ¡Qué lío!; **~ a pity!** ¡Qué pena!; **~ a shame!** ¡Qué lástima!; **~ bad luck!** ¡Qué mala suerte!; **~ color is it?** ¿De qué color es?; **~ do you mean . . . ?** ¿Cómo que . . . ?; **~ is the capital of . . . ?** ¿Cuál es la capital de . . . ?; **~ is your . . . number?** ¿Cuál es tu/su número de . . . ?; **~ time is it?** ¿Qué hora es?; **What's the weather like?** ¿Qué tiempo hace?; **What's up?** ¿Qué hay?
when cuando; **When?** ¿Cuándo?
where donde; **Where?** ¿Adónde?, ¿Dónde?; **~ are you from?** ¿De dónde eres?

Which? ¿Cuál/es?
while mientras; **in a ~** dentro de poco
who quien, que; **Who?** ¿Quién? ¿Quiénes?; **~ is speaking/calling?** ¿Quién habla?
whom: For ~? ¿Para quién?
Whose? ¿De quién/es?
Why? ¿Por qué?
win ganar
window la ventana
windy: It's ~. Hace viento.
winner el/la ganador/a
with con; **~ pleasure** con mucho gusto
without sin
wonder preguntarse
wonderful divino/a, maravilloso/a
work (*n.*) el trabajo; (*v.*) trabajar; **~ part-time** trabajar medio tiempo; **~ full-time** trabajar tiempo completo
worth: It's (not) ~ it. (No) vale la pena.
Wow! ¡Vaya!
wrist la muñeca
write escribir; **~ letters/poems** escribir cartas/poemas
writer el/la escritor/a
wrong: You have the ~ number. Tiene el número equivocado.

year el año; **last ~** el año pasado; **next ~** el año que viene; **New Year's Day** el Año Nuevo
yesterday ayer
yet aún, todavía; **not ~** todavía no
young person el/la joven
younger menor
You're welcome. De nada., No hay de qué.
youth la juventud

zip code el código postal
zone la zona

Index

Permissions and Credits

The authors and editors thank the following persons and publishers for permission to use copyrighted material.

Text Permissions

Chapter 7: pp. 192–193, Secretaría General de Turismo/Turespaña, Ministerio de Industria, Comercio y Turismo. **Chapter 8:** p. 217, "No quiero," from *Obras completas* by Angela Figuera Aymerich (Ediciones Hiperión, 1st Edition 1986, 2nd Edition 1999). Reprinted by permission of Ediciones Hiperión; p. 218, Copyright © 1986 by Houghton Mifflin Company. Adapted and reprinted by permission from the *American Heritage Spanish Dictionary*. **Chapter 9:** p. 245, "¿Para qué sirven las telenovelas?" by Luis Adrián Ysita from *Impacto*, April 5, 1998, pp. 24–25. **Chapter 10:** p. 272, "El fútbol y yo," from El País, No. 179, July 24, 1994, Año XIX, p. 42. Copyright © Diario El País, S.L. Used by permission. **Chapter 11:** p. 299, "Tragedia" by Vicente Huidobro. Reprinted by permission of Fundación Vicente Huidobro, Santiago, Chile. **Chapter 12:** pp. 323–324, Rubén Blades, "El Padre Antonio y su monaguillo Andrés." Copyright by Rubén Blades Publishing. Reprinted by permission. All rights reserved. **Chapter 13:** pp. 348–350, From "Fragments from Cuban Narratives: A Portfolio" by Eduardo Aparicio, *Michigan Quarterly*, University of Michigan, Vol. XXIII, No. 3, Summer 1994. Used with permission from the author. **Chapter 14:** pp. 373–374, "Beatriz (Una palabra enorme)" by Mario Bendetti. Copyright © Mario Bendetti; *Primavera con una esquina rota*, Ediciones Alfaguara, Madrid 1983, 3ª edición. Reprinted by permission. **Chapter 15:** pp. 396–398, Adapted by permission from *Pobre tierra 1*, Revista Debate, No. 77, Año XVI, May–June 1994, p. 33, Lima, Perú. **Chapter 16:** p. 419, Excerpts from article, "¡Magnífico Tikal!," from *La República*, No. 355, p. 9, Año I; pp. 420–421, "Una modesta saga municipal" by José da Cruz. **Chapter 17:** p. 444, Brochure text from the exposition "Fernando Botero, Pinturas, Dibujos, Esculturas." Reprinted by permission of the Ministry of Culture, Spain. **Chapter 18:** pp. 461–465, *Estudio en blanco y negro* by Virgilio Piñera. Permiso concedido por herederos de Virgilio Piñera y Agencia Literaria Latinoamericana.

Photo Credits

Preliminary Chapter: p. 2, Richard Lord/The Image Works; p. 3, Francisco Rangel; p. 5 left, Kathy Squires; p. 5 right, Frerck/Odyssey Productions Inc./Chicago; p. 6, Jefkin/Elnekave Photography. **Chapter 1:** p. 18, Cameramann/The Image Works; p. 19, Stuart Cohen/The Image Works; p. 27, Ulrike Welsch; p. 32 from left to right: AP/Wide World Photos; Corbis; Corbis; Allsport/Getty Images; p. 38 top row from left to right: Courtesy montevideo.com; Tom & Michelle Grimm/Getty Images; Beryl Goldberg; p. 38 bottom row from left to right: Claudia Parks/The Stock Market; Ulrike Welsch; Photri/Microstock; Ulrike Welsch. **Chapter 2:** p. 40, Tomas Stargardter/Latin Focus; p. 48, Jonathan Daniels/Getty Images; p. 59, F. Origlia/Corbis Sygma; p. 63 left, Beryl Goldberg; p. 63 right, David Botello; p. 65, South Park Productions. **Chapter 3:** p. 67, Pablo Corral/National Geographic Image Collection; p. 70, DDB Stock Photography; p. 79, Blake Little/Corbis Sygma; p. 80, Susan Greenwood/Getty Images; p. 85, Ulrike Welsch; p. 87, Ulrike Welsch. **Chapter 4:** p. 93, Kenneth Garrett/National Geographic Image Collection; p. 94, Bruce Klepinger/Adventure Photo; p. 96, Museo de America, Madrid, Spain/Index/Bridgeman Art Library; p. 97 top, Bibliothèque Nationale, Paris, France/Lauros-Giraudon/Bridgeman Art Library; p. 97 bottom left and right, Museo del Oro; p. 101, Frerck/Odyssey Productions, Inc./Chicago; p. 104 top, Robert Fried; p. 104 bottom, Ulrike Welsch; p. 109, Ulrike Welsh; p. 112, Alan Grinberg; p. 114, Vince Streano/The Stock Market; p. 117, South Park Productions. **Chapter 5:** p. 120, Corbis; p. 121, Greg Williams/Latin Focus; p. 133, Todd Smitala; p. 138, Francisco Rangel; p. 139, LJ Regan/Getty Images; p. 140, Jimmy Dorantes/Latin Focus; p. 144, Art Resource, NY. **Chapter 6:** p. 147, Hans Strand/Getty Images; p. 148, David R. Frazier Photolibrary; p. 150, James Blair/National Geographic Image Collection; p. 157, Alex Ocampo/Latin Focus; p. 161, George F. Mobley/National Geographic Image Collection; p. 162, Michael Boeckmann; p. 174, South Park Productions; p. 175, South Park Productions. **Chapter 7:** p. 177, Masakatsu Yamazaki/HAGA/The Image Works; p. 178, Steve Vidler/Leo de Wys, Inc.; p. 180, Robert Fried; p. 193 top, Frerck/Odyssey Productions, Inc./Chicago; p. 193 bottom, Robert Fried; p. 197, Viesti Associates. **Chapter 8:** p. 204, Jeff Goldberg/Esto; p. 205, Margot Granitsas/The Image Works; p. 207, John Ehlers/Stockline; p. 222, Bryant/DDB Stock Photography; p. 223, James Nelson/Getty Images; p. 229, South Park Productions. **Chapter 9:** p. 232, Sven Martson/The Image Works; p. 233, Stuart Cohen/The Image Works; p. 235, Bob Daemmrich/The Image Works; p. 238, Francisco Rangel; p. 250, University of California, San Francisco, CA, USA/Index/Bridgeman Art Library; p. 255, John Williamson; p. 246 top, Courtesy RCN; p. 246 bottom, Courtesy Miguel Sabido. **Chapter 10:** p. 260, Monika Graff/The Image Works; p. 261, Ulrike Welsch; p. 267, Randall Hyman/Stock Boston; p. 272, Duomo; p. 276, Ulrike Welsch; p. 279, Bill Frakes/Sports Illustrated; p. 281, Odyssey/Frerck/Chicago; p. 283, South Park Productions. **Chapter 11:** p. 286, Museo del Oro; p. 291, Odyssey/Frerck/Chicago; p. 303, Victor Engelbert; p. 305, David R. Frazier Photolibrary; p. 307, Eduardo Aparicio. **Chapter 12:** p. 311, Contact Press Images/Adriana Groisman; p. 313, Tuna de Derecho de Valladolid, España, URL: http://www.tunaderecho.com; p. 315, Time-Life Syndication; p. 322, AP/Wide World; p. 323, Esdras Suarez/Getty Images; p. 327, DDB Stock Photography; p. 328, Jeff Greenberg/The Image Works; p. 330, Oberto Gili/Barbara von Schreiber, Ltd.; p. 335, South Park Productions. **Chapter 13:** p. 337, Rita Rivera; p. 339, Bob Krist/Corbis; p. 344, Bob Krist/Corbis; pp. 348–350, Eduardo Aparicio; p. 353, Taylor/Fabricus/Gamma Liaison; p. 354, Viviana Domínguez; p. 358, Jeff Greenberg/PhotoEdit, Inc. **Chapter 14:** p. 361, Francisco Rangel; p. 362, Jimmy Dorantes/Latin Focus; p. 364, Reuters NewMedia, Inc./Corbis; p. 365 top left, Danny Lehman/Corbis; p. 365 top right, Charles & Josette Lenars/Corbis; p. 365 bottom left, Neil Beer/Corbis; p. 365 bottom right, Buddy Mays/Corbis; p. 366, David R. Frazier Photolibrary; p. 373, Todd Smitala; p. 376, Victor Englebert; p. 377, Topham/The Image Works; p. 379, Jimmy Dorantes/Latin Focus; p. 384, South Park Productions. **Chapter 15:** p. 386, Bryant/DDB Stock Photo; p. 387, The Purcell Team/Corbis; p. 389, Chip & Rosa Maria Peterson; p. 390, Inga Spence/DDB Stock Photo; p. 391, Barbara Alper/Stock Boston; p. 400, Reuters NewMedia, Inc./Corbis; p. 401, Neil

Rabinowitz/Corbis; p. 402, Degas Parra/ADK Images/The Viesti Collection; p. 406, Joe Viesti/The Viesti collection. **Chapter 16:** p. 408, Suzanne Nurphy-Larronde; p. 409, Richard Bickel/Corbis; p. 418, Courtesy Leon Tovar Gallery, NYC; p. 419, Frerck/Odyssey/Chicago; p. 425, Galen Rowell/Corbis; p. 432, South Park Productions. **Chapter 17:** p. 433 Despotovic Dusko/Corbis Sygma; p. 434, Eric Lessing/Art Resource, NY; p. 437, William A. Cotton/Colorado State University; p. 438 top left, Private Collection/Marlborough Gallery; p. 438 top right, Courtesy of Luz Ríos Duarte; p. 438 bottom left, Fundación Guayasamín; p. 443, Private Collection/Marlborough Gallery; p. 444, Private Collection/Marlborough Gallery; p. 445, © 2003 Banco de México Diego Rivera & Frida Kahlo Museums Trust. Av. Cinco de Mayo No. 2, Col. Centro, Del. Cuauhtémoc 06059, México, D.F.; p. 449, © 1995 ARS, N.Y./SPADEM, Paris. **Chapter 18:** p. 456, Mimmo Jodice/Corbis; p. 465, Bob Krist/Corbis; p. 466, Beryl Goldberg; p. 468, South Park Productions.

Illustration Credits

Patrice Rossi Calkin: p. 359.
Roberto Ezzavelli/Famous Frames: pp. 23, 31, 54, 64, 81, 83, 90, 91, 183, 189, 201, 217, 218, 220 top, 351, 370, 375 bottom, 376, 382 bottom, 383, 436, 448, 451, 453.

Jeff Kronen/Famous Frames: pp. 71, 274, 312, 314, 316 top, 322, 326, 412, 416.
Duff Moses/Famous Frames: pp. 13, 32, 41, 43, 44, 50, 57, 68, 84, 98, 99, 101, 103, 106, 107, 115, 123, 124, 126, 137, 138, 152, 164, 165, 236, 238, 248, 249, 254, 287, 289, 290, 293, 295, 298, 299, 301, 338, 457, 461.

Realia Credits

Chapter 1: p. 28, Festejos M.A.R., C.A. **Chapter 2:** p. 42, Reprinted with permission of TransFair USA; p. 52, Reprinted by permission of Yahoo! Inc. Copyright © 2000 by Yahoo! Inc. Yahoo! and the Yahoo! logo are trademarks of Yahoo! Inc.; p. 53, Reprinted by permission of Yahoo! Inc. Copyright © 2000 by Yahoo! Inc. Yahoo! and the Yahoo! logo are trademarks of Yahoo! Inc. **Chapter 5:** p. 136, Copyright Diario El País, SD; p. 145, Revista Noticias-Editorial Perfil S.A. **Chapter 7:** p. 181 top left, Minicines Astorias; p. 165 top right, Peluqueros Pedro Molina; p. 165 bottom left, Restaurante El Hidalgo; p. 165 bottom right, Librería Compás. **Chapter 8:** p. 209, Copyright Diario El Pais, SD. **Chapter 12:** p. 320, Slim International Esthetic Center de Argentina. **Chapter 15:** p. 390 left, Fundación Vida Silvestre Arentina; p. 390 left and right, Look and Take/Greenpeace. **Chapter 16:** p. 424, Carlos Cueva. **Chapter 17:** p. 447, Ediciones Verónica.

Mar Caribe

Barranquilla
Cartagena   Maracaibo   Caracas   TRINIDAD Y
                                       La Guaira   TOBAGO
                              San Carlos   Puerto España
                  VENEZUELA   Ciudad Bolívar   OCÉANO
                                                                                    ATLÁNTICO
    Medellín   Georgetown
          Zipaquirá   Salto Ángel   **GUAYANA**   Paramaribo
        Bogotá   Cayena
  Cali **COLOMBIA**   **SURINAM**   **GUAYANA**
Popayán   **FRANCESA**
      Otavalo   San Agustín
Santo Domingo Pichincha
de los Colorados Quito   Río Negro
      ECUADOR   Río Amazonas   Belén   Ecuador
  Chimborazo
Guayaquil   Manaos
              Iquitos

      Sipán   **BRASIL**   Recife
Trujillo

    PERÚ
Callao   Lima   Machu Picchu   Río Madeira
          Cuzco
        Puno   La Paz   Cochabamba   Brasilia   Salvador
Arequipa   Tiahuanaco
Arica   Sucre   **BOLIVIA**
            Potosí   Bello
Iquique   Horizonte

                                    Filadelfia   Río de Janeiro
Antofagasta   Salta   **PARAGUAY** San Pablo
                                Asunción   Santos
              San Miguel
              de Tucumán
                  Resistencia   Puerto Iguazú

    CHILE   Puerto Alegre
OCÉANO
PACÍFICO   Córdoba
                Aconcagua
Viña del Mar   Mendoza   Rosario   **URUGUAY**
Valparaíso   Montevideo
Santiago   **ARGENTINA**   Buenos Aires Punta del Este
                        La Plata
Concepción   Río de la Plata

                  Mar del Plata

              Bahía Blanca

Bariloche
Puerto Montt

                  PATAGONIA   ┌─────────────────────────────────┐
                                          │   │
                                          │ *ISLAS GALÁPAGOS*   Ecuador│
                                          │   San   │
                                          │   Salvador   Quito │
                                          │   Santa Cruz   **ECUADOR** Guayaquil│
                                          │   Isabela San Cristóbal   │
                                          └─────────────────────────────────┘

    Estrecho de
    Magallanes
              Islas   # América del Sur
Punta Arenas **TIERRA** Malvinas
          DEL FUEGO   0   250   500 Km.
      Cabo de Hornos
                                 0   250   500 Mi.